Schriften zum Medizinstrafrecht

herausgegeben von

Band 24

Theresa Acker

Ausschließliche Fernbehandlung im digitalen Zeitalter

Ein Teilbereich der Telemedizin aus Sicht des ärztlichen Berufs-, Arzthaftungs- und Arztstrafrechts

Nomos

Onlineversion
Nomos eLibrary

Die Deutsche Nationalbibliothek verzeichnet diese Publikation in der Deutschen Nationalbibliografie; detaillierte bibliografische Daten sind im Internet über http://dnb.d-nb.de abrufbar.

Zugl.: Passau, Univ., Diss., 2023

ISBN 978-3-7560-1234-3 (Print)
ISBN 978-3-7489-1797-7 (ePDF)

1. Auflage 2023

Meinem Ehemann

Vorwort

Die vorliegende Arbeit wurde im Wintersemester 2022/2023 von der Juristischen Fakultät der Universität Passau als Dissertation angenommen. Sie entstand während meiner Tätigkeit als Wissenschaftliche Mitarbeiterin am Lehrstuhl für Strafrecht, Strafprozessrecht und Medizinstrafrecht der Universität Bayreuth. Das Manuskript wurde im September 2022 fertiggestellt. Für die Drucklegung wurde die Arbeit lediglich punktuell aktualisiert und geändert.

Mein herzlicher Dank gilt zunächst meinem Doktorvater, Herrn Prof. Dr. Brian Valerius. Er hat mich nicht nur bei der Auswahl des Themas unterstützt, sondern auch beim Verfassen der Arbeit intensiv begleitet. In besonderer Erinnerung bleibt mir, dass jedwedes Anliegen meinerseits gehört und äußerst zügig gemeinsam erörtert wurde. Überdies bin ich meinem akademischen Lehrer zu großem Dank verpflichtet, dass er mir seinerzeit die Möglichkeit einräumte, seinen Lehrstuhl als Wissenschaftliche Mitarbeiterin zu unterstützen. Hierdurch erhielt ich vertiefte und intensive Einblicke in Wissenschaft und Lehre, welche mich für meinen weiteren beruflichen Lebensweg besonders geprägt haben.

Für die Erstellung des Zweitgutachtens danke ich Herrn Prof. Dr. Michael Beurskens, LL.M. (University of Chicago), LL.M. (Gew. Rechtsschutz), Att. at Law (New York). Besonders danke ich an dieser Stelle Herrn Prof. Dr. Thomas Riehm für die Übernahme des Prüfungsvorsitzes und die angenehme Prüfungsatmosphäre während der Disputation, welche im April 2023 stattfand. Den Herausgebern der „Schriften zum Medizinstrafrecht" sei ferner für die freundliche und zügige Aufnahme in ihre Schriftenreihe gedankt.

Mein besonderer Dank gilt meiner Familie. Meine Großeltern und meine Mama haben alle Schritte meiner Ausbildung intensiv begleitet und durch ihre Liebe bedingungslos gefördert. Ohne deren ständigen Rückhalt hätte ich weder mein Abitur noch mein juristisches Studium erfolgreich abschließen können.

Von Herzen bedanke ich mich abschließend bei meinem Ehemann, welcher in den vergangenen Jahren stets an meiner Seite stand und mich durch Höhen und Tiefen begleitet hat. Nur aufgrund seiner endlosen Geduld, seiner stets motivierenden Worte und seiner liebevollen Art konnte diese

Arbeit einen Abschluss finden. Auf diese Weise werde ich immer mit ihm verbunden sein. Ihm ist diese Arbeit gewidmet.

Regensburg, Juni 2023 Theresa Acker

Inhaltsübersicht

Inhaltsverzeichnis

Abkürzungsverzeichnis

a.A.	andere(r) Ansicht
ÄApprO	Approbationsordnung für Ärzte
Abs.	Absatz
AcP	Archiv für die civilistische Praxis (Zeitschrift)
a.E.	am Ende
a.F.	alte Fassung
AG	Amtsgericht; Arbeitsgruppe
A&I	Anästhesiologie & Intensivmedizin (Zeitschrift)
Alt.	Alternative
a.M.	am Main
AMG	Arzneimittelgesetz
AM-RL	Richtlinie des Gemeinsamen Bundesausschusses über die Verordnung von Arzneimitteln in der vertragsärztlichen Versorgung (Arzneimittel-Richtlinie)
AMVV	Verordnung über die Verschreibungspflicht von Arzneimitteln
App(s)	application(s)
A&R	Arzneimittel und Recht (Zeitschrift)
ARP	Arbeitsschutz in Recht und Praxis (Zeitschrift)
Art.	Artikel
BAnz AT	Amtlicher Teil des Bundesanzeigers
BÄO	Bundesärzteordnung
BayBO-Ä	Berufsordnung für die Ärzte Bayerns
BayBO-PsychTh	Berufsordnung für die Psychotherapeutinnen und Psychotherapeuten Bayerns
BayHKaG	Heilberufe-Kammergesetz

BayObLG	Bayerisches Oberstes Landgericht
BeckOGK	beck-online.GROSSKOMMENTAR
BeckOK	Beck'scher Online-Kommentar
BeckRS	Beck-Rechtsprechung
Begr.	Begründer
BGB	Bürgerliches Gesetzbuch
BGBl. I, II	Bundesgesetzblatt Teil I, Teil II
BGH	Bundesgerichtshof
BGHSt	Entscheidungen des Bundesgerichtshofs in Strafsachen
BGHZ	Entscheidungen des Bundesgerichtshofs in Zivilsachen
BMV-Ä	Bundesmantelvertrag Ärzte
BR-Drs.	Bundesratsdrucksache
BSG	Bundessozialgericht
BT	Besonderer Teil
BT-Drs.	Bundestagsdrucksache
BVerfG	Bundesverfassungsgericht
BVerfGE	Entscheidungen des Bundesverfassungsgerichts
BVerwGE	Entscheidungen des Bundesverwaltungsgerichts
bzgl.	bezüglich
bzw.	beziehungsweise
ca.	circa
Covid-19	coronavirus disease 2019 (Coronavirus-Krankheit-2019)
D.C.	District of Columbia
DDG	Deutsche Dermatologische Gesellschaft e.V.
Der MKG-Chirurg	Der Mund-, Kiefer-, und Gesichtschirurg (Zeitschrift)

DGAI	Deutsche Gesellschaft für Anästhesiologie & Intensivmedizin
DGMR	Deutsche Gesellschaft für Medizinrecht e.V.
diesbzgl.	diesbezüglich
DiGA	digitale Gesundheitsanwendung(en)
Diss.	Dissertation
DMW	Deutsche Medizinische Wochenschrift (Zeitschrift)
doc2doc; D2D	doc-to-doc
doc2patient; D2P	doc-to-patient
DuD	Datenschutz und Datensicherheit (Zeitschrift)
DVG	Gesetz für eine bessere Versorgung durch Digitalisierung und Innovation (Digitale-Versorgung-Gesetz)
DVPMG	Gesetz zur digitalen Modernisierung von Versorgung und Pflege (Digitale-Versorgung-und-Pflege-Modernisierungs-Gesetz)
E	Entwurf
eArztbrief	elektronische Arztbrief
eAU	elektronische Arbeitsunfähigkeitsbescheinigung
eGK	elektronische(n) Gesundheitskarte
eHealth	electronic Health
eHealthG; E-Health-Gesetz	Gesetz für sichere digitale Kommunikation und Anwendungen im Gesundheitswesen sowie zur Änderung weiterer Gesetze
EKG	Elektrokardiogramm
ePA	elektronische Patientenakte
E-Rezept	elektronisches Rezept
et al.	et alii
etc.	et cetera

f.	folgende
FDP	Freie Demokratische Partei
ff.	fortfolgende
FG	Festgabe
Fn.	Fußnote
FS	Festschrift
GesamtHrsg.	Gesamtherausgeber
GesR	GesundheitsRecht (Zeitschrift)
GG	Grundgesetz
ggf.	gegebenenfalls
GGW	Das Wissenschaftsforum in Gesundheit und Gesellschaft (Zeitschrift)
GKV-Spitzenverband	Spitzenverband Bund der Krankenkassen
GKV-VStG	Gesetz zur Verbesserung der Versorgungsstrukturen in der gesetzlichen Krankenversicherung (GKV-Versorgungsstrukturgesetz)
GmbH	Gesellschaft mit beschränkter Haftung
GMG	Gesetz zur Modernisierung der gesetzlichen Krankenversicherung (GKV-Modernisierungsgesetz)
GuP	Gesundheit und Pflege (Zeitschrift)
GVG	Gesellschaft für Versicherungswissenschaft und -gestaltung e.V.
GWR	Gesellschafts- und Wirtschaftsrecht (Zeitschrift)
H.i.O.	Hervorhebung im Original
HK	Handkommentar
HmbBO-Ä	Berufsordnung der Hamburger Ärztinnen und Ärzte
HNO	Die Zeitschrift für Hals-, Nasen-, Ohren-Heilkunde
HRRS	Höchstrichterliche Rechtsprechung im Strafrecht

Hrsg.	Herausgeber
Hs.	Halbsatz
HWG	Gesetz über die Werbung auf dem Gebiete des Heilwesens (Heilmittelwerbegesetz)
i.e.S.	im engen Sinne
i.S.d.	im Sinne des/der
IuK-Technologie(n)	Informations- und Kommunikationstechnologie(n)
i.V.m.	in Verbindung mit
i.w.S.	im weiteren Sinne
JA	Juristische Arbeitsblätter (Zeitschrift)
JR	Juristische Rundschau (Zeitschrift)
JURA	Juristische Ausbildung (Zeitschrift)
jurisPK	juris Praxiskommentar
JuS	Juristische Schulung (Zeitschrift)
JZ	JuristenZeitung (Zeitschrift)
KG	Kammergericht
KI	Künstliche Intelligenz
LG	Landgericht
LK	Leipziger Kommentar
LSG	Landessozialgericht
MBO-Ä	(Muster-)Berufsordnung für die in Deutschland tätigen Ärztinnen und Ärzte
MBO-PsychTh	Muster-Berufsordnung der Psychotherapeut*innen
MDR	Monatsschrift für Deutsches Recht (Zeitschrift)

MedR	Medizinrecht (Zeitschrift)
medstra	Zeitschrift für Medizinstrafrecht
mHealth	mobile Health
Mio.	Million(en)
MMR	MultiMedia und Recht (Zeitschrift)
MüKo	Münchener Kommentar
m.w.N.	mit weiteren/weiterem Nachweis(en)
NASA	National Aeronautics and Space Administration (Nationale Aeronautik- und Raumfahrtbehörde)
NJOZ	Neue Juristische Online Zeitschrift (Zeitschrift)
NJW	Neue Juristische Wochenschrift (Zeitschrift)
NJW-RR	Neue Juristische Wochenschrift – Rechtsprechungs-Report Zivilrecht (Zeitschrift)
NK	Nomos Kommentar
Nr.	Nummer
NStZ	Neue Zeitschrift für Strafrecht
NStZ-RR	Neue Zeitschrift für Strafrecht – Rechtsprechungs-Report
NVwZ	Neue Zeitschrift für Verwaltungsrecht
NZA	Neue Zeitschrift für Arbeitsrecht
NZS	Neue Zeitschrift für Sozialrecht
NZV	Neue Zeitschrift für Verkehrsrecht
OLG	Oberlandesgericht
patient2patient; P2P	patient-to-patient
PDSG	Gesetz zum Schutz elektronischer Patientendaten in der Telematikinfrastruktur (Patientendaten-Schutz-Gesetz)

PharmR	Pharma Recht (Zeitschrift)
PpSG	Gesetz zur Stärkung des Pflegepersonals (Pflegepersonal-Stärkungsgesetz)
PTK	Psychotherapeutenkammer
PWW	Prütting/Wegen/Weinreich
RDG	Rechtsdepesche für das Gesundheitswesen (Zeitschrift)
Rdn.	Randnummer
RefE	Referentenentwurf
RGSt	Entscheidungen des Reichsgerichts in Strafsachen
RhPfBO-Ä	Berufsordnung für die Ärztinnen und Ärzte in Rheinland-Pfalz
RöFo	Fortschritte auf dem Gebiet der Röntgenstrahlen und der bildgebenden Verfahren (Zeitschrift)
s.	siehe
S.	Satz; Seite
SARS-CoV-2	severe acute respiratory syndrome coronavirus 2 (schweres akutes respiratorisches Syndrom Coronavirus-2)
SächsBO-Ä	Berufsordnung der Sächsischen Landesärztekammer
SchlHoBO-Ä	Berufsordnung (Satzung) der Ärztekammer Schleswig-Holstein
SG	Sozialgericht
SGB V	Sozialgesetzbuch V – Gesetzliche Krankenversicherung
SK	Systematischer Kommentar
SPD	Sozialdemokratische Partei Deutschlands
SSW	Satzger/Schluckebier/Widmaier
StGB	Strafgesetzbuch
StrlSchG	Strahlenschutzgesetz
TEMPiS	Telemedizinisches Schlaganfallnetzwerk Südostbayern

TOP	Tagesordnungspunkt
TSVG	Gesetz für schnellere Termine und bessere Versorgung (Terminservice- und Versorgungsgesetz)
TV	television
UroForum	Urologie in Klinik und Praxis (Zeitschrift)
U.S.	United States of America
VersR	Versicherungsrecht (Zeitschrift)
VG	Verwaltungsgericht
VGH	Verwaltungsgerichtshof
vgl.	vergleiche
VSSAR	Vierteljahresschrift für Sozial- und Arbeitsrecht (Zeitschrift)
WHO	World Health Organization (Weltgesundheitsorganisation)
z.B.	zum Beispiel
ZIS	Zeitschrift für Internationale Strafrechtsdogmatik
ZRP	Zeitschrift für Rechtspolitik

Einführung

Das Gesundheitssystem steht auch in Deutschland vor Herausforderungen.[1] Bedingt durch den demographischen Wandel gilt es zukünftig deutlich mehr ältere und an einer chronischen Krankheit leidende Menschen medizinisch zu versorgen.[2] Demgegenüber droht insbesondere in ländlichen Gebieten ein Ärztemangel.[3] Nach einer von der Robert Bosch Stiftung GmbH herausgegebenen Studie aus dem Jahr 2021, die unter anderem erstmals die Entwicklung der Anzahl an Hausärzten[4] auch auf Kreisebene modellierte,[5] wird bis zum Jahr 2035 prognostiziert, dass 10.851 der Hausarztsitze unbesetzt sein werden.[6] Das entspricht 19 % der Sitze, die zu diesem Zeitpunkt maximal zu besetzen sind.[7] Fast 40 % aller Kreise in Deutschland sind nach der Prognose im Jahr 2035 entweder hausärztlich unterversorgt oder befinden sich nahe der Unterversorgungsgrenze.[8] Ebenfalls droht die sogenannte Hausarztdichte um 9 % (im Vergleich zum Jahr 2019) zu sinken, sodass im Durchschnitt nur noch 57 Hausärzte für je 100.000 Einwohner zur Verfügung stehen.[9] Die Dichte an Hausärzten variiert allerdings in den

1 S. etwa *Ulsperger*, in: Wenzel, Handbuch Medizinrecht, Kapitel 19, Rdn. 2; vgl. *Jorzig/Sarangi*, Digitalisierung im Gesundheitswesen, S. 4; *Solodkoff et al.*, Das Gesundheitswesen 2021, 186 (187).

2 Vgl. *Solodkoff et al.*, Das Gesundheitswesen 2021, 186 (187) m.w.N.; *Ulsperger*, in: Wenzel, Handbuch Medizinrecht, Kapitel 19, Rdn. 2.

3 *Brauns/Loos*, Bundesgesundheitsblatt 2015, 1068; *Letzel*, in: Letzel et al., Telemedizin, S. 29; *Solodkoff et al.*, Das Gesundheitswesen 2021, 186 (187) m.w.N.; *Ulsperger*, in: Wenzel, Handbuch Medizinrecht, Kapitel 19, Rdn. 2.

4 Um die Lesbarkeit zu vereinfachen, wurde in der vorliegenden Arbeit lediglich die grammatikalisch männliche Form verwendet. Die Bezeichnungen gelten für alle Geschlechter.

5 *Nolting et al.*, in: Robert Bosch Stiftung GmbH, Gesundheitszentren für Deutschland, S. 4.

6 *Nolting et al.*, in: Robert Bosch Stiftung GmbH, Gesundheitszentren für Deutschland, S. 39.

7 *Nolting et al.*, in: Robert Bosch Stiftung GmbH, Gesundheitszentren für Deutschland, S. 39.

8 *Nolting et al.*, in: Robert Bosch Stiftung GmbH, Gesundheitszentren für Deutschland, S. 42.

9 *Nolting et al.*, in: Robert Bosch Stiftung GmbH, Gesundheitszentren für Deutschland, S. 39.

jeweiligen Landkreisen und kreisfreien Städten.[10] Auch die Kassenärztliche Bundesvereinigung prognostiziert nach einer Modellrechnung bis zum Jahr 2030 einen Anstieg der Nachfrage nach ärztlicher Versorgung, während das ärztliche Angebot – insbesondere an Hausärzten und sogenannten fachärztlichen Grundversorgern – sinken wird.[11] Die Folgen des Ärztemangels für Patienten liegen auf der Hand: Um eine ärztliche Betreuung zu erhalten, werden Erkrankte nicht nur weite Anfahrtswege,[12] sondern auch lange Wartezeit vor Ort bzw. für einen Arzttermin in Kauf nehmen müssen.

Um den sich für das Gesundheitssystem ergebenden Herausforderungen entgegenzutreten, soll die Digitalisierung im Gesundheitswesen (teilweise auch als „Digitale Gesundheit"[13] oder „eHealth"[14] bezeichnet) vorangebracht werden.[15] Im medizinischen Alltag bzw. Diskurs nehmen beispielsweise die elektronische Patientenakte (ePA)[16], die elektronische Gesundheitskarte (eGK)[17], der elektronische Arztbrief (eArztbrief)[18], das elektronische Rezept (E-Rezept)[19], die elektronische Arbeitsunfähigkeitsbescheini-

---

10 *Nolting et al.*, in: Robert Bosch Stiftung GmbH, Gesundheitszentren für Deutschland, S. 40.

11 *Kassenärztliche Bundesvereinigung*, Ärztemangel.

12 S. etwa *Prütting*, in: Rehmann/Tillmanns, E-Health, Kapitel 3, Rdn. 17.

13 S. etwa *Matusiewicz et al.*, in: Wasem et al., Medizinmanagement, S. 395 (395 f.).

14 Vgl. mit anderer Schreibweise *Leupold/Wiesner*, in: Leupold et al., IT-Recht, Teil 13, Rdn. 1; *Matusiewicz et al.*, in: Wasem et al., Medizinmanagement, S. 395 (395 f.).

15 BT-Drs. 18/5293, 1; s. auch *Jorzig/Sarangi*, Digitalisierung im Gesundheitswesen, S. 4; *Letzel*, in: Letzel et al., Telemedizin, S. 29 (31).

16 S. hierzu etwa *Dochow*, MedR 2021, 13 (13 ff.); *Eichenhofer*, NVwZ 2021, 1090 (1090 ff.); *Heckmann/Rachut*, in: Rehmann/Tillmanns, E-Health, Kapitel 3, Rdn. 455 ff.; *Jorzig/Sarangi*, Digitalisierung im Gesundheitswesen, S. 197 ff.; *Keilbar/Ziegler*, MedR 2021, 346 (346 ff.); *Keilbar/Ziegler*, MedR 2021, 432 (432 ff.); *Kircher*, GuP 2021, 1 (5 ff.); *Leupold/Wiesner*, in: Leupold et al., IT-Recht, Teil 13, Rdn. 6; *Schneider*, MedR 2022, 290 (294 f.).

17 S. hierzu etwa *Bales/Schwanenflügel*, NJW 2012, 2475 (2475 ff.); *Dochow*, MedR 2020, 979 (981 f.); *Heckmann/Rachut*, in: Rehmann/Tillmanns, E-Health, Kapitel 3, Rdn. 538 ff.; *Jorzig/Sarangi*, Digitalisierung im Gesundheitswesen, S. 193 f.; *Katzenmeier*, MedR 2019, 259 (263 f.); *Leupold/Wiesner*, in: Leupold et al., IT-Recht, Teil 13, Rdn. 5; *Pitschas*, NZS 2009, 177 (177 ff.); *Wollersheim*, in: Clausen/Schroeder-Printzen, Anwaltshandbuch Medizinrecht, § 6, Rdn. 141.

18 S. hierzu etwa *Hesse*, GesR 2017, 294 (294 ff.).

19 S. hierzu etwa *Braun*, PharmR 2020, 315 (315 ff.); *Fleßner*, in: Clausen/Schroeder-Printzen, Anwaltshandbuch Medizinrecht, § 5, Rdn. 306 ff.; *Kieser/Birkert*, in: Rehmann/Tillmanns, E-Health, Kapitel 3, Rdn. 1020; *Leupold/Wiesner*, in: Leupold et al., IT-Recht, Teil 13, Rdn. 47.

gung (eAU)[20], die Künstliche Intelligenz (KI) und Robotik[21], Videosprechstunden[22] und digitale Gesundheitsanwendungen (DiGA)[23] eine immer bedeutendere Stellung ein.

Nicht zuletzt der Telemedizin – als Teilbereich der Digitalisierung des Gesundheitswesens –[24] soll die Aufgabe zuteilwerden, die Probleme des Gesundheitssystems zu lösen.[25] Als telemedizinische Dienstleistungen gelten etwa die Tele- bzw. Fernbehandlung, das Telemonitoring und das Einholen einer Zweitmeinung in Form eines Telekonsils.[26] Die Telemedizin folgt der Devise: „Lasst Daten und nicht Patienten reisen“[27]. Sie bietet daher einige Vorteile.[28] Beispielhaft ist hier zu nennen, dass Patienten im ländlichen Umfeld durch eine Fernbehandlung schnell erreicht und ärztlich versorgt werden können, wodurch dem Ärztemangel vor Ort begegnet wird.[29] Zugleich erhält der Patient rasch eine ärztliche Antwort auf seine Beschwerden, da der Arzt-Patienten-Kontakt auch zu einer unüblichen Uhrzeit aufgenommen werden kann.[30] Lange Anfahrtswege als auch Wartezeiten vor Ort fallen weg, so dass sich der Zeitaufwand des Patienten deutlich

---

20 S. hierzu etwa *Fleßner*, in: Clausen/Schroeder-Printzen, Anwaltshandbuch Medizinrecht, § 5, Rdn. 309 ff.; *Kleinebrink*, ARP 2022, 130 (130 ff.); *Merath*, GWR 2021, 429 (429 ff.).

21 S. hierzu etwa *Ferlemann*, NZS 2018, 56 (56 ff.); *Gassner/Juknat*, in: Rehmann/Tillmanns, E-Health, Kapitel 3, Rdn. 316 ff.; *Jorzig/Sarangi*, Digitalisierung im Gesundheitswesen, S. 107 ff.; s. auch Teil 1, 1. Kapitel, C.IV.2.

22 S. Teil 1, 2. Kapitel, B.I.1.a)bb) und Teil 1, 2. Kapitel, B.I.1.b)bb).

23 § 33a SGB V; s. Teil 1, 1. Kapitel, D.II.3.b)aa).

24 S. Teil 1, 1. Kapitel, D.IV.2.

25 So etwa *Bergh et al.*, Bundesgesundheitsblatt 2015, 1086; *Ulsperger*, in: Wenzel, Handbuch Medizinrecht, Kapitel 19, Rdn. 5.

26 Zu den Formen der Telemedizin, s. Teil 1, 2. Kapitel.

27 So etwa *Brauns/Loos*, Bundesgesundheitsblatt 2015, 1068; *Kuhn/Jungmann*, Der Radiologe 2018, 236. Häufig auch bezeichnet als „move the information, not the patient“, so etwa *Dierks*, GuP 2016, 88; *Dochow*, MedR 2019, 636 (637) m.w.N.

28 S. etwa *Katzenmeier*, NJW 2019, 1769; *Katzenmeier*, in: Rehmann/Tillmanns, E-Health, Kapitel 3, Rdn. 96; *Prütting*, in: Rehmann/Tillmanns, E-Health, Kapitel 3, Rdn. 22 ff.; vgl. *Solodkoff et al.*, Das Gesundheitswesen 2021, 186 (188); zu den Vorteilen von eHealth, s. *Leupold/Wiesner*, in: Leupold et al., IT-Recht, Teil 13, Rdn. 2; zu den Vorteilen der grenzüberschreitenden Telemedizin, s. *Hoppe*, MedR 1998, 462.

29 *Jörg*, Digitalisierung in der Medizin, S. 66; *Kalb*, GesR 2018, 481 (483); *Katzenmeier*, NJW 2019, 1769; *Katzenmeier*, in: Rehmann/Tillmanns, E-Health, Kapitel 3, Rdn. 96; *Leupold/Wiesner*, in: Leupold et al., IT-Recht, Teil 13, Rdn. 2; *Marx/Beckers*, Bundesgesundheitsblatt 2015, 1053; *Steinhilper/Schiller*, in: FS Plagemann, S. 579 (581); *Trill*, in: Trill, Praxisbuch eHealth, S. 45 (51).

30 So etwa *Trill*, in: Trill, Praxisbuch eHealth, S. 45 (51).

minimiert.[31] Im Besonderen ist die Telemedizin – nicht nur während der Corona-Pandemie – ein sinnvolles Mittel, Ansteckungsrisiken in Wartezimmern zu reduzieren.[32] Indessen beeinflusst die Telemedizin nicht nur die Arzt-Patienten-Beziehung positiv, sondern bietet zugleich für die ärztliche (patientenbezogene) Zusammenarbeit Vorzüge.[33] Sowohl Zweit- als auch Expertenmeinungen sind kurzfristig einholbar und ermöglichen daher eine Verbesserung der Patientenbehandlung.[34]

Wenngleich die Telemedizin einen erheblichen Nutzen für das Gesundheitswesen verspricht, hinkt die Einführung der Telemedizin in Deutschland im Vergleich zu anderen Ländern (z.B. zu Estland, Spanien oder Kanada) deutlich hinterher.[35] Für eine von der Bertelsmann Stiftung herausgegebenen Studie zum Thema „Digitalisierungsstrategien im internationalen Vergleich" im Jahr 2018 wurde unter anderem ein neuartiger und eigenständiger sogenannter „Digital-Health-Index" erarbeitet, welcher den Stand der Digitalisierung eines nationalen Gesundheitssystems anhand von 34 Indikatoren (z.B. Strategie, technische Readiness) bewertet.[36] Deutschland belegte im internationalen Vergleich Platz 16 von 17.[37]

In einer Sonderauswertung zum Einsatz und zur Nutzung der Telemedizin im Länderüberblick aus dem Jahr 2020, die ebenfalls von der Bertelsmann Stiftung herausgegeben wurde, wurden unter anderem erfolgreiche Beispiele der telemedizinischen Regelversorgung in anderen Ländern (z.B. in der Schweiz und in Schweden) vorgestellt, von denen auch Deutschland lernen kann.[38] Als Hürden für das Scheitern einer Überfüh-

---

31 *Jorzig*, Der Urologe 2021, 244 (246); *Kalb*, GesR 2018, 481 (483); *Kuhn/Heinz*, GesR 2018, 691; *Marx/Beckers*, Bundesgesundheitsblatt 2015, 1053.

32 Vgl. *Katzenmeier*, NJW 2019, 1769; *Katzenmeier*, in: Rehmann/Tillmanns, E-Health, Kapitel 3, Rdn. 96; *Leupold/Wiesner*, in: Leupold et al., IT-Recht, Teil 13, Rdn. 2; *Prütting et al.*, GesR 2020, 756 (761); *Prütting*, in: Rehmann/Tillmanns, E-Health, Kapitel 3, Rdn. 17, 23; *Spickhoff*, NJW 2021, 1713 (1715); *Steinhilper/Schiller*, in: FS Plagemann, S. 579 (581); *Trill*, in: Trill, Praxisbuch eHealth, S. 45 (51).

33 So etwa *Kalb*, GesR 2018, 481 (483).

34 *Kalb*, GesR 2018, 481 (483); vgl. auch *Kuhn/Heinz*, GesR 2018, 691.

35 Vgl. *Leupold/Wiesner*, in: Leupold et al., IT-Recht, Teil 13, Rdn. 2; *Monks*, Der Urologe 2018, 935; *Matusiewicz et al.*, in: Wasem et al., Medizinmanagement, S. 395; *Thiel et al.*, in: Bertelsmann Stiftung, Digitalisierungsstrategien im internationalen Vergleich, S. 225.

36 *Thiel et al.*, in: Bertelsmann Stiftung, Digitalisierungsstrategien im internationalen Vergleich, S. 7.

37 *Thiel et al.*, in: Bertelsmann Stiftung, Digitalisierungsstrategien im internationalen Vergleich, S. 225.

38 *Thiel/Deimel*, in: Bertelsmann Stiftung, Einsatz und Nutzung von Telemedizin, S. 7 ff.

rung telemedizinischer Projekte in die Regelversorgung wurden nicht zuletzt Fragen der Finanzierung, mangelnde Kooperation verschiedener Akteure (Ärzte, Kassen, aber auch Patienten) und die verbreitete Angst, den Arzt ersetzen zu wollen, genannt.[39]

Mittlerweile ist die Tendenz erkennbar, dass die Telemedizin auch in Deutschland (weiter) vorangetrieben werden soll. Im Koalitionsvertrag zwischen SPD, BÜNDNIS 90/DIE GRÜNEN und FDP wurde etwa festgelegt, dass Videosprechstunden, Telekonsile, Telemonitoring und die telenotärztliche Versorgung regelhaft ermöglicht werden sollen.[40] Es bleibt abzuwarten, wie sich die Telemedizin zukünftig in Deutschland entwickeln wird.

Wenngleich die Fortentwicklung der Telemedizin in Deutschland häufig gefordert wird, bleibt die Kritik[41] an telemedizinischen Maßnahmen nicht aus.[42] Auch die Haltung der Ärzteschaft zur Digitalisierung des Gesundheitswesens ist zwiespältig.[43] Es wird befürchtet, dass die Arzt-Patienten-Beziehung und mithin das Vertrauensverhältnis zwischen den Beteiligten durch den fehlenden persönlichen Kontakt vor Ort negativ beeinflusst werde.[44] Die Kritiker gehen sogar von einer „Abstrahierung“ bzw. „Entemotionalisierung“ des Arzt-Patienten-Kontakts aus und rechnen mit einer Standardisierung der Behandlung.[45] Ebenso wird in Frage gestellt, ob der Arzt durch die telemedizinische Maßnahme auch alle für die Behandlung relevanten Informationen erhalte.[46] Im Zweifel stünden dem Arzt stets genauere Hinweise über den Krankheitszustand des Patienten zur Verfügung, wenn er diesen unter Einsatz aller fünf (Körper-)Sinne sowie

39 *Thiel/Deimel*, in: Bertelsmann Stiftung, Einsatz und Nutzung von Telemedizin, S. 11.

40 *SPD/BÜNDNIS 90/DIE GRÜNEN/FDP*, Koalitionsvertrag 2021–2025, S. 65.

41 Zur Kritik, s. etwa *Kalb*, GesR 2018, 481 (483 f.); *Katzenmeier*, NJW 2019, 1769; *Katzenmeier*, in: Rehmann/Tillmanns, E-Health, Kapitel 3, Rdn. 96; *Steinhilper/Schiller*, in: FS Plagemann, S. 579 (581, 588 f.); vgl. *Krüger-Brand*, Deutsches Ärzteblatt 2018, A 806 (A 807 f.); *Krüger-Brand*, Deutsches Ärzteblatt 2018, A 965 (966 ff.); *Solodkoff et al.*, Das Gesundheitswesen 2021, 186 (190).

42 So auch *Steinhilper/Schiller*, in: FS Plagemann, S. 579 (581); *Kuhn/Heinz*, GesR 2018, 691.

43 So im Jahr 2019 *Gerlof*, in: Strom, Ärzte über Digitalisierung im Gesundheitswesen, S. 43 (44).

44 Vgl. *Deutsch/Spickhoff*, Medizinrecht, Rdn. 25; *Steinhilper/Schiller*, in: FS Plagemann, S. 579 (588); so auch ausgeführt bei *Kuhn/Heinz*, GesR 2018, 691; *Jorzig*, Der Urologe 2021, 244 (246).

45 *Eberbach*, MedR 2019, 1 (4).

46 *Steinhilper/Schiller*, in: FS Plagemann, S. 579 (588); vgl. *Kalb*, GesR 2018, 481 (483).

mittels unmittelbarem Körper- und Blickkontakt in der Praxis persönlich untersuche.[47] Daneben wird erwartet, dass durch die eingeschränkte Wahrnehmung bei der Behandlung des Patienten Fehldiagnosen und Behandlungsfehler auftreten.[48] Zusätzlich könne die Behandlung durch technische Schwierigkeiten erschwert werden, da die räumliche Distanz zwischen den Beteiligten durch Kommunikationsmedien überwunden werden müsse.[49] Darüber hinaus wird befürchtet, dass den an der telemedizinischen Maßnahme beteiligten Akteuren – wohl nicht zuletzt aufgrund rechtlicher Unklarheiten – rechtliche Konsequenzen drohen.[50] Auch strafrechtliche Folgen seien nicht auszuschließen.[51]

Die rechtlichen Rahmenbedingungen der Telemedizin festzustellen, bereitet indessen erhebliche Schwierigkeiten. Zunächst wird eine rechtliche Betrachtung der Telemedizin dadurch erschwert, dass es sich bei der Telemedizin um eine dynamische Materie handelt und weder der Begriff „Telemedizin" noch die einzelnen Formen einheitlich definiert werden. Um die Telemedizin – bzw. die ausschließliche Tele- bzw. Fernbehandlung als Unterfallgruppe[52] –[53] rechtlich betrachten zu können, gilt es daher, vorab den Begriff der Telemedizin zu bestimmen[54] und gewisse Formen der Telemedizin vorzustellen[55]. Darüber hinaus fehlt es an einem Telemedizingesetz, das die Regelungen zur Zulässigkeit der Telemedizin einheitlich zusammenfasst.[56] Stattdessen wirkt sich die Telemedizin auf eine Vielzahl unterschiedlicher Rechtsbereiche, wie beispielsweise das ärztliche Berufs-

47 *Steinhilper/Schiller*, in: FS Plagemann, S. 579 (588).

48 Vgl. *Jorzig*, Der Urologe 2021, 244 (246).

49 So beschrieben bei *Steinhilper/Schiller*, in: FS Plagemann, S. 579 (581).

50 Vgl. *Kuhn/Jungmann*, Der Radiologe 2018, 236; *Leupold/Wiesner* gehen davon aus, dass das Angebot telemedizinischer Leistungen in der Praxis mit einiger Rechtsunsicherheit verbunden sei, s. *Leupold/Wiesner*, in: Leupold et al., IT-Recht, Teil 13, Rdn. 28. *Lipp* geht im Zusammenhang mit der Telemedizin von zahlreichen Rechtsfragen aus, die erste teilweise geklärt seien, s. *Lipp*, in: Laufs et al., Arztrecht, Kapitel II, Rdn. 68.

51 So beschrieben bei *Steinhilper/Schiller*, in: FS Plagemann, S. 579 (581).

52 S. Teil 1, 2. Kapitel, B.I.1.a).

53 Zur Begrenzung des Untersuchungsgegenstands, s. Teil 2, 1. Kapitel.

54 S. Teil 1, 1. Kapitel.

55 S. Teil 1, 2. Kapitel.

56 *Gaidzik*, GesR 2003, 229 (230).

recht[57], das Arzthaftungsrecht[58], das Arztstrafrecht[59], das Datenschutzrecht, das Vertragsarztrecht, das Heilmittelwerberecht und das Arzneimittelrecht aus.[60] Daneben ist stets die (in den vergangenen Jahren rasante) Entwicklung der Rechtslage im Blick zu behalten. Um die Telemedizin in Deutschland zu fördern, wurden jüngst verschiedene Gesetze erlassen und abgeändert.[61]

---

57 Zur ausschließlichen Tele- bzw. Fernbehandlung aus Sicht des ärztlichen Berufsrechts, s. Teil 2, 2. Kapitel.

58 Zur ausschließlichen Tele- bzw. Fernbehandlung aus Sicht des Arzthaftungsrechts, s. Teil 2, 3. Kapitel.

59 Zur ausschließlichen Tele- bzw. Fernbehandlung aus Sicht des Arztstrafrechts, s. Teil 2, 4. Kapitel.

60 Vgl. *Gruner*, GesR 2017, 288; *Hoppe*, MedR 1998, 462; *Lipp*, in: Laufs et al., Arztrecht, Kapitel II, Rdn. 70; zu den betroffenen Rechtsbereichen von eHealth-Anwendungen, s. *Leupold/Wiesner*, in: Leupold et al., IT-Recht, Teil 13, Rdn. 1.

61 Da der Bundesgesetzgeber die Telemedizin weit überwiegend als sozialrechtliches Thema auffasst, so auch *Dierks*, MedR 2016, 405 (409), betreffen die Gesetzesänderung insbesondere das Vertragsarztrecht.

Teil 1:
Grundlagen der Telemedizin

1. Kapitel: Begriffsbestimmung

Der Begriff „Telemedizin" wurde (bislang) nicht einheitlich definiert.[62] In der Literatur lassen sich stattdessen eine Vielzahl an Definitionsansätzen finden,[63] die sich entweder ähneln oder deutliche Unterschiede aufweisen.[64] Es bedarf also zunächst einer Begriffsbestimmung, um die Telemedizin rechtlich betrachten zu können. Hierfür sind sowohl die Wortherkunft in den Blick zu nehmen als auch die Kernelemente der Telemedizin zu erforschen. Zudem ist die Telemedizin von Begriffen wie „eHealth", „Gesundheitstelematik" und „mHealth" abzugrenzen.

A. Etymologie der Telemedizin

Die Etymologie bietet einen ersten Einblick in das Gebiet der Telemedizin. Das Wort „Telemedizin" setzt sich aus dem griechischen Begriff „tele" (fern)[65] und dem Begriff „Medizin" (lateinisch mederi: heilen) zusammen.[66] Setzt man beide Begrifflichkeiten zusammen und vergegenwärtigt man sich deren eigenständige Bedeutung, kann die Telemedizin als „Heilung aus der Ferne" bezeichnet werden.[67] Teilweise wird im Zusammenhang mit der Telemedizin auch von einer sogenannten „Distanzmedizin"[68],

---

62 Vgl. *Gnann*, Der Einsatz der Telemedizin, S. 19 m.w.N.; *Link*, Telemedizinische Anwendungen, S. 5; *Rehmann*, in: Rehmann/Tillmanns, E-Health, Kapitel 3, Rdn. 1; *Schickert et al.*, in: Sassenberg/Faber, Rechtshandbuch Industrie 4.0, § 15, Rdn. 41.

63 S. hierzu *Gnann*, Der Einsatz der Telemedizin, S. 20 ff.; *Link*, Telemedizinische Anwendungen, S. 5 f.; *Schönenberger et al.*, Telemedizinische Verfahren, S. 1 f.; *Sood et al.*, Telemedicine and e-Health 2007, 573 (573 ff.); *Szecsenyi et al.*, Qualitätsentwicklung in der Telemedizin, S. 10; im Ergebnis auch *Ziegler*, in: Stellpflug et al., Gesundheitsrecht Kompendium, L 1000, Rdn. 207.

64 *Dochow*, Telematik im Gesundheitswesen, S. 88; *Pelleter*, in: Budych et al., Telemedizin, S. 36 (37); *Schächinger et al.*, Notfall + Rettungsmedizin 1999, 468 (468 f.); *Tillmanns*, Persönliche Leistungserbringungspflicht, S. 30.

65 *Elsner/Michelz-Niebank*, in: GVG, Versorgung 2030, S. 49.

66 *Schächinger et al.*, Notfall + Rettungsmedizin 1999, 468.

67 Frei übersetzt aus *Strehle/Shabde*, Archives of Disease in Childhood 2006, 956; vgl. *WHO*, Telemedicine, S. 8.

68 *Pflüger*, VersR 1999, 1070 (1072); so auch *Kern*, in: Dierks et al., Rechtsfragen der Telemedizin, S. 55.

„Fernmedizin“[69], ärztlichen „Betreuung bzw. Behandlung aus der Distanz“[70] oder „Medicine at a Distance“[71] gesprochen.

Bereits die Wortherkunft lässt erahnen, dass die Telemedizin zur Heilung bzw. Betreuung eines Bedürftigen eingesetzt wird. Die Besonderheit dieser Form der ärztlichen Versorgung liegt also darin, dass die Beteiligten während der Vornahme der medizinischen Maßnahme räumlich voneinander getrennt sind. Nicht zu bestimmen vermag die Etymologie unter anderem, auf welche Art und Weise und zwischen welchen Personen telemedizinische Maßnahmen eingesetzt werden. Die Wortherkunft allein genügt folglich nicht, um die Telemedizin im Detail zu bestimmen.

B. Auswahl bisheriger Definitionsansätze

Da es bisher an einer allgemeingültigen und einheitlichen Definition der Telemedizin fehlt, wird häufig versucht, die Telemedizin inhaltlich festzulegen. Die Definitionsansätze sind regelmäßig von einem spezifischen, etwa politischen, wissenschaftlichen und/oder praktischen Zugang zum Themengebiet geprägt. In der Literatur wird vielfach auf den Definitionsansatz von Field aus dem Jahr 1996 Bezug genommen.[72] In dem Leitfaden zur Bewertung der Telekommunikation im Gesundheitswesen des Institute of Medicine (U.S.) wurde von Field die Telemedizin wie folgt definiert:

> „telemedicine is the use of electronic information and communications technologies to provide and support health care when distance separates the participants.“[73]

Aus Sicht der Weltgesundheitsorganisation (englisch World Health Organization [WHO]) wurde die Telemedizin im Jahr 1997 weit ausführlicher definiert:

---

69 *Dochow*, Telematik im Gesundheitswesen, S. 86; *Dochow*, MedR 2019, 636 (637); *Pielach*, Haftungsfragen in der Telemedizin, S. 18.

70 So etwa *Barwig*, Telemedizin-Anwendungen, S. 21.

71 So etwa *Khandpur*, Telemedicine, S. 1.

72 *Bahlo*, in: Dierks et al., Rechtsfragen der Telemedizin, S. 125; *Barwig*, Telemedizin-Anwendungen, S. 22; *Dierks*, in: Dierks et al., Rechtsfragen der Telemedizin, S. 1 (3); *Dochow*, MedR 2019, 636 (637); *Katzenmeier/Schrag-Slavu*, Telemedizin im Rettungsdienst, S. 4; *Pelleter*, in: Budych et al., Telemedizin, S. 36 (37); *Schächinger et al.*, Notfall + Rettungsmedizin, 468 (469); *Schultz/Salomo*, in: Schultz et al., Akzeptanz der Telemedizin, S. 17 (18); *Tillmanns*, Persönliche Leistungserbringungspflicht, S. 30.

73 *Field*, in: Institute of Medicine (U.S.), Telemedicine, S. 1.

> „Telemedicine is the delivery of health care services, where distance is a critical factor, by all health care professionals using information and communications technologies for the exchange of valid information for diagnosis, treatment and prevention of disease and injuries, research and evaluation, and for the continuing education of health care providers, all in the interests of advancing the health of individuals and their communities."[74]

Der Wissenschaftliche Dienst des Deutschen Bundestages vom Fachbereich WD 9, Gesundheit, Familie, Senioren, Frauen und Jugend hat im Jahr 2011 die Telemedizin definiert als:

> „ein Hilfsmittel zur Überwindung größerer Entfernungen bei medizinischen Sachverhalten. Darunter wird die Bereitstellung bzw. Anwendung von medizinischen Dienstleistungen mit Hilfe von Informations- und Kommunikationstechnologien für den Fall verstanden, dass Patienten und Angehörige eines Gesundheitsberufes (etwa Ärzte) bzw. diese untereinander nicht am selben Ort sind. Es erfolgt die Übertragung medizinischer Daten und Informationen für die Prävention, Diagnose, Behandlung und Weiterbetreuung von Patienten in Form von Text, Ton und Bild oder in anderer Form."[75]

Die Bundesärztekammer ließen – als Vertreter der berufspolitischen Interessen der Ärzte –[76] eine Definition von der eigens zur Erforschung der Telemedizin eingerichteten Arbeitsgruppe (AG-Telemedizin) entwickeln und nahmen den Definitionsvorschlag im Jahr 2015 an.[77] Hiernach ist die Telemedizin:

> „ein Sammelbegriff für verschiedenartige ärztliche Versorgungskonzepte, die als Gemeinsamkeit den prinzipiellen Ansatz aufweisen, dass medizinische Leistungen der Gesundheitsversorgung der Bevölkerung in den Bereichen Diagnostik, Therapie und Rehabilitation sowie bei ärztlichen Entscheidungsberatung über räumliche Entfernungen (oder zeitlichen

74 *WHO*, Health Telematics Policy, S. 10; Bestätigung der Definition im Jahr 2010, s. *WHO*, Telemedicine, S. 8.

75 *Deter/Markovski*, Aktueller Begriff, S. 1.

76 *Bundesärztekammer*, Aufgaben.

77 *Bundesärztekammer*, Telemedizinische Methoden, S. 1 f.

> Versatz) hinweg erbracht werden. Hierbei werden Informations- und Kommunikationstechnologien eingesetzt."[78]

Einen praktischen Blickwinkel vermittelte der Mediziner Jörg in seinem Buch „Digitalisierung in der Medizin" im Jahr 2018 und definierte die Telemedizin als:

> „Sammelbegriff für alle *ärztlichen audiovisuellen Versorgungskonzepte* [H.i.O.]. Dabei erfolgt die ärztliche Befragung, Untersuchung oder/und Beratung über große räumliche Entfernung. Telemedizin kann auf Wunsch auch zeitlich versetzt erfolgen."[79]

Ebenfalls im Jahr 2018 veröffentliche die Europäische Kommission (englisch European Commission) eine Studie, die den Telemedizinmarkt und die Faktoren der Entwicklung der Telemedizin untersuchte.[80] Die Europäische Kommission legte ihrer Studie folgenden Begriff zu Grunde:

> „Telemedicine is the provision of healthcare services where traditional face-to-face patient – doctor interaction (or doctor – doctor) is replaced by over-distance interaction through use of ICT."[81]

C. Kernelemente der Telemedizin

Es zeigt sich, dass in den jeweiligen Definitionsansätzen häufig wiederkehrende Merkmale verwendet werden. Diese Merkmale stellen Kernelemente oder Charakteristika der Telemedizin dar. Daher gilt es, statt einen neuen Definitionsansatz zu entwickeln, die Kernelemente der Telemedizin zu erarbeiten.

---

78 *Bundesärztekammer*, Telemedizinische Methoden, S. 2. Die entwickelte Definition legte die Bundesärztekammer später auch ihren weiteren Forschungen zu Grunde, s. *Bundesärztekammer*, Hinweise und Erläuterungen zu § 7 Abs. 4 MBO-Ä (2019), S. 2; *Bundesärztekammer*, Hinweise und Erläuterungen zu § 7 Abs. 4 MBO-Ä (2020), S. 2.

79 *Jörg*, Digitalisierung in der Medizin, S. 65.

80 *European Commission*, Market study on telemedicine, S. 9.

81 *European Commission*, Market study on telemedicine, S. 25.

I. Einsatz von Informations- und Kommunikationstechnologien

Das erste Kernelement der Telemedizin ist der Einsatz von Informations- und Kommunikationstechnologien[82] (IuK-Technologien).[83] Die Informationsgewinnung, -verarbeitung und -speicherung wird hierbei mit der Informationsübermittlung (Kommunikation im technischen Sinn) verknüpft.[84] Der Anwendungsbereich der Telemedizin wird erweitert, fortentwickelt oder geändert, sofern neue Technologien entwickelt und zugelassen werden.[85]

Teilweise wird vertreten, dass es sich nur dann um eine telemedizinische Maßnahme handele, wenn *moderne* IuK-Technologien eingesetzt würden.[86] Die starre Beschränkung der Telemedizin auf den Einsatz moderner IuK-Technologien überzeugt indessen nicht. Es wird von der Gegenauffassung nicht näher erläutert, welche Kriterien eine IuK-Technologie erfüllen muss, um als „modern" zu gelten. Für die Bestimmung der modernen IuK-Tech-

---

82 Hier wird die gebräuchliche Bezeichnung „Informations- und Kommunikationstechnologie" verwendet.

83 Als Kernelement in fast allen hier genannten Definitionsansätzen enthalten, s. *Bundesärztekammer*, Telemedizinische Methoden, S. 2; *Deter/Markovski*, Aktueller Begriff, S. 1; *European Commission*, Market study on telemedicine, S. 25; *Field*, in: Institute of Medicine (U.S.), Telemedicine, S. 1; *WHO*, Health Telematics Policy, S. 10; so auch *Bundesärztekammer*, Hinweise und Erläuterungen zu § 7 Abs. 4 MBO-Ä (2019), S. 2; *Bundesärztekammer*, Hinweise und Erläuterungen zu § 7 Abs. 4 MBO-Ä (2020), S. 2; *Dierks*, in: Dierks et al., Rechtsfragen der Telemedizin, S. 1 (3); *Elsner/Michelz-Niebank*, in: GVG, Versorgung 2030, S. 49; *Gaidzik*, GesR 2003, 229; *Häckl*, Neue Technologien im Gesundheitswesen, S. 66; *Hoppe*, MedR 1998, 462; *Letzel*, in: Letzel et al., Telemedizin, S. 29 (30); *Link*, Telemedizinische Anwendungen, S. 6; *Rehmann*, in: Rehmann/Tillmanns, E-Health, Kapitel 3, Rdn. 1; *Schütze/Kamler*, DMW 2007, 453; *Wigge et al.*, MedR 2010, 700 (705); *Jörg* spricht hingegen nur von audiovisuellen Versorgungskonzepten, s. *Jörg*, Digitalisierung in der Medizin, S. 65.

84 Vgl. *Piller*, Mass Customization, S. 24.

85 Im Ergebnis auch *Dittmar et al.*, GGW 2009, 16 (17); *Link*, Telemedizinische Anwendungen, S. 12; *Wendelstein*, Kollisionsrechtliche Probleme der Telemedizin, S. 2; für den Begriff „eHealth" zustimmend *Matusiewicz/Thielscher*, in: Matusiewicz et al., Digitale Transformation im Gesundheitswesen, S. 3 (3 f.).

86 So etwa *Bartmann/Schenkel*, in: Byok/Csaki, Handbuch Digital Health, S. 89 (90); *Gaidzik*, GesR 2003, 229; *Marx/Beckers*, Bundesgesundheitsblatt 2015, 1053; *Rehmann*, in: Rehmann/Tillmanns, E-Health, Kapitel 3, Rdn. 1; *Skorning et al.*, Notfall + Rettungsmedizin 2011, 187; *Steffen*, in: FS Stoll, S. 71 (71 f.); *Ulsperger*, in: Wenzel, Handbuch Medizinrecht, Kapitel 19, Rdn. 7; *Wollersheim*, in: Clausen/Schroeder-Printzen, Anwaltshandbuch Medizinrecht, § 6, Rdn. 138; a.A. auch *Häcker et al.*, Telemedizin, S. 8 m.w.N.; zur Beschränkung des gesamten eHealth-Bereichs auf moderne Technologien, s. etwa *Matusiewicz/Thielscher*, in: Matusiewicz et al., Digitale Transformation im Gesundheitswesen, S. 3.

nologie kommen unterschiedliche Auslegungsmöglichkeiten in Betracht. Eine moderne IuK-Technologie könnte beispielsweise anhand von starren Jahresgrenzen (< zwei Jahre) bestimmt oder auf die neuesten, am Markt erhältlichen Technologien begrenzt werden. Insofern bei der Auswahl und Durchführung der Telemedizin besondere rechtliche Vorgaben gelten, führt das auslegungsbedürftige Merkmal der modernen IuK-Technologie zur (Rechts-)Unsicherheit des Anwenders der Telemedizin. Freilich kann die (Rechts-)Unsicherheit des Leistungserbringers durch das Festlegen einer einheitlichen Auslegung verhindert werden. Eine solche ist jedoch bislang nicht ersichtlich.

Nicht zuletzt würde der Anwendungsbereich der Telemedizin und mithin das ihr zugeschriebene Potenzial zu stark eingeschränkt werden, wenn der Behandler auf den Einsatz moderner IuK-Technologien beschränkt wäre. Auch ältere IuK-Technologien können zur ärztlichen Behandlung eines Patienten sinnvoll genutzt werden. Fehlt es beispielsweise an einem Schiffsarzt an Bord eines Schiffes und benötigt ein Passagier medizinische Betreuung, ist es möglicherweise erforderlich, den Patienten via Funk aus der Ferne ärztlich zu versorgen.[87] Obwohl das Funkgerät eine ältere IuK-Technologie darstellt, darf ihm seine praktische Relevanz im Einzelfall daher nicht abgesprochen werden. Stattdessen ist es Aufgabe des Behandlers, abzuwägen, welche der zur Verfügung stehenden Geräte im konkreten Fall in rechtlich zulässiger Weise zur Behandlung des Patienten eingesetzt werden dürfen.[88] Um die Aufgabenverteilung nicht zu unterlaufen, ist die Telemedizin also nicht auf den Einsatz von modernen IuK-Technologien zu begrenzen.

Ob ältere IuK-Technologien von dem Behandler in der jeweiligen Behandlungssituation in rechtlich zulässiger Weise eingesetzt werden dürfen, ist folglich von der Frage zu trennen, ob die Vornahme der Fernbehandlung mit älteren Technologien überhaupt als Maßnahme der Telemedizin anzusehen ist. Zwar ist das Bedürfnis einer Begrenzung der Telemedizin nachvollziehbar und im Übrigen auch angezeigt, jedoch knüpft die Begrenzung des Anwendungsbereichs der Telemedizin nicht an dem Kernelement der IuK-Technologie an, sondern wird durch weitere Charakteristika der Telemedizin bewirkt.[89]

87 Zum Sonderfall der maritimen Telemedizin, s. Teil 2, 3. Kapitel, C.I.3.b)bb)(1).
88 S. etwa Teil 2, 2. Kapitel, B.I.2.c)bb)(2)(e).
89 Zu den weiteren Charakteristika der Telemedizin, s. sogleich.

II. Überwindung einer räumlichen Distanz und zeitlicher Versatz

Der Einsatz von telemedizinischen Anwendungen bezweckt insbesondere, eine bestehende räumliche Distanz zwischen den beteiligten Akteuren zu überwinden.[90] Um miteinander aus der Ferne zu kommunizieren, setzen die Parteien IuK-Technologien ein.[91] Ein Arzt kann beispielsweise nach Übermittlung aller relevanten patientenbezogenen Informationen eine Diagnose aus der Ferne stellen.

Auf welche Art und Weise die Beteiligten die räumliche Distanz überwinden, ist grundsätzlich nicht auf eine Kommunikationsform beschränkt. Stattdessen kann der Austausch von Daten und Informationen in Textform, durch Übertragung von Bild und Ton oder durch eine andere Form erfolgen.[92] Beispielsweise kann der Patient via E-Mail, Telefon, Videotelefonie oder über den Mobilfunkdienst versandte Nachrichten aus der Ferne behandelt werden.[93]

Zum Teil wird in den Definitionsansätzen ausdrücklich betont, dass die Telemedizin auch zeitlich versetzt erfolgen könne.[94] Durch die Möglichkeit

---

90 Als Kernelement in allen hier aufgeführten Definitionsansätzen enthalten, s. *Bundesärztekammer*, Telemedizinische Methoden, S. 2; *Deter/Markovski*, Aktueller Begriff, S. 1; *European Commission*, Market study on telemedicine, S. 25; *Field*, in: Institute of Medicine (U.S.), Telemedicine, S. 1; so auch *Bundesärztekammer*, Hinweise und Erläuterungen zu § 7 Abs. 4 MBO-Ä (2019), S. 2; *Bundesärztekammer*, Hinweise und Erläuterungen zu § 7 Abs. 4 MBO-Ä (2020), S. 2; *Dierks*, in: Dierks et al., Rechtsfragen der Telemedizin, S. 1 (3); *Dochow*, MedR 2019, 636 (637); *Gaidzik*, GesR 2003, 229; *Gruner*, GesR 2017, 288 (289); *Häckl*, Neue Technologien im Gesundheitswesen, S. 66; *Hoppe*, MedR 1998, 462; *Katzenmeier/Schrag-Slavu*, Telenotarzt, S. 13; *Letzel*, in: Letzel et al., Telemedizin, S. 29 (30); *Link*, Telemedizinische Anwendungen, S. 6; *Rehmann*, in: Rehmann/Tillmanns, E-Health, Kapitel 3, Rdn. 1; *Schickert et al.*, in: Sassenberg/Faber, Rechtshandbuch Industrie 4.0, § 15, Rdn. 41; *Schütze/Kamler*, DMW 2007, 453; *Wigge et al.*, MedR 2010, 700 (705); *Wahl/Jankowski*, in: Pfannstiel et al., Digitale Transformation von Dienstleistungen im Gesundheitswesen V, S. 297 (299); zur Notwendigkeit der Überwindung einer „großen" räumlichen Entfernung, s. *Jörg*, Digitalisierung in der Medizin, S. 65.

91 So etwa *Kern*, in: Dierks et al., Rechtsfragen der Telemedizin, S. 55; *Pelleter*, in: Budych et al., Telemedizin, S. 36 (37).

92 *Deter/Markovski*, Aktueller Begriff, S. 1; *Dochow*, MedR 2019, 636 (637).

93 Aufzählung orientiert sich an der Auslegung des Begriffs „Kommunikationsmedien" i.S.d. § 7 Abs. 4 S. 2 und 3 MBO-Ä. Der Auslegung wird die Legaldefinition des § 312c Abs. 2 BGB zu Grunde gelegt, s. *Bundesärztekammer*, Synopse zur Änderung von § 7 Abs. 4 MBO-Ä (2018), S. 2.

94 *Bundesärztekammer*, Telemedizinische Methoden, S. 2; *Jörg*, Digitalisierung in der Medizin, S. 65; s. auch *Gruner*, GesR 2017, 288 (289); *Rehmann*, in: Rehmann

auf einen persönlichen Kontakt vor Ort zu verzichten, kann das ärztliche Tätigwerden von der Verfügbarkeit des Patienten zur gleichen Zeit abgekoppelt werden.[95] Vitaldaten des Patienten können beispielsweise dauerhaft an den Arzt elektronisch übermittelt werden.[96] Eine Auswertung der Daten kann der sich räumlich entfernt aufhaltende Behandler sodann zeitversetzt vornehmen.[97]

III. Umfang der Telemedizin

Einigkeit besteht dahingehend, dass im Rahmen der Telemedizin IuK-Technologien zur Überwindung einer Distanz *im Gesundheitswesen* eingesetzt werden.[98] Der Umfang des Anwendungsbereichs der Telemedizin innerhalb des Gesundheitswesens wird demgegenüber uneinheitlich bestimmt. Teilweise wird vertreten, dass auch eine computergestützte, medizinische Aus-, Fort- und Weiterbildung von Ärzten sowie Schulungen von Ärzten unter Einsatz von IuK-Technologien in den Anwendungsbereich der Telemedizin fielen.[99] In diesem Zusammenhang wird auch von Teleteaching[100], Telelearning[101] oder E-Learning[102] gesprochen.

Nach zutreffender Auffassung ist der Einsatz der Telemedizin auf die Erbringung und Unterstützung konkret medizinischer Dienstleistungen

---

/Tillmanns, E-Health, Kapitel 3, Rdn. 1; *Siglmüller*, Rechtsfragen der Fernbehandlung, S. 182 f.

95 *Siglmüller*, Rechtsfragen der Fernbehandlung, S. 183; so wohl auch *Wahl/Jankowski*, in: Pfannstiel et al., Digitale Transformation von Dienstleistungen im Gesundheitswesen V, S. 297 (299).

96 *Siglmüller*, Rechtsfragen der Fernbehandlung, S. 183.

97 Vgl. hierzu ausführlicher *Siglmüller*, Rechtsfragen der Fernbehandlung, S. 183.

98 *Dochow*, Telematik im Gesundheitswesen, S. 90 m.w.N.; *Hoppe*, MedR 1998, 462; *Schütze/Kamler*, DMW 2007, 453 m.w.N.; *Szecsenyi et al.*, Qualitätsentwicklung in der Telemedizin, S. 11; *Wigge et al.*, MedR 2010, 700 (705).

99 *Dittmar et al.*, GGW 2009, 16 (18); *Jorzig/Sarangi*, Digitalisierung im Gesundheitswesen, S. 170; *Kalb*, GesR 2018, 481 (483); *Matusiewicz et al.*, in: Wasem et al., Medizinmanagement, S. 395 (400); *Schwab et al.*, Herz 2008, 420; *WHO*, Health Telematics Policy, S. 10.

100 *Häckl*, Neue Technologien im Gesundheitswesen, S. 69; *Wendelstein*, Kollisionsrechtliche Probleme der Telemedizin, S. 8.

101 *Haas*, Gesundheitstelematik, S. 18; *Häckl*, Neue Technologien im Gesundheitswesen, S. 69.

102 So etwa *Letzel*, in: Letzel et al., Telemedizin, S. 29 (30).

(z.B. Anamnese, Diagnostik, Therapie) zu beschränken.[103] Bereits der Begriff Tele*medizin* legt eine Begrenzung des Anwendungsbereichs nahe.[104] Unter Medizin sind im weitesten Sinne alle Handlung zu verstehen, die dazu dienen, Krankheiten von Menschen vorzubeugen, zu erkennen, zu behandeln und wenn möglich zu heilen.[105] Darüber hinaus ist auch der Motivation der Telemedizin-Initiatoren, die aus der Ärzteschaft hervorgegangen sind,[106] eine Beschränkung des Umfangs der Telemedizin zu entnehmen. Mit Einführung telemedizinischer Maßnahmen wurde bezweckt, die (einrichtungsübergreifende) *medizinische Versorgung* von Patienten durch den Einsatz von IuK-Technologien effizienter zu gestalten.[107] Hierfür können bestehende medizinische Vorgänge durch telemedizinische Maßnahmen ergänzt werden.[108]

Da die Telemedizin von den Beteiligten[109] eingesetzt wird, um eine konkrete medizinische Dienstleistung aus der Ferne zu erbringen, und der Patient bei solchen Maßnahmen im Zentrum steht,[110] ist es angezeigt, dass telemedizinische Leistungen einen direkten Patientenbezug[111] aufweisen müssen bzw. patientenorientiert zu verstehen sind.[112] Eine solche Sichtweise schließt den Einsatz der Telemedizin zwischen Ärzte untereinander

103 *Bundesärztekammer*, Telemedizinische Methoden, S. 2; *Deter/Markovski*, Aktueller Begriff, S. 1; *Dochow*, Telematik im Gesundheitswesen, S. 85 f.; *Dochow*, MedR 2019, 636 (637); *Feussner et al.*, in: Dierks et al., Rechtsfragen der Telemedizin, S. 37; *Goetz*, Bayerisches Ärzteblatt 1999, 502; *Gruner*, GesR 2017, 288 (289); *Hanika*, MedR 2001, 107 (108); *Jörg*, Digitalisierung in der Medizin, S. 65, 90; *Katzenmeier/Schrag-Slavu*, Telenotarzt, S. 13; *Letzel*, in: Letzel et al., Telemedizin, S. 29 (30); *Link*, Telemedizinische Anwendungen, S. 6; *Lipp*, in: Laufs et al., Arztrecht, Kapitel II, Rdn. 68; *Skorning et al.*, Notfall + Rettungsmedizin 2011, 187; *Szecsenyi et al.*, Qualitätsentwicklung in der Telemedizin, S. 10 f.; so wohl auch *Gaidzik*, GesR 2003, 229; *Klar/Pelikan*, Bundesgesundheitsblatt 2009, 263 (265); *Schönenberger et al.*, Telemedizinische Verfahren, S. 3, 15 f.; *Schütze/Kamler*, DMW 2007, 453.

104 *Dochow*, Telematik im Gesundheitswesen, S. 90.

105 *Bock*, Wissenschaftliche und alternative Medizin, S. 7.

106 *Burchert*, in: Keuper, Electronic Business und Mobile Business, S. 318 (321 f.) m.w.N.

107 So beschrieben bei *Burchert*, in: Keuper, Electronic Business und Mobile Business, S. 318 (321 f.); *Klar/Pelikan*, Bundesgesundheitsblatt 2009, 263 (265).

108 Vgl. *Köhler et al.*, Der Internist 2019, 331 (331 f.); *Szecsenyi et al.*, Qualitätsentwicklung in der Telemedizin, S. 7 m.w.N.

109 Zu den beteiligten Akteuren aus dem Gesundheitsbereich, s. sogleich.

110 Vgl. *Schönenberger et al.*, Telemedizinische Verfahren, S. 4.

111 *Fischer et al.*, in: Fischer/Krämer, eHealth in Deutschland, S. 3 (8).

112 Vgl. *Dochow*, Telematik im Gesundheitswesen, S. 188.

allerdings nicht aus, sofern die Kommunikation bzw. die Zusammenarbeit zum Zweck der medizinischen Versorgung des Patienten erfolgt.[113]

Als Form der Heilbehandlung[114] weisen telemedizinische Anwendungen nicht nur einen Patientenbezug, sondern in der Regel auch einen Behandlungsbezug auf.[115] Die Telemedizin kann also beispielsweise in den Behandlungsstadien der Anamnese (Teleanamnese), Befunderhebung (Telebefunderhebung), Therapie (Teletherapie) sowie bei Maßnahmen der medizinischen Überwachung und zur Nachsorge (Telenachsorge) eingesetzt werden.[116] Der weitgehende Begriff der Medizin erlaubt es jedoch, telemedizinische Anwendungen nicht nur in den Stadien der Diagnostik und Therapie, sondern auch im Rahmen der Prävention (Teleprävention) und Rehabilitation (Telerehabilitation)[117] anzuwenden.[118] Die (gesundheitliche) Prävention umfasst „vorbeugende Maßnahmen zur Erhaltung der Gesundheit und Verhütung von Krankheit, Behinderung, Erwerbsminderung und Pflegebedürftigkeit."[119] Demgegenüber zielt die (medizinische) Rehabilitation darauf ab, die Folgen einer Krankheit vorzubeugen, zu beseitigen oder zu bessern sowie eine wesentliche Verschlechterung abzuwenden.[120] Der Patient kann hierbei die Rehabilitationsmaßnahme (z.B. Wortfindungsübungen) aus der Ferne via Fernkommunikationsmitteln durchführen.[121]

Anhand dieser Überlegungen zeigt sich, dass das Teleteaching nicht als Teilbereich der Telemedizin zu qualifizieren ist. Stattdessen ist das Tele-

---

113 *Dochow*, Telematik im Gesundheitswesen, S. 92 m.w.N.

114 Im Ergebnis auch *Deter/Markovski*, Aktueller Begriff, S. 1; *Häckl*, Neue Technologien im Gesundheitswesen, S. 66, 69; *Link*, Telemedizinische Anwendungen, S. 42; so wohl auch *Jörg*, Digitalisierung in der Medizin, S. 65.

115 *Dochow*, Telematik im Gesundheitswesen, S. 188.

116 Vgl. *Dochow*, Telematik im Gesundheitswesen, S. 194; *Dochow*, MedR 2019, 636 (638).

117 Einbeziehend etwa *Letzel*, in: Letzel et al., Telemedizin, S. 29 (30); *Rehmann*, in: Rehmann/Tillmanns, E-Health, Kapitel 3, Rdn. 1; zur Telerehabilitation, s. auch *Wahl/Jankowski*, in: Pfannstiel et al., Digitale Transformation von Dienstleistungen im Gesundheitswesen V, S. 297 (300 ff.).

118 *Dochow*, Telematik im Gesundheitswesen, S. 90 f. m.w.N.; *Schönenberger et al.*, Telemedizinische Verfahren, S. 3; a.A. *Feussner et al.*, in: Dierks et al., Rechtsfragen der Telemedizin, S. 37; *Goetz*, Bayerisches Ärzteblatt 1999, 502; *Hanika*, MedR 2001, 107 (108); *Steffen*, in: FS Stoll, S. 71 (74).

119 *Welti*, in: Becker/Kingreen, § 20 SGB V, Rdn. 6; so auch *Dochow*, Telematik im Gesundheitswesen, S. 121 f.

120 *Dochow*, Telematik im Gesundheitswesen, S. 215 m.w.N.

121 Vgl. *Bayerisches Staatsministerium für Gesundheit und Pflege*, Digitalisierung im Krankenhaus.

teaching dem (übergeordneten)[122] Begriff der Gesundheitstelematik zuzuordnen.[123] Das unmittelbare Ziel des Teleteaching ist die Vermittlung von Wissen, so dass die Anwendung weder den Patienten in den Fokus rückt noch eine spezifisch auf die Heilung des Patienten gerichtete Behandlung darstellt. Die lediglich mittelbare (langfristige) Wirkung des Teleteaching genügt für eine Qualifizierung als telemedizinische Maßnahme nicht.

IV. Beteiligte Akteure aus dem Gesundheitsbereich

1. Begrenzung auf bestimmte Personengruppen

Für die Telemedizin ist charakteristisch, dass unterschiedliche Akteure an der Dienstleistung beteiligt sind.[124] Bislang wurde noch nicht abschließend und einheitlich festgelegt, welchen Personen der Einsatz von IuK-Technologien zur Verbesserung der medizinischen Behandlung des Patienten vorbehalten sein soll.

a) Enger Telemedizinbegriff

Nach dem sogenannten engen Telemedizinbegriff[125] beschränkt sich der Einsatz der Telemedizin auf das Verhältnis zwischen einem Arzt (bzw. mehreren Ärzten) und seinem Patienten oder zwischen zwei (bzw. mehreren) Ärzten untereinander.[126] Selbst nach der restriktivsten Auffassung handelt es sich also auch dann um eine telemedizinische Dienstleistung, wenn

---

122 S. Teil 1, 1. Kapitel, D.IV.1.

123 *Bergh et al.*, Bundesgesundheitsblatt 2015, 1086; *Szecsenyi et al.*, Qualitätsentwicklung in der Telemedizin, S. 11.

124 So auch herauszulesen aus den Definitionsansätzen von *Deter/Markovski*, Aktueller Begriff, S. 1; *European Commission*, Market study on telemedicine, S. 25; *Field*, in: Institute of Medicine (U.S.), Telemedicine, S. 1; *WHO*, Health Telematics, S. 10; *WHO*, Telemedicine, S. 8.

125 So bezeichnet bei *Tillmanns*, Persönliche Leistungserbringungspflicht, S. 32.

126 *Brauns/Loos*, Bundesgesundheitsblatt 2015, 1068; *Deter/Markovski*, Aktueller Begriff, S. 1; *European Commission*, Market study on telemedicine, S. 25; *Klar/Pelikan*, Bundesgesundheitsblatt 2009, 263; *Koch/Scholz*, in: Kramme, Medizintechnik, S. 807; *Link*, Telemedizinische Anwendungen, S. 6; *Manzeschke*, Bayerisches Ärzteblatt 2004, 480 (481); *Marx/Beckers*, Bundesgesundheitsblatt 2015, 1053; *Schneider*, in: Dierks et al., Rechtsfragen der Telemedizin, S. 109 (111); *Wendelstein*, Kollisionsrechtliche Probleme der Telemedizin, S. 1.

Ärzte zeitgleich (oder asynchron) zum Zweck der Patientenbehandlung[127] zusammenwirken und sich räumlich getrennt voneinander aufhalten. Die Telemedizin umfasst daher nicht nur die Behandlung und Beratung des sich räumlich entfernt aufhaltenden Patienten,[128] wenngleich die Wortherkunft des Begriffs Telemedizin hierauf schließen lässt.

Der enge Telemedizinbegriff wird teilweise dahingehend aufgeweicht, dass in das Beziehungsgeflecht „Arzt-Patient" zusätzlich ein nichtärztliches (besonders qualifiziertes)[129] Fachpersonal eingebunden werden kann.[130] Der Arzt in der Praxis kann durch das nichtärztliche Fachpersonal beispielsweise durch Übernahme von Haus- sowie Altenheimbesuche unterstützt werden.[131] Da es aus Zeitgründen zum Teil an persönlichen Arztbesuchen beim Patienten mangelt und die Transportfähigkeit des Patienten zum Behandler nicht immer vorliegt, können Videokonferenzen zwischen dem Arzt und einem nichtärztlichen Versorgungsassistenten sehr nützlich sein.[132] Führt das nichtärztliche Fachpersonal beispielsweise Routinetätigkeiten (z.B. Verbandswechsel, Nachuntersuchungen) durch und treten währenddessen Fragen auf, kann der Arzt dem Geschehen vor Ort jederzeit etwa per Video zugeschaltet werden.[133]

Die Telemedizin nicht nur Ärzten und Patienten, sondern auch nichtärztlichem Fachpersonal zu ermöglichen, hat enormes Potenzial. Der Arzt wird durch die Unterstützung des nichtärztlichen Fachpersonals erheblich entlastet.[134] Zugleich kann das nichtärztliche Fachpersonal aufgrund der eigenen Expertise dem sich entfernt aufhaltenden Arzt solche patientenbezogenen Informationen übermitteln, die zuvor selbstständig oder unter Anleitung des Arztes erhoben wurden. Auch eine ggf. stattfindende Kommunikation zwischen dem Arzt und seinem Patienten kann durch das nichtärztliche Fachpersonal (etwa als Vermittler) erleichtert werden.

---

127 S. Teil 1, 1. Kapitel, C.III.

128 *Dochow*, MedR 2019, 636 (637) m.w.N.

129 Zur Ausbildung, s. *Elsner/Michelz-Niebank*, in: GVG, Versorgung 2030, S. 49 (52); *Jörg*, Digitalisierung in der Medizin, S. 68 f.

130 So etwa *Elsner/Michelz-Niebank*, in: GVG, Versorgung 2030, S. 49 (49, 51 f.); *Jorzig/Sarangi*, Digitalisierung im Gesundheitswesen, S. 169.

131 *Elsner/Michelz-Niebank*, in: GVG, Versorgung 2030, S. 49 (52); *Jörg*, Digitalisierung in der Medizin, S. 68.

132 *Jörg*, Digitalisierung in der Medizin, S. 68.

133 *Jörg*, Digitalisierung in der Medizin, S. 68.

134 *Jörg*, Digitalisierung in der Medizin, S. 69.

b) Erweitern des Anwendungsbereichs auf Angehörige anderer Heilberufe

Darüber hinaus wird vertreten, dass der Einsatz der Telemedizin nicht auf eine *ärztliche* Beratung bzw. Behandlung eines Patienten aus der Ferne beschränkt sein soll.[135] Nach dieser Ansicht ist für die Qualifizierung einer Dienstleistung als eine solche der Telemedizin nicht zwingend erforderlich, dass ein Arzt an der Fernbehandlung mitwirkt.

Ungeklärt ist jedoch, welche Personengruppen alleinige, telemedizinische Leistungserbringer sein dürfen. Eine Orientierung hierzu kann Art. 74 Abs. 1 Nr. 19 GG liefern, der unter anderem von der „Zulassung zu ärztlichen[136] und anderen Heilberufen" spricht. Der Begriff des Heilberufes wird weit ausgelegt.[137] Hiervon werden verschiedenartige Einzeltätigkeiten mit entweder heilender oder vergleichbar helfender Funktion umfasst.[138] Um Heilberufe handelt es sich beispielsweise bei Psychotherapeuten.[139]

Die Einstellung des Gesetzgebers zum Anwendungsbereich der Telemedizin hat sich in den vergangenen Jahren diametral verändert. Während im Jahr 2015 in der Gesetzesbegründung zum Gesetz für sichere digitale Kommunikation und Anwendungen im Gesundheitswesen sowie zur Änderung weiterer Gesetze vom 21.12.2015[140] eine psychotherapeutische Telebehandlung noch ausdrücklich ausgeschlossen wurde, wurde der Anwendungsbereich telemedizinischer Dienste in letzter Zeit mehrmals erweitert. Dem Bewertungsausschuss wurde durch das Gesetz zur Stärkung des Pflegepersonals (Pflegepersonal-Stärkungsgesetz – PpSG) vom 11.12.2018[141] unter anderem aufgetragen, bei der (telemedizinischen) Anpassung des einheitlichen Bewertungsmaßstabs die Besonderheit in der Versorgung durch Psychotherapeuten zu berücksichtigen, s. § 87 Abs. 2a S. 19

135 *Dockweiler*, in: Fischer/Krämer, eHealth in Deutschland, S. 257; *Pelleter*, in: Budych et al., Telemedizin, S. 36 (37); *Wahl/Jankowski*, in: Pfannstiel et al., Digitale Transformation von Dienstleistungen im Gesundheitswesen V, S. 297 (299).

136 Ärzte, Zahnärzte und Tierärzte sind ärztliche Berufe, s. BVerfGE 33, 125 (154 f.) m.w.N. = NJW 1972, 1504 (1505) m.w.N.; *Degenhart*, in: Sachs, Art. 74 GG, Rdn. 86; *Kment*, in: Jarass/Pieroth, Art. 74 GG, Rdn. 51; *Seiler*, in: BeckOK-GG, Art. 74, Rdn. 71.

137 S. etwa *Kment*, in: Jarass/Pieroth, Art. 74 GG, Rdn. 51; *Seiler*, in: BeckOK-GG, Art. 74, Rdn. 71.

138 *Seiler*, in: BeckOK-GG, Art. 74, Rdn. 71.

139 BVerwGE 66, 367 (369 ff.) = NJW 1984, 1414 (1414 f.); *Kment*, in: Jarass/Pieroth, Art. 74 GG, Rdn. 51; *Seiler*, in: BeckOK-GG, Art. 74, Rdn. 71.1.

140 BGBl. I, 2408.

141 BGBl. I, 2394.

SGB V a.F.[142] Im Anschluss wurde der Anwendungsbereich der Telemedizin durch das Gesetz zur digitalen Modernisierung von Versorgung und Pflege (Digitale-Versorgung-und-Pflege-Modernisierungs-Gesetz – DVPMG) vom 03.06.2021[143] erweitert.[144] Beispielsweise wurde der Anwendungsbereich der Telemedizin auch für Heilmittelerbringer (z.B. Physio-, Ergotherapeuten und Logopäden) und Hebammen geöffnet.[145] Ein in § 125 SGB V neu eingefügter Abs. 2a sieht etwa vor, dass die Adressaten der Vorschrift in den Verträgen auch die Einzelheiten der Versorgung mit Heilmitteln, welche telemedizinisch erbracht werden, zu regeln haben. Ähnliches gilt für die Vertragsparteien i.S.d. § 134a Abs. 1 SGB V für Leistungen der Hebammenhilfe aufgrund des geänderten § 134a Abs. 1d SGB V.[146]

Dem Gesetzgeber ist in seiner Entscheidung, die Erbringung telemedizinischer Dienstleistungen nicht auf die Arzt-Patienten-Beziehung und Arzt-Arzt-Kommunikation zu begrenzen, zuzustimmen. Die Vorteile telemedizinischer Anwendungen können sich nicht nur in den genannten Verhältnissen positiv auf die Behandlung des Patienten auswirken. Patienten benötigen in Zukunft nicht nur einen schnellen und sicheren Zugang zu Ärzten, sondern auch zu anderen Dienstleistern im Gesundheitswesen. Statt eines generellen Ausschlusses solcher Leistungserbringer ist es angezeigt – wie es derzeit zum Teil geschieht –, für den jeweiligen Fachbereich genau prüfen und regeln zu lassen, inwieweit telemedizinische Dienstleistungen auch dort erbracht werden dürfen, s. etwa § 125 Abs. 2a SGB V und § 134a Abs. 1d SGB V.

c) Weiter Telemedizinbegriff

Die Anhänger eines sogenannten weiten Telemedizinbegriffs[147] vertreten hingegen, das telemedizinische Maßnahmen von allen am Gesundheitswesen beteiligten Personen eingesetzt werden können.[148] Nutzer und Erbrin-

---

142 BT-Drs. 19/4453, 73.
143 BGBl. I, 1309.
144 BT-Drs. 19/27652, 3.
145 BT-Drs. 19/27652, 3.
146 S. weiterführend BT-Drs. 19/27652, 106 f.
147 So bezeichnet bei *Tillmanns*, Persönliche Leistungserbringungspflicht, S. 30 f.
148 *Bahlo*, in: Dierks et al., Rechtsfragen der Telemedizin, S. 125; *Pelleter*, in: Budych et al., Telemedizin, S. 36 (37); *Schächinger et al.*, Notfall + Rettungsmedizin 1999, 468 (469); *Schütze/Kamler*, DMW 2007, 453; *Tillmanns*, Persönliche Leistungserbrin-

ger von telemedizinischen Maßnahmen sind hiernach beispielsweise auch private Anbieter von medizinischen Produkten und Dienstleistungen, Produkthersteller, Krankenkassen, Behörden oder Apotheker.[149]

Dem weiten Telemedizinbegriff ist allerdings deshalb eine Absage zu erteilen, da dem Einsatz im gesamten Gesundheitswesen bereits der aufgezeigte Umfang der Telemedizin entgegensteht. Telemedizinische Anwendungen sind auf die Erbringung und Unterstützung konkret medizinischer Dienstleistungen beschränkt.[150] Stellt beispielhaft ein Pharmazievertreter einem Arzt aus der Ferne unter Einsatz von IuK-Technologien medizinische Produkte vor, handelt es sich daher nicht um eine Anwendungsfall der Telemedizin, da bereits der unmittelbare Patientenbezug der Maßnahme fehlt. Ungeachtet dessen wird hier nicht in Abrede gestellt, dass Fernkommunikationsmittel zum Zweck der Überwindung einer räumlichen Distanz möglicherweise auch sinnvoll zwischen anderen am Gesundheitswesen beteiligten Personen eingesetzt werden können. Es handelt sich hierbei allerdings nicht um eine Form der Telemedizin.

2. Abgrenzung zur KI

Die Einsatzmöglichkeiten von KI sind auch im Gesundheitswesen vielfältig.[151] KI in der Medizin wird ein enormes Potenzial zur Verbesserung der Gesundheitsversorgung (z.B. durch neue Möglichkeiten der Diagnose

---

gungspflicht, S. 30 f.; so wohl aufgrund der offenen Bezeichnung auch *Dierks*, in: Dierks et al., Rechtsfragen der Telemedizin, S. 1 (3); *Field*, in: Institute of Medicine (U.S.), Telemedicine, S. 1; *Wigge et al.*, MedR 2010, 700 (705).

149 *Bahlo*, in: Dierks et al., Rechtsfragen der Telemedizin, S. 125; *Marx/Koch*, A&I 2015, 257; *Pielach*, Haftungsfragen in der Telemedizin, S. 19; *Schächinger et al.*, Notfall + Rettungsmedizin 1999, 468 (469); *Schütze/Kamler*, DMW 2007, 453; *Tillmanns*, Persönliche Leistungserbringungspflicht, S. 31; *Wendelstein*, Kollisionsrechtliche Probleme der Telemedizin, S. 1; für weitere Beispiele, s. *Bahlo*, in: Dierks et al., Rechtsfragen der Telemedizin, S. 125; *Tillmanns*, Persönliche Leistungserbringungspflicht, S. 31.

150 S. Teil 1, 1. Kapitel, C.III.

151 S. hierzu *Gassner/Juknat*, in: Rehmann/Tillmanns, E-Health, Kapitel 3, Rdn. 348 ff.; *Katzenmeier*, MedR 2021, 859; *Kreutzer/Sirrenberg*, Künstliche Intelligenz verstehen, S. 186 ff.; *Mühlböck/Taupitz*, AcP 221 (2021), 179 (180 ff.); zu den rechtlichen Herausforderungen, s. etwa *Gassner/Juknat*, in: Rehmann/Tillmanns, E-Health, Kapitel 3, Rdn. 379 ff.; zur Haftung für Schäden durch KI in der Medizin, s. etwa *Katzenmeier*, MedR 2019, 259 (270); *Katzenmeier*, MedR 2021, 859 (860 ff.); *Mühlböck/Taupitz*, AcP 221 (2021), 179 (182 ff.); zu strafrechtlichen Risiken KI-basierter Diagnosesoftware für Ärzte, s. *Fontaine*, medstra 2021, 203 (203 ff.).

sowie Therapie) nachgesagt.[152] Als medizinische Einsatzfelder der KI gelten etwa diagnostikunterstützende und -ersetzende sowie therapieunterstützende und -ersetzende Anwendungen.[153] KI kann beispielhaft Therapieempfehlungen abgegeben, die auf einer großen Zahl von Therapieempfehlungen Dritter und den hierbei erzielten Ergebnissen basieren.[154]

Beim Einsatz von KI im Gesundheitswesen handelt es sich nicht um eine telemedizinische Dienstleistung.[155] Bei der Anwendung von KI steht dem jeweiligen Nutzer (z.B. Arzt oder Patient) kein Mensch, sondern eine selbstständig lernende sowie entscheidende Software gegenüber.[156] Demgegenüber bezweckt die Telemedizin, einen Patienten trotz einer räumlichen (und ggf. zeitlichen) Distanz unter Einsatz von IuK-Technologien aus der Ferne (menschlich) medizinisch zu versorgen. Freilich ist KI nicht nur bei der Behandlung des Patienten vor Ort nutzbar, sondern kann ggf. auch sinnvoll bei der ärztlichen Versorgung aus der Ferne unterstützend eingesetzt werden.[157] Um eine originäre Maßnahme der Telemedizin handelt es sich hierbei aber nicht.

V. Fachgebietsoffenheit

In näheren Ausführungen zur Telemedizin wird teilweise betont, dass die Telemedizin fachgebietsoffen sei und mithin kein eigenständiges Fachgebiet der Medizin darstelle,[158] wenngleich sich das Merkmal in den jeweiligen

152 S. weiterführend etwa *Katzenmeier*, MedR 2021, 859; *Gassner/Juknat*, in: Rehmann/Tillmanns, E-Health, Kapitel 3, Rdn. 316.

153 *Kreutzer/Sirrenberg*, Künstliche Intelligenz verstehen, S. 186.

154 *Kreutzer/Sirrenberg*, Künstliche Intelligenz verstehen, S. 186; *Mühlböck/Taupitz*, AcP 221 (2021), 179 (181).

155 Im Ergebnis wohl auch *Herkenrath*, Ärztliche Fernbehandlung, S. 18; *Spindler*, in: BeckOGK-BGB, § 823, Rdn. 1071.

156 Zum Begriff der KI, s. etwa *Dettling/Krüger*, PharmR 2018, 513 (514); *Fontaine*, medstra 2021, 203 (204); *Gassner/Juknat*, in: Rehmann/Tillmanns, E-Health, Kapitel 3, Rdn. 337 ff.; *Katzenmeier*, MedR 2019, 259 (268); *Katzenmeier*, MedR 2021, 859; *Spindler*, in: BeckOGK-BGB, § 823, Rdn. 1074.

157 Zur Nutzung auch im Rahmen der Fernbehandlung, s. *Siglmüller*, Rechtsfragen der Fernbehandlung, S. 27 f.

158 *Gruner*, GesR 2017, 288 (289); vgl. auch *Dochow*, Telematik im Gesundheitswesen, S. 188; *Dochow*, MedR 2019, 636 (638); *Kalb*, GesR 2018, 481 (483); *Köhler et al.*, Der Internist 2019, 331 (332 f.); *Szecsenyi et al.*, Qualitätsentwicklung in der Telemedizin, S. 7.

Definitionen in der Regel nicht ausdrücklich wiederfindet[159]. Die Telemedizin kann durch das ihr innewohnende Potential in vielen medizinischen Fachbereichen sinnvoll eingesetzt werden und ist mithin nicht auf ein Fachgebiet beschränkt.[160] Die Fachgebietsoffenheit ist daher ein weiteres, charakteristisches Merkmal der Telemedizin.

VI. Fazit

Die fachgebietsoffene Telemedizin zeichnet sich dadurch aus, dass IuK-Technologien im Gesundheitswesen zur Überwindung einer räumlichen Distanz eingesetzt werden. Zugleich ermöglicht es die Telemedizin, den Patienten zeitlich versetzt zu versorgen. Eine telemedizinische Dienstleistung ist hierbei weder auf den Einsatz von modernen IuK-Technologien noch auf eine spezifische Form der Kommunikation beschränkt.

Die Telemedizin wird dadurch begrenzt, dass nur die Vornahme konkret medizinischer Dienstleistungen von ihr umfasst wird, da gerade die Optimierung der Behandlung des Patienten in den Vordergrund gerückt werden soll und die Telemedizin mithin als Form der Heilbehandlung anzusehen ist. Die Aus-, Fort- und Weiterbildung mittels IuK-Technologien stellt daher keine telemedizinische Maßnahme dar, weil eine solche sich lediglich mittelbare auf die Behandlung des Patienten auswirkt.

Darüber hinaus ist für die Telemedizin charakteristisch, dass unterschiedliche Akteure aus dem Gesundheitswesen an der telemedizinischen Maßnahme beteiligt sind. Selbst nach der restriktivsten Auffassung findet Telemedizin nicht nur zwischen dem Arzt und seinem Patienten statt, sondern auch zwischen Ärzten untereinander, wenn sie zum Zweck der Patientenbehandlung zusammenwirken und sich räumlich getrennt voneinander aufhalten. Um eine telemedizinische Dienstleistung handelt es sich auch dann, wenn in das Beziehungsgeflecht „Arzt-Patient" ein nichtärztliches (besonders qualifiziertes) Fachpersonal eingebunden wird. Daneben können auch Angehörige anderer Heilberufe alleinige, telemedizinische Leistungserbringer sein. Der weite Telemedizinbegriff, der die Telemedizin allen am Gesundheitswesen beteiligten Personen ermöglicht, steht hinge-

159 Anders etwa bei *Bartmann/Schenkel*, in: Byok/Csaki, Handbuch Digital Health, S. 89 (90).

160 Vgl. *Dochow*, Telematik im Gesundheitswesen, S. 188; *Dochow*, MedR 2019, 636 (638); *Gruner*, GesR 2017, 288 (289).

gen im Widerspruch zu den sich aus den charakteristischen Merkmalen der Telemedizin ergebenden Grenzen.

Auch der Einsatz von KI im Gesundheitswesen stellt keine originär telemedizinische Dienstleistung dar. Im Vordergrund steht hierbei nicht die menschliche Versorgung des Patienten aus der Ferne. Eine solche Versorgung ist jedoch gerade zwingende Voraussetzung für die Telemedizin.

D. Abgrenzung der Telemedizin zu anderen Begriffen

Unter dem Sammel- bzw. Oberbegriff der „Digitalisierung[161] im Gesundheitswesen“[162] bzw. „eHealth“ werden viele unterschiedliche digitale An-

161 Es fehlt bereits an einer allgemeingültigen Definition des Begriffs „Digitalisierung“, s. etwa *Jorzig/Sarangi*, Digitalisierung im Gesundheitswesen, S. 3. Nach seinem ursprünglichen Sinn betrifft die Digitalisierung ein Umwandeln von analogen Werten hin zu digitalen Formaten, s. *Jorzig/Sarangi*, Digitalisierung im Gesundheitswesen, S. 3 f. m.w.N. Mittlerweile ist unter dem Begriff der Digitalisierung häufig auch eine Automatisierung oder Optimierung zu verstehen, s. *Jorzig/Sarangi*, Digitalisierung im Gesundheitswesen, S. 4.

162 Der Gesetzgeber hat die Digitalisierung im Gesundheitswesen bzw. eHealth in den vergangenen Jahren durch unterschiedliche Gesetzesänderungen deutlich vorangetrieben, s. hierzu etwa auch *di Bella*, RDG 2021, 166; *Matusiewicz et al.*, in: Wasem et al., Medizinmanagement, S. 395 (397 ff.). Bereits das Gesetz zur Modernisierung der gesetzlichen Krankenversicherung (GKV-Modernisierungsgesetz – GMG) vom 14.11.2003 (BGBl. I, 2190) setzte sich vereinzelt mit eHealth auseinander, s. hierzu etwa *Dochow*, MedR 2019, 636 (638); *Schmücker*, GuP 2016, 81 (81 f.). *Dochow* spricht in diesem Zusammenhang von einem Einläuten der Digitalisierung im Gesundheitswesen, s. *Dochow*, MedR 2019, 636 (638). Das Gesetz beschäftigt sich beispielhaft mit der Einführung der eGK, s. etwa § 291a SGB V a.F. Einen Grundstein für den digitalen Fahrplan im deutschen Gesundheitswesen legte der Gesetzgeber durch das Gesetz für sichere digitale Kommunikation und Anwendungen im Gesundheitswesen sowie zur Änderung weiterer Gesetze vom 21.12.2015 (BGBl. I, 2408), s. auch *Jorzig/Sarangi*, Digitalisierung im Gesundheitswesen, S. 4. Das Gesetz zielte unter anderem auf die Förderung telemedizinischer Leistungen und die Öffnung und Etablierung der Telematikinfrastruktur ab, s. BT-Drs. 18/5293, S. 1 f. Ein weiteres Gesetzesvorhaben, namentlich das Gesetz zur Stärkung des Pflegepersonals (Pflegepersonal-Stärkungsgesetz – PpSG) vom 11.12.2018 (BGBl. I, 2394), bezweckte beispielsweise, das Pflegepersonal dadurch zu entlasten, dass die Digitalisierung in der ambulanten und stationären Altenpflege (z.B. Entbürokratisierung der Pflegedokumentation) durch einen Zuschuss gefördert wird, s. BT-Drs. 19/4453, 2, 42. Damit Patienten im Versorgungsalltag die digitalen Angebote stärker nutzen, etwa durch flächendeckende Einführung der ePA und Zugriff auf diese über mobile Geräte, sah das Gesetz für schnellere Termine und bessere Versorgung (Terminservice- und Versorgungsgesetz – TSVG) vom 06.05.2019

wendungen zusammengetragen.[163] Die bestehenden digitalen Maßnahmen werden – wohl auch aus Gründen der Übersichtlichkeit – häufig in unterschiedliche Bereiche unterteilt.[164] Die Telemedizin ist daher, sofern den unterschiedlichen Bezeichnungen jeweils eine eigenständige Bedeutung zugesprochen wird,[165] von den Begriffen „Gesundheitstelematik“, „eHealth“

(BGBl. I, 646) auch Gesetzesänderungen im Hinblick auf die Digitalisierung des Gesundheitswesens vor, s. BT-Drs. 19/6337, 1, 3. Einen bedeutenden Anstoß für den Einsatz von Verschreibungen in elektronischer Form sollte das Gesetz für mehr Sicherheit in der Arzneimittelversorgung vom 09.08.2019 (BGBl. I, 1202) geben, s. BT-Drs. 19/8753, 3. Die Digitalisierung des Gesundheitswesens wurde in Deutschland des Weiteren erheblich durch das Gesetz für eine bessere Versorgung durch Digitalisierung und Innovation (Digitale-Versorgung-Gesetz – DVG) vom 09.12.2019 (BGBl. I, 2562), das Gesetz zum Schutz elektronischer Patientendaten in der Telematikinfrastruktur (Patientendaten-Schutz-Gesetz – PDSG) vom 14.10.2020 (BGBl. I, 2115) und das Gesetz zur digitalen Modernisierung von Versorgung und Pflege (Digitale-Versorgung-und-Pflege-Modernisierungs-Gesetz – DVPMG) vom 03.06.2021 (BGBl. I, 1309) beschleunigt. Das Digitale-Versorgung-Gesetz bezweckte unter anderem, dem Versicherten digitale Gesundheitsanwendungen zur Verfügung zu stellen, weitere Leistungserbringer an die Telematikinfrastruktur anzuschließen, die Anwendung der Telemedizin auszubauen und die Verwaltungsprozesse zu vereinfachen, s. BT-Drs. 19/13438, 2. Durch das Patientendaten-Schutz-Gesetz wurden im Besonderen die Ziele verfolgt, innovative digitale medizinische Anwendungen auszubauen (z.B. E-Rezept, E-Rezept-App, Digitaler Überweisungsschein) und die ePA weiterzuentwickeln, s. BT-Drs. 19/18793, 2 ff. Das vorerst letzte Gesetz im Bereich der Digitalisierung im Gesundheitswesen – das Digitale-Versorgung-und-Pflege-Modernisierungs-Gesetz – sieht unter anderem vor, digitale Gesundheitsanwendungen flächendeckender zur Verfügung zu stellen, die ePA weiter auszubauen, sowohl Art als auch Umfang von elektronischen Verordnungen fortzuentwickeln, die digitale Kommunikation durch Videokommunikations- und Messagingdienste zu verbessern und erneut die Telematikinfrastruktur für weitere Leistungserbringer zu öffnen, s. BT-Drs. 19/27652, 2. Trotz weitreichender Änderungen betont der Gesetzgeber, dass die nun geltenden Regelungen auch zukünftig an die aktuellen Entwicklungen anzupassen, weiter auszubauen und um neue Ansätze zu ergänzen seien, s. BT-Drs. 19/27652, 1. Bei der digitalen Transformation der Strukturen der Gesundheitsversorgung handele es sich um einen dynamischen Prozess, s. BT-Drs. 19/27652, 1.

163 So für den Begriff eHealth *Leupold/Wiesner*, in: Leupold et al., IT-Recht, Rdn. 1; vgl. auch *Steinhilper/Schiller*, in: FS Plagemann, S. 579; zum Einfluss der Digitalisierung auf das zukünftige Berufsbild des Arztes, s. *Kuhn/Jungmann*, Der Radiologe 2018, 236 (236 ff.).

164 Vgl. etwa *Bundesärztekammer*, Telemedizinische Methoden, S. 1; *Leupold/Wiesner*, in: Leupold et al., IT-Recht, Rdn. 1; *Schenkel et al.*, in: GVG, Versorgung 2030, S. 77; *Wahl/Jankowski*, in: Pfannstiel et al., Digitale Transformation von Dienstleistungen im Gesundheitswesen V, S. 297 (299).

165 So etwa *Dochow*, Telematik im Gesundheitswesen, S. 93 f.; *Szecsenyi et al.*, Qualitätsentwicklung in der Telemedizin, S. 7 ff. Vereinzelt werden die Begrifflichkeiten

und „mHealth“ abzugrenzen, um die Eckpunkte der Telemedizin genauer festzulegen. Es gilt zu beachten, dass die genannten Begriffe, ebenso wie die Telemedizin selbst,[166] derzeit weder allgemeingültig definiert noch eindeutig voneinander abgegrenzt werden.[167]

I. Historische Einordnung der einzelnen Begrifflichkeiten

Historisch gesehen war zunächst der Begriff der Teleradiologie[168] in der öffentlichen Diskussion zu finden.[169] Bereits im Jahr 1959 wurden zwei Krankenhäuser in Montreal mit einem Koaxialkabel verbunden, um Röntgenbilder auf der Basis eines kabelgestützten TV-Systems über eine Entfernung von fünf Meilen übertragen zu können.[170] Hierfür wurde der Begriff der Teleradiologie eingeführt.[171] Anwendungen unter Zuhilfenahme von IuK-Technologien, die auch in anderen medizinischen Fachbereichen und Behandlungssituationen eingesetzt wurden, wurden seit Ende der 1970er Jahre dem Begriff der Telemedizin zugeordnet.[172] Im Anschluss (Mitte 1990) etablierte sich der Begriff „Telematik im Gesundheitswesen“ bzw.

---

völlig synonym verwendet, s. etwa *Haas*, Gesundheitstelematik, S. 70; Gesundheitstelematik als Synonym für Telemedizin, s. etwa *Bergh et al.*, Bundesgesundheitsblatt 2015, 1086; *Pielach*, Haftungsfragen in der Telemedizin, S. 17; eHealth als Synonym für Telemedizin, s. etwa *Katzenmeier/Schrag-Slavu*, Telemedizin im Rettungsdienst, S. 4; eHealth als Synonym für Gesundheitstelematik, s. *Dietzel*, Deutsches Ärzteblatt 2001, A 158; *Siglmüller*, Rechtsfragen der Fernbehandlung, S. 9.

166 Zu ausgewählten Definitionsansätzen der Telemedizin, s. Teil 1, 1. Kapitel, B.

167 So etwa *Szecsenyi et al.*, Qualitätsentwicklung in der Telemedizin, S. 7 m.w.N.; für den Begriff „eHealth“ *Dochow*, Telematik im Gesundheitswesen, S. 65; *Häckl*, Neue Technologien im Gesundheitswesen, S. 62; *Skorning et al.*, Notfall + Rettungsmedizin 2011, 187; für den Begriff „Gesundheitstelematik“ *Gnann*, Der Einsatz der Telemedizin, S. 23; für den Begriff „mHealth“ *WHO*, mHealth, S. 6.

168 S. Teil 1, 2. Kapitel, B.II.1.b).

169 Vgl. *Burchert*, in: Keuper, Electronic Business und Mobile Business, S. 318 (320 f.); *Häcker et al.*, Telemedizin, S. 7; *Matusiewicz/Thielscher*, in: Matusiewicz et al., Digitale Transformation im Gesundheitswesen, S. 3 (4); *Matusiewicz et al.*, in: Wasem et al., Medizinmanagement, S. 395 (396).

170 *Burchert*, in: Keuper, Electronic Business und Mobile Business, S. 318 (321) m.w.N.; *Häcker et al.*, Telemedizin, S. 7.

171 *Burchert*, in: Keuper, Electronic Business und Mobile Business, S. 318 (321); *Häcker et al.*, Telemedizin, S. 7.

172 *Burchert*, in: Keuper, Electronic Business und Mobile Business, S. 318 (320 f.); *Häcker et al.*, Telemedizin, S. 7; *Matusiewicz/Thielscher*, in: Matusiewicz et al., Digitale Transformation im Gesundheitswesen, S. 3 (4).

„Gesundheitstelematik".[173] Erst Ende der 1990er wurde die Bezeichnung „eHealth" eingeführt.[174] Mit der zunehmenden Verbreitung des Internets und der steigenden Nutzung von Mobilgeräten entwickelte sich der Begriff „mHealth".[175] Eine Abgrenzung der Begriffe zueinander ist mittels der historischen Einordnung nicht möglich. Es bedarf vielmehr einer inhaltlichen Auseinandersetzung.

II. Inhaltliche Darstellung der Begriffe

1. Gesundheitstelematik

Um die inhaltliche Bedeutung der Gesundheitstelematik bestimmen zu können, ist zunächst der Begriff der Telematik in den Fokus zu rücken. Das Wort Telematik setzt sich zusammen aus den Begrifflichkeiten *Tele*kommunikation und Infor*matik*.[176] In diesem Zusammenhang kann von einem Zusammenwachsen des Informationstransports (Telekommunikation) und der Informationsverarbeitung (Informatik) gesprochen werden.[177] Somit umfasst die Telematik die Verarbeitung elektronischer Daten und deren Austausch mithilfe von IuK-Technologien.[178]

---

173 *Burchert*, in: Keuper, Electronic Business und Mobile Business, S. 318 (320, 324); *Häcker et al.*, Telemedizin, S. 7; *Matusiewicz/Thielscher*, in: Matusiewicz et al., Digitale Transformation im Gesundheitswesen, S. 3 (4).

174 *Burchert*, in: Keuper, Electronic Business und Mobile Business, S. 318 (320); *Matusiewicz et al.*, in: Wasem et al., Medizinmanagement, S. 395 (396).

175 *Göttelmann/Sulzberger*, in: Pfannstiel et al., Entrepreneurship im Gesundheitswesen III, S. 115 (118); *Matusiewicz/Thielscher*, in: Matusiewicz et al., Digitale Transformation im Gesundheitswesen, S. 3 (6); vgl. *van Dyk*, International Journal of Environmental Research and Public Health 2014, 1279 (1285).

176 *Bauer/Kirn*, Wirtschaftsinformatik 2005, 211; *Gaidzik*, GesR 2003, 229; *Häcker et al.*, Telemedizin, S. 7; *Katzenmeier/Schrag-Slavu*, Telenotarzt, S. 13; *Manzeschke*, Bayerisches Ärzteblatt 2014, 480; *Pielach*, Haftungsfragen in der Telemedizin, S. 17; *Schächinger et al.*, Notfall + Rettungsmedizin 1999, 468; *Schmid*, in: Andelfinger/Hänisch, eHealth, S. 11 (12); *Szecsenyi et al.*, Qualitätsentwicklung in der Telemedizin, S. 9.

177 *Schächinger et al.*, Notfall + Rettungsmedizin 1999, 468 m.w.N.; *Schmid*, in: Andelfinger/Hänisch, eHealth, S. 11 (12); *Szecsenyi et al.*, Qualitätsentwicklung in der Telemedizin, S. 9 m.w.N.

178 *Schmid*, in: Andelfinger/Hänisch, eHealth, S. 11 (12).

Werden Telematiksysteme im Gesundheitswesen genutzt, spricht man von Gesundheitstelematik.[179] Die Gesundheitstelematik umfasst nicht nur patientenorientierte Versorgungsmaßnahmen, sondern dient unter anderem auch der Wissensvermittlung[180] und der Verbesserung administrativer Prozesse.[181] Hierbei wird das Ziel verfolgt, den am Gesundheitswesen Beteiligten Daten und Informationen zur Verfügung zu stellen und eine räumliche Distanz zu überwinden.[182] Hierfür sind etwa medizinische Daten eines Patienten anstatt an vielen unterschiedlichen Orten zentralisiert in einer Akte zu speichern, um dadurch eine schnelle Zugriffsmöglichkeit der Beteiligten auf alle relevanten Informationen über den Patienten zu erreichen.[183]

2. Electronic Health (eHealth)

Der Begriff „electronic Health“ (eHealth) bedeutet wörtlich übersetzt „elektronische Gesundheit“.[184] Da sowohl der Begriff „eHealth“ als auch die wörtliche Übersetzung eine ausdifferenzierte Betrachtung nicht zulassen, bedarf es einer weiteren Analyse der Begrifflichkeit.[185] Auch das Gesetz für sichere digitale Kommunikation und Anwendungen im Gesundheitswesen sowie zur Änderung weiterer Gesetze vom 21.12.2015[186], das häufig als „E-Health-Gesetz“ bezeichnet wird,[187] enthält keine allgemeingültige Definition des Begriffs eHealth.[188]

---

179 *Lux*, in: Müller-Mielitz/Lux, E-Health-Ökonomie, S. 3 (4); *Pielach*, Haftungsfragen in der Telemedizin, S. 17; als Synonym gilt die „Telematik im Gesundheitswesen“, so etwa *Schmid*, in: Andelfinger/Hänisch, eHealth, S. 11 (12).

180 S. hierzu bereits Teil 1, 1. Kapitel, C.III.

181 *Link*, Telemedizinische Anwendungen, S. 4 f. m.w.N.; *Tillmanns*, Persönliche Leistungserbringungspflicht, S. 30 m.w.N.

182 *Häcker et al.*, Telemedizin, S. 7; *Schmid*, in: Andelfinger/Hänisch, eHealth, S. 11 (12); vgl. *Rehmann*, in: Rehmann/Tillmanns, E-Health, Kapitel 3, Rdn. 89.

183 Vgl. *Bauer/Kirn*, Wirtschaftsinformatik 2005, 211; *Schmid*, in: Andelfinger/Hänisch, eHealth, S. 11 (12).

184 *Schenkel et al.*, in: GVG, Versorgung 2030, S. 77.

185 *Schenkel et al.*, in: GVG, Versorgung 2030, S. 77. Überblick über international verwendete Definitionen des Begriffs eHealth etwa bei *Szecsenyi et al.*, Qualitätsentwicklung in der Telemedizin, S. 8 f.

186 BGBl. I, 2408.

187 So etwa *Kuhn*, GesR 2016, 748 (748 f.); *Leupold et al.*, in: Fischer/Krämer, eHealth in Deutschland, S. 47 (49); *Matusiewicz et al.*, in: Wasem et al., Medizinmanagement, S. 395 (397); *Stroppe*, in: GVG, Versorgung 2030, S. 25; bezeichnet als „eHealthG“ bei *Paland/Holland*, NZS 2016, 247.

188 *Raum*, in: GVG, Versorgung 2030, S. 39 (39 f.).

Von eHealth werden fünf Teilbereiche[189] umfasst, namentlich die telemedizinische Patientenversorgung (eCare), elektronische Verwaltungs- und Dokumentationsanwendungen, wie beispielsweise die ePA und die eGK (eAdministration), Forschung (eResearch), Prävention, wie z.B. im Bereich Ambient Assisted Living[190] (ePrevention) sowie elektronische Methoden in Aus- und Weiterbildung (eLearning).[191] Gewisse Anwendungen können freilich in mehrfacher Weise in die dargestellten Kategorien eingeteilt werden, so dass die hier vorgenommene Unterteilung nicht gänzlich trennscharf ist.[192] Jedoch bietet sie einen praktikablen Anhaltspunkt für eine differenzierte Betrachtungsweise.[193]

Aufgrund der Vielfältigkeit von eHealth-Maßnahmen ist es angezeigt, den Begriff eHealth dahingehend weit zu verstehen, dass jede Art von elektronischer Unterstützung im Gesundheitswesen umfasst ist.[194] Dass Anwendungen im Bereich eHealth vielseitig sind, verdeutlichen auch die mit dem E-Health-Gesetz verfolgten unterschiedlichen Ziele: Das Gesetz bezweckte unter anderem, die zügige Einführung von nutzbringenden Anwendungen der eGK zu unterstützen, die Telematikinfrastruktur als zentrale Infrastruktur für eine sichere Kommunikation im Gesundheitswesen aufzubauen und für weitere Anwendungen im Gesundheitswesen und andere Leistungserbringer zu öffnen sowie telemedizinische Leistungen zu fördern.[195]

---

189 Andere Einteilung bei *Matusiewicz/Thielscher*, in: Matusiewicz et al., Digitale Transformation im Gesundheitswesen, S. 3 (4); *Matusiewicz et al.*, in: Wasem et al., Medizinmanagement, S. 395 (396); *Leupold/Wiesner*, in: Leupold et al., IT-Recht, Teil 13, Rdn. 1.

190 Hierunter sind „Entwicklungen, Konzepte, Produkte und Dienstleistungen, die den Menschen durch den Einsatz innovativer Technologien oder systematischer Lösungen ein unabhängiges Wohnen und Leben mit hoher Lebensqualität ermöglichen", s. *Mielitz*, in: Müller-Mielitz, E-Health-Ökonomie, S. 479, zu fassen.

191 *Bundesärztekammer*, Telemedizinische Methoden, S. 1; *Schenkel et al.*, in: GVG, Versorgung 2030, S. 77; *Wahl/Jankowski*, in: Pfannstiel et al., Digitale Transformation von Dienstleistungen im Gesundheitswesen V, S. 297 (299).

192 *Bundesärztekammer*, Telemedizinische Methoden, S. 1; *Schenkel et al.*, in: GVG, Versorgung 2030, S. 77.

193 Vgl. *Schenkel et al.*, in: GVG, Versorgung 2030, S. 77 (77 f.).

194 *Leupold et al.*, in: Fischer/Krämer, eHealth in Deutschland, S. 47 (48); vgl. auch *Dochow*, Telematik im Gesundheitswesen, S. 65, 83; *Skorning et al.*, Notfall + Rettungsmedizin 2011, 187; *Wahl/Jankowski*, in: Pfannstiel et al., Digitale Transformation von Dienstleistungen im Gesundheitswesen V, S. 297 (298); enger unter anderem *Fischer et al.*, in: Fischer/Krämer, eHealth in Deutschland, S. 3 (7); *Zypries*, in: GVG, Versorgung 2030, S. 29 (30).

195 BT-Drs. 18/5293, 1 f.

3. Mobile Health (mHealth)

a) Einführung

Der Begriff „mobile Health" (mHealth), wörtlich übersetzt „mobile Gesundheit",[196] umschreibt medizinische Verfahren und Maßnahmen der Gesundheitsfürsorge, die durch mobile Geräte[197], etwa Smartphones[198] oder Tablets[199], Patientenüberwachungsgeräte, persönliche digitale Assistenten sowie andere drahtlos angebundene Geräte, unterstützt werden.[200] Das hervorzuhebende und damit auch charakteristische Merkmal[201] von mHealth ist das eingesetzte Mittel, namentlich die mobile Technologie.[202]

Durch die Anwendung von mHealth-Maßnahmen wird unter anderem das Ziel verfolgt, die medizinische Versorgung durch den Einsatz mobiler Technologien zu verbessern.[203] Ermöglicht werden kann etwa ein App-basierter Kontakt zum Fachpersonal.[204] Zudem können Patienten in die Gesundheitsversorgung dadurch stärker eingebunden werden, dass ihnen Ge-

---

196 So etwa *Dochow*, Telematik im Gesundheitswesen, S. 84.

197 Zur Abgrenzung der verschiedenen technischen Geräte, s. *Rossmann/Krömer*, in: Fischer/Krämer, eHealth in Deutschland, S. 441 (442 f.).

198 Zur Abgrenzung zu Mobiltelefonen und Feature-Phones, s. *Rossmann/Krömer*, in: Fischer/Krämer, eHealth in Deutschland, S. 441 (442 f.).

199 Zum Unterschied zum Notebook, s. *Rossmann/Krömer*, in: Fischer/Krämer, eHealth in Deutschland, S. 441 (443).

200 *Endl et al.*, in: eHealth Suisse, mHealth im Kontext des elektronischen Patientendossiers, S. 4 m.w.N.; *Letzel*, in: Letzel et al., Telemedizin, S. 29 m.w.N.; vgl. *Katzenmeier*, MedR 2019, 259 (264); *Raum*, in: GVG, Versorgung 2030, S. 39 (40); weitere Unterteilung von mHealth-Maßnahmen bei *Rossmann/Krömer*, in: Fischer/Krämer, eHealth in Deutschland, S. 441 (443); zu Rechtsfragen im Zusammenhang mit mHealth-Anwendungen, s. *Brönneke/Kipker*, GesR 2015, 211 (212 ff.); *Katzenmeier*, MedR 2019, 259 (264 ff.); *Leupold/Wiesner*, in: Leupold et al., IT-Recht, Teil 13, Rdn. 11 ff.; *Ortner/Daubenbüchel*, NJW 2016, 2918 (2919 ff.); *Rübsamen*, MedR 2015, 485 (486 ff.).

201 Zu weitere Charakteristika von mHealth, s. *Rossmann/Krömer*, in: Fischer/Krämer, eHealth in Deutschland, S. 441 (443 f.).

202 *Dochow*, Telematik im Gesundheitswesen, S. 84 f.; *Leupold/Wiesner*, in: Leupold et al., IT-Recht, Teil 13, Rdn. 10; vgl. auch *van Dyk*, International Journal of Environmental Research and Public Health 2014, 1279 (1285).

203 *Matusiewicz/Thielscher*, in: Matusiewicz et al., Digitale Transformation im Gesundheitswesen, S. 3 (5); vgl. *Rossmann/Krömer*, in: Fischer/Krämer, eHealth in Deutschland, S. 441 (444) m.w.N.

204 Vgl. *Rossmann/Krömer*, in: Fischer/Krämer, eHealth in Deutschland, S. 441 (444).

sundheitsinformationen zur Verfügung gestellt werden.[205] Insbesondere das Selbstmanagement und die Therapietreue des Patienten sollen weiterentwickelt werden.[206] Die Gesundheitskompetenz[207] des Nutzers wird hierdurch verbessert und ein verantwortungsvoller Umgang mit der eigenen Gesundheit erreicht.[208]

b) Spezifische mHealth-Anwendungen

aa) Gesundheits- und Medizin-Apps

Der Anwendungsbereich von mHealth ist vielfältig und reicht vom Einsatz in den Bereichen Prävention, Diagnostik, Therapie, Nachsorge und Monitoring von Patienten bis hin zum Gebrauch innerhalb administrativer Prozesse[209].[210] Unter mHealth-Maßnahme fallen reine Softwarelösungen (etwa Gesundheits- oder Medizin-Apps), die über ein mobiles Endgerät (z.B. Tablet) betrieben werden.[211] Mittlerweile besteht ein unüberschauba-

---

205 *Matusiewicz/Thielscher*, in: Matusiewicz et al., Digitale Transformation im Gesundheitswesen, S. 3 (5); *Wichterich et al.*, in: Fischer/Krämer, eHealth in Deutschland, S. 273 (282).

206 *Katzenmeier*, MedR 2019, 259 (264) m.w.N.

207 Die Gesundheitskompetenz (oder auch „health literacy" genannt) umfasst kognitive und soziale Fähigkeiten, die von Individuen benötigt werden, um Informationen, welche für die Erhaltung und Förderung der Gesundheit wesentlich sind, zu beschaffen, zu verstehen und effektiv zu nutzen, s. *Schaeffer/Pelikan*, in: Schaeffer/Pelikan, Health Literacy, S. 11 (11 f.) m.w.N.; s. weiterführend *Pohl*, in: Trill, Praxisbuch eHealth, S. 223 (223 ff.).

208 *Matusiewicz/Thielscher*, in: Matusiewicz et al., Digitale Transformation im Gesundheitswesen, S. 3 (5).

209 Administrative Prozesse umfassen etwa die mobile Terminfindung oder einen mobilen Hinweis auf bevorstehende Kontrolluntersuchungen, vgl. *Endl et al.*, in: eHealth Suisse, mHealth im Kontext des elektronischen Patientendossiers, S. 7.

210 *Matusiewicz/Thielscher*, in: Matusiewicz et al., Digitale Transformation im Gesundheitswesen, S. 3 (5); vgl. *Rossmann/Krömer*, in: Fischer/Krämer, eHealth in Deutschland, S. 441 (443 f.).

211 *Leupold/Wiesner*, in: Leupold et al., IT-Recht, Teil 13, Rdn. 10; zum Umgang mit Gesundheits-Apps im Praxis- und Klinikalltag, s. weiterführend *Aly et al.*, in: Bundesärztekammer/Kassenärztliche Bundesvereinigung, Gesundheits-Apps, S. 1 ff.; nach *Dietel/Lewalter* umfasst der Begriff mHealth insbesondere Apps, s. *Dietel/Lewalter*, PharmR 2017, 53.

res Angebot an unterschiedlichen Gesundheits- und Medizin-Apps,[212] die zum Download in den jeweiligen App-Stores zur Verfügung stehen.[213] Apps bieten beispielsweise die Möglichkeit, das eigene Verhalten zu dokumentieren, langfristig zu überwachen und/oder mit anderen zu teilen.[214]

Gesundheits-Apps sind von Medizin-Apps unter anderem anhand der jeweiligen Nutzergruppe abzugrenzen.[215] Während sich Medizin-Apps an medizinisches sowie pflegerisches Fachpersonal richten, sollen Gesundheits-Apps überwiegend gesundheitsinteressierten, medizinischen Laien

---

212 *Leupold/Wiesner* betonen, dass der mHealth Sektor ein recht dynamischer und unübersichtlicher Markt sei, s. *Leupold/Wiesner*, in: Leupold et al., IT-Recht, Teil 13, Rdn. 10.

213 *Rossmann/Krömer*, in: Fischer/Krämer, eHealth in Deutschland, S. 441 (446); so auch *Strotbaum/Reiß*, in: Müller-Mielitz/Lux, E-Health-Ökonomie, S. 359; mit dieser Vielzahl an Angeboten geht häufig eine Unüberschaubarkeit im Hinblick auf die Professionalität der Anbieter und die Qualität der Inhalte einher, s. *Rossmann/Krömer*, in: Fischer/Krämer, eHealth in Deutschland, S. 441 (442). Durch das Digitale-Versorgung-Gesetz vom 09.12.2019 (BGBl. I, 2562) haben Versicherte unter bestimmten Voraussetzungen sogar einen Anspruch auf sogenannte „digitale Gesundheitsanwendungen", s. § 33a Abs. 1 SGB V a.F. Nach Auffassung des Gesetzgebers sind digitale Gesundheitsanwendungen geeignet, Menschen einerseits bei der Erkennung und Behandlung von Krankheiten zu unterstützen und andererseits eine selbstbestimmte gesunde Lebensführung des Einzelnen zu fördern, s. BT-Drs. 19/13438, 35. Der Begriff wird auch heute noch im Gesetz (legal-)definiert und umfasst solche Medizinprodukte niedriger Risikoklasse (s. hierzu § 33a Abs. 2 SGB V), „deren Hauptfunktion wesentlich auf digitalen Technologien beruht und die dazu bestimmt sind, bei den Versicherten oder in der Versorgung durch Leistungserbringer die Erkennung, Überwachung, Behandlung oder Linderung von Krankheiten oder die Erkennung, Behandlung, Linderung oder Kompensierung von Verletzungen oder Behinderungen zu unterstützen", s. § 33a Abs. 1 S. 1 SGB V. Ein Anspruch des Versicherten besteht allerdings nur für solche digitale Gesundheitsanwendungen, die vom Bundesinstitut für Arzneimittel und Medizinprodukte in einem eigens hierfür geschaffenen Verzeichnis (s. § 139e SGB V) aufgenommen wurden und die entweder nach der Verordnung des behandelnden Arztes oder Psychotherapeuten bzw. mit Genehmigung der Krankenkasse angewendet werden, s. § 33a Abs. 1 S. 2 Nr. 1 und 2 SGB V. Derzeit befindet sich in dem sogenannten „DiGA-Verzeichnis" beispielsweise die digitale Gesundheitsanwendung „deprexis", wodurch Patienten mit Depressionen bzw. depressiven Verstimmungen unterstützend zur Therapie ein interaktives onlinebasiertes Selbsthilfeprogramm erhalten, s. *Bundesinstitut für Arzneimittel und Medizinprodukte*, DiGA-Verzeichnis-deprexis, und „somnio", wobei es sich um eine digitale Anwendung zur Behandlung von Patienten mit Ein- und Durchschlafstörungen handelt, s. *Bundesinstitut für Arzneimittel und Medizinprodukte*, DiGA-Verzeichnis-somnio.

214 *Rossmann/Krömer*, in: Fischer/Krämer, eHealth in Deutschland, S. 441 (444).

215 So *Strotbaum/Reiß*, in: Müller-Mielitz/Lux, E-Health-Ökonomie, S. 359 (362).

zur Verfügung stehen.[216] Apps, welche beispielsweise ein medizinisches Nachschlagewerk oder einen Rechner (etwa zum Zweck der Arzneimitteldosierung) anbieten, sind in der Regel als Medizin-Apps zu qualifizieren.[217] Bei einer Befragung von in Deutschland tätigen Ärzten wurde 2019 ermittelt, dass 76 % der Ärzte im beruflichen Alltag Apps auf ihrem Smartphone oder Tablet aktiv nutzen, etwa um sich fachlich zu informieren (78 %), eine Hilfestellung in der Sprechstunde (40 %) zu erhalten oder den eigenen Praxisalltag zu organisieren (27 %).[218] Häufig werden etwa die Apps „ICD-10 Diagnoseauskunft", „Gelbe Liste Pharmaindex" oder „ifap Arznei Aktuell" genutzt.[219]

Demgegenüber bieten Gesundheits-Apps den Nutzern beispielsweise die Möglichkeit, sich an die Einnahme von Medikamenten erinnern zu lassen (s. etwa die App „mediteo").[220] Auch individuelle Ernährungs- oder Fitnesspläne können durch eine App erstellt werden, die zugleich die Einhaltung der Pläne kontrolliert oder den Gesundheitszustand überwacht.[221] Typische Einsatzgebiete sind Bereiche wie Entspannung, Ernährung, Wellness oder körperliches Training.[222]

bb) Wearables

Neben den Gesundheits- und Medizin-Apps umfassen mHealth-Anwendungen auch sogenannte „Wearables" (oder auch „Wearable Devices")[223].[224] Hierbei handelt es sich um ein eigenständiges mobiles Endgerät in Form einer Hard-Software-Kombination.[225] Die wohl bekanntesten Formen von

---

216 So *Strotbaum/Reiß*, in: Müller-Mielitz/Lux, E-Health-Ökonomie, S. 359 (362).

217 So *Strotbaum/Reiß*, in: Müller-Mielitz/Lux, E-Health-Ökonomie, S. 359 (362).

218 S. *de Monte*, Infografik zur Nutzung von Apps im Beruf; so auch *Leupold/Wiesner*, in: Leupold et al., IT-Recht, Teil 13, Rdn. 10.

219 S. *de Monte*, Infografik zur Nutzung von Apps im Beruf.

220 Vgl. *Czettritz/Strelow*, PharmR 2017, 433; *Katzenmeier*, MedR 2019, 259 (264); *Rübsamen*, MedR 2015, 485.

221 Vgl. *Katzenmeier*, MedR 2019, 259 (264); *Rübsamen*, MedR 2015, 485.

222 *Strotbaum/Reiß*, in: Müller-Mielitz/Lux, E-Health-Ökonomie, S. 359 (362).

223 So etwa bezeichnet bei *Leupold/Wiesner*, in: Leupold et al., IT-Recht, Teil 13, Rdn. 10.

224 So etwa *Dochow*, Telematik im Gesundheitswesen, S. 84; *Leupold/Wiesner*, in: Leupold et al., IT-Recht, Teil 13, Rdn. 10.

225 *Leupold/Wiesner*, in: Leupold et al., IT-Recht, Teil 13, Rdn. 10.

Wearables sind Smartwatches und Fitnessarmbänder.[226] Im Vordergrund steht zumeist nicht die Benutzung der Anwendung (wie etwa bei einer App), sondern das Ausführen einer Tätigkeit, die durch die Anwendung sodann unterstützt oder aufgezeichnet wird.[227] Häufig werden die Anwendungsarten allerdings miteinander kombiniert.[228] So werden die durch das Wearable erhobenen Daten nach der Erhebung beispielsweise an ein Smartphone weitergeleitet und dort unter Zuhilfenahme von einer App benutzerfreundlich aufgearbeitet und angezeigt.[229]

III. Verhältnis von Gesundheitstelematik - eHealth - mHealth

1. Gesundheitstelematik - eHealth

Die Abgrenzung der Gesundheitstelematik zu eHealth ist problematisch.[230] In der Literatur wird zum Teil festgestellt, dass Gesundheitstelematik (und Telemedizin)[231] als Teilbereich(e) des übergeordneten Begriffs eHealth anzusehen ist (sind).[232] Zwar ist die Über- bzw. Unterordnung von eHealth und Gesundheitstelematik im Ergebnis zutreffend, sie bedarf jedoch einer genaueren Begründung. Als Anknüpfungspunkt ist heranzuziehen, dass eHealth-Maßnahmen nicht darauf beschränkt sind, die Gesundheitsversorgung über eine Distanz hinweg zu erbringen.[233] Diesen Aspekt verdeutlicht auch das von Dochow[234] entwickelte (weite) Begriffsverständnis. Hiernach

---

226 *Dochow*, Telematik im Gesundheitswesen, S. 84; *Jandt*, DuD 2016, 571; *Rossmann/Krömer*, in: Fischer/Krämer, in: eHealth in Deutschland, S. 441 (443).

227 *Endl et al.*, in: eHealth Suisse, mHealth im Kontext des elektronischen Patientendossiers, S. 8.

228 *Endl et al.*, in: eHealth Suisse, mHealth im Kontext des elektronischen Patientendossiers, S. 8.

229 *Endl et al.*, in: eHealth Suisse, mHealth im Kontext des elektronischen Patientendossiers, S. 8.

230 S. weiterführend *Dochow*, Telematik im Gesundheitswesen, S. 65 ff.

231 S. Teil 1, 1. Kapitel, D.IV.2.

232 S. etwa *Szecsenyi et al.*, Qualitätsentwicklung in der Telemedizin, S. 8, 10; a.A. *Burchert*, in: Keuper, Electronic Business und Mobile Business, S. 318 (327); eHealth als Oberbegriff bezeichnend etwa *Henke*, in: Müller-Mielitz/Lux, E-Health-Ökonomie, S. 23 (27); *Spyra*, in: Müller-Mielitz/Lux, E-Health-Ökonomie, S. 305; *Scholz/Roth*, in: Müller-Mielitz/Lux, E-Health-Ökonomie, S. 333 (336).

233 Vgl. *Szecsenyi et al.*, Qualitätsentwicklung in der Telemedizin, S. 8; *van Dyk*, International Journal of Environmental Research and Public Health 2014, 1279 (1285).

234 *Dochow*, Telematik im Gesundheitswesen, S. 83.

ist eHealth als Begriff zu verstehen, „der die Gesamtheit der patientenorientierten medizinischen Versorgung und sonstigen Gesundheits(dienst)leistungen durch den Einsatz elektronischer Medien bzw. der Informationstechnologie und/oder der Kommunikationstechnologie erfasst“[235]. Auch im Rahmen einer eHealth-Maßnahme kann die Informations- mit einer Kommunikationstechnologie verbunden werden.[236] Im Gegensatz zur Gesundheitstelematik ist deren Einsatz, mithin ein Informationsaustausch, indes nicht zwingend.[237] Insofern die Technologien zum Zweck des Austausches von medizinischen Patientendaten eingesetzt werden, stimmen beide Begriffe inhaltlich überein.[238]

2. Gesundheitstelematik - mHealth

Die Gesundheitstelematik kann von mHealth-Maßnahmen zum einen anhand des eingesetzten Mittels[239] und zum anderen anhand des mit dem Einsatz einer mHealth-Anwendung verfolgten Zwecks abgegrenzt werden.[240] Das charakteristische Merkmal von mHealth ist der Einsatz einer mobilen Technologie im Gesundheitswesen.[241] Sind die IuK-Technologien, die im Rahmen der Gesundheitstelematik eingesetzt werden, nicht mobil, liegt von vornherein keine mHealth-Maßnahme vor.

Darüber hinaus verfolgen mHealth-Anwendungen häufig das Ziel, den Patienten stärker in die Gesundheitsversorgung einzubinden und das Selbstmanagement sowie die Therapietreue des Patienten zu verbessern.[242] Bereits diese Zweckrichtung ermöglicht es, mHealth-Maßnahmen in vielfältiger Weise einzusetzen. Die Überwindung einer Distanz ist nicht zwingend erforderlich.[243] Nutzer setzten mHealth-Anwendungen beispielsweise ein, um die eigene Ernährung mithilfe einer App zu kontrollieren, Erfolge

235 *Dochow*, Telematik im Gesundheitswesen, S. 83.
236 Vgl. *Dochow*, Telematik im Gesundheitswesen, S. 72 ff.
237 Vgl. *Dochow*, Telematik im Gesundheitswesen, S. 72 ff.; *Szecsenyi et al.*, Qualitätsentwicklung in der Telemedizin, S. 10.
238 Vgl. *Dochow*, Telematik im Gesundheitswesen, S. 72.
239 Vgl. *van Dyk*, International Journal of Environmental Research and Public Health 2014, 1279 (1285).
240 Ähnlich auch *Jandt*, DuD 2016, 571.
241 S. Teil 1, 1. Kapitel, D.II.3.a).
242 S. Teil 1, 1. Kapitel, D.II.3.a).
243 Vgl. *Endl et al.*, in: eHealth Suisse, mHealth im Kontext des elektronischen Patientendossiers, S. 4 f.

eines Fitnessplans zu verzeichnen oder sich in medizinischen Bereichen zu informieren.[244] In diesen Fällen fehlt es häufig an einem Informationsaustausch, sodass die mHealth-Anwendung nicht gleichzeitig dem Bereich der Gesundheitstelematik zugeordnet werden kann.

3. eHealth - mHealth

Insofern im Rahmen einer patientenorientierten medizinischen Versorgung oder sonstigen Gesundheitsdienstleistung keine mobilen elektronischen Medien verwendet werden, ist der Bereich mHealth nicht berührt. Da der Anwendungsbereich von eHealth nicht auf den Einsatz mobiler Technologien beschränkt ist, handelt es sich bei mHealth lediglich um einen Teilbereich von eHealth.[245] Weder für eHealth noch für mHealth ist jedoch der kombinierte Einsatz von IuK-Technologien erforderlich.[246]

IV. Einordnung der Telemedizin

1. Gesundheitstelematik - Telemedizin

Telemedizin und Gesundheitstelematik stimmen in ihren Voraussetzungen dahingehend überein, dass IuK-Technologien im Gesundheitswesen zur Überwindung räumlicher (und ggf. zeitlicher) Distanz eingesetzt werden. Während Telemedizin insbesondere auf die Erbringung einer konkreten medizinischen Dienstleistung beschränkt ist,[247] betrifft Gesundheitstelematik etwa auch die Bereiche der Wissensvermittlung und der administrativen Prozesse[248]. Da die Gesundheitstelematik im Vergleich zur Telemedizin in einer umfassenderen Weise eingesetzt werden kann, beide jedoch in gewis-

---

244 S. Teil 1, 1. Kapitel, D.II.3.b)aa).

245 *Böckmann*, Der Radiologe 2016, 371; *Dochow*, Telematik im Gesundheitswesen, S. 84; *Matusiewicz/Thielscher*, in: Matusiewicz et al., Digitale Transformation im Gesundheitswesen, S. 3 (5); *Raum*, in: GVG, Versorgung 2030, S. 39 (40); *Rossmann/Krömer*, in: Fischer/Krämer, in: eHealth in Deutschland, S. 441 (442); *WHO*, mHealth, S. 6.

246 Vgl. *Dochow*, Telematik im Gesundheitswesen, S. 84 f.

247 S. Teil 1, 1. Kapitel, C.III.

248 S. Teil 1, 1. Kapitel, D.II.1.

sen Voraussetzungen übereinstimmen, ist die Telemedizin als Teilbereich der Gesundheitstelematik anzusehen.[249]

2. eHealth – Telemedizin

Im Gegensatz zur Telemedizin sind eHealth-Anwendungen nicht auf die Überwindung einer Distanz unter Einsatz von IuK-Technologie im Gesundheitswesen beschränkt.[250] Nichtsdestotrotz besteht auch im Bereich eHealth die Möglichkeit, im Gesundheitswesen auf IuK-Technologie zurückzugreifen.[251] Da die Telemedizin auf die Verbesserung der Patientenversorgung spezialisiert ist und lediglich dem (Teil-)Bereich eCare[252] zugeteilt wird, ist die Telemedizin dem Begriff eHealth untergeordnet.[253]

Dass es sich bei Telemedizin um einen Teilbereich von eHealth handelt, wird auch deutlich, wenn die Gesundheitstelematik in die Betrachtung einbezogen wird. Die Gesundheitstelematik ist dem Oberbegriff eHealth untergeordnet.[254] Nichts anderes kann für die Telemedizin gelten, die ihrerseits lediglich einen Teilbereich der Gesundheitstelematik[255] ausmacht.

---

249 S. etwa *Dochow*, Telematik im Gesundheitswesen, S. 86 f.; *Dochow*, MedR 2019, 636 (637); *Häcker et al.*, Telemedizin, S. 7; *Jorzig/Sarangi*, Digitalisierung im Gesundheitswesen, S. 170; *Katzenmeier/Schrag-Slavu*, Telenotarzt, S. 13; *Klar/Pelikan*, Bundesgesundheitsblatt 2009, 263 (265); *Leis*, Der Unfallchirurg 2008, 146; *Manzeschke*, Bayerisches Ärzteblatt 2014, 480 (481); *Rehmann*, in: Rehmann/Tillmanns, E-Health, Kapitel 3, Rdn. 89; *Schächinger et al.*, Notfall + Rettungsmedizin 1999, 468 (469); *Schmid*, in: Andelfinger/Hänisch, eHealth, S. 11 (12).

250 S. Teil 1, 1. Kapitel, D.II.2.

251 S. Teil 1, 1. Kapitel, D.II.2.

252 A.A. *Wahl/Jankowski*, in: Pfannstiel et al., Digitale Transformation von Dienstleistungen im Gesundheitswesen V, S. 297 (299).

253 S. etwa *Bundesärztekammer*, Telemedizinische Methoden, S. 1; *Fischer et al.*, in: Fischer/Krämer, eHealth in Deutschland, S. 3 (8 f.); *Rehmann*, in: Rehmann/Tillmanns, E-Health, Kapitel 3, Rdn. 89; *Skorning et al.*, Notfall + Rettungsmedizin 2011, 187; *Szecsenyi et al.*, Qualitätsentwicklung in der Telemedizin, S. 8, 10; *Trill*, in: Trill, Praxisbuch eHealth, S. 45; ähnlich wohl auch *Köhler et al.*, Der Internist 2019, 331 (332).

254 S. Teil 1, 1. Kapitel, D.III.1.

255 S. Teil 1, 1. Kapitel, D.IV.1.

3. mHealth – Telemedizin

Um das mHealth-Anwendungen innewohnende Potenzial nicht zu unterlaufen, sind Telemedizin und mHealth nicht gleichzusetzen.[256] Ebenso wie bei eHealth-Anwendungen ist im Zusammenhang mit mHealth ein kombinierter Einsatz von IuK-Technologien nicht notwendig.[257] Die Stärkung der Gesundheitskompetenz des Patienten bedarf beispielhaft nicht der Überwindung einer Distanz unter Einsatz von IuK-Technologien. Zugleich sind Wearables und Gesundheitsapps primär auf die Selbstkontrolle des Einzelnen über den eigenen Gesundheits- und Fitnesszustand ausgerichtet und eben nicht auf das Arzt-Patienten-Verhältnis oder deren Kommunikation.[258] Demgegenüber sind der Einsatz von IuK-Technologien durch die beteiligten Personen zur Überwindung einer Distanz gerade Kernelemente der Telemedizin.[259] Mithin stellt nicht jede mHealth-Maßnahme zugleich eine solche der Telemedizin dar. Da Telemedizin wiederum nicht auf den Einsatz mobiler Technologien beschränkt ist,[260] existieren mHealth- und Telemedizin-Anwendungen unabhängig voneinander. Im Einzelfall können Telemedizin und mHealth miteinander verknüpft werden, etwa wenn der Patient für die Fernbehandlung relevante Vitaldaten mittels Smartwatch oder App misst und diese Daten im Anschluss an den Arzt übermittelt.[261]

4. Zusammenfassung

Der Oberbegriff eHealth ist weit zu verstehen und umfasst daher jede Art von elektronischer Unterstützung im Gesundheitswesen. Da ein kombinierter Einsatz von IuK-Technologien bei eHealth-Anwendungen im Gegensatz zu Maßnahmen im Bereich der Gesundheitstelematik möglich, aber nicht notwendig ist, ist die Gesundheitstelematik dem Begriff eHealth unterzuordnen. Die Telemedizin setzt ihrerseits hingegen voraus, dass die beteiligten Akteure IuK-Technologien einsetzen, um eine Distanz zu überwinden und eine konkrete medizinische Dienstleistung aus der Ferne zu erbringen.

256 *Endl et al.*, in: eHealth Suisse, mHealth im Kontext des elektronischen Patientendossiers, S. 4 f.

257 S. Teil 1, 1. Kapitel, D.III.3.

258 Vgl. *Dochow*, Telematik im Gesundheitswesen, S. 85; *Jandt*, DuD 2016, 571.

259 S. Teil 1, 1. Kapitel, C.I. und Teil 1, 1. Kapitel, C.II.

260 So auch *Endl et al.*, in: eHealth Suisse, mHealth im Kontext des elektronischen Patientendossiers, S. 5.

261 Ähnlich auch *Jandt*, DuD 2016, 571.

Somit handelt es sich bei der Gesundheitstelematik und eHealth im Vergleich zur Telemedizin um Oberbegriffe.

Schlussendlich kann jede eHealth-Anwendung durch die Verwendung mobiler Geräte auch als mHealth-Maßnahme qualifiziert werden. MHealth kann daher die Bereiche eHealth, Gesundheitstelematik und Telemedizin betreffen. Weil der Anwendungsbereich von eHealth nicht auf den Einsatz mobiler Geräte beschränkt ist, handelt es sich bei mHealth um einen Teilbereich von eHealth.

2. Kapitel: Formen der Telemedizin

Die Weiterentwicklung der Telemedizin schreitet in den vergangenen Jahren voran.[262] In unterschiedlichen Fachgebieten der Medizin werden verschiedene telemedizinische Dienste getestet bzw. angeboten, die einen erheblichen Nutzen für das Gesundheitssystem versprechen.[263] Die Anzahl telemedizinischer Dienstleistungen wird durch die für die Telemedizin charakteristische Fachgebietsoffenheit erheblich beeinflusst.[264] Zugleich hat sich der Kreis derjenigen beteiligten Akteure erweitert, die eine telemedizinische Maßnahme anwenden dürfen.[265] Daneben entwickeln sich die Fernkommunikationsmittel stetig weiter, wodurch neue Einsatzgebiete der Telemedizin zutage gefördert werden. Mittlerweile gibt es also eine unüberschaubare Vielzahl unterschiedlicher Formen der Telemedizin,[266] die entweder Einzug in die Regelversorgung erhalten haben, in Pilotprojekten ausgetestet werden oder sich zumindest im Stadium der Planung befinden.[267]

Ob im Gesundheitswesen eine telemedizinische Dienstleistung durchgeführt wird, ist häufig daran zu erkennen, dass solche Dienstleistungen eine spezielle Bezeichnung aufweisen. Beispielsweise werden medizinische Bereiche, wie die Radiologie, Dermatologie sowie Neurologie, oder medizinische Handlungen, wie das Konsil, mit dem Präfix „Tele" versehen.[268] Die Telemedizin umfasst somit beispielhaft die sogenannte Teleradiologie[269], Teledermatologie, Telekardiologie[270] und das Telekonsil[271]. Durch die Be-

---

262 Vgl. *Dochow*, Telematik im Gesundheitswesen, S. 86.

263 Zur Darstellung ausgewählter Formen der Telemedizin und deren Entwicklung, s. Teil 1, 2. Kapitel, B.

264 Vgl. *Bartmann/Schenkel*, in: Byok/Csaki, Handbuch Digital Health, S. 89 (90); *Link*, Telemedizinische Anwendungen, S. 12.

265 S. Teil 1, 1. Kapitel, C.IV.

266 So etwa *Dochow*, MedR 2019, 636 (636, 638); *Häckl*, Neue Technologien im Gesundheitswesen, S. 69; *Szecsenyi et al.*, Qualitätsentwicklung in der Telemedizin, S. 11.

267 S. hierzu *Marx/Beckers*, Bundesgesundheitsblatt 2015, 1053; vgl. *Bartmann/Schenkel*, in: Byok/Csaki, Handbuch Digital Health, S. 89 (90).

268 *Dochow*, Telematik im Gesundheitswesen, S. 189; *Dochow*, MedR 2019, 636 (638); s. auch *Link*, Telemedizinische Anwendungen, S. 11.

269 S. Teil 1, 2. Kapitel, B.II.1.b).

270 S. Teil 1, 2. Kapitel, B.I.2.b).

271 S. Teil 1, 2. Kapitel, B.II.1.

titelung wird zwar erkennbar, dass eine telemedizinische Dienstleistung durchgeführt wird, es wird jedoch nicht ersichtlich, auf welche *Art und Weise* der Einsatz erfolgt. Zugleich kann die Telemedizin in den medizinischen Bereichen häufig in unterschiedlicher Weise nutzbringend eingesetzt werden. Eine Kategorisierung der telemedizinischen Maßnahmen ist vor diesem Hintergrund sinnvoll.[272]

Trotz der bedeutenden Anzahl an telemedizinischen Dienstleistungen wurde eine einheitliche fallgruppenartige Untergliederung bislang nicht vorgenommen.[273] Zum Teil wird in der Literatur auf eine Einteilung der Formen der Telemedizin sogar gänzlich verzichtet, so dass lediglich eine Aufzählung und ggf. Erläuterung ausgewählter, telemedizinischer Formen stattfindet.[274] Vielversprechender weisen manche Autoren in ihren Ausführungen auf mögliche Differenzierungsmerkmale hin, nehmen jedoch im Anschluss keine eindeutige Zuordnung der bestehenden Formen der Telemedizin anhand dieser Merkmale vor.[275]

Durchaus anzuerkennen ist zwar, dass nicht jedes Forschungsgebiet einer Unterteilung der Formen der Telemedizin bedarf oder andere Kriterien für die spezifische Betrachtung in den Vordergrund zu rücken sind.[276] Insbesondere für eine juristische Betrachtung der Telemedizin bietet es sich jedoch an, die bestehenden Formen der Telemedizin fallgruppenartig einzuordnen.[277] Lediglich durch eine Kategorisierung der Telemedizin ist es möglich, ausgewählte Fallgruppen gezielt rechtlich zu bewerten und die

---

272 Für eine Systematisierung etwa auch *Dochow*, Telematik im Gesundheitswesen, S. 189.

273 So auch *Dochow*, Telematik im Gesundheitswesen, S. 189 ff.

274 So etwa *Hanika*, MedR 2001, 107 (108); *Lux*, in: Müller-Mielitz/Lux, E-Health-Ökonomie, S. 3 (9 ff.); *Pflüger*, VersR 1999, 1070 (1070 f.); *Rehmann*, in: Rehmann/Tillmanns, E-Health, Kapitel 3, Rdn. 1; *Szecsenyi et al.*, Qualitätsentwicklung in der Telemedizin, S. 11 f.; Darstellung der – nach Auffassung des Verfassers – wichtigsten Einsatzbereiche der Telemedizin bei *Barwig*, Telemedizin-Anwendungen, S. 27 ff.; Gleichsetzung der wichtigsten mit den bereits praktizierten telemedizinischen Einsatzgebieten bei *Pielach*, Haftungsfragen in der Telemedizin, S. 20 ff.; Aufzählung – vor dem Hintergrund des Fernbehandlungsverbots – bei *Waldheim*, in: Kunze/Mutze, Telemedizin, S. 25 (27 ff.); hierzu kritisch *Dochow*, Telematik im Gesundheitswesen, S. 190.

275 So etwa *Dierks*, in: Dierks et al., Rechtsfragen der Telemedizin, S. 1 (7 ff.); *Schmid*, in: Andelfinger/Hänisch, eHealth, S. 11 (12 ff.); kritisch bereits *Dochow*, Telematik im Gesundheitswesen, S. 190; *Link*, Telemedizinische Anwendungen, S. 14.

276 Vgl. *Schönenberger et al.*, Telemedizinische Verfahren, S. 5 ff.

277 So auch *Link*, Telemedizinische Anwendungen, S. 12; *Wendelstein*, Kollisionsrechtliche Probleme der Telemedizin, S. 8.

gefundenen Ergebnisse auf zukünftig erscheinende Formen der Telemedizin, die die gleichen (oder zumindest ähnliche) charakteristische Merkmale aufweisen, zu übertragen bzw. fortzuentwickeln.

Es bleibt allerdings zu beachten, dass die Unterteilung der telemedizinischen Formen zum einen deshalb erheblich erschwert wird, weil die Anwendungen der Telemedizin oftmals uneinheitlich bezeichnet werden.[278] Zum anderen lassen die Dynamik und die Fachgebietsoffenheit der Telemedizin eine abschließende Einteilung nicht zu. Zumindest als Orientierungshilfe ist eine Untergliederung aber dennoch sinnvoll.

A. Auswahl bisheriger Kategorisierungen der Telemedizin in der Literatur

I. Einordnung anhand des Versorgungsprozesses

Die verschiedenen telemedizinischen Ausgestaltungen werden teilweise anhand des medizinischen Versorgungsprozesses eingeteilt[279].[280] Hierzu wird der Behandlungsprozess als Ganzes zunächst in unterschiedliche Verfahrensschritte aufgespalten.[281] Diese Einteilung reicht von der Vorbeugung (Teleprävention) über die Diagnose (Telediagnostik) bis hin zur Rehabilitation (Telerehabilitation).[282] Im Anschluss werden die jeweiligen Formen der Telemedizin dahingehend überprüft, in welchem Verfahrensstadium sie in sinnvoller Weise eingesetzt werden können, und diesem Stadium zugeordnet.[283]

Ein Vorteil der Einordnung anhand des Versorgungsprozesses scheint zu sein, dass die Formen der Telemedizin nachvollziehbar kategorisiert und zukünftige Anwendungen recht simpel in das bestehende System eingeordnet werden können. Demgegenüber ist anzumerken, dass der medizi-

278 Bereits 2003 wurde eine einheitliche Verwendung der Begriffe gefordert, s. *Schönenberger et al.*, Telemedizinische Verfahren, S. 15.

279 Zu weiteren Vorschlägen für eine Systematisierung, s. etwa *Link*, Telemedizinische Anwendungen, S. 14 ff.

280 So etwa *Dochow*, Telematik im Gesundheitswesen, S. 193 ff.; *Häckl*, Neue Technologien im Gesundheitswesen, S. 68 ff.

281 Zur näheren Vorgehensweise, s. auch *Dochow*, Telematik im Gesundheitswesen, S. 193 ff.; *Häckl*, Neue Technologien im Gesundheitswesen, S. 68 ff.

282 *Dochow*, Telematik im Gesundheitswesen, S. 193 ff.; *Häckl*, Neue Technologien im Gesundheitswesen, S. 68 ff.

283 *Dochow*, Telematik im Gesundheitswesen, S. 193 ff.; *Häckl*, Neue Technologien im Gesundheitswesen, S. 68 ff.

nische Behandlungsprozess eines Patienten in der Praxis oftmals nicht in einer derart starren Weise aufgespaltet werden kann. Vielmehr kommt es innerhalb der Behandlung eines Patienten zu einem fließenden Übergang der einzelnen Stadien.[284] Weiterhin beziehen sich die telemedizinischen Anwendungen häufig nicht nur auf eine Ebene des Behandlungsprozesses, sondern können mehreren Verfahrensabschnitten zugeordnet werden.[285] Die Mehrfacheinordnung steht der Übersichtlichkeit jedoch deutlich entgegen.

Im Besonderen fällt auf, dass der Einteilung anhand des Versorgungsprozesses nicht in der gebotenen Kürze entnommen werden kann, zwischen welchen der an der Telemedizin beteiligten Akteuren Fernkommunikationsmittel eingesetzt werden. Da im Rahmen der rechtlichen Betrachtung vor allem entscheidend sein wird, zwischen welchen Personen IuK-Technologien zur Behandlung des Patienten zur Anwendung kommen, sollte bei der Unterteilung der Formen der Telemedizin erkennbar sein, welche Akteuren sich zur Überwindung einer Distanz IuK-Technologien bedienen.

II. Einordnung nach den „Einbecker Empfehlungen"

Eine weitere Möglichkeit die Formen der Telemedizin einzuteilen, wird in den „Einbecker Empfehlungen" zu Rechtsfragen der Telemedizin aus dem Jahr 1999 von dem Deutsche Gesellschaft für Medizinrecht e.V. (DGMR)[286] vorgestellt. Hiernach werden die Anwendungsmöglichkeiten der Telemedizin anhand der Auswirkungen auf das Behandlungsverhältnis unterschieden.[287] Es wird zwischen dem Einsatz der Telemedizin im Hintergrund des Behandlungsverhältnisses (ergänzende Telemedizin), dem Einsatz von Telemedizin zur Einbindung eines Spezialisten als Konsiliararzt oder Mitbehandler und der eigenständigen telemedizinischen Arzt-Patienten-Beziehung (sogenannter cyber doc) unterschieden.[288]

Die vorgestellte Art der Einordnung der Formen der Telemedizin erkennt zutreffend an, dass Auswirkungen der telemedizinischen Dienstleistungen auf das Behandlungsverhältnis bei der Systematisierung relevant

284 So auch erkannt von *Häckl*, Neue Technologien im Gesundheitswesen, S. 70.
285 So vorzufinden bei *Häckl*, Neue Technologien im Gesundheitswesen, S. 70.
286 *DGMR*, MedR 1999, 557 (557 f.).
287 *DGMR*, MedR 1999, 557.
288 *DGMR*, MedR 1999, 557.

sein können.[289] Jedoch vermag die Einteilung der Ausgestaltungen der Telemedizin nur anhand der drei genannten Kriterien nicht (mehr) zu überzeugen, da aufgrund der mittlerweile vorangeschrittenen Anzahl an telemedizinischer Maßnahmen manche Fallgruppen mangels weiterer Differenzierungsmerkmale nicht eindeutig zugeordnet werden können.[290] Zugleich lässt die Einteilung unberücksichtigt, dass die Telemedizin nicht auf Ärzte und Patienten als beteiligte Akteure beschränkt ist. Darüber hinaus berücksichtigt die Einordnung nicht hinreichend, zwischen welchen Personen IuK-Technologien im Rahmen der telemedizinischen Anwendung eingesetzt werden. Es bedarf neben der Auswirkung der Telemedizin auf das Behandlungsverhältnis weiterer Merkmale, um die Formen der Telemedizin noch genauer einordnen zu können.[291]

III. Einordnung anhand der Kommunikationsbeziehungen

1. Klassische Einteilung

In der Literatur werden die Formen der Telemedizin oftmals anhand der bestehenden Kommunikationsbeziehungen eingeteilt.[292] Eine doc-to-doc (doc2doc[293]) Konstellation liegt vor, wenn zwei (oder mehrere) Ärzte aus der Ferne mittels Fernkommunikationsmittel zum Zweck der Patientenbehandlung miteinander kommunizieren und zusammenarbeiten.[294] Um eine doc-to-patient (doc2patient[295]) Konstellation handelt es sich, wenn

289 Vgl. *Link*, Telemedizinische Anwendungen, S. 17.

290 Ähnlich *Dochow*, Telematik im Gesundheitswesen, S. 192.

291 Zur hier gewählten Art der Unterteilung der Telemedizin, s. sogleich.

292 S. etwa *Häcker et al.*, Telemedizin, S. 8; *Köhler et al.*, Der Internist 2019, 331; *Krüger-Brand*, Deutsches Ärzteblatt 2005, A 441; *Marx/Beckers*, Bundesgesundheitsblatt 2015, 1053; *Marx et al.*, A&I 2019, 191 (193); *Matusiewicz et al.*, in: Wasem et al., Medizinmanagement, S. 395 (400); *Schmid*, in: Andelfinger/Hänisch, eHealth, S. 11 (12); *Schultz/Salomo*, in: Schultz et al., Akzeptanz der Telemedizin, S. 17 (18 ff.); *Trill*, in: Trill, Praxisbuch eHealth, S. 45 (46, 50 ff.); *Turek*, in: FS Weidenfeld, S. 367 (375); ähnlich auch *Link*, Telemedizinische Anwendungen, S. 16 ff.

293 Bezeichnet als D2D für Doc-to-Doc etwa bei *Trill*, in: Trill, Praxisbuch eHealth, S. 45 (46).

294 Vgl. *Marx et al.*, A&I 2019, 191 (193); *Schmid*, in: Andelfinger/Hänisch, eHealth, S. 11 (12); *Trill*, in: Trill, Praxisbuch eHealth, S. 45 (46).

295 Bezeichnet als D2P für Doc-to-Patient bei *Trill*, in: Trill, Praxisbuch eHealth, S. 45 (46).

der Arzt am Patienten telemedizinische Dienstleitungen erbringt.[296] Die Formen der Telemedizin anhand der Kommunikationsbeziehung der sich entfernt aufhaltenden Personen zu unterscheiden, ist angezeigt, da sich die Telemedizin von der herkömmlichen Versorgung vor Ort gerade dadurch unterscheidet, dass IuK-Technologien von den beteiligten Akteuren zum Zweck der Behandlung des Patienten aus der Ferne eingesetzt werden. Bezieht man in den Anwendungsbereich der Telemedizin neben den hier genannten beteiligten Akteuren auch das nichtärztliche (besonders qualifizierte) Fachpersonal und Angehörige anderer Heilberufe mit ein,[297] so sind die genannten Konstellationen freilich hierauf übertragbar.[298]

Da in der Kategorie doc2patient ein Arzt und sein Patient via Fernkommunikationsmittel in Kontakt treten, um den Patienten aus der Ferne medizinisch zu versorgen, liegt der Fallgruppe in der Regel ein schlichtes Zweipersonenverhältnis zu Grunde.[299] Begegnen sich demgegenüber zum Zweck der Patientenbehandlung mehrere Ärzte zeitgleich aus der Ferne, befindet sich beim Patienten oftmals vor Ort ein Arzt. Ein weiterer Arzt wird dem Geschehen via Fernkommunikationsmitteln hinzugeschaltet. Somit liegt in der doc2doc-Kategorie zumeist ein Mehrpersonenverhältnis vor.[300] Gleiches gilt, wenn Ärzte patientenbezogene Informationen zeitversetzt austauschen und bewerten, da die Telemedizin selbst einen Patientenbezug[301] erfordert.

---

296 Vgl. *Krüger-Brand*, Deutsches Ärzteblatt 2005, A 441; *Marx et al.*, A&I 2019, 191 (193); *Matusiewicz et al.*, in: Wasem et al., Medizinmanagement, S. 395 (400); *Schmid*, in: Andelfinger/Hänisch, eHealth, S. 11 (12); *Trill*, in: Trill, Praxisbuch eHealth, S. 45 (46).

297 Zu den beteiligten Akteuren, s. Teil 1, 1. Kapitel, C.IV.

298 Vgl. auch *Dockweiler*, in: Fischer/Krämer, eHealth in Deutschland, S. 257 (258); *Häcker et al.*, Telemedizin, S. 8; *Schmid*, in: Andelfinger/Hänisch, eHealth, S. 11 (12); *Matusiewicz et al.* beschreiben die Kategorie doc2doc als „elektronischen Informationsaustausch zwischen medizinischen Leistungserbringern", s. *Matusiewicz et al.*, in: Wasem et al., Medizinmanagement, S. 395 (400).

299 Vgl. *Link*, Telemedizinische Anwendungen, S. 17; *Siglmüller*, Rechtsfragen der Fernbehandlung, S. 10 f.; *Wendelstein*, Kollisionsrechtliche Probleme der Telemedizin, S. 10 f.

300 Vgl. *Link*, Telemedizinische Anwendungen, S. 17 f.

301 S. Teil 1, 1. Kapitel, C.III.

2. Weiterentwicklung der klassischen Einteilung in der Literatur

Neuerdings findet sich in der Literatur eine weitere Fallgruppe der Telemedizin, namentlich die patient-to-patient (patient2patient[302]) Konstellation.[303] Zum einen wird hierunter die Kommunikation zwischen zwei Patienten gefasst, die ein ähnliches Krankheitsbild aufweisen und den Austausch mit einem Leidensgenossen im Internet (Selbsthilfeportal) suchen.[304] Zum anderen soll das Selbstmanagement (mittels Wearables oder mobiler Geräte) dem Anwendungsbereich der patient2patient-Kategorie und mithin der Telemedizin zugerechnet werden.[305] Im Hinblick auf die charakteristischen Kernelemente der Telemedizin ist die Einteilung von patient2patient als Unterfallgruppe der Telemedizin jedoch nicht angezeigt.

a) Selbstmanagement des Patienten

Beschafft sich der Patient Informationen zu seinem Gesundheitszustand mithilfe einer App oder nimmt er zur Überwachung seiner Vitaldaten solche mithilfe eines mobilen Geräts auf, ohne die Daten an eine andere Person zu übermitteln, bedient sich der Patient keiner Form der Telemedizin. Beim (gesundheitlichen) Selbstmanagement fehlt es in der Regel bereits an einem Einsatz von IuK-Technologien zur Überwindung einer zwischen den beteiligten Akteuren bestehenden räumlichen (und ggf. zeitlichen) Distanz. Eine derartige Überwindung ist jedoch erforderlich, um eine Maßnahme als eine solche der Telemedizin zu qualifizieren.[306]

b) Kommunikationsbeziehung zwischen Patienten

Auch der informative Austausch zwischen Leidensgenossen (z.B. in einem Internetforum) stellt keine telemedizinische Dienstleistung dar. Wenngleich

---

302 Bezeichnet als P2P für Patient-to-Patient bei *Trill*, in: Trill, Praxisbuch eHealth, S. 45 (46).

303 *Matusiewicz et al.*, in: Wasem et al., Medizinmanagement, S. 395 (400); *Trill*, in: Trill, Praxisbuch eHealth, S. 45 (46).

304 *Trill*, in: Trill, Praxisbuch eHealth, S. 45 (47).

305 *Trill*, in: Trill, Praxisbuch eHealth, S. 45 (47); vgl. *Matusiewicz et al.*, in: Wasem et al., Medizinmanagement, S. 395 (400).

306 S. Teil 1, 1. Kapitel, C.II.

Informationen mittels IuK-Technologien zwischen den Beteiligten zur Überwindung einer räumlichen Distanz ausgetauscht werden können, fehlt es an der Erbringung einer konkret medizinischen Dienstleistung durch einen Heilkundigen. Im Fall der Telemedizin steht dem beteiligten Patienten gerade kein medizinischer Laie als Kommunikationspartner gegenüber.[307]

Zu erwägen ist, die patient2patient Konstellation dann als eine Ausgestaltung der Telemedizin anzusehen, wenn mindestens einer der Beteiligten neben der Rolle des Leidensgenossen auch einen medizinisch fundierten Wissenstand aufweist und eine medizinische Dienstleistung aus der Ferne erbringt. Da in einer solchen Konstellation der medizinisch fachkundige Leidensgenosse jedoch eine Behandlung aus der Ferne übernimmt, ist die Einführung einer neue Fallgruppe der Telemedizin nicht nötig und mithin nicht empfehlenswert. Vielmehr ist in diesem speziellen Fall die Behandlung eines Leidensgenossen bereits der Fallgruppe doc2patient zuzuordnen.

3. Kritik in Teilen der Literatur

An der ursprünglichen Einteilung (doc2doc und doc2patient) wird kritisiert, dass die im Gesundheitswesen existenten Beziehungen sich häufig als viel komplexer darstellen würden und (insbesondere bei mehrdimensionalen Beziehungskonstellationen) die eindimensionale Betrachtungsweise keinen angemessenen Aufschluss über die telemedizinischen Formen bieten könne.[308] Der genannten Kritik ist jedoch entgegenzuhalten, dass die abstrakte und durchaus auch reduzierte Art der Darstellung auf mehrdimensionale Beziehungskonstellationen grundsätzlich übertragen werden kann. Bedient sich ein Arzt zur Behandlung seines Patienten bereits zur Befunderhebung einer telemedizinischen Maßnahme (z.B. im Rahmen einer Videosprechstunde), liegt eine doc2patient-Konstellation vor. Möchte der Arzt im Anschluss seine selbstständig vorgenommene Befundauswertung absichern und zieht unter Anwendung der Telemedizin einen weiteren Arzt hinzu, handelt es sich um eine doc2doc-Konstellation. Dahingestellt bleiben kann, ob es in einem solchen Fall der Betitelung der mehrdimensionalen Konstellation im Einzelfall (möglicherweise doc2doc2patient) bedarf. Freilich wird es auch aufgrund der Individualität der Behandlung Fälle geben, in denen die genannte Einteilung Schwierigkeiten bereitet.

307 S. Teil 1, 1. Kapitel, C.IV.

308 *Dochow*, Telematik im Gesundheitswesen, S. 193.

Das anvisierte Ziel, nämlich durch die Kategorisierung der Formen der Telemedizin zumindest eine Orientierungshilfe zu schaffen, kann trotzdem erreicht werden.

4. Konkretisierung der Kategorien doc2doc und doc2patient

Obwohl die Einteilung anhand der jeweiligen Kommunikationsbeziehungen bereits einen ersten Überblick über die Formen der Telemedizin bietet, ist eine weitere Unterteilung der Kategorien in der Regel hilfreich, um die telemedizinischen Anwendungen (noch) differenzierter betrachten zu können. Auch in der Literatur werden, wenngleich zum Teil uneinheitlich und ohne nähere Begründung, die doc2doc- und doc2patient-Kategorien erneut untergliedert.[309]

Weisen gewisse telemedizinische Anwendungen gemeinsame Eigenschaften auf, können sie einer Fallgruppe zugeordnet werden. Aufgrund eines fehlenden Telemedizingesetzes und der Tatsache, dass die Telemedizin eine Vielzahl unterschiedlicher Rechtsbereiche betrifft,[310] ist es zwar kaum möglich, die Formen der Telemedizin anhand rechtlicher Kriterien überblicksartig zu unterteilen, jedoch dienen die Charakteristika der jeweiligen (Unter-)fallgruppe als Anknüpfungspunkte für eine im Anschluss folgende rechtliche Beurteilung. Es bleibt – wie bereits angedeutet – indessen hinzunehmen, dass eine Unterteilung der Telemedizin und nähere Konkretisierung auch nach dieser Art der Kategorisierung weder alle bisher bestehenden noch zukünftig erscheinenden Formen abschließend und endgültig abbilden kann. Bei der Telemedizin handelt es sich um eine dynamische und fachgebietsoffene Materie. Telemedizinische Dienstleistungen sind daher vielfältig einsetzbar, unterliegen einem stetigen (auch technischen) Wandel und werden aufgrund des enormen Potenzials für die Verbesserung des Gesundheitssystems fortwährend weiterentwickelt.

---

309 So etwa *Häcker et al.*, Telemedizin, S. 8; *Matusiewicz et al.*, in: Wasem et al., Medizinmanagement, S. 395 (400); *Schultz/Salomo*, in: Schultz et al., Akzeptanz der Telemedizin, S. 17 (18 ff.); *Trill*, in: Trill, Praxisbuch eHealth, S. 45 (46); ausführlicher jedoch *Link*, der die Formen der Telemedizin anhand des Grades und des Umfangs der Einwirkung des Telemediziners und nach der Anzahl der beteiligten Personen unterteilt, s. *Link*, Telemedizinische Anwendungen, S. 16 ff.

310 S. Einführung.

a) Unterteilung der doc2patient-Kategorie

Von der doc2patient-Kategorie werden solche telemedizinischen Maßnahmen umfasst, die die Kommunikationsbeziehung zwischen einem Arzt und seinem Patienten betreffen (beteiligte Akteure). Ebenso kann die Beziehung zwischen einem Angehörigem eines anderen Heilberufes (z.B. Logopäden oder Psychotherapeuten) einbezogen werden, da der Anwendungsbereich der Telemedizin jüngst erweitert wurde.[311] Hierbei handelt es sich um ein schlichtes Zweipersonenverhältnis,[312] so dass der Leistungserbringer Alleinbehandler ist.

Da die charakteristischen Merkmale der Telemedizin freilich auch für die (Unter-)Fallgruppe der doc2patient-Kategorie gelten, wird zwischen dem Arzt (bzw. dem Angehörigen eines anderen Heilberufes) und seinem Patienten eine Distanz mittels IuK-Technologien überwunden, um eine konkrete medizinischen Dienstleistung (Umfang der Telemedizin) aus der Ferne zu erbringen. Ein klassischer Anwendungsfall der doc2patienten-Kategorie ist daher die ergänzende oder ausschließliche Tele- bzw. Fernbehandlung eines Patienten, beispielsweise via Videotelefonie, Telefon, Chat oder E-Mail.[313] Im Unterschied zu einer herkömmlichen Behandlung wird der Patient also anstatt vor Ort aus der Ferne mittels IuK-Technologien medizinisch versorgt. Aufgrund der Fachgebietsoffenheit der Telemedizin kann sich der Patient grundsätzlich nicht nur von seinem Hausarzt, sondern auch von einem Facharzt (z.B. Dermatologe) fernbehandeln lassen.

Um einen Sonderfall der Tele- bzw. Fernbehandlung handelt es sich, wenn der Arzt eine spezielle medizinische Dienstleistung aus der Ferne (z.B. Fernüberwachung der Vitalparameter des Patienten) erbringt. Aufgrund gewisser Besonderheiten dieser Behandlungsformen aus der Ferne ist es sinnvoll, hierfür eine eigene Fallgruppe einzuführen. Von der doc2-patient-Kategorie werden daher nicht nur die („einfache") Tele- bzw. Fern-

311 S. Teil 1, 2. Kapitel, C.IV.1.b).

312 S. Teil 1, 2. Kapitel, A.III.1.

313 In der Literatur wird die Fallgruppe doc2patient unter anderem häufig in „Telediagnose" bzw. „Telediagnostik" und „Teletherapie" unterteilt, s. etwa *Häcker et al.*, Telemedizin, S. 8; *Matusiewicz et al.*, in: Wasem et al., Medizinmanagement, S. 395 (400 ff.); *Schultz/Salomo*, in: Schultz et al., Akzeptanz der Telemedizin, S. 17 (19 f.). Die Behandlungsstadien werden hier nicht unterteilt, sondern insgesamt unter den Begriff der „Tele- bzw. Fernbehandlung" gefasst, s. Teil 1, 2. Kapitel, B.I.1.

behandlung, sondern auch das Telemonitoring[314] und die Teleoperation[315] umfasst.

b) Unterteilung der doc2doc-Kategorie

Das Potenzial der Telemedizin zeigt sich ebenso in der Anwendung zwischen unterschiedlichen Leistungserbringern, so dass ein vielfältiger Einsatz der Telemedizin in der doc2doc-Kategorie möglich ist. Der Telemediziner wird entweder unmittelbar mittels Fernkommunikationsmitteln in die Behandlung des Patienten (zeitgleich) integriert oder er erbringt seinen Beitrag aus der Ferne zeitversetzt. Die partizipierenden Ärzte sind hierbei entweder Angehörige des gleichen oder eines anderen Fachgebiets.[316] Je nach Fallkonstellation beeinflusst der Telearzt das Behandlungsgeschehen auf unterschiedliche Weise.[317] Das Spektrum reicht von einem geringen bzw. kaum nachweisbaren bzw. nicht vorhandenen Einfluss auf die Behandlung des Patienten bis hin zur Übernahme der Herrschaft des Behandlungsgeschehens.[318]

Für die Unterteilung der doc2doc-Kategorie stellt die Rolle des aus der Ferne hinzugezogenen Arztes im Verhältnis zum Behandler vor Ort das relevante Unterscheidungskriterium dar.[319] Wird der hinzugezogene Telemediziner beratend tätig, handelt es sich um ein Telekonsil[320].[321] Hierbei

---

314 Im Ergebnis auch *Häcker et al.*, Telemedizin, S. 8; *Köhler et al.*, Der Internist 2019, 331 (332); *Krüger-Brand*, Deutsches Ärzteblatt 2005, A 441; *Matusiewicz et al.*, in: Wasem et al., Medizinmanagement, S. 395 (400); *Schultz/Salomo*, in: Schultz et al., Akzeptanz der Telemedizin, S. 17 (19 f.); *Trill*, in: Trill, Praxisbuch eHealth, S. 45 (46); vgl. *Marx/Beckers*, Bundesgesundheitsblatt 2015, 1053.

315 Einbeziehend unter dem Begriff „Teletherapie" bzw. „Telechirurgie" etwa *Matusiewicz et al.*, in: Wasem et al., Medizinmanagement, S. 395 (400, 402); *Schultz/Salomo*, in: Schultz et al., Akzeptanz der Telemedizin, S. 17 (19 f.).

316 Vgl. *Bundesärztekammer*, Hinweise und Erläuterungen zu § 7 Abs. 4 MBO-Ä (2015), S. 5 ff.

317 Vgl. *Link*, Telemedizinische Anwendungen, S. 17 f.

318 Vgl. *Bundesärztekammer*, Hinweise und Erläuterungen zu § 7 Abs. 4 MBO-Ä (2015), S. 5 ff.

319 Vgl. im Ansatz schon *DGMR*, MedR 1999, 557; vgl. auch *Link*, Telemedizinische Anwendungen, S. 17.

320 S. Teil 1, 2. Kapitel, B.II.1.

321 Vgl. *Marx/Beckers*, Bundesgesundheitsblatt 2015, 1053; einbeziehend unter dem Begriff „Telekonsultation" etwa *Häcker et al.*, Telemedizin, S. 8; *Matusiewicz et al.*, in: Wasem et al., Medizinmanagement, S. 395 (400 f.); *Schultz/Salomo*, in: Schultz

ist zu differenzieren, ob von dem Telemediziner eine Erst- oder eine Zweitmeinung eingeholt wird.[322] Übernimmt der Telearzt aus der Ferne die Behandlung des Patienten unter Zuhilfenahme des Arztes vor Ort, handelt es sich demgegenüber um die Fallgruppe der Telepräsenz[323].

Zusätzlich gilt es, das nichtärztliche Fachpersonal in die Betrachtung einzubeziehen, da von der Telemedizin ebenso die Kommunikation zwischen dem Telearzt und einem nichtärztlichen Fachpersonal zum Zweck der Patientenbehandlung umfasst wird.[324] Entscheidend für die Unterteilung der doc2doc-Kategorie ist daher auch, ob zwei bzw. mehrere Ärzte oder ein Arzt und ein nichtärztliches Fachpersonal zusammenwirken. Es handelt sich um einen Sonderfall der Telepräsenz[325], wenn das sich beim Patienten vor Ort aufhaltende nichtärztliche Fachpersonal einen Arzt zur Behandlung des Patienten aus der Ferne kontaktiert.

IV. Zusammenfassung

Eine Kategorisierung der telemedizinischen Anwendung ist sinnvoll, wenngleich eine endgültige und abschließende Unterteilung aufgrund der charakteristischen Merkmale der Telemedizin nicht möglich ist. Abzulehnen ist hier die Einordnung der Formen der Telemedizin anhand der Versorgungsprozesse, da die telemedizinischen Anwendungen häufig mehreren Behandlungsstadien zugeordnet werden können und mithin die gewünschte Übersichtlichkeit der Einteilung nicht gewährleistet wird. Im Besonderen lässt sich den Fallgruppen allerdings nicht in der gebotenen Kürze entnehmen, zwischen welchen an der telemedizinischen Maßnahme beteiligten Personen Fernkommunikationsmittel eingesetzt werden. Gleiches gilt für die Einordnung der Formen der Telemedizin nach den Einbecker Empfehlungen. Zugleich wird dort nicht hinreichend berücksichtigt, dass sich die an der Telemedizin beteiligten Akteure nicht auf Ärzte und Patienten beschränken.

Stattdessen ist es angezeigt, die telemedizinischen Anwendungen zunächst anhand der jeweils durch IuK-Technologien vermittelten Kommu-

et al., Akzeptanz der Telemedizin, S. 17 (18, 20); vgl. *Link*, Telemedizinische Anwendungen, S. 18.

322 S. Teil 1, 2. Kapitel, B.II.1.a)aa) und Teil 1, 2. Kapitel, B.II.1.a)bb).

323 S. Teil 1, 2. Kapitel, B.II.2.a).

324 S. Teil 1, 1. Kapitel, C.IV.1.a).

325 S. Teil 1, 2. Kapitel, B.II.2.b).

nikationsbeziehungen (doc2doc-Kategorie oder doc2patient-Kategorie) zu untergliedern. Die Telemedizin unterscheidet sich von einer herkömmlichen Behandlung vor Ort gerade dadurch, dass im Rahmen der medizinischen Versorgung Fernkommunikationsmittel eingesetzt werden. Diese Besonderheit der Telemedizin sollte sich daher in der Untergliederung wiederfinden.

Um die Formen der Telemedizin noch spezifischer beurteilen zu können, sind die doc2doc- und doc2patient-Kategorien sodann im Hinblick auf ihre jeweils charakteristischen Gemeinsamkeiten bzw. Unterschiede erneut zu unterteilen. Während für die doc2doc-Kategorie in der Regel bedeutend ist, welchen Beitrag der hinzugezogene Arzt im Hinblick auf die Behandlung des Patienten leistet und ob sich beim Patienten vor Ort ein weiterer Arzt oder ein nichtärztliches Fachpersonal aufhält, steht in der Fallgruppe doc2patient die Beziehung des Arztes (bzw. des Angehörigen eines anderen Heilberufes) zu dem jeweiligen Patienten im Rahmen der medizinischen Versorgung im Fokus. Insofern eine neue Form der Telemedizin hervorgebracht wird, ist im Einzelfall festzulegen, ob eine Zuordnung zu einer bereits bestehenden Fallgruppe möglich ist oder ob die Entwicklung einer neuen (Unter-)Fallgruppe angezeigt ist.

B. Erläuterung gewisser Formen der Telemedizin

Für die der doc2patient- oder doc2doc-Kategorie zugeordneten Fallgruppen gibt es unterschiedliche Anwendungsbeispiele, die bereits teilweise in die Regelversorgung integriert wurden. Dies gilt es überblicksartig aufzuzeigen.

I. Doc2patient-Kategorie

1. Tele- bzw. Fernbehandlung

a) Beteiligte Akteure: Arzt-Patient

aa) Charakteristische Merkmale

Im Rahmen der hier als Tele- bzw. Fernbehandlung[326] bezeichneten Fallgruppe wird ein Patient von einem alleinbehandelnden (niedergelassenen) Arzt unter Einsatz von IuK-Technologien – anstatt vor Ort – aus der Ferne (ambulant) behandelt[327].[328] Es handelt sich daher um einen „Sonderfall der klassischen ärztlichen Heilbehandlung."[329] Als Unterfall der Telemedizin[330] weist die Tele- bzw. Fernbehandlung hinsichtlich ihrer Kernelemente gewisse Besonderheiten auf.

Charakteristisch für die Tele- bzw. Fernbehandlung ist, dass der Arzt und sein Patient aus der Ferne, also unter Überwindung einer Distanz, zum Zweck der ärztlichen Versorgung miteinander kommunizieren.[331] An der Fernbehandlung nehmen der Arzt, der die Verantwortung für die Behandlung trägt, und sein Patient teil, so dass sich die beteiligten Akteure auf die genannten Personen beschränken.[332] Es liegt deshalb im Zusammenhang

---

326 *Wendelstein* bezeichnet diese Fallgruppe der Telemedizin als „Teleassistenz", da der Telemediziner nicht einem anderen Fachkollegen, sondern dem Patienten bei dessen Eigenbehandlung assistiere, s. *Wendelstein*, Kollisionsrechtliche Probleme der Telemedizin, S. 11; s. auch *Link*, Telemedizinische Anwendungen, S. 18; als „Telebehandlung" bezeichnet bei *Dochow*, Telematik im Gesundheitswesen, S. 133 f.; als „Fernbehandlung" bezeichnet bei *Siglmüller*, Rechtsfragen der Fernbehandlung, S. 10 f.; teilweise andere Bedeutung etwa bei *Steffen*, in: FS Stoll, S. 71 (72).

327 Hierbei geht es daher nicht um die Notfallbehandlung des Patienten aus der Ferne; zur Tele-Notfallmedizin, s. Teil 1, 2. Kapitel, B.II.2.b)bb).

328 Vgl. *Dochow*, Telematik im Gesundheitswesen, S. 133 f.; *Siglmüller*, Rechtsfragen der Fernbehandlung, S. 10 f.; *Wendelstein*, Kollisionsrechtliche Probleme der Telemedizin, S. 10 f.

329 *Wendelstein*, Kollisionsrechtliche Probleme der Telemedizin, S. 10; s. auch *Dochow*, Telematik im Gesundheitswesen, S. 133.

330 *Kuhn*, GesR 2016, 748; *Prütting*, in: Rehmann/Tillmanns, E-Health, Kapitel 3, Rdn. 19; a.A. *Siglmüller*, Rechtsfragen der Fernbehandlung, S. 10 f.

331 *Dochow*, Telematik im Gesundheitswesen, S. 133; *Siglmüller*, Rechtsfragen der Fernbehandlung, S. 10.

332 *Wendelstein*, Kollisionsrechtliche Probleme der Telemedizin, S. 10; *Siglmüller*, Rechtsfragen der Fernbehandlung, S. 10 f.

mit der Tele- bzw. Fernbehandlung ein schlichtes Zweipersonenverhältnis vor.[333]

Vom Umfang der Unterfallgruppe von doc2patient umfasst, wird – wie die Bezeichnung Tele- bzw. Fern*behandlung* nahelegt – das unmittelbare Behandlungsverhältnis.[334] Neben der Teletherapie werden etwa auch die Stadien der Teleanamnese, Telebefunderhebung, Telediagnose und Telenachsorge von dem Anwendungsbereich der Tele- bzw. Fernbehandlung umfasst.[335] Wird die spezielle telemedizinische Anwendung lediglich in einem Versorgungsstadium (etwa zur Nachsorge) oder bei vereinzelten Behandlungsterminen eines Versorgungsstadiums eingesetzt, handelt es sich um eine ergänzende Tele- bzw. Fernbehandlung.[336] Bei einer ausschließlichen Tele- bzw. Fernbehandlung begegnen sich der Arzt und sein Patient lediglich telekommunikativ, so dass es während der gesamten Behandlung zu keinem unmittelbaren Kontakt vor Ort kommt.[337]

Darüber hinaus ist für die Tele- bzw. Fernbehandlung – ebenso wie für alle anderen telemedizinischen Maßnahmen – kennzeichnend, dass IuK-Technologien eingesetzt werden.[338] Eine Beschränkung der speziellen telemedizinischen Maßnahme auf moderne IuK-Technologien besteht auch für die Tele- bzw. Fernbehandlung nicht.[339] Bereits das klassische Telefongespräch zwischen einem Arzt und seinem Patienten zum Zweck der Patientenversorgung stellt daher eine solche spezielle Dienstleistung der Telemedizin dar.[340] Insgesamt bestehen vielfältige Einsatzmöglichkeiten. Die Parteien können etwa audiovisuell (z.B. via Videotelefonie), audiogestützt

---

333 *Link*, Telemedizinische Anwendungen, S. 17 f.; *Wendelstein*, Kollisionsrechtliche Probleme der Telemedizin, S. 10; *Siglmüller*, Rechtsfragen der Fernbehandlung, S. 10 f.

334 Vgl. *Dochow*, Telematik im Gesundheitswesen, S. 133; *Dochow*, MedR 2019, 636 (638); *Siglmüller*, Rechtsfragen der Fernbehandlung, S. 17 ff.

335 Vgl. etwa *Dochow*, MedR 2019, 636 (638).

336 Enger etwa *Prütting et al.*, GesR 2020, 756 (759).

337 So etwa *Prütting et al.*, GesR 2020, 756 (759); *Siglmüller*, Rechtsfragen der Fernbehandlung, S. 11; enger *Hübner/Wienke*, Orthopädie und Unfallchirurgie 2019, 28 (29).

338 *Dochow*, Telematik im Gesundheitswesen, S. 133 f.; *Siglmüller*, Rechtsfragen der Fernbehandlung, S. 10 f.

339 S. Teil 1, 1. Kapitel, C.I.

340 So etwa *Dochow*, Telematik im Gesundheitswesen, S. 133 f.; *Wendelstein*, Kollisionsrechtliche Probleme der Telemedizin, S. 10.

(z.B. via Telefon) oder schriftlich (z.B. via E-Mail, Chat, SMS) in Kontakt treten.[341]

Da sich die Telemedizin insgesamt durch ihre Fachgebietsoffenheit auszeichnet, ist auch die Tele- bzw. Fernbehandlung im Grundsatz nicht auf ein Fachgebiet beschränkt. Die Tele- bzw. Fernbehandlung kann sowohl von einem Allgemeinmediziner als auch von einem Facharzt angeboten werden.

bb) Anwendungsbeispiel: Videosprechstunde

Die bislang wohl akzeptierteste Form der Tele- bzw. Fernbehandlung[342] ist die sogenannte Videosprechstunde.[343] In der Vereinbarung zwischen der Kassenärztlichen Bundesvereinigung und dem GKV-Spitzenverband über die Anforderungen an die technischen Verfahren zur Videosprechstunde gemäß § 365 Abs. 1 SGB V in der Fassung vom 15.06.2022[344] wird nach § 1 Abs. 1 S. 2 der Anlage 31b zum BMV-Ä die Erbringung einer Videosprechstunde definiert als „synchrone Kommunikation zwischen einem Vertragsarzt und einem Patienten über die dem Patienten zur Verfügung stehende technischen Ausstattung, ggf. unter Assistenz, z. B. durch eine

341 Vgl. etwa *Dochow*, MedR 2019, 636 (638).

342 Die Tele- bzw. Fernbehandlung als spezielle telemedizinischen Dienstleistung umfasst nicht nur die Videosprechstunde, s. soeben. Die Gesundheitsplattform „FORMEL Skin" der Formel Skin Derma GmbH bietet beispielweise eine ärztliche Versorgung der Gesichtshaut aus der Ferne an, die insbesondere schriftlich und ggf. audiogestützt erfolgt. Der Weg zu reiner Haut funktioniert hierbei nach eigenen Angaben folgendermaßen: Der Patient hat einen „Hautfragebogen" auszufüllen und für den Arzt anschließend drei Bilder von dem eigenen Gesicht aufzunehmen und hochzuladen. Im Anschluss bestimmt das Ärzteteam die Wirkstoffe aus der Ferne. Nachdem das für den Patienten geeignete Produkt hergestellt wurde, wird das Set an die Adresse des Patienten verschickt. Das Ärzteteam passt die Formel stetig an und ermöglicht eine Kontaktaufnahme. Erste Ergebnisse sollen nach sechs Wochen sichtbar sein, zum gesamten Ablauf am Beispiel von Hautunreinheiten, s. *Formel Skin Derma GmbH*, Unreine Haut. Während der Behandlung kann der Patient mit dem Arzt mithilfe einer eingerichteten „Nachrichten-Funktion" Kontakt aufnehmen. Ansonsten verbleibt dem Patienten, sofern die Nachrichten-Funktion nicht ausreicht, die Möglichkeit, mit dem Ärzteteam zu telefonieren, zur Kontaktaufnahme, s. *Formel Skin Derma GmbH*, Kontaktaufnahme.

343 So etwa *Dochow*, MedR 2019, 636 (638); *Hahn*, MedR 2020, 16 (20); *Trill*, in: Trill, Praxisbuch eHealth, S. 45 (50).

344 *Kassenärztliche Bundesvereinigung/GKV-Spitzenverband*, Vereinbarung über Anforderungen an die technischen Verfahren zur Videosprechstunde (15.06.2022), S. 1 ff.

Bezugsperson, im Sinne einer Online-Videosprechstunde in Echtzeit, die der Vertragsarzt dem Patienten anbieten kann."[345]

Im Rahmen der Videosprechstunde treten die Beteiligten in der Regel audiovisuell unter Einsatz von Fernkommunikationsmitteln in Kontakt, so dass sich die Parteien trotz räumlicher Entfernung, online sehen, hören und Bildmaterial austauschen können.[346] Der Behandler und sein Patient benötigen jeweils einen Bildschirm, eine Kamera, eine Tonwiedergabeeinheit, ein Mikrofon und einen Internetanschluss.[347] Die apparative Ausstattung kann teilweise bzw. vollständig in einem Gerät vereint sein, s. § 4 Abs. 1 S. 2 Anlage 31b zum BMV-Ä. Wenngleich die Durchführung der Videosprechstunde nicht an einen bestimmten Ort geknüpft ist, sieht das Vertragsarztrecht vor, dass die Videosprechstunde in geschlossenen Räumen stattzufinden hat, die eine angemessenen Privatsphäre ermöglichen, s. § 3 S. 2 Anlage 31b zum BMV-Ä.[348] Zudem darf der Vertragsarzt für die Videosprechstunde lediglich einen zertifizierten Videodienstanbieter[349] nutzen, s. § 4 Abs. 4 Anlage 31b zum BMV-Ä.[350] Bekannte Anbieter, wie beispielsweise FaceTime, WhatsApp oder Skype, kommen für die Nutzung der Videosprechstunde nicht in Betracht.[351] Ein Verzeichnis der zertifizierten Videodienstanbieter findet sich auf der jeweiligen Webseite des GKV-Spitzenverbands und der Kassenärztlichen Bundesvereinigung, s. § 5 Abs. 6 S. 1 Anlage 31b zum BMV-Ä.

---

345 Da die Videosprechstunde nach § 1 Abs. 2 Anlage 31b zum BMV-Ä unter anderem auch die Kommunikation zwischen einem Vertragsarzt und einem pflegebedürftigen Patienten unter Beteiligung einer Pflegekraft oder mehreren Pflegekräften, die an der Versorgung des Patienten beteiligt sind, umfasst, ist der Anwendungsbereich der Videosprechstunde im Vertragsarztrecht daher weiter als im Zusammenhang mit der hier vorgestellten Tele-bzw. Fernbehandlung.

346 So beispielhaft anhand der Plattform von Patientus dargestellt bei *Trill*, in: Trill, Praxisbuch eHealth, S. 45 (52).

347 *Jörg*, Digitalisierung in der Medizin, S. 67; so beispielhaft anhand der Plattform von Patientus dargestellt bei *Trill*, in: Trill, Praxisbuch eHealth, S. 45 (52). § 4 Abs. 1 S. 1 Anlage 31b zum BMV-Ä sieht für den Vertragsarzt vor, dass seine apparative Ausstattung einen Bildschirm, eine Kamera, ein Mikrofon und einen Lautsprecher beinhalten muss.

348 Zu den weiteren Anforderungen an die Teilnehmer, s. auch § 3 Anlage 31b zum BMV-Ä.

349 Die Anforderungen an den Videodienstanbieter finden sich in § 5 Anlage 31b zum BMV-Ä. Es ist dem Videodienstanbieter beispielsweise verboten, im Rahmen der Videosprechstunde Werbung zu schalten, s. § 5 Abs. 1 Nr. 6 Anlage 31b zum BMV-Ä.

350 Zu den weiteren Anforderungen an den Vertragsarzt, s. § 4 Anlage 31b zum BMV-Ä.

351 *GKV-Spitzenverband*, Kurzmeldungen zur Videosprechstunde.

Der Ablauf der Videosprechstunde kann, je nachdem, welcher Videodienstanbieter genutzt wird, variieren. Beispielsweise fasst die Plattform „doccura" der Bayerischen TelemedAllianz GmbH den dort vorgesehenen Ablauf der Videosprechstunde unter der Rubrik „Patienten" kurz zusammen: Der Patient erhält, nachdem er eine (datenschutzrechtliche) Einwilligungserklärung abgegeben hat, von seinem Arzt per SMS oder E-Mail einen Termin und einen Einladungslink zur Online-Videosprechstunde. Klickt der Patient zum in der Nachricht angegebenen Zeitpunkt den Einladungslink an, gelangt er in das virtuelle Wartezimmer des Arztes. Zuletzt startet der Arzt die Videosprechstunde und die Parteien können miteinander kommunizieren.[352]

cc) Integration der Videosprechstunde in die Regelversorgung?

Der Bundesgesetzgeber fasst die Telemedizin weit überwiegend als sozialrechtliches Thema auf.[353] Durch die in den vergangenen Jahren vorgenommenen Gesetzesänderungen[354] wurde die Videosprechstunde in die vertragsärztliche Versorgung aufgenommen.[355] Das Vertragsarztrecht, das zuvor als Kassenarztrecht bezeichnet wurde, ist im fünften Buch des Sozialgesetzbuchs geregelt.[356] Da ein Großteil der Patienten Kassen- und nicht Privatpatienten sind,[357] wirkt sich die Einführung der Videosprechstunde als vertragsärztliche Leistung auf die Integration der Videosprechstunde in die Regelversorgung erheblich aus. Stünde die Videosprechstunde nur Privatpatienten oder Selbstzahlern zur Verfügung, könnte sich die Videosprechstunden wohl nicht flächendeckend etablieren.

---

352 Zum gesamten Absatz, s. *Bayerische TelemedAllianz GmbH*, doccura-Patienten.

353 *Dierks*, MedR 2016, 405 (409).

354 S. sogleich.

355 Zur Entwicklung, s. auch *Jorzig/Sarangi*, Digitalisierung im Gesundheitswesen, S. 185 f.

356 *Laufs/Katzenmeier*, in: Laufs et al., Arztrecht, Kapitel I, Rdn. 61.

357 *Laufs/Katzenmeier* gehen davon aus, dass ca. neun von zehn Bürgern sozialversichert sind, s. *Laufs/Katzenmeier*, in: Laufs et al., Arztrecht, Kapitel I, Rdn. 61.

(1) Gesetz für sichere digitale Kommunikation und Anwendungen im Gesundheitswesen sowie zur Änderung weiterer Gesetze vom 21.12.2015

Die Videosprechstunde in Echtzeit wurde – neben der konsiliarischen Befundbeurteilung von Röntgenaufnahmen – durch das Gesetz für sichere digitale Kommunikation und Anwendungen im Gesundheitswesen sowie zur Änderung weiterer Gesetze vom 21.12.2015[358] im Vertragsarztrecht gesetzlich verankert.[359] Dem Bewertungsausschuss, der für die Vereinbarung des einheitlichen Bewertungsmaßstabs zuständig ist (s. § 87 Abs. 1 S. 1 SGB V),[360] wurde hierdurch gesetzlich auferlegt, bis zum 30.09.2016 zu prüfen, inwieweit durch den Einsatz von sicheren elektronischen IuK-Technologien die Videosprechstunde telemedizinisch erbracht werden kann, s. § 87 Abs. 2a S. 17 SGB V a.F. Zusätzlich sollte der Bewertungsausschuss auf der durch die Prüfung gewonnenen Grundlage bis zum 31.03.2017 eine Anpassung des einheitlichen Bewertungsmaßstabs für ärztliche Leistungen beschließen, s. § 87 Abs. 2a S. 18 SGB V a.F.[361] Tatsächlich wurde der einheitliche Bewertungsmaßstab durch Beschluss des Bewertungsausschusses in der 389. Sitzung am 21.02.2017 mit Wirkung zum 01.04.2017 geändert.[362]

Die Aufnahme der Videosprechstunde in das vertragsärztliche Versorgungskonzept bezweckte, Bestandspatienten zusätzlich eine telemedizinische Betreuung anbieten zu können.[363] Eine wiederholte persönliche Vorstellung in der Arztpraxis vor Ort sollte durch die Videosprechstunde ersetzt werden können.[364] Sofern eine Untersuchung mit direktem Arzt-Patienten-Kontakt notwendig war, hatte eine solche freilich vor Ort zu

358 BGBl. I, 2408.

359 S. hierzu BT-Drs. 18/6905, 66; *Paland/Holland*, NZS 2016, 247 (247 ff.).

360 *Clemens*, in: Quaas et al., Medizinrecht, § 22, Rdn. 8.

361 Bereits durch Art. 1 Nr. 22 b) des Gesetzes zur Verbesserung der Versorgungsstrukturen in der gesetzlichen Krankenversicherung (GKV-Versorgungsstrukturgesetz – GKV-VStG) vom 22.12.2011 (BGBl. I, 2983) wurde der Bewertungsausschuss bis 31.10.2012 in § 87 Abs. 2a S. 8 SGB V a.F. verpflichtet, zu überprüfen, inwieweit ambulante telemedizinische Leistungen erbracht werden können. Zugleich sollte der Bewertungsausschluss bis spätestens zum 31.03.2013 den einheitlichen Bewertungsmaßstab entsprechend anpassen. Der Bewertungsausschuss hat seinerzeit den gesetzlichen Auftrag nicht erfüllt, so *Paland/Holland*, NZS 2016, 247 (250).

362 *Bewertungsausschuss*, Deutsches Ärzteblatt 2017, A 548 (A 548 ff.); zur Neuregelung des einheitlichen Bewertungsmaßstabs, s. auch *Hahn*, NZS 2020, 281 (284); *Kuhn/Hesse*, GesR 2017, 221 (224 ff.).

363 BT-Drs. 18/6905, 66.

364 BT-Drs. 18/6905, 66.

erfolgen.[365] Aufgrund des zum Zeitpunkt des Gesetzes noch bestehenden berufsrechtlichen Verbots der ausschließlichen Fernbehandlung nach § 7 Abs. 4 MBO-Ä a.F.[366] konnte die Videosprechstunde im Vertragsarztrecht nur durchgeführt werden, wenn der Patient dem Behandelnden bekannt war.[367] Zudem wurde die Durchführung der Videosprechstunde auf bestimmte Krankheitsbilder und Fachgruppen begrenzt, die der Bewertungsausschuss festzulegen hatte.[368] Der Bewertungsausschuss ermöglichte beispielsweise eine visuelle postoperative Verlaufskontrolle einer Operationswunde.[369] Die Videosprechstunde durfte unter anderem von Haus-, Kinder- und Jugendärzten, Anästhesisten, Hals-Nasen-Ohrenärzten, Orthopäden, Gynäkologen, Dermatologen und Fachärzten für Innere Medizin durchgeführt werden.[370]

Zeitgleich wurde gesetzlich festgelegt, dass die Kassenärztliche Bundesvereinigung und der Spitzenverband Bund der Krankenkassen im Benehmen mit der Gesellschaft für Telematik verpflichtet sind, die Anforderungen an die technischen Verfahren auch für die Videosprechstunde in der vertragsärztlichen Versorgung bis zum 30.09.2016 nach §§ 291g Abs. 4 i.V.m. 291g Abs. 1 SGB V a.F. zu vereinbaren. Die zu vereinbarenden Vorgaben sollten der Sicherstellung sowohl der technischen als auch datenschutzrechtlichen Aspekte dienen.[371] Die Vereinbarung über die Anforderungen an die technischen Verfahren zur Videosprechstunde wurde getroffen und in der Anlage 31b zum BMV-Ä a.F. niedergeschrieben.[372] Nach § 8 Abs. 1 Anlage 31b zum BMV-Ä a.F. trat die getroffene Vereinbarung zum 01.10.2016 und auf unbestimmte Zeit in Kraft. In der Vereinbarung wurde das berufsrechtliche Verbot der ausschließlichen Fernbehandlung noch berücksichtigt.[373] Bereits in der Definition der Videosprechstunde gemäß § 1 S. 2 Anlage 31b zum BMV-Ä a.F. wurde die synchrone Kommunikation auf den Arzt und einem ihm *bekannten* Patienten beschränkt.[374] Ebenso war nach § 4

365 BT-Drs. 18/6905, 66.
366 S. Teil 2, 2. Kapitel, B.I.1.
367 BT-Drs. 18/6905, 66.
368 BT-Drs. 18/6905, 66.
369 *Bewertungsausschuss*, Deutsches Ärzteblatt 2017, A 548 (A 549).
370 So aufgezählt bei *Kuhn/Hesse*, GesR 2017, 221 (224) m.w.N.
371 BT-Drs. 18/6905, 74.
372 *Kassenärztliche Bundesvereinigung/GKV-Spitzenverband*, Deutsches Ärzteblatt 2016, A 2391 (A 2391 f.).
373 *Hahn*, Telemedizin, S. 43.
374 *Hahn*, Telemedizin, S. 43.

Abs. 2 Anlage 31b zum BMV-Ä a.F. die Einholung einer schriftlichen Einwilligung des Patienten in die Datenerhebung, -verarbeitung und -nutzung erforderlich, die eine ausschließliche Fernbehandlung daher ausschloss.[375]

(2) Gesetz zur Stärkung des Pflegepersonals (Pflegepersonal-Stärkungsgesetz – PpSG) vom 11.12.2018

Durch das Gesetz zur Stärkung des Pflegepersonals (Pflegepersonal-Stärkungsgesetz – PpSG) vom 11.12.2018[376] wurde der Anwendungsbereich der Videosprechstunde deutlich erweitert.[377] Anlass für die Weiterentwicklung der Videosprechstunde waren Änderungen im Berufsrecht, im Besonderen die Aufhebung des berufsrechtlichen Verbots der ausschließlichen Fernbehandlung[378].[379] Obwohl bereits seit 01.04.2017 die Videosprechstunde als abrechenbare Leistung in den einheitlichen Bewertungsmaßstab für ärztliche Leistungen aufgenommen wurde,[380] war eine Abrechnung nur für bekannte Patienten und für ausgewählte Krankheitsbilder möglich.[381] Die Entwicklung der Videosprechstunde wurde dadurch erheblich gehemmt.[382] Trotz Liberalisierung des Berufsrechts im Jahr 2018 waren ausschließliche Fernbehandlungsleistungen im Vertragsarztrecht weiterhin ausgeschlossen.[383]

Durch das Pflegepersonal-Stärkungsgesetz wurde der Bewertungsausschuss erneut beauftragt, im einheitlichen Bewertungsmaßstab eine Rege-

---

375 *Hahn*, Telemedizin, S. 43.

376 BGBl. I, 2394.

377 BT-Drs. 19/4453, 72 f.; zur Neuregelung der Videosprechstunde, s. auch *Hahn*, NZS 2019, 253 (253 ff.). Zugleich wurde durch § 87 Abs. 2k SGB V a.F. die vertragszahnärztliche Versorgung dahingehend erweitert, dass unter gewissen Voraussetzungen auch Videosprechstundendienstleistungen im einheitlichen Bewertungsmaßstab für zahnärztliche Leistungen vorzusehen war, s. weiterführend *Hahn*, NZS 2019, 253 (255 f.); *Hahn*, Telemedizin, S. 45. Durch die damals neu eingefügte Vorschrift des § 291g Abs. 5 SGB V a.F. wurden die *Kassenzahnärztliche Bundesvereinigung* und der GKV-Spitzenverband in diesem Zusammenhang zudem beauftragt, die Anforderungen an die technischen Verfahren für die Videosprechstunden im zahnärztlichen Bereich bis zum 30.09.2019 zu regeln, s. §§ 291g Abs. 5 i.V.m. 291g Abs. 1 SGB V a.F.

378 S. Teil 2, 2. Kapitel, B.I.2.

379 BT-Drs. 19/4453, 72.

380 S. soeben.

381 BT-Drs. 19/4453, 72.

382 BT-Drs. 19/4453, 72.

383 *Hahn*, NZS 2020, 281.

lung zu treffen und Videosprechstunden in einem weiteren Umfang zu ermöglichen, s. § 87 Abs. 2a S. 17 SGB V a.F. Die bisherige Beschränkung der Videosprechstunde auf gewisse Krankheitsbilder im einheitlichen Bewertungsmaßstab hatte zu entfallen, s. § 87 Abs. 2a S. 18 SGB V a.F. Die Entscheidung, bei welchen Krankheitsbildern eine Videosprechstunde in Absprache mit dem jeweiligen Patienten durchgeführt werden durfte, wurde stattdessen dem Ermessensspielraum des Arztes zugeordnet.[384] Die Änderung des einheitlichen Bewertungsmaßstabs vollzog sich im Besonderen durch die Beschlüsse des Bewertungsausschusses in seiner 435. Sitzung mit Wirkung zum 01.04.2019,[385] in seiner 449. Sitzung mit Wirkung vom 01.10.2019 bis 30.09.2021[386] und in seiner 453. Sitzung mit Wirkung zum 01.10.2019[387].[388]

Auch die Vereinbarung über die Anforderungen an die technischen Verfahren zur Videosprechstunde zwischen der Kassenärztlichen Bundesvereinigung und dem GKV-Spitzenverband in der Anlage 31b zum BMV-Ä wurde durch eine Änderungsvereinbarung vom 30.09.2019 mit Wirkung zum 16.11.2019 entsprechend angepasst.[389] Unter anderem[390] wurde die Definition für die Erbringung von Videosprechstunden in § 1 Abs. 1 S. 2 Anlage 31b zum BMV-Ä a.F. verändert und dadurch eine synchrone Kommunikation auch zwischen dem Vertragsarzt und einem ihm *unbekannten* Patienten im Vertragsarztrecht ermöglicht.[391]

384 BT-Drs. 19/4453, 73. *Hahn* spricht von einer Rückkehr in die „Therapiehoheit des Arztes“, s. *Hahn*, NZS 2019, 253 (254).

385 *Bewertungsausschuss*, Deutsches Ärzteblatt 2019, A 969 (A 969 f.); näheres hierzu auch bei *Hahn*, Telemedizin, S. 44 f.

386 *Bewertungsausschuss*, Deutsches Ärzteblatt 2019, A 1749.

387 *Bewertungsausschuss*, Deutsches Ärzteblatt 2019, A 2038 (A 2038 ff.).

388 Zur Entwicklung des einheitlichen Bewertungsmaßstabs, s. weiterführend *Hahn*, NZS 2020, 281 (284 f.).

389 *Kassenärztliche Bundesvereinigung/GKV-Spitzenverband*, Deutsches Ärzteblatt 2019, A 2156 (A 2156 ff.).

390 S. weiterführend *Hahn*, NZS 2020, 281 (282 f.).

391 *Hahn*, NZS 2020, 281 (282).

(3) Gesetz für mehr Sicherheit in der Arzneimittelversorgung vom 09.08.2019

Das Gesetz für mehr Sicherheit in der Arzneimittelversorgung vom 09.08.2019[392] förderte (jedenfalls mittelbar) die Integration der Videosprechstunde in die Regelversorgung. Das in § 48 Abs. 1 S. 2 und 3 AMG a.F. normierte Verbot der Abgabe von verschreibungspflichtigen Arzneimitteln durch Apotheker, wenn vor der Verschreibung offenkundig kein direkter Arzt-Patienten-Kontakt stattgefunden hat, wurde gestrichen.[393] Es handelte sich hierbei erneut um eine Reaktion des Gesetzgebers auf die Aufhebung des Verbots der ausschließlichen Fernbehandlung.[394] Durch die Anpassung der Vorschrift des § 48 AMG a.F. an die berufsrechtliche Rechtsentwicklung sollte insbesondere sowohl Rechtssicherheit als auch Rechtseinheit geschaffen und die Digitalisierung im Gesundheitswesen vorangetrieben werden.[395]

(4) Gesetz für eine bessere Versorgung durch Digitalisierung und Innovation (Digitale-Versorgung-Gesetz – DVG) vom 09.12.2019

Durch das Gesetz für eine bessere Versorgung durch Digitalisierung und Innovation (Digitale-Versorgung-Gesetz – DVG) vom 09.12.2019[396] sollte unter anderem die Durchführung der Videosprechstunde vereinfacht werden.[397] Beispielsweise wurden die Kassenärztliche Bundesvereinigung und der Spitzenverband Bund der Krankenkassen im Benehmen mit der Gesellschaft für Telematik nach § 291g Abs. 7 SGB V a.F. verpflichtet, ein technisches Verfahren zur Authentifizierung des Versicherten im Rahmen der Videosprechstunde zu vereinbaren.[398] Die Verpflichtung wurde gesetzlich normiert, da zur Identifizierung von Versicherten nur eine händische Datenerfassung möglich war, eine solche für alle Beteiligten jedoch einen erheblichen Aufwand bedeutete.[399]

---

392 BGBl. I, 1202.
393 BT-Drs. 19/8753, 34; s. weiterführend Teil 2, 3. Kapitel, C.II.2.b)dd)(1)(b).
394 BT-Drs. 19/8753, 49.
395 BT-Drs. 19/8753, 49.
396 BGBl. I, 2562.
397 BT-Drs. 19/13438, 2 f., 34 f.
398 BT-Drs. 19/14867, 97.
399 BT-Drs. 19/14867, 97.

Zusätzlich wurde durch Art. 5 des Digitale-Versorgung-Gesetzes die Vorschrift des § 9 HWG a.F. zum Werbeverbot für Fernbehandlungen verändert. Eine flächendeckende Fortentwicklung von telemedizinischen Anwendungen sei nach Auffassung des Gesetzgebers nur möglich, wenn bestehende Rechtsunsicherheiten bei Anbietern von Videosprechstunden beseitigt würden.[400]

(5) Gesetz zum Schutz elektronischer Patientendaten in der Telematikinfrastruktur (Patientendaten-Schutz-Gesetz – PDSG) vom 14.10.2020

Das Gesetz zum Schutz elektronischer Patientendaten in der Telematikinfrastruktur (Patientendaten-Schutz-Gesetz – PDSG) vom 14.10.2020[401] führte im SGB V einen eigenen Abschnitt für telemedizinische Verfahren ein, s. §§ 364 ff. SGB V. Die Regelungen hierzu, die bislang lediglich in § 291g SGB V a.F. niedergeschrieben waren, wurden inhaltlich vollständig übernommen und lediglich in eine neue Systematik überführt.[402] Im Hinblick auf die Videosprechstunde befinden sich im sechsten Abschnitt nun beispielhaft Regelungen zur Vereinbarung über technische Verfahren zur Videosprechstunde in der vertragsärztlichen Versorgung in § 365 SGB V und über ein Authentifizierungsverfahren im Rahmen der Videosprechstunde in § 368 SGB V.

(6) Gesetz zur digitalen Modernisierung von Versorgung und Pflege (Digitale-Versorgung-und-Pflege-Modernisierungs-Gesetz – DVPMG) vom 03.06.2021

Vorerst zuletzt wurde durch das Gesetz zur digitalen Modernisierung von Versorgung und Pflege (Digitale-Versorgung-und-Pflege-Modernisierungs-Gesetz – DVPMG) vom 03.06.2021[403] bezweckt, die Telemedizin weiter auszubauen.[404] Zur Stärkung der Videosprechstunde wurde beispielhaft

400 BT-Drs. 19/13438, 35, 77 f.
401 BGBl. I, 2115.
402 BT-Drs. 19/18793, 133.
403 BGBl. I, 1309.
404 BT-Drs. 19/27652, 3.

der Gemeinsame Bundesausschuss, bei dem es sich um das oberste Beschlussgremium der gemeinsamen Selbstverwaltung der Ärzte handelt,[405] beauftragt, Regelungen zur Feststellung der Arbeitsunfähigkeit im Rahmen der ausschließlichen Fernbehandlung in geeigneten Fällen in Richtlinien zu erlassen, s. § 92 Abs. 4a SGB V a.F.[406]

Um Versicherte dabei zu unterstützen, einen leichteren Zugang zu telemedizinischen Versorgungsangeboten zu erhalten, und sie besser über solche Angebote zu informieren,[407] wurde die Kassenärztliche Bundesvereinigung aufgrund der neu eingefügten Vorschrift des § 370a Abs. 1 S. 1 SGB V beauftragt, ein Portal zur Vermittlung von telemedizinischen Leistungen an Versicherte zu errichten und zu betreiben. Es handelt sich hierbei um ein zentrales Vermittlungsportal, das bundesweit nutzbar ist und den Versicherten etwa ermöglicht, Termine für eine Videosprechstunde zu buchen.[408]

Darüber hinaus wurden die Kassenärztliche Bundesvereinigung und der Spitzenverband Bund der Krankenkassen beauftragt, in der Vereinbarung über die technischen Verfahren der Videosprechstunde die sich ändernden Kommunikationsbedürfnisse der Versicherten – im Besonderen die Nutzung von digitalen Kommunikationsanwendungen auf mobilen Endgeräten – zu berücksichtigen, s. § 365 Abs. 1 S. 2 SGB V. Im Rahmen der Fortschreibung der Vereinbarung ist zugleich vorzusehen, dass für die Durchführung von Videosprechstunden auch die Dienste der Telematikinfrastruktur genutzt werden können, sobald solche Dienste zur Verfügung stehen, s. § 365 Abs. 1 S. 3 SGB V. Die Änderungen dienen der redaktionellen Klarstellung.[409]

(7) Auswirkungen der Corona-Pandemie

Zwar wurde die Videosprechstunde durch die unterschiedlichen Gesetzesänderungen in den vergangenen Jahren flächendeckender ermöglicht, die Akzeptanz der Videosprechstunde hat sich jedoch insbesondere durch die Corona-Pandemie erhöht. Nach Angabe der Kassenärztlichen Bundesvereinigung stieg die Zahl der abgewickelten Videosprechstunden mit Beginn

405 S. etwa *Hollo*, in: Becker/Kingreen, § 91 SGB V, Rdn. 1.
406 BT-Drs. 19/27652, 3.
407 BT-Drs. 19/27652, 134.
408 BT-Drs. 19/27652, 134 f.
409 BT-Drs. 19/29384, 203.

der Corona-Pandemie deutlich an. Während im gesamten Jahr 2019 bundesweit lediglich knapp 3.000 Videosprechstunden durchgeführt wurden, wurden im ersten Quartal 2020 bereits rund 203.000 und im zweiten Quartal 2020 sogar 1,2 Millionen Videosprechstunden vollzogen. Zusätzlich hat sich die Zahl der Ärzte und Psychotherapeuten stark erhöht, die den Patienten eine Videosprechstunde zur Verfügung stellten. Während im vierten Quartal 2019 bundesweit lediglich 168 Ärzte und Psychotherapeuten die spezielle telemedizinische Dienstleistung anboten, waren es im zweiten Quartal 2020 bereits 31.397.[410]

Abzuwarten bleibt, wie sich die Videosprechstunde zukünftig in die Regelversorgung integrieren wird. Nach einer repräsentativen deutschlandweiten Befragung ambulant tätiger Ärzte aus dem Jahr 2020 durch die Stiftung Gesundheit in Zusammenarbeit mit dem health innovation hub gingen Ärzte davon aus, dass die Zahl der durchgeführten Videosprechstunden nach dem Ende der Corona-Pandemie rückläufig sein werde.[411] Allerdings wurde zugleich erwartet, dass sich der Anteil an Videosprechstunden im ärztlichen Versorgungsalltag zumindest im Vergleich zum Zeitpunkt vor der Pandemie deutlich erhöhen werde.[412]

Nach dem aktuellen „PraxisBarometer Digitalisierung 2021", hierbei handelt es sich um eine Befragung von niedergelassenen Ärzten und Psychotherapeuten zum Stand der Digitalisierung,[413] hat sich das Angebot von Videosprechstunde durch die Pandemie zunächst erheblich ausgeweitet.[414] Im Jahr 2021 waren jedoch bereits Rückgänge zu verzeichnen, wenngleich Hauptgrund für das Angebot von Videosprechstunden der Schutz von Patienten und Praxispersonal vor Covid-19 blieb.[415] Zugleich fiel auf, dass psy-

---

410 Zum gesamten Absatz, s. *Kassenärztliche Bundesvereinigung*, Praxisnachrichten zur Zahl der Videosprechstunden; vgl. auch *Rehborn*, in: Prütting, Medizinrecht, § 7 MBO-Ä, Rdn. 12.

411 *Obermann et al.*, in: Stiftung Gesundheit/health innovation hub, Ärzte im Zukunftsmarkt Gesundheit 2020, S. 38.

412 *Obermann et al.*, in: Stiftung Gesundheit/health innovation hub, Ärzte im Zukunftsmarkt Gesundheit 2020, S. 38.

413 *Kassenärztliche Bundesvereinigung*, PraxisBarometer Digitalisierung 2021; weiterführende Informationen zur Befragung bei *Albrecht et al.*, in: IGES Institut GmbH, Kurzbericht PraxisBarometer Digitalisierung 2021, S. 38 ff.

414 *Albrecht et al.*, in: IGES Institut GmbH, Kurzbericht PraxisBarometer Digitalisierung 2021, S. 3.

415 *Albrecht et al.*, in: IGES Institut GmbH, Kurzbericht PraxisBarometer Digitalisierung 2021, S. 3 f.

chotherapeutische Praxen das Angebot von Videosprechstunden wesentlich häufiger nutzen als Arztpraxen.[416]

b) Beteiligte Akteure: Angehöriger eines anderen Heilberufes-Patient

aa) Charakteristische Merkmale

Da die Telemedizin nicht auf die beteiligten Akteure „Arzt-Patient" beschränkt ist,[417] kann die Tele- bzw. Fernbehandlung grundsätzlich auch zwischen einem alleinbehandelnden Angehörigen eines anderen Heilberufes und dem Patienten durchgeführt werden. Der Unterschied zur Tele- bzw. Fernbehandlung im oben vorgestellten Sinne[418] ist daher lediglich, dass der Patient nicht von einem Arzt aus der Ferne unter Einsatz von Fernkommunikationsmitteln (allein)behandelt wird. Von dieser Kategorie wird beispielsweise die Telepsychotherapie[419], die Videobetreuung durch Hebammen und die Telelogopädie umfasst.

bb) Anwendungsbeispiel: Telepsychotherapie in Form der Videosprechstunde

Eine spezielle Form der Telepsychotherapie stellt die psychotherapeutische Behandlung eines Patienten im Rahmen einer Videosprechstunde[420] dar.[421] In der Vereinbarung über die Anwendung von Psychotherapie in der ver-

---

416 *Albrecht et al.*, in: IGES Institut GmbH, Kurzbericht PraxisBarometer Digitalisierung 2021, S. 3.

417 S. Teil 1, 1. Kapitel, C.IV.

418 S. Teil 1, 2. Kapitel, B.I.1.a)aa).

419 So auch bezeichnet bei *Höfner et al.*, Psychotherapie Forum 2021, 37; als „Internet Psychotherapie" betitelt bei *Stellpflug*, Psychotherapeutenrecht, Rdn. 495; zur Telepsychotherapie in Österreich während der Corona Pandemie, s. *Höfner et al.*, Psychotherapie Forum 2021, 37 (37 ff.); zu den unterschiedlichen internetbasierten Interventionen in der Behandlung von psychischen Störungen, s. *Klein et al.*, Der Nervenarzt 2016, 1185 (1185 ff.).

420 Die vertragsärztliche Regelung spricht von „Videokonferenzen", s. § 17 Anlage 1 zum BMV-Ä. Dass mit dem Begriff auch Videosprechstunden gemeint sind, zeigt ein Verweis des § 17 Abs. 8 Anlage 1 zum BMV-Ä auf Anlage 31b zum BMV-Ä, vgl. *Hahn*, NZS 2020, 281 (282).

421 Zur psychotherapeutischen Behandlung im Internet, s. auch *Kern*, MedR 2001, 495 (495 ff.).

tragsärztlichen Versorgung (Psychotherapie-Vereinbarung) zwischen der Kassenärztlichen Bundesvereinigung und dem GKV-Spitzenverband als Anlage 1 zum BMV-Ä vom 02.02.2017, zuletzt geändert am 15.09.2021,[422] ist mittlerweile vorgesehen, dass psychotherapeutische Leistungen auch über Videokonferenzen erbracht werden können, s. § 17 Abs. 1 S. 1 Anlage 1 zum BMV-Ä. Es handelt sich um eine Ausnahmeregelung zu § 1 Abs. 4 Anlage 1 zum BMV-Ä, wonach die Leistungen grundsätzlich im unmittelbaren persönlichen Kontakt stattfinden und in den Praxisräumen des Therapeuten erbracht werden. Einschränkend sieht § 17 Abs. 1 S. 1 Hs. 2 Anlage 1 zum BMV-Ä allerdings vor, dass die psychotherapeutischen Leistungen nur aus der Ferne via Videokonferenz erbracht werden dürfen, wenn die jeweilige Leistung einen unmittelbaren persönlichen Kontakt nicht erfordert. Zugleich ist zur Durchführung der psychotherapeutischen Leistung eine gemeinsame Entscheidung des Versicherten und des Therapeuten unter Berücksichtigung des individuellen Krankheitsgeschehens und der Lebensumstände des Versicherten erforderlich, s. § 17 Abs. 1 S. 2 Anlage 1 zum BMV-Ä.

Eine ausschließliche Tele- bzw. Fernbehandlung im Bereich der Telepsychotherapie in Form der Videosprechstunde ist hingegen nach der genannten Vereinbarung nicht zulässig. In § 17 Abs. 2 S. 1 Anlage 1 zum BMV-Ä ist ausdrücklich festgelegt, dass Eingangsdiagnostik, Indikationsstellung und Aufklärung einen unmittelbar persönlichen Kontakt zwischen dem Therapeuten und dem Versicherten zwingend erfordern.[423] Zusätzlich sind in § 17 Abs. 3 Anlage 1 zum BMV-Ä nummerisch psychotherapeutische Leistungen (z.B. eine bestimmte Art der Hypnose) aufgezählt, die ebenso einen unmittelbaren persönlichen Kontakt zwischen Therapeut und Versichertem erfordern.

Erst jüngst wurde die Vorschrift des § 17 Anlage 1 zum BMV-Ä erweitert und die Durchführung von Videokonferenzen an weitere Voraussetzungen geknüpft.[424] Beispielhaft ist zu nennen, dass der Therapeut nach § 17 Abs. 4 Nr. 2 Anlage 1 zum BMV-Ä nun dafür Sorge zu tragen hat, dass (spätestens zu Beginn der Durchführung der psychotherapeutischen Leistung über

---

422 *Kassenärztliche Bundesvereinigung/GKV-Spitzenverband*, Vereinbarung über Anwendung von Psychotherapie in der vertragsärztlichen Versorgung (15.09.2021), S. 1 ff.

423 Kritisch zur inhaltlichen Übernahme des § 5 Abs. 5 S. 3 MBO-PsychTh in § 17 Abs. 2 S. 1 Anlage 1 zum BMV-Ä, s. *Hahn*, NZS 2020, 281 (282 f.).

424 *Kassenärztliche Bundesvereinigung/GKV-Spitzenverband*, Deutsches Ärzteblatt 2021, A 1892.

eine Videokonferenz) Regelungen über alternative Kontaktwege für den Fall von Verbindungsabbrüchen getroffen werden. Zugleich ordnet § 17 Abs. 6 S. 1 Anlage 1 zum BMV-Ä an, dass nur der Therapeut psychotherapeutische Leistungen über Videokonferenzen erbringen darf, der den Versicherten auch im unmittelbaren persönlichen Kontakt behandelt. Der Therapeut und Versicherte haben sich grundsätzlich in örtlicher Nähe zueinander zu befinden, s. § 17 Abs. 6 S. 2 Anlage 1 zum BMV-Ä. Daneben hat der Therapeut sicherzustellen, dass die Behandlung, falls notwendig, im unmittelbaren persönlichen Kontakt durchgeführt werden kann, s. § 17 Abs. 6 S. 3 Anlage 1 zum BMV-Ä.

Als Ergänzung zur genannten Vereinbarung hatten die Kassenärztliche Bundesvereinigung und der GKV-Spitzenverband aufgrund der Corona-Pandemie eine Sonderregelung zur Anwendung von Psychotherapie in der vertragsärztlichen Versorgung aufgrund von SARS-CoV-2 vom 23.03.2020, zuletzt geändert am 13.12.2021,[425] mit Wirkung bis 31.03.2022 erlassen. Diese sah während der Infektionslage unter anderem Ausnahmetatbestände zu § 17 Abs. 2 und 3 Anlage 1 zum BMV-Ä vor und ließ mithin auch eine ausschließliche Fernbehandlung ausnahmsweise während der Pandemie zu, s. § 1 Abs. 1 bis 3 der Sonderreglung zur Anwendung von Psychotherapie in der vertragsärztlichen Versorgung aufgrund von SARS-CoV-2.

cc) Integration der Telepsychotherapie in Form der Videosprechstunde in die Regelversorgung?

Während die Zulässigkeit der Telepsychotherapie in der Gesetzesbegründung zum Gesetz für sichere digitale Kommunikation und Anwendungen im Gesundheitswesen sowie zur Änderung weiterer Gesetze im Jahr 2015 noch ausdrücklich ausgeschlossen wurde,[426] wurde durch das Pflegepersonal-Stärkungsgesetz festgelegt, dass bei der Anpassung des einheitlichen Bewertungsmaßstabs im Hinblick auf die Durchführung der Videosprechstunde auch die Besonderheiten in der psychotherapeutischen Versorgung zu berücksichtigen sind, s. § 87 Abs. 2a S. 19 SGB V a.F.

---

425 *Kassenärztliche Bundesvereinigung/GKV-Spitzenverband*, Sonderregelungen zur Anwendung von Psychotherapie in der vertragsärztlichen Versorgung aufgrund von SARS-CoV-2, S. 1 ff.

426 BT-Drs. 18/6905, 66.

Die Kassenärztliche Bundesvereinigung und der GKV-Spitzenverband haben die rechtliche Entwicklung aufgegriffen und die Vereinbarung über die Anwendung von Psychotherapie in der vertragsärztlichen Versorgung (Psychotherapie-Vereinbarung) zwischen der Kassenärztlichen Bundesvereinigung und dem GKV-Spitzenverband als Anlage 1 zum BMV-Ä entsprechend durch eine Änderungsvereinbarung vom 01.04.2019[427] angepasst.

Zuvor wurde bereits die Musterberufsordnung für die Psychologischen Psychotherapeuten und Kinder- und Jugendlichenpsychotherapeuten (MBO-PsychTh) mit Beschluss des 33. Deutschen Psychotherapeutentages am 17.11.2018 in Berlin geändert und die Möglichkeiten der Fernbehandlung konkretisiert.[428] Die entsprechende Anpassung der Berufsordnung in Bayern (BayBO-PsychTh) erfolgte auf der 33. Delegiertenversammlung am 29.11.2018.[429]

Die Vorschrift des § 5 Abs. 5 S. 1 MBO-PsychTh/BayBO-PsychTh sieht – wie bereits die Vorgängerregelung – vor, dass Psychotherapeuten die psychotherapeutischen Behandlungen im persönlichen Kontakt erbringen. Ausdrücklich und nicht nur in Ausnahmefällen sind nach der Neufassung des § 5 Abs. 5 S. 2 MBO-PsychTh/BayBO-PsychTh psychotherapeutische Behandlungen über Kommunikationsmedien nun erlaubt, sofern die Vorschriften der Berufsordnung und die Sorgfaltspflichten besonders beachtet werden. Mit der Neuregelung der Vorschrift des § 5 Abs. 5 MBO-PsychTh/BayBO-PsychTh wurde zugleich der ausschließlichen psychotherapeutischen Fernbehandlung eine unmissverständliche Absage erteilt, da

427 *Kassenärztliche Bundesvereinigung/GKV-Spitzenverband*, Deutsches Ärzteblatt 2019, A 863 (A 863 f.).

428 *Hahn*, Telemedizin, S. 13. Vor der Änderung sah die Vorschrift des § 5 Abs. 5 S. 1 und 2 MBO-PsychTh/BayBO-PsychTh a.F. vor, dass die psychotherapeutische Behandlung durch Psychotherapeuten im persönlichen Kontakt zu erbringen war und psychotherapeutische Leistungen nur in begründeten Ausnahmefällen und unter Einhaltung der besonderen Sorgfaltspflichten über elektronische Kommunikationsmedien durchgeführt werden durften. Zudem war es erlaubt, eine ausschließliche psychotherapeutische Behandlung in Modellprojekten – insbesondere zu Forschungszwecken – auszutesten, solange die Projekte genehmigt und evaluiert wurden, s. § 5 Abs. 5 S. 3 MBO-PsychTh/BayBO-PsychTh a.F. Während für Ärzte vor der Änderung des Berufsrechts in § 7 Abs. 4 MBO-Ä a.F. das Verbot der ausschließlichen Fernbehandlung galt, formulierte die Parallelregelung des § 5 Abs. 5 MBO-PsychTh/BayBO-PsychTh a.F. ihre Vorgaben offener und erlaubte die Durchführung der Fernbehandlung zumindest in Ausnahmefällen, so auch *Hahn*, Telemedizin, S. 13.

429 *PTK Bayern*, 33. Delegiertenversammlung; zu den Unterschieden der jeweiligen Berufsordnung der Länder, s. *Hahn*, Telemedizin, S. 14 ff.

die Eingangsdiagnostik, die Indikationsstellung und die Aufklärung stets die Anwesenheit des Patienten erfordern, s. § 5 Abs. 5 S. 3 MBO-PsychTh/BayBO-PsychTh. Lediglich in Forschungsprojekten besteht die Möglichkeit, psychotherapeutische Behandlungen ausschließlich über Kommunikationsmedien durchzuführen. Dies lässt sich dem Genehmigungsvorbehalt des § 5 Abs. 5 S. 4 MBO-PsychTh/BayBO-PsychTh für die Mitwirkung an solchen Projekten entnehmen. Die für Ärzte geltende Parallelregelung des § 7 Abs. 4 MBO-Ä/BayBO-Ä bietet also mittlerweile im Hinblick auf die Digitalisierung des Gesundheitswesens weitere Möglichkeiten, da eine ausschließliche Fernbehandlung dort ausdrücklich zulässig ist, s. § 7 Abs. 4 S. 3 MBO-Ä/BayBO-Ä.[430]

2. Telemonitoring

a) Charakteristische Merkmale

Bei der telemedizinischen Dienstleistung des Telemonitorings[431] handelt es sich um die Betreuung bzw. Überwachung[432] von im häuslichen Umfeld lebenden Patienten aus der Ferne.[433] Hierfür werden geeignete Vitalparameter[434] des zu betreuenden Patienten mithilfe von unterschiedlichen Geräten

430 So auch *Hahn*, Telemedizin, S. 13; *Hahn*, NZS 2019, 253 (256).

431 Bezeichnet als „Teleüberwachung“ bei *Haas*, Gesundheitstelematik, S. 18, „Homemonitoring“ bei *Häckl*, Neue Technologien im Gesundheitswesen, S. 69 oder „Homecare“ bei *Dittmar et al.*, GGW 2009, 16 (18); *Pielach*, Haftungsfragen in der Telemedizin, S. 25; Unterteilung des Telemonitorings in drei verschiedene Formen bei *Schultz et al.*, in: Fischer/Krämer, eHealth in Deutschland, S. 307 (312) m.w.N.

432 *Dochow*, Telematik im Gesundheitswesen, S. 206 f.; *Rehmann*, A&R 2017, 153 (154); als „Fernüberwachung von Patienten“ bezeichnet bei *Schickert et al.*, in: Sassenberg/Faber, Rechtshandbuch Industrie 4.0, § 15, Rdn. 41.

433 *Matusiewicz et al.*, in: Wasem et al., Medizinmanagement, S. 395 (401); s. auch *Steffen*, in: FS Stoll, S. 71 (72); zu Rechtsfragen des Telemonitorings, s. etwa *Rehmann*, A&R 2017, 153 (154 ff.); *Schickert et al.*, in: Sassenberg/Faber, Rechtshandbuch Industrie 4.0, § 15, Rdn. 47 ff.; *Schneider*, Herzschrittmachertherapie + Elektrophysiologie 2017, 303 (303 ff.).

434 Z.B. Pulsfrequenz, Blutdruck, Blutzucker, Lungenfunktion, Temperatur, Gewicht, Augeninnendruck, so etwa *Dochow*, Telematik im Gesundheitswesen, S. 207 m.w.N.; *Haas*, Gesundheitstelematik, S. 525 f.; *Häcker et al.*, Telemedizin, S. 9; weitere Beispiele etwa bei *Barwig*, Telemedizin-Anwendungen, S. 31; *Dierks*, in: Dierks et al., Rechtsfragen der Telemedizin, S. 1 (8); *Matusiewicz et al.*, in: Wasem et al., Medizinmanagement, S. 395 (401).

im Alltag erhoben, übertragen und dokumentiert.[435] Die Vitalparameter werden mittels IuK-Technologien übermittelt.[436] Über das Internet und einen geschützten persönlichen Zugang kann der Arzt[437] auf die Daten zugreifen und diese auswerten.[438] Im Ernstfall, also bei einer akuten Verschlechterung des Gesundheitszustandes des Patienten, wendet sich der Arzt in Form eines telemedizingestützten Austauschs an den Patienten und passt die Therapie an.[439] Hierfür kann der Patient beispielsweise mit einem Mobiltelefon ausgestattet werden, worüber er Informationen bzw. Rückmeldungen des Arztes (etwa Erinnerung an Medikamenteneinnahme) erhält.[440] Durch diese Methode erhält der Behandler die Möglichkeit, frühzeitig negative Veränderungen des Gesundheitszustands des Patienten zu erkennen und hierauf zu reagieren.[441] In lebensbedrohlichen Situationen kann der Behandler auch automatisch alarmiert werden, um den Patienten schnellstmöglich medizinisch zu versorgen.[442]

---

435 *Dochow*, Telematik im Gesundheitswesen, S. 207 m.w.N.; *Häcker et al.*, Telemedizin, S. 9; *Pelleter*, in: Budych et al., Telemedizin, S. 36 (37); *Schultz et al.*, in: Fischer/Krämer, eHealth in Deutschland, S. 307 (309).

436 *Häcker et al.*, Telemedizin, S. 9 m.w.N.; teilweise wird der Einsatz von „modernen" IuK-Technologien gefordert, s. *Matusiewicz et al.*, in: Wasem et al., Medizinmanagement, S. 395 (401); *Schickert et al.*, in: Sassenberg/Faber, Rechtshandbuch Industrie 4.0, § 15, Rdn. 41.

437 Zum Teil werden die Daten zunächst an ein telemedizinisches Servicezentrum übermittelt, das die Daten für den Arzt aufbereitet und den Arzt informiert, s. *Häcker et al.*, Telemedizin, S. 9; *Matusiewicz et al.*, in: Wasem et al., Medizinmanagement, S. 395 (401); *Schickert et al.*, in: Sassenberg/Faber, Rechtshandbuch Industrie 4.0, § 15, Rdn. 48 m.w.N.; *Ulsperger*, in: Wenzel, Handbuch Medizinrecht, Kapitel 19, Rdn. 13. Daneben ist es möglich, die gesammelten Daten von einer Übertragungseinheit unmittelbar an den Haus- oder Facharzt übermitteln zu lassen, s. *Häcker et al.*, Telemedizin, S. 9; *Schultz et al.*, in: Fischer/Krämer, eHealth in Deutschland, S. 307 (312) m.w.N.

438 *Matusiewicz et al.*, in: Wasem et al., Medizinmanagement, S. 395 (401); *Köhler et al.* unterscheiden drei verschiedene Modelle bei der Umsetzung der Informationsverarbeitung und des Datenwegs vom Arzt zurück zum Patienten, s. *Köhler et al.*, Der Internist 2019, 331 (332 ff.).

439 *Schultz et al.*, in: Fischer/Krämer, eHealth in Deutschland, S. 307 (309); s. auch *Matusiewicz et al.*, in: Wasem et al., Medizinmanagement, S. 395 (401); *Rehmann*, A&R 2017, 153 (154).

440 *Häcker et al.*, Telemedizin, S. 9 f.; *Matusiewicz et al.*, in: Wasem et al., Medizinmanagement, S. 395 (401).

441 *Schultz et al.*, in: Fischer/Krämer, eHealth in Deutschland, S. 307 (309); s. auch *Matusiewicz et al.*, in: Wasem et al., Medizinmanagement, S. 395 (401).

442 *Matusiewicz et al.*, in: Wasem et al., Medizinmanagement, S. 395 (401).

Das Telemonitoring wird in unterschiedlicher Weise zur Überwachung des Patienten eingesetzt. Die Messverfahren sind hierbei entweder invasiv (z.B. implantierter Schrittmacher) oder nicht-invasiv (z.B. telemedizinische Waage).[443] Auch die Datenerfassung, Datenübertragung und Datenauswertung kann entweder manuell oder (teil-)automatisiert erfolgen.[444] Demnach benötigen gewisse Messsystem etwa bei der Erhebung der relevanten Daten die aktive Beteiligung des Patienten (z.B. Ablesen des Gewichtswerts auf der Waage)[445], während bei anderen Systeme die Datenerhebung vollautomatisiert (z.B. implantierter Herzschrittmacher)[446] stattfindet.[447] Je nach eingesetztem Gerät werden die Daten entweder synchron oder mit einer Verzögerung weitergeleitet.[448]

Zum Einsatz kommt die telemedizinische Fernüberwachung häufig bei chronisch Erkrankten und Hochrisiko-Patienten.[449] Durch den Einsatz des Telemonitorings wird in der Regel die Lebensqualität der Betroffenen gesteigert, da die Anzahl der Arztbesuche in der Praxis gesenkt wird und negative Veränderungen des Gesundheitszustands des Patienten schnell erkannt und therapiert werden können.[450]

b) Anwendungsbeispiel: Telekardiologie

Telemedizinische Maßnahmen in Form des Telemonitorings werden häufig in der Kardiologie, also demjenigen Teilgebiet der Medizin, der sich mit Herzkreislauferkrankungen beschäftigt, eingesetzt.[451] In diesem Zu-

443 *Schultz et al.*, in: Fischer/Krämer, eHealth in Deutschland, S. 307 (310); s. weiterführend *Dochow*, Telematik im Gesundheitswesen, S. 207 f. m.w.N.

444 S. mit weiteren Beispielen *Schultz et al.*, in: Fischer/Krämer, eHealth in Deutschland, S. 307 (310).

445 *Schultz et al.*, in: Fischer/Krämer, eHealth in Deutschland, S. 307 (310).

446 *Schultz et al.*, in: Fischer/Krämer, eHealth in Deutschland, S. 307 (310).

447 *Häckl*, Neue Technologien im Gesundheitswesen, S. 69; *Schultz et al.*, in: Fischer/Krämer, eHealth in Deutschland, S. 307 (310); *Gaidzik* spricht im Jahr 2003 noch von einer stets notwendigen Mitwirkung des Patienten, s. *Gaidzik*, GesR 2003, 229 (231); so auch im Jahr 2018 noch *Kalb*, GesR 2018, 481 (483).

448 *Häcker et al.*, Telemedizin, S. 9.

449 *Dierks*, in: Dierks et al., Rechtsfragen der Telemedizin, S. 1 (8); *Häcker et al.*, Telemedizin, S. 10; *Häckl*, Neue Technologien im Gesundheitswesen, S. 69; *Pelleter*, in: Budych et al., Telemedizin, S. 36 (38).

450 *Gaidzik*, GesR 2003, 229 (230).

451 *Häcker et al.*, Telemedizin, S. 11; *Szecsenyi et al.*, Qualitätsentwicklung in der Telemedizin, S. 11; zu weiteren Einsatzgebieten des Telemonitorings, s. *Häcker et al.*,

sammenhang wird häufig auch von Telekardiologie gesprochen.[452] Ein Beispiel für Telekardiologie ist die (Langzeit-)Betreuung von an einer (chronischen) Herzinsuffizienz leidenden Patienten.[453] Die Zahl derjenigen Personen, die an einer (chronischen) Herzinsuffizienz leiden, ist auch in Deutschland hoch und steigt jährlich.[454] Die Erkrankung geht mit einer fortschreitenden Abnahme der Lebensqualität und der körperlicher Leistungsfähigkeit einher.[455] Den Betroffenen drohen häufige Hospitalisierungen,[456] lange Phasen von Arbeitsunfähigkeit und eine krankheitsbedingte Erwerbsunfähigkeit.[457] Stationäre Aufenthalte können allerdings deutlich reduziert werden, wenn der Patient und sein Arzt rechtzeitig und in angemessener Weise auf die Symptome einer beginnenden kardialen Dekompensation[458] reagieren.[459] Um eine beginnende kardiale Dekompensation frühzeitig zu erkennen und (im Idealfall noch vor Einsetzen der Symptome) zu intervenieren (z.B. durch Anpassung der Medikation), hat der Patient gewisse Vitaldaten (etwa Blutdruck und/oder Gewicht) zu messen[460] und diese an seinen Arzt zu versenden.[461] Bei Überschreiten der

---

Telemedizin, S. 11, 14 f.; *Franke et al.* gehen davon aus, dass die Telekardiologie zu den wichtigsten Bereichen der Telemedizin gehöre, s. *Franke et al.*, Der Kardiologe 2013, 362.

452 So etwa *Franke et al.*, Der Kardiologe 2013, 362; *Köhler et al.*, Der Internist 2019, 331 (332).

453 *Franke et al.*, Der Kardiologe 2013, 362.

454 *Franke et al.*, Der Kardiologe 2013, 362 m.w.N.; *Köhler et al.*, Der Internist 2019, 331 (335); *Schwab et al.*, Herz 2008, 420 (423) m.w.N.; vgl. auch *Bargel/Ohm*, in: Hartweg et al., Aktuelle Managementstrategien zur Erweiterung der Erlösbasis von Krankenhäusern, S. 195 (198).

455 *Schwab et al.*, Herz 2008, 420 (423).

456 Herzinsuffizienz soll sogar der häufigste Grund für einen Krankenhausaufenthalt in Deutschland sein, so *Bargel/Ohm*, in: Hartweg et al., Aktuelle Managementstrategien zur Erweiterung der Erlösbasis von Krankenhäusern, S. 195 (198).

457 Vgl. *Schwab et al.*, Herz 2008, 420 (423).

458 Bei akuten Dekompensationen handelt es sich um die schwerwiegendste Komplikation und die häufigste Ursache für eine stationäre Aufnahme, so *Bargel/Ohm*, in: Hartweg et al., Aktuelle Managementstrategien zur Erweiterung der Erlösbasis von Krankenhäusern, S. 195 (198).

459 *Schwab et al.*, Herz 2008, 420 (423) m.w.N.

460 Näher erörtert wird in diesem Zusammenhang auch ein implantierbarer Schrittmacher/Defibrillator, der den Herzrhythmus dauerhaft überwacht, s. ausführlich *Bargel/Ohm*, in: Hartweg et al., Aktuelle Managementstrategien zur Erweiterung der Erlösbasis von Krankenhäusern, S. 195 (199).

461 *Köhler et al.*, Der Internist 2019, 331 (332).

festgelegten Grenzwerte kann der Patient ganzjährlich und rund um die Uhr kontaktiert und seine Behandlung rechtzeitig angepasst werden.[462]

c) Integration der Telekardiologie in die Regelversorgung?

Der Gemeinsame Bundesausschuss hat in seiner Sitzung vom 17.12.2020 mit Wirkung vom 31.03.2021 beschlossen, das „Telemonitoring bei Herzinsuffizienz" in Nr. 37 der Anlage I der Richtlinie des Gemeinsamen Bundesausschusses zu Untersuchungs- und Behandlungsmethoden der vertragsärztlichen Versorgung (Richtlinien Methoden vertragsärztliche Versorgung) in der Fassung vom 17.01.2006, die (damals) durch Bekanntmachung vom 17.12.2020 geändert worden ist, aufzunehmen.[463] Hierdurch wurde in der gesetzlichen Krankenversicherung zum ersten Mal eine regelhafte Erbringung von Leistungen im Wege des Telemonitorings ermöglicht.[464]

Der Gesetzgeber nahm den Beschluss des Gemeinsamen Bundesausschusses vom 17.12.2020 mit Wirkung vom 31.03.2021 zum Anlass, durch Art. 1 Nr. 64 a des Digitale-Versorgung-und-Pflege-Modernisierungs-Gesetzes vom 03.06.2021[465] Regelungen zum Telemonitoring – im Gesetz als „telemedizinische Monitoring" bezeichnet – in § 367a SGB V vertragsarztrechtlich zu verankern.[466] Nach § 367a Abs. 1 S. 1 SGB V sind „die Anforderungen an technische Verfahren zum datengestützten zeitnahen Management von Krankheiten über eine räumliche Distanz" zu vereinbaren[467].

---

462 Vgl. auch *Franke et al.*, Der Kardiologe 2013, 362 (363).

463 Zum Beschluss, s. *Gemeinsamer Bundesausschuss*, BAnz AT 30.03.2021 B4.

464 BT-Drs. 19/29384, 187.

465 BGBl. I, 1309.

466 BT-Drs. 19/29384, 187. Der federführende Gesundheitsausschusses empfahl dem Bundesrat bereits im Jahr 2015, auch das Telemonitoring im Vertragsarztrecht gesetzlich zu verankern, s. BR-Drs. 257/1/15, 4 f. Der Ausschuss ging seinerzeit davon aus, dass das Telemonitoring weit verbreitet sei (z.B. bei Patienten mit Herzinsuffizienz) und das Potenzial habe, im Besonderen im ländlichen Raum eine gute medizinischen Versorgung zu bieten, die Therapie daher zu verbessern und den Patienten im wohnlichen Umfeld zu entlasten, s. BR-Drs. 257/1/15, 5. Obwohl der Ausschuss anmahnte, die Beschlüsse zeitnah zu fassen, s. BR-Drs. 257/1/15, 5, wurde der Vorschlag abgelehnt und das Telemonitoring damals nicht im Vertragsarztrecht gesetzlich geregelt.

467 S. hierzu § 367a Abs. 1 S. 2 und 3 SGB V.

3. Teleoperation

a) Charakteristische Merkmale

Bei der Teleoperation[468], der Durchführung einer Operation durch einen Telearzt[469] mittels telematisch ferngesteuerter Geräte oder Werkzeuge über (auch größere) Distanzen hinweg, handelt es sich um eine weitere Form der Telemedizin.[470] Das System führt hierbei nur die von dem Operateur vorgegebenen Bewegungen (quasi als Werkzeug des Arztes)[471] aus und nimmt keine eigenständigen Aktionen vor.[472] Dieses Verfahren wird daher auch als „master-slave-Prinzip" bezeichnet.[473] Der Roboter („slave") wird also durch eine Chirurgenkonsole („master") gesteuert.[474] Seine Entscheidung und die daran anknüpfenden Handlungen stützt der Telearzt ausschließlich auf die ihm übertragenen Daten und Bilder.[475]

Der Telearzt behält stets die Kontrolle über das Geschehen.[476] Hierin unterscheidet sich die Teleoperation von der (Tele-)Robotik, da dort Teile der Operation unter Verwendung von programmierten und automatisierten Operationsrobotern ohne Zutun eines Arztes erfolgen.[477] Im Mittelpunkt

468 Bezeichnet als „Telechirurgie" bei *Pflüger*, VersR 1999, 1070 (1071); *Schmid*, in: Andelfinger/Hänisch, eHealth, S. 11 (15); *Schönenberger et al.*, Telemedizinische Verfahren, S. 7 f.; *Wendelstein*, Kollisionsrechtliche Probleme der Telemedizin, S. 10 oder als „Telemanipulation" bei *Mathis-Ullrich/Scheikl*, Der Gastroenterologe 2021, 25; *Schlag et al.*, Der Onkologe 1997, 157 (160).

469 Der Telearzt kann in diesem Zusammenhang auch als „Teleoperateur" oder „Telechirurg" bezeichnet werden, s. *Dochow*, Telematik im Gesundheitswesen, S. 204.

470 *Dochow*, Telematik im Gesundheitswesen, S. 204; *Pflüger*, VersR 1999, 1070 (1071); s. auch *Schönenberger et al.*, Telemedizinische Verfahren, S. 7 f. *Link* beschreibt diese Ausgestaltung als „die extremste Form des Eingriffes eines Telemediziners in den Behandlungsverlauf", s. *Link*, Telemedizinische Anwendungen, S. 55; zur straf- und zivilrechtlichen Haftung des Arztes beim Einsatz von roboterassistierter Chirurgie, s. ausführlich *Blechschmitt*, Roboterassistierte Chirurgie, S. 43 ff.

471 So *Bendel*, in: Bendel, Pflegeroboter, S. 195 (201).

472 *Schönenberger et al.*, Telemedizinische Verfahren, S. 8.

473 *Schönenberger et al.*, Telemedizinische Verfahren, S. 8; von einem „Master-Slave-System" sprechen *Kirchberg et al.*, Der Chirurg 2016, 1025.

474 *Schoeb et al.*, Der Urologe 2021, 27.

475 *Dochow*, Telematik im Gesundheitswesen, S. 205; *Link*, Telemedizinische Anwendungen, S. 55.

476 *Dochow*, Telematik im Gesundheitswesen, S. 204.

477 *Dochow*, Telematik im Gesundheitswesen, S. 204; *Schlag et al.*, Der Onkologe 1997, 157 (160); vgl. auch *Kern*, in: Dierks et al., Rechtsfragen der Telemedizin, S. 55 (57); ähnlich auch *Mathis-Ullrich/Scheikl*, Der Gastroenterologe 2021, 25. Bei dem ersten kommerziell verfügbaren Hüftoperationsroboter „Robodoc", s. hierzu etwa

steht hierbei das genaue Abfahren programmierter Bewegungen und nicht die Interaktion von Mensch und Maschine.[478]

Im Rahmen der Teleoperation wird zwischen sogenannten „long-distance“ und „short-distance“ Operationen unterschieden.[479] Befindet sich der Arzt in der Nähe (im Operationssaal oder Nebenraum) zum Patienten, handelt es sich um eine short-distance Operation.[480] Sind die Beteiligten hingegen durch eine weitere Entfernung, möglicherweise sogar über Kontinente hinweg, voneinander getrennt, liegt eine long-distance Operation vor.[481]

b) Anwendungsbeispiel: Da Vinci-System

Beispielhaft[482] fällt die robotorgestützte minimalinvasive Operation unter Einsatz des Da Vinci-Systems von Intuitive Surgical[483] in den Anwendungs-

---

Caetano da Rosa, Technikgeschichte 2007, 291 (296 ff.), handelte es sich um ein Anwendungsbeispiel der (Tele-)Robotik.

478 *Christaller et al.*, Robotik, S. 61; so auch *Blechschmitt*, Roboterassistierte Chirurgie, S. 31. Bei der (Tele-)Robotik handelt es sich nicht um einen Anwendungsfall der Telemedizin, so auch *Schönenberger et al.*, Telemedizinische Verfahren, S. 15, so dass aus Klarstellungsgründen eher der Begriff „Robotik“ verwendet werden sollte. Im Gegensatz zur Robotik ist für die Telemedizin die dauerhafte Mitwirkung des Arztes (oder einer anderen vom telemedizinischen Anwendungsbereich umfassten Person) zwingend erforderlich. Hiervon ebenfalls abzugrenzen, sind Systeme mit autonomer Funktion, also solche die mit einer eigenen Entscheidungsfähigkeit des Geräts ausgestattet sind, s. *Blechschmitt*, Roboterassistierte Chirurgie, S. 31 f.; vgl. *Brand*, MedR 2019, 943 (944). Vollautonome Operationen existieren derzeit weitgehend nur in der Forschung und werden im Operationssaal nicht regulär eingesetzt, so *Mathis-Ullrich/Scheikl*, Der Gastroenterologe 2021, 25 (25 f.); ähnlich auch *Böhm et al.*, HNO 2021, 765 (766) m.w.N.

479 *Schmid*, in: Andelfinger/Hänisch, eHealth, S. 11 (15); *Schönenberger et al.*, Telemedizinische Verfahren, S. 8 f.

480 *Schmid*, in: Andelfinger/Hänisch, eHealth, S. 11 (15); *Schönenberger et al.*, Telemedizinische Verfahren, S. 8.

481 *Schmid*, in: Andelfinger/Hänisch, eHealth, S. 11 (15); *Schönenberger et al.*, Telemedizinische Verfahren, S. 8.

482 Weitere Beispiele von Operationsrobotern bei *Bendel*, in: Bendel, Pflegeroboter, S. 195 (201).

483 Aufzählung unterschiedlicher Modelle der Da Vinci-Systeme bei *Intuitive Surgical*, Da Vinci Surgical Systems; zu einem vergleichbaren deutschen System, das sogenannte „avatera-System“ von der avateramedical GmbH, s. *avateramedical GmbH*, avatera-system. Aufzählung weiterer Konkurrenten bei *Mathis-Ullrich/Scheikl*, Der Gastroenterologe 2021, 25 (26). Wenngleich es sich bei dem Da Vinci-System (der-

bereich der Teleoperation. Im Vergleich zu einer konventionellen Operationsmethode agiert der Chirurg nicht unmittelbar am Patienten, sondern befindet sich in gewisser Entfernung.[484] Das System besteht in der Regel aus einem Patientenwagen („patient cart"), einer entfernt vom Patienten aufgestellten Konsole für den Chirurgen („surgeon console") sowie aus einem Bildwagen („vision cart").[485] Der Patientenwagen mit unterschiedlichen Roboterarmen wird neben dem Patienten aufgestellt und die Instrumente mittels kleiner Schnitte vom Chirurgen in das Körperinnere des Patienten eingeführt.[486] Mittels kleiner Joysticks kann der an der Konsole sitzende Chirurg die Operationsinstrumente steuern.[487] Zeitgleich steht dem Operateur an seiner Konsole ein Videosystem zur Verfügung.[488] Der Bildwagen ermöglicht unter anderem eine Live-Übertragung der Vorgänge, so dass auch andere anwesende Personen das Verfahren verfolgen können.[489]

Vorteilhaft[490] an dieser speziellen telemedizinischen Anwendungsmethode ist beispielhaft[491], dass die eingesetzten Roboterarme unabhängig von der Dauer der Operation die Schnitte zitterfrei ausführen können.[492] Zudem werden für den Chirurgen die äußeren Umstände der Operation verbessert.[493] Statt dauerhaft neben dem Patienten stehen zu müssen, sitzt der Arzt während der Operation an seiner Konsole.[494] Da die Roboterarme zu-

---

zeit) um den wohl bekanntesten Chirurgieroboter handelt, so etwa *Mathis-Ullrich/Scheikl*, Der Gastroenterologe 2021, 25, laufen derzeit einige der von *Intuitive Surgical* gehaltenen Patente aus, so dass sich neue Wettbewerber auf den Markt drängen werden, s. *Mathis-Ullrich/Scheikl*, Der Gastroenterologe 2021, 25 (26); *Urbanski et al.*, Der Chirurg 2021, 97 m.w.N.

484 *Blechschmitt*, Roboterassistierte Chirurgie, S. 30.

485 Vgl. *Intuitive Surgical*, Da Vinci Surgical Systems.

486 So beschrieben bei *Blechschmitt*, Roboterassistierte Chirurgie, S. 30 f.; *Schoeb et al.*, Der Urologe 2021, 27 (28).

487 So beschrieben bei *Blechschmitt*, Roboterassistierte Chirurgie, S. 30.

488 Vgl. *Intuitive Surgical*, Da Vinci Surgical Systems.

489 Vgl. *Intuitive Surgical*, Da Vinci Surgical Systems.

490 Als Nachteile der Teleoperation sind etwa die hohen Installations- und Erhaltungskosten, der zunächst erforderliche Lernprozess im Umgang mit der Technik auch für erfahrene Laparoskopeure und damit einhergehende längere Operationszeiten zu nennen, s. *Alkatout et al.*, Der Gynäkologe 2016, 470.

491 Zu weiteren Vorteilen, s. *Kirchberg et al.*, Der Chirurg 2016, 1025; *Mathis-Ullrich/Scheikl*, Der Gastroenterologe 2021, 25 (28).

492 *Barwig*, Telemedizin-Anwendungen, S. 33; *Blechschmitt*, Roboterassistierte Chirurgie, S. 30.

493 *Mathis-Ullrich/Scheikl*, Der Gastroenterologe 2021, 25 (28).

494 *Kirchberg et al.*, Der Chirurg 2016, 1025.

gleich millimetergenau eingesetzt und dadurch die Schnitte noch präziser ausgeführt werden können, ist es möglich, das Operationsrisiko zu senken und die Genesungszeit zu verkürzen.[495]

c) Integration des Da Vinci-Systems in die Regelversorgung?

Im Jahr 2000 wurde das Da Vinci-System kommerzialisiert.[496] Seither führte das Da Vinci-System den Chirurgierobotermarkt an.[497] In den vergangenen Jahren nahm die Anzahl an Operationen mit robotischer Unterstützung in Deutschland zu.[498] Bislang wurde das Da Vinci-System mehr als 5500-mal installiert und kam in mehr als 7 Mio. Eingriffen zum Einsatz.[499]

Die Operationsmethode unter Verwendung des DaVinci-Robotersystems hat sich hierbei am schnellsten in den medizinischen Bereichen der Urologie und Gynäkologie[500] durchgesetzt.[501] Darüber hinaus wird häufig überprüft und diskutiert, ob robotische Assistenten auch in anderen medizinischen Bereichen sinnvoll eingesetzt werden können.[502]

495 *Barwig*, Telemedizin-Anwendungen, S. 33; ähnlich auch *Mathis-Ullrich/Scheikl*, Der Gastroenterologe 2021, 25 (28).

496 *Mathis-Ullrich/Scheikl*, Der Gastroenterologe 2021, 25; zur Entwicklung, s. auch *Schoeb et al.*, Der Urologe 2021, 27 (27 f.) m.w.N. Bereits in den 1970er-Jahren gab es erste Konzeptstudien zum Einsatz von Telemanipulationssystemen, die von der NASA durchgeführt wurden, um Operationen auch aus der Ferne durchführen zu können, s. *Schoeb et al.*, Der Urologe 2021, 27 m.w.N. Um Chirurgen in Krisengebieten zu ermöglichen, in sicherer räumlicher Entfernung Verletzte zu operieren, wurde bereits in den 1980er-Jahren der erste Operationsroboter vom US-amerikanischen Militär entwickelt, so *Kirchberg et al.*, Der Chirurg 2016, 1025; *Schoeb et al.*, Der Urologe 2021, 27.

497 *Mathis-Ullrich/Scheikl*, Der Gastroenterologe 2021, 25.

498 *Mathis-Ullrich/Scheikl*, Der Gastroenterologe 2021, 25 (25 f.).

499 *Mathis-Ullrich/Scheikl*, Der Gastroenterologe 2021, 25.

500 Näheres zur Robotorchirurgie in der Gynäkologie bei *Alkatout et al.*, Der Gynäkologe 2016, 470 (470 ff.).

501 *Kirchberg et al.*, Der Chirurg 2016, 1025.

502 So etwa für die Kopf-Hals-Chirurgie bei *Schuler et al.*, HNO 2021, 131 (131 ff.); von einer Zertifizierung und Kommerzialisierung robotischer Assistenten in der Orthopädie, Ophthalmologie, Neurochirurgie und Gastroenterologie sprechen *Mathis-Ullrich/Scheikl*, Der Gastroenterologe 2021, 25.

II. Doc2doc-Kategorie

1. Telekonsil

a) Charakteristische Merkmale

Weder der Begriff „Konsil"[503] noch die Bezeichnung „Telekonsil"[504] werden bislang einheitlich definiert. Ausgehend von dem Begriff „Konsil" (lateinisch consilium: Rat, Beratung)[505] wird unter einem Telekonsil hier die Beratung zwischen zwei oder mehreren[506] Ärzten, die entweder dem gleichen oder verschiedenen Fachgebiet(en) angehören, über die Diagnose und/oder die Behandlung eines konkreten Krankheitsfalls verstanden,[507] wobei im Gegensatz zum „traditionellen" Konsil Fernkommunikationsmittel[508] eingesetzt werden. Für das Telekonsil ist kennzeichnend, dass der behandelnde Arzt im unmittelbaren Kontakt zum Patienten steht und ein anderer Arzt/oder mehrere Ärzte zur Beratung, Befundung oder Diagnostik hinzugezogen werden.[509] Der hinzugezogene Arzt kann hierfür entweder zeitversetzt oder zeitgleich in die Behandlung des Patienten eingebunden werden.[510] Der Arzt, der sich vor Ort beim Patienten befindet, wird häufig

503 So für den Ausdruck „Konsiliararzt" *Ulsenheimer/Erlinger*, in: Dierks et al., Rechtsfragen der Telemedizin, S. 67 (67 f.).

504 In der Literatur finden sich teilweise ähnliche Begriffe, beispielsweise „Telekonsultation", s. *Feussner et al.*, Der Chirurg 1998, 1129; *Gaidzik*, GesR 2003, 229 (231); *Matusiewicz et al.*, in: Wasem et al., Medizinmanagement, S. 395 (401), oder „Teleconsulting", s. *Lux*, in: Müller-Mielitz/Lux, E-Health-Ökonomie, S. 3 (9); zu Rechtsfragen des Telekonsils, s. schon *Gaidzik*, GesR 2003, 229 (231); *Hoppe*, MedR 1998, 462 (462 ff.); *Schöne*, Herzschrittmachertherapie + Elektrophysiologie 2005, 143 (145 ff.); *Steffen*, in: FS Stoll, S. 71 (74 ff.); *Ulsenheimer/Heinemann*, Der Gynäkologe 1999, 897 (897 ff.); *Ulsenheimer/Erlinger*, in: Dierks et al., Rechtsfragen der Telemedizin, S. 67 (69 ff.).

505 So etwa *Wendelstein*, Kollisionsrechtliche Probleme der Telemedizin, S. 8.

506 Sofern ein Meinungsaustausch zwischen mehreren Ärzten stattfindet, wird häufig von einer Telekonferenz gesprochen, so etwa *Gaidzik*, GesR 2003, 229 (231); zu den haftungsrechtlichen Besonderheiten im Fall eines Diskurses mit mehreren Konsiliarärzten, s. *Ulsenheimer/Heinemann*, Der Gynäkologe 1999, 897 (898 f.).

507 So die Telekonsultation definiert bei *Feussner et al.*, Der Chirurg 1998, 1129.

508 Als Unterscheidungsmerkmal wird teilweise die Nutzung moderner audiovisueller Kommunikationsmittel verlangt, s. *Feussner et al.*, Der Chirurg 1998, 1129; so auch *Matusiewicz et al.*, in: Wasem et al., Medizinmanagement, S. 395 (401).

509 *Heyers/Heyers*, MDR 2001, 918 (923); vgl. *Prütting*, in: Rehmann/Tillmanns, E-Health, Kapitel 3, Rdn. 46.

510 *Dochow*, Telematik im Gesundheitswesen, S. 169 m.w.N.

als „Primärbehandler“[511] oder „Primärarzt“ bezeichnet, während der sich räumlich vom Patienten entfernt aufhaltende Arzt als Telekonsiliararzt betitelt wird.[512] Externer medizinischer Rat kann hierbei grundsätzlich auf zwei Arten eingeholt werden.[513]

aa) Einholen einer Erstmeinung

Der Telekonsiliararzt kann einerseits in das Behandlungsgeschehen derart eingebunden werden, dass von ihm als Experte eine Erstmeinung („first opinion“)[514] eingeholt wird.[515] Hierfür werden dem Telekonsiliararzt beispielsweise bereits erhobene (digitalisierte) Daten (z.B. Patienten- und Befunddaten) via Fernkommunikationsmittel übermittelt, die er sodann visuell wahrnehmen kann und selbstständig auswertet.[516] Der Telekonsiliararzt gehört hier in der Regel einer anderen Fachrichtung an.[517] Die weitere Durchführung der Therapie obliegt dem Primärarzt, weil der Telekonsiliararzt die Behandlung nicht übernimmt.[518]

511 *Ulsenheimer/Erlinger*, in: Dierks et al., Rechtsfragen der Telemedizin, S. 67 (69); *Wendelstein*, Kollisionsrechtliche Probleme der Telemedizin, S. 8 f.

512 S. hierzu auch *Dochow*, Telematik im Gesundheitswesen, S. 165.

513 *Dochow*, Telematik im Gesundheitswesen, S. 166; enger *Wendelstein*, Kollisionsrechtliche Probleme der Telemedizin, S. 8 f.

514 So etwa bezeichnet bei *Schöne*, Herzschrittmachertherapie + Elektrophysiologie 2005, 143 (147).

515 *Dochow*, Telematik im Gesundheitswesen, S. 167; *Dochow*, MedR 2019, 636 (638).

516 *Dochow*, Telematik im Gesundheitswesen, S. 167 f.; s. auch *Dittmar et al.*, GGW 2009, 16 (20) m.w.N.; *Gaidzik* spricht in diesem Zusammenhang von Telediagnostik, s. *Gaidzik*, GesR 2003, 229 (231).

517 Aufgrund der voranschreitenden Spezialisierungen innerhalb einer Fachrichtung ist es allerdings möglich, dass der Primärarzt einen spezialisierten Experten seines eigenen Fachgebiets in die Behandlung des Patienten einbezieht, so auch *Dochow*, Telematik im Gesundheitswesen, S. 167; so für das Konsil auch *Ulsenheimer/Erlinger*, in: Dierks et al., Rechtsfragen der Telemedizin, S. 67 (68).

518 So für das Konsil *Ulsenheimer/Erlinger*, in: Dierks et al., Rechtsfragen der Telemedizin, S. 67 (68 f.).

bb) Einholen einer Zweitmeinung

Andererseits ermöglicht das Telekonsil Zweit- oder Mehrfachbegutachtungsverfahren.[519] Es handelt sich um eine fallbezogene Beratung unter Fachkollegen, wobei das Ziel verfolgt wird, eine zweite Meinung („second opinion")[520] in die medizinische Behandlung des Patienten einzubeziehen.[521] Dies setzt voraus, dass zuvor individuelle Untersuchungsbefunde oder Bilddaten ermittelt wurden, die im Anschluss entweder simultan oder zeitversetzt unter Einsatz von Telekommunikationssystemen von den Leistungserbringern besprochen werden.[522] Das Einholen einer zweiten Meinung dient dazu, die eigene bereits gefasste oder in der Erstellung befindliche Diagnose abzusichern und/oder über Therapieoptionen zu beraten.[523] Die beteiligten Ärzte werden daher in der Regel derselben Fachrichtung angehören, wenngleich der hinzugezogene Arzt häufig mehr Erfahrung besitzt.[524]

b) Anwendungsbeispiel: Teleradiologie

Das Telekonsil kommt beispielsweise im medizinischen Bereich der Radiologie (Teleradiologie) zum Einsatz.[525] Unter Teleradiologie versteht man in der Medizin grundsätzlich jeden Vorgang, bei welchem radiologisches Bildmaterial mithilfe einer Telekommunikationseinrichtung digital an einen entfernten Ort übertragen wird.[526]

---

519 *Dochow*, Telematik im Gesundheitswesen, S. 166 m.w.N.; *Steffen*, in: FS Stoll, S. 71 (72).

520 So etwa bezeichnet bei *Schöne*, Herzschrittmachertherapie + Elektrophysiologie 2005, 143 (147).

521 *Lux*, in: Müller-Mielitz/Lux, E-Health-Ökonomie, S. 3 (9).

522 *Lux*, in: Müller-Mielitz/Lux, E-Health-Ökonomie, S. 3 (9).

523 *Dochow*, Telematik im Gesundheitswesen, S. 166.

524 *Steffen*, in: FS Stoll, S. 71 (72); s. auch *Dochow*, Telematik im Gesundheitswesen, S. 166.

525 *Dochow*, Telematik im Gesundheitswesen, S. 168; *Heyers/Heyers*, MDR 2001, 918 (923); *Link*, Telemedizinische Anwendungen, S. 55; *Prütting*, in: Rehmann/Tillmanns, E-Health, Kapitel 3, Rdn. 46; *Schönenberger et al.*, Telemedizinische Verfahren, S. 10. Das Telekonsil wird beispielsweise auch in der Pathologie (Telepathologie) eingesetzt, s. bereits *Heyers/Heyers*, MDR 2001, 918 (923); zu den rechtlichen Aspekten der Telepathologie, s. auch *Hofer*, MedR 2012, 636 (636 ff.).

526 *Kremers*, Der MKG-Chirurg 2020, 248; vgl. auch *Pinto dos Santos et al.*, Der Radiologe 2014, 487; *Rosenberg et al.*, RöFo 2011, 804 (805) m.w.N.

Dass die Teleradiologie sinnvoll in die medizinische Versorgung eingebunden werden kann, liegt im Besonderen an der Arbeitstechnik des Fachgebiets der Radiologie.[527] Ein bedeutender Teil der Tätigkeit von Radiologen umfasst die Interpretation von medizinischen Bildern, die angefertigt und auf digitalem Weg übertragen werden, um an einem geeigneten Monitor betrachtet und ausgewertet zu werden.[528] Für die Qualität dieser Arbeit des Radiologen ist es irrelevant, ob sich der Monitor im Nebenraum oder in gewisser Entfernung befindet, da die Bilder stets identisch sind.[529] Unter anderem[530] wird von Teleradiologie die Übertragung von bereits befundeter Untersuchungen zur Einholung einer Zweitmeinung aus Gründen der Qualitätssicherung umfasst.[531]

Wenngleich die Teleradiologie vielfältig einsetzbar ist, legten die Kassenärztliche Bundesvereinigung und der GKV-Spitzenverband ihrer Vereinbarung über die Anforderungen an die technischen Verfahren zur telemedizinischen Erbringung der konsiliarischen Befundbeurteilung von Röntgenaufnahmen[532] ein enges Begriffsverständnis zu Grunde. Die telemedizinische Erbringung von konsiliarischen Befundbeurteilungen wird nach § 1 Abs. 1 S. 2 Anlage 31a zum BMV-Ä als zeitversetzte Zweitbefundung von digital erstellten Röntgenaufnahmen durch einen Konsiliararzt mittels elektronischen Austausches der Aufnahmen und sonstiger, für die Zweitbefundung relevanter Patienteninformationen verstanden.

527 *Möller*, in: Fischer/Krämer, eHealth in Deutschland, S. 295 (296).

528 *Möller*, in: Fischer/Krämer, eHealth in Deutschland, S. 295 (296).

529 *Möller*, in: Fischer/Krämer, eHealth in Deutschland, S. 295 (296).

530 Hiervon abzugrenzen ist unter anderem die Teleradiologie im engeren Sinne nach § 5 Abs. 38 StrlSchG, die nicht dem Telekonsil unterfällt, so auch *Kremers*, Der MKG-Chirurg 2020, 248. In diesem Zusammenhang wird unter Teleradiologie die Untersuchung eines Menschen mit Röntgenstrahlen unter Verantwortung eines Arztes, der die erforderliche Fachkunde im Strahlenschutz besitzt und der sich nicht am Ort der technischen Durchführung befindet, verstanden, s. § 5 Abs. 38 StrlSchG; zur Änderung des Strahlenschutzrechts durch das Gesetz zur Neuordnung des Rechts zum Schutz vor der schädlichen Wirkung ionisierender Strahlung vom 27.06.2017 (BGBl. I, 1966) im Hinblick auf die Teleradiologie, s. *Schulz/Spranger*, GesR 2018, 86 (88).

531 *Kuhn/Jungmann*, Der Radiologe 2018, 236; *Pinto dos Santos et al.*, Der Radiologe 2014, 487; *Schütze*, Der Radiologe 2007, 157.

532 S. sogleich.

c) Integration der Teleradiologie in die Regelversorgung?

Die Teleradiologie ist bereits in weiten Teilen der medizinischen Versorgung integriert.[533] Der Bewertungsausschuss hatte aufgrund der Neuregelung des § 87 Abs. 2a SGB V a.F. durch das Gesetz für sichere digitale Kommunikation und Anwendungen im Gesundheitswesen sowie zur Änderung weiterer Gesetze vom 21.12.2015[534] bereits bis zum 30.06.2016 zu prüfen, inwieweit durch den Einsatz von sicheren elektronischen IuK-Technologien konsiliarische Befundbeurteilungen von Röntgenaufnahmen telemedizinisch erbracht werden können, s. § 87 Abs. 2a S. 17 SGB V a.F. Aufgrund dieser Prüfung hatte der Bewertungsausschuss bis zum 31.12.2016 mit Wirkung zum 01.04.2017 für konsiliarische Befundbeurteilungen von Röntgenaufnahmen die entsprechende Anpassung des einheitlichen Bewertungsmaßstabs für ärztliche Leistungen zu beschließen, s. § 87 Abs. 2a S. 18 SGB V a.F. Telekonsiliarische Befundbeurteilungen von Röntgenaufnahmen wurden in den Einheitlichen Bewertungsmaßstab mit Beschluss des Bewertungsausschusses in seiner 386. Sitzung am 12.12.2016 aufgenommen.[535]

Zugleich wurde der Kassenärztlichen Bundesvereinigung durch § 291g SGB V a.F.[536] aufgetragen, bis zum 30.06.2016 mit dem Spitzenverband Bund der Krankenkassen im Benehmen mit der Gesellschaft für Telematik die Anforderungen an die technischen Verfahren zur telemedizinischen Erbringung der konsiliarischen Befundbeurteilung von Röntgenaufnahmen in der vertragsärztlichen Versorgung zu regeln, s. § 291g Abs. 1 S. 1 Hs. 1 SGB V a.F. Im Besonderen sollten Einzelheiten hinsichtlich der Qualität und Sicherheit sowie Anforderungen an die technische Umsetzung geregelt werden, s. § 291g Abs. 1 S. 1 Hs. 2 SGB V a.F. Die Vereinbarung über die Anforderungen an die technischen Verfahren zur telemedizinischen Erbringung der konsiliarischen Befundbeurteilung von Röntgenaufnahmen in der

533 *Kuhn/Jungmann*, Der Radiologe 2018, 236; s. auch *Böckmann*, Der Radiologe 2016, 371; *Schütze/Kämmerer*, Der Radiologe 2019, 637; Teleradiologie als Quelle telemedizinischer Anwendungen bezeichnend *Matusiewicz et al.*, in: Wasem et al., Medizinmanagement, S. 395 (402); beschrieben als „Paradedisziplin der Telemedizin" *Möller*, in: Fischer/Krämer, eHealth in Deutschland, S. 295 (296).

534 BGBl. I, 2408.

535 *Bewertungsausschuss*, Deutsches Ärzteblatt 2017, A 117 (A 117 ff.).

536 Heute findet sich die Regelung zur Vereinbarung über technische Verfahren zur konsiliarischen Befundbeurteilung von Röntgenaufnahmen in § 364 SGB V.

vertragsärztlichen Versorgung nach § 291g Abs. 1 S. 1 SGB V (a.F.) wurde als Anlage 31a zum BMV-Ä getroffen und trat am 01.07.2016 in Kraft.[537]

2. Telepräsenz

a) Beteiligte Akteure: Arzt-Arzt

aa) Charakteristische Merkmale

Bei der Telepräsenz[538] wird ein sich entfernt aufhaltender Fachkollege konsultiert und zeitecht in die Behandlung des Patienten integriert.[539] Durch bildgebende Verfahren ist es möglich, dass der Spezialist das Geschehen vor Ort auf ähnliche Weise wahrnehmen kann wie der Präsenzarzt.[540] Daneben können dem Telearzt alle relevanten Behandlungsdaten des Patienten übermittelt werden.[541]

Im Gegensatz zum Telekonsil wird die Telepräsenz nicht lediglich zur Behandlungsunterstützung des Primärarztes eingesetzt.[542] Stattdessen nimmt der Telearzt bei Telepräsenzverfahren entscheidend (aktiv und unmittelbar)[543] auf die Behandlung Einfluss, so dass er in die Behandlung in einer umfassenderen Weise integriert wird.[544] Der Telearzt beherrscht durch seinen Beitrag also das Behandlungsgeschehen.[545] Der Arzt am Ort der Behandlung wird lediglich unterstützend für den Telearzt tätig.[546] Beispielsweise erteilt der aufgrund seines Qualifikationsvorsprungs autorisierte Telearzt dem Präsenzarzt Handlungsanweisungen.[547] Unabhängig vom Auf-

537 *Kassenärztliche Bundesvereinigung/GKV-Spitzenverband*, Deutsches Ärzteblatt 2016, A 1835 (A 1835 ff.).

538 Bezeichnet als „Teleguidage“ bei *Link*, Telemedizinische Anwendungen, S. 11.

539 Vgl. *Pflüger*, VersR 1999, 1070 (1071); *Schlag et al.* sprechen von „Real-time-Anwendungen“, die unter dem Begriff „Telepräsenz“ zusammengetragen werden, s. *Schlag et al.*, Der Onkologe 1997, 157 (158).

540 Ähnlich *Pflüger*, VersR 1999, 1070 (1071).

541 *Pflüger*, VersR 1999, 1070 (1071).

542 *Dochow*, Telematik im Gesundheitswesen, S. 173.

543 *Wendelstein*, Kollisionsrechtliche Probleme der Telemedizin, S. 10.

544 *Dochow*, Telematik im Gesundheitswesen, S. 173.

545 *Ulsperger*, in: Wenzel, Handbuch Medizinrecht, Kapitel 19, Rdn. 56; vgl. auch *Pflüger*, VersR 1999, 1070 (1071); *Schütze*, Der Radiologe 2007, 157 (160) m.w.N.

546 *Wendelstein*, Kollisionsrechtliche Probleme der Telemedizin, S. 10.

547 *Pflüger*, VersR 1999, 1070 (1071); ähnlich *Wendelstein*, Kollisionsrechtliche Probleme der Telemedizin, S. 10.

enthaltsort des Telearztes kann seine Fachkompetenz und Erfahrung im Rahmen der Telepräsenz nutzbar gemacht werden.[548]

bb) Anwendungsbeispiel: Tele-Stroke-Unit

Jährlich erleiden auch in Deutschland viele Menschen einen Schlaganfall, der zum Tod oder einer bleibenden Behinderung des Patienten führen kann.[549] Es ist anzunehmen, dass die Zahl der Betroffenen zukünftig aufgrund des demografischen Wandels weiter steigen wird.[550] Für eine optimale (akute) Therapie ist es unter anderem[551] angezeigt, den Erkrankten auf einer spezialisierten Schlaganfall-Station, einer sogenannten „Stroke-Unit", zu behandeln.[552] Aufgrund hoher Kosten für die Errichtung und den Erhalt einer solchen Abteilung und den erhöhten Anforderungen an das Personal können Schlaganfall-Patienten in einer Stroke-Unit zumeist nur in Klinken höherer Versorgungsstufen versorgt werden.[553] Im Besonderen in ländlichen Regionen ist spezialisiertes Personal hingegen nicht ausreichend vorhanden.[554]

Abhilfe schaffen sollen sogenannte „Tele-Stroke-Units", die sich mit der Behandlung von Schlaganfallpatienten befassen, wenn reguläre Stroke-Units in erreichbarer Nähe nicht vorhanden sind.[555] Kleinere Krankenhäuser ohne spezialisierte Neurologie können eine komplexe Schlaganfallbehandlung anbieten, indem etwa Videokonferenzsysteme eingesetzt werden.[556] Präsenzärzte können beispielsweise mit Schlaganfallzentren in Kontakt treten, damit die Teleärzte eine notwendige Lysetherapie unter An-

---

548 *Pflüger*, VersR 1999, 1070 (1071).

549 Weiterführend *Völkel et al.*, in: Fischer/Krämer, eHealth in Deutschland, S. 335 (336); s. auch *Backhaus et al.*, in: Bruhn/Hadwich, Kooperative Dienstleistungen, S. 89 (98).

550 *Völkel et al.*, in: Fischer/Krämer, eHealth in Deutschland, S. 335 (336).

551 Näheres *Völkel et al.*, in: Fischer/Krämer, eHealth in Deutschland, S. 335 (336).

552 *Völkel et al.*, in: Fischer/Krämer, eHealth in Deutschland, S. 335 (336); s. zum Stroke-Unit-Konzept auch *Backhaus et al.*, in: Bruhn/Hadwich, Kooperative Dienstleistungen, S. 89 (98 f.).

553 *Backhaus et al.*, in: Bruhn/Hadwich, Kooperative Dienstleistungen, S. 89 (99).

554 *Völkel et al.*, in: Fischer/Krämer, eHealth in Deutschland, S. 335 (336).

555 *Ulsperger*, in: Wenzel, Handbuch Medizinrecht, Kapitel 19, Rdn. 21; *Backhaus et al.*, in: Bruhn/Hadwich, Kooperative Dienstleistungen, S. 89 (99).

556 *Wahl/Jankowski*, in: Pfannstiel et al., Digitale Transformation von Dienstleistungen im Gesundheitswesen V, S. 297 (303).

leitung aus der Ferne einleiten.[557] Durch den Einsatz der Telemedizin in der Teleneurologie wird Expertenwissen in der Fläche nutzbar gemacht und Schlaganfallpatienten werden, obwohl sie sich in einer ansonsten unterversorgten Region aufhalten, adäquat und rechtzeitig medizinisch versorgt.[558]

cc) Integration der Tele-Stroke-Unit (am Beispiel von „TEMPiS") in die Regelversorgung?

Tele-Stroke-Units werden bereits in mehreren Bundesländern eingesetzt.[559] Als ein etabliertes Beispiel ist „TEMPiS", das telemedizinische Schlaganfallnetzwerk Südostbayern,[560] zu nennen. Durch TEMPiS ist es beispielsweise möglich, dass der Schlaganfallexperte aus einem Zentrum mittels Videokonferenz hinzugeschaltet wird, um den Patienten mit dem Arzt aus der regionalen Klinik unter anderem neurologisch zu untersuchen.[561] Zugleich werden angefertigte Aufnahmen des Patienten zur Beurteilung in das jeweilige Zentrum übermittelt.[562] Sodann kann der Schlaganfallexperte schnellstmöglich entscheiden, welcher Therapieansatz für den Patienten nötig ist.[563] Es wird dadurch ermöglicht, dass der Patient in der Regel über den gesamten Therapieverlauf in der wohnortnahen regionalen Klinik verbleiben kann.[564]

---

557 *Bergmann*, MedR 2016, 497 (500). Daneben gibt es weitere Möglichkeiten, den Arzt vor Ort anzuleiten bzw. zu unterstützen, s. auch *Bergmann*, MedR 2016, 497 (500); am Beispiel TEMPiS auch *Backhaus et al.*, in: Bruhn/Hadwich, Kooperative Dienstleistungen, S. 89 (104 f.). Wird der Arzt vor Ort etwa lediglich telemedizinisch beraten, handelt es sich freilich nicht um einen Anwendungsfall der Telepräsenz, sondern um die Zusammenarbeit in Form eines Telekonsils, im Ergebnis wohl auch *Bergmann*, MedR 2016, 497 (500).

558 *Ulsperger*, in: Wenzel, Handbuch Medizinrecht, Kapitel 19, Rdn. 22.

559 *Ulsperger*, in: Wenzel, Handbuch Medizinrecht, Kapitel 19, Rdn. 21.

560 S. hierzu *TEMPiS*, Über TEMPiS.

561 *TEMPiS*, Über TEMPiS; s. auch *Backhaus et al.*, in: Bruhn/Hadwich, Kooperative Dienstleistungen, S. 89 (102); *Wahl/Jankowski*, in: Pfannstiel et al., Digitale Transformation von Dienstleistungen im Gesundheitswesen V, S. 297 (303).

562 *TEMPiS*, Über TEMPiS; s. auch *Wahl/Jankowski*, in: Pfannstiel et al., Digitale Transformation von Dienstleistungen im Gesundheitswesen V, S. 297 (303).

563 *TEMPiS*, Über TEMPiS.

564 *TEMPiS*, Über TEMPiS.

TEMPiS wurde als „Telemedizinisches Pilotprojekt zur integrierten Schlaganfallversorgung" im Jahr 2003 gestartet.[565] Es wurden 12 regionale Klinken mit zwei Schlaganfallzentren (in München Harlaching und an der Universität Regensburg) vernetzt.[566] Da die Pilotphase von einer wissenschaftlichen Effizienzanalyse begleitet wurde, die Ende 2005 eine signifikante Prognoseverbesserung für Schlaganfallpatienten in TEMPiS-Kliniken ergab, wurde TEMPiS im Anschluss in die Regelversorgung der bayerischen Krankenkassen übernommen und als Projekt im Bayerischen Krankenhausplan weitergeführt.[567] Mittlerweile sind 24 regionale Kliniken in Südostbayern an die Schlaganfallzentren angebunden.[568]

b) Beteiligte Akteure: Arzt-nichtärztliches Fachpersonal

aa) Charakteristische Merkmale

In das Beziehungsgeflecht Arzt-Patient kann im Rahmen der Telemedizin auch ein nichtärztliches Fachpersonal eingebunden werden.[569] Zwar wird der Telearzt auch in dieser Fallgruppe dem Geschehen vor Ort mittels IuK-Technologien zugeschaltet. Im Unterschied zur eben vorgestellten Fallgruppe befindet sich beim Patienten vor Ort jedoch kein Arzt, sondern ein nichtärztliches Fachpersonal.

bb) Anwendungsbeispiel: Tele-Notfallmedizin

Die Telepräsenz zwischen Arzt und nichtärztlichem Fachpersonal kommt beispielsweise in Bereichen der Tele-Notfallmedizin[570] zum Einsatz. Das

---

565 *TEMPiS*, Über TEMPiS; so auch *Backhaus et al.*, in: Bruhn/Hadwich, Kooperative Dienstleistungen, S. 89 (102); *Wahl/Jankowski*, in: Pfannstiel et al., Digitale Transformation von Dienstleistungen im Gesundheitswesen V, S. 297 (303).

566 *TEMPiS*, Über TEMPiS.

567 *TEMPiS*, Über TEMPiS; so auch *Backhaus et al.*, in: Bruhn/Hadwich, Kooperative Dienstleistungen, S. 89 (99, 102).

568 *TEMPiS*, Über TEMPiS.

569 S. Teil 1, 1. Kapitel, C.IV.1.a).

570 Zu den vorrangigen Einsatzgebieten der Tele-Notfallmedizin, s. *Felzen et al.*, Notfall + Rettungsmedizin 2018, 590 m.w.N. Der Telenotarzt kann in unterschiedlicher Weise in die Behandlung des Patienten eingebunden werden. Daher betrifft die Tele-Notfallmedizin nicht ausschließlich die Fallgruppe der Telepräsenz zwischen Arzt

Rettungsteam vor Ort hat die Möglichkeit den Telenotarzt, der besonders qualifiziert ist[571] und sich in einer Telenotarztzentrale aufhält, „per Knopfdruck“ dem Geschehen vor Ort zuzuschalten.[572] Die Kommunikation zwischen den Beteiligten kann per Audio- oder bei Bedarf per Videoverbindung erfolgen.[573] Vitaldaten des Patienten (z.B. Blutdruck) werden in Echtzeit an den Telenotarzt zur Beurteilung übermittelt.[574] Ebenso ist die Übertragung von Fotos (z.B. zu Medikamentenlisten) per Smartphone, das in das System eingebunden ist, möglich.[575] Hierdurch wird es dem Telenotarzt ermöglicht, eine Erstdiagnose zu erstellen, das Rettungsteam vor Ort über die notwendigen Behandlungsschritte zu informieren und ärztliche Maßnahmen an das nichtärztliche Rettungspersonal zu delegieren[576].[577]

Da der Telenotarzt die Gesamtverantwortung für die getroffenen medizinischen Entscheidungen übernimmt, schafft diese Art der Tele-Notfallmedizin Rechtssicherheit für das vor Ort anwesende Rettungsteam.[578] Zugleich können beispielhaft Therapie- oder Arzt-freie Intervalls bei lebensbedrohlichen Notfällen durch die Tele-Notfallmedizin verkürzt werden.[579] In den meisten Fällen trifft das Rettungswagenteam nämlich mehrere Minuten vor dem Notarzt beim Patienten ein und beginnt mit der medizinischen Erstversorgung.[580]

---

und nichtärztlichem Fachpersonal. Sofern der Telenotarzt etwa von dem Notarzt vor Ort kontaktiert wird, um eine Zweitmeinung einzuholen, s. *Felzen et al.*, Notfall + Rettungsmedizin 2018, 590, handelt es sich um ein Telekonsil; zu medizinrechtlichen Rechtsfragen des Telenotarztes, s. *Katzenmeier/Schrag-Slavu*, Telenotarzt, S. 22 ff.

571 S. hierzu *Rossaint et al.*, Notfall + Rettungsmedizin 2017, 410 (412); *Follmann et al.*, Der Anaesthesist 2021, 34 (36).

572 *Marx et al.*, in: Frenz, Handbuch Industrie 4.0, S. 1017 (1025).

573 *Marx et al.*, in: Frenz, Handbuch Industrie 4.0, S. 1017 (1025).

574 *Marx et al.*, in: Frenz, Handbuch Industrie 4.0, S. 1017 (1025); *Rossaint et al.*, Notfall + Rettungsmedizin 2017, 410 (411); s. auch *Ulsperger*, in: Wenzel, Handbuch Medizinrecht, Kapitel 19, Rdn. 17.

575 *Marx et al.*, in: Frenz, Handbuch Industrie 4.0, S. 1017 (1025); *Rossaint et al.*, Notfall + Rettungsmedizin 2017, 410 (411).

576 S. auch *Marx et al.*, in: Frenz, Handbuch Industrie 4.0, S. 1017 (1026).

577 *Rossaint et al.*, Notfall + Rettungsmedizin 2017, 410 (412).

578 *Follmann et al.*, Der Anaesthesist 2021, 34 m.w.N.; s. auch *Felzen et al.*, Notfall + Rettungsmedizin 2018, 590 (593).

579 *Felzen et al.*, Notfall + Rettungsmedizin 2018, 590; *Marx et al.*, in: Frenz, Handbuch Industrie 4.0, S. 1017 (1026); *Ulsperger*, in: Wenzel, Handbuch Medizinrecht, Kapitel 19, Rdn. 18.

580 *Rossaint et al.*, Notfall + Rettungsmedizin 2017, 410.

cc) Integration der Tele-Notfallmedizin (am Beispiel von „Telenotarzt Bayern“) in die Regelversorgung?

Die Telemedizin in der Notfallmedizin wird in Deutschland vorangetrieben. In Bayern gibt es derzeit beispielsweise ein Pilotprojekt[581] zur telemedizinischen Unterstützung der Notfallversorgung im Rettungsdienst namens „Telenotarzt Bayern“, das von der IQ MEDWORKS GmbH auf Initiative und in enger Zusammenarbeit mit dem Bayerischen Staatsministerium des Inneren, für Bau und Verkehr und der Arbeitsgemeinschaft der Krankenkassenverbänden in Bayern durchgeführt wird.[582]

581 Zu weiteren Pilotprojekten, s. *Skorning et al.*, Notfall + Rettungsmedizin 2011, 187 (188 f.); zu Rechtsfragen des Einsatzes der Telemedizin im Rettungsdienst am Beispiel von Med-on-@ix, s. *Katzenmeier/Schrag-Slavu*, Telemedizin im Rettungsdienst, S. 23 ff.; s. auch *Skorning et al.*, Notfall + Rettungsmedizin 2011, 187 (190 f.).

582 *IQ MEDWORKS GmbH*, Telenotarzt Bayern.

Teil 2:
Rechtliche Betrachtung der ausschließlichen Tele- bzw. Fernbehandlung

1. Kapitel: Begrenzung des Untersuchungsgegenstands

Bei der Telemedizin handelt es sich um kein neues Phänomen.[583] Die Telemedizin wurde in der Literatur daher bereits in zeitlicher Nähe zur (letzten) Jahrtausendwende und in den nachfolgenden Jahren rege – zum Teil auch rechtlich – diskutiert.[584] Im Vordergrund der Ausführungen standen häufig solche Formen der Telemedizin, die der doc2doc-Kategorie zugeordnet werden,[585] oder Sonderfälle der Tele- bzw. Fernbehandlung[586] darstellen. Die ausschließliche Tele- bzw. Fernbehandlung wurde nicht zuletzt vor dem Hintergrund des langjährigen (berufsrechtlichen) Verbots der ausschließlichen Fernbehandlung rechtlich aufgearbeitet.[587]

Mittlerweile wurde das berufsrechtliche Verbot der ausschließlichen Fernbehandlung jedoch aufgehoben und eine Behandlung aus der Ferne ausschließlich über Kommunikationsmedien unter gewissen Voraussetzungen gestattet.[588] Diese Liberalisierung des Berufsrechts wird hier zum An-

---

583 Vgl. *Pflüger*, VersR 1999, 1070; zu den Formen der Telemedizin und der Integration solcher in die Regelversorgung, s. Teil 1, 2. Kapitel.

584 S. etwa *Barwig*, Telemedizin-Anwendungen, S. 21 ff.; *Bohle*, in: Dierks et al., Rechtsfragen der Telemedizin, S. 83 (83 ff.); *Burger*, in: Dierks et al., Rechtsfragen der Telemedizin, S. 119 (119 ff.); *Dierks*, in: Dierks et al., Rechtsfragen der Telemedizin, S. 1 (1 ff.); *Dierks*, GuP 2016, 88 (88 ff.); *Gaidzik*, GesR 2003, 229 (229 ff.); *Garstka*, in: Dierks et al., Rechtsfragen der Telemedizin, S. 97 (97 ff.); *Heyers/Heyers*, MDR 2001, 918 (918 ff.); *Hoppe*, MedR 1998, 462 (462 ff.); *Kern*, in: Dierks et al., Rechtsfragen der Telemedizin, S. 55 (55 ff.); *Pflüger*, VersR 1999, 1070 (1070 ff.); *Pielach*, Haftungsfragen in der Telemedizin, S. 13 ff.; *Rehmann*, A&R 2017, 153 (153 ff.); *Rosenberg et al.*, in: Byok/Csaki, Handbuch Digital Health, S. 107 (112 ff.); *Schneider*, in: Dierks et al., Rechtsfragen der Telemedizin, S. 109 (109 ff.); *Schneider*, Herzschrittmachertherapie + Elektrophysiologie 2017, 303 (303 ff.); *Schöne*, Herzschrittmachertherapie + Elektrophysiologie 2005, 143 (143 ff.); *Steffen*, in: FS Stoll, S. 71 (71 ff.); *Tillmanns*, Persönliche Leistungserbringungspflicht, S. 21 ff.; *Ulsenheimer/Erlinger*, in: Dierks et al., Rechtsfragen der Telemedizin, S. 67 (67 ff.).

585 S. etwa *Barwig*, Telemedizin-Anwendungen, S. 36 ff.; *Feussner et al.*, in: Dierks et al., Rechtsfragen der Telemedizin, S. 37 (37 ff.); *Link*, Telemedizinische Anwendungen, S. 41 ff.; *Pielach*, Haftungsfragen in der Telemedizin, S. 49 ff.; *Steffen*, in: FS Stoll, S. 71 (75 ff.).

586 S. etwa *Häcker et al.*, Telemedizin, S. 9 ff.

587 S. etwa *Kern*, MedR 2001, 495 (495 ff.); *Link*, Telemedizinische Anwendungen, S. 56 f.; *Tillmanns*, Persönliche Leistungserbringungspflicht, S. 70 ff.

588 S. Teil 2, 2. Kapitel, B.I.2.

lass genommen, die ausschließliche Tele- bzw. Fernbehandlung in Form der Arzt-Patienten-Kommunikation[589] aus Sicht[590] des ärztlichen[591] Berufsrechts, des Arzthaftungsrechts und des Arztstrafrechts – ohne Auslandsbezug –[592] rechtlich aufzuarbeiten.[593] Etwaige Sonderfälle der Tele- bzw. Fernbehandlung aus der Kategorie doc2patient, namentlich das Telemonitoring und die Teleoperation, als auch die telemedizinischen Anwendungen der doc2doc-Kategorie bleiben bei den nachfolgenden Ausführungen gänzlich außer Betracht. Die ergänzende Tele- bzw. Fernbehandlung wird lediglich am Rande in die rechtliche Aufarbeitung einbezogen.

---

589 Die Tele- bzw. Fernbehandlung zwischen einem Angehörigen eines anderen Heilberufs und dem Patienten bleibt bei der rechtlichen Betrachtung außen vor; zur Fernbehandlung nach der (Muster-)Berufsordnung der Bundes- bzw. Landespsychotherapeutenkammer, s. *Hahn*, Telemedizin, S. 12 ff.

590 Auf weitere Rechtsgebiete wird – bis auf Auszüge des Arzneimittelrechts – nicht eingegangen; zur Fernbehandlung aus Sicht des Leistungs- und Vergütungsrechts, s. etwa *Siglmüller*, Rechtsfragen der Fernbehandlung, S. 287 ff.; zur Fernbehandlung und Datenschutz, s. etwa *Herkenrath*, Ärztliche Fernbehandlung, S. 248 ff.; *Rammos*, in: Rehmann/Tillmanns, E-Health, Kapitel 3, Rdn. 129 ff.; *Kuhn/Heinz*, GesR 2018, 691 (694 ff.); *Siglmüller*, Rechtsfragen der Fernbehandlung, S. 337 ff.

591 Zur Haftung des Betreibers einer digitalen Plattform für Telemedizin, s. etwa *Leupold/Wiesner*, in: Leupold et al., IT-Recht, Teil 13, Rdn. 85.

592 Zur internationalen Telemedizin, s. etwa *Bohle*, in: Dierks et al., Rechtsfragen der Telemedizin, S. 83 (85 ff.); *Spickhoff*, MedR 2018, 535 (535 ff.).

593 Hierbei bleibt das Ausstellen einer Arbeitsunfähigkeitsbescheinigung vor dem Hintergrund der Digitalisierung im Gesundheitswesen unberücksichtigt, s. hierzu etwa *Braun*, GesR 2018, 409 (409 ff.); *Fehn*, in: Marx et al., Telemedizin, S. 9 (21); *Hahn*, Telemedizin, S. 50 f.; *Hahn*, MedR 2020, 370 (370 ff.); *Heider*, NZA 2019, 288 (288 ff.); *Herkenrath*, Ärztliche Fernbehandlung, S. 150 ff.; *Prütting*, in: Rehmann/Tillmanns, E-Health, Kapitel 3, Rdn. 64 ff.; *Rehborn*, in: Prütting, Medizinrecht, § 7 MBO-Ä, Rdn. 13; *Ruppert/Schmidt*, VSSAR 2021, 207 (207 ff.); *Schulte/Tisch*, NZA 2020, 761 (761 ff.); *Siglmüller*, Rechtsfragen der Fernbehandlung, S. 269 ff.; *Steinhilper/Schiller*, in: FS Plagemann, S. 579 (585 f.); *Valerius*, in: FG Forschungsstelle RobotRecht, S. 475 (475 ff.); *Zieschang*, medstra 2020, 202 (202 ff.). Gleiches gilt für die Werbung für Fernbehandlung, s. hierzu etwa BT-Drs. 19/13438, 32, 35, 77 f.; BGH, GesR 2022, 173 (173 ff.); OLG München, GesR 2020, 662 (662 ff.); OLG Hamburg, GesR 2021, 457 (458 ff.); *Braun*, MedR 2018, 563 (565 f.); *Braun*, MedR 2021, 159 (159 ff.); *Eichelberger*, in: FS Harte-Bavendamm, S. 289 (289 ff.); *Fehn*, in: Marx et al., Telemedizin, S. 9 (28 f.); *Herkenrath*, Ärztliche Fernbehandlung, S. 117 ff.; *Leupold/Wiesner*, in: Leupold et al., IT-Recht, Teil 13, Rdn. 48 f.; *Prütting*, in: Rehmann/Tillmanns, E-Health, Kapitel 3, Rdn. 78 ff.; *Rehborn*, in: Prütting, Medizinrecht, § 7 MBO-Ä, Rdn. 13; *Tietjen*, in: Rehmann/Tillmanns, E-Health, Kapitel 3, Rdn. 133 ff.; *Schmidt-Murra*, MedR 2021, 917 (917 ff.); *Siglmüller*, Rechtsfragen der Fernbehandlung, S. 203 ff.; *Tillmanns*, A&R 2020, 11 (11 ff.); *Tillmanns*, PharmR 2021, 247 (249 f.).

2. Kapitel: Ärztliches Berufsrecht

A. Einführung

Die Regelungen des ärztlichen Berufsrechts[594] beinhalten für den jeweiligen Arzt öffentlich-rechtliche Pflichten, die es einzuhalten gilt.[595] Das Berufsrecht der Ärzte unterteilt sich in das Berufszugangs- und das Berufsausübungsrecht sowie die Berufsgerichtsbarkeit[596].[597] Das Berufsrecht insgesamt umfasst unterschiedliche Vorschriften, die teilweise dem Bundes-, dem Landes- oder dem berufsständischen Satzungsrecht zugeordnet sind.[598]

Das Berufszugangsrecht regelt, ob und unter welchen Voraussetzungen die Aufnahme des ärztlichen Berufes gestattet wird.[599] Die konkurrierende Gesetzgebungskompetenz für die Zulassung zu ärztlichen und anderen Heilberufen hat nach Art. 74 Abs. 1 Nr. 19 i.V.m. 72 Abs. 1 GG der Bund inne.[600] Der Bund ist berechtigt, Normen zu erlassen, die beispielsweise die Erteilung, die Rücknahme, den Widerruf und das Ruhen der Approbation betreffen.[601] Regelungen finden sich etwa in der Bundesärzteordnung (BÄO) und der

594 Teilweise wird das Berufsrecht auch als Standesrecht bezeichnet, s. etwa *Katzenmeier/Schrag-Slavu*, Telemedizin im Rettungsdienst, S. 35 f.

595 Vgl. *Scholz*, in: Spickhoff, Medizinrecht, § 2 MBO-Ä, Rdn. 12.

596 Die ärztliche Berufsgerichtsbarkeit ist im jeweiligen Landesrecht geregelt, s. *Kern*, in: Laufs et al., Handbuch des Arztrechts, § 10, Rdn. 1; *Lipp*, in: Laufs et al., Arztrecht, Kapitel II, Rdn. 5; zu berufsgerichtlichen Verfahren gegen Ärzte, s. weiterführend *Rehborn*, GesR 2004, 170 (170 ff.).

597 *Kern*, in: Laufs et al., Handbuch des Arztrechts, § 10, Rdn. 1; *Schirmer/Dochow*, in: Wenzel, Handbuch Medizinrecht, Kapitel 10, Rdn. 3.

598 *Janda*, Medizinrecht, S. 96; *Kern*, in: Laufs et al., Handbuch des Arztrechts, § 10, Rdn. 1; *Schirmer/Dochow*, in: Wenzel, Handbuch Medizinrecht, Kapitel 10, Rdn. 3.

599 So etwa *Hahn*, Telemedizin, S. 3.

600 *Hahn*, Telemedizin, S. 3; *Janda*, Medizinrecht, S. 96; *Kern*, in: Laufs et al., Handbuch des Arztrechts, § 10, Rdn. 1; *Lipp*, in: Laufs et al., Arztrecht, Kapitel II, Rdn. 5; *Prütting/Prütting*, Medizin- und Gesundheitsrecht, § 14, Rdn. 5; *Prütting*, in: Rehmann/Tillmanns, E-Health, Kapitel 2, Rdn. 154; *Rehborn*, in: Prütting, Medizinrecht, Einleitung MBO-Ä, Rdn. 2; *Schirmer/Dochow*, in: Wenzel, Handbuch Medizinrecht, Kapitel 10, Rdn. 1; *Wollersheim*, in: Clausen/Schroeder-Printzen, Anwaltshandbuch Medizinrecht, § 6, Rdn. 2.

601 *Hahn*, Telemedizin, S. 3; *Janda*, Medizinrecht, S. 97; *Schirmer/Dochow*, in: Wenzel, Handbuch Medizinrecht, Kapitel 10, Rdn. 1; s. auch *Lipp*, in: Laufs et al., Arztrecht, Kapitel II, Rdn. 6.

Approbationsordnung für Ärzte (ÄApprO).[602] Eine generelle Gesetzgebungszuständigkeit für den gesamten Bereich des Gesundheitswesens erhält der Bund durch Art. 74 Abs. 1 Nr. 19 GG hingegen nicht.[603]

Das Berufsausübungsrecht umfasst unter anderem Regelungen zur Ausübung des ärztlichen Berufes.[604] Die Gesetzgebungskompetenz verbleibt hierbei nach Art. 70, 30 GG bei den Ländern.[605] In Bayern finden sich Vorschriften zum Berufsausübungsrecht im Heilberufe-Kammergesetz (BayHKaG). Das BayHKaG enthält insbesondere Generalklauseln, die den ärztlichen Pflichtenkatalog umschreiben,[606] s. etwa Art. 17 BayHKaG. Die Generalklauseln werden durch die Landesärztekammer konkretisiert.[607] Die Vorschrift des Art. 20 Hs. 1 BayHKaG ermächtigt hierfür die als Körperschaft des öffentlichen Rechts gebildete Landesärztekammer[608], ihre Berufsordnung zu erlassen.[609] In der Berufsordnung wird festgelegt, welche Verhaltensweisen der Arzt bei der Berufsausübung im Detail zu beachten und unter Vermeidung von berufsgerichtlichen Sanktionen zu unterlassen hat.[610] Die

---

602 *Janda*, Medizinrecht, S. 96; *Lipp*, in: Laufs et al., Arztrecht, Kapitel II, Rdn. 5 f.; *Schirmer/Dochow*, in: Wenzel, Handbuch Medizinrecht, Kapitel 10, Rdn. 4.

603 S. etwa *Broemel*, in: Münch/Kunig, Art. 74 GG, Rdn. 69; *Degenhart*, in: Sachs, Art. 74 GG, Rdn. 83; *Kment*, in: Jarass/Pieroth, Art. 74 GG, Rdn. 50a; *Oeter*, in: Mangoldt et al., Art. 74 GG, Rdn. 134; *Schirmer/Dochow*, in: Wenzel, Handbuch Medizinrecht, Kapitel 10, Rdn. 1; *Seiler*, in: BeckOK-GG, Art. 74, Rdn. 69; s. auch *Lipp*, in: Laufs et al., Arztrecht, Kapitel II, Rdn. 5.

604 *Hahn*, Telemedizin, S. 3; *Janda*, Medizinrecht, S. 96.

605 BVerfGE 33, 125 (155) = NJW 1972, 1504 (1505); BVerfGE 71, 162 (171 f.) = NJW 1986, 1533; *Hahn*, Telemedizin, S. 3; *Janda*, Medizinrecht, S. 96; *Kern*, in: Laufs et al., Handbuch des Arztrechts, § 10, Rdn. 1; *Lipp*, in: Laufs et al., Arztrecht, Kapitel II, Rdn. 5; *Prütting*, in: Rehmann/Tillmanns, E-Health, Kapitel 2, Rdn. 154; *Scholz*, in: Spickhoff, Medizinrecht, Vor §§ 1 ff. MBO-Ä, Rdn. 2; *Rehborn*, in: Prütting, Medizinrecht, Einleitung MBO-Ä, Rdn. 2; *Wollersheim*, in: Clausen/Schroeder-Printzen, Anwaltshandbuch Medizinrecht, § 6, Rdn. 2, 38.

606 Vgl. im Allgemeinen *Kern/Rehborn*, in: Laufs et al., Handbuch des Arztrechts, § 15, Rdn. 8; *Prütting*, in: Rehmann/Tillmanns, E-Health, Kapitel 2, Rdn. 155.

607 Vgl. im Allgemeinen *Kern/Rehborn*, in: Laufs et al., Handbuch des Arztrechts, § 15, Rdn. 9; *Schirmer/Dochow*, in: Wenzel, Handbuch Medizinrecht, Kapitel 10, Rdn. 73.

608 Art. 10 Abs. 1 S. 3 BayHKaG; s. auch *Schirmer/Dochow*, in: Wenzel, Handbuch Medizinrecht, Kapitel 10, Rdn. 5.

609 Nach Erlass bedarf die Berufsordnung noch „der Genehmigung des Staatsministeriums", s. Art. 20 Hs. 2 BayHKaG.

610 *Lipp*, in: Laufs et al., Arztrecht, Kapitel II, Rdn. 6; *Prütting*, in: Rehmann/Tillmanns, E-Health, Kapitel 2, Rdn. 156.

Ausformung der berufsausübungsrechtlichen Rechte und Pflichten der Ärzte werden als Satzungsrecht geregelt.[611]

Beim Erlass der Berufsordnung orientieren sich die Landesärztekammern an der sogenannten Musterberufsordnung für die in Deutschland tätigen Ärztinnen und Ärzte (MBO-Ä), welche von der Bundesärztekammer[612] erlassen wird.[613] Häufig werden die Vorschriften der MBO-Ä sogar inhaltlich in die jeweiligen Berufsordnungen übernommen.[614] Da der Bund im Rahmen der Berufsausübung nicht gesetzgebungskompetent ist, handelt es sich bei der MBO-Ä lediglich um eine Empfehlung der Bundesärztekammer, die keinen rechtsverbindlichen Charakter hat.[615] Dennoch ist die Bedeutung der MBO-Ä nicht zu unterschätzen, da diese als Ausdruck der allgemeingültigen Standesauffassung der Ärzte angesehen wird.[616]

611 *Gruner*, GesR 2017, 288 (289); *Lippert*, in: Ratzel et al., Kommentar zur MBO-Ä, Einleitung, Rdn. 1, 5; *Rehborn*, in: Prütting, Medizinrecht, Einleitung MBO-Ä, Rdn. 2; *Schirmer/Dochow*, in: Wenzel, Handbuch Medizinrecht, Kapitel 10, Rdn. 5; *Tillmanns*, Persönliche Leistungserbringungspflicht, S. 79.

612 Es handelt sich um einen Zusammenschluss der deutschen Landesärztekammern auf Bundesebene zum Zweck der Einheitlichkeit der ärztlichen Berufspflichten, s. *Lipp*, in: Laufs et al., Arztrecht, Kapitel II, Rdn. 22 m.w.N.; *Schirmer/Dochow*, in: Wenzel, Handbuch Medizinrecht, Kapitel 10, Rdn. 50; *Scholz*, in: Spickhoff, Medizinrecht, Vor §§ 1 ff. MBO-Ä, Rdn. 1.

613 *Hahn*, Telemedizin, S. 4; *Janda*, Medizinrecht, S. 97; *Lipp*, in: Laufs et al., Arztrecht, Kapitel II, Rdn. 10.

614 So etwa *Katzenmeier/Schrag-Slavu*, Telemedizin im Rettungsdienst, S. 35; *Kuhn/Heinz*, GesR 2018, 691 (692); *Lipp*, in: Laufs et al., Arztrecht, Kapitel II, Rdn. 10; *Schütze/Kamler*, DMW 2007, 453; *Sobotta*, in: Bergmann et al., Gesamtes Medizinrecht, Vor §§ 1 ff. MBO-Ä, Rdn. 1; a.A. *Kern/Rehborn*, in: Laufs et al., Handbuch des Arztrechts, § 15, Rdn. 9.

615 S. hierzu OLG München, BeckRS 2016, 12673, Rdn. 39; *Dierks*, MedR 2016, 405 (406); *Hahn*, in: Schiller, Kommentar BMV-Ä, Anhang 2, Rdn. 53; *Kern/Rehborn*, in: Laufs et al., Handbuch des Arztrechts, § 15, Rdn. 9; *Kuhn/Heinz*, GesR 2018, 691 (692); *Lipp*, in: Laufs et al., Arztrecht, Kapitel II, Rdn. 22; *Lippert*, in: Ratzel et al., Kommentar zur MBO-Ä, Einleitung, Rdn. 6; *Prütting*, in: Rehmann/Tillmanns, E-Health, Kapitel 2, Rdn. 156; *Rehborn*, in: Prütting, Medizinrecht, Einleitung MBO-Ä, Rdn. 1; *Schirmer/Dochow*, in: Wenzel, Handbuch Medizinrecht, Kapitel 10, Rdn. 5; *Scholz*, in: Spickhoff, Medizinrecht, Vor §§ 1 ff. MBO-Ä, Rdn. 1; *Sobotta*, in: Bergmann et al., Gesamtes Medizinrecht, Vor §§ 1 ff. MBO-Ä, Rdn. 1.

616 So *Baldus*, Deutsches Ärzteblatt 1983, 73 (74); *Tillmanns*, Persönliche Leistungserbringungspflicht, S. 79; vgl. *Prütting*, in: Rehmann/Tillmanns, E-Health, Kapitel 2, Rdn. 156.

B. Berufsausübungsrecht

Insbesondere die Berufsordnung der jeweiligen Landesärztekammer – in Bayern gilt die Berufsordnung für die Ärzte Bayerns (BayBO-Ä) – schränkt die Zulässigkeit der Tele- bzw. Fernbehandlung deutlich ein. Die Berufsordnung enthält sowohl allgemeine als auch spezielle Regelungen, die bei der Durchführung der ausschließlichen Tele- bzw. Fernbehandlung zu beachten sind.

Weil sich die Berufsordnungen in den jeweiligen Bundesländern teilweise unterscheiden, ist für den Arzt entscheidend, welche Berufsordnung für ihn bindend ist.[617] Da der Arzt Pflichtmitglied in der Landesärztekammer ist, in deren Bezirk er seinen Beruf ausübt, ist er auch deren Berufsordnung unterworfen.[618] In Bayern wird nach Art. 4 Abs. 2 S. 1 BayHKaG unter anderem die Mitgliedschaft bei dem ärztlichen Kreisverband[619] begründet, in dessen Bereich der Behandelnde sich niedergelassen hat oder sonst ärztlich tätig ist. Da sich bei einer Fernbehandlung die Parteien physisch an unterschiedlichen Orten aufhalten, ist zu erwägen, dass der Arzt an dem Ort „sonst ärztlich tätig" wird, an welchem sich der Patient während der Fernbehandlung physisch aufhält.[620] Auch ein Fernbehandler übt seinen ärztlichen Beruf allerdings an seinem Praxissitz und nicht am Aufenthaltsort des Patienten aus.[621] Der Arzt wäre ansonsten verpflichtet, sich mit den rechtlichen Gegebenheiten einer Vielzahl zum Teil unterschiedlicher

617 So auch *Kuhn/Heinz*, GesR 2018, 691 (692); weitere Probleme ergeben sich, wenn der Arzt ausländische Patienten betreuen möchte oder ein Patient auf einen ausländischen Telemediziner zurückgreift, so *Kuhn/Heinz*, GesR 2018, 691 (692); s. weiterführend OLG München, BeckRS 2016, 12673, Rdn. 58 ff.; *Gaidzik*, GesR 2003, 229 (232 f.); *Hoppe*, MedR 1998, 462; *Leupold/Wiesner*, in: Leupold et al., IT-Recht, Teil 13, Rdn. 40 f.; *Rehmann*, A&R 2017, 153 (157); *Thomas*, InFo Hämatologie + Onkologie 2019, 72.

618 *Kuhn/Heinz*, GesR 2018, 691 (692).

619 Das BayHKaG enthält dahingehend eine Sonderregelung, dass die Mitgliedschaft von Ärzten nicht bei der Kammer, sondern auf Kreis- bzw. Bezirksebene begründet wird, so *Ratzel/Knüpper*, in: Ratzel/Luxenburger, Handbuch Medizinrecht, Kapitel 6, Rdn. 52.

620 Vgl. auch *Kuhn/Heinz*, GesR 2018, 691 (692).

621 So auch *122. Deutscher Ärztetag*, in: Bundesärztekammer, Beschlussprotokoll, TOP Ib – 10, S. 1; *Hübner/Wienke*, Orthopädie und Unfallchirurgie 2019, 28 (29); *Jorzig*, Der Urologe 2021, 244; *Kuhn/Heinz*, GesR 2018, 691 (692); *Rehmann*, A&R 2017, 153 (157); differenzierend *Thomas*, InFo Hämatologie + Onkologie 2019, 72; offen gelassen bei *Jorzig/Sarangi*, Digitalisierung im Gesundheitswesen, S. 28, 171 f.; vgl. hierzu auch *Siglmüller*, Rechtsfragen der Fernbehandlung, S. 111 f.

Berufsordnungen auseinanderzusetzen. Auch eine Mitgliedschaft in einer Reihe unterschiedlicher Landesärztekammern wäre erforderlich.[622] Da von den Pflichtmitgliedern Beiträge verlangt werden, würde dies eine weitere, auch finanzielle Belastung für den Arzt bedeuten.[623]

I. Besondere Regelungen zur ausschließlichen Tele- bzw. Fernbehandlung

Zentrale Bedeutung für die Anwendung und Durchführung der Fernbehandlung hat die Vorschrift des § 7 Abs. 4 MBO-Ä/BayBO-Ä.[624] Im Mai 2018 wurde auf dem 121. Deutschen Ärztetag in Erfurt die Änderung der Vorschrift des § 7 Abs. 4 MBO-Ä a.F. beschlossen.[625] Durch die neue Regelung wurde der Forderung des 120. Deutschen Ärztetages entsprochen, der sich für die Öffnung des Berufsrechts im Hinblick auf die ausschließliche Fernbehandlung aussprach.[626]

Da es sich bei der MBO-Ä um eine Empfehlung der Bundesärztekammer handelt,[627] musste die Regelung in die jeweilige Berufsordnung umgesetzt werden, um für Ärzte rechtlich bindend zu sein.[628] In Bayern[629] wurde auf dem 77. Bayerischen Ärztetag im Oktober 2018 die Vorschrift des § 7 Abs. 4

622 *Kuhn/Heinz*, GesR 2018, 691 (692); weiterführend im Allgemeinen zur Mitgliedschaft bei mehreren Kammern aufgrund der Tätigkeit an mehreren Standorten, s. *Rehborn*, in: Prütting, Medizinrecht, Einleitung MBO-Ä, Rdn. 4a m.w.N.

623 So auch *Kuhn/Heinz*, GesR 2018, 691 (692); zur Doppel- bzw. Mehrfachmitgliedschaft, vgl. *Schirmer/Dochow*, in: Wenzel, Handbuch Medizinrecht, Kapitel 10, Rdn. 33 m.w.N.; *Wollersheim*, in: Clausen/Schroeder-Printzen, Anwaltshandbuch Medizinrecht, § 6, Rdn. 57 m.w.N.

624 Zum ersten Verbot der Fernbehandlung, s. etwa *Dierks*, MedR 2016, 405 (405 f.); zur Entwicklung des Verbots, s. weiteführend etwa *Eichelberger*, in: FS Harte-Bavendamm, S. 289 (290 f.); *Herkenrath*, Ärztliche Fernbehandlung, S. 19 ff.

625 *121. Deutscher Ärztetag*, in: Bundesärztekammer, Beschlussprotokoll, TOP IV – 01, S. 1; so auch *Bundesärztekammer*, Hinweise und Erläuterungen zu § 7 Abs. 4 MBO-Ä (2019), S. 1; *Bundesärztekammer*, Hinweise und Erläuterungen zu § 7 Abs. 4 MBO-Ä (2020), S. 1.

626 *120. Deutscher Ärztetag*, in: Bundesärztekammer, Beschlussprotokoll, TOP II – 29, S. 1 f.; II – 35, S. 1 f.; s. auch *Bundesärztekammer*, Hinweise und Erläuterungen zu § 7 Abs. 4 MBO-Ä (2019), S. 1; *Bundesärztekammer*, Hinweise und Erläuterungen zu § 7 Abs. 4 MBO-Ä (2020), S. 1; *Hahn*, Telemedizin, S. 5.

627 S. Teil 2, 2. Kapitel, A.

628 S. bereits Teil 2, 2. Kapitel, A; vgl. etwa auch *Hahn*, Telemedizin, S. 11.

629 Zur Änderung in den anderen Bundesländern, s. Teil 2, 2. Kapitel, B.I.2.

BayBO-Ä a.F. neu geregelt.[630] Die neue Vorschrift des § 7 Abs. 4 MBO-Ä wurde unter Verzicht auf die grammatikalisch weibliche Form inhaltlich vollständig in § 7 Abs. 4 BayBO-Ä übernommen.[631] Um die Reichweite der heute geltenden Regelung nachzuvollziehen, ist die Rechtslage vor und nach der Änderung der Vorschrift des § 7 Abs. 4 MBO-Ä/BayBO-Ä darzustellen.[632]

1. Rechtslage vor der Änderung des § 7 Abs. 4 MBO-Ä/BayBO-Ä a.F.

Vor der Liberalisierung des Berufsrechts lautete die Vorschrift des § 7 Abs. 4 MBO-Ä a.F. wie folgt:

> „[1]Ärztinnen und Ärzte dürfen individuelle ärztliche Behandlung, insbesondere auch Beratung, nicht ausschließlich über Print- und Kommunikationsmedien durchführen. [2]Auch bei telemedizinischen Verfahren ist zu gewährleisten, dass eine Ärztin oder ein Arzt die Patientin oder den Patienten unmittelbar behandelt."

In § 7 Abs. 4 BayBO-Ä a.F. wurde folgende Regelung niedergeschrieben:

> „Der Arzt darf individuelle ärztliche Behandlung, insbesondere auch Beratung, nicht ausschließlich über Print- und Kommunikationsmedien durchführen. Auch bei telemedizinischen Verfahren ist zu gewährleisten, dass ein Arzt den Patienten unmittelbar behandelt."

Bereits der Wortlaut der Regelungen stellte klar, dass der berufsrechtlich zulässigen Fernbehandlung durch die Begriffe „Individualität", „Ausschließlichkeit" und „Unmittelbarkeit" Grenzen gesetzt wurden.[633] Bei diesen Kriterien handelte es sich um auslegungsbedürftige Merkmale.[634]

---

630 *Bayerische Landesärztekammer*, Presseinformation zur ausschließlichen Fernbehandlung.

631 So auch *Hahn*, Telemedizin, S. 11.

632 So auch *Herkenrath*, Ärztliche Fernbehandlung, S. 24; *Prütting*, in: Rehmann/Tillmanns, E-Health, Kapitel 3, Rdn. 4 ff.

633 So für die Merkmale der Individualität und Ausschließlichkeit auch *Hahn*, MedR 2018, 384.

634 *Bundesärztekammer*, Hinweise und Erläuterungen zu § 7 Abs. 4 MBO-Ä (2015), S. 2.

a) Individuelle ärztliche Behandlung bzw. Beratung ausschließlich über Print- und Kommunikationsmedien, § 7 Abs. 4 S. 1 MBO-Ä/BayBO-Ä a.F.

aa) Merkmal der Individualität

Die Vorschrift des § 7 Abs. 4 S. 1 MBO-Ä/BayBO-Ä a.F. sah lediglich[635] vor, dass eine individuelle ärztliche Behandlung bzw. Beratung nicht ausschließlich über Print- und Kommunikationsmedien durchgeführt werden durfte.[636] Berufsrechtlich zulässig und daher nicht von der Vorschrift umfasst, waren hingegen allgemeine vom medizinischen Einzelfall losgelöste und unverbindliche medizinische Erörterungen aus der Ferne.[637]

Die Abgrenzung einer individuellen ärztlichen Behandlung bzw. Beratung zu allgemeinen Erörterungen bereitete erhebliche Schwierigkeiten.[638] Eine individuelle ärztliche Beratung oder Behandlung lag nach den Hinweisen und Erläuterungen der Bundesärztekammer aus dem Jahr 2015 zu der damaligen Fassung des § 7 Abs. 4 MBO-Ä vor, wenn eine Behandlung bzw. Beratung auf einen bestimmten Patienten bezogen war und die von diesem geschilderten Symptome Anlass waren, in der konkreten Situation eine Diagnose oder Therapieempfehlung zu erteilen.[639]

Die Bundesärztekammer fasste den Anwendungsbereich der individuellen ärztlichen Behandlung bzw. Beratung indessen zu eng. Da neben der ärztlichen Behandlung auch die Beratung in den Anwendungsbereich der Vorschrift ausdrücklich aufgenommen wurde,[640] durften auch solche Patienten nicht ausschließlich aus der Ferne ärztlich versorgt werden, die den Arzt ohne konkrete Beschwerden kontaktierten, um etwa eine Routine-

---

635 So auch *Hahn*, Telemedizin, S. 5.

636 Beispiele für (un-)zulässige Fernbehandlungen bei OLG Düsseldorf, BeckRS 2013, 11225.

637 SG München, BeckRS 2017, 117090, Rdn. 55; *Bundesärztekammer*, Hinweise und Erläuterungen zu § 7 Abs. 4 MBO-Ä (2015), S. 2; *Eichelberger*, in: FS Harte-Bavendamm, S. 289; *Kalb*, GesR 2018, 481 (482); *Kern*, MedR 2001, 495 (496); *Pielach*, Haftungsfragen in der Telemedizin, S. 44; *Prütting*, in: Rehmann/Tillmanns, E-Health, Kapitel 3, Rdn. 5; vgl. auch *Link*, Telemedizinische Anwendungen, S. 57.

638 *Bundesärztekammer*, Hinweise und Erläuterungen zu § 7 Abs. 4 MBO-Ä (2015), S. 2; *Dierks*, MedR 2016, 405 (409).

639 *Bundesärztekammer*, Hinweise und Erläuterungen zu § 7 Abs. 4 MBO-Ä (2015), S. 2; vgl. *Kern*, MedR 2001, 495 (496); im Ergebnis zustimmend *Vorberg/Kanschik*, MedR 2016, 411; kritisch *Dierks*, MedR 2016, 405 (408).

640 Vgl. SG München, BeckRS 2017, 117090, Rdn. 55; *Kern*, MedR 2001, 495 (496).

oder Vorsorgeuntersuchung durchführen oder sich (spezifisch auf ihren Gesundheitszustand) fachkundig beraten zu lassen.[641] Es war nicht erforderlich, dass ein konkreter Behandlungsfall die Begutachtung aus der Ferne veranlasste[642] oder der Arzt dem Patienten einen konkreten Therapievorschlag unterbreitete[643]. Da eine Arzt-Patienten-Beziehung in der Regel individuell und eben nicht abstrakt ausgestaltet ist, war der Anwendungsbereich der Vorschrift des § 7 Abs. 4 S. 1 MBO-Ä/BayBO-Ä a.F. daher zumeist eröffnet.[644]

Der Fernbehandler konnte sich auch nicht dadurch entlasten, dass er seinen Patienten vorab darauf hinwies, dass die abgegebene Antwort nur als allgemeine Information zu verstehen sei oder sich der Patient im Zweifelsfall persönlich an einen behandelnden Arzt zu wenden habe[645].[646] Es bestand die Gefahr, dass der Patient die Antwort des Arztes – trotz erfolgtem Hinweis – dennoch als ernst gemeinte seriöse ärztliche Beratung bzw. Behandlung auf sein geschildertes Unwohlbefinden wahrnahm.[647] Gleiches galt im Ergebnis, wenn auf einer Internetseite darauf hingewiesen wurde, dass die Antworten der Experten allgemeine Informationen seien und eine fundierte auf den konkreten Einzelfall bezogene Fachberatung nicht ersetzen könnten.[648] Auch konnte sich ein Fernbehandler nicht darauf berufen, vor der Beantwortung einer konkreten Patientenfrage unter einer bestimmten Domain einleitend ausgeführt zu haben, dass er aus der Ferne natürlich keine Diagnose oder Therapieempfehlung abgegeben könne, wenn er anschließend trotzdem detaillierte Empfehlungen erteilte.[649]

---

641 Vgl. OLG München, BeckRS 2016, 12673, Rdn. 45.

642 OLG München, BeckRS 2016, 12673, Rdn. 45.

643 OLG München, BeckRS 2016, 12673, Rdn. 47; SG München, BeckRS 2017, 117090, Rdn. 56.

644 Noch strenger *Hahn*, MedR 2018, 384 (386); für die Interaktion zwischen Pflege und Arzt, vgl. *Dierks*, GuP 2016, 88 (89).

645 OLG Köln, MMR 2013, 176 (177).

646 *Bundesärztekammer*, Hinweise und Erläuterungen zu § 7 Abs. 4 MBO-Ä (2015), S. 2; *Scholz*, in: Spickhoff, Medizinrecht, § 7 MBO-Ä, Rdn. 16.

647 OLG Köln, MMR 2013, 176 (177); *Bundesärztekammer*, Hinweise und Erläuterungen zu § 7 Abs. 4 MBO-Ä (2015), S. 2; a.A. *Siglmüller*, Rechtsfragen der Fernbehandlung, S. 59 f.

648 S. hierzu Ärztliches Berufsgericht Niedersachsen, GesR 2012, 626 (627).

649 OLG Düsseldorf, BeckRS 2013, 11225.

bb) Weiter Behandlungsbegriff

Der Behandlungsbegriff i.S.d. § 7 Abs. 4 S. 1 MBO-Ä/BayBO-Ä a.F. war weit zu verstehen,[650] so dass der Anwendungsbereich des § 7 Abs. 4 S. 1 MBO-Ä/BayBO-Ä a.F. hierdurch ausgedehnt wurde. Der weite Behandlungsbegriff war damit zu begründen, dass selbst eine bloße Beratung nach dem Wortlaut des § 7 Abs. 4 S. 1 MBO-Ä/BayBO-Ä a.F. von der Vorschrift umfasst sein sollte und eine Gleichstellung von Behandlung und Beratung ansonsten nicht angezeigt gewesen wäre.[651] Unter der Behandlungsbegriff fiel daher nicht nur die Therapie als Behandlung i.e.S. Gleiches galt für ärztliche (invasive) Eingriffe, die eine spezielle Therapiemaßnahme darstellen.

b) Verbot der ausschließlichen Fernbehandlung, § 7 Abs. 4 S. 1 MBO-Ä/BayBO-Ä a.F.

Vor der Liberalisierung des Berufsrechts wurde die der Vorschrift des § 7 Abs. 4 S. 1 MBO-Ä/BayBO-Ä a.F. zu Grunde liegende Regelung teilweise als „Fernbehandlungsverbot" bezeichnet.[652] Der Begriff war jedoch ungenau und mithin unzutreffend.[653] Dasselbe gilt, wenn im Zusammenhang mit der Neuregelung der Vorschrift von einer „Lockerung des Fernbehand-

---

650 So auch SG München, BeckRS 2017, 117090, Rdn. 55; vgl. *Tillmanns*, Persönliche Leistungserbringungspflicht, S. 83 m.w.N.; a.A. *Siglmüller*, Rechtsfragen der Fernbehandlung, S. 70 f.

651 Vgl. SG München, BeckRS 2017, 117090, Rdn. 55.

652 *Hübner/Wienke* sprechen zunächst von einem „generellen Fernbehandlungsverbot", stellen jedoch im Anschluss zutreffend klar, dass lediglich die ausschließliche Fernbehandlung vor der Änderung der Regelung generell verboten war, s. *Hübner/Wienke*, Orthopädie und Unfallchirurgie 2019, 28 (28 f.); ungenau formuliert etwa bei *Schickert et al.*, in: Sassenberg/Faber, Rechtshandbuch Industrie 4.0, § 15, Rdn. 42 ff.

653 *Bundesärztekammer*, Hinweise und Erläuterungen zu § 7 Abs. 4 MBO-Ä (2015), S. 1; erneute Klarstellung, s. *Bundesärztekammer*, Hinweise und Erläuterungen zu § 7 Abs. 4 MBO-Ä (2019), S. 2; *Bundesärztekammer*, Hinweise und Erläuterungen zu § 7 Abs. 4 MBO-Ä (2020), S. 2; im Ergebnis auch *Eichelberger*, in: FS Harte-Bavendamm, S. 289; *Vorberg/Kanschik*, MedR 2016, 411; vgl. schon *Tillmanns*, Persönliche Leistungserbringungspflicht, S. 70. Die *Bundesärztekammer* hält die Bezeichnung der Regelung des § 7 Abs. 4 MBO-Ä a.F. als Fernbehandlungsverbot sogar für umgangssprachlich, s. *Bundesärztekammer*, Hinweise und Erläuterungen zu § 7 Abs. 4 MBO-Ä (2015), S. 1; *Bundesärztekammer*, Hinweise und Erläuterungen zu § 7 Abs. 4 MBO-Ä (2019), S. 2; *Bundesärztekammer*, Hinweise und Erläuterungen zu § 7 Abs. 4 MBO-Ä (2020), S. 2.

lungsverbots“ gesprochen wird.[654] Die Bezeichnung „Fernbehandlungsverbot“ legte nahe, dass die Fernbehandlung eines Patienten stets verboten und folglich per se als berufsrechtlich unzulässig zu qualifizieren war.[655] Hierbei wurde verkannt, dass die Fernbehandlung bereits vor der Änderung der Berufsordnung nicht gänzlich unzulässig war, ein generelles Verbot der Fernbehandlung also nicht bestand.[656] Bereits der Wortlaut der Norm legte nahe, dass lediglich die ausschließliche Fernbehandlung[657] verboten sein sollte, s. § 7 Abs. 4 S. 1 MBO-Ä/BayBO-Ä a.F.[658] Sofern der persönliche Kontakt zwischen dem Arzt und seinem Patienten in erforderlichem Maß[659] sichergestellt wurde, durfte eine Beratung oder Behandlung zu einem bestimmten Anteil unter Einsatz von IuK-Technologien erfolgen.[660] Die Regelung des § 7 Abs. 4 S. 3 MBO-Ä/BayBO-Ä a.F. war daher als „Verbot der ausschließlichen Fernbehandlung“ zu verstehen und zu bezeichnen.[661]

Vor Änderung des Berufsrechts war die hier als Tele- bzw. Fernbehandlung vorgestellte Form der Telemedizin daher nur teilweise (berufsrecht-

---

654 Ungenau bezeichnet etwa bei *Schickert et al.*, in: Sassenberg/Faber, Rechtshandbuch Industrie 4.0, § 15, Rdn. 44.

655 Im Ergebnis auch *Bundesärztekammer*, Hinweise und Erläuterungen zu § 7 Abs. 4 MBO-Ä (2015), S. 1.

656 So auch *Bundesärztekammer*, Hinweise und Erläuterungen zu § 7 Abs. 4 MBO-Ä (2015), S. 1; *Bundesärztekammer*, Hinweise und Erläuterungen zu § 7 Abs. 4 MBO-Ä (2019), S. 2; *Bundesärztekammer*, Hinweise und Erläuterungen zu § 7 Abs. 4 MBO-Ä (2020), S. 2; *Fehn*, in: Marx et al., Telemedizin, S. 9 (16); *Hahn*, MedR 2018, 384; *Hübner/Wienke*, Orthopädie und Unfallchirurgie 2019, 28 (29); *Kohake*, UroForum 2018, 61; *Prütting*, in: Ratzel et al., Kommentar zur MBO-Ä, § 7, Rdn. 34; *Scholz*, in: Spickhoff, Medizinrecht, § 7 MBO-Ä, Rdn. 18; *Siglmüller*, Rechtsfragen der Fernbehandlung, S. 72 f.

657 Der von der *Bundesärztekammer* verwendete Begriff der Fernbehandlung geht indessen weiter als die hier vorgestellte Tele- bzw. Fernbehandlung, s. hierzu *Bundesärztekammer*, Hinweise und Erläuterungen zu § 7 Abs. 4 MBO-Ä (2015), S. 1 f.

658 *Bundesärztekammer*, Hinweise und Erläuterungen zu § 7 Abs. 4 MBO-Ä (2015), S. 1; *Siglmüller*, Rechtsfragen der Fernbehandlung, S. 72.

659 Kritisch hierzu *Siglmüller*, Rechtsfragen der Fernbehandlung, S. 73.

660 *Bundesärztekammer*, Hinweise und Erläuterungen zu § 7 Abs. 4 MBO-Ä (2015), S. 2 f.; s. auch *Hahn*, MedR 2018, 384 m.w.N.; vgl. schon *Tillmanns*, Persönliche Leistungserbringungspflicht, S. 84 f. In gewissen Sonderfällen (z.B. Zwischenfälle auf hoher See) war zugleich eine ausschließliche Tele- bzw. Fernbehandlung zulässig, s. hierzu *Bundesärztekammer*, Hinweise und Erläuterungen zu § 7 Abs. 4 MBO-Ä (2015), S. 3; *Siglmüller*, Rechtsfragen der Fernbehandlung, S. 79.

661 Vgl. *Kohake*, UroForum 2018, 61; *Kuhn*, GesR 2016, 748; *Kuhn/Heinz*, GesR 2018, 691.

lich) zulässig. Es galt die ergänzende[662] von der ausschließlichen Tele- bzw. Fernbehandlung zu unterscheiden. Bei einer ausschließlichen Tele- bzw. Fernbehandlung handelt es sich – auch heute noch – um eine Behandlungsform, bei der sich der Arzt und der Patient lediglich telekommunikativ, also ohne unmittelbaren Kontakt vor Ort, begegnen.[663] Falls der Arzt und sein Patient im Verlauf der (Fern-)Behandlung wenigstens einmal physisch (behandlungsbezogen) aufeinandertreffen, liegt eine ergänzende Tele- bzw. Fernbehandlung vor.[664] Die Zulässigkeit der ergänzenden Tele- bzw. Fernbehandlung hing von der Beachtung des Verbots des digitalen Erstkontakts ab.[665]

c) Verbot des digitalen Erstkontakts

Bereits vor der Liberalisierung des Berufsrechts war es erlaubt, den Arzt-Patienten-Kontakt durch den Einsatz von Fernkommunikationsmitteln zu unterstützen.[666] Die Vorschrift des § 7 Abs. 4 MBO-ÄBayBO-Ä a.F. regelte allerdings nicht, in welchem Behandlungsabschnitt sich die Parteien vor Ort persönlich zu treffen hatten.[667] Den Hinweisen und Erläuterungen der Bundesärztekammer war zu entnehmen, dass der Arzt seinen Patienten nur dann berufsrechtlich zulässig (ergänzend) fernbehandelte, wenn der Patient bei dem Arzt zu Beginn der eingeleiteten Behandlung persönlich (offline) vorstellig wurde.[668] Lediglich die Fortsetzung der Behandlung durfte im

662 Teilweise wird die ergänzende Fernbehandlung als „unterstützende Fernbehandlung", s. etwa *Bundesärztekammer*, Hinweise und Erläuterungen zu § 7 Abs. 4 MBO-Ä (2020), S. 1 f., oder „teilweise Fernbehandlung", s. etwa *Prütting*, in: Rehmann/Tillmanns, E-Health, Kapitel 3, Rdn. 4, bezeichnet.

663 S. Teil 1, 2. Kapitel, B.I.1.a)aa).

664 S. Teil 1, 2. Kapitel, B.I.1.a)aa).

665 Zum Verbot des digitalen Erstkontakts, s. sogleich.

666 *Bundesärztekammer*, Hinweise und Erläuterungen zu § 7 Abs. 4 MBO-Ä (2015), S. 2 f.; *Bundesärztekammer*, Hinweise und Erläuterungen zu § 7 Abs. 4 MBO-Ä (2020), S. 1 f.; *Eichelberger*, in: FS Harte-Bavendamm, S. 289; *Hahn*, MedR 2018, 384; *Herkenrath*, Ärztliche Fernbehandlung, S. 29; *Scholz*, in: Spickhoff, Medizinrecht, § 7 MBO-Ä, Rdn. 18.

667 So auch *Hahn*, MedR 2018, 384 (384 f.); *Scholz*, in: Spickhoff, Medizinrecht, § 7 MBO-Ä, Rdn. 18; *Siglmüller*, Rechtsfragen der Fernbehandlung, S. 73; *Vorberg/Kanschik*, MedR 2016, 411 (412); a.A. *Schneider*, Herzschrittmachertherapie + Elektrophysiologie 2017, 303.

668 *Bundesärztekammer*, Hinweise und Erläuterungen zu § 7 Abs. 4 MBO-Ä (2015), S. 3; zustimmend etwa *Eichelberger*, in: FS Harte-Bavendamm, S. 289; *Scholz*, in:

Anschluss unter Einsatz von Print- und Kommunikationsmedien durchgeführt werden.[669] Das (berufsrechtliche) Verbot des digitalen Erstkontakts wurde unter dem Stichwort „offline first" zusammengetragen.[670]

Eine nähere Begründung, weshalb ein nicht-digitaler Erstkontakt zwischen Arzt und Patient zu Beginn der Behandlung erforderlich war, enthielten die Ausführungen der Bundesärztekammer nicht.[671] Die einschränkende Auslegung der Vorschrift des § 7 Abs. 4 MBO-Ä/BayBO-Ä a.F. konnte jedoch aus dem Regelungszweck der Norm abgeleitet werden.[672] Der Sinn und Zweck der Vorschrift lag darin, dass sich der Arzt nicht allein auf Schilderungen des Patienten oder Informationen Dritter verlassen durfte, sondern sich stattdessen ein eigenes unmittelbares Bild von dem Patienten durch eigene Wahrnehmung verschaffen musste.[673] Die Patientensicherheit und Qualität der Behandlung durfte nicht deshalb eingebüßt werden, weil etwa eine persönliche Untersuchung fehlte.[674] Der Arzt lernte den Patienten durch ein persönliches Treffen vor Ort näher kennen und erhielt einen spezifischen Einblick in seine Leidensgeschichte. Insbesondere konnte der Behandler im Rahmen des Erstkontakts vor Ort über persönliche und familiäre Vorerkrankungen, derzeitige Symptome und mögliche Verhaltensweisen des Patienten (z.B. Zuverlässigkeit des Patienten) informiert werden. Um die Schilderungen des Patienten zu untermauern, hatte der Arzt die Möglichkeit, den Patienten allgemein oder spezifisch zu untersuchen.

Spickhoff, Medizinrecht, § 7 MBO-Ä, Rdn. 18; kritisch etwa *Dierks*, MedR 2016, 405 (408); *Hahn*, MedR 2018, 384 (385); *Siglmüller*, Rechtsfragen der Fernbehandlung, S. 73 f.; *Vorberg/Kanschik*, MedR 2016, 411 (412); vgl. *Dierks*, GuP 2016, 88 (89).

669 *Bundesärztekammer*, Hinweise und Erläuterungen zu § 7 Abs. 4 MBO-Ä (2015), S. 3.

670 So etwa *Hahn*, MedR 2018, 384 (385); vgl. *Schickert et al.*, in: Sassenberg/Faber, Rechtshandbuch Industrie 4.0, § 15, Rdn. 42.

671 *Hahn*, MedR 2018, 384 (385); *Siglmüller*, Rechtsfragen der Fernbehandlung, S. 73; *Vorberg/Kanschik*, MedR 2016, 411 (412).

672 Vgl. auch *Scholz*, in: Spickhoff, Medizinrecht, § 7 MBO-Ä, Rdn. 18; *Tillmanns*, Persönliche Leistungserbringungspflicht, S. 85; kritisch *Herkenrath*, Ärztliche Fernbehandlung, S. 29 f.

673 *Bundesärztekammer*, Hinweise und Erläuterungen zu § 7 Abs. 4 MBO-Ä (2015), S. 1; s. auch *Katzenmeier*, MedR 2019, 259 (266); *Katzenmeier*, in: Rehmann/Tillmanns, E-Health, Kapitel 3, Rdn. 94; *Prütting*, in: Rehmann/Tillmanns, E-Health, Kapitel 3, Rdn. 5; *Scholz*, in: Spickhoff, Medizinrecht, § 7 MBO-Ä, Rdn. 14; *Siglmüller*, Rechtsfragen der Fernbehandlung, S. 61 f.; kritisch *Dierks*, MedR 2016, 405 (407 f.); zum Sinn und Zweck, s. ausführlicher *Siglmüller*, Rechtsfragen der Fernbehandlung, S. 58 ff.; *Tillmanns*, Persönliche Leistungserbringungspflicht, S. 80 f.

674 *Bundesärztekammer*, Hinweise und Erläuterungen zu § 7 Abs. 4 MBO-Ä (2015), S. 1 f.; s. auch *Siglmüller*, Rechtsfragen der Fernbehandlung, S. 61 f.; kritisch hierzu *Dierks*, MedR 2016, 405 (407).

Die Risiken, die sich im Zusammenhang mit der Durchführung einer Fernbehandlung ergaben und vor denen die Vorschrift damals schützen wollte, konnten durch einen persönlichen und unmittelbaren Erstkontakt deutlich reduziert werden, weshalb der Erstkontakt vor Ort im Hinblick auf die berufsrechtliche Zulässigkeit zu begrüßen war.[675]

Offen ließen sowohl der Wortlaut als auch die Hinweise und Erläuterungen der Bundesärztekammer, ob die Zulässigkeit der ergänzenden Fernbehandlung nach erfolgtem unmittelbaren Kontakt auf den jeweiligen Krankheitsfall beschränkt war oder ob der Arzt aus der Ferne auch andere Gesundheitsbeschwerden behandeln durfte.[676] Ein digitaler Erstkontakt zwischen dem Patienten und seinem langjährigen Hausarzt hätte damals z.B. berufsrechtlich zulässig sein können, wenn der Patient (möglicherweise auch vor Jahren) bei dem Hausarzt seines Vertrauens einmal persönlich vorstellig wurde und es sodann stets zu einer rein digitalen Behandlung des Patienten kam.[677] Ein berufsrechtliches Dauer-Behandlungsverhältnis zwischen Arzt und Patient zu konstruieren, war jedoch abzulehnen.[678] Zum einen wurde – unabhängig vom Vorliegen einer Fernbehandlung – ein Dauerschuldverhältnis zwischen Arzt und Patient abgelehnt, sofern der Patient wiederholt die Expertise des Arztes in Anspruch nahm.[679] Bereits aus dem Zweck des Behandlungsvertrags folgte, dass das Vertragsverhältnis endete, sofern der Zweck des Arztvertrags erreicht wurde, mithin mit der Heilung des Kranken.[680] Lag in rechtlicher Hinsicht der Arzt-Patienten-Beziehung für jeden einzelnen Krankheitsfall ein eigener Vertrag zu Grunde, war es angezeigt, auch das für die Fernbehandlung ausschlaggebende Behandlungsverhältnis in berufsrechtlicher Hinsicht auf den jeweiligen Behandlungsfall zu beschränken.[681]

Gegen eine weite Auslegung sprach zudem der Sinn und Zweck der Vorschrift. Der unmittelbare Erstkontakt bot dem Arzt die Möglichkeit, einen umfassenden Einblick in die jeweilige Symptomatik und den bisherigen

---

675 A.A. etwa *Siglmüller*, Rechtsfragen der Fernbehandlung, S. 73 f.

676 *Vorberg/Kanschik*, MedR 2016, 411 (412); vgl. auch *Herkenrath*, Ärztliche Fernbehandlung, S. 30.

677 So auch *Vorberg/Kanschik*, MedR 2016, 411 (412).

678 So auch *Vorberg/Kanschik*, MedR 2016, 411 (412).

679 *Kern*, in: Laufs et al., Handbuch des Arztrechts, § 48, Rdn. 3; *Vorberg/Kanschik*, MedR 2016, 411 (412).

680 *Kern*, in: Laufs et al., Handbuch des Arztrechts, § 48, Rdn. 3; so auch *Lipp*, in: Laufs et al., Arztrecht, Kapitel III, Rdn. 31; *Vorberg/Kanschik*, MedR 2016, 411 (412).

681 Im Ergebnis auch *Vorberg/Kanschik*, MedR 2016, 411 (412); noch strenger *Siglmüller*, Rechtsfragen der Fernbehandlung, S. 74 f.

Krankheitsverlauf zu erhalten. Nicht zuletzt konnte der Arzt eine auf die jeweilige Symptomatik abgestimmte händische Untersuchung vornehmen. Die gefundenen Ergebnisse der Untersuchung waren der ergänzenden Fernbehandlung für diesen konkreten Behandlungsfall zu Grund zu legen und bildeten das Fundament der Fernbehandlung.

Nicht diskutiert wurde, ob eine ergänzende Fernbehandlung ohne neuen persönlichen Erstkontakt vor Ort berufsrechtlich ausnahmsweise zugelassen werden konnte, wenn der Patient innerhalb eines bestimmten Zeitraums, obwohl er bereits geheilt worden war, erneut an denselben krankhaften Beschwerden litt. Eine solche Öffnung des Berufsrechts war damals aber nicht möglich. Zum einen konnte das wiederholte Auftreten von ähnlichen Symptomen gerade ein Anzeichen dafür sein, dass eine andere, völlig neue Diagnose gestellt werden musste. Zum anderen konnte der Patient selbst nicht in zuverlässiger Weise feststellen, ob die Krankheitsfälle tatsächlich übereinstimmten. Stattdessen wies auch der Normzweck die Aufgabe der umfassenden Überprüfung der Beschwerden des Patienten dem Behandler und nicht dem Patienten zu.

d) Unmittelbarkeit, § 7 Abs. 4 S. 2 MBO-Ä/BayBO-Ä a.F.

Nach der Vorschrift des § 7 Abs. 4 S. 2 MBO-Ä/BayBO-Ä a.F. war auch bei telemedizinischen Verfahren zu gewährleisten, dass ein Arzt den Patienten unmittelbar behandelte.[682] Die Regelung wurde erst nachträglich durch den 114. Deutschen Ärztetag in die MBO-Ä aufgenommen[683] und sollte eine Klarstellung zugunsten telemedizinischer Verfahren beinhalten[684].[685] In den Hinweisen und Erläuterungen zu der damaligen Fassung des § 7 Abs. 4 MBO-Ä aus dem Jahr 2015 führte die Bundesärztekammer aus, dass das Merkmal der Unmittelbarkeit zu bejahen sei, wenn die Erkennung oder Behandlung von krankhaften Beschwerden auf eigenen unmittelbaren

682 Kritisch zur Vorschrift etwa *Gruner*, GesR 2017, 288 (290); *Siglmüller*, Rechtsfragen der Fernbehandlung, S. 75 f.; *Vorberg/Kanschik*, MedR 2016, 411 (413).

683 *114. Deutscher Ärztetag*, in: Bundesärztekammer, Beschlussprotokoll, Anlage zu III-01, S. 2.

684 *Bundesärztekammer*, Deutsches Ärzteblatt 2011, A 1980 (1990).

685 Vgl. hierzu *Rosenberg et al.*, Byaok/Csaki, Handbuch Digital Health, S.107 (116 f.).

Wahrnehmungen des Arztes beruhte.[686] Die Wahrnehmungen des Behandlers hatten unter Einsatz aller fünf (Körper-)Sinne – bei gleichzeitiger Anwesenheit der Beteiligten – zu erfolgen und setzten regelmäßig eine persönliche körperliche Untersuchung des Patienten voraus.[687] Für nicht ausreichend wurde erachtet, wenn lediglich akustische oder verbale Eindrücke übermittelt wurden.[688] Es genügte jedoch, wenn an der Behandlung unter Einsatz von Fernkommunikationsmitteln zumindest ein behandelnder Arzt beim Patienten vor Ort beteiligt war.[689]

Kritisch ist zunächst anzumerken, dass die Bundesärztekammer ungeklärt ließ, was unter „telemedizinischen Verfahren" zu verstehen war.[690] Sofern auch die ergänzende Fernbehandlung in den Anwendungsbereich des § 7 Abs. 4 S. 2 MBO-Ä/BayBO-Ä a.F. fiel und das Merkmal der Unmittelbarkeit dahingehend ausgelegt wurde, dass während der gesamten (Fern-)Behandlung zumindest ein Arzt beim Patienten physisch anwesend sein musste, wurde verkannt, dass bereits vor Liberalisierung des Berufsrechts die Fernbehandlung nicht gänzlich verboten war.[691] Die ergänzende Fernbehandlung – zumindest eine solche ohne digitalen Erstkontakt – wurde jedoch allgemein und auch in den Hinweisen und Erläuterungen der Bundesärztekammer ausdrücklich als zulässig anerkannt.[692] Auch die Vorschrift des § 7 Abs. 4 S. 1 MBO-Ä/BayBO-Ä a.F. beschränkte das berufsrechtliche Verbot auf die ausschließliche Fernbehandlung, so dass im Umkehrschluss eine ergänzende Fernbehandlung (wenn auch aufgrund des Normzwecks lediglich teilweise) zulässig sein musste. Zu erwägen war daher, eine unmittelbare Behandlung auch dann zu bejahen, wenn der Arzt und sein Patient zu Beginn einer Behandlung persönlich vor Ort zusammentrafen und die ärztliche Versorgung lediglich aus der Ferne fortsetzten, schließlich sollte der Vorschrift des § 7 Abs. 4 S. 2 MBO-Ä/BayBO-Ä a.F. nur deklaratorische

---

686 *Bundesärztekammer*, Hinweise und Erläuterungen zu § 7 Abs. 4 MBO-Ä (2015), S. 3; kritisch hierzu *Hahn*, MedR 2018, 384 (386); *Vorberg/Kanschik*, MedR 2016, 411 (413).

687 *Bundesärztekammer*, Hinweise und Erläuterungen zu § 7 Abs. 4 MBO-Ä (2015), S. 3.

688 *Bundesärztekammer*, Hinweise und Erläuterungen zu § 7 Abs. 4 MBO-Ä (2015), S. 3.

689 *Bundesärztekammer*, Hinweise und Erläuterungen zu § 7 Abs. 4 MBO-Ä (2015), S. 3.

690 Vgl. auch *Dierks*, MedR 2016, 405 (406).

691 Vgl. auch *Vorberg/Kanschik*, MedR 2016, 411 (413).

692 S. Teil 2, 2. Kapitel, B.I.1.c).

Wirkung zukommen.[693] Nichtsdestotrotz ging die Regelung des § 7 Abs. 4 S. 2 MBO-Ä/BayBO-Ä a.F. mit gewisser Rechtsunsicherheit einher.[694]

e) Fazit

Bereits vor der Änderung des § 7 Abs. 4 MBO-Ä/BayBO-Ä a.F. sah das Berufsrecht kein umfassendes Verbot der Tele- bzw. Fernbehandlung vor. Einerseits fielen allgemeine und vom medizinischen Einzelfall losgelöste Erörterungen nicht in den Anwendungsbereich des § 7 Abs. 4 S. 1 MBO-Ä/BayBO-Ä a.F. Andererseits sollte nicht zuletzt eine ergänzende Tele- bzw. Fernbehandlung berufsrechtlich zulässig sein, solange das Verbot des digitalen Erstkontakts beachtet wurde. Wenngleich sich das Gebot „offline first" nicht aus dem Wortlaut des § 7 Abs. 4 S. 1 MBO-Ä/BayBO-Ä a.F. entnehmen ließ, sprach die Vorschrift doch nur davon, dass der Arzt eine individuelle Beratung und Behandlung nicht ausschließlich über Print- und Kommunikationsmedien durchführen durfte, ergab sich ein solches jedenfalls aus dem Normzweck. Die Gefahren, die durch die Fernbehandlung für die Rechtsgüter des Patienten bestanden, wurden dadurch reduziert, dass der Arzt zu Beginn der jeweiligen Behandlung mit seinem Patienten persönlich vor Ort zusammentraf.

Schwierigkeiten bereitete die Auslegung der Regelung des § 7 Abs. 4 S. 2 MBO-Ä/BayBO-Ä a.F., die erst nachträglich in die MBO-Ä/BayBO-Ä aufgenommen wurde. Da eine ergänzende Tele- bzw. Fernbehandlung unter Einhaltung des Verbots des digitalen Erstkontakts zulässig war, sollte eine unmittelbaren Behandlung i.S.d. § 7 Abs. 4 S. 2 MBO-Ä/BayBO-Ä a.F. auch dann bejaht werden, wenn der Arzt und sein Patient eine Behandlung, die im persönlichen Kontakt vor Ort begann, aus der Ferne fortsetzten.

2. Rechtslage nach der Änderung des § 7 Abs. 4 MBO-Ä/BayBO-Ä a.F.

Das Verbot der ausschließlichen Fernbehandlung, das vor der Liberalisierung des Berufsrechts bestand, war seinerzeit zum Schutz der Rechtsgüter des Patienten sinnvoll, da die Diagnostik und Behandlung etwa aufgrund

---

693 Vgl. *Vorberg/Kanschik*, MedR 2016, 411 (413); zur möglichen Auslegung, vgl. *Hahn*, MedR 2018, 384 (386); *Herkenrath*, Ärztliche Fernbehandlung, S. 31; *Siglmüller*, Rechtsfragen der Fernbehandlung, S. 75 f.

694 Vgl. *Gruner*, GesR 2017, 288 (290).

brieflicher Kommunikation dem Arzt in der Regel kein umfassendes Bild von dem Patienten und seinen Beschwerden ermöglichte.[695] Durch das Verbot der ausschließlichen Fernbehandlung wurde einer defizitären medizinischen Versorgung ein Riegel vorgeschoben.[696] Mittlerweile ist es aufgrund eines rasanten technischen Fortschritts bei den Fernkommunikationsmitteln – in den letzten zehn bis 15 Jahren – möglich, dass nicht nur das gesprochene Wort, sondern auch hochauflösende Bilder und Videos sowie unterschiedliche Gesundheitsdaten in Echtzeit übermittelt werden können.[697]

Das Ziel der Öffnung der berufsrechtlichen Regelung für weitere telemedizinische Verfahren war es, „den [...] Patienten zukünftig mit der Fort- und Weiterentwicklung telemedizinischer, digitaler, diagnostischer und anderer vergleichbarer Möglichkeiten eine dem anerkannten Stand medizinischer Erkenntnisse entsprechende ärztliche Versorgung anbieten zu können."[698] Durch die Änderung des Berufsrechts wurde es den Parteien vor dem Hintergrund der ärztlichen Therapiefreiheit und der Patientenautonomie ermöglicht, selbst zu entscheiden, ob eine ausschließliche Tele- bzw. Fernbehandlung durchgeführt werden soll.[699]

Die Vorschrift des § 7 Abs. 4 MBO-Ä sieht mittlerweile folgende Regelung vor:

> „[1]Ärztinnen und Ärzte beraten und behandeln Patientinnen und Patienten im persönlichen Kontakt. [2]Sie können dabei Kommunikationsmedi-

---

695 *Eichelberger*, in: FS Harte-Bavendamm, S. 289 (293); Modifizierung fordernd etwa schon *Tillmanns*, Persönliche Leistungserbringungspflicht, S. 116 f.; ausführlicher zum Reformbedarf etwa *Herkenrath*, Ärztliche Fernbehandlung, S. 35 ff m.w.N.

696 *Eichelberger*, in: FS Harte-Bavendamm, S. 289 (293); *Scholz*, in: Spickhoff, Medizinrecht, § 7 MBO-Ä, Rdn. 14.

697 *Eichelberger*, in: FS Harte-Bavendamm, S. 289 (293); vgl. *Prütting*, in: Rehmann/Tillmanns, E-Health, Kapitel 3, Rdn. 6, 22; *Steinhilper/Schiller*, in: FS Plagemann, S. 579 (581 f.).

698 *121. Deutscher Ärztetag*, in: Bundesärztekammer, Beschlussprotokoll, TOP IV – 01, S. 2; so auch *Braun*, MedR 2018, 563 (564); *Bundesärztekammer*, Hinweise und Erläuterungen zu § 7 Abs. 4 MBO-Ä (2019), S. 1; *Bundesärztekammer*, Hinweise und Erläuterungen zu § 7 Abs. 4 MBO-Ä (2020), S. 1; *Fehn*, in: Marx et al., Telemedizin, S. 9 (17); *Hahn*, Telemedizin, S. 7; *Hübner/Wienke*, Orthopädie und Unfallchirurgie 2019, 28 (29); *Kalb*, GesR 2018, 481 (484); *Steinhilper/Schiller*, in: FS Plagemann, S. 579 (580 f.).

699 *Fehn*, in: Marx et al., Telemedizin, S. 9 (17) m.w.N. *Hahn* spricht davon, dass die Autonomie des Arztes im Vergleich zur starren Vorgängerregelung gestärkt wurde, s. *Hahn*, in: Schiller, Kommentar BMV-Ä, Anhang 2, Rdn. 53; zur Bewertung der Neuregelung *Herkenrath*, Ärztliche Fernbehandlung, S. 91 ff.

en unterstützend einsetzen. [3]Eine ausschließliche Beratung oder Behandlung über Kommunikationsmedien ist im Einzelfall erlaubt, wenn dies ärztlich vertretbar ist und die erforderliche ärztliche Sorgfalt insbesondere durch die Art und Weise der Befunderhebung, Beratung, Behandlung sowie Dokumentation gewahrt wird und die Patientin oder der Patient auch über die Besonderheiten der ausschließlichen Beratung und Behandlung über Kommunikationsmedien aufgeklärt wird."

In Bayern[700] lautet die Neuregelung des § 7 Abs. 4 BayBO-Ä wie folgt:

„Ärzte beraten und behandeln Patienten im persönlichen Kontakt. Sie können dabei Kommunikationsmedien unterstützend einsetzen. Eine

---

700 Vgl. zur Umsetzung durch die Landesärztekammern zunächst *Hahn*, Telemedizin, S. 11; *Rehborn*, in: Prütting, Medizinrecht, § 7 MBO-Ä, Rdn. 11 f. Auf die gleiche Art und Weise wie in *Bayern* wurde auch in *Mecklenburg-Vorpommern* und *Niedersachsen* die Vorschrift des § 7 Abs. 4 in der jeweiligen Berufsordnung abgeändert. In *Berlin*, *Bremen*, *Thüringen* und im *Saarland* wurde die neue Regelung der MBO-Ä gleichlautend in § 7 Abs. 4 der jeweiligen Berufsordnung aufgenommen. Gleiches gilt für die Berufsordnung für die *nordrheinischen* Ärzte. Geringfügige Änderungen nahmen *Hamburg* (Verzicht auf die grammatikalisch weibliche Form, teilweise Verwendung der grammatikalischen Einzahl: „Arzt" anstatt „Ärzte" und Verortung in § 7 Abs. 3 HmbBO-Ä), *Hessen* (einmalige Abänderung des unbestimmten Artikels in einen bestimmten in S. 3 sowie Aufspaltung des dritten Satzes in einen S. 3 und 4), *Baden-Württemberg* (Einfügung eines zusätzlichen Kommas vor „insbesondere") und *Rheinland-Pfalz* (Verortung in § 7 Abs. 3 RhPfBO-Ä) bei der Übernahme der Vorschrift des § 7 Abs. 4 MBO-Ä in die eigene Berufsordnung vor. Auch *Sachsen* bediente sich in § 7 Abs. 4 SächsBO-Ä der grammatikalischen Einzahl und verzichtete auf die grammatikalisch weibliche Form. Die Aufklärung wurde zudem nicht als dritte, kumulativ vorliegende Voraussetzung der Zulässigkeit der ausschließlichen Fernbehandlung angesehen. Stattdessen wurde die Pflicht zur Aufklärung bereits dem Erfordernis der Einhaltung der ärztlichen Sorgfalt zugeordnet und innerhalb der Konkretisierung dieser aufgeführt, so auch *Hahn*, Telemedizin, S. 11. In der Berufsordnung der Ärztekammer *Westfalen-Lippe* wurde ebenso, insbesondere sprachliche, Veränderungen vorgenommen. Wenngleich die jeweiligen Berufsordnungen im Vergleich zur Regelung des § 7 Abs. 4 MBO-Ä häufig nur punktuell abgeändert wurden, wichen *Sachsen-Anhalt* und insbesondere *Schleswig-Holstein* in ihrer Berufsordnung von dem Wortlaut der Vorschrift des § 7 Abs. 4 MBO-Ä umfassender ab, vgl. auch *Katzenmeier*, NJW 2019, 1769. Sachsen-Anhalt hat bei der Umsetzung des § 7 Abs. 4 MBO-Ä zum einen auf die Konkretisierung der erforderlichen ärztlichen Sorgfalt verzichtet und zum anderen die ausschließliche Fernbehandlung nicht nur im Einzelfall zugelassen. Mithin wurde der Satzbau der Vorschrift geändert. Schleswig-Holstein beschränkte – bereits vor Änderung des § 7 Abs. 4 MBO-Ä a.F. – die Beratung oder Behandlung ausschließlich über Kommunikationsmedien ebenfalls nicht auf Einzelfälle. Stattdessen ist für die Zulässigkeit der ausschließlichen Fernbehandlung erforderlich, dass die Beratung oder

ausschließliche Beratung oder Behandlung über Kommunikationsmedien ist im Einzelfall erlaubt, wenn dies ärztlich vertretbar ist und die erforderliche ärztliche Sorgfalt insbesondere durch die Art und Weise der Befunderhebung, Beratung, Behandlung sowie Dokumentation gewahrt wird und der Patient auch über die Besonderheit der ausschließlichen Beratung und Behandlung über Kommunikationsmedien aufgeklärt wird."

a) Beratung bzw. Behandlung im persönlichen Kontakt, § 7 Abs. 4 S. 1 MBO-Ä/BayBO-Ä

Bei der Vorschrift des § 7 Abs. 4 MBO-Ä/BayBO-Ä handelt es sich um einen Regel-Ausnahme-Tatbestand.[701] Ärzte beraten und behandeln[702]

Behandlung ausschließlich über Kommunikationsmedien ärztlich vertretbar ist und ein persönlicher Kontakt mit dem Patienten nicht erforderlich ist. Eine Aufklärung über die Besonderheit der ausschließlichen Fernbehandlung und die Wahrung der erforderlichen ärztlichen Sorgfalt verlangt die Berufsordnung in Schleswig-Holstein jedenfalls nicht explizit. Stattdessen ist die ausschließliche Fernbehandlung aber nur vorbehaltlich anderweitiger gesetzlicher Regelungen zulässig. Es ist daher zutreffend, wenn *Hübner/Wienke* von einer abstrakteren Fassung sprechen, s. *Hübner/Wienke*, Orthopädie und Unfallchirurgie 2019, 28 (29). In *Brandenburg* wurde die Vorschrift des § 7 Abs. 4 MBO-Ö nicht umgesetzt, vgl. etwa auch *Hahn*, Telemedizin, S. 11; *Katzenmeier*, NJW 2019, 1769; *Katzenmeier*, in: Rehmann/Tillmanns, E-Health, Kapitel 3, Rdn. 97 m.w.N. Da die Umsetzung des § 7 Abs. 4 MBO-Ä in die jeweilige Berufsordnung – wie eben ausgeführt – nicht einheitlich geschah, wird teilweise von einer „Zersplitterung des Berufsrechts" gesprochen, s. etwa *Katzenmeier*, MedR 2019, 259 (267); *Katzenmeier*, NJW 2019, 1769; *Kuhn/Heinz*, GesR 2018, 691 (692). *Jorzig* spricht von einem „unübersichtlichen Flickenteppich", s. *Jorzig*, Der Urologe 2021, 244 (246). *Leupold/Wiesner* gehen hingegen davon aus, dass der befürchtete Flickenteppich kaum mehr bestehe, da bis auf das Land Brandenburg die Bundesländer die jeweilige Berufsordnung angepasst hätten, s. *Leupold/Wiesner*, in: Leupold et al., IT-Recht, Teil 13, Rdn. 31; kritisch dennoch *Prütting*, in: Rehmann/Tillmanns, E-Health, Kapitel 3, Rdn. 16. *Hübner/Wienke* fordern eine Vereinheitlichung des ärztlichen Berufsrechts wie es auch bei anderen verkammerten Berufen der Fall ist, s. *Hübner/Wienke*, Orthopädie und Unfallchirurgie 2019, 28 (29).

701 So auch *Prütting*, in: Rehmann/Tillmanns, E-Health, Kapitel 3, Rdn. 9; *Siglmüller*, Rechtsfragen der Fernbehandlung, S. 85 f.; vgl. hierzu *121. Deutscher Ärztetag*, in: Bundesärztekammer, Beschlussprotokoll, TOP IV – 01, S. 2; *Hübner/Wienke*, Orthopädie und Unfallchirurgie 2019, 28 (29); *Kalb*, GesR 2018, 481 (484); *Rehborn*, in: Prütting, Medizinrecht, § 7 MBO-Ä, Rdn. 11; *Stellpflug*, GesR 2019, 76 (77).

702 Zu den Begriffen der „Beratung" und „Behandlung" näher etwa *Herkenrath*, Ärztliche Fernbehandlung, S. 52 ff m.w.N.

grundsätzlich im persönlichen Kontakt, s. § 7 Abs. 4 S. 1 MBO-Ä/BayBO-Ä. Zwar wurde im Wortlaut des § 7 Abs. 4 S. 1 MBO-Ä/BayBO-Ä nicht ausdrücklich festgelegt, dass die Beratung bzw. Behandlung im persönlichen Kontakt den Grundsatz verkörpert, jedoch ergibt sich dies aus der Systematik des § 7 Abs. 4 MBO-Ä/BayBO-Ä.[703] Die Regelung des § 7 Abs. 4 S. 2 MBO-Ä/BayBO-Ä stellt klar, dass der persönliche Arzt-Patienten-Kontakt durch Kommunikationsmedien grundsätzlich ergänzt und nicht ersetzt wird.[704] Darüber hinaus betont § 7 Abs. 4 S. 3 MBO-Ä/BayBO-Ä („im Einzelfall"), dass es sich bei einer ausschließlichen Beratung oder Behandlung über Kommunikationsmedien um einen Ausnahmefall handelt.[705]

Zu erwägen ist, einen „persönlichen" Kontakt i.S.d. § 7 Abs. 4 S. 1 MBO-Ä/BayBO-Ä zwischen dem Arzt und seinem Patienten auch dann zu bejahen, wenn der Arzt und sein Patient ausschließlich mittels Fernkommunikationsmitteln zum Zweck der ärztlichen Beratung oder Behandlung miteinander kommunizieren.[706] Der Wortlaut selbst lässt eine weite Auslegung zu. Jedoch hat die Bundesärztekammer in ihren Hinweisen und Erläuterungen zu § 7 Abs. 4 MBO-Ä betont, dass die Beratung und Behandlung unter gleichzeitiger physischer Anwesenheit der Beteiligten erfolgen müsse,[707] so dass hiernach das Merkmal des persönlichen Kontakts eng auszulegen wäre. Durch eine Beratung und Behandlung im persönlichen Kontakt solle dem Arzt ermöglicht werden, sich unter Zuhilfenahme aller seiner Sinne und der vor Ort vorhandenen apparativen Ausstattung ein umfassendes Bild von dem Patienten zu verschaffen.[708] Auch im digitalen Zeitalter dürfe die klassische Arzt-Patienten-Beziehung vor Ort nicht in

---

703 So auch *Prütting*, in: Rehmann/Tillmanns, E-Health, Kapitel 3, Rdn. 9; vgl. auch *Herkenrath*, Ärztliche Fernbehandlung, S. 55.

704 *121. Deutscher Ärztetag*, in: Bundesärztekammer, Beschlussprotokoll, TOP IV – 01, S. 2; *Bundesärztekammer*, Hinweise und Erläuterungen zu § 7 Abs. 4 MBO-Ä (2019), S. 3; *Bundesärztekammer*, Hinweise und Erläuterungen zu § 7 Abs. 4 MBO-Ä (2020), S. 3; s. auch *Prütting*, in: Rehmann/Tillmanns, E-Health, Kapitel 3, Rdn. 9.

705 S. ausführlicher Teil 2, 2. Kapitel, B.I.2.c)aa).

706 Zustimmend, dass die ausschließliche Fernbehandlung nicht semantisch von dem Begriff „persönlich" ausgeschlossen wird, s. *Hahn*, Telemedizin, S. 6.

707 *Bundesärztekammer*, Hinweise und Erläuterungen zu § 7 Abs. 4 MBO-Ä (2019), S. 2; erneut bestätigt *Bundesärztekammer*, Hinweise und Erläuterungen zu § 7 Abs. 4 MBO-Ä (2020), S. 2; s. auch *Bundesärztekammer*, Synopse zur Änderung von § 7 Abs. 4 MBO-Ä (2018), S. 1; *121. Deutscher Ärztetag*, in: Bundesärztekammer, Beschlussprotokoll, TOP IV – 01, S. 2.

708 *Bundesärztekammer*, Hinweise und Erläuterungen zu § 7 Abs. 4 MBO-Ä (2019), S. 2 f.; *Bundesärztekammer*, Hinweise und Erläuterungen zu § 7 Abs. 4 MBO-Ä (2020), S. 2 f.

den Hintergrund treten, sondern bilde weiterhin den sogenannten „Goldstandard“.[709] Digitale Techniken könnten und sollten der Unterstützung der ärztlichen Tätigkeit dienen und eine notwendige persönliche Zuwendung eines Arztes gerade nicht ersetzen.[710]

Dass es sich bei der ausschließlichen Fernbehandlung nicht um einen persönlichen Kontakt i.S.d. § 7 Abs. 4 S. 1 MBO-Ä/BayBO-Ä handelt, verdeutlicht bereits die Vorschrift des § 7 Abs. 4 MBO-Ä/BayBO-Ä selbst. Die Existenz der Vorschrift des § 7 Abs. 4 S. 3 MBO-Ä/BayBO-Ä wäre obsolet bzw. widersprüchlich, wenn die ausschließliche Tele- bzw. Fernbehandlung bereits unter § 7 Abs. 4 S. 1 MBO-Ä/BayBO-Ä zu subsumieren wäre.

b) Ergänzende Fernbehandlung, § 7 Abs. 4 S. 2 MBO-Ä/BayBO-Ä

Die Regelung des § 7 Abs. 4 S. 2 MBO-Ä/BayBO-Ä sieht vor, dass Ärzte Kommunikationsmedien zur Beratung und Behandlung von Patienten unterstützend einsetzen dürfen. Die Vorschrift greift die bereits vor der Liberalisierung des Berufsrechts zulässige ergänzende Fernbehandlung auf.[711] Eine in einem unmittelbaren Arzt-Patienten-Kontakt begonnene Beratung oder Behandlung darf also auch zukünftig über Kommunikationsmedien fortgesetzt werden.[712]

Da nach der Änderung des § 7 Abs. 4 MBO-Ä/BayBO-Ä a.F. selbst eine ausschließliche Tele- bzw. Fernbehandlung unter gewissen Voraussetzungen[713] berufsrechtlich zulässig ist, muss erst recht die ergänzende Tele- bzw.

---

709 *121. Deutscher Ärztetag*, in: Bundesärztekammer, Beschlussprotokoll, TOP IV – 01, S. 2; *Bundesärztekammer*, Synopse zur Änderung von § 7 Abs. 4 MBO-Ä (2018), S. 1; *Bundesärztekammer*, Hinweise und Erläuterungen zu § 7 Abs. 4 MBO-Ä (2019), S. 1; *Bundesärztekammer*, Hinweise und Erläuterungen zu § 7 Abs. 4 MBO-Ä (2020), S. 1; s. auch *Braun*, MedR 2018, 563 (564); *Hahn*, Telemedizin, S. 6; *Jorzig/Sarangi*, Digitalisierung im Gesundheitswesen, S. 171; *Stellpflug*, GesR 2019, 76 (77).

710 *121. Deutscher Ärztetag*, in: Bundesärztekammer, Beschlussprotokoll, TOP IV – 01, S. 2; *Bundesärztekammer*, Synopse zur Änderung von § 7 Abs. 4 MBO-Ä (2018), S. 1; *Bundesärztekammer*, Hinweise und Erläuterungen zu § 7 Abs. 4 MBO-Ä (2019), S. 1; *Bundesärztekammer*, Hinweise und Erläuterungen zu § 7 Abs. 4 MBO-Ä (2020), S. 1; so auch *Jorzig/Sarangi*, Digitalisierung im Gesundheitswesen, S. 171.

711 *121. Deutscher Ärztetag*, in: Bundesärztekammer, Beschlussprotokoll, TOP IV – 01, S. 2.

712 *Bundesärztekammer*, Hinweise und Erläuterungen zu § 7 Abs. 4 MBO-Ä (2019), S. 3; *Bundesärztekammer*, Hinweise und Erläuterungen zu § 7 Abs. 4 MBO-Ä (2020), S. 3; so auch *Herkenrath*, Ärztliche Fernbehandlung, S. 58 f.

713 S. Teil 2, 2. Kapitel, B.I.2.c).

Fernbehandlung ohne persönlichen Erstkontakt erlaubt sein. Es ist aus berufsrechtlicher Sicht möglich, dass ein Arzt seinen Patienten zunächst aus der Ferne mittels Kommunikationsmedien behandelt oder berät und mit dem Kranken beispielsweise in einem späteren Behandlungsabschnitt persönlich (vor Ort) in Kontakt tritt. Um die Rechtsgüter des Patienten zu schützen, ist es allerdings angezeigt, bei einer ergänzenden Tele- bzw. Fernbehandlung mit digitalem Erstkontakt zunächst die Vorgaben des § 7 Abs. 4 S. 3 MBO-Ä/BayBO-Ä[714] zu beachten. Ob § 7 Abs. 4 S. 2 oder 3 MBO-Ä/BayBO-Ä Anwendung findet, hängt also davon ab, ob im jeweiligen Behandlungsfall ein persönlicher Kontakt vor Ort bereits stattgefunden hat.

c) Ausschließliche Fernbehandlung, § 7 Abs. 4 S. 3 MBO-Ä/BayBO-Ä

Die Lockerung des Verbots der ausschließlichen Fernbehandlung ist grundsätzlich zu begrüßen.[715] Nach § 7 Abs. 4 S. 3 MBO-Ä/Bay-BO-Ä ist eine ausschließliche Beratung oder Behandlung aus der Ferne über Kommunikationsmedien im Einzelfall erlaubt, sofern die ausschließliche Fernbehandlung ärztlich vertretbar ist, die erforderliche ärztliche Sorgfalt gewahrt und der Patient über die Besonderheiten der ausschließlichen Beratung und Behandlung aufgeklärt wird. Die Voraussetzungen müssen kumulativ vorliegen.[716]

Positiv hervorzuheben ist, dass die Regelung die ausschließliche Fernbehandlung nicht nur zulässt, sondern zugleich Vorgaben festlegt, wann eine ausschließliche Behandlung aus der Ferne möglich sein soll. Die Einhaltung der ausdrücklich benannten Anforderungen an die ausschließliche Fernbehandlung sind von dem jeweiligen Arzt zu gewährleisten.[717]

---

714 S. sogleich.

715 So auch *Kuhn/Heinz*, GesR 2018, 691 (692); *Leupold/Wiesner*, in: Leupold et al., IT-Recht, Teil 13, Rdn. 32 m.w.N.

716 So auch *Siglmüller*, Rechtsfragen der Fernbehandlung, S. 85.

717 *121. Deutscher Ärztetag*, in: Bundesärztekammer, Beschlussprotokoll, TOP IV – 01, S. 2; so auch *Katzenmeier*, NJW 2019, 1769 (1770).

aa) Erlaubnis im Einzelfall

Die Regelung des § 7 Abs. 4 S. 3 MBO-Ä/BayBO-Ä legt fest, dass die ausschließliche Fernbehandlung nur „im Einzelfall" erlaubt sein soll.[718] Umstritten ist, welche Bedeutung diesem auslegungsbedürftigen Merkmal zuzusprechen ist.[719] Einerseits kann die Formulierung „im Einzelfall" in der Weise ausgelegt werden, dass die ausschließliche Fernbehandlung lediglich in begründeten Ausnahmefällen zulässig sein soll.[720] Begründet wäre ein solcher auf den konkreten Patienten bezogener Ausnahmefall, wenn die weiteren Voraussetzungen des § 7 Abs. 4 S. 3 MBO-Ä/BayB-Ä vorliegen.[721] Andererseits wird vertreten, dass das Merkmal dahingehend zu verstehen sei, dass die Voraussetzungen des § 7 Abs. 4 S. 3 MBO-Ä/BayBO-Ä stets für den konkreten (individuellen) Einzelfall zu prüfen seien.[722] Nach Ansicht der Vertreter der letztgenannnten Auffassung lasse nur das (liberalere)[723] Verständnis von § 7 Abs. 4 S. 3 MBO-Ä/BayBO-Ä die Etablierung von innovativen Behandlungsmöglichkeiten auch in der Breite zu.[724]

Dem Kriterium „im Einzelfall" ist jedenfalls nicht zu entnehmen, dass eine wiederholte ausschließliche Fernbehandlung desselben Patienten unzulässig ist.[725] Ansonsten würde die ausschließliche Tele- bzw. Fernbehandlung und deren Entwicklung zu stark gehemmt werden.[726] Ebenso begrenzt die Vorschrift des § 7 Abs. 4 S. 3 MBO-Ä/BayBO-Ä die Zulässigkeit der

---

718 Zum fehlenden Merkmal des Einzelfalls in § 7 Abs. 4 S. 3 SchlHoBO-Ä, s. OLG Hamburg, GesR 2021, 457 (460).

719 So auch *Eichelberger*, in: FS Harte-Bavendamm, S. 289 (294); *Hahn*, Telemedizin, S. 7; vgl. hierzu *Krüger-Brand*, Deutsches Ärzteblatt 2018, A 965 (A 967 f.); ausführlich zum Vorliegen eines Einzelfalls auch *Herkenrath*, Ärztliche Fernbehandlung, S. 65 ff.

720 Im Ergebnis auch *Fehn*, in: Marx et al., Telemedizin, S. 9 (18); *Siglmüller*, Rechtsfragen der Fernbehandlung, S. 85 ff.; *Sternberg-Lieben*, in: Hilgendorf et al., Handbuch des Strafrechts, § 52, Rdn. 33; vgl. auch *Hübner/Wienke*, Orthopädie und Unfallchirurgie 2019, 28 (29). Zutreffend führt *Siglmüller* aus, dass es sich allerdings nicht um ein „absolutes Ausnahmeverhältnis" handelt, s. *Siglmüller*, Rechtsfragen der Fernbehandlung, S. 86 f.

721 Vgl. *Siglmüller*, Rechtsfragen der Fernbehandlung, S. 85 ff.

722 Im Ergebnis OLG Hamburg, GesR 2021, 457 (460); *Braun*, MedR 2018, 563 (564 f.); *Eichelberger*, in: FS Harte-Bavendamm, S. 289 (294); *Hahn*, Telemedizin, S. 7; *Hahn*, in: Schiller, Kommentar BMV-Ä, Anhang 2, Rdn. 53; *Kuhn/Heinz*, GesR 2018, 691 (693); *Leupold/Wiesner*, in: Leupold et al., IT-Recht, Teil 13, Rdn. 33.

723 *Hahn*, Telemedizin, S. 8.

724 So *Eichelberger*, in: FS Harte-Bavendamm, S. 289 (294).

725 *Leupold/Wiesner*, in: Leupold et al., IT-Recht, Teil 13, Rdn. 33.

726 *Leupold/Wiesner*, in: Leupold et al., IT-Recht, Teil 13, Rdn. 33.

Fernbehandlung nicht auf ein spezielles Krankheitsbild (z.B. eine Erkältung).[727]

(1) Haltung der Bundesärztekammer

(a) Beschlussprotokoll des 121. Deutschen Ärztetages (2018)

Die Bundesärztekammer hat sich mehrfach (un-)mittelbar zum Merkmal „im Einzelfall" i.S.d. § 7 Abs. 4 S. 3 MBO-Ä geäußert.[728] Die Vertreter der liberaleren Ansicht[729] verweisen zur Begründung ihrer Auffassung teilweise auf das Beschlussprotokoll des 121. Deutschen Ärztetages aus dem Jahr 2018.[730] Dort heißt es unter anderem: „Ob eine Beratung oder Behandlung ausschließlich aus der Ferne über Kommunikationsmedien möglich ist, entscheidet die Ärztin oder der Arzt durch eine jeweilige Prüfung des Einzelfalls."[731]

Hierbei wird indessen übersehen, dass der 121. Deutsche Ärztetag in seinem Beschlussprotokoll ebenso Folgendes ausführte:

> „Die Regelung [des § 7 Abs. 4 Abs. 1 MBO-Ä] stellt klar, dass der Grundsatz der ärztlichen Beratung und Behandlung im persönlichen Kontakt zwischen Arzt und Patient, d. h. unter physischer Präsenz der Ärztin oder des Arztes, zu erfolgen hat und weiterhin den ‚Goldstandard' ärztlichen Handelns in Beziehung zu den Patientinnen und Patienten darstellt. Damit wird die Bedeutung des persönlichen Kontakts im Sinne einer guten Arzt-Patienten-Kommunikation auch im digitalen Zeitalter in den Vordergrund gestellt. Digitale Techniken können und sollen die ärztliche Tätigkeit unterstützen, sie dürfen aber die notwendige persönliche Zuwendung von Ärztinnen und Ärzten nicht ersetzen. Damit werden die bisher geltenden Grundsätze fortgeführt. Danach dürfen Ärztinnen und Ärzte unterstützend über Kommunikationsmedien ärztlich beraten und behandeln, soweit mindestens einer oder einem an der Behandlung

727 OLG Hamburg, GesR 2021, 457 (460).
728 S. sogleich.
729 S. soeben.
730 So etwa *Eichelberger*, in: FS Harte-Bavendamm, S. 289 (294); *Hahn*, Telemedizin, S. 8.
731 *121. Deutscher Ärztetag*, in: Bundesärztekammer, Beschlussprotokoll, TOP IV – 01, S. 2 f.

beteiligten Ärztin oder Arzt die Patientin oder der Patient sowie der krankhafte Zustand bzw. die Beschwerden aufgrund einer persönlichen Untersuchung bekannt sind."[732]

In einem weiteren Absatz – nachdem die Kommunikationsmedien näher beschrieben worden sind –[733] führte der 121. Deutsche Ärztetag zudem aus:

> „**Im Einzelfall** [H.d.V.] wird mit der zukünftigen Regelung unter Wahrung der genannten Voraussetzungen eine Beratung und Behandlung ausschließlich aus der Ferne über Kommunikationsmedien erlaubt. Ziel dieser Öffnung ist, den Patientinnen und Patienten zukünftig mit der Fort- und Weiterentwicklung telemedizinischer, digitaler, diagnostischer und anderer vergleichbarer Möglichkeiten eine dem anerkannten Stand medizinischer Erkenntnisse entsprechende ärztliche Versorgung anbieten zu können. Telemedizinische Primärarztmodelle sind dabei zu vermeiden."[734]

Es zeigt sich, dass sich der 121. Deutsche Ärztetag zum Merkmal „im Einzelfall" keineswegs eindeutig positioniert hat. Es wurde nicht nur klargestellt, dass die Zulässigkeit der ausschließlichen Tele- bzw. Fernbehandlung einer konkreten Prüfung des Einzelfalls bedarf. Vielmehr wurde auch das abgestufte Verhältnis des § 7 Abs. 4 MBO-Ä näher erläutert. Der 121. Deutsche Ärztetag erkennt daher an, dass die Behandlung und Beratung im persönlichen Kontakt vor Ort den Grundsatz verkörpert und Kommunikationsmedien grundsätzlich unterstützend eingesetzt werden sollen. Lediglich ausnahmsweise ist eine ausschließliche Tele- bzw. Fernbehandlung zulässig.

(b) Hinweise und Erläuterungen zu § 7 Abs. 4 MBO-Ä (2019)

Für eine liberalere Auffassung scheinen die Ausführungen in den Hinweisen und Erläuterungen zu § 7 Abs. 4 MBO-Ä der Bundesärztekammer vom 22.03.2019 zu streiten.[735] Dort wurde unter der Überschrift „im Einzelfall" unter anderem Folgendes beschrieben:

---

732 *121. Deutscher Ärztetag*, in: Bundesärztekammer, Beschlussprotokoll, TOP IV – 01, S. 2.

733 *121. Deutscher Ärztetag*, in: Bundesärztekammer, Beschlussprotokoll, TOP IV – 01, S. 2.

734 *121. Deutscher Ärztetag*, in: Bundesärztekammer, Beschlussprotokoll, TOP IV – 01, S. 2.

735 So *Eichelberger*, in: FS Harte-Bavendamm, S. 289 (294).

> „Durch die Regelung sollen nicht per se Modelle ausgeschlossen werden, die auf eine Beratung oder Behandlung ausschließlich über Kommunikationsmedien ausgerichtet sind. Vielmehr hat die Ärztin bzw. der Arzt jeweils in Bezug auf den einzelnen Behandlungs- bzw. Beratungsfall unter Berücksichtigung sämtlicher Begleitumstände [...] zu prüfen, ob dieser für eine ausschließliche Fernbehandlung im Sinne der Vorschrift geeignet ist."[736]

In den Vorbemerkungen nahm die Bundesärztekammer aber – zumeist wortlautgleich – auf die Ausführgen des 121. Deutschen Ärztetages Bezug und betonte, dass die ärztliche Beratung und Behandlung grundsätzlich im persönlichen Kontakt zu erfolgen habe und digitale Techniken die ärztliche Tätigkeit unterstützen könnten bzw. sollten.[737] Im Ergebnis sprach die Bundesärztekammer in ihren Hinweisen und Erläuterungen zu § 7 Abs. 4 MBO-Ä aus dem Jahr 2019 der ausschließlichen Fernbehandlung i.S.d. § 7 Abs. 4 S. 3 MBO-Ä daher ebenso nur einen Ausnahmecharakter zu.

(c) Beschlussprotokoll des 122. Deutschen Ärztetages (2019)

Im Beschlussprotokoll des 122. Deutschen Ärztetages aus dem Jahr 2019 wurde unter dem Titel: „Missbrauch der Lockerung des Fernbehandlungsverbots"[738] erneut auf die Tele- bzw. Fernbehandlung eingegangen. Dort wurde zunächst festgestellt, dass Patienten aufgrund der Lockerung des Fernbehandlungsverbots zunehmend auch mit fragwürdigen telemedizinischen Angeboten konfrontiert würden, die mit dem Beschluss des 121. Deutschen Ärztetages nicht im Einklang stünden.[739] Daher wurde der Vorstand der Bundesärztekammer beauftragt, zu prüfen, wie solche Angebote unterbunden und die kommerziellen Anbieter ggf. sanktioniert werden könnten.[740] In der Begründung hierzu führte der 122. Deutsche Ärztetag Folgendes aus:

---

736 *Bundesärztekammer*, Hinweise und Erläuterungen zu § 7 Abs. 4 MBO-Ä (2019), S. 3.
737 *Bundesärztekammer*, Hinweise und Erläuterungen zu § 7 Abs. 4 MBO-Ä (2019), S. 1.
738 *122. Deutscher Ärztetag*, in: Bundesärztekammer, Beschlussprotokoll, TOP Ib – 09, S. 1.
739 *122. Deutscher Ärztetag*, in: Bundesärztekammer, Beschlussprotokoll, TOP Ib – 09, S. 1.
740 *122. Deutscher Ärztetag*, in: Bundesärztekammer, Beschlussprotokoll, TOP Ib – 09, S. 1.

„Der 121. Deutsche Ärztetag hatte im vergangenen Jahr mit großer Mehrheit für eine Lockerung des Fernbehandlungsverbots gestimmt. Damals war unter anderem beschlossen worden, dass Ärztinnen und Ärzte **‚im Einzelfall‘** [H.d.V.] auch bei ihnen noch unbekannten Patientinnen und Patienten eine ausschließliche Beratung oder Behandlung über Kommunikationsmedien vornehmen dürfen. Der Beschluss erfolgte unter der Prämisse, dass die Fernbehandlung ärztlich vertretbar ist und die erforderliche ärztliche Sorgfalt gewahrt bleibt. In der Zwischenzeit ist bei kommerziellen Anbietern von Gesundheits-Apps und entsprechenden anderen Online-Anwendungen eine wahre Goldgräberstimmung entstanden. **Dass es sich bei dem Beschluss des 121. Deutschen Ärztetages keinesfalls um eine komplette Aufhebung des Fernbehandlungsverbotes handelt** [H.d.V.], wird dabei offensichtlich negiert. Die Krankschreibung mittels eines Messenger-Dienstes ist nur eine von vielen Auswüchsen in den Online-Medien, die einen direkten Bezug zum Beschluss des Deutschen Ärztetages 2018 haben. Diese Entwicklung ist hochgradig gefährlich für den Erhalt eines vertrauensvollen Arzt-Patienten-Verhältnisses. Sie sorgt für Verunsicherung bei den Patientinnen und Patienten und stört gut eingeübte Prozesse in den Praxen. Die Möglichkeiten der Telemedizin müssen selbstverständlich genutzt und ausgebaut werden. **Aber sie können letzten Endes nur eine Ergänzung des bisherigen Zusammenspiels von Arzt und Patient sein, das zwangsläufig auf einem persönlichen Kontakt und einer persönlichen Erstanamnese beruht** [H.d.V.].“[741]

Auf den ersten Blick scheint der – hier dargestellte – letzte Satz der Begründung der ausschließlichen Beratung und Behandlung aus der Ferne mittels Kommunikationsmedien eine vollständige Absage zu erteilen. Da die Vorschrift des § 7 Abs. 4 MBO-Ä auf dem 122. Deutschen Ärztetag indessen nicht geändert wurde, kann ein erneutes (gänzliches) Verbot der ausschließlichen Fernbehandlung nicht Ziel des 122. Deutschen Ärztetages gewesen sein. Unter Zugrundelegung dieses Aspekts ist die Begründung dahingehend zu interpretieren, dass eine ärztliche Beratung oder Behandlung ausschließlich aus der Ferne unter Einsatz von Kommunikationsmedien nur in Ausnahmefällen zulässig sein soll. Primär sollten telemedizinische Anwendungen daher auch zukünftig der Ergänzung der persönlichen Arzt-

741 *122. Deutscher Ärztetag*, in: Bundesärztekammer, Beschlussprotokoll, TOP Ib – 09, S. 1 f.

Patienten-Beziehung (etwa zur Nachsorge) dienen. Diese Interpretation ist auch deshalb vorzugswürdig, weil der 122. Deutsche Ärztetag betonte, dass das Verbot der ausschließlichen Fernbehandlung durch die Änderung des § 7 Abs. 4 MBO-Ä a.F. gerade nicht komplett aufgehoben wurde[742].

(d) Fazit

Wie sich zeigt, hat sich die Bundesärztekammer in der Vergangenheit nicht eindeutig zum Merkmal „im Einzelfall" i.S.d. § 7 Abs. 4 S. 3 MBO-Ä positioniert. Erkennbar ist indessen, dass sowohl im Beschlussprotokoll des 121. Deutschen Ärztetages als auch in den Hinweisen und Erläuterungen der Bundesärztekammer zu § 7 Abs. 4 MBO-Ä betont wurde, dass der Arzt anhand des konkreten Behandlungsfalls zu prüfen habe, ob eine Beratung oder Behandlung ausschließlich aus der Ferne möglich ist. Daneben wurde ebenso festgestellt, dass § 7 Abs. 4 S. 1 MBO-Ä, also die ärztliche Beratung und Behandlung im persönlichen Kontakt, den Grundsatz verkörpert und digitale Techniken die ärztliche Tätigkeit grundsätzlich unterstützen. Dass es sich bei § 7 Abs. 4 S. 3 MBO-Ä um einen Ausnahmetatbestand handelt, verdeutlichen auch die Ausführungen des 122. Deutschen Ärztetages zu dem Thema: Missbrauch der Lockerung des Fernbehandlungsverbots.

(2) Auslegung des Merkmals „im Einzelfall"

Für eine restriktive Auslegung der Vorschrift streitet nicht zuletzt der Sinn und Zweck des § 7 Abs. 4 S. 3 MBO-Ä/BayBO-Ä.[743] Angepasst an die Fort- und Weiterentwicklung telemedizinischer und anderer vergleichbarer Möglichkeiten, soll es den Patienten durch die Lockerung des Verbots der ausschließlichen Fernbehandlung ermöglicht werden, eine solche ärztliche Versorgung in Anspruch zu nehmen, die dem anerkannten Stand der medizinischen Erkenntnisse entsprechen muss.[744] Dennoch stellt die persönliche Beratung und Behandlung des Patienten vor Ort – trotz Digitalisierung des Gesundheitswesen – den Goldstandard dar.[745] Wenngleich

742 S. soeben.

743 Im Ergebnis auch *Siglmüller*, Rechtsfragen der Fernbehandlung, S. 86 f.

744 S. Teil 2, 2. Kapitel, B.I.2. und Teil 2, 2. Kapitel, B.I.2.c)aa)(1)(a).

745 S. Teil 2, 2. Kapitel, B.I.2.c)aa)(1)(a).

das Verbot der ausschließlichen Fernbehandlung aufgrund der mittlerweile bestehenden technischen Möglichkeiten nicht mehr angezeigt war, bleiben die Rechtsgüter des Patienten weiterhin schutzwürdig. Eine ausschließliche Fernbehandlung geht auch im digitalen Zeitalter mit gewissen Risiken für die Rechtsgüter des Patienten einher.[746] Nur eine restriktive Auslegung des § 7 Abs. 4 S. 3 MBO-Ä/BayBO-Ä stellt sicher, dass das Verhältnis der persönlichen Behandlung vor Ort und der ausschließlichen Tele- bzw. Fernbehandlung auch zukünftig nicht ins Gegenteil verkehrt wird.

Darüber hinaus sollte sich das abgestufte Verhältnis der persönlichen Behandlung vor Ort zur ergänzenden und zur ausschließlichen Tele- bzw. Fernbehandlung in der Vorschrift des § 7 Abs. 4 MBO-Ä/BayBO-Ä wiederfinden. Nach § 7 Abs. 4 S. 1 MBO-Ä/BayBO-Ä sind Patienten im persönlichen Kontakt zu beraten und zu behandeln. Dem Einsatz von Kommunikationsmedien kommt grundsätzlich die Aufgabe zu, eine Beratung oder Behandlung des Patienten vor Ort zu unterstützen, s. § 7 Abs. 4 S. 2 MBO-Ä/BayBO-Ä.[747] Lediglich ausnahmsweise, also „im Einzelfall", ist eine ausschließliche Tele- bzw. Fernbehandlung unter den Voraussetzungen des § 7 Abs. 4 S. 3 MBO-Ä/BayBO-Ä zulässig.

Im Übrigen ergibt sich bereits aus den allgemeinen berufsrechtlichen Regelungen, dass es für die Zulässigkeit der ausschließlichen Tele- bzw. Fernbehandlung stets einer konkreten Einzelfallprüfung des Arztes bedarf.[748] Nach § 2 Abs. 2 S. 1 MBO-Ä/BayBO-Ä hat der Arzt seinen Beruf gewissenhaft auszuüben und dem ihm bei seiner Berufsausübung entgegengebrachten Vertrauen zu entsprechen. Zugleich ist das ärztliche Handeln am Wohl des Patienten auszurichten, s. § 2 Abs. 2 S. 2 MBO-Ä/BayBO-Ä. Das Interesse Dritter darf nicht über das Wohl des Patienten gestellt werden, s. § 2 Abs. 2 S. 3 MBO-Ä/BayBO-Ä. Diese Vorschriften verdeutlichen allesamt, dass bei der ärztlichen Versorgung stets der individuelle Patient und seine Rechtsgüter im Mittelpunkt stehen und sich Entscheidungen losgelöst vom Patienten verbieten.[749] Es ist daher nicht notwendig, den Arzt durch das Merkmal „im Einzelfall" – entsprechend der liberaleren Auslegung – dazu anzumahnen, nur hinsichtlich des konkreten Behandlungs- bzw. Beratungsfalls zu entscheiden, ob die Voraussetzungen des § 7 Abs. 4 S. 3 MBO-Ä/BayBO-Ä vorliegen.

---

746 S. Teil 2, 2. Kapitel, B.I.2.c)bb)(2)(d).
747 S. Teil 2, 2. Kapitel, B.I.2.a).
748 Vgl. OLG Hamburg, GesR 2021, 457 (460).
749 Vgl. OLG Hamburg, GesR 2021, 457 (460).

(3) Mögliche Änderung der berufsrechtlichen Regelung

Um Rechtsunsicherheiten zu vermeiden, sollte zukünftig eine (klarstellende) Änderung des § 7 Abs. 4 S. 3 MBO-Ä/BayBO-Ä in Betracht gezogen werden. Die Vorschrift könnte daher zukünftig lauten:

> „Eine ausschließliche Beratung oder Behandlung über Kommunikationsmedien ist **ausnahmsweise** erlaubt, wenn dies ärztlich vertretbar ist und die erforderliche ärztliche Sorgfalt insbesondere durch die Art und Weise der Befunderhebung, Beratung, Behandlung sowie Dokumentation gewahrt wird und der Patient auch über die Besonderheit der ausschließlichen Beratung und Behandlung über Kommunikationsmedien aufgeklärt wird."

bb) Ärztliche Vertretbarkeit

(1) Allgemeine Grundsätze

Die berufsrechtliche Zulässigkeit der ausschließlichen Fernbehandlung setzt nach § 7 Abs. 4 S. 3 MBO-Ä/BayBO-Ä voraus, dass die ausschließliche Behandlung bzw. Beratung über Kommunikationsmedien ärztlich vertretbar ist. Die Entscheidung darüber, ob eine ausschließliche Fernbehandlung ärztlich vertretbar ist, obliegt dem Arzt.[750] Es reicht folglich nicht aus, wenn lediglich ein medizinischer Assistent zu Beginn der ausschließlichen Fernbehandlung beurteilt, ob eine Behandlung aus der Ferne möglich ist.

In der Berufsordnung wird nicht näher definiert, unter welchen Umständen eine ausschließliche Beratung oder Behandlung über Kommunikationsmedien ärztlich vertretbar sein soll.[751] Die Literatur schlägt etwa vor, dass der Arzt für die Beurteilung eine Abwägung vornehmen müsse.[752]

750 *Bundesärztekammer*, Hinweise und Erläuterungen zu § 7 Abs. 4 MBO-Ä (2019), S. 3; *Bundesärztekammer*, Hinweise und Erläuterungen zu § 7 Abs. 4 MBO-Ä (2020), S. 3; so auch *Braun*, MedR 2018, 563 (564); *Hahn*, Telemedizin, S. 8, *Hahn*, in: Schiller, Kommentar BMV-Ä, Anhang 2, Rdn. 53; *Leupold/Wiesner*, in: Leupold et al., IT-Recht, Teil 13, Rdn. 36; *Siglmüller*, Rechtsfragen der Fernbehandlung, S. 88; *Thomas*, InFo Hämatologie + Onkologie 2019, 72.

751 So auch *Kuhn/Heinz*, GesR 2018, 691 (693).

752 *Hahn*, Telemedizin, S. 8; *Herkenrath*, Ärztliche Fernbehandlung, S. 61; *Hübner/Wienke*, Orthopädie und Unfallchirurgie 2019, 28 (30); *Jorzig/Sarangi*, Digitalisierung im Gesundheitswesen, S. 172; *Jorzig*, Der Urologe 2021, 244; *Siglmüller*,

Nähere Ausführungen zum Abwägungsprozess fehlen indessen häufig.[753] Sofern gewisse Umstände (z.B. in der Person des Patienten)[754] einer ausschließlichen Tele- bzw. Fernbehandlung nicht von vornherein entgegenstehen, bietet es sich aufgrund der Systematik der Vorschrift des § 7 Abs. 4 MBO-Ä/BayBO-Ä an, dass der Arzt die Vor- und Nachteile der ausschließlichen Tele- bzw. Fernbehandlung mit denen der Behandlung bzw. Beratung im persönlichen Kontakt (vor Ort) – ggf. besonders sorgfältig –[755] abwägt.[756] Hierbei ist ausreichend zu berücksichtigen und zu gewichten, dass der Arzt seinen Patienten grundsätzlich im persönlichen Kontakt zu beraten und zu behandeln hat.

Das Merkmal der ärztlichen Vertretbarkeit beantwortet also vordergründig die Frage, *ob* eine ausschließliche Tele- bzw. Fernbehandlung aus medizinischer Sicht angezeigt ist.[757] Hierbei gilt es zu beachten, dass auch eine vorerst ärztlich vertretbare ausschließliche Tele- bzw. Fernbehandlung im Laufe der Beratung bzw. Behandlung aus der Ferne ärztlich unvertretbar werden kann.[758] Die Entscheidung über das Ob der ausschließlichen Tele- bzw. Fernbehandlung ist daher stets zu aktualisieren.[759]

Rechtsfragen der Fernbehandlung, S. 88; *Thomas*, InFo Hämatologie + Onkologie 2019, 72; insbesondere auf die Risiken der Fernbehandlung abstellend bei *Kuhn/Heinz*, GesR 2018, 691 (693); im Ergebnis wohl auch *Fehn*, in: Marx et al., Telemedizin, S. 9 (18 f.); vgl. zur Forderung einer Risiko-Nutzen-Abwägung bereits früher *Tillmanns*, Persönliche Leistungserbringungspflicht, S. 111.

753 Anders bei *Herkenrath*, Ärztliche Fernbehandlung, S. 55 ff.; *Siglmüller*, Rechtsfragen der Fernbehandlung, S. 88 ff.; im Ansatz auch bei *Hübner/Wienke*, Orthopädie und Unfallchirurgie 2019, 28 (30); vgl. früher *Tillmanns*, Persönliche Leistungserbringungspflicht, S. 111 ff. *Hahn* fordert eine besondere, über die allgemeine Risiko-Nutzen-Analyse hinausgehende Abwägung, s. *Hahn*, Telemedizin, S. 8; *Hahn*, in: Schiller, Kommentar BMV-Ä, Anhang 2, Rdn. 53.

754 S. sogleich.

755 Zu den erhöhten Anforderungen im Arzthaftungsrecht bei der Wahl einer Neulandmethode, s. Teil 2, 3. Kapitel, C.II.2.b)bb)(1).

756 Ähnlich auch *Hahn*, Telemedizin, S. 8 f.; *Hahn*, in: Schiller, Kommentar BMV-Ä, Anhang 2, Rdn. 53; vgl. auch *Siglmüller*, Rechtsfragen der Fernbehandlung, S. 88; *Thomas*, InFo Hämatologie + Onkologie 2019, 72; *Braun* fordert eine richtige, einzelfallbezogene Einschätzung der Risiken der Fernbehandlung in eigener Verantwortung des Arztes, s. *Braun*, MedR 2018, 563 (564).

757 S. hierzu Teil 2, 2. Kapitel, B.I.2.c)cc)(2).

758 So etwa *Bundesärztekammer*, Hinweise und Erläuterungen zu § 7 Abs. 4 MBO-Ä (2019), S. 3; *Bundesärztekammer*, Hinweise und Erläuterungen zu § 7 Abs. 4 MBO-Ä (2020), S. 3.

759 Vgl. *Bundesärztekammer*, Hinweise und Erläuterungen zu § 7 Abs. 4 MBO-Ä (2019), S. 3; *Bundesärztekammer*, Hinweise und Erläuterungen zu § 7 Abs. 4 MBO-Ä (2020), S. 3.

(2) Auswahl möglicher Kriterien für die Entscheidung über das Ob der ausschließlichen Tele- bzw. Fernbehandlung

Da der Arzt stets für den konkreten Behandlungs- bzw. Beratungsfall entscheidet, ob die Anwendung der speziellen telemedizinischen Maßnahme ärztlich vertretbar ist,[760] ist es nicht möglich, dem Behandler für die Entscheidung über das Ob der Tele- bzw. Fernbehandlung detaillierte und abschließende Vorgaben an die Hand zu geben.[761] Stattdessen führen sowohl die Bundesärztekammer[762] als auch die Literatur[763] beispielhaft Kriterien an, die für die jeweilige Entscheidung ausschlaggebend sein können. Die nachfolgend aufgezählten Kriterien dienen dem Arzt somit als Orientierungshilfe.[764]

(a) Hinreichende Entscheidungsgrundlage

Der Behandler hat zu Beginn einer ausschließlichen Tele- bzw. Fernbehandlung zu prüfen, ob die ihm mittels Kommunikationsmedien zur Verfügung gestellten Daten und Informationen genügen, um eine Entscheidung über die ärztliche Vertretbarkeit treffen zu können.[765] Eine ausschließliche Tele- bzw. Fernbehandlung ist beispielsweise ärztlich unvertretbar, wenn (für den Behandler erkennbar) solche Informationen fehlen, die für eine

760 S. Teil 2, 2. Kapitel, B.I.2.c)aa)(2).

761 A.A. *Siglmüller*, Rechtsfragen der Fernbehandlung, S. 88 ff.

762 Zur Checkliste für Ärzte zu § 7 Abs. 4 MBO-Ä, s. *Bundesärztekammer*, Hinweise und Erläuterungen zu § 7 Abs. 4 MBO-Ä (2019), S. 4 f.; *Bundesärztekammer*, Hinweise und Erläuterungen zu § 7 Abs. 4 MBO-Ä (2020), S. 5 f.; ebenso auffindbar bei *Schoeller*, in: Letzel et al., Telemedizin, S. 59 (65 ff.).

763 *Hahn*, Telemedizin, S. 8 f.; *Hahn*, in: Schiller, Kommentar BMV-Ä, Anhang 2, Rdn. 53; *Hübner/Wienke*, Orthopädie und Unfallchirurgie 2019, 28 (29 f.); *Jorzig/Sarangi*, Digitalisierung im Gesundheitswesen, S. 172; vgl. auch *Siglmüller*, Rechtsfragen der Fernbehandlung, S. 88 ff.

764 So auch *Bundesärztekammer*, Hinweise und Erläuterungen zu § 7 Abs. 4 MBO-Ä (2019), S. 4; *Bundesärztekammer*, Hinweise und Erläuterungen zu § 7 Abs. 4 MBO-Ä (2020), S. 5.

765 *Bundesärztekammer*, Hinweise und Erläuterungen zu § 7 Abs. 4 MBO-Ä (2019), S. 4; *Bundesärztekammer*, Hinweise und Erläuterungen zu § 7 Abs. 4 MBO-Ä (2020), S. 5; s. auch *Hübner/Wienke*, Orthopädie und Unfallchirurgie 2019, 28 (29 f.); vgl. früher *Tillmanns*, Persönliche Leistungserbringungspflicht, S. 111 f.; kritisch zur Entscheidung allein auf telemedizinischer Grundlage *Katzenmeier*, NJW 2019, 1769 (1772); *Katzenmeier*, in: Rehmann/Tillmanns, E-Health, Kapitel 3, Rdn. 116; vgl. auch *Eberbach*, MedR 2019, 1 (4 f.); Teil 2, 3. Kapitel, C.II.2.b)bb)(2)(a).

Entscheidung über das Ob der ausschließlichen Tele- bzw. Fernbehandlung erforderlich sind.

(b) Gesundheitliche Beschwerden des Patienten

Ob der Patient aus der Ferne behandelt werden darf, hängt im Besonderen davon ab, an welchen gesundheitlichen Beschwerden (insbesondere Art und Stadium der Erkrankung)[766] der Patient leidet.[767] Weist der Patient beispielsweise eine Erkrankung auf, die einer umfassenderen Untersuchung oder Behandlung (z.B. Operation) vor Ort bedarf, entspricht die ausschließliche Fernbehandlung nicht den Vorgaben des § 7 Abs. 4 S. 3 MBO-Ä/BayBO-Ä.[768] Spezielle (medizinische) Untersuchungsmethoden und -geräte (z.B. Röntgengerät) stehen dem Behandler während der ausschließlichen Fernbehandlung in der Regel nämlich nicht zur Verfügung. Im Ergebnis wird sich der Anwendungsbereich der ausschließlichen Tele- bzw. Fernbehandlung daher eher auf „Bagatellerkrankungen" beschränken.[769]

(c) Person des Patienten

Ob eine ausschließliche Fernbehandlung ärztlich vertretbar ist, ist ebenso von der Person des Patienten abhängig.[770] Sowohl die Mitwirkungsbereitschaft[771] und -fähigkeit als auch die Verständnisfähigkeit des Patienten können sich beispielsweise auf die ärztliche Vertretbarkeit auswirken.[772] Ein Patient ist persönlich vor Ort zu behandeln, wenn er die – unter Anlei-

---

766 *Leupold/Wiesner*, in: Leupold et al., IT-Recht, Teil 13, Rdn. 36.

767 *Bundesärztekammer*, Hinweise und Erläuterungen zu § 7 Abs. 4 MBO-Ä (2019), S. 5; *Bundesärztekammer*, Hinweise und Erläuterungen zu § 7 Abs. 4 MBO-Ä (2020), S. 5; *Hahn*, Telemedizin, S. 8; *Jorzig/Sarangi*, Digitalisierung im Gesundheitswesen, S. 172; *Jorzig*, Der Urologe 2021, 244; *Steinhilper/Schiller*, in: FS Plagemann, S. 579 (583); vgl. früher *Tillmanns*, Persönliche Leistungserbringungspflicht, S. 112.

768 Vgl. *Hübner/Wienke*, Orthopädie und Unfallchirurgie 2019, 28 (30); *Lafontaine*, in: jurisPK-BGB, § 630a, Rdn. 283; *Steinhilper/Schiller*, in: FS Plagemann, S. 579 (583).

769 Vgl. *Prütting*, in: Rehmann/Tillmanns, E-Health, Kapitel 3, Rdn. 42, 54; *Siglmüller*, Rechtsfragen der Fernbehandlung, S. 90.

770 *Hahn*, in: Schiller, Kommentar BMV-Ä, Anhang 2, Rdn. 53; *Hübner/Wienke*, Orthopädie und Unfallchirurgie 2019, 28 (30).

771 *Leupold/Wiesner*, in: Leupold et al., IT-Recht, Teil 13, Rdn. 36.

772 *Hahn*, Telemedizin, S. 8.

tung des Arztes – am eigenen Körper vorzunehmende Untersuchung nicht ordnungsgemäß und sorgfältig durchführt bzw. durchführen kann. Auch sprachliche Barrieren, etwa bei Nichtmuttersprachlern, oder bestehende Beeinträchtigung des Patienten (z.B. Seh- oder Hörbeeinträchtigungen) können eine persönliche Behandlung in der Arztpraxis vor Ort erfordern, wenn die Kommunikation zwischen den Parteien gerade durch die räumliche Distanz und den Einsatz von IuK-Technologien zusätzlich unzumutbar erschwert werden würde.[773]

Ein Hindernis für die ausschließliche Tele- bzw. Fernbehandlung kann auch dann vorliegen, wenn eine Übertragung der medizinisch relevanten Daten deshalb nicht möglich, weil der Patient technisch unerfahren ist.[774] Ob der Patient mit dem ausgewählten Kommunikationsmedium vertraut ist, wird nicht zuletzt von dem Alter des Patienten abhängen.[775] Während junge Menschen Fernkommunikationsmitteln regelmäßig bereits in ihren Alltag integrieren, bleiben ältere Patienten eher skeptisch gegenüber der Fernbehandlung[776] und der eingesetzten Technik.

(d) Erhöhte Risiken

Der Arzt hat bei der Wahl für die ausschließliche Tele- bzw. Fernbehandlung im Vergleich zur persönlichen Behandlung vor Ort insbesondere solche Risiken[777] einzukalkulieren, die mit der ausschließlichen Kommunikation der Parteien über Medien einhergehen.[778] Es besteht die Gefahr, dass

773 *Bundesärztekammer*, Hinweise und Erläuterungen zu § 7 Abs. 4 MBO-Ä (2019), S. 5; *Bundesärztekammer*, Hinweise und Erläuterungen zu § 7 Abs. 4 MBO-Ä (2020), S. 5.

774 *Bundesärztekammer*, Hinweise und Erläuterungen zu § 7 Abs. 4 MBO-Ä (2019), S. 5; *Bundesärztekammer*, Hinweise und Erläuterungen zu § 7 Abs. 4 MBO-Ä (2020), S. 5; vgl. *Steinhilper/Schiller*, in: FS Plagemann, S. 579 (587).

775 Vgl. *Steinhilper/Schiller*, in: FS Plagemann, S. 579 (580, 587).

776 *Steinhilper/Schiller*, in: FS Plagemann, S. 579 (580); zur offeneren Haltung gegenüber telemedizinischen Leistungen bei Zugehörigen der „digital natives“, s. *Solodkoff et al.*, Das Gesundheitswesen 2021, 186 (192).

777 Vgl. zu den erhöhten Risiken etwa *Tillmanns*, Persönliche Leistungserbringungspflicht, S. 192.

778 *Bundesärztekammer*, Hinweise und Erläuterungen zu § 7 Abs. 4 MBO-Ä (2019), S. 4; *Bundesärztekammer*, Hinweise und Erläuterungen zu § 7 Abs. 4 MBO-Ä (2020), S. 5; s. auch *Braun*, MedR 2018, 563 (564 f.); *Prütting*, in: Rehmann/Tillmanns, E-Health, Kapitel 3, Rdn. 10; vgl. früher *Tillmanns*, Persönliche Leistungserbringungspflicht, S. 111.

dem Arzt gewisse Informationen aufgrund der räumlichen Distanz und dem Einsatz von IuK-Technologien verborgen bleiben.[779]

(e) Kommunikationsmedien i.S.d. § 7 Abs. 4 S. 3 MBO-Ä/BayBO-Ä

Der Begriff der Kommunikationsmedien i.S.d. § 7 Abs. 4 S. 3 MBO-Ä/BayBO-Ä ist weit zu verstehen.[780] In Anlehnung an die Definition in § 312c Abs. 2 BGB werden unter Kommunikationsmedien „alle Kommunikationsmittel, die zur ärztlichen Beratung und Behandlung eingesetzt werden können, ohne dass [...] der Arzt und [...] der Patient gleichzeitig körperlich anwesend sind, wie z. B. Telefonanrufe, E-Mails, Videotelefonie, über den Mobilfunkdienst versandte Nachrichten, Briefe sowie Rundfunk und Telemedien“[781] verstanden.

Die weitgehende Auslegung des Begriffs „Kommunikationsmedien“ mag vor dem Hintergrund des Schutzes der Rechtsgüter des Patienten und dem Charakter des § 7 Abs. 4 S. 3 MBO-Ä/BayBO-Ä als Ausnahmetatbestand verwundern. Ebenso wurde das Verbot der ausschließlichen Fernbehandlung trotz vorhandener Möglichkeit der Parteien, beispielsweise schriftlich in Kontakt zu treten, lange Zeit aufrechterhalten,[782] so dass eine Begrenzung der Kommunikationsmedien (z.B. auf Videotelefonie) im Zusammenhang mit der Lockerung des Berufsrechts grundsätzlich nachvollziehbar gewesen wäre.

Der weiten Auslegung des Begriffs der Kommunikationsmedien wird jedoch durch die Voraussetzungen des § 7 Abs. 4 S. 3 MBO-Ä/BayBO-Ä begegnet. Der Arzt hat zu entscheiden, ob eine ausschließliche Tele- bzw. Fernbehandlung unter Einsatz des jeweiligen Fernkommunikationsmittels möglich ist. Hierbei ist zu berücksichtigen, dass sich die verschiedenen IuK-Technologien auf die Behandlungsqualität unterschiedlich auswirken können.

---

779 Vgl. *Braun*, MedR 2018, 563 (564 f.); *Bundesärztekammer*, Hinweise und Erläuterungen zu § 7 Abs. 4 MBO-Ä (2019), S. 4; *Bundesärztekammer*, Hinweise und Erläuterungen zu § 7 Abs. 4 MBO-Ä (2020), S. 5; s. weiterführend *Siglmüller*, Rechtsfragen der Fernbehandlung, S. 89 f.

780 *Braun*, MedR 2018, 563 (564); vgl. hierzu *Siglmüller*, Rechtsfragen der Fernbehandlung, S. 82 ff.

781 *Bundesärztekammer*, Hinweise und Erläuterungen zu § 7 Abs. 4 MBO-Ä (2019), S. 3; s. auch *Bundesärztekammer*, Hinweise und Erläuterungen zu § 7 Abs. 4 MBO-Ä (2020), S. 3; *Hahn*, Telemedizin, S. 7.

782 S. Teil 2, 2. Kapitel, B.I.2.

(f) Selbstbestimmungsrecht des Patienten

Vereinzelt wird ausgeführt, dass das Selbstbestimmungsrecht des Patienten eines von mehreren Abwägungskriterien darstelle.[783] Einer ausschließlichen Tele- bzw. Fernbehandlung steht indessen – unabhängig von einer etwaigen Abwägung – von vornherein entgegen, wenn der Patient eine solche Fernbehandlung ablehnt. Bereits § 7 Abs. 1 S. 1 MBO-Ä/BayBO-Ä betont, dass jede „medizinische Behandlung [...] unter Wahrung der Menschenwürde und unter Achtung der Persönlichkeit, des Willens und der Rechte der Patientinnen und Patienten, insbesondere des Selbstbestimmungsrechts, zu erfolgen" hat. Zugleich ist das Recht des Patienten, empfohlene Untersuchungs- und Behandlungsmethoden abzulehnen, zu respektieren, s. § 7 Abs. 1 S. 2 MBO-Ä/BayBO-Ä. Das Selbstbestimmungsrecht des Patienten ist in einem solchen Fall nicht Abwägungskriterium, sondern vielmehr Grundbedingung der ausschließlichen Tele- bzw. Fernbehandlung.[784]

Demgegenüber sollte eine ausschließliche Tele- bzw. Fernbehandlung auch dann – unter Beachtung gewisser Grenzen – durchführbar sein, wenn die Voraussetzungen des § 7 Abs. 4 S. 3 MBO-Ä/BayBO-Ä nicht vorliegen und der Arzt und sein (hierüber im Wege der Aufklärung spezifisch informierter) Patient etwas Abweichendes vereinbaren.[785] Obwohl es im Berufsrecht an einer Vorschrift fehlt, die § 630a Abs. 2 Hs. 2 BGB ähnelt,[786] ergibt sich aus dem Schutzzweck der Norm und dem Selbstbestimmungsrecht des Patienten, dass die berufsrechtliche Vorschrift des § 7 Abs. 4 S. 3 MBO-Ä/BayBO-Ä grundsätzlich abbedungen werden kann.[787] Es ist einem vollin-

783 So *Siglmüller*, Rechtsfragen der Fernbehandlung, S. 88 f.

784 Nach der *Bundesärztekammer* ist vorab festzustellen, ob der Patient mit der ausschließlichen Fernbehandlung einverstanden sei, s. *Bundesärztekammer*, Hinweise und Erläuterungen zu § 7 Abs. 4 MBO-Ä (2019), S. 5; *Bundesärztekammer*, Hinweise und Erläuterungen zu § 7 Abs. 4 MBO-Ä (2020), S. 5. Von der Notwendigkeit der Zustimmung des Patienten ausgehend etwa auch *Steinhilper/Schiller*, in: FS Plagemann, S. 579 (583).

785 Zum Einfluss von Parteivereinbarungen auf ein etwaiges Verbot der ausschließlichen Fernbehandlung, vgl. *Siglmüller*, Rechtsfragen der Fernbehandlung, S. 102 ff.; früher schon *Dierks*, MedR 2016, 405 (409 f.).

786 Zur Vereinbarung über eine Standardabweichung im Arzthaftungsrecht, s. Teil 2, 3. Kapitel, C.III.

787 Vgl. *Siglmüller*, Rechtsfragen der Fernbehandlung, S. 102 f.; zur (teilweisen) Abdingbarkeit berufsrechtlicher Vorgaben im Allgemeinen, s. etwa *Dierks*, MedR 2016, 405 (409); *Siglmüller*, Rechtsfragen der Fernbehandlung, S. 102. Gegen die Vereinbarung einer Standardunterschreitung im Berufsrecht spricht auch nicht die Vorschrift

formierten Patienten zuzugestehen, auf den Schutz seiner Gesundheit – in gewissen Grenzen – zu verzichten.[788] Bei einer solchen Entscheidung eines vollinformierten Patienten handelt es sich ebenfalls um eine grundlegende Voraussetzung für die Durchführung der ausschließlichen Tele- bzw. Fernbehandlung.[789]

(g) Arzt-Patienten-Beziehung

Es wird – wie bereits ausgeführt – befürchtet, dass die Arzt-Patienten-Beziehung und mithin das Vertrauensverhältnis zwischen den Beteiligten durch den fehlenden Kontakt vor Ort negativ beeinflusst werde.[790] Dem gilt es dadurch entgegenzutreten, dass der Arzt im Rahmen der Entscheidung, ob eine ausschließliche Tele- bzw. Fernbehandlung durchführbar ist, die Auswirkungen einer solchen Behandlung auf die Arzt-Patienten-Beziehung hinreichend beachtet.[791]

(h) Besondere Umstände

Für die ärztliche Vertretbarkeit der ausschließlichen Tele- bzw. Fernbehandlung ist zudem ausschlaggebend, ob besondere Umstände die Durchführung der ausschließlichen Fernbehandlung begünstigen oder hemmen.[792] Bei der ausschließlichen Tele- bzw. Fernbehandlung handelt es sich etwa um ein geeignetes Mittel, Ansteckungsrisiken in ärztlichen Wartezimmern zu vermeiden.[793] Es war nicht nur während der Corona-Pandemie äußerst bedeutend – und für die Abwägung entsprechend besonders zu gewichten – Patienten vor einer Ansteckung mit dem SARS-CoV-2-Virus zu schützen. Auch für solche Patientengruppe, für die der Schutz vor Keimen aufgrund einer Erkrankung oder anderer besonderer Umstände wichtig ist (z.B. organtransplantierte Patienten), kann die ausschließliche Tele- bzw. Fernbehandlung äußerst vorteilhaft sein.

---

des § 11 Abs. 1 MBO-Ä, s. hierzu ausführlicher *Prütting*, in: Rehmann/Tillmanns, E-Health, Kapitel 3, Rdn. 39.

788 Vgl. *Schmid*, NJW 1986, 2339 (2341); *Siglmüller*, Rechtsfragen der Fernbehandlung, S. 103 f.

789 A.A. wohl *Siglmüller*, Rechtsfragen der Fernbehandlung, S. 89.

790 S. bereits Einführung.

791 *Siglmüller*, Rechtsfragen der Fernbehandlung, S. 90.

792 Ähnlich auch *Jorzig*, Der Urologe 2021, 244.

793 S. Einführung; a.A. *Herkenrath*, Ärztliche Fernbehandlung, S. 235.

(i) Unbeachtliche Kriterien

Bei der von dem Behandler durchzuführenden Abwägung der Vor- und Nachteile bzw. der Entscheidung über das Ob der ausschließlichen Tele- bzw. Fernbehandlung haben hingegen solche (organisatorischen) Vorteile, die sich für den Arzt bei der Durchführung der ausschließlichen Tele- bzw. Fernbehandlung ergeben können (z.B. Zeit- oder Kostenersparnis), unberücksichtigt zu bleiben.[794] Die Qualität der ärztlichen Versorgung eines Patienten darf nicht aufgrund äußerer (organisatorischer) Umstände zu Lasten des Patienten verschlechtert werden. Nicht zuletzt gilt – nach einhelliger Meinung – der Facharztstandard auch für die Telemedizin.[795] Ebenso sieht § 2 Abs. 2 S. 2 MBO-Ä/BayBO-Ä vor, dass der Arzt sein ärztliches Handeln am Wohl des Patienten auszurichten hat. Es bleibt Aufgabe des Arztes die (äußeren) Rahmenbedingungen einer sorgfältigen Behandlung zu organisieren. Wird durch die Telemedizin der Praxisalltag für den Arzt (z.B. Zeitersparnis)[796] erleichtert, handelt es sich hierbei nicht um ein Kriterium der ärztlichen Vertretbarkeit, sondern um eine wünschenswerte Nebenfolge einer ansonsten aus medizinischer Sicht durchführbaren ausschließlichen Tele- bzw. Fernbehandlung. Gleiches gilt im Ergebnis auch für eine mögliche Knappheit ärztlicher oder medizinischer Ressourcen.[797]

cc) Wahrung der erforderlichen ärztlichen Sorgfalt

(1) Voraussetzungen

Die ärztliche Beratung und Behandlung ausschließlich aus der Ferne über Kommunikationsmedien ist nur dann berufsrechtlich zulässig, wenn auch die erforderliche ärztliche Sorgfalt insbesondere durch die Art und Weise der Befunderhebung, Beratung, Behandlung sowie Dokumentation gewahrt wird, s. § 7 Abs. 4 S. 3 MBO-Ä/BayBO-Ä. Die erforderliche Sorgfalt ist während des gesamten ärztlichen Handelns zu wahren, da der in der Regelung im Anschluss folgenden Aufzählung („insbesondere durch

794 Im Ergebnis auch *Hahn*, der eine Entscheidung des Arztes verlangt, die ausschließlich anhand medizinischer Kriterien zu treffen ist, s. *Hahn*, in: Schiller, Kommentar BMV-Ä, Anhang 2, Rdn. 53.

795 S. Teil 2, 3. Kapitel, C.I.

796 Vgl. *Prütting*, in: Rehmann/Tillmanns, E-Health, Kapitel 3, Rdn. 18.

797 S. weiterführend *Siglmüller*, Rechtsfragen der Fernbehandlung, S. 91.

die Art und Weise der Befunderhebung, Beratung, Behandlung sowie Dokumentation") lediglich Beispielcharakter zugeschrieben wird.[798] Die MBO-Ä/BayBO-Ä normiert bereits an anderen Stellen in der Berufsordnung (etwa § 2 Abs. 2 und 3 und § 11 MBO-Ä/BayBO-Ä) die Pflicht zur Einhaltung der ärztlichen Sorgfalt.[799] Es handelt sich hierbei nicht um eine neue Voraussetzung, sondern um eine Selbstverständlichkeit, die bei jeder ärztlichen Beratung und Behandlung beachtet werden muss.[800] Die Aufnahme des Merkmals in § 7 Abs. 4 S. 3 MBO-Ä/BayBO-Ä dient der Klarstellung.[801] Um den Beruf gewissenhaft ausüben zu können, muss der Behandler nicht zuletzt die notwendige fachliche Qualifikation aufweisen und den allgemein anerkannten fachlichen Standard einhalten, s. auch § 2 Abs. 3 MBO-Ä/BayBO-Ä.[802]

Das Merkmal bezweckt – wie auch § 2 Abs. 3 MBO-Ä/BayBO-Ä[803] und § 11 MBO-Ä/BayBO-Ä[804] –, einen Gleichklang mit den zivilrechtlichen Verpflichtungen (s. § 630a Abs. 2 BGB) herzustellen, so dass es die zivilrechtlichen Grundsätze heranzuziehen gilt.[805] Als Maßstab dient nicht der allgemein anerkannte fachliche Standard der persönlichen Behandlung vor Ort, sondern vielmehr ein „spezifischer Fernbehandlungsstandard".[806] Zwar handelt es sich bei der ausschließlichen Tele- bzw. Fernbehandlung um eine Form der Heilbehandlung, jedoch treffen den Arzt bei der Durch-

798 *Bundesärztekammer*, Hinweise und Erläuterungen zu § 7 Abs. 4 MBO-Ä (2019), S. 3 f.; *Bundesärztekammer*, Hinweise und Erläuterungen zu § 7 Abs. 4 MBO-Ä (2020), S. 3 f.

799 *121. Deutscher Ärztetag*, in: Bundesärztekammer, Beschlussprotokoll, TOP IV – 01, S. 3; *Bundesärztekammer*, Hinweise und Erläuterungen zu § 7 Abs. 4 MBO-Ä (2019), S. 3; *Bundesärztekammer*, Hinweise und Erläuterungen zu § 7 Abs. 4 MBO-Ä (2020), S. 3; *Hahn*, Telemedizin, S. 9.

800 *Bundesärztekammer*, Hinweise und Erläuterungen zu § 7 Abs. 4 MBO-Ä (2019), S. 3; *Bundesärztekammer*, Hinweise und Erläuterungen zu § 7 Abs. 4 MBO-Ä (2020), S. 3.

801 *Leupold/Wiesner*, in: Leupold et al., IT-Recht, Teil 13, Rdn. 37.

802 *121. Deutscher Ärztetag*, in: Bundesärztekammer, Beschlussprotokoll, TOP IV – 01, S. 3; *Bundesärztekammer*, Hinweise und Erläuterungen zu § 7 Abs. 4 MBO-Ä (2019), S. 3; *Bundesärztekammer*, Hinweise und Erläuterungen zu § 7 Abs. 4 MBO-Ä (2020), S. 3.

803 *Scholz*, in: Spickhoff, Medizinrecht, § 2 MBO-Ä, Rdn. 12.

804 *Scholz*, in: Spickhoff, Medizinrecht, § 11 MBO-Ä, Rdn. 1.

805 Im Ergebnis auch *Jorzig*, Der Urologe 2021, 244 (245); vgl. *Braun*, MedR 2018, 563 (565); *Hahn*, Telemedizin, S. 8; *Hahn*, in: Schiller, Kommentar BMV-Ä, Anhang 2, Rdn. 54.

806 S. Teil 2, 3. Kapitel, C.I.3.b)aa).

führung der ausschließlichen Tele- bzw. Fernbehandlung aufgrund der erhöhten Risiken weitreichendere Pflichten.[807]

Problematisch erscheint, dass sich ein spezifischer Fernbehandlungsstandard aufgrund der Neuartigkeit der Methoden bislang kaum entwickelt hat.[808] Dies steht der berufsrechtlichen Zulässigkeit der ausschließlichen Tele- bzw. Fernbehandlung nicht automatisch entgegen. Bereits der Zweck der Änderung des § 7 Abs. 4 MBO-Ä/BayBO-Ä widerspricht einer sofortigen Unzulässigkeit der ausschließlichen Tele- bzw. Fernbehandlung aufgrund der Neuartigkeit der jeweiligen Methode. Eine Ausweitung von telemedizinischen Angeboten wäre kaum möglich, wenn die Zulässigkeit der ausschließlichen Tele- bzw. Fernbehandlung stets an der Wahrung der erforderlichen Sorgfalt scheitern würde. Zugleich würde der Fortschritt gehemmt werden, wenn Neulandmethoden nicht durchgeführt werden dürften und sich mithin ein Standard nicht entwickeln könnte. Stattdessen gilt es, – entsprechend den zivilrechtlichen Vorgaben – den Standard eines vorsichtigen Arztes einzuhalten.[809]

(2) Abgrenzung zum Merkmal der ärztlichen Vertretbarkeit

Obwohl den Voraussetzungen der ärztlichen Vertretbarkeit und der Wahrung der erforderlichen ärztlichen Sorgfalt zum Teil keine eigenständige Bedeutung zugeschrieben wird,[810] lässt sich aufgrund des Wortlauts des § 7 Abs. 4 S. 3 MBO-Ä/BayBO-Ä eine gewisse Unterscheidung ausmachen,[811] wobei die Grenzen sicherlich fließend sind. Während die ärztliche Vertretbarkeit die Frage beantwortet, *ob* eine ausschließliche Tele- bzw. Fernbehandlung durchführbar ist, betrifft das Merkmal der Wahrung der erforderlichen ärztlichen Sorgfalt durch den Einschub „insbesondere durch die Art und Weise der Befunderhebung, Beratung, Behandlung sowie Dokumentation" hier eher die Anforderungen an das *Wie* der ausschließlichen Telebzw. Fernbehandlung.[812] Auch die Bundesärztekammer betont, dass die ausschließliche Tele- bzw. Fernbehandlung nach dem anerkannten Stand

807 S. Teil 2, 3. Kapitel, C.I.3.b)aa).
808 S. Teil 2, 3. Kapitel, C.I.3.b)bb).
809 S. Teil 2, 3. Kapitel, C.II.
810 So wohl *Braun*, MedR 2018, 563 (564 f.); *Hahn*, Telemedizin, S. 8 f.
811 Im Ergebnis auch *Siglmüller*, Rechtsfragen der Fernbehandlung, S. 85.
812 Ähnlich *Herkenrath*, Ärztliche Fernbehandlung, S. 71 f.; *Siglmüller*, Rechtsfragen der Fernbehandlung, S. 85.

der medizinischen Erkenntnisse nicht nur ärztlich vertretbar sein muss, sondern „Befunderhebung, Beratung und Behandlung so durchgeführt (‚**Art und Weise**') [H.i.O.] werden [müssen], dass dies dem anerkannten Stand der medizinischen Erkenntnisse entspricht."[813]

dd) Dokumentationspflicht

Ebenso wie eine herkömmliche Behandlung vor Ort muss auch eine ausschließliche Tele- bzw. Fernbehandlung sorgfältig dokumentiert werden.[814] Wenngleich die Pflicht zur Dokumentation berufsrechtlich bereits in § 10 MBO-Ä/BayBO-Ä und zivilrechtlich in § 630f BGB geregelt ist, hebt die Bezugnahme auf die Dokumentation in der Vorschrift des § 7 Abs. 4 S. 3 MBO-Ä/BayBO-Ä deren Bedeutung hervor.[815] Auch bei der Durchführung einer ausschließlichen Tele- bzw. Fernbehandlung dürfen daher keine Abstriche bei der Dokumentation gemacht werden.[816] Zudem sind im Rahmen einer ausschließlichen Tele- bzw. Fernbehandlung auch solche Aspekte zu dokumentieren, die § 7 Abs. 4 S. 3 MBO-Ä/BayBO-Ä als Voraussetzung vorsieht (z.B. fernbehandlungsspezifische Aufklärung).[817]

Die weiteren Anforderungen an die Dokumentation regelt im Allgemeinen die Vorschrift des § 10 Abs. 1 MBO-Ä/BayBO-Ä. Es ist hiernach Aufgabe des Arztes, die notwendigen Aufzeichnung über die in Ausübung seines Berufes gemachten Feststellungen und getroffenen Maßnahmen vor-

813 *Bundesärztekammer*, Hinweise und Erläuterungen zu § 7 Abs. 4 MBO-Ä (2019), S. 4; s. auch *Bundesärztekammer*, Hinweise und Erläuterungen zu § 7 Abs. 4 MBO-Ä (2020), S. 4.

814 *Bundesärztekammer*, Hinweise und Erläuterungen zu § 7 Abs. 4 MBO-Ä (2019), S. 4; *Bundesärztekammer*, Hinweise und Erläuterungen zu § 7 Abs. 4 MBO-Ä (2020), S. 4.

815 *Bundesärztekammer*, Hinweise und Erläuterungen zu § 7 Abs. 4 MBO-Ä (2019), S. 4; *Bundesärztekammer*, Hinweise und Erläuterungen zu § 7 Abs. 4 MBO-Ä (2020), S. 4; *Herkenrath*, Ärztliche Fernbehandlung, S. 72 f.

816 *Bundesärztekammer*, Hinweise und Erläuterungen zu § 7 Abs. 4 MBO-Ä (2019), S. 4; *Bundesärztekammer*, Hinweise und Erläuterungen zu § 7 Abs. 4 MBO-Ä (2020), S. 4.

817 S. hierzu *Bundesärztekammer*, Hinweise und Erläuterungen zu § 7 Abs. 4 MBO-Ä (2019), S. 4; *Bundesärztekammer*, Hinweise und Erläuterungen zu § 7 Abs. 4 MBO-Ä (2020), S. 4; *Bundesärztekammer*, Fragenkatalog zur Fernbehandlung (08.01.2021); *Herkenrath*, Ärztliche Fernbehandlung, S. 73 f.; *Jorzig/Sarangi*, Digitalisierung im Gesundheitswesen, S. 27 f., 172; *Prütting*, in: Rehmann/Tillmanns, E-Health, Kapitel 3, Rdn. 48.

zunehmen. Da sich die berufsrechtliche Dokumentationspflicht nach § 10 Abs. 1 MBO-Ä/BayBO-Ä häufig mit der arzthaftungsrechtlichen Dokumentationspflicht i.S.d. § 630f BGB inhaltlich überschneidet,[818] ist auf die dortigen Ausführungen zu verweisen[819].

ee) Aufklärung

Eine ausschließliche Tele- bzw. Fernbehandlung bedarf der Einwilligung des Patienten.[820] Die Vorschrift des § 7 Abs. 4 S. 3 MBO-Ä/BayBO-Ä ordnet an, dass der Patient auch über die Besonderheit der ausschließlichen Fernbehandlung aufgeklärt werden muss. Um Redundanzen zu vermeiden, werden die Anforderungen an die Aufklärung des Patienten insgesamt gesondert behandelt.[821]

II. Allgemeine Regelungen in Verbindung mit einer ausschließlichen Tele- bzw. Fernbehandlung

Nicht nur die spezielle Regelung des § 7 Abs. 4 MBO-Ä/BayBO-Ä beinhaltet berufsrechtliche Vorgaben zur Zulässigkeit der ausschließlichen Tele-

818 Das Verhältnis zwischen der berufs- und arzthaftungsrechtlichen Dokumentationspflicht ist umstritten. Einerseits wird angenommen, dass beide Pflichten bzgl. Zweck und Inhalt im Wesentlichen identisch seien, s. *Rehborn*, in: Prütting, Medizinrecht, § 10 MBO-Ä, Rdn. 6a. Teilweise wird sogar eine inhaltliche Deckung der Vorschriften bejaht, s. *Scholz*, MedR 2015, 635 (641); vgl. auch *Kern*, MedR 2015, 787 (788). Andererseits wird die Auffassung vertreten, dass § 630f Abs. 2 BGB über die berufsrechtliche Dokumentationspflicht hinausgehende Anforderungen stelle, s. *Montgomery et al.*, MedR 2013, 149 (150 f.); *Schirmer/Dochow*, in: Wenzel, Handbuch Medizinrecht, Kapitel 10, Rdn. 331; *Sobotta*, in: Bergmann et al., Gesamtes Medizinrecht, § 10 MBO-Ä, Rdn. 1. Es wird daher diskutiert, ob die berufsrechtlichen Bestimmungen de lege ferenda an die Patientenrechte des BGB anzupassen seien, s. hierzu *Montgomery et al.*, MedR 2013, 149 (150); *Schirmer/Dochow*, in: Wenzel, Handbuch Medizinrecht, Kapitel 10, Rdn. 330. In diesem Zusammenhang gilt es freilich die unterschiedlichen Gesetzgebungskompetenzen zu beachten, so auch *Schirmer/Dochow*, in: Wenzel, Handbuch Medizinrecht, Kapitel 10, Rdn. 330; s. weiterführend zu den unterschiedlichen Gesetzgebungskompetenzen auch *Bayer*, MedR 2017, 211 (213).

819 S. Teil 2, 3. Kapitel, C.II.2.b)ff).

820 Zur Einwilligungsbedürftigkeit, s. Teil 2, 3. Kapitel, D.II.

821 S. Teil 2, 3. Kapitel, D.

bzw. Fernbehandlung aus.[822] Auch die allgemeinen Vorschriften des Berufsrechts, nicht zuletzt solche in den Abschnitten „Pflichten gegenüber Patienten" (§§ 7 ff. MBO-Ä/BayBO-Ä) und „Berufliches Verhalten - Berufsausübung" (§§ 17 ff. MBO-Ä/BayBO-Ä),[823] können sich auf die ausschließliche Tele- bzw. Fernbehandlung auswirken.

1. Pflichten gegenüber Patienten, §§ 7 ff. MBO-Ä/BayBO-Ä

a) Freie Arztwahl, § 7 Abs. 2 S. 1 MBO-Ä/BayBO-Ä

Die Vorschrift des § 7 Abs. 2 S. 1 MBO-Ä/BayBO-Ä sieht vor, dass der Patient[824] den behandelnden Arzt frei wählen oder wechseln kann, weil das Verhältnis zwischen dem Arzt und seinem Patienten ein persönliches ist und von gegenseitigem Vertrauen getragen wird.[825] Keine Beeinträchtigung des Rechts der freien Arztwahl liegt vor, wenn der Patient mit seinem ursprünglichen Hausarzt via IuK-Technologien in Kontakt tritt und eine Tele- bzw. Fernbehandlung durchgeführt wird. Wählt sich der Patient jedoch zur Behandlung auf einer Plattform ein und wird ihm ggf. (irgend-)ein Arzt zugeteilt, hat es dem Patienten freizustehen, sich von dem zugeteilten Arzt behandeln zu lassen. Ist dies der Fall, ist das Recht der freien Arztwahl - trotz Zuweisung des Patienten zu einem Arzt - nicht beeinträchtigt.

---

822 Vgl. *Wollersheim*, in: Clausen/Schroeder-Printzen, Anwaltshandbuch Medizinrecht, § 6, Rdn. 134.

823 In § 2 Abs. 2, 3 MBO-Ä/BayBO-Ä enthält die Berufsordnung zudem eine Generalpflichtenklausel, vgl. *Sobotta*, in Bergmann et al., Gesamtes Medizinrecht, § 2 MBO-Ä, Rdn. 2; *Rehborn*, in: Prütting, Medizinrecht, § 2 MBO-Ä, Rdn. 5. Die Generalpflichtenklausel trägt dem Umstand Rechnung, dass die Berufspflichten der Berufsangehörigen in der Berufsordnung nicht abschließend umschrieben werden können, s. *Scholz*, in: Spickhoff, Medizinrecht, § 2 MBO-Ä, Rdn. 1. Die ausschließliche Tele- bzw. Fernbehandlung ist jedoch in § 7 Abs. 4 S. 3 MBO-Ä/BayBO-Ä ausdrücklich geregelt.

824 Korrespondierend hierzu hat auch der Behandler nach § 7 Abs. 2 S. 2 MBO-Ä/BayBO-Ä grundsätzlich das Recht, frei zu entscheiden, welcher Patient von ihm behandelt werden soll, s. auch *Prütting*, in: Ratzel et al., Kommentar zur MBO-Ä, § 7, Rdn. Rdn. 18; zu den Ausnahmefällen, s. etwa *Prütting*, in: Ratzel et al., Kommentar zur MBO-Ä, § 7, Rdn. 19 ff.

825 So etwa *Prütting*, in: Ratzel et al., Kommentar zur MBO-Ä, § 7, Rdn. 18.

b) Ärztliche Verschreibung von Arzneimitteln, § 7 Abs. 4 S. 3, Abs. 8 MBO-Ä/BayBO-Ä

Häufig verschreibt der Arzt im Rahmen einer Behandlung seinem Patienten ein Arzneimittel, um die gesundheitlichen Beschwerden des Patienten zu lindern. Bei einer ärztlichen Verschreibung handelt es sich um eine von einem Arzt persönlich ausgestellte schriftliche Anweisung an den Apotheker, das genau bezeichnete Arzneimittel entweder dem Patienten oder dem Arzt selbst (für den Bedarf in seiner Praxis) zu überlassen.[826]

Auch im Rahmen einer ausschließlichen Tele- bzw. Fernbehandlung kann es erforderlich sein, dass der Arzt seinem Patienten ein Arzneimittel verschreibt. Es gilt zu klären, ob der Begriff „persönlich" in der Definition der ärztlichen Verschreibung – ebenso wie § 7 Abs. 4 S. 1 MBO-Ä/BayBO-Ä – einen Kontakt zwischen dem Arzt und seinem Patienten vor Ort erfordert. Da sich das Wort „persönlich" indessen nur auf den Arzt bezieht, sollte lediglich notwendig sein, dass der Arzt selbst, also in eigener Person, die ärztliche Verschreibung ausstellt. Eine andere Auslegung würde auch vor dem Hintergrund der Änderung des § 48 Abs. 1 S. 2 AMG a.F. durch das Gesetz für mehr Sicherheit in der Arzneimittelversorgung vom 09.08.2019[827] verwundern, da hiermit eine Abgabe von Arzneimitteln selbst dann ermöglicht wurde, wenn vor der Verschreibung offenkundig kein Kontakt zwischen dem Arzt und seinem Patienten vor Ort stattgefunden hat.[828] Ließe bereits das Berufsrecht eine ärztliche Verschreibung von Arzneimitteln im Rahmen einer ausschließlichen Tele- bzw. Fernbehandlung nicht zu, hätte der Zweck der Streichung des Verbots der Abgabe von verschreibungspflichtigen Arzneimitteln ohne vorherigen Kontakt zwischen dem Arzt und seinem Patienten im Arzneimittelrecht nicht erreicht werden können. Durch die Änderung wurde nämlich das Ziel verfolgt, das Arzneimittelrecht an die Aufhebung des berufsrechtlichen Verbots der ausschließlichen Fernbehandlung anzupassen, Rechtseinheit und -sicherheit zu gewährleisten und den Fortschritt der Digitalisierung im Gesundheitswesen zu fördern.[829] Daher sollte eine ärztliche Verschreibung von Arzneimitteln im Rahmen einer ausschließlichen Fernbehandlung aus Sicht des

826 *Prütting*, in: Ratzel et al., Kommentar zur MBO-Ä, § 7, Rdn. 39 m.w.N.
827 BGBl. I, 1202.
828 S. Teil 2, 3. Kapitel, C.II.2.b)dd)(1)(b).
829 S. Teil 2, 3. Kapitel, C.II.2.b)dd)(1)(b)(bb).

Berufsrechts[830] zulässig sein, wenn die die Behandlungsqualität sichernden Vorgaben des § 7 Abs. 4 S. 3 MBO-Ä/BayBO-Ä erfüllt sind.[831]

Der berufsrechtlichen Zulässigkeit der ärztlichen Verschreibung von Arzneimitteln im Rahmen der ausschließlichen Tele- bzw. Fernbehandlung stehen auch nicht die weiteren Regelungen des Berufsrechts entgegen. Die Regelung des § 7 Abs. 8 MBO-Ä/BayBO-Ä sieht lediglich vor, dass der Arzt einer missbräuchlichen Verwendung seiner Verschreibung keinen Vorschub leisten darf.

c) Ärztliche Untersuchungs- und Behandlungsmethoden, § 11 Abs. 1 MBO-Ä/BayBO-Ä

Der Arzt ist nach § 11 Abs. 1 MBO-Ä/BayBO-Ä mit Übernahme der Behandlung dem Patienten gegenüber verpflichtet, ihn mit geeigneten Untersuchungs- und Behandlungsmethoden gewissenhaft zu versorgen. Hierbei statuiert die Berufsordnung keine Verpflichtung des Arztes zur Schulmedizin,[832] da der medizinische Fortschritt ansonsten zum Stillstand käme.[833] Die Vorschrift des § 11 Abs. 1 MBO-Ä/BayBO-Ä konkretisiert das Gebot der gewissenhaften Ausübung des Berufes nach § 2 Abs. 2 MBO-Ä/BayBO-Ä[834] und dient dazu, einen Gleichklang mit den zivilrechtlichen Verpflichtungen des Arztes herzustellen[835]. Trotz ärztlicher Therapiefreiheit ist jeder Arzt an die Einhaltung der ihm obliegenden Sorgfaltspflichten gebunden, um vermeidbare und überflüssige Schäden für den Patienten zu unterbinden.[836]

Da die Vorschrift des § 7 Abs. 4 S. 3 MBO-Ä/BayBO-Ä die Voraussetzungen der ausschließlichen Tele- bzw. Fernbehandlung im Speziellen festlegt, kommt der allgemeineren Regelung in diesem Zusammenhang keine eigen-

---

830 Zu den einschlägigen Regelungen des Vertragsarztes, s. *Bundesärztekammer*, Hinweise und Erläuterungen zu § 7 Abs. 4 MBO-Ä (2020), S. 5; vgl. *Prütting*, in: Rehmann/Tillmanns, E-Health, Kapitel 3, Rdn. 69; *Schröder*, MedR 2022, 290 (292).

831 So auch *Bundesärztekammer*, Hinweise und Erläuterungen zu § 7 Abs. 4 MBO-Ä (2019), S. 5; *Bundesärztekammer*, Hinweise und Erläuterungen zu § 7 Abs. 4 MBO-Ä (2020), S. 6; *Fehn*, in: Marx et al., Telemedizin, S. 9 (21); vgl. *Lietz/Zumdick*, PharmR 2019, 493 (498); *Prütting*, in: Rehmann/Tillmanns, E-Health, Kapitel 3, Rdn. 68.

832 *Ratzel*, in: Ratzel et al., Kommentar zur MBO-Ä, § 11, Rdn. 2.

833 *Scholz*, in: Spickhoff, Medizinrecht, § 11 MBO-Ä, Rdn. 2; vgl. auch BGHZ 113, 297 (300 f.) = NJW 1991, 1535 (1536 f.).

834 So etwa *Sobotta*, in: Bergmann et al., Gesamtes Medizinrecht, § 11 MBO-Ä, Rdn. 1.

835 S. Teil 2, 2. Kapitel, B.I.2.c)cc)(1).

836 *Ratzel*, in: Ratzel et al., Kommentar zur MBO-Ä, § 11, Rdn. 1.

ständige Bedeutung zu. Ist die ausschließliche Tele- bzw. Fernbehandlung bereits nach § 7 Abs. 4 S. 3 MBO-Ä/BayBO-Ä zulässig, hat der Arzt den Patienten auch gewissenhaft mit geeigneten Untersuchungs- bzw. Behandlungsmethoden versorgt. Wird hingegen eine ausschließliche Tele- bzw. Fernbehandlung durchgeführt, obwohl eine solche nicht den berufsrechtlichen Anforderungen entspricht, wird das berufsrechtswidrige Verhalten bereits hinreichend durch § 7 Abs. 4 S. 3 MBO-Ä/BayBO-Ä abgegolten.

2. Berufliches Verhalten – Berufsausübung, §§ 17 ff. MBO-Ä/BayBO-Ä

a) Niederlassung in einer Praxis, § 17 MBO-Ä/BayBO-Ä

Im Beschlussprotokoll des 121. Deutschen Ärztetages wurde ausdrücklich festgelegt, dass von der Änderung der berufsrechtlichen Regelung zur Fernbehandlung die weiteren berufsrechtlichen Bestimmungen unberührt bleiben sollen.[837] Beispielhaft wurde auf die Regelung zur Niederlassung und Ausübung der Praxis nach § 17 MBO-Ä verwiesen.[838] Die Ausübung einer ambulanten selbstständigen ärztlichen Tätigkeit ist daher auch im Fall der Tele- bzw. Fernbehandlung an die Niederlassung in einer Praxis (Praxissitz) gebunden, s. § 17 Abs. 1 MBO-Ä/BayBO-Ä.[839]

837 *121. Deutscher Ärztetag*, in: Bundesärztekammer, Beschlussprotokoll, TOP IV – 01, S. 3; so auch *Braun*, NZS 2021, 462; *Bundesärztekammer*, Hinweise und Erläuterungen zu § 7 Abs. 4 MBO-Ä (2020), S. 2; *Schirmer/Dochow*, in: Wenzel, Handbuch Medizinrecht, Kapitel 10, Rdn. 275; *Steinhilper/Schiller*, in: FS Plagemann, S. 579 (581).

838 *121. Deutscher Ärztetag*, in: Bundesärztekammer, Beschlussprotokoll, TOP IV – 01, S. 3.

839 *Kalb*, GesR 2018, 481 (485); für den Vertragsarzt auch *Steinhilper/Schiller*, in: FS Plagemann, S. 579 (581); vgl. auch *Scholz*, in: Spickhoff, Medizinrecht, § 7 MBO-Ä, Rdn. 15; *Wollersheim*, in: Clausen/Schroeder-Printzen, Anwaltshandbuch Medizinrecht, § 6, Rdn. 134.

aa) Ausübung ambulanter ärztlicher Tätigkeit in einem „virtuellen Praxisraum“?

(1) De lege lata

Nach bisherigem Recht genügt es für die Einhaltung der Vorgaben des § 17 MBO-Ä/BayBO-Ä nicht, wenn der Arzt sich – statt vor Ort in einer Praxis – in einem „virtuellen Praxisraum“ niederlässt.[840] Die Vorschrift betont ausdrücklich, dass sich der Arzt für die Ausübung einer ambulanten selbstständigen ärztlichen Tätigkeit *an einem Ort* in einer Praxis niederzulassen hat, s. § 17 Abs. 1 S. 1 BayBO-Ä[841]. Ebenso ist unter Niederlassung in einer Praxis die tatsächliche Ausübung ärztlicher Tätigkeit mittels einer festen Einrichtung an einer konkreten Anschrift (Straße, Hausnummer, Ort) zu verstehen.[842] Ein virtueller Praxisraum erfüllt diese Anforderungen gerade nicht.

(2) De lege ferenda

Erwägenswert ist zukünftig, die Pflicht zur Niederlassung in einer Praxis aufzuweichen bzw. anzupassen, da die Digitalisierung in der Medizin voranschreitet und die Akzeptanz der Telemedizin zunimmt.[843] Der Praxisbegriff könnte etwa von der zwingenden Abhängigkeit der Ortsgebundenheit weg, hin zu einer reinen Onlinepräsenz umgewandelt werden.[844] Es wäre also ausreichend, wenn der Arzt seinem Patienten einen „virtuellen Praxisraum“ zur Verfügung stellt und dort seine ambulante selbständige ärztliche Tätigkeit ausübt.

Der Normzweck des § 17 Abs. 1 MBO-Ä/BayBO-Ä scheint auf den ersten Blick nicht gegen die Zulässigkeit einer Niederlassung des Arztes in einem ortsunabhängigen, ausschließlich virtuellen Praxisraum zu sprechen. Die Vorschrift sieht vor, dass im Interesse und zum Schutz des Patienten eine verlässliche Versorgungsstruktur geschaffen und mithin die Qualitätssiche-

---

840 So auch *Hahn*, Telemedizin, S. 10.

841 Aufgrund teilweise abweichender Formulierungen wird hier nur auf die Vorschrift der bayerischen Berufsordnung verwiesen.

842 *Rehborn*, in: Prütting, Medizinrecht, § 17 MBO-Ä, Rdn. 5.

843 *Hahn*, Telemedizin, S. 10.

844 *Hahn*, Telemedizin, S. 10.

rung gewährleistet werden muss.[845] Hierfür soll der Arzt zu einer festgelegten Zeit, an einem bestimmten Ort erreichbar und für die Untersuchung und Behandlung bereit sein.[846] Weiterhin hat die ärztliche Behandlung in einer Räumlichkeit stattzufinden, die hierfür gewidmet ist und über die erforderliche personelle und sachliche Ausstattung verfügt.[847] Grundsätzlich kann auch ein virtueller Praxisraum dem Patienten eine verlässliche Versorgungsstruktur bieten. Beispielsweise ist es möglich, die Patienten zu unterschiedlichen Terminen in die virtuelle Arztpraxis einzubestellen und einen Kontakt zwischen dem Arzt und seinem Patienten herzustellen. Nicht zuletzt sind aufgrund der fehlenden körperlichen Anwesenheit der Beteiligten gewisse Vorkehrungen zum Schutz der Patienten im virtuellen Praxisraum überhaupt nicht zu treffen.[848] Beispielsweise muss der virtuelle Praxisraum hygienische Anforderungen nicht erfüllen.[849] Da der Arzt seinen Patienten im Rahmen der Fernbehandlung auch nicht händisch untersuchen kann, ist es nicht erforderlich, dass unterschiedliche medizinische Untersuchungsgeräte zur Verfügung stehen.[850] Stattdessen bedarf es etwa der für die Tele- bzw. Fernbehandlung benötigten technischen Geräte.[851]

Bereits die Bedeutung der ausschließlichen Tele- bzw. Fernbehandlung im Kontext der ärztlichen Versorgung spricht gegen die Anpassung des Praxisbegriffs. Die Vorschrift des § 7 Abs. 4 MBO-Ä/BayBO-Ä stellt einen Regel-Ausnahme-Tatbestand dar.[852] Lediglich ausnahmsweise und unter den strengen Voraussetzungen des § 7 Abs. 4 S. 3 MBO-Ä/BayBO-Ä ist eine ausschließliche Tele- bzw. Fernbehandlung berufsrechtlich zulässig.[853] Häufig wird die ausschließliche Tele- bzw. Fernbehandlung daher berufsrechtswidrig sein. Darüber hinaus ist es denkbar, dass eine zunächst zulässige Tele- bzw. Fernbehandlung während der Beratung oder Behandlung aus der Ferne einen unmittelbar persönlichen Kontakt der Parteien erfor-

845 *Scholz*, in: Spickhoff, Medizinrecht, § 17 MBO-Ä, Rdn. 1; so auch *Braun*, NZS 2021, 462 (463).
846 *Scholz*, in: Spickhoff, Medizinrecht, § 17 MBO-Ä, Rdn. 1; so auch *Braun*, NZS 2021, 462 (463).
847 *Scholz*, in: Spickhoff, Medizinrecht, § 17 MBO-Ä, Rdn. 1; so auch *Braun*, NZS 2021, 462 (463).
848 Ähnlich *Braun*, NZS 2021, 462 (463).
849 Ähnlich *Braun*, NZS 2021, 462 (463).
850 Ähnlich *Braun*, NZS 2021, 462 (463).
851 Ähnlich *Braun*, NZS 2021, 462 (463).
852 S. Teil 2, 2. Kapitel, B.I.2.a).
853 S. Teil 2, 2. Kapitel, B.I.2.c)aa).

dert.[854] Notwendig wird in einem solchen Fall die persönliche Betreuung des Patienten in einer Praxis vor Ort.

Ließe man die Niederlassung des Arztes in einem virtuellen Praxisraum zu, bestünde die Gefahr, dass die ärztliche Versorgungsstruktur erheblich negativ beeinträchtigt würde. Die Anzahl von Ärzten, die sich tatsächlich an einem Ort in einer Praxis niederlassen, würde sinken. Patienten, die entweder für eine ausschließliche Tele- bzw. Fernbehandlung nicht geeignet sind oder eine solche gänzlich ablehnen, stünden weniger Ärzte zur Verfügung, von denen sie vor Ort ärztlich beraten und behandelt werden könnten. Das Ziel der Telemedizin, ärztliche Versorgungsstrukturen zu verbessern und den Ärztemangel auszugleichen, würde ins Gegenteil verkehrt.

Zum gleichen Ergebnis gelangte auch der 121. Deutsche Ärztetag.[855] Im Beschlussprotokoll wurde klargestellt, dass die Beratung und Behandlung aus der Ferne in die bestehenden Versorgungsstrukturen einzubinden seien.[856] Die ärztliche Tätigkeit sei nach der MBO-Ä grundsätzlich an die Niederlassung in einer Praxis gebunden.[857] Daher sollten die ärztliche Beratung und Behandlung aus einer für die Patienten optimalen Versorgungsstruktur heraus erfolgen.[858] Zudem hat sich der 121. Deutsche Ärztetag ausdrücklich gegen den Aufbau eines neuen eigenständigen Versorgungsbereichs einer telemedizinischen Primärversorgung ausgesprochen.[859] Es drohten durch den Aufbau von telemedizinischen Callcentern, neue unabgestimmte Schnittstellen zu entstehen.[860]

---

854 S. Teil 2, 2. Kapitel, B.I.2.c)bb).
855 Vgl. *121. Deutscher Ärztetag*, in: Bundesärztekammer, Beschlussprotokoll, TOP IV – 07, S. 1.
856 *121. Deutscher Ärztetag*, in: Bundesärztekammer, Beschlussprotokoll, TOP IV – 07, S. 1.
857 *121. Deutscher Ärztetag*, in: Bundesärztekammer, Beschlussprotokoll, TOP IV – 07, S. 1.
858 *121. Deutscher Ärztetag*, in: Bundesärztekammer, Beschlussprotokoll, TOP IV – 07, S. 1.
859 *121. Deutscher Ärztetag*, in: Bundesärztekammer, Beschlussprotokoll, TOP IV – 07, S. 1.
860 *121. Deutscher Ärztetag*, in: Bundesärztekammer, Beschlussprotokoll, TOP IV – 07, S. 1.

bb) Ausübung ambulanter ärztlicher Tätigkeit außerhalb der Praxisräume?

Wenngleich es für das Niederlassungsgebot i.S.d. § 17 Abs. 1 MBO-Ä/BayBO-Ä nicht genügt, wenn sich der Fernbehandler in einem virtuellen Praxisraum niederlässt, bleibt zu erörtern, ob sich der an einem Ort in einer Praxis tatsächlich niedergelassene Arzt während der Fernbehandlung in seinen Praxisräumen aufhalten muss oder ob er den Patienten zeitweise von einem Ort außerhalb der Praxisräume (z.B. im häuslichen Arbeitszimmer oder im Feriendomizil) fernbehandeln darf.[861] Sofern der Arzt für die Durchführung der Fernbehandlung nicht an seine Praxisräume gebunden wäre, würde dies für ihn eine flexiblere Ausübung seiner ärztlichen Tätigkeit bedeuten.

(1) Kein Widerspruch zur vertragsarztrechtlichen Regelung des § 3 S. 2 Anlage 31b zum BMV-Ä

Teilweise wird unter Verweis auf die Vorschrift des § 3 S. 2 Anlage 31b zum BMV-Ä vertreten, dass Videosprechstunden aus der Praxis des Arztes heraus durchzuführen seien.[862] Unabhängig von der Frage, ob und wie sich eine vertragsarztrechtliche Regelung überhaupt auf das Berufsrecht auswirkt, sieht die Vorschrift des § 3 S. 2 Anlage 31b zum BMV-Ä lediglich vor, dass eine Videosprechstunde in geschlossenen Räumen, welche die angemessene Privatsphäre sicherstellen, stattzufinden hat, um die Datensicherheit und einen störungsfreien Ablauf zu gewährleisten. Dass die Videosprechstunde zwingend aus den eigenen Praxisräumen heraus angeboten werden muss, lässt sich dieser Regelung nicht entnehmen.[863]

(2) Bedeutung des Niederlassungsgebots

Teilweise wird vertreten, dass eine Videosprechstunde auch außerhalb der Praxisräume durchgeführt werden dürfe, weil die durch die Vorschrift des § 17 MBO-Ä/BayBO-Ä bezweckte Qualitätssicherung bei einer Fernbehandlung durch andere Maßnahmen zu erreichen sei als bei einer am-

---

861 So auch *Braun*, NZS 2021, 432 (432 f.).
862 *Scholz*, in: Spickhoff, Medizinrecht, § 17 MBO-Ä, Rdn. 1.
863 So auch *Siglmüller*, Rechtsfragen der Fernbehandlung, S. 112.

bulanten Behandlung im persönlichen Kontakt.[864] Zutreffend ist, dass es bei der Fernbehandlung – wie bereits ausgeführt – andere qualitätssichernden Maßnahmen einzuhalten gilt, die im Grunde auch beachtet werden können, wenn sich der Behandler während der Fernbehandlung nicht in seinen Praxisräumen aufhält.[865]

Bei dem Niederlassungsgebot i.S.d. § 17 Abs. 1 MBO-Ä/BayBO-Ä handelt es sich allerdings nicht um die Kehrseite des in § 17 Abs. 3 S. 1 MBO-Ä/BayBO-Ä niedergeschriebenen Verbots.[866] Dem Arzt ist es nach § 17 Abs. 3 S. 1 MBO-Ä/BayBO-Ä grundsätzlich[867] untersagt, seinen Beruf im Umherziehen auszuüben.[868] Durch die Vorschrift soll unterbunden werden, dass – wie es früher geschah – Heilkundige von Markt zu Markt ziehen und ihre ärztliche Expertise etwa auf Messen oder Jahrmärkten anbieten.[869] Das Niederlassungsgebot sieht hingegen vor, dass der ärztliche Beruf nicht nur ortsgebunden, sondern an *einem* Ort ausgeübt werden soll.[870] Es soll nicht zuletzt verhindert werden, dass der Arzt zum Pendler wird.[871]

Dass sich der Arzt zur Durchführung der Fernbehandlung stets an jedem beliebigen Ort außerhalb der Praxisräume aufhalten dürfe, sofern die hierfür erforderlichen Qualitätsaspekte beachtet würden,[872] überzeugt nach derzeitiger Gesetzeslage daher nicht. Das Niederlassungsgebot lässt zwar zu, dass ärztliche Leistungen auch außerhalb der Praxisräume erbracht werden können, jedoch nur, wenn die Ausübung der ärztlichen Tätigkeit an einem anderen Ort sachlich geboten (z.B. Hausbesuch oder Notfalleinsatz)

864 *Braun*, NZS 2021, 462 (463); a.A. *Scholz*, in: Spickhoff, Medizinrecht, § 17 MBO-Ä, Rdn. 1.

865 S. Teil 2, 2. Kapitel, B.II.2.a)aa)(2).

866 Vgl. VGH Mannheim, MedR 2000, 439 (440).

867 Nach § 17 Abs. 3 S. 2 MBO-Ä/BayBO-Ä kann der ärztliche Bezirksverband aus Gründen der Sicherstellung der ärztlichen Versorgung Ausnahmen zulassen, wenn sichergestellt ist, dass die beruflichen Belange nicht beeinträchtigt werden und die Berufsordnung beachtet wird.

868 Da auch ein Fernbehandler den ärztlichen Beruf an seinem Praxissitz und nicht am Aufenthaltsort des Patienten ausübt, wirkt sich § 17 Abs. 3 S. 1 MBO-Ä/BayBO-Ä auf die Fernbehandlung nicht dahingehend aus, dass der Arzt nur Patienten innerhalb eines bestimmten Radius oder innerhalb der Grenzen des Bundeslandes seines Praxissitzes behandeln darf, vgl. aber *Siglmüller*, Rechtsfragen der Fernbehandlung, S. 112 ff.

869 *Rehborn*, in: Prütting, Medizinrecht, § 17 MBO-Ä, Rdn. 10.

870 Vgl. VGH Mannheim, MedR 2000, 439 (440).

871 Vgl. VGH Mannheim, MedR 2000, 439 (440) m.w.N.; zu den Ausnahmen s. sogleich.

872 So *Braun*, NZS 2021, 462 (463).

ist.[873] Da die Fernbehandlung in der Regel in den Praxisräumen sorgfältig durchgeführt werden kann, wird die Ausübung der ärztlichen Tätigkeit außerhalb der Praxisräume häufig nicht sachlich geboten sein. Lediglich ausnahmsweise (etwa bei technischen Störungen in der Praxis) sollte es dem Arzt erlaubt sein, die Fernbehandlung außerhalb der Praxisräume durchzuführen. Die Durchführung der Fernbehandlung außerhalb der Praxisräume ist daher weder immer[874] noch nie[875] zulässig, sondern bedarf einer Entscheidung anhand der konkreten Umstände des Einzelfalls.

(3) Häusliches Arbeitszimmer/Feriendomizil kein ausgelagerter Praxisraum

Die bayerische Regelung des § 17 Abs. 1 S. 2 BayBO-Ä sieht ausdrücklich vor, dass auch sogenannte „ausgelagerte Praxisräume" zum Praxissitz gehören können. Hierbei handelt es sich um ausschließlich speziellen Untersuchungs- und Behandlungszwecken dienende Untersuchungs- und Behandlungsräume, die in räumlicher Nähe zum Praxissitz gelegen sind, s. § 17 Abs. 1 S. 2 BayBO-Ä. Ließen sich das häusliche Arbeitszimmer oder das Feriendomizil hierunter subsumieren, wäre der Arzt für die Durchführung der ausschließlichen Tele- bzw. Fernbehandlung – unabhängig von etwaigen Ausnahmefällen – nicht an seinen Praxissitz gebunden.

Weder das häusliche Arbeitszimmer des Arztes noch sein Feriendomizil stellen jedoch, unabhängig davon, ob sie in räumlicher Nähe zum Praxissitz gelegen sind, ausgelagerte Praxisräume dar. Zwar wird eine Aufteilung der Praxis auf getrennte Räumlichkeiten anerkannt, jedoch ist erforderlich, dass der Arzt aufgrund besonderer Umstände zur Aufteilung genötigt wird.[876] Ein sachlicher Grund medizinischer und/oder organisatorischer

873 Vgl. VGH Mannheim, MedR 2000, 439 (442).

874 So für die Videosprechstunde *Braun*, NZS 2021, 462 (463).

875 So für die Videosprechstunde *Scholz*, in: Spickhoff, Medizinrecht, § 17 MBO-Ä, Rdn. 1.

876 Vgl. BSG, NZS 2002, 443 (445); VGH Mannheim, MedR 2000, 439 (441); a.A. *Ratzel*, in: Ratzel et al., Kommentar zur MBO-Ä, § 17, Rdn. 8; vgl. BSG, BeckRS 2015, 71574, Rdn. 22; LSG, Nordrhein-Westfalen, BeckRS 2016, 118063, Rdn. 27. Geht man hingegen von einer liberaleren Auffassung aus, bedarf es dennoch solcher Praxisräume, die „ausgelagert" sind, so dass Räumlichkeiten, in denen teilweise dieselben Leistungen angeboten werden, nicht als „ausgelagerte Praxisräume" gelten, vgl. etwa BSG, NZS 2002, 443 (445); LSG, Nordrhein-Westfalen, BeckRS 2016, 118063, Rdn. 29; a.A. BSG, BeckRS 2015, 71574, Rdn. 23. Weder das häusliche Arbeitszim-

Art muss der Erbringung der gesamten ärztlichen Behandlungsleistung am Ort der Niederlassung entgegenstehen.[877] Der Arzt soll seine Niederlassung in der Regel in Praxisräumen unterhalten, die sowohl zivilrechtlich als auch wirtschaftlich eine Einheit darstellen.[878] Diese restriktive Auffassung entspricht auch der Bedeutung des Niederlassungsgebots[879].

Der Durchführung einer Fernbehandlung am Ort der Niederlassung stehen aber grundsätzlich weder medizinische noch organisatorische Gründe entgegen. Die Erwägungen, dem Arzt eine Fernbehandlung seiner Patienten auch außerhalb der Praxisräume zu erlauben, beruhen stattdessen darauf, dass dem Arzt die ärztliche Tätigkeit erleichtert würde.

(4) Ärztliche Tätigkeit an zwei weiteren Orten, § 17 Abs. 2 MBO-Ä/BayBO-Ä

Die Vorschrift des § 17 Abs. 2 S. 1 MBO-Ä gestattet es Ärzten, über den jeweiligen Praxissitz hinaus, an zwei weiteren Orten (bzw. nach § 17 Abs. 2 S. 1 BayBO-Ä „in bis zu zwei weiteren Praxen") ärztlich tätig zu werden. Hieraus lässt sich nicht ableiten, dass der Arzt die Fernbehandlung des Patienten an jedem beliebigen Ort – unter Berücksichtigung dieser zahlenmäßigen Begrenzung – durchführen darf.[880] Es sind an dem Ort der Tätigkeit des Arztes Vorkehrungen für eine ordnungsgemäße Versorgung zu treffen, s. § 17 Abs. 2 S. 2 MBO-Ä/BayBO-Ä. Dies setzt etwa voraus, dass die weiteren Tätigkeitsorte innerhalb kurzer Zeit erreichbar sind,[881] sich die weiteren Tätigkeitsorte also in räumlicher Nähe zum Praxissitz befinden, vgl. § 17 Abs. 2 S. 2 BayBO-Ä. Das entfernt gelegene Feriendomizil des Arztes fällt daher schon aus diesem Grund nicht unter die Vorschrift des § 17 Abs. 2 MBO-Ä/BayBO-Ä.

---

mer noch das Feriendomizil, das zeitweise zur Durchführung der ausschließlichen Tele- bzw. Fernbehandlung genutzt wird, stellt hiernach einen „ausgelagerten Praxisraum" dar.

877 Vgl. BSG, NZS 2002, 443 (445); VGH Mannheim, MedR 2000, 439 (441).

878 Vgl. VGH Mannheim, MedR 2000, 439 (441).

879 S. soeben.

880 A.A. für die Videosprechstunde *Braun*, NZS 2021, 462 (463).

881 S. *Scholz*, in: Spickhoff, Medizinrecht, § 17 MBO-Ä, Rdn. 7; vgl. BSG, GesR 2011, 429 (430).

Das häusliche Arbeitszimmer könnte – je nach Entfernung[882] zum Praxissitz – diese Voraussetzung erfüllen. Es ist jedoch erforderlich, dass die weiteren Orte der ärztlichen Tätigkeit eine feste Einrichtung darstellen, die hinsichtlich der Zielrichtung des Betreuungsspektrums mit derjenigen des Praxissitzes übereinstimmen.[883] Es darf bezweifelt werden, dass ein häusliches Arbeitszimmer, das – etwa neben der Erfüllung privater Angelegenheiten – auch zur Durchführung von Fernbehandlungen genutzt wird, diese Anforderungen an § 17 Abs. 2 MBO-Ä/BayBO-Ä erfüllt.[884]

b) Ärztliche Gutachten und Zeugnisse, § 25 MBO-Ä/BayBO-Ä

Werden ärztliche Gutachten und Zeugnisse ausgestellt, hat der Arzt nach § 25 S. 1 MBO-Ä/BayBO-Ä mit der notwendigen Sorgfalt zu verfahren und die ärztliche Überzeugung nach bestem Wissen auszusprechen. Da die ärztliche Dokumentation im ärztlichen Berufsrecht bereits in § 10 MBO-Ä/BayBO-Ä geregelt ist, wird eine solche von der Vorschrift des § 25 MBO-Ä/BayBO-Ä nicht umfasst.[885] Daneben ist zu erwägen, Rezepte als ärztliche Zeugnisse i.S.d. § 25 S. 1 MBO-Ä zu qualifizieren, dies ist jedoch abzulehnen. Da sich der Begriff des ärztlichen Zeugnisses mit dem des Gesundheitszeugnisses i.S.d. § 278 StGB deckt,[886] wird zur Aufklärung dieser Problematik auf die dortigen Ausführungen verwiesen.[887]

III. Berufsrechtliche Konsequenzen bei Verstößen gegen die Berufsordnung

Aus den Berufsordnungen der Ärzte können weder der Patient noch Dritte eigene Rechtspositionen ableiten.[888] Es handelt sich nicht um verbindliches Außenrecht.[889]

---

882 Zur Entfernung vgl. *Ratzel*, in: Ratzel et al., Kommentar zur MBO-Ä, § 17, Rdn. 3.
883 S. etwa *Rehborn*, in: Prütting, Medizinrecht, § 17 MBO-Ä, Rdn. 8.
884 Für Vertragsärzte gilt darüber hinaus etwa einschränkend § 24 Ärzte-ZV.
885 So *Scholz*, in: Spickhoff, Medizinrecht, § 25 MBO-Ä, Rdn. 4.
886 *Lippert*, in: Ratzel et al., Kommentar zur MBO-Ä, § 25, Rdn. 2; *Rehborn*, in: Prütting, Medizinrecht, § 25 MBO-Ä, Rdn. 2a.
887 S. Teil 2, 4. Kapitel, D.II.1.
888 So etwa *Janda*, Medizinrecht, S. 95, 97.
889 So etwa *Janda*, Medizinrecht, S. 97.

Die Berufsvertretung der Ärzte[890] hat unter anderem die Aufgabe, die Erfüllung der ärztlichen Berufspflichten zu überwachen, s. Art. 2 Abs. 1 BayHKaG.[891] Für die Verfolgung einer Berufspflichtverletzung des Arztes ist grundsätzlich der ärztliche Bezirksverband, in dessen Bezirk der ärztliche Kreisverband liegt, bei dem die Mitgliedschaft des Arztes besteht, zuständig, s. Art. 36a BayHKaG. Die Berufsaufsicht trägt entscheidend zum Erhalt des Vertrauens in den Berufsstand bei, da der Arzt durch die berufsrechtliche Maßnahme zu einem berufsrechtskonformen Verhalten angehalten und/oder ein möglicher Ansehensverlust ausgeglichen wird.[892] Auf Berufspflichtverletzungen des Arztes kann (in Bayern) bei leichteren Verstößen mit Erlass eines Rügebescheids oder bei gravierenden Verstößen mit einem Antrag auf Einleitung eines berufsgerichtlichen Verfahrens reagiert werden.[893]

1. Rügeverfahren

Das Rügeverfahren ist im Gegensatz zum berufsgerichtlichen Verfahren Sache der Selbstverwaltung.[894] Die Rügemöglichkeit dient der Entlastung der Berufsgerichte.[895] Nach Art. 38 Abs. 1 S. 1 BayHKaG hat der Vorstand des ärztlichen Bezirksverbands die Möglichkeit, ein Mitglied aufgrund der Verletzung einer ihm obliegenden Berufspflicht zu rügen, sofern die Schuld des Arztes gering ist und der Antrag auf Einleitung eines berufsgerichtlichen Verfahrens nicht erforderlich erscheint.[896] Gegen das Mitglied kann ebenso in Verbindung mit der Rüge eine Geldbuße bis 5.000 € verhängt werden, die sodann zugunsten sozialer Einrichtungen der jeweiligen Kammer zu

890 Die Berufsvertreter der Ärzte sind die ärztlichen Kreisverbände, die ärztlichen Bezirksverbände und die Landesärztekammern, s. Art. 1 BayHKaG.

891 *Rehborn*, in: Prütting, Medizinrecht, Einleitung MBO-Ä, Rdn. 4; im Allgemeinen auch *Lipp*, in: Laufs et al., Arztrecht, Kapitel II, Rdn. 29; *Scholz*, in: Spickhoff, Medizinrecht, Vor §§ 1 ff. MBO-Ä, Rdn. 4.

892 *Scholz*, in: Spickhoff, Medizinrecht, Vor §§ 1 ff. MBO-Ä, Rdn. 6; vgl. auch *Ratzel/Knüpper*, in: Ratzel/Luxenburger, Handbuch Medizinrecht, Kapitel 6, Rdn. 61.

893 Im Allgemeinen *Lipp*, in: Laufs et al., Arztrecht, Kapitel II, Rdn. 29; *Ratzel/Knüpper*, in: Ratzel/Luxenburger, Handbuch Medizinrecht, Kapitel 6, Rdn. 61 m.w.N.; *Scholz*, in: Spickhoff, Medizinrecht, Vor §§ 1 ff. MBO-Ä, Rdn. 4 m.w.N.; *Gruner*, GesR 2017, 288 (289).

894 *Ratzel/Knüpper*, in: Ratzel/Luxenburger, Handbuch Medizinrecht, Kapitel 6, Rdn. 61 m.w.N.

895 *Kern/Rehborn*, in: Laufs et al., Handbuch des Arztrechts, § 17, Rdn. 18.

896 Zum Erlöschen des Rügerechts, s. Art. 38 Abs. 2 BayHKaG.

zahlen ist, s. Art. 38 Abs. 1 S. 2 BayHKaG. Das Mitglied ist vor Erteilung der Rüge zu hören, s. Art. 38 Abs. 3 S. 1 BayHKaG.[897] Der Rügebescheid ist zu begründen und dem Mitglied mit Rechtsmittelbelehrung zuzustellen, s. Art. 38 Abs. 3 S. 2 und 3 BayHKaG. Innerhalb eines Monats nach Zustellung ist es dem Mitglied gestattet, gegen den Rügebescheid Beschwerde bei der Landesärztekammer zu erheben, s. Art. 38 Abs. 4 S. 1 BayHKaG. Bei Zurückweisung der Beschwerde gegen den Rügebescheid kann das Mitglied innerhalb eines Monats nach Zustellung einen Antrag auf gerichtliche Entscheidung durch das Berufsgericht stellen, s. Art. 38 Abs. 5 S. 1 BayHKaG. Das Berufsgericht bestätigt entweder den Beschwerdebescheid oder hebt den Beschwerde- und Rügebescheid auf, s. Art. 38 Abs. 6 S. 1 BayHKaG.

2. Berufsgerichtliches Verfahren

Soweit Art. 38 Abs. 1 BayHKaG keine Anwendung findet, werden die Verletzungen von Berufspflichten durch die Mitglieder der Berufsvertretungen im berufsgerichtlichen Verfahren verfolgt, s. Art. 66 Abs. 1 S. 1 BayHKaG. Eingeleitet wird das berufsgerichtliche Verfahren nach Art. 77 Abs. 1 BayHKaG auf Antrag.[898] Der Vorstand des ärztlichen Bezirksverbands beantragt die Einleitung des berufsgerichtlichen Verfahrens etwa nach Art. 39 Abs. 1 BayHKaG, falls die Rüge zur Ahndung der Verletzung der Berufspflicht nicht genügt oder das Mitglied trotz der wirksamen Rüge das beanstandete Verhalten wiederholt. Sowohl auf Verweis, Geldbuße bis 100.000 €, Entziehung der Eigenschaft als Delegierter oder der Mitgliedschaft oder des Amts in Organen der Berufsvertretung und/oder Entziehung der Wählbarkeit zum Delegierten bzw. in Organe der Berufsvertretung bis zur Dauer von fünf Jahren kann im berufsgerichtlichen Verfahren erkannt werden, s. Art. 67 Abs. 1 Nr. 1 ff. BayHKaG.[899] Durch die berufsgerichtlichen Maßnahmen sollen die Berufsangehörigen zur Erfüllung ihrer spezifischen

---

897 S. auch *Ratzel/Knüpper*, in: Ratzel/Luxenburger, Handbuch Medizinrecht, Kapitel 6, Rdn. 228.

898 Zu den Antragsberechtigten, s. Art. 77 Abs. 1 Nr. 1 bis 3 BayHKaG.

899 Im Allgemeinen hierzu *Kern/Rehborn*, in: Laufs et al., Handbuch des Arztrechts, § 17, Rdn. 15; *Lipp*, in: Laufs et al., Arztrecht, Kapitel II, Rdn. 33; *Ratzel/Knüpper*, in: Ratzel/Luxenburger, Handbuch Medizinrecht, Kapitel 6, Rdn. 61, 228; zum Verhältnis der einzelnen Maßnahmen, s. Art. 67 Abs. 2 BayHKaG.

Berufspflichten angehalten werden, wodurch auch das Ansehen und die Funktionsfähigkeit des Standes garantiert wird.[900]

3. Verhältnis zum Strafverfahren

Ein Arzt, der seine berufsrechtlichen Pflichten verletzt, wird häufig zugleich anderen Vorschriften zuwiderhandeln.[901] Vor dem Hintergrund des Verbots der Doppelbestrafung („ne bis in idem") nach Art. 103 Abs. 3 GG ist insbesondere das Verhältnis zwischen Kriminal- und Disziplinarstrafen genauer zu betrachten.[902] Das Verbot der Doppelbestrafung sieht vor, dass niemand wegen derselben Tat aufgrund der allgemeinen Strafgesetze mehrmals bestraft werden darf, s. Art. 103 Abs. 3 GG. Da die Ahndung aufgrund des Berufsrechts, also spezifischer Sonderreglungen außerhalb des allgemeinen Strafrechts, erfolgt, kommen die allgemeinen Strafgesetze nicht mehrfach zur Anwendung, so dass ein Verhalten sowohl straf- als auch berufsrechtlich geahndet werden kann, ohne gegen Art. 103 Abs. 3 GG zu verstoßen.[903]

Es bleibt indessen stets zu prüfen, ob eine weitere berufsrechtliche Sanktion noch verhältnismäßig ist (Grundsatz der Verhältnismäßigkeit), also ob der disziplinarische Zweck bereits durch die Strafe erreicht ist oder inwieweit eine disziplinarische Maßnahme darüber hinaus noch erforderlich und geboten ist.[904] Es bedarf eines sogenannten „berufsrechtlichen Überhangs".[905] In Bayern wurde in Art. 67 Abs. 3 BayHKaG sogar ausdrücklich

---

900 *Taupitz*, NJW 1986, 2851 (2852) m.w.N. Das (Arzt-)Haftungsrecht bezweckt demgegenüber primär, einen Schaden, der einem anderen zugefügt wurde, auszugleichen, s. *Taupitz*, NJW 1986, 2851 (2853).

901 Vgl. *Lipp*, in: Laufs et al., Arztrecht, Kapitel II, Rdn. 35.

902 S. etwa BVerfGE 27, 180 (184 ff.) = NJW 1970, 507 (508 f.); *Kern/Rehborn*, in: Laufs et al., Handbuch des Arztrechts, § 17, Rdn. 22.

903 BVerfGE 27, 180 (184 ff.) = NJW 1970, 507 (508 f.); *Rehborn*, GesR 2004, 170 (174); s. auch *Lipp*, in: Laufs et al., Arztrecht, Kapitel II, Rdn. 35; vgl. auch BVerfGE 21, 378 (383 f.) = NJW 1967, 1651 (1652); BVerfGE 66, 337 (356 f.) = NJW 1984, 2341 (2342); a.A. *Lippert*, in: Ratzel et al., Kommentar zur MBO-Ä, Einleitung, Rdn. 8; *Ratzel/Knüpper*, in: Ratzel/Luxenburger, Handbuch Medizinrecht, Kapitel 6, Rdn. 229.

904 S. etwa BVerfGE 27, 180 (188 f.) = NJW 1970, 507 (509); *Lipp*, in: Laufs et al., Arztrecht, Kapitel II, Rdn. 35.

905 *Kern/Rehborn*, in: Laufs et al., Handbuch des Arztrechts, § 17, Rdn. 24; *Lipp*, in: Laufs et al., Arztrecht, Kapitel II, Rdn. 35; *Rehborn*, GesR 2004, 170 (174); *Scholz*, in: Spickhoff, Medizinrecht, Vor §§ 1 ff. MBO-Ä, Rdn. 6; zum Begriff, s. weiterführend auch *Lipp*, in: Laufs et al., Arztrecht, Kapitel II, Rdn. 35 m.w.N.; *Rehborn*, GesR 2004, 170 (174) m.w.N.

geregelt, dass von einem Verweis oder der Geldbuße bis 100.000 € (Art. 67 Abs. 1 Nr. 1 und 2 BayHKaG) abzusehen ist, sofern „ein Gericht oder eine Behörde wegen desselben Verhaltens bereits eine Strafe, Geldbuße, Disziplinarmaßnahme oder ein Ordnungsmittel verhängt hat," „es sei denn, dass diese Maßnahme zusätzlich erforderlich ist, um das Mitglied zur Erfüllung seiner Berufspflichten anzuhalten und das Ansehen des Berufsstandes zu wahren".[906]

IV. Fazit

Das Berufsausübungsrecht steht einer ausschließlichen Tele- bzw. Fernbehandlung seit der Liberalisierung des Berufsrechts nicht mehr entgegen. Das Verbot der ausschließlichen Fernbehandlung i.S.d. § 7 Abs. 4 S. 1 MBO-Ä/BayBO-Ä a.F. wurde aufgehoben.

Dennoch wird der Patient durch diese Änderung der Berufsordnung nicht schutzlos gestellt. Die Grenzen der berufsrechtlichen Zulässigkeit einer ausschließlichen Tele- bzw. Fernbehandlung werden durch die Vorschrift des § 7 Abs. 4 S. 3 MBO-Ä/BayBO-Ä, der als Ausnahmetatbestand ausgestaltet ist, festgelegt. Wird die Vorschrift durch die Parteien nicht abbedungen, darf eine Fernbehandlung ausschließlich über Fernkommunikationsmittel nur unter den strengen Voraussetzungen des § 7 Abs. 4 S. 3 MBO-Ä/BayBO-Ä vorgenommen werden. Die Behandlung eines Patienten aus der Ferne ausschließlich über Fernkommunikationsmittel muss daher aus medizinischer Sicht im konkreten Einzelfall ärztlich vertretbar, mithin durchführbar sein. Gewisse Umstände dürfen einer Fernbehandlung daher nicht von vornherein entgegenstehen und eine Abwägung der Vor- und Nachteile der ausschließlichen Tele- bzw. Fernbehandlung – im Vergleich zur persönlichen Behandlung vor Ort – muss die Fernbehandlung in der konkreten Situation rechtfertigen. Darf ein Patient aus der Ferne ärztliche versorgt werden, gilt es auch bei der Durchführung der ausschließlichen Tele- bzw. Fernbehandlung die erforderliche ärztliche Sorgfalt zu wahren. Der Arzt hat zum Schutz der Rechtsgüter des Patienten hierbei einen spezifischen Fernbehandlungsstandard einzuhalten. Fehlt es zum Zeitpunkt der Fernbehandlung (noch) an einem solchen, ist stattdessen der strengere Sorgfaltsmaßstab eines vorsichtigen Arztes zu beachten. Darüber hinaus bedarf es für die Zulässigkeit der ausschließlichen Tele- bzw. Fernbehandlung

906 So auch *Kern/Rehborn*, in: Laufs et al., Handbuch des Arztrechts, § 17, Rdn. 24.

der Einwilligung eines vorab nicht zuletzt über fernbehandlungsspezifische Besonderheiten aufgeklärten Patienten.

Liegen diese Voraussetzungen vor, ist die ausschließliche Tele- bzw. Fernbehandlung mittlerweile als anerkannte Form der Heilbehandlung anzusehen. Mithin muss es dem Arzt beispielsweise berufsrechtlich erlaubt sein, seinem Patienten im Rahmen der ausschließlichen Tele- bzw. Fernbehandlung ein Arzneimittel aus der Ferne zu verschreiben.

Um die Versorgungsstrukturen der Patienten nicht zu unterlaufen, ist der Arzt – trotz Digitalisierung des Gesundheitswesens – verpflichtet, sich nach § 17 Abs. 1 MBO-Ä/BayBO-Ä an einem Ort in einer Praxis niederzulassen. Da es sich bei der ausschließlichen Tele- bzw. Fernbehandlung nur um eine in Ausnahmefällen zulässige Form der Heilbehandlung handelt, sollte diese Pflicht zur Niederlassung auch zukünftig bestehen bleiben. Zugleich hat der Arzt die ausschließliche Tele- bzw. Fernbehandlung grundsätzlich an seinem Praxissitz und nicht an einem anderen Ort (z.B. Feriendomizil) durchzuführen. Berufsrechtliche Sanktionen hat der Arzt nicht zu befürchten, wenn er im Zusammenhang mit der ausschließlichen Tele- bzw. Fernbehandlung die durch die Berufsordnung gesetzten Grenzen einhält.

3. Kapitel: Arzthaftungsrecht

Die Haftung des Arztes für die Verletzung seiner Pflichten und dem Patienten zugefügte Schäden richtet sich auch bei der Anwendung von telemedizinischen Methoden nach den allgemeinen Grundsätzen des Arzthaftungsrechts.[907] Ein spezielles Telemedizingesetz existiert nicht.[908] Zugleich enthalten die zivilrechtlichen Regelungen – im Gegensatz zum ärztlichen Berufsrecht – keine spezielle Vorschrift zur ausschließliche Tele- bzw. Fernbehandlung.[909] Die zivilrechtliche Zulässigkeit der ausschließlichen Telebzw. Fernbehandlung hängt davon ab, ob und inwieweit die Grundsätze zum Arzthaftungsrecht der Beratung bzw. Behandlung aus der Ferne ausschließlich über Kommunikationsmedien Grenzen setzen.

A. Einführung

Ein Schadensersatzanspruch des geschädigten Patienten kann im Allgemeinen sowohl auf vertraglicher (§§ 280 ff. BGB) als auch auf deliktischer Grundlage (§§ 823 ff. BGB) beruhen.[910] Durch Art. 1 des Gesetzes zur Verbesserung der Rechte von Patientinnen und Patienten vom 20.02.2013[911] wurde der Behandlungsvertrag in den §§ 630a ff. BGB kodifiziert und mithin das Arzthaftungsrecht als Materie des Vertragsrechts ausgestaltet[912]. Nicht zuletzt das anhand des Deliktsrechts entwickelte Richterrecht[913]

907 So etwa *Spindler*, in: BeckOGK-BGB, § 823, Rdn. 1071; vgl. *Hahn*, Telemedizin, S. 25 ff.

908 S. Einführung.

909 Vgl. früher *Tillmanns*, Persönliche Leistungserbringungspflicht, S. 74.

910 So etwa *Janda*, Medizinrecht, S. 314; *Nebendahl*, in: Igl/Welti, Gesundheitsrecht, § 47, Rdn. 1; *Prütting/Prütting*, Medizin- und Gesundheitsrecht, § 23, Rdn. 1; *Hager*, in: Staudinger, § 823 BGB, Rdn. I 6; *Wenzel*, in: Wenzel, Handbuch Medizinrecht, Kapitel 4, Rdn. 2.

911 BGBl. I, 277.

912 Vgl. *Wagner*, in: MüKo-BGB, § 823, Rdn. 1071.

913 Die Entwicklung des Arzthaftungsrecht innerhalb des Deliktsrechts ist damit zu begründen, dass bis 2002 Schmerzensgeld im Fall der Fehlbehandlung nur nach dem Deliktsrecht – nach § 847 BGB a.F. – ersetzt werden konnte, s. *Deutsch/Spickhoff*, Medizinrecht, Rdn. 96; *Wenzel*, in: Wenzel, Handbuch Medizinrecht, Kapitel 4,

zur Verantwortlichkeit von Ärzten und anderen Dienstleistern des Gesundheitswesens wurde hierdurch gesetzlich verankert.[914] Eine Abkehr von der bisherigen Rechtsprechung zum Arzthaftungsrecht ist hiermit nicht verbunden.[915] Vielmehr bezweckt die Einführung der §§ 630a bis 630h BGB, einen wesentlichen Beitrag für mehr Transparenz und Rechtssicherheit zu schaffen.[916] Das Recht soll übersichtlicher und klarer werden.[917] Das Richterrecht zur Arzthaftung bleibt somit auch nach der Einführung der §§ 630a ff. BGB verwertbar.[918]

Obwohl das Arzthaftungsrecht mittlerweile in den §§ 630a ff. BGB festgeschrieben wurde, bleiben die deliktischen Vorschriften weiterhin anwendbar.[919] Nach dem sogenannten Kumulationsprinzip[920] bestehen die Haftungssysteme nebeneinander.[921] Allerdings wurde bereits in der Gesetzesbegründung zu den §§ 630a ff. BGB betont, dass die deliktische Haftung neben der vertraglichen Haftung womöglich weiter an eigenständiger Bedeutung einbüßen werde und dies hinzunehmen sei.[922] Für die rechtliche Beurteilung der ausschließlichen Tele- bzw. Fernbehandlung sollen daher in den nachfolgenden Ausführungen gerade die (Neu-)Regelungen der §§ 630a ff. BGB in den Vordergrund gerückt werden. Sofern ein Fernbehandler eine Pflicht aus dem Schuldverhältnis verletzt, mithin ein ärztlicher Behandlungs- oder Aufklärungsfehler vorliegt,[923] er die Pflichtverletzung zu

---

Rdn. 4; vgl. *Bergmann*, in: Bergmann et al., Gesamtes Medizinrecht, § 823 BGB, Rdn. 1.

914 BT-Drs. 17/10488, 9; s. auch *Wagner*, in: MüKo-BGB, § 823, Rdn. 1071.

915 Vgl. BT-Drs. 17/10488, 9, 13; *Wagner*, in: MüKo-BGB, Vor § 630a, Rdn. 9.

916 BT-Drs. 17/10488, 9.

917 BT-Drs. 17/10488, 9.

918 *Wagner*, in: MüKo-BGB, Vor § 630a, Rdn. 9.

919 BT-Drs. 17/10488, 17, s. auch *Wagner*, in: MüKo-BGB, Vor § 630a, Rdn. 24.

920 So etwa bezeichnet bei *Wagner*, in: MüKo-BGB, Vor § 630a, Rdn. 24.

921 BT-Drs. 17/10488, 17; *Kern/Rehborn*, in: Laufs et al., Handbuch des Arztrechts, § 92, Rdn. 22; kritisch zum Kumulationsprinzip *Wagner*, in: MüKo-BGB, Vor § 630a, Rdn. 25 m.w.N.

922 BT-Drs. 17/10488, 17 f.

923 Zur Unterteilung der Pflichtverletzung im Allgemeinen, vgl. etwa *Katzenmeier*, in: BeckOK-BGB, § 630a, Rdn. 15; *Wagner*, in: MüKo-BGB, § 630a, Rdn. 125; *Weidenkaff*, in: Grüneberg, § 630a BGB, Rdn. 25; *Wenzel*, in: Wenzel, Handbuch Medizinrecht, Kapitel 4, Rdn. 1.

vertreten hat,[924] und ein kausal[925] hierauf beruhender Schaden eingetreten ist, liegen die haftungsbegründenden Voraussetzungen der §§ 280 Abs. 1 i.V.m. 630a BGB[926] vor.[927]

---

924 Pflichtverletzung und Vertretenmüssen fallen im Arzthaftunsgrecht in der Regel zusammen, so etwa *Kunz-Schmidt*, MedR 2009, 517 (518); *Leupold/Wiesner*, in: Leupold et al., IT-Recht, Teil 13, Rdn. 74; *Prütting/Prütting*, Medizin- und Gesundheitsrecht, § 23, Rdn. 11; *Quaas*, in: Quaas et al., Medizinrecht, § 14, Rdn. 72; *Wenzel*, in: Wenzel, Handbuch Medizinrecht, Kapitel 4, Rdn. 4; zur Problematik der Anwendbarkeit der Verschuldensvermutung des § 280 Abs. 1 S. 2 BGB im Arzthaftungsrecht, vgl. etwa *Bäune/Dahm*, MedR 2004, 645 (652 f.); *Deuring*, JuS 2020, 489 (490 f.); *Janda*, Medizinrecht, S. 340; *Kern*, in: Laufs et al., Handbuch des Arztrechts, § 106, Rdn. 16; *Kern*, in: Jorzig, Handbuch Arzthaftungsrecht, 1. Teil, 1. Kapitel, Rdn. 28; *Prütting/Prütting*, Medizin- und Gesundheitsrecht, § 23, Rdn. 11; *Schütze/Kamler*, DMW 2007, 453; *Wagner*, in: MüKo-BGB, Vor § 630a, Rdn. 21 ff.; *Wenzel*, in: Wenzel, Handbuch Medizinrecht, Kapitel 4, Rdn. 4.

925 Die meisten Klagen scheitern nicht daran, dass der Behandlungsfehler nicht nachgewiesen werden konnte, sondern am Nachweis der Kausalität, so *Jung et al.*, in: Ratzel/Luxenburger, Handbuch Medizinrecht, Kapitel 14, Rdn. 107. Obwohl der Patienten grundsätzlich (auch) für die Kausalität des pflichtwidrigen Verhaltens für den eingetreten Schaden beweisbelastet ist, s. BT-Drs. 17/10488, 11; BGH, NJW 2009, 3787 (3790); OLG Naumburg, NJW-RR 2012, 1375 (1376); OLG Koblenz, VersR 2017, 353; *Schütz/Dopheide*, VersR 2009, 475; *Wagner*, in: MüKo-BGB, § 630h, Rdn. 7, sieht die Vorschrift des § 630h Abs. 4 und 5 BGB diesbzgl. Beweiserleichterungen vor, s. hierzu etwa *Deuring*, JuS 2020, 489 (492); *Hindemith/Schwarze*, in: Jorzig, Handbuch Arzthaftungsrecht, 1. Teil, 5. Kapitel, Rdn. 110 ff.; *Wagner*, in: MüKo-BGB, § 630h, Rdn. 73 ff.

926 Die Vorschriften der §§ 630a ff. BGB enthalten, obwohl das Behandlungsvertragsrecht gerade auf die Arzthaftung ausgerichtet ist, keine spezielle Anspruchsgrundlage für etwaige Schadensersatzansprüche gegen den Behandler, s. BT-Drs. 17/10488, 10 f.; *Wagner*, in: MüKo-BGB, Vor § 630a, Rdn. 11; so auch *Heyers/Heyers*, MDR 2001, 918 (919). Zu begründen ist der Verzicht auf eine eigenständige Anspruchsgrundlage in den §§ 630a ff. BGB damit, dass bei der Einführung der §§ 630a ff. BGB an der grundsätzlichen Systematik des BGB festgehalten wurde, s. BT-Drs. 17/10488, 10 f.; *Wagner*, in: MüKo-BGB, Vor § 630a, Rdn. 10. Die allgemeinen Regelungen, die für alle besonderen Schuldverhältnisse gelten, werden im BGB „vor die Klammer gezogen", s. BT-Drs. 17/10488, 11. Dass im Behandlungsvertragsrecht anders als bei anderen Vertragstypen (etwa im Kaufrecht oder Werkvertragsrecht) davon abgesehen wurde, eine Verweisungsnorm einzufügen, steht der Anwendung der allgemeinen Vorschriften nicht entgegen, s. *Wagner*, in: MüKo-BGB, Vor § 630a, Rdn. 10 m.w.N.

927 Vgl. im Allgemeinen etwa *Deuring*, JuS 2020, 489 (489 ff.); *Jung et al.*, in: Ratzel/Luxenburger, Handbuch Medizinrecht, Kapitel 14, Rdn. 41; *Middendorf*, in: Bergmann et al., Gesamtes Medizinrecht, § 280 BGB, Rdn. 1; *Wagner*, in: MüKo-BGB, Vor § 630a, Rdn. 17; *Weidenkaff*, in: Grüneberg, § 630a BGB, Rdn. 40.

B. Vertragliches Schuldverhältnis

I. Kein Fernbehandlungsvertrag in Form eines quasi-Vertragstyps sui generis

Vereinzelt wird vertreten, dass der Fernbehandler und sein Patient einen Fernbehandlungsvertrag in Form eines quasi-Vertragstyps sui generis[928] schließen.[929] Dies überzeugt nicht. Die telemedizinische Behandlung unterfällt vielmehr dem Anwendungsbereich der §§ 630a ff. BGB.[930] Obwohl bei der Durchführung einer ausschließlichen Fernbehandlung die Behandlung eines Patienten anstatt vor Ort aus der Ferne erbracht wird, bleibt der Vertragsgegenstand die medizinische Behandlung des Patienten, zu deren Leistung sich der Behandler verpflichtet.[931] Für die telemedizinische Maßnahme ist die Erbringung einer konkreten medizinischen Dienstleistung gerade charakteristisch.[932] Das Gesetz selbst unterscheidet nicht zwischen einer Behandlung vor Ort und einer solchen aus der Ferne, sondern ist aufgrund der offenen Formulierungen weitreichend und umfasst jede Vereinbarung über eine medizinische Behandlung. Ebenso legt sich der Wortlaut des § 630a BGB gerade nicht auf das Wie der medizinischen Behandlung fest.[933]

II. Behandlungsvertrag i.S.d. § 630a BGB

1. Besonderer Dienstvertragstyp

Da der Behandlungsvertrag als ein „dienstvertragsähnlicher Vertrag" zu qualifizieren ist,[934] schuldet der Arzt dem Patienten lediglich ein sorgfälti-

---

928 So bezeichnet bei *Lafontaine*, in: jurisPK-BGB, § 630a, Rdn. 171.

929 A.A. *Lafontaine*, in: jurisPK-BGB, § 630a, Rdn. 171.

930 So auch *Bundesärztekammer*, Fragenkatalog zur Fernbehandlung (08.01.2021); *Herkenrath*, Ärztliche Fernbehandlung, S. 96 f.; *Kaeding*, MedR 2019, 288; *Kalb*, GesR 2018, 481 (486); *Leupold/Wiesner*, in: Leupold et al., IT-Recht, Teil 13, Rdn. 42; *Schickert et al.*, in: Sassenberg/Faber, Rechtshandbuch Industrie 4.0, § 15, Rdn. 55; vgl. auch *Siglmüller*, Rechtsfragen der Fernbehandlung, S. 127 f., 131.

931 Vgl. *Link*, Telemedizinische Anwendungen, S. 114.

932 S. Teil 1, 1. Kapitel, C.III.

933 *Kaeding*, MedR 2019, 288.

934 Der Gesetzgeber des Patientenrechtegesetzes bezeichnet den Behandlungsvertrag als eine „spezielle Form des Dienstvertrages", s. BT-Drs. 17/10488, 17; s. auch *Blech-*

ges Bemühen um Besserung und Heilung und nicht den Behandlungserfolg, s. auch § 630a Abs. 2 BGB.[935] Würde man den Behandlungsvertrag stattdessen als besonderen Werkvertrag qualifizieren, müsste der Arzt eine Gewähr für den Behandlungserfolg übernehmen.[936] Die Gesundung eines Patienten liegt jedoch nicht ausschließlich in der Hand des Arztes, da die Vorgänge im menschlichen Körper komplex sind und eine Heilung weder sicher geplant noch gänzlich beherrscht werden kann.[937] Sofern sich ein Fernbehandler um die Heilung seines Patienten bemüht, haftet er nicht, wenn sich der Gesundheitszustand des Patienten weder verbessert noch eine Heilung eintritt.[938]

---

schmitt, Roboterassistierte Chirurgie, S. 50; *Deuring*, JuS 2020, 489; *Spickhoff*, in: Spickhoff, Medizinrecht, § 630a BGB, Rdn. 6. Die Einordnung des Behandlungsvertrags als besonderen Dienstvertragstyp ist zum einen damit zu begründen, dass die §§ 630a ff. BGB im Titel 8 „Dienstvertrag und ähnliche Verträge" im Anschluss an die Regelungen des allgemeinen Dienstvertragsrechts in einem eigenen Untertitel aufgenommen wurden, s. BT-Drs. 17/10488, 10; *Deuring*, JuS 2020, 489; *Prütting/Friedrich*, in: Prütting, Medizinrecht, § 630a BGB, Rdn. 1; *Spickhoff*, in: Spickhoff, Medizinrecht, § 630a BGB, Rdn. 6; *Wagner*, in: MüKo-BGB, § 630a, Rdn. 3. Zum anderen verweisen die Vorschriften über den Behandlungsvertrag größtenteils auf die Vorschriften über das Dienstverhältnis, sofern das Behandlungsvertragsrecht selbst nicht etwas anderes bestimmt, s. § 630b BGB; s. auch *Prütting/Friedrich*, in: Prütting, Medizinrecht, § 630a BGB, Rdn. 1; *Wagner*, in: MüKo-BGB, § 630a, Rdn. 3. Der Gesetzgeber des Patientenrechtgesetzes hat folglich festgeschrieben, was bereits vor der Einführung der §§ 630a ff. BGB galt, da der Behandlungsvertrag in der Regel als Dienst- und nicht als Werkvertrag eingeordnet wurde, s. BT-Drs. 17/10488, 17; *Deuring*, JuS 2020, 489. Einordnung als Dienstvertrag etwa schon bei BGHZ 47, 75 (78 f.) = NJW 1967, 673; BGHZ 76, 259 (261) = NJW 1980, 1452 (1453); BGHZ 97, 273 (276) = NJW 1986, 2364.

935 BT-Drs. 17/10488, 17; s. auch *Deuring*, JuS 2020, 489; *Spickhoff* spricht von einem persönlichen Dienstvertrag ohne Gesundheitsgarantie, s. *Spickhoff*, in: Spickhoff, Medizinrecht, § 630a BGB, Rdn. 6.

936 BT-Drs. 17/10488, 17; s. auch *Wagner*, in: MüKo-BGB, § 630a, Rdn. 4.

937 BT-Drs. 17/10488, 17; s. auch *Wagner*, in: MüKo-BGB, § 630a, Rdn. 4.

938 So im Allgemeinen BT-Drs. 17/10488, 17; *Nebendahl*, in: Igl/Welti, Gesundheitsrecht, § 48, Rdn. 1; *Wagner*, in: MüKo-BGB, § 630a, Rdn. 5; vgl. *Kunz-Schmidt*, MedR 2009, 517 (517 f.).

2. Vertragsschluss

Die Vertragsparteien sind bei einer ambulanten Behandlung – unabhängig davon, ob der Patient Selbstzahler, Kassen- oder Privatpatient ist –[939] der Arzt, der sich in eigener Praxis niedergelassen hat,[940] und sein Patient[941]. Auch bei einer Fernbehandlung gelten im Hinblick auf den Vertragsschluss die allgemeinen Grundsätze.[942] Behandlungsverträge über ambulante Behandlungen werden häufig durch konkludentes Verhalten geschlossen.[943] In der Regel kommt der Vertrag dadurch konkludent zu Stande, dass sich der Patient zu seinem Arzt begibt und dieser mit der Behandlung beginnt.[944] Eine vertragliche Beziehung zwischen einem Arzt und seinem Patienten entsteht aber beispielsweise auch dann, wenn der Patient eine Besuchsbitte telefonisch mitteilt, welcher der Arzt sodann entspricht.[945]

Ebenso wird bei einer ausschließlichen Tele- bzw. Fernbehandlung der Vertrag mit dem Arzt häufig durch konkludentes Verhalten geschlossen.[946] Es reicht hierfür indessen noch nicht aus, wenn sich die Parteien auf einer Plattform zum Zweck der medizinischen Behandlung einwählen und eine Zuteilung (z.B. anhand der Symptome des Patienten) stattfindet. Dem Patienten steht es frei auszuwählen, von welchem Arzt er sich behandeln

939 *Deuring*, JuS 2020, 489; *Spickhoff*, in: Spickhoff, Medizinrecht, § 630a BGB, Rdn. 20 m.w.N.; *Wagner*, in: MüKo-BGB, § 630a, Rdn. 24; *Weidenkaff*, in: Grüneberg, § 630a BGB, Rdn. 2.

940 Zu weiteren Konstellationen, s. etwa *Nebendahl*, in: Igl/Welti, Gesundheitsrecht, § 47, Rdn. 28 ff.; *Spickhoff*, in: Spickhoff, Medizinrecht, § 630a BGB, Rdn. 24; *Wagner*, in: MüKo-BGB, § 630a, Rdn. 24 ff.

941 *Nebendahl*, in: Igl/Welti, Gesundheitsrecht, § 47, Rdn. 25; *Weidenkaff*, in: Grüneberg, § 630a BGB, Rdn. 3.

942 Vgl. *Hahn*, Telemedizin, S. 25 f.; *Link*, Telemedizinische Anwendungen, S. 109 f.; zu den Folgen einer Täuschung über die Person, s. *Siglmüller*, Rechtsfragen der Fernbehandlung, S. 128 f.

943 *Kern/Rehborn*, in: Laufs et al., Handbuch des Arztrechts, § 45, Rdn. 2; *Lipp*, in: Laufs et al., Arztrecht, Kapitel III, Rdn. 20; *Weidenkaff*, in: Grüneberg, § 630a BGB, Rdn. 6; *Wenzel*, in: Wenzel, Handbuch Medizinrecht, Kapitel 4, Rdn. 13; vgl. auch BGH, NJW-RR 2017, 596.

944 *Katzenmeier*, in: BeckOK-BGB, § 630a, Rdn. 37; *Lipp*, in: Laufs et al., Arztrecht, Kapitel III, Rdn. 20; vgl. BGH, NJW 2000, 3429 (3431).

945 BGH, NJW 1961, 2068; *Kern/Rehborn*, in: Laufs et al., Handbuch des Arztrechts, § 45, Rdn. 2; vgl. *Katzenmeier*, in: BeckOK-BGB, § 630a, Rdn. 37; *Lipp*, in: Laufs et al., Arztrecht, Kapitel III, Rdn. 20; *Wenzel*, in: Wenzel, Handbuch Medizinrecht, Kapitel 4, Rdn. 13; s. weiterführend zum Vertragsschluss auch *Link*, Telemedizinische Anwendungen, S. 109 f.

946 Vgl. auch *Tillmanns*, Persönliche Leistungserbringungspflicht, S. 205 ff.

lassen möchte (Abschlussfreiheit).[947] Demgegenüber ist es auch dem Arzt – im Grundsatz und von Ausnahmefällen abgesehen –[948] überlassen, sich nur demjenigen Patienten anzunehmen, den er auch behandeln möchte.[949] Begibt sich der Patient willentlich in die Behandlung des Arztes und behandelt bzw. berät der Arzt den Patienten sodann diagnostisch oder kurativ, wird ein Vertrag geschlossen, unabhängig davon, ob die Parteien physisch an einem Ort anwesend sind oder nicht.[950]

3. Formfreiheit

Der Vertragsschluss aus der Ferne führt nicht zur Nichtigkeit nach § 125 BGB, da die §§ 630a ff. BGB kein Formerfordernis enthalten.[951] Es ist daher nicht erforderlich, dass die Parteien entsprechend § 126a Abs. 2 BGB ein gleichlautendes elektronisches Dokument derart elektronisch signieren, dass sie das jeweilige Dokument mit dem Namen und einer qualifizierten elektronischen Signatur versehen. Der Gesetzgeber betont vielmehr, dass es sich um einen formfreien Behandlungsvertrag handele.[952] Der Vertrag kann daher auch via Video-Chat oder E-Mail geschlossen werden.[953]

---

947 *Katzenmeier*, in: BeckOK-BGB, § 630a, Rdn. 40; *Lipp*, in: Laufs et al., Arztrecht, Kapitel III, Rdn. 21; *Prütting/Friedrich*, in: Prütting, Medizinrecht, § 630a BGB, Rdn. 7; *Weidenkaff*, in: Grüneberg, § 630a BGB, Rdn. 6; *Wenzel*, in: Wenzel, Handbuch Medizinrecht, Kapitel 4, Rdn. 15.

948 S. hierzu etwa *Lipp*, in: Laufs et al., Arztrecht, Kapitel III, Rdn. 22; *Prütting/Friedrich*, in: Prütting, Medizinrecht, § 630a BGB, Rdn. 9; *Weidenkaff*, in: Grüneberg, § 630a BGB, Rdn. 6.

949 *Katzenmeier*, in: BeckOK-BGB, § 630a, Rdn. 41 ff.; *Lipp*, in: Laufs et al., Arztrecht, Kapitel III, Rdn. 22; *Prütting/Friedrich*, in: Prütting, Medizinrecht, § 630a BGB, Rdn. 8 f.; *Wenzel*, in: Wenzel, Handbuch Medizinrecht, Kapitel 4, Rdn. 15.

950 So für die fernmündliche Beratung *Wenzel*, in: Wenzel, Handbuch Medizinrecht, Kapitel 4, Rdn. 13; vgl. *Tillmanns*, Persönliche Leistungserbringungspflicht, S. 207.

951 So auch *Hahn*, Telemedizin, S. 25; *Leupold/Wiesner*, in: Leupold et al., IT-Recht, Teil 13, Rdn. 42; im Allgemeinen etwa *Kern/Rehborn*, in: Laufs et al., Handbuch des Arztrechts, § 45, Rdn. 1 m.w.N.; *Walter*, in: BeckOGK-BGB, § 630a, Rdn. 65; *Wagner*, in: MüKo-BGB, § 630a, Rdn. 61.

952 BT-Drs. 17/10488, 10.

953 *Hahn*, Telemedizin, S. 25; *Leupold/Wiesner*, in: Leupold et al., IT-Recht, Teil 13, Rdn. 42.

4. Beendigung des Behandlungsvertrages

Da die Beendigung des Behandlungsvertrages in den §§ 630a ff. BGB nicht geregelt ist, sind die Vorschriften zur Beendigung des Dienstverhältnisses über § 630b BGB anwendbar.[954] Der Behandlungsvertrag endet in der Regel durch Zweckerreichung oder Kündigung.[955] Daneben kann der Behandlungsvertrag durch einverständliche Aufhebung beendet werden.[956]

Da es sich bei einer ärztlichen Behandlung um Dienste höherer Art i.S.d. § 627 BGB handelt, können grundsätzlich beide Vertragsparteien den Behandlungsvertrag jederzeit und ohne Erfordernis eines wichtigen Grundes i.S.d. § 626 BGB kündigen.[957] Das (uneingeschränkte)[958] Kündigungsrecht des Patienten entspricht zugleich seinem Selbstbestimmungsrecht und dem Wesen des Behandlungsvertrages, welcher auf Vertrauen gegründet wird.[959] Die Wirksamkeit der Kündigung wird auch nicht dadurch beeinflusst, dass Kassenpatienten nach § 76 Abs. 3 S. 1 SGB V den Arzt, der an der vertragsärztlichen Versorgung teilnimmt, innerhalb eines Kalenderjahres lediglich bei Vorliegen eines wichtigen Grundes wechseln sollten.[960]

Für den Arzt sieht § 627 Abs. 2 BGB eine Beschränkung des Kündigungsrechts vor.[961] Mangelt es an einem wichtigen Grund für eine unzeitige Kündigung, darf der Arzt nur in der Art kündigen, dass sich der Patient die Dienste anderweitig beschaffen kann, s. §§ 630b i.V.m. § 627 Abs. 2 S. 1 BGB.[962] Die ärztliche Behandlung darf lediglich dann abgebrochen werden, wenn weder Leben noch Gesundheit des Patienten bis zum Eintreffen des

---

954 *Bergmann/Middendorf*, in: Bergmann et al., Gesamtes Medizinrecht, § 630b BGB, Rdn. 2; *Kern*, in: Laufs et al., Handbuch des Arztrechts, § 48, Rdn. 1; *Lipp*, in: Laufs et al., Arztrecht, Kapitel III, Rdn. 31.

955 *Kern*, in: Laufs et al., Handbuch des Arztrechts, § 48, Rdn. 3 ff.; *Lipp*, in: Laufs et al., Arztrecht, Kapitel III, Rdn. 31; *Wagner*, in: MüKo-BGB, § 630a, Rdn. 69.

956 So etwa *Wagner*, in: MüKo-BGB, § 630a, Rdn. 69.

957 *Henssler*, in: MüKo-BGB, § 627, Rdn. 1; *Kern*, in: Laufs et al., Handbuch des Arztrechts, § 48, Rdn. 4; *Lipp*, in: Laufs et al., Arztrecht, Kapitel III, Rdn. 31; *Rehborn/Gescher*, in: Erman, § 630b BGB, Rdn. 4; *Wagner*, in: MüKo-BGB, § 630a, Rdn. 71.

958 So *Plum*, in: BeckOK-BGB, § 627, Rdn. 12.

959 *Kern*, in: Laufs et al., Handbuch des Arztrechts, § 48, Rdn. 5; *Lipp*, in: Laufs et al., Arztrecht, Kapitel III, Rdn. 32.

960 *Kern*, in: Laufs et al., Handbuch des Arztrechts, § 48, Rdn. 6; *Wagner*, in: MüKo-BGB, § 630a, Rdn. 72.

961 *Kern*, in: Laufs et al., Handbuch des Arztrechts, § 48, Rdn. 7; *Wagner*, in: MüKo-BGB, § 630a, Rdn. 73.

962 S. auch *Wagner*, in: MüKo-BGB, § 630a, Rdn. 73.

anderen Arztes gefährdet sind.[963] Falls der Arzt ohne wichtigen Grund zur Unzeit kündigt, hat er dem Patienten den daraus entstandenen Schaden zu ersetzen, s. §§ 630b i.V.m. § 627 Abs. 2 S. 2 BGB.[964] Auch einem Fernbehandler steht es daher frei, den Behandlungsvertrag zu beenden, solange er die in § 627 Abs. 2 S. 1 BGB festgelegten Grenzen beachtet.

III. Fernabsatzverträge und Elektronischer Geschäftsverkehr?

1. Keine Anwendung der Regelungen über Fernabsatzverträge

Für die ausschließliche Tele- bzw. Fernbehandlung ist charakteristisch, dass die Parteien zur Überwindung einer räumlichen Distanz IuK-Technologien einsetzen.[965] Es liegt daher nahe, den Vertrag als Fernabsatzvertrag i.S.d. § 312c BGB zu qualifizieren, da für die Vertragsverhandlungen und den Vertragsschluss ausschließlich Fernkommunikationsmittel verwendet werden, s. § 312c Abs. 1 BGB.[966] Die Anwendung der Vorschrift würde zu weiteren Rechten des Verbrauchers (z.B. Widerrufsrecht nach §§ 312g Abs. 1 i.V.m. 355 BGB) und zu weiteren haftungsrechtlich relevanten Pflichten des Arztes (z.B. Informationspflicht nach § 312d BGB) führen.[967]

Die Vorschriften der §§ 312a ff. BGB sind – bis auf wenige Ausnahmen – für Behandlungsverträge nach § 312 Abs. 2 Nr. 7 BGB jedoch ausdrücklich ausgeschlossen.[968] Der Patient wird stattdessen durch die speziell geregel-

---

963 *Henssler*, in: MüKo-BGB, § 627, Rdn. 36 m.w.N.; *Plum*, in: BeckOK-BGB, § 627, Rdn. 13.

964 *Lipp*, in: Laufs et al., Arztrecht, Kapitel III, Rdn. 33; *Wagner*, in: MüKo-BGB, § 630a, Rdn. 73.

965 S. Teil 1, 1. Kapitel, C.I. und C.II.

966 So etwa *Herkenrath*, Ärztliche Fernbehandlung, S. 97 ff.; *Kaeding*, MedR 2019, 288 (289 ff.); *Scholz*, in: Spickhoff, Medizinrecht, § 7 MBO-Ä, Rdn. 15; *Tillmanns*, Persönliche Leistungserbringungspflicht, S. 208.

967 Vgl. *Hahn*, Telemedizin, S. 25; *Kaeding*, MedR 2019, 288 (290 ff.).

968 So auch *Bundesärztekammer*, Fragenkatalog zur Fernbehandlung (08.01.2021); *Gutmann*, in: Staudinger, § 630a BGB, Rdn. 12; *Hahn*, Telemedizin, S. 25; *Leupold/Wiesner*, in: Leupold et al., IT-Recht, Teil 13, Rdn. 42 m.w.N.; kritisch hierzu *Kalb*, GesR 2018, 481 (487); a.A. *Kaeding*, MedR 2019, 288 (289 ff.); *Scholz*, in: Spickhoff, Medizinrecht, § 7 MBO-Ä, Rdn. 15; zum Vorschlag einer teleologischen Reduktion des § 312 Abs. 2 Nr. 7 BGB, s. *Siglmüller*, Rechtsfragen der Fernbehandlung, S. 138.

ten Informations-, Aufklärungs- und Dokumentationspflichten nach den §§ 630a ff. BGB geschützt.[969]

2. Keine allgemeinen und besonderen Pflichten im elektronischen Geschäftsverkehr

Obwohl die Regelungen der §§ 312a ff. BGB für Behandlungsverträge größtenteils unbeachtlich sind, sehen die §§ 312i und 312j BGB für Verträge im elektronischen Geschäftsverkehr weitere Pflichten des Unternehmers[970] vor, die von dem Ausschluss des § 312 Abs. 2 Nr. 7 BGB nicht umfasst sind. Der Unternehmer muss sich zum Zweck des Vertragsabschlusses Telemedien bedienen.[971] Da der Begriff der Telemedien – im Vergleich zur Legaldefinition der Fernkommunikationsmitteln nach § 312c Abs. 2 BGB – wesentlich enger gefasst wird, sind von dem Anwendungsbereich etwa Vertragsschlüsse mittels Brief- oder Telefonverkehr ausgenommen.[972] Die Pflichten des Fernbehandlers würden sodann je nach gewähltem Fernkommunikationsmittel[973] erheblich variieren.

Wird der Vertrag allerdings ausschließlich durch individuelle Kommunikation geschlossen, sind die allgemeinen und besonderen Pflichten im elektronischen Geschäftsverkehr nach § 312i Abs. 2 S. 1 BGB und § 312j Abs. 5 S. 1 BGB weitgehend unbeachtlich.[974] Die Vorschriften sollen nämlich gerade vor den typischen Risiken des Online-Handels schützen, der sich durch überwiegend anonyme und standardisierte Vertragsschlussmechanismen auszeichnet.[975] Bei einer ausschließlichen Fernbehandlung bleibt das persönliche Arzt-Patienten-Verhältnis als solches trotz der räumlichen Entfernung der Parteien indessen erhalten. Ein zusätzlicher Schutz nach §§ 312i f. BGB ist mithin nicht erforderlich.[976] Der Arzt tritt mit seinem Patienten

---

969 *Bundesärztekammer*, Fragenkatalog zur Fernbehandlung (08.01.2021); *Wendehorst*, in: MüKo-BGB, § 312, Rdn. 84; s. auch *Gutmann*, in: Staudinger, 630a BGB, Rdn. 12.

970 Als Unternehmer i.S.d. § 14 Abs. 1 BGB kommen auch Ärzte in Betracht, so etwa *Mansel*, in: Jauernig, § 14 BGB, Rdn. 2.

971 S. auch *Maume*, in: BeckOK-BGB, § 312i, Rdn. 10.

972 Vgl. *Maume*, in: BeckOK-BGB, § 312i, Rdn. 14; *Grüneberg*, in: Grüneberg, § 312i BGB, Rdn. 2; vgl. auch AG Bonn, BeckRS 2008, 25629.

973 S. Teil 1, 2. Kapitel, B.I.1.a)aa).

974 So auch *Kaeding*, MedR 2019, 288 (289).

975 *Busch*, in: BeckOGK-BGB, § 312i, Rdn. 49.

976 Differenzierend *Siglmüller*, Rechtsfragen der Fernbehandlung, S. 139.

persönlich in Kontakt und wendet sich nicht an eine unbegrenzte Zahl von Kunden, die nicht individualisierbar sind.[977]

IV. Fazit

Bei einer ausschließlichen Tele- bzw. Fernbehandlung kommt zwischen den Parteien ein Behandlungsvertrag i.S.d. § 630a BGB zu Stande. Obwohl eine ärztliche Versorgung aus der Ferne gewisse Besonderheiten (z.B. Überwindung einer räumlichen Distanz) aufweist, wirkt sich dies auf das Vertragsverhältnis kaum aus. Vielmehr fügt sich die telemedizinische Behandlung ohne größere Probleme in das Recht des Behandlungsvertrages ein.[978]

C. Behandlungsfehler des Fernbehandlers

I. Allgemein anerkannte fachliche Standards i.S.d. § 630a Abs. 2 BGB

Wenngleich der Begriff des Behandlungsfehlers[979] für die zivilrechtliche Haftung des Arztes bedeutend ist, wird dieser gesetzlich nicht (legal-)definiert.[980] Hierunter wird ein nach dem Stande der Medizin unsachgemäßes Verhalten des Arztes verstanden.[981] Ein solches ärztliches Verhalten kann „sowohl in einem Tun wie in einem Unterlassen liegen, in der Vornahme eines nicht indizierten wie in der Nichtvornahme eines gebotenen Eingriffs, in Fehlmaßnahmen und unrichtigen Dispositionen bei der Anamne-

---

977 Vgl. im Allgemeinen BT-Drs. 14/6040, 172; *Maume*, in: BeckOK-BGB, § 312i, Rdn. 20.

978 So auch *Leupold/Wiesner*, in: Leupold et al., IT-Recht, Teil 13, Rdn. 42.

979 Früher wurde der Behandlungsfehler zwar als „Kunstfehler" bezeichnet, jedoch handelt es sich bei medizinischem Handeln bzw. Unterlassen nicht um Kunst im eigentlichen Sinne, eingehend hierzu *Tadayon*, in: Jorzig, Arzthaftungsrecht, 1. Teil, 3. Kapitel, Rdn. 4; zum Begriff „Kunstfehler", vgl. auch *Deutsch/Spickhoff*, Medizinrecht, Rdn. 295; *Katzenmeier*, in: Laufs et al., Arztrecht, Kapitel X, Rdn. 3; *Wenzel*, in: Wenzel, Handbuch Medizinrecht, Kapitel 4, Rdn. 217.

980 So etwa *Katzenmeier*, in: BeckOK-BGB, § 630a, Rdn. 193.

981 *Katzenmeier*, NJW 2019, 1769 (1770); *Katzenmeier*, in: Laufs et al., Arztrecht, Kapitel X, Rdn. 4; *Katzenmeier*, in: Rehmann/Tillmanns, E-Health, Kapitel 3, Rdn. 103; *Katzenmeier*, in: BeckOK-BGB, § 630a, Rdn. 193; *Pielach*, Haftungsfragen in der Telemedizin, S. 50; vgl. *Jansen*, Der Medizinische Standard, S. 185.

se, der Diagnose, der Prophylaxe, der Therapie und der Nachsorge."[982] Da nicht nur Fehler bei der Behandlung selbst, sondern auch Fehler im Behandlungsumfeld umfasst sind, handelt es sich um einen weiten Behandlungsfehlerbegriff[983].[984]

Als Maßstab gelten – soweit nicht etwas anderes vereinbart ist – die nach den zum Zeitpunkt der Behandlung bestehenden, allgemein anerkannten fachlichen Standards, s. § 630a Abs. 2 BGB.[985] Freilich hat auch eine Fernbehandlung unter Wahrung der geltenden Standards zu erfolgen,[986] so dass der Patient bei der Anwendung der ausschließlichen Tele- bzw. Fernbehandlung nicht schutzlos gestellt wird.[987] Das Gesetz lässt allerdings unbeantwortet, was unter allgemein anerkannten fachlichen Standards zu

---

982 *Katzenmeier*, in: Laufs et al., Arztrecht, Kapitel X, Rdn. 4; s. auch *Katzenmeier*, in: Rehmann/Tillmanns, E-Health, Kapitel 3, Rdn. 103; *Katzenmeier*, in: BeckOK-BGB, § 630a, Rdn. 193.

983 In der Literatur wird teilweise versucht, die von der Rechtsprechung entwickelten ärztlichen Behandlungsfehler in Fallgruppen zu untergliedern, s. hierzu etwa *Förster*, in: BeckOK-BGB, § 823, Rdn. 800 ff.; *Lafontaine*, in: jurisPK-BGB, § 630a, Rdn. 285 ff.; *Weidenkaff*, in: Grüneberg, § 630a BGB, Rdn. 25 ff.; so auch *Katzenmeier*, in: Laufs et al., Arztrecht, Kapitel X, Rdn. 4 m.w.N.; *Prütting/Friedrich*, in: Prütting, Medizinrecht, § 630a BGB, Rdn. 50 m.w.N. Bislang fehlt es allerdings an einer (auch sprachlich) einheitlichen und trennscharfen Unterteilung, vgl. *Greiner*, in: Spickhoff, Medizinrecht, §§ 823 ff. BGB, Rdn. 22; *Spindler*, in: BeckOGK-BGB, § 823, Rdn. 941.

984 Vgl. *Katzenmeier*, NJW 2019, 1769 (1770); *Katzenmeier*, in: Laufs et al., Arztrecht, Kapitel X, Rdn. 4; *Katzenmeier*, in: Rehmann/Tillmanns, E-Health, Kapitel 3, Rdn. 104; *Katzenmeier*, in: BeckOK-BGB, § 630a, Rdn. 193 f.; vgl. auch BT-Drs. 17/10488, 20.

985 Vgl. *Katzenmeier*, in: BeckOK-BGB, § 630a, Rdn. 147; *Weidenkaff*, in: Grüneberg, § 630a BGB, Rdn. 9. Nach der Gesetzesbegründung dient § 630a Abs. 2 BGB dazu, die allgemeine Vorschrift des § 276 Abs. 2 BGB zu konkretisieren, s. BT-Drs. 17/10488, 19.

986 So auch *Link*, Telemedizinische Anwendungen, S. 140; *Prütting*, in: Rehmann/Tillmanns, E-Health, Kapitel 3, Rdn. 11, 26; *Rehborn*, in: Prütting, Medizinrecht, § 7 MBO-Ä, Rdn. 14; *Spindler*, in: BeckOGK-BGB, § 823, Rdn. 1072; *Wagner*, in: MüKo-BGB, § 630a, Rdn. 164; *Wollersheim*, in: Clausen/Schroeder-Printzen, Anwaltshandbuch Medizinrecht, § 6, Rdn. 134; vgl. auch *Bergmann*, MedR 2016, 497 (499); *Deutsch/Spickhoff*, Medizinrecht, Rdn. 25 m.w.N.; *DGMR*, MedR 1999, 557 (558); *Kern*, in: Dierks et al., Rechtsfragen der Telemedizin, S. 55 (65); *Schickert et al.*, in: Sassenberg/Faber, Rechtshandbuch Industrie 4.0, § 15, Rdn. 54 m.w.N.; *Ulsperger*, in: Wenzel, Handbuch Medizinrecht, Kapitel 19, Rdn. 54.

987 Vgl. *Deutsch/Spickhoff*, Medizinrecht, Rdn. 25; *Spindler*, in: BeckOGK-BGB, § 823, Rdn. 1072.

verstehen ist.[988] In der Literatur wird zur Bestimmung häufig auf die Definition von Carstensen[989] Bezug genommen.[990] Hiernach repräsentiert der „Standard in der Medizin [...] den jeweiligen Stand naturwissenschaftlicher Erkenntnis und ärztlicher Erfahrung, der zur Erreichung des ärztlichen Behandlungsziels erforderlich ist und sich in der Erprobung bewährt hat."[991] Neben der wissenschaftlichen Erkenntnis und der ärztlichen Erfahrung soll zudem die professionelle Akzeptanz, also die Anerkennung innerhalb der Profession, ein bestimmendes Element des medizinischen Standardbegriffs sein.[992] In der Rechtsprechung wird mehrfach betont, dass der Arzt diejenigen Maßnahmen zu ergreifen habe, die von einem sowohl gewissenhaften als auch aufmerksamen Behandler im Zeitpunkt der Behandlung und konkreten Situation aus berufsfachlicher Sicht des jeweiligen Fachbereichs vorausgesetzt und erwartet werden.[993] Mittlerweile haben sich gewisse Grundsätze herausgebildet, die es bei der Standardbestimmung zu beachten gilt.[994]

1. Festlegung der Standards durch die Medizin

Grundsätzlich legt die Medizin selbst die allgemein anerkannten fachlichen Standards fest, so dass der Sorgfaltsmaßstab in der Regel weder von dem Gesetzgeber noch von der Rechtsprechung beschlossen werden kann.[995]

988 *Katzenmeier*, in: BeckOK-BGB, § 630a, Rdn. 145; *Rehborn*, GesR 2013, 257 (259); *Rehborn/Gescher*, in: Erman, § 630a BGB, Rdn. 35.

989 *Carstensen*, Deutsches Ärzteblatt 1989, A 2431 (A 2432).

990 Vgl. etwa *Hart*, MedR 1998, 8 (9); *Katzenmeier*, NJW 2019, 1769 (1771); *Katzenmeier*, in: Laufs et al., Arztrecht, Kapitel X, Rdn. 7; *Katzenmeier*, in: BeckOK-BGB, § 630a, Rdn. 148; *Kunz-Schmidt*, MedR 2009, 517 (518).

991 *Carstensen*, Deutsches Ärzteblatt 1989, A 2431 (A 2432).

992 *Hart*, MedR 1998, 8 (10); *Hart*, in: Hart, Ärztliche Leitlinien, S. 85 (88); so auch *Gutmann*, in: Staudinger, § 630a BGB, Rdn. 136; *Jansen*, Der Medizinische Standard, S. 199; *Katzenmeier*, in: Laufs et al., Arztrecht, Kapitel X, Rdn. 7; *Katzenmeier*, in: BeckOK-BGB, § 630a, Rdn. 148.

993 S. etwa BGH, NJW 1995, 776 (777); BGH, NJW 1999, 1778 (1779); BGHZ 144, 296 (305 f.) = NJW 2000, 2737 (2740); BGH, NJW-RR 2014, 1053 (1054); BGH, NJW 2015, 1601; OLG Naumburg, NJW-RR 2012, 1375 (1376).

994 Vgl. *Wagner*, in: MüKo-BGB, § 630, Rdn. 140.

995 S. etwa BGH, NJW 1995, 776 (777) m.w.N.; BGH, NJW 2015, 1601 (1602); *Jansen*, Der Medizinische Standard, S. 183 ff. m.w.N.; *Katzenmeier*, in: BeckOK-BGB, § 630a, Rdn. 150; *Kern*, in: Dierks et al., Rechtsfragen der Telemedizin, S. 55 (55 f.); *Kern*, GesR 2002, 5; *Kern*, MedR 2004, 300 (301); *Pauge/Offenloch*, Arzthaftungsrecht, Rdn. 169, 189; *Taupitz*, NJW 1986, 2851 (2858).

Liegt ein Streitfall vor, hat der Richter den berufsfachlichen Sorgfaltsmaßstab grundsätzlich[996] mit Hilfe eines Sachverständigen, der im telemedizinischen Bereich sachkundig ist, zu ermitteln.[997]

2. Objektiver, situations- und fachgebietsbezogener Standard

Die Sorgfaltsanforderungen werden im Zivilrecht objektiv bestimmt.[998] Die persönlichen Fähigkeiten des Handelnden und Eigenheiten der konkreten Person sind daher grundsätzlich irrelevant.[999] Der Fernbehandler kann sich im Bereich der Telemedizin also nicht dadurch entlasten, dass er vorträgt, die eingesetzte Technik nicht beherrscht oder noch nie mit dieser gearbeitet zu haben.[1000] Sofern der jeweilige Arzt jedoch über solche besonderen Kenntnisse und Fähigkeiten verfügt, die den zu fordernden Standard

---

996 Zur Ausnahme, s. etwa BGH, NJW 2015, 1601 (1602) m.w.N.; *Gutmann*, in: Staudinger, § 630a BGB, Rdn. 135 m.w.N.

997 *Bergmann*, MedR 2016, 497 (500); *Fehn*, in: Marx et al., Telemedizin, S. 9 (32); vgl. im Allgemeinen BGH, NJW 1995, 776 (777); BGH, NJW-RR 2014, 1053 (1054); BGH, NJW 2015, 1601 (1602) m.w.N.; *Bergmann/Middendorf*, in: Bergmann et al., Gesamtes Medizinrecht, § 630a BGB, Rdn. 65; *Greiner*, in: Geiß/Greiner, Arzthaftpflichtrecht, Rdn. B 2b; *Gutmann*, in: Staudinger, § 630a BGB, Rdn. 135; *Jansen*, Der Medizinische Standard, S. 191 ff.; *Jung et al.*, in: Ratzel/Luxenburger, Handbuch Medizinrecht, Kapitel 14, Rdn. 38; *Katzenmeier*, in: BeckOK-BGB, § 630a, Rdn. 151; *Mansel*, in: Jauernig, § 630a BGB, Rdn. 17; *Prütting/Friedrich*, in: Prütting, Medizinrecht, § 630a BGB, Rdn. 71; *Rehborn*, GesR 2013, 257 (259); *Rehborn/Gescher*, in: Erman, § 630a BGB, Rdn. 38.

998 S. etwa BGHZ 113, 297 (303 f.) = NJW 1991, 1535 (1537); BGHZ 144, 296 (306) = NJW 2000, 2737 (2740); BGH, NJW 2001, 1786 (1787); BGH, NJW 2003, 2311 (2313); *Fehn*, in: Marx et al., Telemedizin, S. 9 (34); *Förster*, in: BeckOK-BGB, § 823, Rdn. 795; *Greiner*, in: Geiß/Greiner, Arzthaftpflichtrecht, Rdn. B 2b; *Gutmann*, in: Staudinger, § 630a BGB, Rdn. 139; *Janda*, Medizinrecht, S. 324; *Jansen*, Der Medizinische Standard, S. 43; *Pauge/Offenloch*, Arzthaftungsrecht, Rdn. 169; *Prütting/Friedrich*, in: Prütting, Medizinrecht, § 630a BGB, Rdn. 68; *Quaas*, in: Quaas et al., Medizinrecht, § 14, Rdn. 72; *Schüttler/Biermann*, Der Narkosezwischenfall, S. 171; *Wagner*, in: MüKo-BGB, § 630a, Rdn. 140; *Walter*, in: BeckOGK-BGB, § 630a, Rdn. 80; *Weidenkaff*, in: Grüneberg, § 630a BGB, Rdn. 10; *Wenzel*, in: Wenzel, Handbuch Medizinrecht, Kapitel 4, Rdn. 218.

999 BT-Drs. 17/10488, 19; BGH, NJW 2001, 1786 (1787); BGH, NJW 2003, 2311 (2313); *Fehn*, in: Marx et al., Telemedizin, S. 9 (34); *Greiner*, in: Geiß/Greiner, Arzthaftpflichtrecht, Rdn. B 2b; *Janda*, Medizinrecht, S. 324; *Jansen*, Der Medizinische Standard, S. 43; *Pauge/Offenloch*, Arzthaftungsrecht, Rdn. 169; *Quaas*, in: Quaas et al., Medizinrecht, § 14, Rdn. 72; *Wagner*, in: MüKo-BGB, § 630a, Rdn. 140, 143 f.; *Wenzel*, in: Wenzel, Handbuch Medizinrecht, Kapitel 4, Rdn. 219.

1000 *Fehn*, in: Marx et al., Telemedizin, S. 9 (34).

übersteigen, hat er diese zum Wohl des Patienten einzusetzen.[1001] Optimale Behandlungsbedingungen kann der Patient indes nicht erwarten, da sich die Grenzen im System der Krankenversorgung auch auf den Sorgfaltsmaßstab auswirken und solche Defizite nicht (haftungsrechtlich) auf den Arzt abgewälzt werden dürfen.[1002]

Daneben wird der Standard situationsbezogen bestimmt, so dass die Anforderungen, die der Arzt zu erfüllen hat, in gewissem Umfang auch von der konkreten Situation abhängen.[1003] Beispielsweise wird man – unter der Prämisse, dass der Patient mit der vorhandenen Infrastruktur (noch) ausreichend behandelt werden kann –[1004] in einem kleinen kommunalen Krankenhaus einen anderen Versorgungsgrad erwarten dürfen als in einer Spezialklinik.[1005]

Die Sorgfaltsanforderungen werden zudem nach Verkehrskreisen differenziert.[1006] Von einem Arzt für Allgemeinmedizin ist ein geringeres Maß an Sorgfalt und Können zu fordern als von einem Facharzt.[1007] Wird ein Patient in einer Facharztpraxis oder in einem Krankenhaus behandelt, wird der einzuhaltende medizinische Standard am sogenannten „Facharztstandard“ gemessen.[1008] Übernimmt ein Arzt beispielsweise eine Fernbehandlung auf dem Fachgebiet der Dermatologie, hat er den dort geltenden Facharztstandard einzuhalten.[1009] Auf den formellen Facharztstatus kommt

---

1001 S. etwa BGH, NJW 1987, 1479 (1480); *Gutmann*, in: Staudinger, § 630a BGB, Rdn. 141; *Spickhoff*, in: Spickhoff, Medizinrecht, § 630a BGB, Rdn. 43.

1002 *Pauge/Offenloch*, Arzthaftungsrecht, Rdn. 170 f.

1003 S. etwa *Schüttler/Biermann*, Der Narkosezwischenfall, S. 172.

1004 Zum Übernahmeverschulden, s. Teil 2, 3. Kapitel, C.II.2.a)cc).

1005 S. etwa *Schüttler/Biermann*, Der Narkosezwischenfall, S. 172.

1006 BT-Drs. 17/10488, 19; BGH, NJW 1982, 1049; BGHZ 113, 297 (304) m.w.N. = NJW 1991, 1535 (1537) m.w.N.; *Gutmann*, in: Staudinger, § 630a BGB, Rdn. 143; *Jansen*, Der Medizinische Standard, S. 46; *Fehn*, in: Marx et al., Telemedizin, S. 9 (34); *Wagner*, in: MüKo-BGB, § 630a, Rdn. 140; *Weidenkaff*, in: Grüneberg, § 630a BGB, Rdn. 10; *Wenzel*, in: Wenzel, Handbuch Medizinrecht, Kapitel 4, Rdn. 218.

1007 BGHZ 113, 297 (304) m.w.N. = NJW 1991, 1535 (1537) m.w.N.; *Gutmann*, in: Staudinger, § 630a BGB, Rdn. 143; *Wenzel*, in: Wenzel, Handbuch Medizinrecht, Kapitel 4, Rdn. 218.

1008 Vgl. etwa BGH, NJW 1993, 2989 (2990); *Greiner*, in: Spickhoff, Medizinrecht, §§ 823 ff. BGB, Rdn. 8 m.w.N.; *Leupold/Wiesner*, in: Leupold et al., IT-Recht, Teil 13, Rdn. 75; *Pauge/Offenloch*, Arzthaftungsrecht, Rdn. 173; *Wagner*, in: MüKo-BGB, § 630a, Rdn. 140; zum missverständlichen Begriff des Facharztstandards, s. weiterführend *Jansen*, Der Medizinische Standard, S. 46 ff.

1009 *Leupold/Wiesner*, in: Leupold et al., IT-Recht, Teil 13, Rdn. 75; s. im Allgemeinen *Jansen*, Der Medizinische Standard, S. 47 f.

es hierbei nicht an.[1010] Entscheidend ist vielmehr, ob sich der Arzt wie ein Facharzt verhält und nicht, ob er tatsächlich Facharzt ist.[1011]

3. Dynamischer Standard

Die allgemein anerkannten fachlichen Standards werden von der Medizin nicht starr festgelegt.[1012] Standards sind vielmehr dynamischer Natur.[1013] Sie können sich den Umständen und Gefahren anpassen und ermöglichen die Entwicklung neuer – ggf. zu Beginn ungesicherter – Verfahren, die bessere Chancen zur Bekämpfung von Krankheiten bieten.[1014] Das Gesetz selbst greift den dynamischen Standard dahingehend auf, dass die Behandlung gemäß § 630a Abs. 2 BGB „nach den zum Zeitpunkt der Behandlung" bestehenden, allgemein anerkannten fachlichen Standards zu erfolgen hat.[1015] Der Arzt muss sich daher stetig fortbilden, so dass er jedenfalls solche einschlägigen Fachzeitschriften zu lesen hat, die das Fachgebiet betreffen, auf welchem der Behandler tätig sein will.[1016]

Ob der Arzt im Zusammenhang mit der ausschließlichen Tele- bzw. Fernbehandlung haftet, bestimmt sich daher nach den zum Zeitpunkt der (Fern-)Behandlung geltenden Standards. Treten nach der Behandlung des Patienten neue Erkenntnisse zu Tage, sind diese grundsätzlich unbeachtlich.[1017] Spätere Entwicklungen sind indessen zu Gunsten des Arztes zu wer-

---

1010 S. etwa *Bundesärztekammer*, Fragenkatalog zur Fernbehandlung (08.01.2021); *Gutmann*, in: Staudinger, § 630a BGB, Rdn. 144; *Jansen*, Der Medizinische Standard, S. 46; *Pauge/Offenloch*, Arzthaftungsrecht, Rdn. 173.

1011 So etwa *Jansen*, Der Medizinische Standard, S. 47.

1012 So etwa *Katzenmeier*, in: BeckOK-BGB, § 630a, Rdn. 158.

1013 *Gutmann*, in: Staudinger, § 630a BGB, Rdn. 145; *Katzenmeier*, in: BeckOK-BGB, § 630a, Rdn. 158; *Kern*, in: Dierks et al., Rechtsfragen der Telemedizin, S. 55 (56); *Leupold/Wiesner*, in: Leupold et al., IT-Recht, Teil 13, Rdn. 74; *Ulsperger*, in: Wenzel, Handbuch Medizinrecht, Kapitel 19, Rdn. 37.

1014 Vgl. *Katzenmeier*, in: BeckOK-BGB, § 630a, Rdn. 158.

1015 *Bergmann/Middendorf*, in: Bergmann et al., Gesamtes Medizinrecht, § 630a BGB, Rdn. 65; *Greiner*, in: Geiß/Greiner, Arzthaftpflichtrecht, Rdn. B 9; *Gutmann*, in: Staudinger, § 630a BGB, Rdn. 145; *Pauge/Offenloch*, Arzthaftungsrecht, Rdn. 209; vgl. auch BGH, NJW 1983, 2080 (2081).

1016 BGH, NJW 1991, 1535 (1537); *Gutmann*, in: Staudinger, § 630a BGB, Rdn. 145 m.w.N.; *Pauge/Offenloch*, Arzthaftungsrecht, Rdn. 211.

1017 *Bergmann/Middendorf*, in: Bergmann et al., Gesamtes Medizinrecht, § 630a BGB, Rdn. 65; *Prütting/Friedrich*, in: Prütting, Medizinrecht, § 630a BGB, Rdn. 72; *Schüttler/Biermann*, Der Narkosezwischenfall, S. 172.

ten, wenn das frühere Verhalten des Arztes nachträglich dadurch legitimiert wird, dass es mit dem neueren Standard übereinstimmt.[1018]

Die Dynamik des Standards ist für die Haftung des Fernbehandlers äußerst bedeutsam, da die ausschließliche Tele- bzw. Fernbehandlung in jüngerer Vergangenheit unterschiedliche Entwicklungsstadien durchlief bzw. durchläuft[1019] und der Arzt mithin in völlig unterschiedlicher Weise haftbar sein kann. Den Zeitpunkt der ausschließlichen Tele- bzw. Fernbehandlung haben daher nicht zuletzt Anwender der Telemedizin und Gerichte[1020], die sich mit der Haftung des Fernbehandlers zu beschäftigen haben, genauer in den Blick zu nehmen.

a) Vor der Liberalisierung des Berufsrechts

Die Vorschrift des § 7 Abs. 4 MBO-Ä a.F. wurde vor der Liberalisierung des Berufsrechts als standardbestimmende Norm verstanden.[1021] Da die Medizin den Standard selbst festlegt[1022] und die MBO-Ä auch als Ausdruck der allgemeingültigen Standesauffassung der Ärzte angesehen wird[1023], ist ein Rückgriff auf die berufsrechtliche Vorschrift zur Standardbestimmung möglich.[1024] Das (berufsrechtliche) Verbot der ausschließlichen Fernbehandlung wirkte sich daher auf das Arzthaftungsrecht aus.[1025] Grundsätzlich[1026] führte die Durchführung einer ausschließlichen Tele- bzw. Fernbehandlung automatisch zu einer Unterschreitung des geschuldeten Stan-

---

1018 BGH, NJW 2003, 1862 (1863); *Prütting/Friedrich*, in: Prütting, Medizinrecht, § 630a BGB, Rdn. 72.

1019 So auch *Hahn*, Telemedizin, S. 28 ff.

1020 Vgl. *Pielach*, Haftungsfragen in der Telemedizin, S. 101.

1021 So *Hahn*, Telemedizin, S. 28; *Scholz*, in: Spickhoff, Medizinrecht, § 7 MBO-Ä, Rdn. 14; zur Frage der Wirksamkeit des Behandlungsvertrages trotz standesrechtlicher Unzulässigkeit der ausschließlichen Tele- bzw. Fernbehandlung, s. *Pielach*, Haftungsfragen in der Telemedizin, S. 65 ff.; *Schütze/Kamler*, DMW 2007, 453 (455); *Tillmanns*, Persönliche Leistungserbringungspflicht, S. 209.

1022 S. Teil 2, 3. Kapitel, C.I.1.

1023 S. Teil 2, 2. Kapitel, A.

1024 Vgl. hierzu auch *Tillmanns*, Persönliche Leistungserbringungspflicht, S. 155 f. m.w.N.

1025 So auch *Katzenmeier*, NJW 2019, 1769; *Katzenmeier*, in: Rehmann/Tillmanns, E-Health, Kapitel 3, Rdn. 94.

1026 Zur Ausnahmesituation, s. etwa *Hahn*, Telemedizin, S. 28.

dards und mithin zu einem für die Haftung des Arztes ausschlaggebenden Behandlungsfehler.[1027]

b) Nach der Liberalisierung des Berufsrechts

Eine automatische Standardunterschreitung im Zusammenhang mit der ausschließlichen Tele- bzw. Fernbehandlung ist nach der Liberalisierung des Berufsrechts nicht mehr hinnehmbar.[1028] Durch die Änderung der berufsrechtlichen Vorschrift wurde nicht nur das Verbot der ausschließlichen Fernbehandlung aufgehoben, sondern mithin eine solche ausdrücklich gestattet.[1029] Der übereinstimmende Konsens der Ärzteschaft im Hinblick auf die Zulassung und Ausweitung der ausschließlichen Fernbehandlung tritt auch dadurch verstärkt nach außen, dass die meisten Bundesländer die Lockerung der MBO-Ä in ihrer eigenen Landesberufsordnung umgesetzt haben.[1030]

Der Behandler unterschreitet den allgemein geltenden Standard also nicht mehr automatisch, wenn er seinen Patienten ausschließlich aus der Ferne berät oder behandelt.[1031] Für die Haftung des Arztes ist stattdessen ausschlaggebend, ob der Behandler im jeweiligen Einzelfall den allgemein anerkannten fachlichen Standard eingehalten hat.[1032] Entscheidend ist hierbei, ob ein sogenannter „spezifischer Fernbehandlungsstandard" überhaupt existieren kann und – falls dies bejaht wird – ob sich ein solcher bereits entwickelt hat.[1033]

1027 *Kern*, MedR 2001, 495 (497); *Kern*, in: Dierks et al., Rechtsfragen der Telemedizin, S. 55 (58); s. auch *Hahn*, Telemedizin, S. 28; *Katzenmeier*, NJW 2019, 1769; *Link*, Telemedizinische Anwendungen, S. 53, 56; *Pielach*. Haftungsfragen in der Telemedizin, S. 44; *Steffen*, in: FS Stoll, S. 71 (77); hierauf auch heute noch verweisend *Sternberg-Lieben/Schuster*, in: Schönke/Schröder, § 15 StGB, Rdn. 212i; a.A. etwa *Tillmanns*, Persönliche Leistungserbringungspflicht, S. 110 ff.; zur Frage, ob eine Standardabweichung möglich war, s. etwa *Dierks*, MedR 2016, 405 (409 f.).

1028 *Hahn*, Telemedizin, S. 28 f.; s. auch *Wagner*, in: MüKo-BGB, § 630a, Rdn. 164.

1029 *Hahn*, Telemedizin, S. 28.

1030 Vgl. *Hahn*, Telemedizin, S. 28 f.

1031 *Hahn*, Telemedizin, S. 28 f.; s. auch *Wagner*, in: MüKo-BGB, § 630a, Rdn. 164.

1032 Vgl. *Hahn*, Telemedizin, S. 28 ff.

1033 S. Teil 2, 3. Kapitel, C.I.3.b)bb).

aa) Kein Verzicht auf einen spezifischen Fernbehandlungsstandard

Zum Teil wird angenommen, dass es einen spezifischen Fernbehandlungsstandard nicht gebe.[1034] Stattdessen sei für die Haftung des Arztes bei der Durchführung der ausschließlichen Fernbehandlung der allgemein anerkannte fachliche Standard der persönlichen Behandlung (vor Ort) bindend.[1035] Da es sich bei der ausschließlichen Fernbehandlung um eine Form der Heilbehandlung handelt,[1036] ist es grundsätzlich denkbar, den allgemein anerkannten fachlichen Standard der persönlichen Behandlung der Haftung des Fernbehandlers zu Grunde zu legen. Allerdings handelt der Arzt, der eine ausschließliche Tele- bzw. Fernbehandlung durchführt, nur dann gewissenhaft und sorgsam, wenn er auch fernbehandlungsspezifische Pflichten erfüllt, da die Rechtsgüter des Patienten sowohl durch den Einsatz der Kommunikationsmedien als auch durch die körperliche Distanz gefährdet werden.[1037] Zudem prägen rein technisch-instrumentelle Kriterien den spezifischen Fernbehandlungsstandard,[1038] die es bei einer Behandlung vor Ort nicht zu beachten gilt. Es gilt folglich ein im Vergleich zum allgemein anerkannten fachlichen Standard der persönlichen Behandlung vor Ort strengerer Maßstab, an dem die Haftung des Arztes bei der ausschließlichen Tele- bzw. Fernbehandlung auszurichten ist, also ein spezifischer Fernbehandlungsstandard[1039].[1040] Es ist Aufgabe des spezifischen Fernbehandlungsstandards, den Gefahren und Risiken, die gerade mit der Fernbehandlung einhergehen, zu begegnen.

1034 So *Herkenrath*, Ärztliche Fernbehandlung, S. 216 ff.; *Lafontaine*, in: jurisPK-BGB, § 630a, Rdn. 261, 284; *Siglmüller*, Rechtsfragen der Fernbehandlung, S. 150 f., 159; vgl. *Gutmann*, in: Staudinger, § 630a BGB, Rdn. 151; differenzierend *Prütting*, in: Rehmann/Tillmanns, E-Health, Kapitel 3, Rdn. 11 f.

1035 Vgl. *Lafontaine*, in: jurisPK-BGB, § 630a, Rdn. 284; *Siglmüller*, Rechtsfragen der Fernbehandlung, S. 149 ff.

1036 S. Teil 1, 2. Kapitel, B.I.1.a)aa).

1037 Vgl. *Bergmann*, MedR 2016, 497 (500); *Fehn*, in: Marx et al., Telemedizin, S. 9 (18, 32); *Hahn*, Telemedizin, S. 30.

1038 *Katzenmeier*, NJW 2019, 1769 (1771); *Katzenmeier*, in: Rehmann/Tillmanns, E-Health, Kapitel 3, Rdn. 110.

1039 Eigenen Fernbehandlungsstandard auch befürwortend etwa *Fehn*, in: Marx et al., Telemedizin, S. 9 (32); *Hahn*, Telemedizin, S. 30; *Hahn*, in: Schiller, Kommentar BMV-Ä, Anhang 2, Rdn. 54; *Leupold/Wiesner*, in: Leupold et al., IT-Recht, Teil 13, Rdn. 78; *Schickert et al.*, in: Sassenberg/Faber, Rechtshandbuch Industrie 4.0, § 15, Rdn. 54.

1040 Vgl. *Bergmann*, MedR 2016, 497 (500).

Unstimmig ist es deshalb, wenn die Gegenauffassung die Existenz eines spezifischen Fernbehandlungsstandard ablehnt und zugleich anerkennt, dass bei der Erbringung einer Fernbehandlung die einzuhaltenden Standards weiter gehen müssten als solche einer unmittelbaren medizinischen Behandlung vor Ort, mithin eine Modifizierung des bisherigen Standards fordern.[1041] Im Hinblick darauf, dass ein Standard sich den Umständen und Gefahren anpassen muss,[1042] ist eine Erweiterung zwar grundsätzlich möglich, wird der allgemein anerkannte fachliche Standard der persönlichen Behandlung vor Ort jedoch fernbehandlungsspezifisch hinsichtlich etwaiger Gefahren, Risiken und/oder Besonderheiten fortentwickelt, liegt tatsächlich ein spezifischer Fernbehandlungsstandard vor. Auch die Argumentation, wonach der allgemein anerkannte Standard nach Subdisziplinen untergliedert werde und die fachgebietsoffene Fernbehandlung somit nicht eingeordnet bzw. unterteilt werden könne,[1043] überzeugt nicht. Um festlegen zu können, welches gewissenhafte und aufmerksame Verhalten von einem Arzt bei der Durchführung der ausschließlichen Fernbehandlung zu verlangen ist, sollte ein spezifischer Fernbehandlungsstandard fachgebietsbezogen (z.B. allgemeinmedizinischer, spezifischer Fernbehandlungsstandard) entwickelt werden.[1044] Derzeit scheint sich beispielsweise für den Bereich der Teledermatologie ein eigener Standard zu entwickeln.[1045]

Auch unter Verweis auf die Rechtsfigur des sogenannten Übernahmeverschuldens, lässt sich die Existenz eines spezifischen Fernbehandlungsstandards nicht ablehnen.[1046] Ein Behandlungsfehler in Form des Übernahmeverschuldens liegt vor, wenn der Arzt die Behandlung eines Patienten übernimmt, obwohl er hätte erkennen können oder müssen, dass er die Behandlung deshalb nicht übernehmen darf, weil ihm entweder die nötige fachliche Kompetenz oder Erfahrung zur Durchführung der Behandlung fehlt, seine persönlichen Fähigkeiten nicht ausreichen oder weil er nicht über die notwendige personelle und/oder apparative Ausstattung verfügt.[1047] Selbst wenn durch das Übernahmeverschulden die Abgrenzung in Fachbereiche nicht unterlaufen werden sollte,[1048] steht der spezifische

1041 So etwa *Siglmüller*, Rechtsfragen der Fernbehandlung, S. 154.
1042 S. Teil 2, 3. Kapitel, C.I.3.
1043 *Siglmüller*, Rechtsfragen der Fernbehandlung, S. 150.
1044 Ähnlich auch *Jorzig*, Der Urologe 2021, 244 (245).
1045 Zur Leitlinie der Teledermatologie, s. Teil 2, 3. Kapitel, C.I.3.b)bb)(5)(a).
1046 A.A. *Siglmüller*, Rechtsfragen der Fernbehandlung, S. 150.
1047 Zum Übernahmeverschulden, s. Teil 2, 3. Kapitel, C.II.2.a)cc).
1048 So *Siglmüller*, Rechtsfragen der Fernbehandlung, S. 150.

Fernbehandlungsstandard nicht im Widerspruch zur Rechtsfigur des Übernahmeverschuldens, da – wie eben aufgezeigt – der spezifische Fernbehandlungsstandard gerade fachgebietsbezogen entwickelt werden sollte.

Zudem lässt sich nach der Gegenauffassung nur schwer nachvollziehen, weshalb sich ein spezifischer Fernbehandlungsstandard für gewisse Teilbereiche bereits entwickeln konnte[1049]. Für den Sonderfall der medizinischen Fernbehandlung während der Seeschifffahrt existiert beispielsweise ein spezifischer Fernbehandlungsstandard.[1050]

bb) Fehlen eines spezifischen Fernbehandlungsstandards

(1) Sonderfall der maritimen Telemedizin

Zwar wurde das Fernbehandlungsverbot erst jüngst gelockert, in Sonderfällen (z.B. Seeschifffahrt)[1051] konnte sich die Fernbehandlung jedoch seit einiger Zeit etablieren.[1052] Die Bundesärztekammer hat im Jahr 2015 ausdrücklich betont, dass bei Zwischenfällen (etwa auf hoher See) der Patient auch ausschließlich über Funk oder andere Kommunikationsmittel behandelt werden dürfe.[1053]

Als eine der ersten Einrichtungen, die sich der Telemedizin bedient haben, gilt die Seeschifffahrt.[1054] Bereits seit 1931 bietet das Krankenhaus Cuxhaven als eine der ersten Stellen Seeleuten die Möglichkeit, sich telemedizinisch versorgen zu lassen.[1055] Teilweise wird die medizinischen Betreuung von Seeleuten aus der Ferne auch als „maritime Telemedizin"

1049 Zur Entwicklung eines eigenen Standards, s. *Bergmann*, MedR 2016, 497 (500); *Schickert et al.*, in: Sassenberg/Faber, Rechtshandbuch Industrie 4.0, § 15, Rdn. 54.

1050 S. sogleich.

1051 Zur Telemedizin in der Seeschifffahrt, s. auch *Oldenburg et al.*, in: Letzel et al., Telemedizin, S. 352 (352 ff.); zur Telemedizin in der Raumfahrt, s. *Schmitz et al.*, in: Letzel et al., Telemedizin, S. 376 (376 ff.).

1052 *Bergmann*, MedR 2016, 497 (500); *Hahn*, Telemedizin, S. 31; *Schickert et al.*, in: Sassenberg/Faber, Rechtshandbuch Industrie 4.0, § 15, Rdn. 54.

1053 *Bundesärztekammer*, Hinweise und Erläuterungen zu § 7 Abs. 4 MBO-Ä (2015), S. 3.

1054 *Bergmann*, MedR 2016, 497 (500); *Gaßner/Strömer*, VersR 2015, 1219; *Flesche et al.* führen aus, dass die funkärztliche Beratung von Seeleuten schon zur Routine gehörte, obwohl das Wort „Telemedizin" noch nicht erfunden war, s. *Flesche et al.*, Medizinische Klinik 2004, 163 (165).

1055 So beschrieben bei *Bergmann*, MedR 2016, 497 (500); *Flesche et al.*, Medizinische Klinik 2004, 163 (163 f.); *Gaßner/Strömer*, VersR 2015, 1219.

bezeichnet.[1056] Die Bedeutung der maritimen Telemedizin ergibt sich daraus, dass die funkärztliche Beratung die einzige Möglichkeit ist, weltweit und über einen Zeitraum von mehreren Tagen bis Wochen einen ärztlichen Sachverstand an Bord des jeweiligen Schiffes zu bringen, sofern der Besatzung kein Schiffsarzt beiwohnt.[1057] Häufig werden via Funk beispielsweise Herz-Kreislauf-Erkrankungen, akute Verletzungen oder Magen-Darm-Erkrankungen behandelt.[1058] Für die Fernbehandlung werden dem Arzt etwa Fotos von erkrankten Körperpartien,[1059] Informationen zur Vorgeschichte des Patienten und Ergebnisse einer Untersuchung, die anhand eines an Bord vorhandenen Untersuchungsbogens durchgeführt werden können, zugeleitet.[1060] Die Informationen, die dem Fernbehandler mittels IuK-Technologie zugeschickt werden, helfen bei der Befunderhebung und verbessern die Diagnosefindung.[1061]

Nach § 1 Nr. 7a SeeAufgG besteht sogar die Pflicht des Bundes, einen funk- und satellitenfunkärztlichen Dienst mit fachärztlicher Beratung bereitzustellen. Bereits nach dem Übereinkommen über den Gesundheitsschutz und die medizinische Betreuung der Seeleute, das von der Allgemeinen Konferenz der Internationalen Arbeitsorganisation am 08.10.1987 angenommen wurde, sollte (nach Art. 7 Nr. 1) sichergestellt werden, dass Schiffen auf See zu jeder Tages- oder Nachtzeit eine funk- oder satellitenfunkärztliche Beratung, einschließlich fachärztlicher Beratung, zur Verfügung steht.[1062]

Der Beratungsdienst erfolgt auf Facharztniveau.[1063] Zudem werden Ärzte eingesetzt, die auch praktische Erfahrungen in maritimer Routine- und Notfallmedizin haben.[1064] Die Fernbehandler haben also nicht nur fachärztliche Kenntnisse vorzuweisen, sondern benötigen auch Fachwissen so-

---

1056 S. etwa *Flesche/Jalowy*, DMW 2007, 463.

1057 *Flesche et al.*, Medizinische Klinik 2004, 163; *Flesche/Jalowy*, DMW 2007, 463 m.w.N.

1058 *Flesche/Jalowy*, DMW 2007, 463.

1059 *Gaßner/Strömer*, VersR 2015, 1219; so auch *Fehn*, in: Marx et al., Telemedizin, S. 9 (32).

1060 *Flesche et al.*, Medizinische Klinik 2004, 163 (165).

1061 *Flesche et al.*, Medizinische Klinik 2004, 163 (165); zur Darstellung von Fallbeispielen, s. auch *Flesche et al.*, Medizinische Klinik 2004, 163 (165 ff.); *Flesche/Jalowy*, DMW 2007, 463 (463 f.).

1062 Zur deutschen Übersetzung, s. BGBl. II, 1206 (1210 f.); *Flesche et al.*, Medizinische Klinik 2004, 163.

1063 *Flesche et al.*, Medizinische Klinik 2004, 163 (163 f.).

1064 *Flesche et al.*, Medizinische Klinik 2004, 163.

wohl im Bereich der Seeschifffahrt als auch im Bereich der Nutzung telemedizinischer Mittel.[1065] Nach Art. 4 b) des Übereinkommens sind solche Maßnahmen für den Gesundheitsschutz und die medizinische Betreuung der Seeleute an Bord festzulegen, die darauf abzielen, den Seeleuten (soweit wie möglich) eine medizinische Betreuung zur Verfügung zu stellen, die auch den Arbeitnehmern an Land angeboten wird.

Aufgrund der jahrelangen Erfahrung konnte sich insbesondere für den Fall der funkärztlichen Beratung von Seeleuten ein gewisser Fernbehandlungsstandard entwickeln.[1066] Hinsichtlich der medizinischen Ausstattung in der Seeschifffahrt wurde von dem Bundesministerium für Verkehr und digitale Infrastruktur ein Ausschuss eingerichtet, der unter anderem nach § 108 Abs. 1 S. 2 Nr. 2 SeeArbG diesen Stand der medizinischen Erkenntnisse ermittelt und feststellt.[1067] Dieser Stand wird von dem Bundesministerium für Verkehr und digitale Infrastruktur nach § 108 Abs. 2 S. 1 SeeArbG im Verkehrsblatt oder im Bundesanzeiger bekannt gegeben.

Allerdings kann der spezifische Fernbehandlungsstandard an Land nicht mit dem Standard der maritimen Telemedizin gleichgesetzt werden. Während den Passagieren an Bord eine vorab geprüfte (qualitätsgesicherte) und bewusst ausgewählte medizinische Ausstattung für Notfälle zur Verfügung steht, kann der Patient, der von seinem Arzt in der eigenen Wohnung fernbehandelt wird, auf medizinischen Gerätschaften während der Fernbehandlung häufig[1068] nicht zurückgreifen.[1069] Zudem haben Passagiere an Bord im Gegensatz zu Patienten an Land regelmäßig nicht die Möglichkeit, ärztlichen Rat vor Ort innerhalb eines vertretbaren Zeitrahmens einzuholen, weshalb sie auf den Rückgriff der Telemedizin angewiesen sind. Bei der telemedizinischen Behandlung im Rahmen einer Seeschifffahrt handelt es sich daher nicht um einen Ausnahme-, sondern um einen Regelfall, wenn ein Schiffsarzt an Bord fehlt. Da die Fernbehandlung (an Land) lediglich ausnahmsweise zulässig ist und die Beratung bzw. Behandlung auch im digitalen Zeitalter grundsätzlich im persönlichen Kontakt erfolgen soll,[1070] sind die Anforderungen an die Durchführung einer Fernbehandlung (an Land) deutlich höher. Für die Fernbehandlung (an Land) gilt ein eigener

1065 *Fehn*, in: Marx et al., Telemedizin, S. 9 (32).
1066 *Bergmann*, MedR 2016, 497 (500); *Gaßner/Strömer*, VersR 2015, 1219; *Hahn*, Telemedizin, S. 31.
1067 So auch *Fehn*, in: Marx et al., Telemedizin, S. 9 (32).
1068 S. aber Teil 2, 3. Kapitel, C.II.2.b)cc)(1)(b)(aa).
1069 So auch *Gaßner/Strömer*, VersR 2015, 1219 (1220).
1070 S. Teil 2, 2. Kapitel, B.I.2.c)aa).

spezifischer Fernbehandlungsstandard, der sich lediglich an der maritimen Telemedizin orientieren kann.[1071]

(2) § 7 Abs. 4 S. 3 MBO-Ä als standardbestimmende Norm?

Die Vorschrift des § 7 Abs. 4 MBO-Ä a.F. wurde bereits vor der Liberalisierung des Berufsrechts zur Standardbestimmung herangezogen.[1072] Es ist daher zu erwägen, auch die Neuregelung des § 7 Abs. 4 S. 3 MBO-Ä zur Standardbestimmung hinzuziehen. Die weiteren berufsrechtlichen Regelungen sind in jedem Fall im Hinblick auf die ausschließliche Tele- bzw. Fernbehandlung zu unbestimmt, um den allgemein anerkannten ärztlichen Standard abbilden zu können.

Nach Teilen der Literatur wird der spezifische Fernbehandlungsstandard ausdrücklich anhand der Vorgaben des § 7 Abs. 4 S. 3 MBO-Ä festgelegt.[1073] Hierbei wird übersehen, dass die Regelung zur Standardbestimmung nur bedingt geeignet ist. Zwar regelt § 7 Abs. 4 S. 3 MBO-Ä detailliert, dass die ausschließliche Beratung oder Behandlung über Kommunikationsmedien im Einzelfall erlaubt ist, wenn die ausschließliche Fernbehandlung ärztlich vertretbar ist, die erforderliche ärztliche Sorgfalt gewahrt und der Patient über die Besonderheiten aufgeklärt wird.[1074] Jedoch fordert die Wahrung der erforderlichen ärztlichen Sorgfalt nach dem Beschlussprotokoll des 121. Deutschen Ärztetages und den Hinweisen und Erläuterungen der Bundesärztekammer zu § 7 Abs. 4 MBO-Ä, dass der Arzt seinen Beruf gewissenhaft ausübt, also die notwendige fachliche Qualifikation besitzt und den anerkannten Stand der medizinischen Erkenntnisse beachtet.[1075] Ob der anerkannte Stand der medizinischen Erkenntnisse eingehalten wird, wird aber durch das Vertragsrecht selbst, s. § 630a Abs. 2 BGB, festgelegt.[1076]

1071 So auch für mHealth-Anwendungen *Gaßner/Strömer*, VersR 2015, 1219 (1220).

1072 S. Teil 2, 3. Kapitel, C.I.3.a).

1073 S. etwa *Hahn*, Telemedizin, S. 29 ff.; *Stellpflug*, GesR 2019, 76 (77); *Weidenkaff*, in: Grüneberg, § 630a BGB, Rdn. 26; differenzierend *Leupold/Wiesner*, in: Leupold et al., IT-Recht, Teil 13, Rdn. 78.

1074 S. Teil 2, 2. Kapitel, B.I.2.

1075 *121. Deutscher Ärztetag*, in: Bundesärztekammer, Beschlussprotokoll, TOP IV – 01, S. 3; *Bundesärztekammer*, Hinweise und Erläuterungen zu § 7 Abs. 4 MBO-Ä (2019), S. 3; *Bundesärztekammer*, Hinweise und Erläuterungen zu § 7 Abs. 4 MBO-Ä (2020), S. 3.

1076 Vgl. *Braun*, MedR 2018, 563 (565); *Katzenmeier*, NJW 2019, 1769 (1770 ff.); *Wagner*, in: MüKo-BGB, § 630a, Rdn. 164. Die zivilrechtliche Vorgabe des § 630a Abs. 2

Da für das Standesrecht entscheidend sein soll, was vertragsrechtlich nach § 630a Abs. 2 BGB geboten ist, kann § 7 Abs. 4 S. 3 MBO-Ä nicht herangezogen werden, um den für das Arzthaftungsrecht relevanten spezifischen Fernbehandlungsstandard vollständig abzubilden. Somit können lediglich die weiteren Voraussetzungen des § 7 Abs. 4 S. 3 MBO-Ä den spezifischen Fernbehandlungsstandard partiell prägen.[1077]

(3) Goldstandard und Systematik des § 7 Abs. 4 MBO-Ä

In Betracht zu ziehen ist, den spezifischen Fernbehandlungsstandard anhand des sogenannten „Gold*standards*“ des § 7 Abs. 4 S. 1 MBO-Ä zu bestimmen.[1078] Hiernach haben Ärzte ihre Patienten im persönlichen Kontakt, also vor Ort,[1079] zu beraten und zu behandeln. Freilich kann der spezifische Fernbehandlungsstandard nicht mit dem Goldstandard des § 7 Abs. 4 S. 1 MBO-Ä gleichgesetzt werden. Falls auch für die ausschließliche Tele- bzw. Fernbehandlung der Goldstandard gelten würde, würde stets eine Standardunterschreitung vorliegen. Der Patient wird bei einer ausschließlichen Tele- bzw. Fernbehandlung dauerhaft aus der Ferne und eben nicht im persönlichen Kontakt vor Ort ärztlich versorgt. Eine automatische Standardunterschreitung ist nach Liberalisierung des Berufsrechts jedoch nicht mehr hinnehmbar.[1080]

Wenngleich der Goldstandard den spezifischen Fernbehandlungsstandard nicht abzubilden vermag, lässt sich jedenfalls der Systematik des § 7 Abs. 4 MBO-Ä entnehmen, dass für den spezifischen Fernbehandlungsstandard ein im Vergleich zum allgemein anerkannten fachlichen Standard der persönlichen Behandlung strengerer Maßstab zu gelten hat.[1081] Bei der Vorschrift des § 7 Abs. 4 MBO-Ä handelt es sich um einen Regel-Ausnah-

---

BGB wird ebenso durch Übernahme in § 2 Abs. 3 MBO-Ä zu einer öffentlich-rechtlichen Pflicht des Arztes, s. *Scholz*, in: Spickhoff, Medizinrecht, § 2 MBO-Ä, Rdn. 12.

1077 Vgl. *Leupold/Wiesner*, in: Leupold et al., IT-Recht, Teil 13, Rdn. 78.

1078 Zum Verhältnis des Goldstandards zu den allgemeinen anerkannten fachlichen Standards i.S.d. § 630a Abs. 2 BGB im Allgemeinen, vgl. OLG Dresden, NJW-RR 2022, 173.

1079 S. Teil 2, 2. Kapitel, B.I.2.a).

1080 S. Teil 2, 3. Kapitel, C.I.3.b).

1081 S. Teil 2, 3. Kapitel, C.I.3.b)aa).

me-Tatbestand.[1082] Obwohl nach der Liberalisierung des Berufsrechts auch eine ausschließliche Fernbehandlung ausnahmsweise zulässig ist, darf eine notwendige persönliche Zuwendung des Arztes nicht dadurch ersetzt werden.[1083] Durch § 7 Abs. 4 S. 1 und 2 MBO-Ä soll verdeutlicht werden, dass auch im digitalen Zeitalter die Bedeutung des persönlichen Kontakts in Form einer guten Arzt-Patienten-Kommunikation im Vordergrund steht, während digitale Techniken die ärztliche Tätigkeit unterstützen können und sollen.[1084] Der Fernbehandler handelt bei der Durchführung einer ausschließlichen Tele- bzw. Fernbehandlung daher nur aufmerksam und gewissenhaft, wenn er im Vergleich zur persönlichen Behandlung vor Ort strengere Anforderungen erfüllt.[1085] Es hat sich daher im spezifischen Fernbehandlungsstandard widerzuspiegeln, dass es sich bei der ausschließlichen Fernbehandlung lediglich um eine Ausnahme zur Beratung und Behandlung im persönlichen Kontakt handelt.

(4) Handreichung für Ärzte zur Umsetzung von Videosprechstunden in der Praxis

Der Vorstand der Bundesärztekammer hat am 18.09.2020 eine Handreichung für Ärzte zur Umsetzung von Videosprechstunden in der Praxis beschlossen.[1086] Diese Handreichung soll Ärzten „als Wegweiser im Rahmen der Durchführung einer Videosprechstunde dienen."[1087] Es wurden unter anderem Aussagen zum organisatorischen Ablauf der Videosprechstunde, zu den technischen Voraussetzungen sowie der Schweigepflicht und Datensicherheit getätigt.[1088]

Die Handreichung für Ärzte bietet dem Fernbehandler bei der Durchführung einer ausschließlichen Tele- bzw. Fernbehandlung eine gewisse Orientierungshilfe. Dennoch vermag sie den spezifischen Fernbehandlungsstandard nicht vollständig wiederzugeben. Dies wird auch dadurch hervorgehoben, dass die Bundesärztekammer laut eigenen Angaben mit

1082 S. Teil 2, 2. Kapitel, B.I.2.a).
1083 S. Teil 2, 2. Kapitel, B.I.2.a).
1084 S. Teil 2, 2. Kapitel, B.I.2.a).
1085 S. bereits Teil 2, 3. Kapitel, C.I.3.b)aa).
1086 *Bundesärztekammer*, Deutsches Ärzteblatt 2020, A 1.
1087 *Bundesärztekammer*, Deutsches Ärzteblatt 2020, A 1.
1088 *Bundesärztekammer*, Deutsches Ärzteblatt 2020, A 1 f.

ihrer Handreichung keinen Anspruch auf Vollständigkeit erhebt.[1089] Statt die ärztlichen Pflichten für ein spezifisches Fachgebiet der Medizin im Zusammenhang mit der ausschließlichen Tele- bzw. Fernbehandlung (z.B. Verhalten im medizinischen Zwischenfall) darzustellen, werden in der Handreichung ausgewählte allgemeine Rahmenbedingungen der Videosprechstunde näher erläutert, an die sich der Arzt halten sollte.

(5) Leitlinien zur Standardbestimmung

Um feststellen zu können, welche allgemein anerkannten fachlichen Standards zum Zeitpunkt der Behandlung bestehen, orientiert sich der Behandler[1090] insbesondere an Leitlinien.[1091] Auch in der Gesetzesbegründung zu §§ 630a ff. BGB wurde zur Ermittlung der allgemein anerkannten fachlichen Standards ausgeführt, dass hierfür häufig Leitlinien, welche von wissenschaftlichen Fachgesellschaften entwickelt werden,[1092] maßgeblich seien.[1093]

Leitlinien stammen nicht zuletzt von medizinischen Fachgesellschaften und stellen bei spezifisch diagnostischen oder therapeutischen Problemstellungen systematisch entwickelte Entscheidungshilfen über adäquate Vorgehensweisen vor.[1094] Da Leitlinien unabhängig vom konkreten Standard entwickelt werden, ist der Inhalt der Leitlinie jedoch nicht stets mit dem allgemein anerkannten fachlichen Standard gleichzusetzen.[1095] Stattdessen können Leitlinien die ärztlichen Standards fortentwickeln oder hinter dem

1089 *Bundesärztekammer*, Deutsches Ärzteblatt 2020, A 2.

1090 Zur Bedeutung von Leitlinien für Sachverständige, Gerichte und Kläger, s. etwa *Hart*, MedR 1998, 8 (12 ff.); *Katzenmeier*, in: BeckOK-BGB, § 630a, Rdn. 154.

1091 So etwa *Förster*, in: BeckOK-BGB, § 823, Rdn. 796; *Prütting/Friedrich*, in: Prütting, Medizinrecht, § 630a BGB, Rdn. 68.

1092 BT-Drs. 17/10488, 19.

1093 Kritisch zur Formulierung etwa *Jung et al.*, in: Ratzel/Luxenburger, Handbuch Medizinrecht, Kapitel 14, Rdn. 37; *Taupitz*, GesR 2015, 65 (69); *Wenzel*, in: Wenzel, Handbuch Medizinrecht, Kapitel 4, Rdn. 229.

1094 *Katzenmeier*, in: BeckOK-BGB, § 630a, Rdn. 154; *Walter*, GesR 2003, 165 (167).

1095 BGH, BeckRS 2008, 7852, Rdn. 4; BGH, NJW-RR 2014, 1053 (1055); *Förster*, in: BeckOK-BGB, § 823, Rdn. 796; *Frahm*, GesR 2005, 529 (529, 531); *Greiner*, in: Geiß/Greiner, Arzthaftpflichtrecht, B 9c; *Hart*, MedR 1998, 8; *Jansen*, Der Medizinische Standard, S. 211; *Jung et al.*, in: Ratzel/Luxenburger, Handbuch Medizinrecht, Kapitel 14, Rdn. 37; *Katzenmeier*, in: BeckOK-BGB, § 630a, Rdn. 155; *Pauge/Offenloch*, Arzthaftungsrecht, Rdn. 190; *Prütting/Friedrich*, in: Prütting, Medizinrecht, § 630a BGB, Rdn. 68; *Taupitz*, GesR 2015, 65 (69); *Wenzel*, in:

bestehenden Standard deshalb zurückbleiben, weil sie veraltet sind.[1096] Zudem setzen sich Leitlinien mit einem medizinischen Normalfall auseinander, so dass stets anhand der konkreten Behandlungssituation zu prüfen bleibt, welcher Sorgfaltsmaßstab im Einzelfall geschuldet wird.[1097] Auch das Abweichen von einer Leitlinie führt also nicht zwingend zur Haftung des Arztes.[1098] Leitlinien zu telemedizinischen Anwendungen wurden bislang nur sehr vereinzelt veröffentlicht. Zusätzlich sind die Leitlinien zur Telemedizin teilweise veraltet und werden derzeit ausdrücklich überarbeitet.[1099]

(a) Beispiel: Leitlinie zur Teledermatologie

Für den spezifischen Fachbereich der „Teledermatologie“ wurde jüngst eine S2k-Leitlinie bekannt gegeben, die bis zum 31.12.2024 Gültigkeit besitzt.[1100] Hierbei wird die Teledermatologie definiert als „ein Teilbereich der Telemedizin, der die Versorgung dermatologischer Erkrankungen betrifft.“[1101] Aufgrund der zunehmenden Bedeutung der Teledermatologie in deutschsprachigen Ländern und international wurde die Leitlinie mit dem Ziel entwickelt, eine Bewertung der Teledermatologie bei häufig auftretenden dermatologischen Erkrankungen auf der Grundlage von Evidenzrecherchen und Erfahrungen von Experten vorzunehmen.[1102]

Für Psoriasis sowie atopische Dermatitis und andere Ekzemerkrankungen wurde beispielsweise die begleitende teledermatologische Versorgung von Patienten (z.B. Verlaufskontrollen über Fotos oder Videos) als wirksam

Wenzel, Handbuch Medizinrecht, Kapitel 4, Rdn. 227; vgl. auch *Müller*, GesR 2004, 257 (260).

1096 BGH, NJW-RR 2014, 1053 (1055) m.w.N.; *Förster*, in: BeckOK-BGB, § 823, Rdn. 796; *Hart*, MedR 1998, 8; *Jansen*, Der Medizinische Standard, S. 211; *Jung et al.*, in: Ratzel/Luxenburger, Handbuch Medizinrecht, Kapitel 14, Rdn. 37; *Katzenmeier*, in: BeckOK-BGB, § 630a, Rdn. 155; *Pauge/Offenloch*, Arzthaftungsrecht, Rdn. 190; *Spindler*, in: BeckOGK-BGB, § 823, Rdn. 845.

1097 *Spindler*, in: BeckOGK-BGB, § 823, Rdn. 846; s. auch *Frahm*, GesR 2005, 529 (532); *Taupitz*, GesR 2015, 65 (69); *Wenzel*, in: Wenzel, Handbuch Medizinrecht, Kapitel 4, Rdn. 228.

1098 So etwa *Ulsenheimer*, Der Gynäkologe 2004, 69 (70 f.).

1099 So etwa die Leitlinie „Telemedizin in der prähospitalen Notfallmedizin: Strukturempfehlungen der DGAI“, s. *DGAI*, A&I 2016, 2 (2 ff.).

1100 *Augustin et al.*, in: DDG, S2k-Leitlinie Teledermatologie, S. 1 ff.

1101 *Augustin et al.*, in: DDG, S2k-Leitlinie Teledermatologie, S. 4.

1102 *Augustin et al.*, in: DDG, S2k-Leitlinie Teledermatologie, S. 5.

und nutzbringend angesehen.[1103] Von einer Erstdiagnostik allein auf Basis des teledermatologischen Befundes ist bei diesen Erkrankungen hingegen abzusehen.[1104] Wenn ein morphologischer Befund zum einen klinisch eindeutig ist und zum anderen die notwendigen zusätzlichen anamnestischen und klinischen Angaben erhoben werden können, kann eine Primärdiagnostik aber von melanozytären Läsionen auf Basis von teledermatologischen Befunden erwogen werden.[1105] Ebenso ist eine Empfehlung zur Primärdiagnostik akuter und chronischer Wunden durch Verfahren der Teledermatologie möglich, „wenn die notwendigen klinischen, apparativdiagnostischen und anamnestischen Angaben für eine Diagnosestellung vorliegen."[1106]

Die Leitlinie zur Teledermatologie bietet dem Arzt zwar eine Orientierungshilfe dafür, ob gewisse Behandlungsabschnitte überhaupt für eine telemedizinische Versorgung geeignet sind, auf welche Art und Weise die konkreten medizinischen Dienstleistungen aus der Ferne zu erbringen sind, wird indessen nicht beschrieben. Zugleich wurden für bestimmte Krankheitsbilder nur ausgewählte Stadien der Behandlung auf ihre telemedizinische Zulässigkeit im Bereich der Dermatologie überprüft. Da bei einer ausschließlichen Tele- bzw. Fernbehandlung die jeweilige Erkrankung gänzlich aus der Ferne erbracht wird, können der Leitlinie zur Teledermatologie die für die ausschließliche Tele- bzw. Fernbehandlung notwendigen Aussagen nicht entnommen werden.[1107]

(b) Entwicklung von Leitlinien zur ausschließlichen Tele- bzw. Fernbehandlung

Auch wenn Leitlinien nicht stets mit dem medizinischen Standard deckungsgleich sind, sollten zur Qualitätssicherung[1108] zukünftig Leitlinien entwickelt werden, die sich mit der Durchführung der ausschließlichen Tele- bzw. Fernbehandlung in unterschiedlichen Fachbereichen auseinan-

1103 *Augustin et al.*, in: DDG, S2k-Leitlinie Teledermatologie, S. 5 ff.
1104 *Augustin et al.*, in: DDG, S2k-Leitlinie Teledermatologie, S. 5 ff.
1105 *Augustin et al.*, in: DDG, S2k-Leitlinie Teledermatologie, S. 8.
1106 *Augustin et al.*, in: DDG, S2k-Leitlinie Teledermatologie, S. 9.
1107 A.A. *Herkenrath*, Ärztliche Fernbehandlung, S. 68 f.
1108 Zum Zweck von Leitlinien, s. etwa *Frahm*, GesR 2005, 529 (531); *Katzenmeier*, in: BeckOK-BGB, § 630a, Rdn. 156; *Walter*, GesR 2003, 165 (167).

dersetzen.[1109] Leitlinien würden dem Fernbehandler zumindest eine Orientierungshilfe für seine Entscheidung anbieten, die er sodann für den konkreten Einzelfall kritisch hinterfragen könnte.[1110]

(6) Richtlinien zur Standardbestimmung

Leitlinien sind von Richtlinien zu unterscheiden.[1111] Es handelt sich bei Richtlinien – unabhängig von der jeweiligen Bezeichnung – um Regelungen einer gesetzlich, berufs-, standes- oder satzungsrechtlich legitimierten Institution, die (jedenfalls) für den Rechtsraum der Institution verbindlich sind.[1112] Sofern die Regelungen nicht beachtet werden, können definierte Sanktionen verhängt werden.[1113] Im Wesentlichen finden sich Richtlinien für Ärzte im Sozialrecht.[1114] Inwieweit die Richtlinie für das Haftungsrecht bedeutsam ist und wie sich ein Verstoß dort auswirkt, ist allerdings umstritten.[1115] Sofern die Verletzung der Richtlinie durch den Arzt im Einzelfall medizinisch nicht gerechtfertigt ist, soll nach wohl überwiegender Auffassung eine haftungsrechtlich relevante Zuwiderhandlung gegen den medizinischen Standard vorliegen.[1116] Demgegenüber wird vertreten, dass sich der Verstoß gegen eine Richtlinie lediglich auf den sozialrechtlichen Bereich rechtlich auswirke.[1117] Vereinzelt wird davon ausgegangen, dass Richtlinien

---

1109 Im Ergebnis schon *Bergmann*, MedR 2016, 497 (500); so auch *Herkenrath*, Ärztliche Fernbehandlung, S. 69 f.; *Leupold/Wiesner*, in: Leupold et al., IT-Recht, Teil 13, Rdn. 81.

1110 So auch *Herkenrath*, Ärztliche Fernbehandlung, S. 70.

1111 So etwa *Bergmann*, GesR 2006, 337; *Walter*, GesR 2003, 165 (167); *Wenzel*, in: Wenzel, Handbuch Medizinrecht, Kapitel 4, Rdn. 224.

1112 *Bergmann*, GesR 2006, 337 (337 f.); *Hart*, MedR 1998, 8 (11); *Martis/Winkhart*, Arzthaftungsrecht, B 73; *Wenzel*, in: Wenzel, Handbuch Medizinrecht, Kapitel 4, Rdn. 224.

1113 *Bergmann*, GesR 2006, 337 (338); *Hart*, MedR 1998, 8 (11); *Martis/Winkhart*, Arzthaftungsrecht, B 73; *Wenzel*, in: Wenzel, Handbuch Medizinrecht, Kapitel 4, Rdn. 224.

1114 *Bergmann*, GesR 2006, 337 (338); *Martis/Winkhart*, Arzthaftungsrecht, B 74.

1115 S. ausführlicher etwa *Martis/Winkhart*, Arzthaftungsrecht, B 80 ff. m.w.N.

1116 So etwa BGH, BeckRS 2008, 7852, Rdn. 4; KG, NJW 2004, 691; OLG Köln, VersR 2012, 1305 (1306); vgl. *Müller*, GesR 2004, 257 (260); *Rehborn* schreibt Richtlinien die Charaktereigenschaft eines antizipierten Sachverständigengutachtens zu, s. *Rehborn*, MDR 2000, 1101 (1103).

1117 So etwa *Hart*, MedR 1998, 8 (14); *Walter*, GesR 2003, 165 (168).

– wenn überhaupt – nur sehr eingeschränkt zur Bestimmung des ärztlichen Standards herangezogen werden könnten.[1118]

Die derzeit existierenden Richtlinien befassen sich kaum mit der hier im Vordergrund stehenden ausschließlichen Tele- bzw. Fernbehandlung zwischen dem Arzt und seinem Patienten. Die Richtlinie über die Verordnung von Heilmitteln in der vertragsärztlichen Versorgung des Gemeinsamen Bundesausschusses (Heilmittel-Richtlinie/HeilM-RL) in der Fassung vom 19.05.2011, zuletzt geändert am 17.02.2022,[1119] beschäftigt sich zwar mit telemedizinischen Leistungen, die dort „als synchrone Kommunikation zwischen einer Heilmittelerbringerin oder einem Heilmittelerbringer und einer Patientin oder einem Patienten, vorrangig im Wege einer Onlinebehandlung per Videoübertragung in Echtzeit" definiert wird, s. § 16b Abs. 1 S. 1 der Heilmittel-Richtlinie. Dennoch wird nur die telemedizinische Heilmittelerbringer-Patienten-Beziehung näher beleuchtet. Darüber hinaus scheint lediglich die ergänzende Tele- bzw. Fernbehandlung zulässig zu sein, da nach § 16b Abs. 3 S. 3 und 4 der Heilmittel-Richtlinie die erste Behandlung im jeweiligen Verordnungsfall im unmittelbar persönlichen Kontakt stattzufinden hat und auch im Rahmen der Behandlung regelmäßig Verlaufskontrollen im unmittelbar persönlichen Kontakt erfolgen müssen. Aussagen über den spezifischen (ärztlichen) Fernbehandlungsstandard lassen sich der Heilmittel-Richtlinie daher nicht entnehmen.

cc) Fazit

Ob sich ein Fernbehandler im Zusammenhang mit einer ausschließlichen Tele- bzw. Fernbehandlung gewissenhaft verhält, legt der spezifische Fernbehandlungsstandard fest. Ein solcher scheint sich derzeit lediglich für gewisse Sonderfälle – etwa für den Bereich der maritimen Telemedizin – und ansonsten jedenfalls noch nicht vollumfänglich entwickelt zu haben.[1120]

1118 *Jorzig/Feifel*, GesR 2004, 310 (312).

1119 *Gemeinsamer Bundesausschuss*, Heilmittel-Richtlinie, S. 1 ff.

1120 Vgl. *Hahn*, Telemedizin, S. 30; *Hahn*, in: Schiller, Kommentar BMV-Ä, Anhang 2, Rdn. 54; *Jorzig*, Der Urologe 2021, 244 (245); *Katzenmeier*, MedR 2019, 259 (267); *Katzenmeier*, NJW 2019, 1769 (1771); *Steinhilper/Schiller*, in: FS Plagemann, S. 579 (584); *Sternberg-Lieben*, in: Hilgendorf et al., Handbuch des Strafrechts, § 52, Rdn. 33; *Tillmanns*, A&R 2020, 11 (14); jüngst bestätigt *Katzenmeier*, in: Rehmann/Tillmanns, E-Health, Kapitel 3, Rdn. 110.

c) Ausblick: Entwicklung eines spezifischen Fernbehandlungsstandards

Aufgrund der derzeitigen Entwicklung ist es nicht ausgeschlossen, dass sich zukünftig ein eigener spezifischer Fernbehandlungsstandard entwickeln wird.[1121] Ein solcher beantwortet die Frage, welche Maßnahmen der Arzt – bei der Behandlung und im Behandlungsumfeld – zu ergreifen hat, um in der konkreten Situation aus berufsfachlicher Sicht des Fachbereichs gewissenhaft und aufmerksam zu handeln.

Sofern ein Fernbehandler den spezifischen Fernbehandlungsstandard einhält, also gewissenhaft und sorgsam handelt, ist es irrelevant, ob der Schaden bei einer persönlichen Behandlung vor Ort unter Umständen hätte vermieden werden können.[1122] Es kann einem Fernbehandler, der die Vorgaben des spezifischen Fernbehandlungsstandards einhält, nicht zugemutet werden, auch für solche Schäden einstehen zu müssen, die aus der Fernbehandlung herrühren und bei einem unmittelbaren Kontakt vor Ort unterblieben wären. Es würde bei einer solchen Sichtweise negiert, dass es sich bei der ausschließlichen Tele- bzw. Fernbehandlung – wenn auch in Ausnahmefällen – um eine anerkannte Form der Heilbehandlung handelt. Mithin würde der Patient bessergestellt, da seine Schäden ggf. umfangreicher ersetzt würden, obwohl er der ausschließlichen Tele- bzw. Fernbehandlung ebenso zugestimmt hat.

II. Durchführung der ausschließlichen Tele- bzw. Fernbehandlung nach Liberalisierung des Berufsrechts trotz Fehlens eines spezifischen Fernbehandlungsstandards

Fehlt es für ein Fachgebiet noch an einem spezifischen Fernbehandlungsstandard, steht dies der Anwendung einer ausschließlichen Tele- bzw. Fernbehandlung nicht von vornherein entgegen. Ist ein (spezifischer) Standard deshalb (noch) nicht vorhanden, weil etwa eine neue Behandlung gewählt wird, gilt es stattdessen die Sorgfalt eines vorsichtigen Arztes

---

1121 *Hahn*, Telemedizin, S. 30; *Katzenmeier*, MedR 2019, 259 (267); vgl. *Schickert et al.*, in: Sassenberg/Faber, Rechtshandbuch Industrie 4.0, § 15, Rdn. 54.

1122 Vgl. *Leupold/Wiesner*, in: Leupold et al., IT-Recht, Teil 13, Rdn. 79; a.A. wohl *Herkenrath*, Ärztliche Fernbehandlung, S. 234 f.; *Katzenmeier*, NJW 2019, 1769 (1772); *Katzenmeier*, in: Rehmann/Tillmanns, E-Health, Kapitel 3, Rdn. 116 f.; *Steinhilper/Schiller*, in: FS Plagemann, S. 579 (584 f.).

einzuhalten.[1123] Dem Arzt werden in diesem Zusammenhang besondere Pflichten bei der Wahl der neuen Behandlungsmethode[1124] und bei der konkreten Durchführung[1125] sowie bei der Aufklärung des Patienten[1126] auferlegt. Daneben sind erst recht die allgemeinen Grundsätze, die es bei jeder Behandlung zu beachten gilt, einzuhalten. Schließlich wird der Arzt, der im Neulandbereich tätig wird, zur besonderen Vorsicht angehalten. Die Anwendung eines solchen Behandlungskonzepts führt also nicht automatisch zu einem Behandlungsfehler, sondern stattdessen zu erhöhten Sorgfaltspflichten des Arztes.[1127]

1. Anwendbarkeit der Grundsätze zur Neulandmethode

Wenngleich es nicht ungewöhnlich ist, dass telemedizinische Verfahren dem Bereich der Neulandmethoden zugeordnet bzw. die dort geltenden Grundsätze auf die Telemedizin übertragen werden,[1128] wird teilweise be-

---

1123 BT-Drs. 17/10488, 19; *Greiner*, in: Spickhoff, Medizinrecht, §§ 823 ff. BGB, Rdn. 8; *Greiner*, in: Geiß/Greiner, Arzthaftpflichtrecht, Rdn. B 2b; *Gutmann*, in: Staudinger, § 630a BGB, Rdn. 146; *Nebendahl*, in: Igl/Welti, Gesundheitsrecht, § 48, Rdn. 93 m.w.N.; *Spickhoff*, in: Spickhoff, Medizinrecht, § 630a BGB, Rdn. 42; vgl. BGHZ 172, 254 (257, 259) = NJW 2007, 2774 (2774 f.); BGH, NJW 2017, 2685; BGH, NJW 2020, 1358 (1359).

1124 S. Teil 2, 3. Kapitel, C.II.2.b)bb).

1125 S. Teil 2, 3. Kapitel, C.II.2.b)dd)(2).

1126 S. Teil 2, 3. Kapitel, D.III.1.

1127 BGHZ 168, 103 (105 f.) = NJW 2006, 2477 (2477 f.); *Greiner*, in: Spickhoff, Medizinrecht, §§ 823 ff. BGB, Rdn. 8; *Gutmann*, in: Staudinger, § 630a BGB, Rdn. 147; *Nebendahl*, in: Igl/Welti, Gesundheitsrecht, § 48, Rdn. 93; *Wagner*, in: MüKo-BGB, § 630a, Rdn. 158; vgl. BGHZ 113, 297 (300 f.) = NJW 1991, 1535 (1536 f.); BGHZ 172, 1 (5, 8) = NJW 2007, 2767 (2768 f.); BGHZ 172, 254 (257 ff.) = NJW 2007, 2774 (2774 f.); BGH, NJW 2017, 2685; BGH, NJW 2020, 1358 (1359); *Jung et al.*, in: Ratzel/Luxenburger, Handbuch Medizinrecht, Kapitel 14, Rdn. 66; *Mansel*, in: Jauernig, § 630a BGB, Rdn. 20; *Terbille/Feifel*, in: Clausen/Schroeder-Printzen, Anwaltshandbuch Medizinrecht, § 1, Rdn. 412.

1128 Vgl. *Bergmann*, MedR 2016, 497 (501); *Hahn*, Telemedizin, S. 32; *Katzenmeier*, NJW 2019, 1769 (1771); *Katzenmeier*, in: Rehmann/Tillmanns, E-Health, Kapitel 3, Rdn. 110; *Kern*, in: Dierks et al., Rechtsfragen der Telemedizin, S. 55 (61, 63); *Leupold/Wiesner*, in: Leupold et al., IT-Recht, Teil 13, Rdn. 78; *Link*, Telemedizinische Anwendungen, S. 141; *Pielach*, Haftungsfragen in der Telemedizin, S. 102; *Prütting*, in: Rehmann/Tillmanns, E-Health, Kapitel 3, Rdn. 19; *Schütze/Kamler*, DMW 2007, 453 (454); *Sternberg-Lieben*, in: Hilgendorf et al., Handbuch des Strafrechts, § 52, Rdn. 33; *Terbille/Feifel*, in: Clausen/Schroeder-Printzen, Anwaltshandbuch Medizinrecht, § 1, Rdn. 414.

zweifelt, dass die ausschließliche Tele- bzw. Fernbehandlung eine Neulandmethode darstelle,[1129] oder betont, dass bei der Beurteilung jedenfalls beachtet werden müsse, dass es sich bei der telemedizinischen Anwendung lediglich um eine Behandlungsform handele[1130]. Obwohl es sich bei der ausschließlichen Tele- bzw. Fernbehandlung in der Tat um eine besondere Form der Heilbehandlung handelt,[1131] steht dies der Einordnung als Neulandmethode bzw. der Anwendbarkeit der Grundsätze zur Neulandmethode nicht automatisch entgegen. Da der Patient vollständig aus der Ferne behandelt wird, weist die ausschließliche Tele- bzw. Fernbehandlung im Vergleich zur ärztlichen Versorgung vor Ort eine andere Qualität auf. Der Patient wird durch die Behandlung aus der Ferne und dem Einsatz von Kommunikationsmedien Gefahren ausgesetzt, die bei einer Behandlung vor Ort überhaupt nicht existieren. Das aufgrund der Durchführung einer ausschließlichen Tele- bzw. Fernbehandlung für die Rechtsgüter des Patienten erhöhte Risiko rechtfertigt es, die Grundsätze zur Neulandmethode auch bei einer ausschließlichen Tele- bzw. Fernbehandlung anzuwenden, solange es an einem spezifischen Fernbehandlungsstandard fehlt.[1132] Schlussendlich ist die Frage, ob ein Verfahren dem Neulandbereich zuzuordnen ist, jedoch keine juristische, sondern bedarf in der Regel der Klärung durch einen medizinischen Sachverständigen.[1133]

2. Fernbehandlungstypische Behandlungsfehler unter Berücksichtigung der Grundsätze zur Neulandmethode

Die Literatur verweist im Zusammenhang mit der Telemedizin häufig auf den gesteigerten Sorgfaltsmaßstab des vorsichtigen Arztes,[1134] ohne jedoch im Detail zu erläutern, welche Pflichten sich hieraus für den Fernbehandler im Einzelnen ergeben. Die Grenzen der (zivilrechtlichen) Zulässigkeit der ausschließlichen Tele- bzw. Fernbehandlung, also fernbehandlungstypische

1129 *Siglmüller*, Rechtsfragen der Fernbehandlung, S. 151 f.; vgl. *Herkenrath*, Ärztliche Fernbehandlung, S. 218.

1130 *Prütting et al.*, GesR 2020, 756 (760).

1131 S. Teil 1, 2. Kapitel, B.I.1.a)aa).

1132 Im Allgemeinen auf vergleichbare Risiken der Methoden abstellend etwa auch OLG Köln, BeckRS 1999, 2098; OLG Oldenburg, NJW-RR 2023, 453 (454 f.).

1133 OLG Köln, BeckRS 1999, 2098; *Vogeler*, MedR 2008, 697 (700) m.w.N.

1134 S. etwa *Katzenmeier*, NJW 2019, 1769 (1771); *Katzenmeier*, in: Rehmann/Tillmanns, E-Health, Kapitel 3, Rdn. 110; *Leupold/Wiesner*, in: Leupold et al., IT-Recht, Teil 13, Rdn. 78; *Sternberg-Lieben*, in: Hilgendorf et al., Handbuch des Strafrechts, § 52, Rdn. 33.

Behandlungsfehler, ergeben sich überblicksartig anhand gewisser Kernelemente der ausschließlichen Tele- bzw. Fernbehandlung. Die Besonderheiten der ausschließlichen Tele- bzw. Fernbehandlung, namentlich die Überwindung einer räumlichen Distanz zwischen dem Arzt und seinem Patienten zum Zweck der ärztlichen Versorgung aus der Ferne unter Einsatz von Fernkommunikationsmitteln, beeinflussen die ärztliche Pflichtenstellung.

a) Einsatz von IuK-Technologien (und ggf. weiteren Geräten)

Der für die ausschließliche Tele- bzw. Fernbehandlung charakteristische Einsatz von IuK-Technologien berührt die Pflichtenstellung des Arztes nicht nur während, sondern auch im Vorfeld der ausschließlichen Tele- bzw. Fernbehandlung.[1135] Der Fernbehandler hat nicht nur Organisationsfehler zu vermeiden.[1136] Gleichzeitig hat er dem Vorwurf eines technischen Überwachungs-[1137] und Übernahmeverschuldens[1138] zu entgehen.

aa) Organisationsfehler

Aufgrund des weiten Behandlungsfehlerbegriffs[1139] gilt es im Rahmen der Arzthaftung im Allgemeinen nicht nur Fehler im eigentlichen Behandlungsgeschehen, sondern auch sogenannte Organisationsfehler[1140] zu vermeiden.[1141] Die Bedeutung von Organisationsfehlern – auch im Bereich der Telemedizin –[1142] ist nicht zu unterschätzen, da die Medizinhaftung

1135 Vgl. *Fehn*, in: Marx et al., Telemedizin, S. 9 (37 ff.).

1136 S. Teil 2, 3. Kapitel, C.II.2.a)aa).

1137 S. Teil 2, 3. Kapitel, C.II.2.a)bb).

1138 S. Teil 2, 3. Kapitel, C.II.2.a)cc).

1139 S. Teil 2, 3. Kapitel, C.I.

1140 Teilweise wird auch der Begriff „Organisationsverschulden" verwendet, so etwa *Jung et al.*, in: Ratzel/Luxenburger, Handbuch Medizinrecht, Kapitel 14, Rdn. 47; kritisch etwa *Katzenmeier*, in: Laufs et al., Arztrecht, Kapitel X, Rdn. 41; *Siglmüller*, Rechtsfragen der Fernbehandlung, S. 164.

1141 So etwa *Katzenmeier*, in: Laufs et al., Arztrecht, Kapitel X, Rdn. 41 m.w.N.; *Siglmüller*, Rechtsfragen der Fernbehandlung, S. 164 m.w.N.; vgl. auch *Kern*, in: Dierks et al., Rechtsfragen der Telemedizin, S. 55 (64).

1142 So auch *Pielach*, Haftungsfragen in der Telemedizin, S. 80 m.w.N., 92; vgl. *Voigt*, in: NK-BGB, § 630a, Rdn. 43.

zu einem beachtlichen Teil Organisationshaftung ist.[1143] Der Standard guter Organisation wird – anders als der allgemein anerkannte fachliche Standard – nicht nur durch die Medizin bestimmt, sondern als multidisziplinäre und -professionelle Standards auch durch das Recht bzw. in einem rechtlichen Rahmen nach sachverständiger Beratung konkretisiert.[1144]

Fehler im organisatorischen Bereich können grundsätzlich vielfältig sein.[1145] Sofern an der telemedizinischen Behandlung des Patienten mehrere Personen beteiligt sind, kommt beispielsweise der Koordination der telemedizinischen Zusammenarbeit eine enorme Bedeutung zu.[1146] Bei der ausschließlichen Tele- bzw. Fernbehandlung im Zweipersonenverhältnis spielt die sorgfältige Auswahl und Überwachung von externen Dienstleistern (z.B. Plattformbetreiber) eine organisatorische Rolle.[1147] Daneben hat der Arzt sicherzustellen, dass notwendige Kontrolltermine mit dem Patienten eingehalten werden und er für den Patienten erreichbar ist.[1148] Nicht zuletzt ergeben sich Organisationsfehler des Arztes gerade im Umgang mit den zum Einsatz kommenden (technischen) Geräten.[1149]

(1) Umgang mit technischen Geräten

Werden IuK-Technologien zur Behandlung eingesetzt, besteht etwa die Gefahr, dass durch Fehler im System oder am Gerät selbst, Fehlinformationen des Arztes und Schädigungen des Patienten hervorgerufen werden.[1150] Um

---

1143 *Katzenmeier*, in: Laufs et al., Arztrecht, Kapitel X, Rdn. 41; vgl. *Katzenmeier*, in: BeckOK-BGB, § 630a, Rdn. 113; *Kern/Rehborn*, in: Laufs et al., Handbuch des Arztrechts, § 100, Rdn. 1; *Kudlich/Neelmeier*, NJW 2021, 1185 (1185 ff.); *Pflüger*, VersR 1999, 1070 (1072).

1144 S. etwa *Hart*, MedR 2013, 159 (160); *Hart*, MedR 2016, 669 (671); *Hart*, MedR 2019, 509 (514); *Katzenmeier*, in: Laufs et al., Arztrecht, Kapitel X, Rdn. 42; *Siglmüller*, Rechtsfragen der Fernbehandlung, S. 164; a.A. *Lafontaine*, in: jurisPK-BGB, § 630a, Rdn. 408.

1145 Vgl. etwa *Bergmann/Wever*, Die Arzthaftung, S. 12 ff.; *Katzenmeier*, in: Laufs et al., Arztrecht, Kapitel X, Rdn. 45; vgl. für die Fernbehandlung *Siglmüller*, Rechtsfragen der Fernbehandlung, S. 165.

1146 *Schütze*, Der Radiologe 2007, 157 (159); vgl. *Wagner*, in: MüKo-BGB, § 630a, Rdn. 137; für den Telenotarzt, s. *Katzenmeier/Schrag-Slavu*, Telenotarzt, S. 73 ff.

1147 *Siglmüller*, Rechtsfragen der Fernbehandlung, S.165.

1148 *Fehn*, in: Marx et al., Telemedizin, S. 9 (39).

1149 S. sogleich.

1150 *Heyers/Heyers*, MDR 2001, 1209 (1215); vgl. *Ulsenheimer/Heinemann*, MedR 1999, 197 (200).

Organisationsfehler zu vermeiden, sind medizinisch-technische Geräten[1151] vor ihrem Einsatz hinsichtlich ihrer Funktionsfähigkeit zu überprüfen.[1152] Gleiches muss auch für die im Rahmen der Tele- bzw. Fernbehandlung eingesetzten IuK-Technologien gelten.[1153] Bei der Tele- bzw. Fernbehandlung wird nicht zuletzt sogenannte „Consumer Hard- und Software" (z.B. Smartphone, Kamera, Lautsprecher, Betriebssystem etc.) eingesetzt,[1154] die grundsätzlich nicht dazu bestimmt sind, zur medizinischen Behandlung eines Patienten verwendet zu werden. Um die hochwertigen Rechtsgüter des Patienten auch während der Tele- bzw. Fernbehandlung zu schützen, hat der Behandler erst recht solche Geräte im Vorfeld auf ihre Funktionsfähigkeit zu überprüfen, die zwar ursprünglich nicht für den Einsatz zur medizinischen Behandlung bestimmt waren, jedoch tatsächlich von dem Fernbehandler eingesetzt werden. Dies ergibt sich auch aus der für die ausschließliche Tele- bzw. Fernbehandlung zentralen Rolle der Fernkommunikationsmittel. Schließlich wird der Kontakt zwischen den Parteien und die Behandlung aus der Ferne erst durch den Einsatz von IuK-Technologien ermöglicht.

Erforderlich ist daher auf organisatorischer Ebene, dass regelmäßig Sicherheitskontrollen durchgeführt werden, um eine Haftung des Arztes[1155] zu verhindern.[1156] Der Verantwortliche hat hierfür die Geräte nicht nur

1151 Beispiele für medizinisch-technische Geräte etwa bei *Kern*, in: Laufs et al., Handbuch des Arztrechts, § 57, Rdn. 5.

1152 Vgl. BGH, NJW 1975, 2245 (2245 f.); BGH, NJW 1978, 584 (585); BGH, NJW 1994, 1594 (1595); BGH, VersR 2007, 1416 (1416 f.); *Hoxhaj*, Medizintechnikhaftung, S. 87; *Katzenmeier*, in: BeckOK-BGB, § 630a, Rdn. 114; *Kern/Rehborn*, in: Laufs et al., Handbuch des Arztrechts, § 100, Rdn. 16; *Nebendahl*, in: Igl/Welti, Gesundheitsrecht, § 48, Rdn. 20; *Ulsenheimer/Heinemann*, MedR 1999, 197 (200). *Weidenkaff* ordnet ärztliche Behandlungsfehler im Zusammenhang mit dem Einsatz von medizinischen Geräten nicht den Organisationsfehlern zu, sondern bildet eine eigene Fallgruppe, s. *Weidenkaff*, in: Grüneberg, § 630a BGB, Rdn. 35.

1153 Vgl. *Fehn*, in: Marx et al., Telemedizin, S. 9 (39); *Katzenmeier/Schrag-Slavu*, Telenotarzt, S. 75; *Spindler*, in: BeckOGK-BGB, § 823, Rdn. 1071; früher für die Telemedizin bereits *Laufs*, NJW 2000, 1757 (1761); *Link*, Telemedizinische Anwendungen, S. 143 f.; *Pflüger*, VersR 1999, 1070 (1075); *Pielach*, Haftungsfragen in der Telemedizin, S. 84; *Tillmanns*, Persönliche Leistungserbringungspflicht, S. 181; *Ulsenheimer/Heinemann*, MedR 1999, 197 (200).

1154 S. für die Videosprechstunde Teil 2, 2. Kapitel, B.I.1.a)bb).

1155 Zur möglichen Haftung anderer Personen, s. etwa *Heyers/Heyers*, MDR 2001, 1209 (1215 f.); *Schütze/Filler*, Telemedizinführer Deutschland 2005, 68 (69); *Ulsenheimer/Heinemann*, MedR 1999, 197 (200).

1156 *Bördner*, GuP 2019, 131 (132); *Heyers/Heyers*, MDR 2001, 1209 (1215); *Kern*, in: Laufs et al., Handbuch des Arztrechts, § 57, Rdn. 4; *Leupold/Wiesner*, in: Leupold vor dem Einsatz auf ihre Funktionsfähigkeit zu überprüfen, sondern die Apparate nach den entsprechenden Vorgaben (möglicherweise unter Hinzuziehung eines Spezialisten) zu warten.[1157] Eine Garantie für das fehlerfreie Funktionieren der von ihm eingesetzten Geräte kann und muss der Fernbehandler hingegen nicht übernehmen.[1158]

Bietet der Behandler seinem Patienten beispielsweise eine Videosprechstunde an, sollte er die von den Anbietern der jeweiligen Plattformen zur Verfügung gestellten sogenannten „Gerätetests" durchführen. Die Plattform „doccura" hält beispielsweise einen Kamera-, Mikrofon-, Browser- & Betriebssystem- und Internetqualitäts-Test bereit.[1159] Da jedem Internetnutzer mittlerweile zu raten ist, einen sich regelmäßig aktualisierenden Virenscanner zu verwenden,[1160] gilt dies freilich auch für den Fernbehandler.[1161] Unternimmt der Arzt in diesem Zusammenhang alles ihm Zumutbare, scheidet eine Haftung des Behandlers mangels Sorgfaltspflichtverletzung aus.[1162]

Werden dem Patienten vor Beginn der ausschließlichen Tele- bzw. Fernbehandlung von einem Dritten – wie etwa angeboten auf der Plattform „MedKitDoc" – spezielle Medizinprodukte (z.B. digitales Stethoskop oder digitales Blutdruckmessgerät) zugesandt,[1163] kann der Arzt die Geräte im Vorfeld der Fernbehandlung freilich nicht kontrollieren, so dass der Fernbehandler für deren Funktionsfähigkeit auch nicht (rechtlich) zur Verantwortung gezogen werden kann. Allerdings ist dem Arzt zu raten, die Funk-

---

et al., IT-Recht, Teil 13, Rdn. 82; *Ulsenheimer/Heinemann*, MedR 1999, 197 (200); *Pielach*, Haftungsfragen in der Telemedizin, S. 114.

1157 Vgl. *Bördner*, GuP 2019, 131 (132); *Katzenmeier*, in: BeckOK-BGB, § 630h, Rdn. 22; *Kern*, in: Laufs et al., Handbuch des Arztrechts, § 57, Rdn. 5; *Kern/Rehborn*, in: Laufs et al., Handbuch des Arztrechts, § 100, Rdn. 16; *Kunz-Schmidt*, MedR 2009, 517 (519) m.w.N.; *Leupold/Wiesner*, in: Leupold et al., IT-Recht, Teil 13, Rdn. 82; *Schütze/Filler*, Telemedizinführer Deutschland 2005, 68 (69); vgl. auch *Katzenmeier/Schrag-Slavu*, Telenotarzt, S. 75; *Pielach*, Haftungsfragen in der Telemedizin, S. 84.

1158 Vgl. im Allgemeinen etwa *Baumgärtel*, JR 1978, 373 (373 f.); *Katzenmeier*, in: BeckOK-BGB, § 630h, Rdn. 23.

1159 *Bayerische TelemedAllianz GmbH*, doccura-Gerätetest.

1160 S. hierzu *Borges*, NJW 2010, 2624 (2625) m.w.N.; vgl. LG Köln, MMR 2008, 259 (261).

1161 So auch *Herkenrath*, Ärztliche Fernbehandlung, S. 245; *Siglmüller*, Rechtsfragen der Fernbehandlung, S. 165.

1162 So auch *Siglmüller*, Rechtsfragen der Fernbehandlung, S. 165; vgl. hierzu *Link*, Telemedizinische Anwendungen, S. 191 f.; *Tillmanns*, Persönliche Leistungserbringungspflicht, S. 214.

1163 S. Teil 2, 3. Kapitel, C.II.2.b)cc)(1)(b).

tionsfähigkeit der Geräte vor ihrem unmittelbaren Einsatz am Patienten während der ausschließlichen Tele- bzw. Fernbehandlung zumindest auf aus der Ferne erkennbare Mängel zu überprüfen.

(2) Voll beherrschbare Risiken i.S.d. § 630h Abs. 1 BGB

(a) Gerätesicherheit

Die Wahrung der Gerätesicherheit ist für den Fernbehandler deshalb äußerst bedeutsam, da § 630h Abs. 1 BGB eine Behandlungsfehlervermutung vorsieht.[1164] Es wird ein Fehler des Behandlers – entgegen der grundsätzlich dem Patienten auferlegten Beweislast –[1165] vermutet, wenn sich ein allgemeines Behandlungsrisiko verwirklicht hat, das für den Behandelnden einerseits voll beherrschbar war und andererseits zur Verletzung des Lebens, Körpers oder der Gesundheit des Patienten geführt hat, s. § 630h Abs. 1 BGB. Umfasst sind solche Gefahren (auch bezeichnet als „voll beherrschbare Risiken“), die gerade nicht mit den Unwägbarkeiten des menschlichen Organismus einhergehen, sondern dem Herrschafts- und Organisationsbereich des Arztes zuzuordnen sind.[1166] Die gesetzliche Vermutung des § 630h Abs. 1 BGB ist deshalb gerechtfertigt, da der Arzt solche Gefahren, die aus seinem Herrschafts- und Organisationsbereich stammen, objektiv voll beherrschen und mithin bei sorgfältigem Verhalten auch vermeiden kann.[1167] Beim Versagen oder Fehlfunktionieren medizinischer Geräte handelt es sich beispielsweise um ein voll beherrschbares Risiko i.S.d. § 630h Abs. 1 BGB.[1168] Gleiches sollte auch für die im Rahmen der ärztlichen Versorgung

---

1164 Vgl. *Bergmann*, MedR 2016, 497 (501); *Bördner*, GuP 2019, 131 (132); *Fehn*, in: Marx et al., Telemedizin, S. 9 (39); *Katzenmeier*, NJW 2019, 1769 (1774); *Katzenmeier*, in: Rehmann/Tillmanns, E-Health, Kapitel 3, Rdn. 127; *Leupold/Wiesner*, in: Leupold et al., IT-Recht, Teil 13, Rdn. 82.

1165 S. etwa BT-Drs. 17/10488, 27 f.; *Katzenmeier*, in: BeckOK-BGB, § 630h, Rdn. 7 f.

1166 *Spickhoff*, in: Spickhoff, Medizinrecht, § 630h BGB, Rdn. 5; *Walter*, in: BeckOGK-BGB, § 630h, Rdn. 2.

1167 So etwa *Fehn*, in: Marx et al., Telemedizin, S. 9 (39).

1168 S. etwa BT-Drs. 17/10488, 28; BGH, NJW 1978, 584 (584 f.); *Bergmann/Wever*, Die Arzthaftung, S. 16; *Greiner*, in: Spickhoff, Medizinrecht, §§ 823 ff. BGB, Rdn. 164; *Katzenmeier*, in: BeckOK-BGB, § 630h, Rdn. 21; *Kunz-Schmidt*, MedR 2009, 517; *Siglmüller*, Rechtsfragen der Fernbehandlung, S. 172; *Wagner*, in: MüKo-BGB, § 630h, Rdn. 25; *Walter*, in: BeckOGK-BGB, § 630h, Rdn. 2.1.

aus der Ferne von dem Fernbehandler tatsächlich eingesetzte „Consumer Hard- und Software" gelten.[1169]

Da der Behandler indessen nur für solche Gefahren nach § 630h Abs. 1 BGB einzustehen hat, die seinen Risikobereich betreffen, ist der Arzt für den Gefahrenbereich des Patienten (z.B. Fehler der technischen Ausstattung des Patienten, die für den Arzt nicht erkennbar sind) oder des Herstellers nicht verantwortlich.[1170] Greift die Vermutung des § 630h Abs. 1 BGB ein, verbleibt dem Fernbehandler nur die Möglichkeit, den Gegenbeweis zu führen.[1171] Die Beweislast für die Einhaltung der nötigen und möglichen Vorsichts- und Verhütungsmaßnahmen trifft also die Behandlerseite.[1172]

(b) Exkurs: Verzicht auf face-to-face Kontakt

Kommunikationsdefizite, die aus einem fehlenden face-to-face Kontakt herrühren, als voll beherrschbar i.S.d. § 630h Abs. 1 BGB zu qualifizieren,[1173] ist hingegen nicht überzeugend.[1174]

Von der Gegenansicht wird argumentiert, dass ein face-to-face Kontakt stets möglich und organisierbar sei.[1175] Ließe man die eben vorgestellte Auffassung zu, wäre jedes fernbehandlungsspezifische Risiko für den Arzt voll beherrschbar i.S.d. § 630h Abs. 1 BGB.[1176] Schließlich handelt es sich bei einer ausschließlichen Tele- bzw. Fernbehandlung lediglich um einen Ausnahmefall, so dass eine herkömmliche Behandlung vor Ort stets mög-

---

1169 So auch *Bördner*, GuP 2019, 131 (132); *Herkenrath*, Ärztliche Fernbehandlung, S. 244; *Katzenmeier*, NJW 2019, 1769 (1774); *Katzenmeier*, in: Rehmann/Tillmanns, E-Health, Kapitel 3, Rdn. 127; *Leupold/Wiesner*, in: Leupold et al., IT-Recht, Teil 13, Rdn. 82; *Stellpflug*, GesR 2019, 76 (79); vgl. auch *Jung et al.*, in: Ratzel/Luxenburger, Handbuch Medizinrecht, Kapitel 14, Rdn. 102; *Link*, Telemedizinische Anwendungen, S. 207 f.

1170 *Leupold/Wiesner*, in: Leupold et al., IT-Recht, Teil 13, Rdn. 82; s. im Allgemeinen *Kunz-Schmidt*, MedR 2009, 517 (519).

1171 *Bördner*, GuP 2019, 131 (132); *Katzenmeier*, NJW 2019, 1769 (1774); *Katzenmeier*, in: Rehmann/Tillmanns, E-Health, Kapitel 3, Rdn. 127; vgl. im Allgemeinen BT-Drs. 17/10488, 28; BGH, NJW 1995, 1618; *Katzenmeier*, in: BeckOK-BGB, § 630h, Rdn. 20.

1172 So etwa *Glanzmann*, in: Bergmann et al., Gesamtes Medizinrecht, § 630h BGB, Rdn. 5.

1173 So *Stellpflug*, GesR 2019, 76 (79); s. auch *Hahn*, Telemedizin, S. 31.

1174 So auch *Siglmüller*, Rechtsfragen der Fernbehandlung, S. 172 f.; im Ergebnis ebenso *Leupold/Wiesner*, in: Leupold et al., IT-Recht, Teil 13, Rdn. 82.

1175 *Stellpflug*, GesR 2019, 76 (79).

1176 Ähnlich *Siglmüller*, Rechtsfragen der Fernbehandlung, S. 173.

lich und organisierbar sein muss. Die Vermutung eines Behandlungsfehlers würde daher immer eingreifen, wenn sich ein fernbehandlungsspezifisches Risiko verwirklicht und das Leben, der Körper oder die Gesundheit des Patienten verletzt wird. Dies würde nicht nur die Fortentwicklung der Telemedizin hemmen, sondern den Arzt zu stark belasten.[1177]

bb) Technisches Überwachungsverschulden

In der Literatur wird im Zusammenhang mit der Telemedizin teilweise vor einem sogenannten „technischen Überwachungsverschulden" gewarnt.[1178] Grundsätzlich hat ein Arzt während der Geräteanwendung nicht nur den Zustand des Patienten, sondern auch die eingesetzten Apparate zu kontrollieren und zu überwachen.[1179] Die Bedeutung der Kontroll- und Überwachungspflichten steigt, je stärker die Technik in der Medizin voranschreitet und je mehr Geräte zur Behandlung des Patienten eingesetzt werden.[1180] Da die IuK-Technologien den Kontakt zwischen den Parteien herstellen und dadurch die ausschließliche Tele- bzw. Fernbehandlung erst ermöglicht wird, treffen den Fernbehandler umfangreiche Kontroll- und Überwachungspflichten.

Im Besonderen hat der Telemediziner die Qualität der digitalen Übermittlung zu überwachen.[1181] Es gehört daher nicht nur zu den Pflichten des Fernbehandlers zu überprüfen, ob durch den Geräteeinsatz alle – etwa für die Diagnosestellung – erforderlichen Daten in der nötigen Qualität übermittelt werden können, sondern auch, ob diese tatsächlich übertragen worden sind.[1182] Sofern es während der (Fern-)Behandlung zu einem Ge-

---

1177 Ähnlich *Siglmüller*, Rechtsfragen der Fernbehandlung, S. 173.

1178 *Bergmann*, MedR 2016, 497 (500); *Schickert et al.*, in: Sassenberg/Faber, Rechtshandbuch Industrie 4.0, § 15, Rdn. 57; *Stellpflug*, GesR 2019, 76 (78).

1179 S. etwa OLG Hamm, VersR 1980, 1030; *Hoxhaj*, Medizintechnikhaftung, S. 88; *Schneider*, Neue Behandlungsmethoden, S. 140; *Tillmanns*, Persönliche Leistungserbringungspflicht, S. 178. Freilich hat der Arzt die eingesetzte Technik auch ordnungsgemäß zu bedienen, s. zum Bedienungsfehler etwa *Kunz-Schmidt*, MedR 2009, 517 (517, 520 ff.); *Siglmüller*, Rechtsfragen der Fernbehandlung, S. 173 f.; *Wagner*, in: MüKo-BGB, § 630h, Rdn. 26.

1180 *Hoxhaj*, Medizintechnikhaftung, S. 89.

1181 *Bergmann*, MedR 2016, 497 (500); *Herkenrath*, Ärztliche Fernbehandlung, S. 243; *Fehn*, in: Marx et al., Telemedizin, S. 9 (39); *Stellpflug*, GesR 2019, 76 (78).

1182 *Bergmann*, MedR 2016, 497 (500); *Fehn*, in: Marx et al., Telemedizin, S. 9 (39); *Jorzig*, Der Urologe 2021, 244 (245); *Stellpflug*, GesR 2019, 76 (78); vgl. auch räteausfall bzw. zu technischen Komplikationen[1183] kommt, kann der Arzt nach den konkreten Umständen des Einzelfalls dazu verpflichtet sein, die Behandlung auf eine andere Weise, also etwa persönlich vor Ort, fortzusetzen oder verfügbare Ersatzgeräte rechtzeitig einzusetzen und die Behandlung hiermit fortzuführen.[1184] Sind die Mängel der digitalen Übermittlung objektiv nicht erkennbar, haftet der Fernbehandlung nicht für solche Schäden des Patienten, die hierauf kausal beruhen.

cc) Übernahmeverschulden

Darüber hinaus kann auch der Fernbehandler dem Vorwurf eines „Übernahmeverschulden"[1185] ausgesetzt sein.[1186] Der Arzt ist im Allgemeinen verpflichtet, nur solche Behandlungen vorzunehmen, zu denen er aufgrund hinreichender Fachkenntnisse und der Umstände des Einzelfalls in der Lage ist.[1187] Ein Behandlungsfehler in Form des Übernahmeverschuldens liegt daher vor, wenn der Arzt die (telemedizinische) Behandlung des Patienten übernimmt, obwohl er hätte erkennen können oder müssen, dass er die Behandlung deshalb nicht übernehmen darf, weil ihm entweder die nötige fachliche Kompetenz oder Erfahrung zur Durchführung der Behandlung fehlt, seine persönlichen Fähigkeiten nicht ausreichen oder weil er nicht über die notwendige personelle und/oder apparative Ausstattung verfügt.[1188]

Bundesärztekammer, Hinweise und Erläuterungen zu § 7 Abs. 4 MBO-Ä (2020), S. 5.

1183 S. Teil 2, 3. Kapitel, C.II.2.b)dd)(2)(b).

1184 Vgl. im Allgemeinen etwa *Hoxhaj*, Medizintechnikhaftung, S. 90; *Schneider*, Neue Behandlungsmethoden, S. 140; *Spindler*, in: BeckOGK-BGB, § 823, Rdn. 1071.

1185 Häufig auch bezeichnet als „Übernahmefehler", so etwa bei *Nebendahl*, in: Igl/Welti, Gesundheitsrecht, § 48, Rdn. 5; kritisch zum Begriff „Übernahmeverschulden" etwa *Siglmüller*, Rechtsfragen der Fernbehandlung, S. 155; *Wagner*, in: MüKo-BGB, § 630a, Rdn. 147; zur Abgrenzung des Übernahmeverschuldens vom Organisationsfehler, s. *Lafontaine*, in: jurisPK-BGB, § 630a, Rdn. 401.

1186 *Fehn*, in: Marx et al., Telemedizin, S. 9 (37 f.); a.A. jedenfalls im Fall des Fehlens der fachlichen Kompetenz und Erfahrung *Siglmüller*, Rechtsfragen der Fernbehandlung, S. 156.

1187 *Nebendahl*, in: Igl/Welti, Gesundheitsrecht, § 48, Rdn. 5 m.w.N.; vgl. *Greiner*, in: Geiß/Greiner, Arzthaftpflichtrecht, Rdn. B 11.

1188 *Fehn*, in: Marx et al., Telemedizin, S. 9 (37 f.); vgl. im Allgemeinen BGH, NJW 1989, 2321 (2322); BGH, NJW 1994, 3008 (3008 f.); OLG Karlsruhe, RDG 2018, 32 (33); *Greiner*, in: Geiß/Greiner, Arzthaftpflichtrecht, B 11 ff.; *Greiner*, in: Spick-

(1) Übernahme trotz fehlender (technischer) Fachkenntnisse

Dem Fernbehandler droht nicht nur ein Übernahmeverschulden, wenn er die Behandlung aus der Ferne übernimmt, obwohl ihm die fachliche Kompetenz zur Durchführung der ausschließlichen Tele- bzw. Fernbehandlung, die er durch spezielle telemedizinische Schulungen und Fortbildungen zu erlangen hat,[1189] fehlt.[1190] Sofern der Arzt eine technische Apparatur zur Behandlung des Patienten einsetzt, muss er sich ebenso mit der Funktionsweise der Geräte vertraut machen, um vermeidbare Risiken auszuschließen.[1191] Insbesondere ist der Behandler zur eingehenden Lektüre der Gebrauchsanweisung verpflichtet.[1192] Aufgrund der zunehmenden Technisierung der modernen Medizin ist zwar anerkannt, dass der Behandler nicht alle technischen Einzelheiten der zur Verfügung stehenden Geräte kennen muss,[1193] jedoch hat sich der Arzt – insbesondere bei Geräten mit vitaler Bedeutung für den Patienten – die Funktionsweise der Geräte derart anzueignen, wie es einem naturwissenschaftlich und technisch aufgeschlossenen Menschen möglich und zumutbar ist.[1194] Möchte der Arzt Neuland betreten, ist ihm

hoff, Medizinrecht, §§ 823 ff. BGB, Rdn. 23 ff.; *Janda*, Medizinrecht, S. 319; *Kern/Rehborn*, in: Laufs et al., Handbuch des Arztrechts, § 96, Rdn. 31 ff.; *Lafontaine*, in: jurisPK-BGB, § 630a, Rdn. 403 ff.

1189 *Bundesärztekammer*, Fragenkatalog zur Fernbehandlung (08.01.2021); zur Fortbildungspflicht im Allgemeinen, s. etwa *Greiner*, in: Geiß/Greiner, Arzthaftpflichtrecht, Rdn. B 11 f. m.w.N.; zur Bedeutung der Telemedizin für die Fortbildungspflicht, s. *Pflüger*, VersR 1999, 1070 (1073).

1190 Vgl. hierzu *Fehn*, in: Marx et al., Telemedizin, S. 9 (38); a.A. *Siglmüller*, Rechtsfragen der Fernbehandlung, S. 156.

1191 BGH, NJW 1978, 584 (585); OLG Saarbrücken, VersR 1991, 1289 (1290); *Greiner*, in: Spickhoff, Medizinrecht, §§ 823 ff. BGB, Rdn. 23; *Greiner*, in: Geiß/Greiner, Arzthaftpflichtrecht, Rdn. B 12; *Hoxhaj*, Medizintechnikhaftung, S. 85; vgl. OLG Nürnberg, VersR 1970, 1061; *Kern*, in: Laufs et al., Handbuch des Arztrechts, § 97, Rdn. 25; *Pielach*, Haftungsfragen in der Telemedizin, S. 113; *Spindler*, in: BeckOGK-BGB, § 823, Rdn. 989; *Weidenkaff*, in: Grüneberg, § 630a BGB, Rdn. 35. Auch die *Bundesärztekammer* betont in ihren Hinweisen und Erläuterungen zu § 7 Abs. 4 MBO-Ä, dass der Arzt mit der Anwendung der technischen und apparativen Ausstattung vertraut sein müsse, s. *Bundesärztekammer*, Hinweise und Erläuterungen zu § 7 Abs. 4 MBO-Ä (2020), S. 5.

1192 *Hoxhaj*, Medizintechnikhaftung, S. 85; *Schneider*, Neue Behandlungsmethoden, S. 133 f.; *Spindler*, in: BeckOGK-BGB, § 823, Rdn. 989; vgl. BGH, VersR 1968, 276 (277); OLG Nürnberg, VersR 1970, 1061.

1193 BGH, NJW 1978, 584 (585); *Hoxhaj*, Medizintechnikhaftung, S. 86; *Kern*, in: Laufs et al., Handbuch des Arztrechts, § 97, Rdn. 25.

1194 BGH, NJW 1978, 584 (585); *Kern*, in: Laufs et al., Handbuch des Arztrechts, § 97, Rdn. 25; *Link*, Telemedizinische Anwendungen, S. 143; *Schneider*, Neue Behanddie neue Technik bzw. das neue Instrumentarium daher noch ungewohnt und fehlt ihm im Umgang mit solchen Geräten die Erfahrung, hat der Arzt zusätzlich alle patientenfernen Übungsmöglichkeiten zum Schutz des Patienten auszuschöpfen, bevor die Diagnose- oder Behandlungsmethode am Patienten zum Einsatz kommt.[1195]

Hier mag man einwenden, dass bereits das Aufwachsen mit elektronischen Geräten und die regelmäßige Nutzung solcher auf „Consumer-Ebene" genügen, um die erforderlichen Kenntnisse vorzuweisen.[1196] Sicherlich sind dem Verwender durch den privaten Umgang mit elektronischen Geräten gewisse (technische) Grundkenntnisse nicht abzusprechen. Sofern sich der Einsatz der Geräte auf „Consumer-Ebene" von der Verwendung im telemedizinischen Bereich unterscheidet (z.B. im Rahmen einer Videosprechstunde), hat sich der Arzt im Vorfeld mit der (spezifisch telemedizinischen) Funktionsweise der IuK-Technologien zu beschäftigen. Dies zeigt sich auch daran, dass bekannte Anbieter, wie FaceTime, WhatsApp oder Skype, für die Nutzung der Videosprechstunde nicht in Betracht kommen, sondern (zertifizierte) eigenständige Videodienstanbieter zu nutzen sind.[1197]

(2) Übernahme trotz unzureichender Ausstattung

Sofern der Arzt eine Behandlung übernehmen möchte, die eine bestimmte apparative Ausstattung erfordert, muss zunächst sichergestellt sein, dass der Arzt über eine solche verfügt.[1198] Vor Übernahme der Tele- bzw. Fernbe-

lungsmethoden, S. 133; vgl. auch *Pielach*, Haftungsfragen in der Telemedizin, S. 115; *Weidenkaff*, in: Grüneberg, § 630a BGB, Rdn. 35.

1195 Vgl. *Ulsenheimer/Gaede*, in: Ulsenheimer/Gaede, Arztstrafrecht in der Praxis, Rdn. 101 m.w.N.

1196 *Kuhn/Jungmann* gehen davon aus, dass nur das Aufwachsen mit digitalen Medien und deren Nutzung nicht genüge, um sich digitale berufsspezifische Handlungskompetenzen anzueignen, s. *Kuhn/Jungmann*, Der Radiologe 2018, 236.

1197 S. Teil 1, 2. Kapitel, B.I.1.a)bb).

1198 *Greiner*, in: *Spickhoff*, Medizinrecht, §§ 823 ff. BGB, Rdn. 25; *Martis/Winkhart*, Arzthaftungsrecht, B 106; *Nebendahl*, in: Igl/Welti, Gesundheitsrecht, § 48, Rdn. 11; *Terbille/Feifel*, in: Clausen/Schroeder-Printzen, Anwaltshandbuch Medizinrecht, § 1, Rdn. 671; *Siglmüller*, Rechtsfragen der Fernbehandlung, S. 156; *Wenzel*, in: Wenzel, Handbuch Medizinrecht, Kapitel 4, Rdn. 22. Auch die *Bundesärztekammer* betont in ihren Hinweisen und Erläuterungen zu § 7 Abs. 4 MBO-Ä, dass vor Durchführung der Fernbehandlung zu fragen sei, ob der Arzt über die erforderliche, funktionstüchtige und dem aktuellen technischen Standard entsprechende technische und apparative Ausstattung besitze, um eine Beratung bzw.

handlung hat der Arzt daher zu kontrollieren, ob die ihm zur Verfügung stehende Ausstattung für die gewählte Form der ausschließlichen Tele- bzw. Fernbehandlung ausreicht.[1199] Relevant wird diese Fallgruppe im Besonderen, wenn die ausschließliche Tele- bzw. Fernbehandlung zusätzlich den Einsatz von speziellen telemedizinischen Geräten (z.B. digitales Blutdruckmessgerät) beim Patienten erfordert.[1200]

Bislang ist noch nicht abschließend geklärt, welche qualitativen (Mindest-)Anforderungen die im Rahmen der ausschließlichen Tele- bzw. Fernbehandlung zum Einsatz kommenden Geräte[1201] erfüllen müssen.[1202] Grundsätzlich sind solche Apparate zu verwenden, die dem bisherigem Erkenntnisstand der medizinischen Wissenschaft entsprechen.[1203] Fehlt es für den technischen Bereich an einem spezifisch telemedizinischen Standard, ist dem Arzt zu raten, stets die neusten Geräte einzusetzen bzw. die Infrastruktur durch (verfügbare) sicherheitsrelevante Softwareaktualisierungen auf dem neusten Stand zu halten.[1204] Sofern für ein Gerät keine Sicherheitsupdates mehr angeboten werden, sollte ein neueres Gerät beschafft werden. Falls der Arzt den Patienten im Rahmen einer Videosprechstunde fernbehandeln möchte, kann er sich auch an den auf der jeweiligen Plattform ggf. angeführten Mindestanforderungen orientieren. Der Arzt benötigt für den Video-Anruf auf der Plattform „doccura“ der Bayerischen TelemedAllianz GmbH beispielsweise die neuste Browser-Version und eine stabile Internet-

---

Behandlung über Kommunikationsmedien durchführen zu können, s. *Bundesärztekammer*, Hinweise und Erläuterungen zu § 7 Abs. 4 MBO-Ä (2020), S. 5.

1199 Ähnlich auch *Fehn*, in: Marx et al., Telemedizin, S. 9 (38). Die Grenzen zu den Organisationspflichten sind hierbei fließend, so *Lafontaine*, in: jurisPK-BGB, § 630a, Rdn. 405.

1200 Zu weit geht es allerdings, analog zum Fehlen der technisch-apparativen Ausstattung auch den Verzicht auf bestimmte menschliche Sinne und den persönlichen Kontakt im Allgemeinen als Übernahmefehler zu qualifizieren, so aber *Siglmüller*, Rechtsfragen der Fernbehandlung, S. 156 ff. Die Frage, *ob* eine ausschließliche Tele- bzw. Fernbehandlung durchführbar ist, beantworten vielmehr die Grundsätze zur Methodenwahl, s. Teil 2, 3. Kapitel, C.II.2.b)bb).

1201 Vgl. für die Videosprechstunde *Bundesärztekammer*, Deutsches Ärzteblatt 2020, A 1.

1202 *Bergmann* sprach früher – im Zusammenhang mit der Telemedizin – schon vom Einsatz qualitativ einwandfreier Kommunikationsmittel, s. *Bergmann*, MedR 2016, 497 (501).

1203 So etwa *Katzenmeier*, in: BeckOK-BGB, § 630h, Rdn. 22.

1204 Vgl. *Herkenrath*, Ärztliche Fernbehandlung, S. 244; *Siglmüller*, Rechtsfragen der Fernbehandlung, S. 165.

verbindung, also eine Downloadrate von mindestens 2 Mbit/s und einer Uploadrate von mindestens 1 Mbit/s.[1205]

(3) Unterlassen weiterer Pflichten

Wenn der Arzt zur Durchführung der Behandlung (z.B. aufgrund fehlender Fachkenntnisse) nicht in der Lage ist, hat der Behandler entweder einen anderen (kundigeren) Arzt hinzuzuziehen[1206] oder den Patienten an einen solchen zu überweisen[1207], sofern diese Maßnahmen geboten sind. Das Unterlassen begründet ebenso einen Behandlungsfehler des Arztes.[1208]

Die Besonderheit der Telemedizin liegt darin, dass dem Fernbehandler die Möglichkeit verbleibt, den Patienten persönlich vor Ort zu betreuen. Liegen die Voraussetzungen der Übernahme einer Fernbehandlung nicht vor, kann der Arzt – statt einen ärztlichen Kollegen in die Behandlung einzubeziehen oder den Patienten an einen solchen zu überweisen – den Patienten auch im unmittelbaren Kontakt persönlich behandeln.

dd) Keine Beschränkung der (umfangreichen) ärztlichen Pflichten

Der Einsatz von IuK-Technologien zwingt den Fernbehandler – wie eben aufgezeigt – zur Einhaltung gewisser Pflichten. Es ist zu erwägen, die allgemeinen Grundsätze hier anzupassen, um eine zu starke Belastung des Fernbehandlers durch den Einsatz von Technik in der Medizin zu vermeiden. Die ärztliche Tätigkeit scheint durch die vorgestellten (umfangreichen) Pflichten in den Hintergrund zu rücken.

Bereits die Bedeutung der Fernkommunikationsmitteln für die ausschließliche Tele- bzw. Fernbehandlung sprechen indessen gegen eine Verringerung der Pflichten des Fernbehandlers. Zum Schutz der hochrangigen Rechtsgüter des Patienten sind Geräte, die zur Fernbehandlung eingesetzt

---

1205 *Bayerische TelemedAllianz GmBH*, doccura-Gerätetest.

1206 OLG Düsseldorf, VersR 1987, 1138 (1139); OLG Düsseldorf, VersR 2004, 1563 (1563 f.); *Greiner*, in: Geiß/Greiner, Arzthaftpflichtrecht, Rdn. B 15; für die Telemedizin, s. *Fehn*, in: Marx et al., Telemedizin, S. 9 (38).

1207 BGH, NJW 1989, 2321 (2322); *Greiner*, in: Geiß/Greiner, Arzthaftpflichtrecht, Rdn. B 15; *Kern*, in: Laufs et al., Handbuch des Arztrechts, § 57, Rdn. 2; *Schneider*, Neue Behandlungsmethoden, S. 132; vgl. auch BGH, NJW 1984, 1810.

1208 Vgl. *Greiner*, in: Geiß/Greiner, Arzthaftpflichtrecht, Rdn. B 15 m.w.N.

werden, daher vorab sorgsam auf ihre Funktionsfähigkeit zu überprüfen. Auch die Pflicht, sich im (spezifisch telemedizinischen) Umgang mit IuK-Technologien zu schulen und vor Übernahme der Behandlung über die Verfügbarkeit hinreichender Geräte zu informieren, ist dem Arzt vor diesem Hintergrund nicht unzumutbar.[1209] Des Weiteren ist darauf hinzuweisen, dass der Fernbehandler viele der genannten Aufgaben (z.B. Erlernen der telemedizinischen Kompetenz im Umgang mit den Geräten) ohnehin vor Durchführung der (Fern-)Behandlung neben seiner regulären Arbeit, also ohne unter dem Druck einer bereits stattfindenden Behandlung zu stehen, erfüllen kann.[1210]

b) Überwindung einer (räumlichen) Distanz zum Zweck der Erbringung konkret medizinischer Dienstleistungen

aa) Verstoß gegen die persönliche Leistungserbringungspflicht, §§ 630b i.V.m. 613 S. 1 BGB

Möglicherweise steht die persönliche Leistungserbringungspflicht des Arztes einer ausschließlichen Tele- bzw. Fernbehandlung von vornherein entgegen. Die Pflicht zur persönlichen Leistungserbringung leitet sich auch[1211] aus der Vorschrift des § 613 S. 1 BGB ab, welche über § 630b BGB auf den Behandlungsvertrag anwendbar ist.[1212] Durch den zwischen dem Arzt und seinem Patienten geschlossenen Behandlungsvertrag ist der Behandler verpflichtet, die ärztliche Behandlung als Dienstleistung „im Zweifel" persönlich zu erbringen.[1213] Hierbei handelt es sich in der Regel nicht um eine „höchstpersönliche" Leistungspflicht, die den Arzt stets zur Leistung ohne

---

1209 Vgl. im Allgemeinen *Hoxhaj*, Medizintechnikhaftung, S. 91.

1210 Vgl. im Allgemeinen *Hoxhaj*, Medizintechnikhaftung, S. 91.

1211 Zur weiteren Verankerung des Grundsatzes im Gesetz, s. etwa *Schiller*, NZS 1997, 103 (109); *Siglmüller*, Rechtsfragen der Fernbehandlung, S. 105; *Tillmanns*, Persönliche Leistungserbringungspflicht, S. 57 f.

1212 BT-Drs. 17/10488, 20; *Gutmann*, in: Staudinger, § 630a BGB, Rdn. 9; *Katzenmeier*, in: BeckOK-BGB, § 630a, Rdn. 105; *Kern*, in: Laufs at al., Handbuch des Arztrechts, § 49, Rdn. 1; *Lipp*, in: Laufs et al., Arztrecht, Kapitel III, Rdn. 39; *Spaetgens*, RDG 2014, 12; *Wagner*, in: MüKo-BGB, § 630a, Rdn. 100; *Weidenkaff*, in: Grüneberg, § 630a BGB, Rdn. 15; *Weidenkaff*, in: Grüneberg, § 630b BGB, Rdn. 2; vgl. auch schon *Peikert*, MedR 2000, 352 (353 f.).

1213 *Peikert*, MedR 2000, 352 (353 f.); s. auch *Kern*, in: Laufs et al., Handbuch des Arztrechts, § 49, Rdn. 1; zur Pflicht der persönlichen Leistungserbringung im Be-

Möglichkeit zur Delegation zwingt.[1214] Bereits der Wortlaut des § 613 S. 1 BGB hebt hervor, dass der Grundsatz der persönlichen Leistungserbringung nicht strikt gilt, sondern Ausnahmen zulässt.[1215] Sofern der Kern ärztlicher Tätigkeit, also die medizinische Behandlung des Patienten, betroffen ist, ist die persönliche Leistungserbringung durch den Arzt allerdings die Regel.[1216]

Interessante (rechtliche) Fragestellung zur Einhaltung der Pflicht zur persönlichen Leistungserbringung ergeben sich im Besonderen für solche telemedizinischen Maßnahmen, an denen mehrere Personen beteiligt sind.[1217] Im Rahmen der ausschließlichen Tele- bzw. Fernbehandlung, an der nur der Arzt und sein Patient teilnehmen, ist hingegen danach zu fragen, ob die Pflicht zur persönlichen Leistungserbringung den Arzt dazu zwingt, den Patienten unmittelbar vor Ort zu behandeln.[1218] Orientiert man sich in diesem Zusammenhang an der berufsrechtlichen Vorschrift des § 7 Abs. 4 S. 1 MBO-Ä/BayBO-Ä, wäre eine solche Überlegung denkbar. Nach § 7 Abs. 4 S. 1 MBO-Ä/BayBO-Ä beraten und behandeln Ärzte Patienten im persönlichen Kontakt. Die Regelung umfasst für eine individuelle Beratung oder Behandlung das Gebot des unmittelbaren Kontakts zum Patienten.[1219] Der „persönliche Kontakt" erfordert hierbei die gleichzeitige physische Anwesenheit der Parteien.[1220]

---

rufsrecht, s. etwa *Katzenmeier/Schrag-Slavu*, Telemedizin im Rettungsdienst, S. 36; *Peikert*, MedR 2000, 352 (352 f.); *Spaetgens*, RDG 2014, 12.

1214 So *Katzenmeier/Schrag-Slavu*, Telemedizin im Rettungsdienst, S. 36; *Tillmanns*, Persönliche Leistungserbringungspflicht, S. 58 f.; vgl. auch *Peikert*, MedR 2000, 352 (353); *Stellpflug*, Psychotherapeutenrecht, Rdn. 503.

1215 *Wagner*, in: MüKo-BGB, § 630a, Rdn. 100; *Weidenkaff*, in: Grüneberg, § 630a BGB, Rdn. 15; vgl. BT-Drs. 17/10488, 20.

1216 *Janda*, Medizinrecht, S. 133; *Siglmüller*, Rechtsfragen der Fernbehandlung, S. 106; *Tillmanns*, Persönliche Leistungserbringungspflicht, S. 59; *Wagner*, in: MüKo-BGB, § 630a, Rdn. 100; *Weidenkaff*, in: Grüneberg, § 630a BGB, Rdn. 15.

1217 S. etwa *Katzenmeier/Schrag-Slavu*, Telemedizin im Rettungsdienst, S. 36 ff.; *Link*, Telemedizinische Anwendungen, S. 57 f.; *Pflüger*, VersR 1999, 1070 (1074); *Pielach*, Haftungsfragen in der Telemedizin, S. 56 f.; *Steffen*, in: FS Stoll, S. 71 (76 f.); vgl. auch *Schiller*, NZS 1997, 103 (109); *Ulsenheimer/Heinemann*, MedR 1999, 197 (203); *Wagner*, in: MüKo-BGB, § 630a, Rdn. 137; vgl. im Allgemeinen etwa *Dahm*, MedR 1998, 70 (72); *Janda*, Medizinrecht, S. 133.

1218 S. auch *Siglmüller*, Rechtsfragen der Fernbehandlung, S. 105 ff.; *Stellpflug*, Psychotherapeutenrecht, Rdn. 503 f.; *Tillmanns*, Persönliche Leistungserbringungspflicht, S. 62 ff.

1219 S. Teil 2, 2. Kapitel, B.I.2.a).

1220 S. Teil 2, 2. Kapitel, B.I.2.a).

Wenngleich im Rahmen der Pflicht zur persönlichen Leistungserbringung und dem Gebot des unmittelbaren Kontakts zum Patienten i.S.d. § 7 Abs. 4 S. 1 MBO-Ä/BayBO-Ä häufig der – im Berufsrecht durchaus unglücklich gewählte – Begriff „persönlich" verwendet werden, ist der Bezeichnung jeweils eine unterschiedliche Bedeutung zuzuschreiben. Dies ergibt sich bereits aus den mit der jeweiligen Vorschrift verfolgten Zielen. Durch § 7 Abs. 4 S. 1 MBO-Ä/BayBO-Ä soll verdeutlicht werden, dass die Behandlung des Patienten vor Ort auch im digitalen Zeitalter den Grundsatz verkörpere und mithin den Goldstandard darstelle.[1221] Demgegenüber soll durch die Pflicht zur persönlichen Leistungserbringung in §§ 630b i.V.m. 613 S. 1 BGB das Vertrauen des Patienten, das er dem von ihm beauftragten Arzt entgegenbringt, geschützt werden.[1222] Der Patient muss sich darauf verlassen dürfen, dass er auch von dem Arzt behandelt wird, den er zum Zweck der Heilbehandlung aufgesucht hat.[1223] Es soll verhindert werden, dass der Behandler die Durchführung der medizinischen Leistung auf einen Dritten überträgt, obwohl er dem Patienten die Leistungserbringung zugesagt hat.[1224] Leistungen sollen von demjenigen erbracht werden, der dazu befähigt ist, diese qualitätsgerecht auszuüben.[1225]

Da der Patient bei einer ausschließlichen Tele- bzw. Fernbehandlung von dem Arzt (fern-)behandelt wird, den er konsultiert hat, wird das Vertrauen des Patienten nicht erschüttert.[1226] Auch eine Gefahr für die Gesundheit des Patienten dadurch, dass ein Dritter statt des beauftragten Arztes die Leistung erbringt, besteht nicht. In diesem Fall ist es daher unbeachtlich, ob der Arzt seinen Patienten vor Ort oder aus der Ferne behandelt.[1227] Da es bereits an einer Delegation ärztlicher Leistung fehlt, kommt es auch nicht

1221 S. Teil 2, 2. Kapitel, B.I.2.a).

1222 *Janda*, Medizinrecht, S. 133; *Katzenmeier/Schrag-Slavu*, Telemedizin im Rettungsdienst, S. 37; *Peikert*, MedR 2000, 352 (354); *Tillmanns*, Persönliche Leistungserbringungspflicht, S. 61.

1223 *Janda*, Medizinrecht, S. 133; *Katzenmeier/Schrag-Slavu*, Telemedizin im Rettungsdienst, S. 37; *Peikert*, MedR 2000, 352 (353).

1224 *Katzenmeier/Schrag-Slavu*, Telemedizin im Rettungsdienst, S. 37; *Peikert*, MedR 2000, 352 (353); *Tillmanns*, Persönliche Leistungserbringungspflicht, S. 62.

1225 S. etwa *Clemens/Steinhilper*, in: Laufs et al., Handbuch des Arztrechts, § 39, Rdn. 68.

1226 Vgl. *Steinhilper/Schiller*, in: FS Plagemann, S. 579 (583).

1227 So im Ergebnis auch *Kohake*, UroForum 2018, 61 (62); *Lipp*, in: Laufs et al., Arztrecht, Kapitel III, Rdn. 39; *Siglmüller*, Rechtsfragen der Fernbehandlung, S. 107 f.; *Stellpflug*, Psychotherapeutenrecht, Rdn. 504.

auf die Frage an, ob der Delegierende sich beim Patienten vor Ort oder jedenfalls in unmittelbar örtlicher Nähe zum Patienten aufhalten muss.[1228]

bb) Fehler bei der Methodenwahl

Ein Fehler bei der Methodenwahl liegt vor, wenn bereits die Auswahl der vom Arzt angewandten Diagnostik- oder Therapiemethode fehlerhaft ist.[1229] Ein solcher Fehler ist beispielsweise gegeben, wenn sich der Arzt zwischen verschiedenen Methoden fehlentscheidet.[1230] Es gilt allerdings auch im Zusammenhang mit der Telemedizin der Grundsatz der Methoden- bzw. ärztlichen Therapiefreiheit.[1231] Die Wahl der Diagnostik- oder Therapiemethode ist primär Sache des Arztes.[1232] Dem Behandler wird ein weiter Ermessens- und Beurteilungsspielraum eingeräumt.[1233] Der Grundsatz gilt für den Fall, dass solche Methoden zur Verfügung stehen, die im Hinblick auf ihre Heilungsaussichten, Eingriffsbelastungen und Risiken im Wesentlichen gleichwertig sind.[1234] Stehen dem Arzt mehrere medizi-

---

1228 A.A. *Siglmüller*, Rechtsfragen der Fernbehandlung, S. 106 ff.; vgl. hierzu *Steffen*, in: FS Stoll, S. 71 (76 f.).

1229 *Greiner*, in: Spickhoff, Medizinrecht, §§ 823 ff. BGB, Rdn. 35; *Greiner*, in: Geiß/Greiner, Arzthaftpflichtrecht, Rdn. B 34; *Martis/Winkhart*, Arzthaftungsrecht, T 1; *Nebendahl*, in: Igl/Welti, Gesundheitsrecht, § 48, Rdn. 24.

1230 So etwa *Nebendahl*, in: Igl/Welti, Gesundheitsrecht, § 48, Rdn. 24.

1231 *DGMR*, MedR 1999, 557 (558); *Hofer*, MedR 2012, 636; *Schöne*, Herzschrittmachertherapie + Elektrophysiologie 2005, 143 (145).

1232 S. etwa BGH, NJW 1982, 2121 (2122); BGHZ 102, 17 (22) = NJW 1988, 763 (764); BGH, NJW 1988, 765 (766); BGHZ 172, 254 (257) m.w.N. = NJW 2007, 2774 m.w.N.; BGH, NJW 2020, 1358 (1359); OLG Frankfurt a.M., NJW-RR 2005, 173 (174); OLG Köln, BeckRS 2013, 1558; *Greiner*, in: Geiß/Greiner, Arzthaftpflichtrecht, Rdn. B 34; *Gutmann*, in: Staudinger, § 630a BGB, Rdn. 148; *Jung et al.*, in: Ratzel/Luxenburger, Handbuch Medizinrecht, Kapitel 14, Rdn. 66; *Katzenmeier*, NJW 2006, 2738; *Mansel*, in: Jauernig, § 630a BGB, Rdn. 20; *Vogeler*, MedR 2008, 697 (700); *Voigt*, in: NK-BGB, § 630a, Rdn. 39; kritisch *Hager*, JA 2020, 389 (390).

1233 S. etwa BGHZ 172, 254 (257) = NJW 2007, 2774 m.w.N.; *Greiner*, in: Geiß/Greiner, Arzthaftpflichtrecht, Rdn. B 34; *Mansel*, in: Jauernig, § 630a BGB, Rdn. 20; *Prütting/Friedrich*, in: Prütting, Medizinrecht, § 630a BGB, Rdn. 84; *Voigt*, in: NK-BGB, § 630a, Rdn. 39; vgl. *Fehn*, in: Marx et al., Telemedizin, S. 9 (36).

1234 BGHZ 172, 254 (257) m.w.N. = NJW 2007, 2774 m.w.N.; *Voigt*, in: NK-BGB, § 630a, Rdn. 39; s. auch *Greiner*, in: Geiß/Greiner, Arzthaftpflichtrecht, Rdn. B 34; *Mansel*, in: Jauernig, § 630a BGB, Rdn. 20; *Martis/Winkhart*, Arzthaftungsrecht, T 5; *Schneider*, Neue Behandlungsmethoden, S. 117; *Weidenkaff*, in: Grüneberg, § 630a BGB, Rdn. 10, 27.

nisch gleichermaßen indizierte und üblichen Behandlungsmethoden zur Verfügung, die wesentlich unterschiedliche Belastungen oder Risiken und/ oder Erfolgschancen aufweisen (sogenannte „echte Wahlmöglichkeit"), ist die Entscheidung - nach entsprechender Aufklärung - dem Patienten zu überlassen.[1235]

(1) Grundsätze zur Wahl einer Neulandmethode

Wenngleich es dem Arzt untersagt ist, eine Methode auszuwählen, die nicht *mehr* dem gebotenen Standard entspricht, ist es den Parteien demgegenüber erlaubt, sich - nach entsprechender Aufklärung des Patienten -[1236] für eine Neulandmethode zu entscheiden.[1237] Der Entschluss des Behandlers für die Wahl einer Neulandmethode setzt eine verantwortliche medizinische Abwägung und einen - im Verhältnis zur standardgerechten Behandlung - besonders sorgfältigen Vergleich der zu erwartenden Vorteile dieser Methode sowie ihrer abzusehenden und zu vermutenden Nachteile unter Berücksichtigung des Wohls des Patienten voraus.[1238] Ausschlaggebend ist,

1235 BGH, NJW 2005, 1718; BGH, NJW 2014, 1529 (1530) m.w.N.; *Prütting/Friedrich*, in: Prütting, Medizinrecht, § 630a BGB, Rdn. 84; *Rehborn/Gescher*, in: Erman, § 630a BGB, Rdn. 43; *Weidenkaff*, in: Grüneberg, § 630a BGB, Rdn. 27; *Wenzel*, in: Wenzel, Handbuch Medizinrecht, Kapitel 4, Rdn. 274.

1236 S. Teil 2, 3. Kapitel, D.III.1.

1237 S. etwa *Nebendahl*, in: Igl/Welti, Gesundheitsrecht, § 48, Rdn. 27 f.

1238 BGHZ 168, 103 (105 f.) m.w.N. = NJW 2006, 2477 m.w.N.; OLG Dresden, BeckRS 2007, 15761; OLG Köln, BeckRS 2013, 1558; vgl. BGHZ 172, 1 (5) = NJW 2007, 2767 (2768 f.); BGHZ 172, 254 (258) = NJW 2007, 2774 (2775); BGH, NJW 2017, 2685; BGH, NJW 2020, 1358 (1359) m.w.N.; *Blechschmitt*, Roboterassistierte Chirurgie, S. 67; *Greiner*, in: Geiß/Greiner, Arzthaftpflichtrecht, Rdn. B 34; *Terbille/Feifel*, in: Clausen/Schroeder-Printzen, Anwaltshandbuch Medizinrecht, § 1, Rdn. 413; *Wagner*, in: MüKo-BGB, § 630a, Rdn. 158. Der Verzicht auf eine ausschließliche Tele- bzw. Fernbehandlung stellt freilich (derzeit) kein sorgfaltswidriges Handeln des Arztes dar, da die Fernbehandlung erst seit kurzer Zeit zulässig ist und es sich mithin nicht um eine „Methode der Wahl" handelt, so *Hahn*, Telemedizin, S. 30 f.; im Allgemeinen *Pauge/Offenloch*, Arzthaftungsrecht, Rdn. 216. Erst wenn es neue Methoden gibt, die risikoärmer sind, bessere Heilungschancen versprechen oder in der medizinischen Wissenschaft wesentlich unumstritten sind, handelt es sich bei dem Einsatz der Vorgängermethode um einen Behandlungsfehler, s. etwa BGH, NJW 1992, 754 (755); OLG Hamm, BeckRS 2000, 30101417; *Förster*, in: BeckOK-BGB, § 823, Rdn. 809; *Gutmann*, in: Staudinger, § 630a BGB, Rdn. 152; *Kern/Rehborn*, in: Laufs et al., Handbuch des Arztrechts, § 96, Rdn. 50; vgl. auch *Pauge/Offenloch*, Arzthaftungsrecht, Rdn. 216. Sollte sich die ausschließliche Teob die Entscheidung des Arztes vertretbar ist.[1239] Im Rahmen der Abwägung dürfen Untersuchungs- und Behandlungsmöglichkeiten der Schulmedizin also nicht außer Acht gelassen werden.[1240] Die Anforderungen an die medizinische Vertretbarkeit der gewählten Methode sind umso höher, je schwerer und radikaler der Eingriff in das Rechtsgut der körperlichen Unversehrtheit des Patienten ist.[1241]

(2) Bedeutung für die ausschließliche Tele- bzw. Fernbehandlung

Die eben vorgestellten Grundsätze haben für die ausschließliche Tele- bzw. Fernbehandlung Bedeutung.[1242] Der Arzt darf eine Behandlung des Patienten aus der Ferne nur auswählen, wenn eine verantwortliche medizinische Abwägung und ein besonders sorgfältiger Vergleich der Vor- und Nachteile der ausschließlichen Tele- bzw. Fernbehandlung unter Berücksichtigung des Patientenwohls die Wahl rechtfertigt.[1243]

(a) Hinreichende Abwägungsgrundlage

Sofern der Patient ausschließlich aus der Ferne behandelt werden soll, beruhen die Informationen, die der Arzt der Abwägung zu Grunde legt, auf solchen Angaben, die lediglich aus der Ferne via IuK-Technologien übermittelt werden.[1244] Es besteht die Gefahr, dass nicht zuletzt aufgrund der Entfernung der Parteien und dem Einsatz von IuK-Technologien gewis-

---

le- bzw. Fernbehandlung zukünftig zu einer echten Wahlmöglichkeit entwickeln, bleibt die Wahl – nach entsprechender Aufklärung – dem Patienten überlassen, vgl. *Hahn*, Telemedizin, S. 30 f.; *DGMR*, MedR 1999, 557 (558).

1239 S. etwa *Gutmann*, in: Staudinger, § 630a BGB, Rdn. 147a m.w.N.

1240 Vgl. BGH, NJW 2017, 2685; *Mansel*, in: Jauernig, § 630a BGB, Rdn. 20.

1241 *Leupold/Wiesner*, in: Leupold et al., IT-Recht, Teil 13, Rdn. 78; *Mansel*, in: Jauernig, § 630a BGB, Rdn. 21; *Terbille/Feifel*, in: Clausen/Schroeder-Printzen, Anwaltshandbuch Medizinrecht, § 1, Rdn. 413; vgl. BGH, NJW 2017, 2685 (2685 f.).

1242 So auch *Leupold/Wiesner*, in: Leupold et al., IT-Recht, Teil 13, Rdn. 78; *Terbille/Feifel*, in: Clausen/Schroeder-Printzen, Anwaltshandbuch Medizinrecht, § 1, Rdn. 414.

1243 Zum Merkmal der ärztlichen Vertretbarkeit im Berufsrecht, s. Teil 2, 2. Kapitel, B.I.2.c)bb).

1244 Vgl. *Katzenmeier*, MedR 2019, 259 (268); *Katzenmeier*, NJW 2019, 1769 (1772); *Katzenmeier*, in: Rehmann/Tillmanns, E-Health, Kapitel 3, Rdn. 116; *Siglmüller*, Rechtsfragen der Fernbehandlung, S. 157 f.

se Informationen nicht oder fehlerhaft übermittelt werden und dadurch eine unzutreffende Abwägungsentscheidung hervorgerufen wird. Der Fernbehandler handelt allerdings erst sorgfaltspflichtwidrig, wenn er erkannt hat oder hätte erkennen müssen, dass die ihm zur Verfügung stehenden Informationen für eine sorgfältige und gewissenhafte Abwägungsentscheidung nicht genügen.[1245]

Teilweise wird vorhergesagt, dass Gerichte einen Arzt, der die Entscheidung über das Ob der Fernbehandlung auf telemedizinischer Grundlage treffe, ggf. auch für solche Schäden haftbar machen würden, die der Patient bei einer persönlichen Behandlung vor Ort möglicherweise nicht erlitten hätte.[1246] Hierdurch würde der Arzt indessen zu stark belastet. Ist eine ausschließliche Tele- bzw. Fernbehandlung aus einer ex ante-Perspektive unter Einhaltung gewisser Voraussetzungen möglich, handelt es sich um eine zulässige Form der Heilbehandlung. Allein der Eintritt eines Schadens beim Patienten darf nicht zu einer Haftung des Arztes führen, wenn der Fernbehandler sich während der Durchführung der ausschließlichen Tele- bzw. Fernbehandlung sorgfaltsgemäß verhalten hat. Das Risiko, dass sich solche Entscheidungen, die auf telemedizinischer Grundlage gefasst werden, nachträglich als fehlerhaft erweisen, trägt der (hierüber aufgeklärte)[1247] Patient.

(b) Auswahl möglicher Abwägungskriterien

Der Fernbehandler hat die konkreten und individuellen Umstände zu beachten, die jeweils für und gegen eine Tele- bzw. Fernbehandlung sprechen.[1248] Auch im Arzthaftungsrecht ist hierfür grundsätzlich das Regel-Ausnahme-Verhältnis der persönlichen Behandlung vor Ort zur ausschließlichen Tele- bzw. Fernbehandlung zu berücksichtigen.[1249] Wenngleich die Neuregelung des § 7 Abs. 4 S. 3 MBO-Ä den spezifischen Fernbehandlungsstandard nicht vollständig wiederzugeben vermag, kann die berufsrechtliche Vorschrift den zivilrechtlichen Sorgfaltsmaßstab zumindest partiell prä-

1245 Vgl. *Siglmüller*, Rechtsfragen der Fernbehandlung, S. 158.

1246 *Katzenmeier*, MedR 2019, 259 (268); *Katzenmeier*, NJW 2019, 1769 (1772); *Katzenmeier*, in: Rehmann/Tillmanns, E-Health, Kapitel 3, Rdn. 116 f.

1247 Zu den Aufklärungsfehlern des Fernbehandlers, s. Teil 2, 3. Kapitel, D.

1248 *Leupold/Wiesner*, in: Leupold et al., IT-Recht, Teil 13, Rdn. 78.

1249 A.A. *Siglmüller*, Rechtsfragen der Fernbehandlung, S. 157; *Sternberg-Lieben*, in: Hilgendorf et al., Handbuch des Strafrechts, § 52, Rdn. 33.

gen[1250] und ist die Systematik des § 7 Abs. 4 MBO-Ä[1251] zu berücksichtigen. Dies sollte auch dann Beachtung finden, wenn sich ein spezifischer Fernbehandlungsstandard noch nicht vollständig entwickelt hat. Die Berücksichtigung des Regel-Ausnahme-Verhältnisses im Arzthaftungsrecht bedeutet indessen nicht, dass der Arzt nicht im konkreten Einzelfall entscheidet, ob eine ausschließliche Tele- bzw. Fernbehandlung durchführbar ist.[1252]

Für die Entscheidung über das Ob der ausschließlichen Tele- bzw. Fernbehandlung hat der Fernbehandler beispielsweise[1253] das Krankheitsbild des Patienten zu berücksichtigen.[1254] Eine ausschließliche Tele- bzw. Fernbehandlung hat etwa zu unterbleiben, wenn der Patient gesundheitlich für eine Fernbehandlung nicht geeignet ist.[1255] Gleiches gilt etwa, falls der Patient technisch unbegabt ist oder die technischen Voraussetzungen geographisch oder aus sonstigen Gründen nicht umsetzbar sind.[1256] Organisatorische Vorteile des Arztes haben hingegen bei der Entscheidung über das Ob der ausschließlichen Tele- bzw. Fernbehandlung unberücksichtigt zu bleiben.[1257] Demgegenüber ist nicht zu unterschätzen, dass es sich bei der ausschließlichen Tele- bzw. Fernbehandlung um ein geeignetes Mittel handelt, Ansteckungsrisiken in ärztlichen Wartezimmern zu vermeiden.[1258]

(c) Umfassende Kenntnisse des Behandlers

Die Abwägungsentscheidung des Arztes verlangt freilich genauste Kenntnisse über die favorisierte Methode und die konkurrierenden Verfahren der Schulmedizin, da eine zuverlässige Abwägungsentscheidung ohne Vergleichsbasis ansonsten nicht getroffen werden kann.[1259] Fehlen dem Behandler etwa tiefergehende Kenntnisse hinsichtlich der ausschließlichen

1250 S. Teil 2, 3. Kapitel, C.I.3.b)bb)(2).
1251 S. Teil 2, 3. Kapitel, C.I.3.b)bb)(3).
1252 A.A. *Siglmüller*, Rechtsfragen der Fernbehandlung, S. 157.
1253 Zu weiteren Abwägungskriterien, s. Teil 2, 2. Kapitel, B.I.2.c)bb).
1254 S. Teil 2, 2. Kapitel, B.I.2.c)bb)(2)(b).
1255 Für die Videosprechstunde, s. auch *Jorzig/Sarangi*, Digialisierung im Gesundheitswesen, S. 189.
1256 Für die Videosprechstunde, s. auch *Jorzig/Sarangi*, Digialisierung im Gesundheitswesen, S. 189.
1257 S. Teil 2, 2. Kapitel, B.I.2.c)bb)(2)(i).
1258 S. Teil 2, 2. Kapitel, B.I.2.c)bb)(2)(h).
1259 *Katzenmeier*, NJW 2006, 2738; *Katzenmeier*, in: Laufs et al., Arztrecht, Kapitel X, Rdn. 96; *Vogeler*, MedR 2008, 697 (700); vgl. auch *Laufs*, NJW 1984, 1383 (1385).

Fernbehandlung und reicht der Kenntnisstand für eine Abwägung nicht aus, entspricht die Entscheidung für die Tele- bzw. Fernbehandlung nicht den Anforderungen an eine verantwortungsvolle Abwägung. In Betracht kommt hierbei ein Übernahmeverschulden des Fernbehandlers.[1260]

cc) Fehler im Stadium der Diagnostik

Behandelt ein Arzt seinen Patienten aus der Ferne, sind Fehler innerhalb der Diagnostik (Diagnosefindung)[1261] – im Besonderen im Rahmen der Befunderhebung – haftungsrechtlich äußerst bedeutsam.[1262] Durch die Diagnostik wird die Grundlage für die Therapie und das gesamte Behandlungsgeschehen geschaffen.[1263] Der Arzt hat den Patienten zu Beginn einer Behandlung zu befragen (Anamnese) und zu untersuchen (Befunderhebung).[1264] Die durch Anamnese und Befunderhebung gewonnenen Informationen und sonstige Befunde sind im Anschluss durch fachgerechte Auswertung einem Krankheitsbild zuzuordnen (Diagnose).[1265]

(1) Befunderhebungsfehler

(a) Unzureichende Anamnese

Der Arzt hat zunächst die in medizinischer Hinsicht potenziell relevanten Informationen professionell zu erfragen.[1266] Der Patient ist hierbei

1260 Vgl. im Allgemeinen *Schneider*, Neue Behandlungsmethoden, S. 131; zum Übernahmeverschulden, s. Teil 2, 3. Kapitel, C.II.2.a)cc).

1261 So bezeichnet bei *Katzenmeier*, in: BeckOK-BGB, § 630a, Rdn. 106.

1262 *Herkenrath*, Ärztliche Fernbehandlung, S. 232; vgl. *Jung et al.*, in: Ratzel/Luxenburger, Handbuch Medizinrecht, Kapitel 14, Rdn. 103; *Katzenmeier*, NJW 2019, 1769 (1772); *Katzenmeier*, in: Rehmann/Tillmanns, E-Health, Kapitel 3, Rdn. 118.

1263 *Spindler*, in: BeckOGK-BGB, § 823, Rdn. 944.

1264 *Förster*, in: BeckOK-BGB, § 823, Rdn. 800; *Katzenmeier*, in: BeckOK-BGB, § 630a, Rdn. 106; *Voigt*, in: NK-BGB, § 630a, Rdn. 37.

1265 *Förster*, in: BeckOK-BGB, § 823, Rdn. 801; *Prütting/Friedrich*, in: Prütting, Medizinrecht, § 630a BGB, Rdn. 33.

1266 *Katzenmeier*, in: BeckOK-BGB, § 630a, Rdn. 107; *Kern/Rehborn*, in: Laufs et al., Handbuch des Arztrechts, § 50, Rdn. 1; *Prütting/Prütting*, Medizin- und Gesundheitsrecht, § 22, Rdn. 7; *Prütting/Friedrich*, in: Prütting, Medizinrecht, § 630a BGB, Rdn. 33; s. auch *Lafontaine*, in: jurisPK-BGB, § 630a, Rdn. 289.

zu seinem gegenwärtigen Leiden und zur Vorgeschichte seiner aktuellen Erkrankung (Eigenanamnese)[1267] zu hören.[1268] Die Anamnese kann sich auch auf Angaben aus dem familiären Umfeld (Familienanamnese) erstrecken.[1269] Um medikationsbedingte Wechselwirkungen zu vermeiden, ist zudem eine Medikamentenanamnese sinnvoll.[1270] Der Umfang der erforderlichen Befragung ist für den konkreten Einzelfall zu bestimmen.[1271] Entscheidend können die Art der Beschwerden, die Erkrankung und der jeweilige Zustand des Patienten sein.[1272] Da die Anamnese einen wesentlichen Bestandteil der Diagnosefindung darstellt, ist der Arzt verpflichtet, die Befragung sorgfältig und gründlich vorzunehmen.[1273] Die Anamnese ist haftungsrechtlich bereits der gebotenen Befunderhebung zugeordnet.[1274]

Da es keine rechtlich verbindlichen Vorgaben hinsichtlich der Anamnesetechnik gibt,[1275] kann der Patient grundsätzlich auch via IuK-Technologien befragt werden. Allgemein anerkannt ist jedoch, dass zumindest ein ärztliches Gespräch stattfinden soll.[1276] Insofern dem Patienten lediglich ein Fragebogen unter Verzicht auf ein ärztliches Gespräch vorgelegt wird, in welchem die bestehenden Beschwerden des Patienten anzukreuzen sind, wird den Anforderungen an die Anamnese nicht Genüge getan.[1277] Stellt der Fragebogen jedoch nur eine vorbereitende Maßnahme dar und legt der Arzt den Bogen dem nachfolgenden Gespräch zu Grunde, ist von einer erfolgreichen Anamnese auszugehen.[1278] Wird der Patient via audiovisuellen

---

1267 *Kern/Rehborn*, in: Laufs et al., Handbuch des Arztrechts, § 50, Rdn. 1, 4.

1268 Vgl. *Prütting/Prütting*, Medizin- und Gesundheitsrecht, § 22, Rdn. 7.

1269 *Kern/Rehborn*, in: Laufs et al., Handbuch des Arztrechts, § 50, Rdn. 1.

1270 *Kern/Rehborn*, in: Laufs et al., Handbuch des Arztrechts, § 50, Rdn. 4.

1271 *Kern/Rehborn*, in: Laufs et al., Handbuch des Arztrechts, § 50, Rdn. 3.

1272 Vgl. *Kern/Rehborn*, in: Laufs et al., Handbuch des Arztrechts, § 50, Rdn. 5; *Siglmüller*, Rechtsfragen der Fernbehandlung, S. 20.

1273 *Tadayon*, in: Jorzig, Handbuch Arzthaftungsrecht, 1. Teil, 3. Kapitel, Rdn. 42 m.w.N.

1274 OLG Naumburg, VersR 2019, 624 (626); s. auch *Förster*, in: BeckOK-BGB, § 823, Rdn. 802; *Lafontaine*, in: jurisPK-BGB, § 630a, Rdn. 289.

1275 *Kern/Rehborn*, in: Laufs et al., Handbuch des Arztrechts, § 50, Rdn. 6.

1276 S. etwa *Kern/Rehborn*, in: Laufs et al., Handbuch des Arztrechts, § 50, Rdn. 6; *Siglmüller*, Rechtsfragen der Fernbehandlung, S. 19; *Weidenkaff*, in: Grüneberg, § 630a BGB, Rdn. 16.

1277 *Kern/Rehborn*, in: Laufs et al., Handbuch des Arztrechts, § 50, Rdn. 6; so auch *Siglmüller*, Rechtsfragen der Fernbehandlung, S. 19 f.; vgl. *Schulte-Sasse/Andreas*, Arztrecht 1996, 291 (294).

1278 Vgl. *Weidenkaff*, in: Grüneberg, § 630a BGB, Rdn. 16; undifferenzierter bei *Stellpflug*, Psychotherapeutenrecht, Rdn. 537.

oder audiogestützten Medien fernbehandelt, kann der Patient von seinen Beschwerden berichten und der Arzt ggf. (Rück-)Fragen stellen, so dass eine fachgerechte Anamnese möglich ist.[1279] Eine verkürzte Wahrnehmung bei der Fernanamnese ist daher nicht zwingend.[1280]

Teilweise kann die Fernanamnese[1281] gegenüber einer herkömmlichen Anamnese vor Ort sogar vorzugswürdig sein.[1282] Sieht sich das Opfer durch Offenbarungsängste oder Scham daran gehindert, vor Ort offen zu sprechen, kann die räumliche Distanz das persönliche Gespräch zwischen dem Arzt und seinem Patienten positiv beeinflussen.[1283]

Die Bedeutung der Anamnese ist keineswegs zu unterschätzen.[1284] In etwa 70 % aller Krankheiten soll bereits die Anamnese zu einer vertretbaren Diagnose führen.[1285] Da die Anamnese aus der Ferne zumindest unter Einsatz von audiovisuellen oder audiogestützten IuK-Technologien sorgfältig und im angemessenen Umfang durchgeführt werden, bildet die Fernanamnese häufig ein stabiles Fundament der medizinischen Fernbehandlung.[1286]

(b) Unzureichende Befunderhebung

Neben der Anamnese hat der Arzt seinen Patienten mit der gebotenen Sorgfalt zu untersuchen und den Krankheitssymptomen durch Befunder-

---

1279 Zum anamnetischen Vorgehen im Allgemeinen, s. schon *Lauda*, Medizinische Klinik 1958, 1157 (1161).

1280 A.A. OLG München, GesR 2020, 662 (665); *Herkenrath*, Ärztliche Fernbehandlung, S. 233; *Katzenmeier*, MedR 2019, 259 (268); *Katzenmeier*, NJW 2019, 1769 (1772); *Katzenmeier*, in: Rehmann/Tillmanns, E-Health, Kapitel 3, Rdn. 116.

1281 Zum Begriff der Fernanamnese, s. *Siglmüller*, Rechtsfragen der Fernbehandlung, S. 20.

1282 *Dierks*, MedR 2016, 405 (410); *Siglmüller*, Rechtsfragen der Fernbehandlung, S. 20, 159 f.; vgl. *Prütting*, in: Rehmann/Tillmanns, E-Health, Kapitel 3, Rdn. 17, 23.

1283 *Dierks*, MedR 2016, 405 (410); *Siglmüller*, Rechtsfragen der Fernbehandlung, S. 20; vgl. auch *Leupold et al.*, in: Fischer/Krämer, eHealth in Deutschland, S. 47 (53); *Prütting*, in: Rehmann/Tillmanns, E-Health, Kapitel 3, Rdn. 23.

1284 So *Lauda*, Medizinische Klinik 1958, 1157 (1161); s. auch *Kern/Rehborn*, in: Laufs et al., Handbuch des Arztrechts, § 50, Rdn. 2; *Schneider*, Neue Behandlungsmethoden, S. 110.

1285 So *Lauda*, Medizinische Klinik 1958, 1157 (1161 f.); s. auch *Kern/Rehborn*, in: Laufs et al., Handbuch des Arztrechts, § 50, Rdn. 2; *Siglmüller*, Rechtsfragen der Fernbehandlung, S. 20.

1286 Ähnlich auch *Siglmüller*, Rechtsfragen der Fernbehandlung, S. 20; a.A. *Bördner*, GuP 2019, 131 (132).

hebung auf den Grund zu gehen.[1287] Sofern der Behandler die Erhebung medizinisch gebotener Befunde unterlässt, liegt ein Befunderhebungsfehler vor.[1288] Die Gebotenheit der Befunderhebung richtet sich nach dem konkreten Einzelfall.[1289] Bei jedem Krankheitsverdacht bedarf es einer Basisuntersuchung.[1290] Hierfür ist der Körper des Patienten in der Regel zu besichtigen, abzutasten, abzuklopfen oder abzuhören und sind Funktionsprüfungen (z.B. von Atmung, Kreislauf, Blutdruck) durchzuführen.[1291] Ob weiterführende Untersuchungen nötig sind, ergibt sich aus der Schwere der Krankheit.[1292] Im Allgemeinen gilt, dass der Arzt seinen Patienten persönlich, vollständig und bestmöglich zu untersuchen hat.[1293] Dies hängt im

---

1287 *Wagner*, in: MüKo-BGB, § 630a, Rdn. 103; vgl. auch BGH, NJW 1987, 1482; BGH, NJW 1988, 2298 (2299).

1288 S. etwa BGH, NJW 1988, 1513 (1514) m.w.N.; BGH, NJW 1995, 778 m.w.N.; BGH, NJW 2003, 2827 (2828) m.w.N.; BGHZ 188, 29 (35) = NJW 2011, 1672 (1672 f.); BGH, NJW 2016, 1447 (1448) m.w.N.; *Jung et al.*, in: Ratzel/Luxenburger, Handbuch Medizinrecht, Kapitel 14, Rdn. 125; *Lafontaine*, in: jurisPK-BGB, § 630a, Rdn. 291. Die Pflicht zur Befunderhebung beschränkt sich nicht nur auf den Zeitpunkt vor Diagnosestellung, so dass es erforderlich sein kann, die gefundene Diagnose durch Befunderhebung zu überprüfen, so etwa BGH, NJW 2003, 2827 (2828); *Lafontaine*, in: jurisPK-BGB, § 630a, Rdn. 291. Dies ist beispielsweise der Fall, wenn die begonnene Therapie keine Wirkung zeigt, s. OLG Düsseldorf, VersR 2005, 117; *Spindler*, in: BeckOGK-BGB, § 823, Rdn. 948; vgl. auch *Lafontaine*, in: jurisPK-BGB, § 630a, Rdn. 285. Im Fall des Unterlassens droht ebenso ein Befunderhebungsfehler, s. BGH, NJW 2003, 2827 (2828); *Lafontaine*, in: jurisPK-BGB, § 630a, Rdn. 291.

1289 *Nebendahl*, in: Igl/Welti, Gesunheitsrecht, § 48, Rdn. 44.

1290 *Katzenmeier*, NJW 2019, 1769 (1772); *Katzenmeier*, in: Laufs et al., Arztrecht, Kapitel X, Rdn. 95; *Katzenmeier*, in: Rehmann/Tillmanns, E-Health, Kapitel 3, Rdn. 118; *Laufs*, NJW 1984, 1383 (1385); so auch *Lafontaine*, in: jurisPK-BGB, § 630a, Rdn. 283; vgl. OLG München, GesR 2020, 662 (665).

1291 *Katzenmeier*, NJW 2019, 1769 (1772); *Katzenmeier*, in: Laufs et al., Arztrecht, Kapitel X, Rdn. 95; *Katzenmeier*, in: Rehmann/Tillmanns, E-Health, Kapitel 3, Rdn. 118; *Lafontaine*, in: jurisPK-BGB, § 630a, Rdn. 283; *Weidenkaff*, in: Grüneberg, § 630a BGB, Rdn. 16; vgl. OLG München, GesR 2020, 662 (665); kritisch im Rahmen der ausschließlichen Fernbehandlung *Braun*, MedR 2021, 159 (160).

1292 *Katzenmeier*, NJW 2019, 1769 (1772); *Katzenmeier*, in: Laufs et al., Arztrecht, Kapitel X, Rdn. 95; *Katzenmeier*, in: Rehmann/Tillmanns, E-Health, Kapitel 3, Rdn. 118.

1293 *Katzenmeier*, NJW 2019, 1769 (1772); *Katzenmeier*, in: Laufs et al., Arztrecht, Kapitel X, Rdn. 95; *Katzenmeier*, in: Rehmann/Tillmanns, E-Health, Kapitel 3, Rdn. 118.

Besonderen von den Umständen, etwa den verfügbaren Hilfsmitteln und dem Willen des Patienten, ab.[1294]

(aa) Bedeutung für die ausschließliche Tele- bzw. Fernbehandlung

Da sich die Beteiligten im Rahmen einer ausschließlichen Tele- bzw. Fernbehandlung räumlich getrennt voneinander aufhalten, kann bereits die Durchführung einer Basisuntersuchung erhebliche Schwierigkeiten bereiten.[1295] Dass der ausschließlichen Tele- bzw. Fernbehandlung durch die genannten Grundsätze vollständig der (rechtliche) Boden entzogen wird, ist indessen nicht überzeugend.[1296] Es ist nicht völlig ausgeschlossen, dass gewisse Krankheitsbilder des Patienten auch aus der Ferne im Einzelfall hinreichend befundet werden können.[1297] Einem Teledermatologen kann es möglicherweise genügen, wenn er die Hautoberfläche des Patienten visuell wahrnehmen kann.

Darüber hinaus ist es aufgrund der voranschreitenden Digitalisierung denkbar, dass dem Patienten solche digitalen Anwendungen oder Geräte zur Verfügung gestellt werden, die eine Befunderhebung durch den Patienten unter Aufsicht oder Anleitung des Behandlers auch aus der Ferne ermöglichen.[1298] Patienten können beispielsweise bereits heute ein Elektrokardiogramm (EKG) mithilfe einer Apple Watch erstellen und die gefundenen Ergebnisse an den Arzt via E-Mail übermitteln. Zu nennen ist ebenfalls die Plattform „MedKitDoc", bei der es sich laut eigenen Angaben um einen „Telemedizin 2.0 Anbieter"[1299] handelt. Hierbei werden „zusätzlich zur Videosprechstunde [...] Gesundheitsdaten des Patienten mit Medizingeräten

1294 *Katzenmeier*, NJW 2019, 1769 (1772); *Katzenmeier*, in: Laufs et al., Arztrecht, Kapitel X, Rdn. 95; *Katzenmeier*, in: Rehmann/Tillmanns, E-Health, Kapitel 3, Rdn. 118.

1295 So auch *Siglmüller*, Rechtsfragen zur Fernbehandlung, S. 21; *Stellpflug*, GesR 2019, 76 (79).

1296 A.A. *Braun*, MedR 2021, 159 (160). *Sternberg-Lieben* geht davon aus, dass gegenwärtig eine hinreichende körperliche Überprüfung von Symptomen per Telemedien nicht möglich sei, s. *Sternberg-Lieben*, in: Hilgendorf et al., Handbuch des Strafrechts, § 52, Rdn. 33.

1297 Im Ergebnis auch *Lafontaine*, in: jurisPK-BGB, § 630a, Rdn. 283; *Stellpflug*, GesR 2019, 76 (79).

1298 Vgl. *Siglmüller*, Rechtsfragen der Fernbehandlung, S. 23.

1299 *MedKitDoc*, Häufig gestellte Fragen.

erfasst und live über eine App an den Arzt weitergeleitet."[1300] „Mit der automatisierten Datenübertragung ist es dem Arzt möglich eine fundierte Diagnose in Echtzeit zu stellen."[1301] Die Geräte beim Patienten, die sich im sogenannten „MedKit" befinden, wurden so ausgewählt, „dass mit ihnen eine möglichst breit angelegte Ferndiagnostik erfolgen [...] [kann]."[1302] Das MedKit beinhaltet zertifizierte Medizingeräte, etwa ein digitales Stethoskop, ein digitales Blutdruckmessgerät, ein Infrarot-Thermometer, ein Pulsoximeter und ein EKG.[1303]

Die Frage, ob im Stadium der Befunderhebung in der konkreten Situation eine (körperliche) Untersuchung vor Ort notwendig ist oder ob eine (Basis-)Untersuchung auch aus der Ferne (ggf. auch unter Einsatz weiterer spezifisch telemedizinischer Geräte) sorgfältig und gewissenhaft durchgeführt werden kann, ist eine medizinische.[1304] Der spezifische Fernbehandlungsstandard sollte daher die Anforderungen an die Fernbefunderhebung zukünftig festlegen. Solange es an einem solchen spezifisch telemedizinischen Standard fehlt, zwingen die Grundsätze zur Neulandmethode den Fernbehandler allerdings nicht stets auf eine Befunderhebung aus der Ferne zu verzichten. Ansonsten würde der (medizinische) Fortschritt in diesem tele-medizinischen Bereich völlig gehemmt werden. Der Fernbehandler sollte stattdessen prüfen,[1305] ob eine Fernuntersuchung – aus Sicht eines vorsichtigen Arztes – im konkreten Einzelfall medizinisch vertretbar ist. Dies wird nicht zuletzt von den mitgeteilten Beschwerden des Patienten abhängen.[1306] Auch die Schwere der Erkrankung wird die Zulässigkeit der Fernuntersuchung beeinflussen,[1307] da bei schwereren Erkrankungen in der Regel weiterführende Untersuchungen erforderlich sind[1308]. Hierfür benötigte medizinische Geräte (z.B. Röntgengerät) stehen der Parteien während einer ausschließlichen Tele- bzw. Fernbehandlung nicht zur Verfügung. Bei Zweifeln sollte der Arzt umgehend eine persönliche Untersuchung des Pati-

1300 *MedKitDoc*, Häufig gestellte Fragen.
1301 *MedKitDoc*, Häufig gestellte Fragen.
1302 *MedKitDoc*, Häufig gestellte Fragen.
1303 *MedKitDoc*, Häufig gestellte Fragen.
1304 Vgl. *Stellpflug*, Psychotherapeutenrecht, Rdn. 537.
1305 Die Entscheidung auch dem Behandler zuweisend etwa *Stellpflug*, Psychotherapeutenrecht, Rdn. 535.
1306 S. Teil 2, 3. Kapitel, C.II.2.b)cc)(3)(b).
1307 S. Teil 2, 3. Kapitel, C.II.2.b)cc)(3)(a).
1308 S. Teil 2, 3. Kapitel, C.II.2.b)cc)(1)(b).

enten veranlassen.[1309] Sofern die Fernuntersuchung lediglich vereinzelt in Betracht kommt, entspricht dies dem Ausnahmecharakter der ausschließlichen Tele- bzw. Fernbehandlung.

Zugleich wird für die medizinische Vertretbarkeit der Fernuntersuchung entscheidend sein, welches Fernkommunikationsmittel zur Befunderhebung eingesetzt wird.[1310] Kommunizieren die Parteien mittels audiovisueller Medien (z.B. im Rahmen einer Videosprechstunde), kann der Behandler seinen Patienten nicht nur hören, sondern diesen – wenn auch eingeschränkt – sehen.[1311] Die Mimik, Gestik und die Körperbeschaffenheit des Patienten bleiben dem Fernbehandler also nicht gänzlich verborgen.[1312] Sofern der Arzt und sein Patient lediglich schriftlich (z.B. via E-Mail, Chat) zum Zweck der Behandlung in Kontakt treten oder mittels audiogestützter Medien (z.B. Telefon) kommunizieren, kann der Fernbehandler seinen Patienten zu keinem Zeitpunkt visuell wahrnehmen.[1313] Eine gewissenhafte und sorgfältige Befunderhebung aus der Ferne wird in den letztgenannten Fällen deutlich seltener möglich sein, schließlich kann der Arzt die Aussagen des Patienten kaum überprüfbar und sich mithin kein eigenes Bild von dem Leiden des Patienten machen.[1314] Die Pflicht zur sorgfältigen Befunderhebung setzt der (zivilrechtlichen) Zulässigkeit der ausschließlichen Tele- bzw. Fernbehandlung daher deutliche Grenzen.

Wenngleich eine Fernuntersuchung heute daher nicht mehr automatisch unzulässig ist,[1315] ist es wenig zielführend, die Zulässigkeit der ausschließlichen Tele- bzw. Fernbehandlung an solche Krankheitsbilder zu knüpfen,

---

1309 Vgl. *Leupold/Wiesner*, in: Leupold et al., IT-Recht, Teil 13, Rdn. 78; teilweise wird eine solche Veranlassung bei „geringstem“ Zweifel gefordert, so OLG München, GesR 2020, 662 (665); *Bördner*, GuP 2019, 131 (132); *Katzenmeier*, NJW 2019, 1769 (1773).

1310 Vgl. *Stellpflug*, Psychotherapeutenrecht, Rdn. 507, 535 ff.; *Stellpflug*, GesR 2019, 76 (79); a.A. wohl *Lafontaine*, in: jurisPK-BGB, § 630a, Rdn. 284.

1311 *Stellpflug* geht im Rahmen der „Internet-Psychotherapie“ stattdessen – abgesehen von Fällen, in denen eine körperliche Untersuchung zusätzlich erforderlich sei – davon aus, dass zwischen einem Gespräch vor Ort und einer audiovisuellen (kameragestützten) Kommunikation letztlich keine Unterschiede bestünden, s. *Stellpflug*, Psychotherapeutenrecht, Rdn. 535, bzw. geht er von „nur geringe[n] Unterschiede[n] zu einem ‚face-to-face‘-Kontakt“ aus, s. *Stellpflug*, GesR 2019, 76 (79).

1312 *Stellpflug*, GesR 2019, 76 (79); vgl. *Stellpflug*, Psychotherapeutenrecht, Rdn. 535.

1313 Vgl. *Stellpflug*, Psychotherapeutenrecht, Rdn. 536.

1314 A.A. *Stellpflug*, Psychotherapeutenrecht, Rdn. 537.

1315 A.A. noch *Kern*, in: Laufs et al., Handbuch des Arztrechts, § 51, Rdn. 2.

die grundsätzlich von einem traditionellen Hausarzt behandelt werden.[1316] Auch bei Erkrankungen, die im Allgemeinen von einem Hausarzt behandelt werden, ist zu erwarten, dass eine Untersuchung vor Ort aus medizinischer Sicht häufig nötig sein wird.[1317]

(bb) Keine (haftungsausschließende) Prüfpflicht des Patienten

Die Entscheidung, ob eine (körperliche) Untersuchung vor Ort im Einzelfall notwendig ist, obliegt dem Arzt.[1318] Auf den Patienten kann eine solche nicht übertragen werden. Widersprüchlich erscheint daher nachfolgende Regelung der TeleClinic GmbH in § 11 Nr. 6 der TeleClinic Nutzungsbedingungen unter der Überschrift „Pflichten des Nutzers[1319]":

> „TeleClinic ist nicht [...] bei Krankheiten, bei der eine körperliche Untersuchung notwendig ist, zu nutzen. In diesen Fällen ist es notwendig einen Arzt vor Ort [...] aufzusuchen."

Da der Arzt selbstständig zu prüfen hat, ob eine (körperliche) Untersuchung des Patienten vor Ort erforderlich ist,[1320] darf er sich mangels Expertise des Patienten nicht darauf verlassen, dass der Patient durch den Beschluss, sich auf der Plattform einzuwählen, bereits hinreichend versichert hat, dass eine Behandlung aus der Ferne möglich ist. Zugleich sollte es dem Patienten erlaubt sein, sich auf der Plattform einzuwählen, um aus ärztlicher Sicht abklären zu lassen, ob im konkreten Einzelfall eine medizinische Behandlung vor Ort erforderlich ist. Hierdurch können zeitaufwendige und verzichtbare Arztbesuche vor Ort reduziert und das Potenzial der Telemedizin ausgeschöpft werden.

1316 Die Plattform „TeleClinic" der *TeleClinic GmbH* beschreibt auszugsweise auf ihrer Website: „Erfahrene Ärzte und Ärztinnen können über TeleClinic fast alles behandeln, was ein traditioneller Hausarzt auch behandelt", s. *TeleClinic GmbH*, Unsere Behandlungen.

1317 Klarstellend in § 2 Nr. 1 der TeleClinic Nutzungsbedingungen; zu den TeleClinic Nutzungsbedingungen, s. *TeleClinic GmBH*, Nutzungsbedingungen.

1318 S. Teil 2, 3. Kapitel, C.II.2.b)cc)(1)(b)(aa).

1319 Unter „Nutzer" wird wohl nur der Patient und nicht auch der Arzt verstanden, da die Nutzungsbedingungen zwischen dem „Arzt" und dem „Nutzer" differenzieren: In § 10 Nr. 3 der TeleClinic Nutzungsbedingung wird beispielsweise von der „Leistungsbeziehung zwischen Nutzer und Arzt" gesprochen.

1320 Klarstellend in § 2 Nr. 1 der TeleClinic Nutzungsbedingungen.

(c) Beweislastumkehr nach § 630h Abs. 5 BGB

Die haftungsrechtlichen Konsequenzen eines Befunderhebungsfehlers können für den (Fern-)Behandler sehr weitreichend sein.[1321] Ein Arzt handelt im Stadium der Befunderhebung grob behandlungsfehlerhaft i.S.d. § 630h Abs. 5 S. 1 BGB, wenn der Arzt selbstverständlich gebotene differential-diagnostische Überlegungen und Untersuchungen unterlassen hat, es also in einem erheblichen Ausmaß an der Erhebung einfacher und grundlegender Diagnose- und Kontrollbefunde fehlt.[1322] Dies ist im Bereich der Fernbehandlung etwa der Fall, wenn der Arzt eine persönliche Untersuchung des Patienten nicht veranlasst, obwohl eine Untersuchung mittels spezieller Geräte (z.B. Röntgengerät) vor Ort medizinisch zweifelsfrei geboten ist. Es wird bei Vorliegen eines groben Behandlungsfehlers, der grundsätzlich geeignet ist, eine Verletzung des Lebens, des Körpers oder der Gesundheit der tatsächlich eingetretenen Art herbeizuführen, zu Gunsten des Patienten vermutet, dass der Behandlungsfehler für diese Verletzung ursächlich war, s. § 630h Abs. 5 S. 1 BGB.

Darüber hinaus führt bereits ein „einfacher" Befunderhebungsfehler unter den Voraussetzungen des § 630h Abs. 5 S. 2 BGB zu einer Beweislastumkehr.[1323] In der Praxis wird dieser Beweislastregel eine erhebliche Bedeutung zugeschrieben.[1324] Im Einzelnen wird nach § 630h Abs. 5 S. 2 BGB die haftungsbegründende Kausalität aufgrund spezifischer Beweisnöte[1325] zu Gunsten des Patienten vermutet, „wenn es der Behandelnde unterlassen hat, einen medizinisch gebotenen Befund rechtzeitig zu erheben oder zu sichern, soweit der Befund mit hinreichender Wahrscheinlichkeit ein Ergebnis erbracht hätte, das Anlass zu weiteren Maßnahmen gegeben hätte, und wenn das Unterlassen solcher Maßnahmen grob fehlerhaft gewesen

1321 Vgl. *Herkenrath*, Ärztliche Fernbehandlung, S. 237 f.; *Katzenmeier*, NJW 2019, 1769 (1773); *Katzenmeier*, in: Rehmann/Tillmanns, E-Health, Kapitel 3, Rdn. 120.

1322 S. etwa *Kern*, in: Laufs et al., Handbuch des Arztrechts, § 109, Rdn. 20 m.w.N.

1323 So schon BT-Drs. 17/10488, 31; BGH, NJW 2011, 3441 m.w.N.; *Katzenmeier*, in: BeckOK-BGB, § 630h, Rdn. 80; eine Ausweitung der Vorschrift zu Lasten des Fernbehandlers geht hingegen zu weit, so aber *Siglmüller*, Rechtsfragen der Fernbehandlung, S. 175 f.

1324 Vgl. *Hindemith/Schwarze*, in: Jorzig, Handbuch Arzthaftungsrecht, 1. Teil, 5. Kapitel, Rdn. 111; 119; *Katzenmeier*, in: BeckOK-BGB, § 630h, Rdn. 80; *Siglmüller*, Rechtsfragen der Fernbehandlung, S. 174.

1325 S. weiterführend BT-Drs. 17/10488, 31; *Katzenmeier*, in: BeckOK-BGB, § 630h, Rdn. 82 m.w.N.; *Müller*, NJW 1997, 3049 (3053).

wäre." Dem Behandler verbleibt nur die Möglichkeit, den Gegenbeweis zu führen,[1326] wenngleich ein solcher häufig nicht gelingen wird.[1327]

(2) Diagnosefehler

Die Stellung einer Diagnose kann für den Arzt häufig problematisch sein, da sich die menschlichen Organismen der Patienten unterscheiden und Symptome einer Erkrankung mehrdeutig, also auf verschiedene Ursachen hindeutend, sein können.[1328] Nicht jede Fehldiagnose des Arztes ist aus diesem Grund als behandlungsfehlerhaftes Verhalten zu qualifizieren.[1329] Vielmehr sind solche nur mit Zurückhaltung als Behandlungsfehler zu werten.[1330]

Obwohl die Abgrenzung des Befunderhebungsfehler zum Diagnosefehler nicht zuletzt aufgrund der für letztere Fallgruppe nicht geltende Vorschrift des § 630h Abs. 5 S. 2 BGB äußerst bedeutsam ist, kann eine solche Schwierigkeiten bereiten.[1331] Jedenfalls kommt ein Diagnosefehler erst in Betracht, wenn der Arzt medizinisch erforderliche Befunde überhaupt erhoben hat, um sich für die Einordnung der Krankheitssymptome eine ausreichende Grundlage zu verschaffen.[1332] Entscheidend ist daher, ob sich das ärztliche

1326 BGH, NJW 2016, 1447 (1448 f.); *Katzenmeier*, in: BeckOK-BGB, § 630h, Rdn. 86.

1327 *Katzenmeier*, NJW 2019, 1769 (1773); *Katzenmeier*, in: Rehmann/Tillmanns, E-Health, Kapitel 3, Rdn. 120.

1328 S. etwa BGH, NJW 2003, 2827 (2827 f.); *Jung et al.*, in: Ratzel/Luxenburger, Handbuch Medizinrecht, Kapitel 14, Rdn. 55; *Nebendahl*, in: Igl/Welti, Gesundheitsrecht, § 48, Rdn. 36; *Wenzel*, in: Wenzel, Handbuch Medizinrecht, Kapitel 4, Rdn. 257; vgl. auch BGH, VersR 1981, 1033 (1034); OLG Köln, VersR 2014, 1005 (1006); *Tadayon*, in: Jorzig, Handbuch Arzthaftungsrecht, 1. Teil, 3. Kapitel, Rdn. 44.

1329 *Nebendahl*, in: Igl/Welti, Gesundheitsrecht, § 48, Rdn. 36; vgl. BGH, VersR 1981, 1033 (1034); BGH, NJW 2003, 2827; OLG Köln, VersR 2014, 1005 (1006).

1330 BGH, NJW 2003, 2827 (2828) m.w.N.; OLG Köln, VersR 2014, 1005 (1006); so auch *Pauge/Offenloch*, Arzthaftungsrecht, Rdn. 195 m.w.N.; *Wenzel*, in: Wenzel, Handbuch Medizinrecht, Kapitel 4, Rdn. 257 m.w.N.

1331 *Katzenmeier*, in: BeckOK-BGB, § 630a, Rdn. 110; *Katzenmeier*, in: BeckOK-BGB, § 630h, Rdn. 87; *Terbille/Feifel*, in: Clausen/Schroeder-Printzen, Anwaltshandbuch Medizinrecht, § 1, Rdn. 638, 642 f.; vgl. auch *Kern*, in: Laufs et al., Handbuch des Arztrechts, § 109, Rdn. 20; *Wagner*, in: MüKo-BGB, § 630h, Rdn. 104.

1332 BGH, NJW 2016, 1447 (1448); BGH, NJW 2020, 2467 (2469).

Fehlverhalten im Kern auf die Fehlinterpretation von Befunden oder die Nichterhebung solcher bezieht.[1333]

Freilich können dem Arzt auch bei einer ausschließlichen Tele- bzw. Fernbehandlung Diagnosefehler unterlaufen.[1334] Die Interpretation der in ausreichendem Maß erhobenen Befunde wird allerdings im Rahmen der Tele- bzw. Fernbehandlung im Vergleich zur Befunderhebung weniger Schwierigkeiten bereiten, da die Auswertung aus der Ferne und unter Einsatz von IuK-Technologien in der Regel sorgfältig vorgenommen werden kann.[1335] Dass die Interpretation von Befunden aus der Ferne möglich ist, zeigt bereits das seit einiger Zeit etablierte Beispiel der Teleradiologie[1336].

(3) Haltung der (älteren) Rechtsprechung zur Ferndiagnostik

In der Literatur wird im Zusammenhang mit der Fernbehandlung häufig auf die (skeptische) Haltung der Rechtsprechung verwiesen.[1337] Hierzu wird beispielsweise ausgeführt, dass die ältere Rechtsprechung zur Fernbehandlung, die insbesondere im Rahmen der Befunderhebung einen unmittelbaren Arzt-Patienten-Kontakt verlange, weiterhin ihre Gültigkeit behalten müsse.[1338] Wäre dies zutreffend, würde der ausschließlichen Tele- bzw. Fernbehandlung hierdurch eine vollständige Absage erteilt werden, schließlich erfolgt die Behandlung bei einer solchen Fernbehandlung gänzlich aus der Ferne. Es ist daher zu überprüfen, ob die (ältere) Rechtsprechung in ge-

1333 BGH, NJW 2016, 1447 (1448) m.w.N.; BGH, NJW 2020, 2467 (2469); vgl. auch BGH, NJW 1988, 1513 (1514).

1334 S. hierzu etwa *Fehn*, in: Marx et al., Telemedizin, S. 9 (35 f.).

1335 Ähnlich auch *Siglmüller*, Rechtsfragen zur Fernbehandlung, S. 24, 162; a.A. *Herkenrath*, Ärztliche Fernbehandlung, S. 238 ff.

1336 S. Teil 1, 2. Kapitel, B.II.1.b).

1337 Vgl. *Bördner*, GuP 2019, 131 (132); *Hahn*, MedR 2018, 384 (385); *Katzenmeier*, MedR 2019, 259 (268, Fn. 148); *Katzenmeier*, NJW 2019, 1769 (1772); *Katzenmeier*, in: Rehmann/Tillmanns, E-Health, Kapitel 3, Rdn. 114 ff.; *Lafontaine*, in: jurisPK-BGB, § 630a, Rdn. 284; *Siglmüller*, Rechtsfragen zur Fernbehandlung, S. 161; *Sternberg-Lieben*, in: Hilgendorf et al., Handbuch des Strafrechts, § 52, Rdn. 33; s. auch *Spindler*, in: BeckOGK, § 823, Rdn. 1072; im Zusammenhang mit der Möglichkeit der Standardunterschreitung, s. *Prütting et al.*, GesR 2020, 756 (760 f.); *Prütting*, in: Rehmann/Tillmanns, E-Health, Kapitel 3, Rdn. 31, 36.

1338 So *Sternberg-Lieben*, in: Hilgendorf et al., Handbuch des Strafrechts, § 52, Rdn. 33; einschränkend aber womöglich mit Verweis auf *Steffen*, in: FS Stoll, S. 71 (71, 76) in Fn. 199; *Lafontaine* geht davon aus, dass die Rechtsprechung des BGH zur persönlichen Untersuchung durch die Möglichkeit zur telemedizinischen Behandlung unberührt bleibe, s. *Lafontaine*, in: jurisPK-BGB, § 630a, Rdn. 284.

wissen Behandlungsstadien einen unmittelbaren Kontakt vor Ort zwingend voraussetzt.

(a) BGH, Urteil vom 20.02.1979 - VI ZR 48/78 (KG)

Der BGH hatte sich in seinem Urteil vom 20.02.1979 - VI ZR 48/78 (KG) mit der Frage zu beschäftigen, unter welchen Umständen ein Arzt zu einem Hausbesuch, mithin zu einer persönlichen Behandlung vor Ort, verpflichtet ist, wenn er die Behandlung des Patienten übernommen hat.[1339] In dem zu Grunde liegenden Fall kontaktierte die Ehefrau eines Erkrankten den Arzt morgens telefonisch, teilte ihm den gesundheitlichen Zustand des Ehemannes (Fieber, Schweißausbrüche, Schüttelfrost, Durchfall und Erbrechen) mit und bat um einen Hausbesuch.[1340] Nachdem der Arzt den Hausbesuch - wegen eines vollen Sprechzimmers - abgelehnte hatte, verordnete er dem Ehemann stattdessen unterschiedliche Medikamente, die die Ehefrau mitbekam.[1341] Als der Patient mittags zum Arzt selbst telefonisch Kontakt aufnahm und ihm mitteilte, dass es ihm auch nach der Einnahme der Medikamente unverändert schlecht ginge, verwies der Arzt darauf, dass die Medikamente nicht so schnell wirken könnten und eine (telefonische) Vorstellung, falls nötig, am Mittag des nächsten Tages angezeigt wäre.[1342] Der Ehemann wurde am nächsten Tag tot aufgefunden.[1343] In dem Urteil wurde hierzu unter anderem Folgendes ausgeführt:

> „Die Übernahme des Falles verpflichtete den Bekl. deshalb, spätestens nach Beendigung seiner Sprechstunde am 15. 12. bei dem Ehemann der Kl. einen Krankenbesuch zu machen, um ihn zu untersuchen und je nach Befund geeignete Therapiemaßnahmen einzuleiten. Es gehört zu den Aufgaben des Arztes, sich von den Leiden des Patienten ein eigenes Bild zu machen, dabei die Angaben Dritter, wie hier der Erstkl., nicht ungeprüft zu übernehmen und wichtige Befunde selbst zu erheben. Dazu ist, wenn der Patient nicht selbst in die Sprechstunde kommen kann, ein Hausbesuch jedenfalls dann erforderlich, wenn es sich offensichtlich um eine schwerere Erkrankung handelt. Ferndiagnosen aufgrund münd-

1339 BGH, NJW 1979, 1248.
1340 BGH, NJW 1979, 1248.
1341 BGH, NJW 1979, 1248.
1342 BGH, NJW 1979, 1248.
1343 BGH, NJW 1979, 1248.

licher Berichte von Angehörigen können in den seltensten Fällen ausreichen, und viel anders ist es auch nicht, wenn der Arzt den Patienten selbst sprechen kann. Aus alldem folgt die Besuchspflicht des behandelnden Arztes, der er sich nur dann entziehen darf, wenn schwerwiegende Gründe (Behandlung anderer Patienten, anderweitige Verhinderung) ihn daran hindern, und er für anderweitige Hilfe sorgt […]."[1344]

Zunächst scheint es, dass der BGH in seinem Urteil aus dem Jahr 1979 einer ausschließlichen Tele- bzw. Fernbehandlung eine Absage erteilt hat, indem er dort etwa näher ausführte, dass Ferndiagnosen nur in den seltensten Fällen ausreichten. Zugleich wurde indessen betont, dass ein Hausbesuch jedenfalls dann erforderlich sei, wenn es sich offensichtlich um eine schwerere Erkrankung handele.[1345] Hieraus lässt sich durchaus schlussfolgern, dass durch die Rechtsprechung ein starres (zivilrechtliches) Verbot einer ausschließlichen Fernbehandlung nicht begründet wurde, sondern das zwingende Erfordernis eines Hausbesuchs jedenfalls von der Schwere der Erkrankung und deren Offensichtlichkeit abhing.[1346] Hierfür streitet auch eine jüngere Entscheidung des BGH zur Arzthaftung aus dem Jahr 2007, die sich in das eben Gesagte einreiht.[1347] Wird der Patient mit solchen Methoden behandelt, die dem derzeitigen Standard nicht entsprechen, und kommt es im Verlauf der Behandlung gerade zu einer medizinischen Komplikation (starke Schmerzen), wurde unter Verweis auf die hier vorgestellte ältere Rechtsprechung entschieden, dass sich der Arzt von der Beeinträchtigung und deren Ursachen persönlich (und eben nicht telefonisch) vergewissern müsse.[1348]

Das Urteil des BGH würde sich auf die ausschließliche Tele- bzw. Fernbehandlung heutzutage schon deshalb nicht auswirken, da bei einer offensichtlich schwereren Erkrankung einer Behandlung aus der Ferne von vornherein nicht in Betracht kommt.[1349] Vielmehr wird sich der Anwendungsbereich der ausschließlichen Tele- bzw. Fernbehandlung auf „Baga-

1344 BGH, NJW 1979, 1248 (1249).
1345 BGH, NJW 1979, 1248 (1249).
1346 Vgl. *Katzenmeier*, NJW 2019, 1769 (1772); *Katzenmeier*, in: Rehmann/Tillmanns, E-Health, Kapitel 3, Rdn. 116; *Spindler*, in: BeckOGK-BGB, § 823, Rdn. 1072; *Tillmanns*, Persönliche Leistungserbringungspflicht, S. 75 f.; *Weidenkaff*, in: Grüneberg, § 630a BGB, Rdn. 26.
1347 S. Teil 2, 3. Kapitel, C.II.2.b)dd)(2).
1348 S. Teil 2, 3. Kapitel, C.II.2.b)dd)(2)(a).
1349 Vgl. *Prütting et al.*, GesR 2020, 756 (760); *Prütting*, in: Rehmann/Tillmanns, E-Health, Kapitel 3, Rdn. 36.

tellerkrankungen" erstrecken.[1350] Freilich kann diese Sichtweise praktische Probleme zu Tage fördern, weil in der Entscheidung unbeantwortet gelassen wurde, wann eine „offensichtlich schwerere Erkrankung" vorliegen soll.[1351] Für Mediziner dürfte diese Frage jedoch zu beantworten sein.[1352]

Sofern man der Entscheidung des BGH demgegenüber ein (zivilrechtliches) Verbot der ausschließlichen Fernbehandlung entnehmen möchte, ist schon fraglich, ob und inwieweit die genannten Grundsätze (heute) überhaupt aufrechtzuerhalten wären.[1353] Die ausschließliche Tele- bzw. Fernbehandlung wurde im Berufsrecht ausdrücklich gestattet und von der Ärzteschaft – auch durch die häufige Umsetzung in den jeweiligen Landesberufsordnungen – grundsätzlich anerkannt.[1354] Dies wirkt sich auf das Zivilrecht aus.[1355] Vor diesem Wandel wird sich die Rechtsprechung kaum verschließen können.[1356]

Darüber hinaus ist festzustellen, dass durch die Digitalisierung und die intensive und rasante Fortentwicklung der Fernkommunikationsmittel in den letzten Jahren die Parteien heute auf eine andere Art und Weise aus der Ferne in Kontakt treten können, so dass eine adäquate Behandlung des Patienten aus der Ferne im Einzelfall möglich erscheint.[1357] Der BGH hat in seinem Urteil aus dem Jahr 1979 eine solche medizinische Betreuung mittels audiovisuellen Fernkommunikationsmitteln – freilich auch aufgrund des fehlenden technischen Fortschritts – gänzlich unbeachtet gelassen.[1358] Im Vergleich zum klassischen Telefongespräch bietet die Videotelefonie allerdings einige Vorteile, da sich die Beteiligten während der Tele- bzw.

1350 S. Teil 2, 2. Kapitel, B.I.2.c)bb)(2)(b).

1351 Vgl. *Katzenmeier*, NJW 2019, 1769 (1772); *Katzenmeier*, in: Rehmann/Tillmanns, E-Health, Kapitel 3, Rdn. 116.

1352 *Katzenmeier* geht davon aus, dass Rechtsunsicherheit provoziert würde, s. *Katzenmeier*, NJW 2019, 1769 (1772); *Katzenmeier*, in: Rehmann/Tillmanns, E-Health, Kapitel 3, Rdn. 116.

1353 Gegen eine Aufrechterhaltung der Grundsätze etwa *Hahn*, Telemedizin, S. 28 f.; *Siglmüller*, Rechtsfragen zur Fernbehandlung, S. 161.

1354 *Hahn*, Telemedizin, S. 28 f.

1355 S. Teil 2, 3. Kapitel, C.I.3.b).

1356 *Hahn*, Telemedizin, S. 29.

1357 Vgl. *Prütting et al.*, GesR 2020, 756 (760); *Prütting*, in: Rehmann/Tillmanns, E-Health, Kapitel 3, Rdn. 36.

1358 Vgl. *Prütting et al.*, GesR 2020, 756 (760); *Prütting*, in: Rehmann/Tillmanns, E-Health, Kapitel 3, Rdn. 36.

Fernbehandlung nicht nur hören, sondern auch visuell wahrnehmen können.[1359]

(b) OLG Koblenz, Urteil vom 13.01.2016 – 5 U 290/15

Dem Urteil des OLG Koblenz vom 13.01.2016 – 5 U 290/15[1360] lässt sich ein zwingendes Erfordernis einer persönlichen Untersuchung vor Ort ebenso nicht entnehmen.[1361] Im Leitsatz findet sich Folgendes:

> „Sieht ein Augenarzt im Bereitschaftsdienst am Wochenende davon ab, den Patient persönlich zu untersuchen, und beschränkt sich stattdessen auf die telefonische Empfehlung, am darauffolgenden Werktag den örtlichen Facharzt aufzusuchen, kann darin ein Versäumnis gesehen werden, das die Beweislast zugunsten des Patienten umkehrt (hier bejaht bei Iritis)"[1362]

Bereits aus dem Leitsatz ist ersichtlich, dass das Unterlassen einer persönlichen Untersuchung des Patienten nicht zwingend zu einem Befunderhebungsfehler des Arztes führt. Vielmehr „kann" hierin ein Versäumnis gesehen werden. Dies ergibt sich auch aus den Entscheidungsgründen, da dort unter anderem ausgeführt wurde, dass „das Landgericht [zutreffend] für den Fall der Äußerung der Beschwerden in der von [...] [dem Patienten] angeführten Weise in dem Telefonat am 14. Dezember 2008 einen Befunderhebungsfehler gesehen"[1363] habe. Ob in dem Unterlassen der persönlichen Untersuchung des Patienten ein Befunderhebungsfehler zu sehen war, hing im beschriebenen Streitfall also von den Beschwerden des Patienten ab. Dass der Arzt seinen Patienten stets vor Ort untersuchen müsse, lässt sich dem Urteil nicht entnehmen. Mithin steht die Entscheidung einer ausschließlichen Tele- bzw. Fernbehandlung nicht von vornherein entgegen. Vielmehr ist auch für die Zulässigkeit der Fernuntersuchung im

---

1359 S. Teil 2, 3. Kapitel, C.II.2.b)cc)(1)(b)(aa).

1360 OLG Koblenz, BeckRS 2016, 11143.

1361 A.A. *Sternberg-Lieben*, in: Hilgendorf et al., Handbuch des Strafrechts, § 52, Rdn. 33; vgl. auch *Katzenmeier*, NJW 2019, 1769 (1772); *Katzenmeier*, in: Rehmann/Tillmanns, E-Health, Kapitel 3, Rdn. 119.

1362 OLG Koblenz, BeckRS 2016, 11143.

1363 OLG Koblenz, BeckRS 2016, 11143, Rdn. 16.

Rahmen der ausschließlichen Tele- bzw. Fernbehandlung entscheidend, ob die Beschwerden des Patienten eine Fernuntersuchung zulassen.[1364]

(c) Exkurs: VG Frankfurt a.M., Urteil vom 19.10.2004 – 21 BG 1748/04

Darüber hinaus wird angenommen, dass die Rechtsprechung im Hinblick auf die Befunderhebung im Rahmen einer Fernbehandlung eine skeptisch Haltung einnehme und im Fall des Schadenseintritts zur Annahme einer Pflichtverletzung neigte.[1365] Im Anschluss wird auf das Urteil des VG Frankfurt a.M. vom 19.10.2004 – 21 BG 1748/04[1366] eingegangen.[1367]

Dort wurde unter anderem ein Verstoß gegen das damals geltende (hessische) Verbot der ausschließlichen Fernbehandlung bejaht.[1368] Ein Arzt, der nicht konsiliarisch von anderen Ärzten zur Behandlung des Patienten hinzugezogen wurde, sondern selbst als einziger Behandler tätig wurde, verstieß gegen das genannte Verbot, wenn er ein Medikament auf Grund der (schriftlichen) Aussage der Mutter der Patienten (und damit einer medizinischen Laiin) verordnete, wenngleich die Mutter die angeblich von einem anderen Arzt erstellte Diagnose mitteilte.[1369] Hierzu führte das Gericht Folgendes aus:

> „Jede Art der Fernbehandlung, welche durchgeführt wird, ohne dass der behandelnde Arzt den Patienten im Zusammenhang mit der konkreten Behandlung wenigstens einmal persönlich untersucht hat, wird als potenziell gesundheitsgefährdend angesehen. Die Beschreibung eines Krankheitsbildes durch einen medizinischen Laien, wenn es auch die Wiedergabe einer vom Laien aufgenommenen und umformulierten Diagnose eines anderen Arztes sein sollte, stellt keine hinreichend sichere Basis für eine darauf aufbauende Behandlung dar."[1370]

1364 S. Teil 2, 3. Kapitel, C.II.2.b)cc)(1)(b)(aa).

1365 *Katzenmeier*, NJW 2019, 1769 (1772); *Katzenmeier*, in: Rehmann/Tillmanns, E-Health, Kapitel 3, Rdn. Rdn. 119.

1366 VG Frankfurt a.M., BeckRS 2004, 151863.

1367 *Katzenmeier*, NJW 2019, 1769 (1772); *Katzenmeier*, NJW 2019, 1769 (1772); *Katzenmeier*, in: Rehmann/Tillmanns, E-Health, Kapitel 3, Rdn. Rdn. 119.

1368 VG Frankfurt a.M., BeckRS 2004, 151863, Rdn. 46 ff.

1369 VG Frankfurt a.M., BeckRS 2004, 151863, Rdn. 48 f.

1370 VG Frankfurt a.M., BeckRS 2004, 151863, Rdn. 48.

Ergänzend wurde hinzugefügt, dass dies selbst dann gelte, wenn eine Bildübermittlung – etwa über das Internet oder über eine Videokassette – stattgefunden habe.[1371] Da die Auswahl des bildhaft wiedergegebenen Anschauungsmaterials und die Art der Aufnahme bei einem laienhaften Dritten verbliebe, habe eine persönliche Inaugenscheinnahme nicht stattgefunden.[1372]

Die Entscheidung erging zu einer Zeit, zu welcher das Verbot der ausschließlichen Fernbehandlung noch galt. Nach § 7 Abs. 3 HessBO-Ä a.F. durfte „ein Arzt individuelle ärztliche Behandlung, insbesondere auch Beratung, unter anderem weder ausschließlich über Kommunikationsmedien noch über Computerkommunikationsnetze durchführen."[1373] Die ablehnende Haltung des VG Frankfurt a.M. gegenüber Fernbehandlungen war vor diesem Hintergrund nachvollziehbar und im Übrigen aufgrund der Rechtslage auch angezeigt. Mittlerweile wurde eine ausschließliche Tele- bzw. Fernbehandlung bei Vorliegen gewisser Voraussetzungen auch in Hessen (nach § 7 Abs. 4 S. 3 und 4 HessBO-Ä) ausdrücklich gestattet.[1374] Einer möglichen Gesundheitsgefahr der ausschließlichen Tele- bzw. Fernbehandlung wird durch die strengen Anforderungen an die Zulässigkeit einer solchen nach § 7 Abs. 4 S. 3 und 4 HessBO-Ä begegnet. Aufgrund der geänderten Rechtslage ist es daher kaum möglich, die künftige Haltung der Rechtsprechung zur Befunderhebung im Rahmen einer Fernbehandlung unter Verweis auf das Urteil des VG Frankfurt a.M. vorherzusagen.[1375]

Im Übrigen traten die Parteien in dem geschilderten Fall schriftlich in Kontakt,[1376] so dass dem Urteil des VG Frankfurt a.M. schon deshalb keine Aussagen über eine ausschließliche Tele- bzw. Fernbehandlung, bei der die Parteien mittels audiovisueller IuK-Technologien kommunizieren, zu entnehmen sind. Diese Art der ausschließlichen Tele- bzw. Fernbehandlung wird heute indessen am ehesten zur Befunderhebung geeignet sein.[1377] Die Behandlung des Patienten stützt sich hierbei nicht nur auf die Beschreibung des Krankheitsbildes durch einen medizinischen Laien, sondern ermöglicht durch die eingesetzte Technik unter anderem eine Überprüfung

---

1371 VG Frankfurt a.M., BeckRS 2004, 151863, Rdn. 50.

1372 VG Frankfurt a.M., BeckRS 2004, 151863, Rdn. 50.

1373 So VG Frankfurt a.M., BeckRS 2004, 151863, Rdn. 46 f.

1374 S. Teil 2, 2. Kapitel, B.I.2.

1375 Vgl. aber *Katzenmeier*, NJW 2019, 1769 (1772); *Katzenmeier*, in: Rehmann/Tillmanns, E-Health, Kapitel 3, Rdn. 119; *Sternberg-Lieben*, in: Hilgendorf et al., Handbuch des Strafrechts, § 52, Rdn. 33.

1376 VG Frankfurt a.M., BeckRS 2004, 151863, Rdn. 22 ff.

1377 S. Teil 2, 3. Kapitel, C.II.2.b)cc)(1)(b)(aa).

der Aussagen des Patienten. Wenngleich damals die Bildübermittlung – etwa über das Internet oder über eine Videokassette – als unzureichend angesehen wurde, weil eine persönliche Inaugenscheinnahme nicht stattfand,[1378] ist es dem Arzt bei einer ausschließlichen Beratung bzw. Behandlung aus der Ferne mittels audiovisueller Fernkommunikationsmittel möglich, die Auswahl des bildhaft wiedergegebenen Anschauungsmaterials (z.B. durch Anweisung an den Patienten, die Kamera entsprechend zu positionieren) selbstständig zu treffen.

(4) Fazit

Die zivilrechtliche Zulässigkeit der ausschließlichen Tele- bzw. Fernbehandlung scheitert nicht daran, dass das Arzthaftungsrecht im Behandlungsstadium der Diagnostik stets einen persönlichen Kontakt zwischen Arzt und Patient vor Ort erfordert. Ebenso steht die ältere Rechtsprechung, auf die im Zusammenhang mit der rechtlichen Zulässigkeit der Fernbehandlung in der Literatur häufig verwiesen wird, einer ausschließlichen Tele- bzw. Fernbehandlung nicht von vornherein entgegen.

Dennoch setzen die arzthaftungsrechtlichen Grundsätze der ausschließliche Tele- bzw. Fernbehandlung gewisse Grenzen. Während eine sorgfältige Interpretation der Befunde aus der Ferne häufig möglich sein wird, hängt die Zulässigkeit der Fernanamnese davon ab, welche Form der Fernbehandlung gewählt wird. Da die Anamnese stets ein ärztliches Gespräch voraussetzt, ist es notwendig, dass die Parteien zumindest mittels audiovisueller oder audiogestützter IuK-Technologien in Kontakt treten. Sofern die Fernanamnese auf diese Weise erfolgreich vorgenommen wird, bildet diese häufig ein stabiles Fundament für die medizinische Fernbehandlung.

Demgegenüber schränkt die ärztliche Pflicht zur sorgfältigen und zeitgerechten (Kontroll-)Befunderhebung die Zulässigkeit der ausschließlichen Tele- bzw. Fernbehandlung im Ergebnis deutlich ein. Bereits die Vornahme einer Basisuntersuchung, die grundsätzlich bei jedem Krankheitsverdacht erforderlich ist und in der Regel durch Besichtigen, Abtasten, Abklopfen, Abhören oder durch Funktionsprüfungen erfolgt, wird durch die räumliche Trennung der Beteiligten erheblich erschwert. Entscheidend für die Zulässigkeit der ausschließlichen Tele- bzw. Fernbehandlung ist daher, dass der Arzt den Patienten auch aus der Ferne – ggf. unter Einsatz von speziellen

1378 VG Frankfurt a.M., BeckRS 2004, 151863, Rdn. 50.

digitalen Geräten – sorgfältig untersuchen kann. Der Fernbehandler hat zu prüfen, ob eine Fernuntersuchung – aus Sicht eines vorsichtigen Arztes – im konkreten Einzelfall medizinisch vertretbar ist. Sollte eine Befunderhebung aus der Ferne nur ausnahmsweise in Betracht kommen, entspricht dies dem Charakter der ausschließlichen Tele- bzw. Fernbehandlung als Ausnahmetatbestand.

dd) Fehlerhafte Durchführung der Behandlungsmethode

Verletzt der Arzt bei der konkreten Durchführung einer Maßnahme den medizinischen Standard, obwohl er eine indizierte und sachgerechte Behandlungsmethode ausgewählt hat, liegt im Allgemeinen ein Therapiefehler vor.[1379] Der Behandler führt also die an sich richtige Maßnahme in fehlerhafter Art und Weise aus.[1380] Aufgrund der unterschiedlichen Therapiemöglichkeiten sind freilich auch eine Vielzahl an Behandlungsfehler denkbar.[1381] Wird ein Patient ausschließlich fernbehandelt, kommen nicht zuletzt eine Beratung aus der Ferne oder eine Verordnung von medizinischen Leistungen (z.B. Arzneimittel) als Therapieform in Betracht.[1382]

(1) Medikationsfehler

(a) Fernverordnung von Medikamenten

Therapiefehler können beispielsweise bei der Rezeption oder Medikation auftreten, sofern der Behandler ein Rezept fehlerhaft, missverständlich oder unvollständig ausstellt, wodurch der Patient ein falsches oder falsch dosiertes Medikament erhält.[1383] Zugleich handelt der Mediziner fahrlässig, wenn er mögliche Kontraindikationen, Höchstdosierungen oder Wechsel-

1379 S. etwa *Jung et al.*, in: Ratzel/Luxenburger, Handbuch Medizinrecht, Kapitel 14, Rdn. 68.

1380 S. etwa *Jung et al.*, in: Ratzel/Luxenburger, Handbuch Medizinrecht, Kapitel 14, Rdn. 68.

1381 Vgl. etwa *Weidenkaff*, in: Grüneberg, § 630a BGB, Rdn. 27.

1382 Vgl. *Siglmüller*, Rechtsfragen der Fernbehandlung, S. 162 ff.

1383 S. etwa *Kern*, in: Laufs et al., Handbuch des Arztrechts, § 56, Rdn. 6 m.w.N.; *Kern*, in: Laufs et al., Handbuch des Arztrechts, § 97, Rdn. 29; *Nebendahl*, in: Igl/Welti, Gesundheitsrecht, § 48, Rdn. 33.

wirkungen mit anderen Medikamenten, die der Patient einnimmt, nicht beachtet.[1384]

Es ist zu erwägen, auch eine Fernverordnung von Medikamenten im Rahmen einer ausschließlichen Tele- bzw. Fernbehandlung als behandlungsfehlerhaft zu qualifizieren.[1385] Für eine ordnungsgemäße Medikation ist es erforderlich, dass der Arzt und sein Patient in einem intensiven Gespräch alle für die Verordnung wesentlichen Umstände abgeklärt haben.[1386] Ein solches Gespräch kann – ebenso wie die professionelle Befragung der in medizinischer Hinsicht potenziell relevanten Informationen –[1387] grundsätzlich auch aus der Ferne sinnvoll durchgeführt werden, wenn die Parteien mittels audiogestützter oder audiovisueller IuK-Technologien in Kontakt treten. Erneut werden also solchen ausschließlichen Tele- bzw. Fernbehandlungen erhebliche Grenzen gesetzt, bei denen die Parteien rein schriftlich kommunizieren. Daneben bedarf die Medikation – wie jeder therapeutische Akt – grundsätzlich einer vorausgehenden Diagnose des verordnenden Arztes.[1388] Da eine Ferndiagnose mittlerweile nicht mehr automatisch unzulässig ist, ist es dem Arzt zu gestatten, seinem Patienten Medikamente aus der Ferne zu verschreiben, wenn die ausschließliche Tele- bzw. Fernbehandlung (zivilrechtlich) zulässig ist und die Grundsätze zur Medikation eingehalten werden.[1389] Für das gefundene Ergebnis, also die Möglichkeit der Verordnung von Medikamenten aus der Ferne, spricht im Übrigen auch die Streichung der § 48 Abs. 1 S. 2 und 3 AMG a.F.

1384 S. etwa *Kern*, in: Laufs et al., Handbuch des Arztrechts, § 56, Rdn. 6 m.w.N.; *Kern*, in: Laufs et al., Handbuch des Arztrechts, § 97, Rdn. 29; *Nebendahl*, in: Igl/Welti, Gesundheitsrecht, § 48, Rdn. 33.

1385 Zur Fernverordnung von Medikamenten im Berufsrecht, s. Teil 2, 2. Kapitel, B.II.1.b).

1386 *Kern*, in: Laufs et al., Handbuch des Arztrechts, § 97, Rdn. 30.

1387 S. Teil 2, 3. Kapitel, C.II.2.b)cc)(1)(a).

1388 *Kern*, in: Laufs et al., Handbuch des Arztrechts, § 97, Rdn. 30.

1389 Vgl. auch *Siglmüller*, Rechtsfragen der Fernbehandlung, S. 163. Sinnvoll wäre, um die Vorteile der ausschließlichen Tele- bzw. Fernbehandlung nicht zu unterlaufen, ein E-Rezept, vgl. zur Form der Verschreibung etwa *Kern*, in: Laufs et al., Handbuch des Arztrechts, § 56, Rdn. 8 f.; zum E-Rezept, s. weiterführend Einführung.

(b) Exkurs: Fernverschreibung von Arzneimitteln aus arzneimittelrechtlicher Sicht

(aa) Frühere Rechtslage

Die Fortentwicklung der ausschließlichen Tele- bzw. Fernbehandlung wurde früher durch das Verbot der Abgabe von verschreibungspflichtigen Arzneimitteln[1390] ohne vorherigen Kontakt zwischen dem Arzt und seinem Patienten nach § 48 Abs. 1 S. 2 AMG a.F.[1391] gehemmt.[1392] Die Vorschrift sah Folgendes vor:

> „Eine Abgabe von Arzneimitteln, die zur Anwendung bei Menschen bestimmt sind, darf nicht erfolgen, wenn vor der ärztlichen oder zahnärztlichen Verschreibung offenkundig kein direkter Kontakt zwischen dem Arzt oder Zahnarzt und der Person, für die das Arzneimittel verschrieben wird, stattgefunden hat."

Das Verbot wurde erst durch das Vierte Gesetz zur Änderung arzneimittelrechtlicher und anderer Vorschriften vom 20.12.2016[1393] im Gesetz verankert. Es sei für die Abgabe eines verschreibungspflichtigen Arzneimittels notwendig gewesen, dass sich der Verschreibende von dem Zustand der Person überzeuge.[1394] Die Neuregelung diente dazu, die Qualität der Versorgung zu sichern.[1395] Zugleich sollte der Patient vor solchen Risiken geschützt werden, die dadurch entstehen, dass Arzneimittel an den Patienten abgegeben werden, obwohl vor Verschreibung des Arzneimittels eine persönliche Inaugenscheinnahme des Patienten nicht stattfand.[1396] Der Ge-

---

1390 Die Vorschrift des § 48 Abs. 1 S. 2 und 3 AMG a.F. beschränkte lediglich die Fernverordnung von Arzneimitteln. Die Fernverordnung von Medizinprodukten oder Heil- und Hilfsmitteln wurden hingegen nicht von der Vorschrift umfasst, vgl. insgesamt *Fehn*, in: Marx et al., Telemedizin, S. 9 (23); *Hahn*, Telemedizin, S. 40.

1391 Häufig wurde die Regelung auch als „lex-DrEd" bezeichnet, so etwa *Hahn*, GesR 2018, 687; *Hahn*, Telemedizin, S. 39; s. auch *Leupold/Wiesner*, in: Leupold et al., IT-Recht, Teil 13, Rdn. 47; zu den Hintergründen, vgl. *Hahn*, GesR 2018, 687 (687 f.); *Siglmüller*, Rechtsfragen der Fernbehandlung, S. 243; *Vorberg/Kanschik*, MedR 2016, 411 (411, 413).

1392 So auch für die Telemedizin *Leupold/Wiesner*, in: Leupold et al., IT-Recht, Teil 13, Rdn. 47.

1393 BGBl. I, 3048.

1394 BT-Drs. 18/8034, 39.

1395 BT-Drs. 18/8034, 39.

1396 BT-Drs. 18/8034, 39.

setzgeber ging davon aus, dass Behandlungen und Diagnosen über das Telefon oder über das Internet das Risiko von Fehldiagnosen bürgen und daher den Patienten gefährden könnten.[1397] Das zu dieser Zeitpunkt noch geltende Vorschrift des § 7 Abs. 4 MBO-Ä a.F. legte der Gesetzgeber seiner Auffassung zu Grunde.[1398]

Uneingeschränkt sollte bereits das Verbot der Abgabe von verschreibungspflichtigen Arzneimitteln ohne vorherigen direkten Arzt-Patienten-Kontakt allerdings nicht gelten.[1399] Die Vorschrift des § 48 Abs. 1 S. 3 AMG a.F. betonte daher:

> „Hiervon darf nur in begründeten Ausnahmefällen abgewichen werden, insbesondere, wenn die Person dem Arzt oder Zahnarzt aus einem vorangegangenen direkten Kontakt hinreichend bekannt ist und es sich lediglich um die Wiederholung oder die Fortsetzung der Behandlung handelt."

Die Regelung wurde unter anderem als europarechtlich höchst bedenklich eingestuft.[1400] Jedenfalls mit Änderung der Vorschrift des § 7 Abs. 4 MBO-Ä a.F. und der damit einhergehenden Liberalisierung des Berufsrechts wurden Stimmen in der Literatur laut, die § 48 Abs. 1 S. 2 und 3 AMG a.F.[1401] anzupassen.[1402]

(bb) Aktuelle Rechtslage

Durch Art. 15 a) aa) des Gesetzes für mehr Sicherheit in der Arzneimittelversorgung vom 09.08.2019[1403] wurden die § 48 Abs. 1 S. 2 und 3 AMG a.F. aufgehoben.[1404] Die Streichung sollte der Anpassung an die Aufhebung des berufsrechtlichen Verbots der ausschließlichen Fernbehandlung und der

1397 BT-Drs. 18/8034, 39.

1398 BT-Drs. 18/8034, 39.

1399 BT-Drs. 18/8034, 39.

1400 So etwa *Braun*, MedR 2018, 563 (567); *Fehn*, in: Marx et al., Telemedizin, S. 9 (22 f.); vgl. *Hahn*, Telemedizin, S. 40.

1401 Bereits kritisch zum damaligen Gesetzentwurf *Vorberg/Kanschik*, MedR 2016, 411 (413).

1402 Vgl. *Braun*, MedR 2018, 563 (567 f.); *Hahn*, GesR 2018, 687 (689 ff.); *Hahn*, Telemedizin, S. 40; zur Bewertung des § 48 Abs. 1 S. 2 und 3 AMG a.F., s. *Siglmüller*, Rechtsfragen der Fernbehandlung, S. 244 ff.

1403 BGBl. I, 1202.

1404 Vgl. hierzu *Lietz/Zumdick*, PharmR 2019, 493 (498).

damit einhergehenden Entwicklung in den einzelnen Bundesländern dienen.[1405] Das Abgabeverbot des § 48 Abs. 1 S. 2 und 3 AMG a.F., das für das gesamte Bundesgebiet galt, sei aufgrund der Entwicklung nicht mehr sachgerecht.[1406] Die Änderung des § 48 AMG a.F. bezweckte die Herstellung von Rechtseinheit und -sicherheit und den Fortschritt der Digitalisierung im Gesundheitsbereich.[1407] Eine Abgabe von (verschreibungspflichtigen) Arzneimitteln durch Apotheker ist nun aus arzneimittelrechtlicher Sicht[1408] auch dann möglich, wenn vor der Verschreibung offenkundig kein direkter Kontakt zwischen dem Arzt und seinem Patienten stattgefunden hat.

(2) Besonderheiten bei der Durchführung einer Neulandmethode

(a) Grundsätze

Obwohl die Rechtsprechung häufig keinen Behandlungsfehler in der Wahl der Neulandmethode sieht,[1409] stellt sie bei der konkreten Durchführung dieser Methode strenge Anforderungen an den Behandler.[1410] Der Arzt muss „umso vorsichtiger vorgehen, je einschneidender [sich] ein Fehler [...] für den Patienten auswirken kann [...]."[1411] Zugleich hat er „alle bekannten und medizinisch vertretbaren Sicherungsmaßnahmen anzuwenden, die eine erfolgreiche und komplikationsfreie Behandlung gewährleisten"[1412]. Im Unterschied zur Anwendung einer herkömmlichen, bisher dem Standard entsprechenden Methode ist bei der Durchführung eines neuen Verfahrens

---

1405 BT-Drs. 19/8753, 49.

1406 BT-Drs. 19/8753, 49.

1407 BT-Drs. 19/8753, 49.

1408 Für Vertragsärzte gilt es darüber hinaus, etwa § 15 Abs. 2 BMV-Ä und § 8 Abs. 2 AM-RL zu beachten, vgl. *Bundesärztekammer*, Hinweise und Erläuterungen zu § 7 Abs. 4 MBO-Ä (2020), S. 6; *Fehn*, in: Marx et al., Telemedizin, S. 9 (23 ff.); *Fleßner*, in: Clausen/Schroeder-Printzen, Anwaltshandbuch Medizinrecht, § 5, Rdn. 307 f.; *Siglmüller*, Rechtsfragen der Fernbehandlung, S. 235 ff.

1409 S. etwa BGHZ 168, 103 (105 f.) = NJW 2006, 2477; BGHZ 172, 1 (5) = NJW 2007, 2767 (2768); BGHZ 172, 254 (257 ff.) = NJW 2007, 2774; so auch *Schneider*, Neue Behandlungsmethoden, S. 117.

1410 *Vogeler*, MedR 2008, 697 (702).

1411 BGHZ 172, 254 (257) = NJW 2007, 2774 (2774).

1412 BGHZ 172, 254 (257) = NJW 2007, 2774 (2774); vgl. auch BGH, VersR 1985, 969 (970).

mit bisher noch unbekannten Risiken und Nebenwirkungen zu rechnen.[1413] Deshalb wird die Pflicht zur eingehenden Abwägung nicht auf den Beginn der Behandlung beschränkt.[1414] Eine erneute Abwägung ist etwa angezeigt, wenn der Arzt neue Erkenntnisse über mögliche Risiken und Nebenwirkungen erhält, über die sich der Behandler informieren muss.[1415]

Eine Behandlungsmethode, die vom allgemein anerkannten fachlichen Standard abweicht, muss erst recht überprüft werden, wenn während der Behandlung Komplikationen auftreten.[1416] Das Verfahren darf nur fortgesetzt werden, wenn sich der Arzt über die Ursachen der Komplikationen vergewissert hat und ausgeschlossen werden kann, dass die Schwierigkeiten durch die Behandlung selbst verursacht worden sind.[1417] Für die Frage, welche Anforderungen der Behandler hierfür im Detail zu erfüllen hat, nimmt die Rechtsprechung auf das Urteil des BGH vom 20.2.1979[1418] Bezug.[1419] Hieraus leitete das Gericht ab, dass der Arzt im Komplikationsfall verpflichtet sei, sich persönlich von der Beeinträchtigung des Patienten und deren Ursachen zu überzeugen, selbst wenn der Patient vor Ort (im Krankenhaus) ärztlich betreut werde.[1420] Telefonische Anweisungen des Arztes aus der Ferne genügten hierfür nicht.[1421] Die bereits im Allgemeinen bestehende Pflicht des Arztes zur sorgfältigen Verlaufsbeobachtung[1422] der Behandlung wird bei einer Methode, die vom allgemein anerkannten fachlichen Standard abweicht, also verschärft.[1423]

1413 S. etwa BGHZ 172, 254 (258) = NJW 2007, 2774 (2775); *Vogeler*, MedR 2008, 697 (703).

1414 BGH7 172, 1 (8) = NJW 2007, 2767 (2769); BGHZ 172, 254 (258 f.) = NJW 2007, 2774 (2775); so auch *Schneider*, Neue Behandlungsmethoden, S. 142.

1415 BGHZ 172, 1 (8) = NJW 2007, 2767 (2769); BGHZ 172, 254 (258 f.) = NJW 2007, 2774 (2775).

1416 BGHZ 172, 254 (259) = NJW 2007, 2774 (2775); zur Verallgemeinerung der Grundsätze für alle neuen Methoden, vgl. *Schneider*, Neue Behandlungsmethoden, S. 145 ff.

1417 BGHZ 172, 254 (259) = NJW 2007, 2774 (2775).

1418 S. Teil 2, 3. Kapitel, C.II.2.b)cc)(3)(a).

1419 BGHZ 172, 254 (259) = NJW 2007, 2774 (2775).

1420 BGHZ 172, 254 (259) = NJW 2007, 2774 (2775).

1421 BGHZ 172, 254 (259) = NJW 2007, 2774 (2775).

1422 Zur Fallgruppe der unterlassenen oder unzureichenden Verlaufsbeobachtung, s. etwa *Deutsch/Spickhoff*, Medizinrecht, Rdn. 349; *Schneider*, Neue Behandlungsmethoden, S. 139.

1423 S. weiterführend *Vogeler*, MedR 2008, 697 (703).

(b) Bedeutung für die ausschließliche Tele- bzw. Fernbehandlung

Die auch bei Neulandmethoden geltenden strengeren Anforderungen an die Verlaufsbeobachtung zwingen den Arzt während der ausschließlichen Tele- bzw. Fernbehandlung zur besonderen Achtsamkeit und zur Berücksichtigung aller Eventualitäten.[1424] Der Fernbehandler hat nicht nur zu Beginn der ausschließlichen Tele- bzw. Fernbehandlung besonders gewissenhaft zu prüfen, ob eine solche überhaupt durchgeführt werden darf.[1425] Auch während der Behandlung aus der Ferne hat der Arzt äußerst sorgsam zu kontrollieren, ob die ausschließliche Tele- bzw. Fernbehandlung fortgesetzt werden darf.[1426] Hierbei gilt es, die gleichen Erwägungen in die Abwägung einzustellen wie zu Beginn der ausschließlichen Tele- bzw. Fernbehandlung.[1427]

(aa) Technische Störungen während der Fernbehandlung

Darüber hinaus ist fraglich, welches Verhalten von dem Fernbehandler zu erwarten ist, wenn während der Durchführung der Fernbehandlung Komplikationen auftreten. Da in dem der Rechtsprechung zu Grunde liegenden Fall die Komplikationen medizinischer Natur waren (starke Schmerzen),[1428] ist zu erwägen, die Pflicht zur persönlichen Untersuchung vor Ort bzw. das Verbot, telefonische Anweisungen zu erteilen, jedenfalls dann nicht automatisch eingreifen zu lassen, wenn während der Tele- bzw. Fernbehandlung lediglich technische Störungen (z.B. kurzzeitige Unterbrechungen) auftreten.[1429] Stattdessen sollte es für den Arzt im Einzelfall möglich sein, die ausschließliche Tele- bzw. Fernbehandlung trotz technischer Schwierigkeiten (ggf. unter Einsatz von Ersatzgeräten) fortführen zu dürfen, sofern eine Abwägung der relevanten Umstände einer Fortsetzung nicht entgegensteht. Hierfür wird sicherlich auch die Intensität der technischen Störung entscheidend sein. Es besteht durchaus die Möglichkeit, dass die Rechtsgüter des Patienten durch die Unterbrechung weder zusätzlich

1424 Vgl. im Allgemeinen *Vogeler*, MedR 2008, 697 (706).
1425 S. Teil 2, 3. Kapitel, C.II.2.b)bb).
1426 Zum berufsrechtlichen Merkmal der ärztlichen Vertretbarkeit, s. Teil 2, 2. Kapitel, B.I.2.c)bb).
1427 Zu möglichen Abwägungskriterien, s. Teil 2, 3. Kapitel, C.II.2.b)bb)(2)(b).
1428 BGHZ 172, 254 (255) = NJW 2007, 2774 (2775).
1429 Zum „technischen Überwachungsverschulden", s. Teil 2, 3. Kapitel, C.II.2.a)bb).

beeinträchtigt noch gefährdet werden, so dass die zwingende persönliche Untersuchung vor Ort nicht angezeigt ist.

(bb) Medizinische Komplikationen während der Fernbehandlung

Tritt während der ausschließlichen Tele- bzw. Fernbehandlung – wie im beschriebenen Streitfall – eine medizinische Komplikation (starke Schmerzen) auf, ist zu fragen, ob der Arzt die ausschließliche Fernbehandlung zu beenden und eine persönliche Behandlung vor Ort zu veranlassen hat. Sofern man die speziellen Vorgaben der Rechtsprechung auf die ausschließliche Tele- bzw. Fernbehandlung überträgt, darf sich der Arzt im medizinischen Komplikationsfall jedenfalls nicht auf telefonische Anweisungen beschränken, sondern hat den Patienten persönlich vor Ort zu betreuen. Obwohl das Berufsrecht mittlerweile liberalisiert wurde und die Digitalisierung im Gesundheitswesen stetig voranschreitet, es also bezweifelt werden könnte, inwieweit die speziellen Vorgaben der Rechtsprechung für die ausschließliche Tele- bzw. Fernbehandlung Geltung beanspruchen, sollte der Arzt die Fernbehandlung – unabhängig davon, welche IuK-Technologien zum Einsatz kommen – zum Schutz der Rechtsgüter des Patienten im medizinischen Komplikationsfall beenden. Dies ergibt sich bereits aus den allgemeinen Grundsätzen zur Zulässigkeit der ausschließlichen Tele- bzw. Fernbehandlung. Ob eine ausschließliche Tele- bzw. Fernbehandlung durchgeführt werden darf, hängt nicht zuletzt von den gesundheitlichen Beschwerden des Patienten ab.[1430] Verändert sich der Gesundheitszustand der Patienten während einer – zu Beginn noch zulässigen – ausschließlichen Tele- bzw. Fernbehandlung derart, dass aus medizinischer Sicht eine persönliche Betreuung vor Ort erforderlich wird, ist eine solche zu veranlassen.[1431] Die Anforderungen, die die Rechtsprechung an die Durchführung einer vom Standard abweichenden Behandlungsmethode stellt, stehen einer ausschließlichen Tele- bzw. Fernbehandlung daher nicht entgegen.

1430 S. Teil 2, 3. Kapitel, C.II.2.b)bb)(2)(b).
1431 S. Teil 2, 3. Kapitel, B.I.2.c)bb).

(cc) Besondere Arzt-Patienten-Beziehung

Ob der Arzt seinen Patienten im medizinischen Komplikationsfall selbst vor Ort unmittelbar behandeln muss oder ob es genügt, wenn er eine persönliche Behandlung des Kranken durch einen anderen Arzt veranlasst, wurde hier bisher offen gelassen. Im erstgenannten Fall wäre – solange es an einem spezifischen Fernbehandlungsstandard fehlt – für die Durchführung der ausschließlichen Tele- bzw. Fernbehandlung stets eine gewisse räumliche Nähe der Parteien zueinander erforderlich, um den Patienten im medizinischen Komplikationsfall zeitnah persönlich vor Ort behandeln zu können.[1432]

Hierfür streiten zunächst die vorgestellten Grundsätze der Rechtsprechung[1433]. Der Arzt hatte sich von der Beeinträchtigung des Patienten persönlich zu überzeugen, obwohl der Patient bereits vor Ort ärztlich betreut wurde.[1434] Daneben kommt der Arzt-Patienten-Beziehung bei der Anwendung solcher Methoden, für die ein Standard noch nicht existiert, eine besondere Bedeutung zu.[1435] Es ist Aufgabe des Arztes, den Patienten intensiver zu beobachten, den Ursachen der Komplikation auf den Grund zu gehen, Sicherheitsmaßnahmen zu ergreifen und besonders nah am Patienten zu sein.[1436] Solange es an einem spezifischen Fernbehandlungsstandard fehlt und die Grundsätze zur Neulandmethode im Zusammenhang mit der ausschließlichen Tele- bzw. Fernbehandlung Beachtung finden, hat der Arzt die Fernbehandlung im medizinischen Komplikationsfall zu beenden und sich von dem Leiden des Patienten grundsätzlich persönlich zu überzeugen. Insbesondere ist zu prüfen, wie sich die Behandlung aus der Ferne auf den Gesundheitszustand des Patienten ausgewirkt hat.

Durch diese Einschränkung scheint hingegen das Potenzial der Telemedizin, Patienten auch aus weiter räumlicher Entfernung behandeln zu können, nicht völlig ausgeschöpft zu werden. Dies ist im Hinblick auf den

---

1432 Bei psychotherapeutischen Leistungen über Videokonferenzen gilt für Kassenpatienten, dass sich Therapeut und der Versicherte grundsätzlich in örtlicher Nähe zueinander befinden sollen, s. § 17 Abs. 6 S. 2 Anlage 1 zum BMV-Ä. Zugleich hat der Therapeut sicherzustellen, dass die Behandlung (falls notwendig) im unmittelbaren persönlichen Kontakt durchgeführt werden kann, s. § 17 Abs. 6 S. 3 Anlage 1 zum BMV-Ä; zu den dort geltenden strengeren berufsrechtlichen Regelungen, s. Teil 1, 2. Kapitel, B.I.1.b)cc).

1433 S. Teil 2, 3. Kapitel, C.II.2.b)dd)(2)(a).

1434 S. Teil 2, 3. Kapitel, C.II.2.b)dd)(2)(a).

1435 Vgl. *Schneider*, Neue Behandlungsmethoden, S. 144 f.

1436 Vgl. *Schneider*, Neue Behandlungsmethoden, S. 144 f.

Schutz der Rechtsgüter des Patienten hinnehmbar und betrifft vorerst nur das Entwicklungsstadium, in welchem sich ein spezifischer Fernbehandlungsstandard noch nicht etabliert hat. Die ausschließliche Tele- bzw. Fernbehandlung sollte sich daher insbesondere zwischen dem Patienten und seinen bisherigen Ärzten vor Ort entwickeln.

ee) Verstoß gegen Informationspflichten, § 630c Abs. 2 S. 1 BGB

Den Arzt treffen zahlreiche Informationspflichten.[1437] Nach § 630c Abs. 2 S. 1 BGB ist der Behandler zu Beginn oder während der Behandlung verpflichtet, dem Patienten in verständlicher Weise sämtliche Umstände zu erläutern, die für die Behandlung wesentlich sind. Über welche Umstände der Patient im Detail zu informieren ist, wird in § 630c Abs. 2 S. 1 BGB zwar nicht abschließend aufgezählt,[1438] jedoch legt die Vorschrift fest, dass „insbesondere die Diagnose, die voraussichtliche gesundheitliche Entwicklung, die Therapie und die zu und nach der Therapie zu ergreifenden Maßnahmen" zu erläutern sind. Durch die Pflicht zur Information soll der Behandlungserfolg gesichert, eine mögliche Selbstgefährdung des Patienten

---

1437 *Spickhoff*, in: Spickhoff, Medizinrecht, § 630c BGB, Rdn. 8; *Walter*, in: BeckOGK-BGB, § 630c, Rdn. 14. Falls der Arzt seiner Informationspflicht nicht nachkommt und dem Patienten dadurch ein Schaden entsteht, kommt es zu einer Haftung des Arztes wegen fehlerhafter Behandlung und nicht wegen unzureichender Aufklärung, s. etwa BGHZ 107, 222 (225) = NJW 1989, 2318 (2319); BGH, NJW 1991, 748 (749); BGH, NJW 2004, 3703 (3704); BGH, NJW 2005, 427 (428); BGHZ 229, 331 (336 f.) = NJW 2021, 2364 (2365); OLG Koblenz, NJW-RR 2016, 539 (541); *Förster*, in: BeckOK-BGB, § 823, Rdn. 814; *Jung et al.*, in: Ratzel/Luxenburger, Handbuch Medizinrecht, Kapitel 14, Rdn. 70; *Kern*, in: Laufs et al., Handbuch des Arztrechts, § 64, Rdn. 5; *Martis/Winkhart*, Arzthaftungsrecht, A 600; *Prütting/Friedrich*, in: Prütting, Medizinrecht, § 630c BGB, Rdn. 11; *Schneider*, Neue Behandlungsmethoden, S. 147; *Spickhoff*, in: Spickhoff, Medizinrecht, § 630c BGB, Rdn. 12; *Wagner*, in: MüKo-BGB, § 630c, Rdn. 15. Während es sich bei der Informationspflicht daher um einen notwendigen Bestandteil einer fachgerechten ärztlichen Behandlung handelt, s. BGHZ 229, 331 (336) = NJW 2021, 2364 (2365), ist für die Wirksamkeit der Einwilligung gemäß § 630d Abs. 2 BGB die Selbstbestimmungsaufklärung entscheidend, s. *Katzenmeier*, in: BeckOK-BGB, § 630c, Rdn. 9.

1438 BT-Drs. 17/10488, 21; *Prütting/Friedrich*, in: Prütting, Medizinrecht, § 630c BGB, Rdn. 8; *Spickhoff*, in: Spickhoff, Medizinrecht, § 630c BGB, Rdn. 8; *Wagner*, in: MüKo-BGB, § 630c, Rdn. 12.

vermieden und der Patienten zu einem therapiegerechten Verhalten angeleitet werden.[1439]

Die konkreten Umstände des Einzelfalls bestimmen den Umfang der Informationspflicht des Arztes.[1440] Wird eine neue Methode eingesetzt, hat der Arzt den erforderlichen Inhalt der Informationspflichten besonders sorgfältig zu bedenken, da das Risikopotenzial einer solchen Methode nicht zusätzlich durch ein nicht-therapiegerechtes Verhalten des Patienten erhöht werden darf.[1441] Sofern der Patient nicht auf die Hinweise i.S.d. § 630c Abs. 2 S. 1 (teilweise) verzichtet,[1442] hat der Fernbehandler seinen Patienten auch über fernbehandlungsspezifische Besonderheiten informieren müssen.[1443] Die Charakteristika der Fernbehandlung beeinflussen daher den Pflichtenkatalog des Arztes.

(1) Beispiele für fernbehandlungsspezifische Informationspflichten

(a) Funktionsweise der im Rahmen der Tele- bzw. Fernbehandlung einzusetzenden Geräte

Der Behandler ist im Allgemeinen verpflichtet, den Patienten über die Funktionsweise der zur Behandlung oder Diagnose eingesetzten apparativen Geräte zu informieren, damit der Patient sein Verhalten entsprechend ausrichten kann und die falsche Nutzung durch ihn ausgeschlossen wird.[1444] Sofern der Arzt den Patienten fehlerhaft unterrichtet, kann er sich nicht auf ein Mitverschulden des Patienten berufen, selbst wenn dieser

---

1439 S. etwa BGH, NJW 2004, 3703 (3704); BGHZ 229, 331 (336) = NJW 2021, 2364 (2365); *Hausch*, VersR 2007, 167; *Jung et al.*, in: Ratzel/Luxenburger, Handbuch Medizinrecht, Kapitel 14, Rdn. 70; *Wagner*, in: MüKo-BGB, § 630c, Rdn. 14.

1440 BT-Drs. 17/10488, 21; *Prütting/Friedrich*, in: Prütting, Medizinrecht, § 630c BGB, Rdn. 8; s. auch *Katzenmeier*, in: BeckOK-BGB, § 630c, Rdn. 7; *Weidenkaff*, in: Grüneberg, § 630c BGB, Rdn. 4.

1441 *Schneider*, Neue Behandlungsmethoden, S. 148; vgl. *Meyer*, Die arzthaftungsrechtliche Verfassung, S. 123, 128 f.

1442 Zur Entbehrlichkeit der Information bei ausdrücklichem Verzicht des Patienten, s. Teil 2, 3. Kapitel, D.V.

1443 Vgl. *Fehn*, in: Marx et al., Telemedizin, S. 9 (37).

1444 *Wenzel*, in: Wenzel, Handbuch Medizinrecht, Kapitel 4, Rdn. 287; vgl. *Deutsch*, VersR 2006, 1145 (1147); *Schneider*, Neue Behandlungsmethoden, S. 148.

aufgrund der unsachgemäßen Nutzung den Gesundheitsschaden hervorruft.[1445]

Der Pflicht des Arztes, den Patienten über die Funktionsweise der zur Behandlung oder Diagnose eingesetzten Geräte zu unterrichten, kann bei der Durchführung einer ausschließlichen Tele- bzw. Fernbehandlung bedeutsam sein. Während bei einer herkömmlichen Behandlung die medizinischen Geräte zumeist von dem Arzt bedient werden, ist es im Rahmen einer ausschließlichen Tele- bzw. Fernbehandlung nötig, dass der Patient die medizinischen Daten – unter ärztlicher Anleitung – ggf. unter Einsatz von weiteren Geräten (z.B. digitales Blutdruckmessgerät)[1446] selbst erhebt. Der Fernbehandler hat den Patienten vorab in die technische Handhabung der Geräte einzuweisen, um Schäden des Patienten zu vermeiden.

Gleiches gilt im Grunde auch für die „Consumer Hard- und Software", die der Patient ggf. für die gewählte Art der Tele- bzw. Fernbehandlung benötigt. Gewisse Grundkenntnisse werden erwartet werden dürfen, zumal die ausschließliche Tele- bzw. Fernbehandlung von vornherein zu beenden ist, wenn dem Patienten die technische Begabung gänzlich fehlt.[1447] In eine (spezifisch telemedizinische) Funktionsweise der Geräte ist der Patient hingegen einzuführen. Falls der Patient via Videosprechstunde fernbehandelt werden soll, ist es sinnvoll, den Patienten auf die häufig von dem jeweiligen Videodienstanbieter zur Verfügung gestellten Gerätetests hinzuweisen.

(b) Notwendigkeit und ggf. Dringlichkeit einer persönlichen Behandlung vor Ort

Liegen die Voraussetzungen einer ausschließlichen Tele- bzw. Fernbehandlung im Verlauf der Fernbehandlung nicht mehr vor, hat der Arzt seinen Patienten über die Notwendigkeit einer persönlichen Behandlung vor Ort zu informieren.[1448] Dem Patienten ist aufzuzeigen, wie er sich zu verhalten hat (z.B. Aufsuchen der Arztpraxis), um dem Arzt die sorgfältige und gewissenhafte Fortsetzung der medizinischen Versorgung des Patienten zu

1445 Vgl. OLG Karlsruhe, BeckRS 2003, 30309023; *Wenzel*, in: Wenzel, Handbuch Medizinrecht, Kapitel 4, Rdn. 288.

1446 S. Teil 2, 3. Kapitel, C.II.2.b)cc)(1)(b)(aa).

1447 S. Teil 2, 3. Kapitel, C.II.2.b)bb)(2)(b).

1448 Vgl. *Jorzig/Sarangi*, Digitalisierung im Gesundheitswesen, S. 173, 176 f.

ermöglichen.[1449] Darüber hinaus ist der Patient ggf. auf die Dringlichkeit der empfohlenen und medizinisch gebotenen Maßnahmen hinzuweisen.[1450] Welche Folgen ein unterlassener Arztbesuch vor Ort hat, ist dem Patienten ebenso aufzuzeigen.[1451]

(c) Verhalten des Patienten im Komplikationsfall

Wie sich der Patient im Komplikationsfall zu verhalten hat, ist ihm mitzuteilen.[1452] Sofern es während einer ausschließlichen Tele- bzw. Fernbehandlung zu technischen Unterbrechungen kommt, kann es beispielsweise erforderlich sein, dass sich der Patient auf der jeweiligen Plattform erneut einwählt oder dass er den Arzt auf eine andere Art und Weise kontaktiert.[1453] Die Reaktionsmöglichkeiten auf technische Störungen sind dem Patienten zu Beginn der ausschließlichen Tele- bzw. Fernbehandlung aufzuzeigen.

Treten während einer ausschließlichen Tele- bzw. Fernbehandlung medizinische Komplikationen auf, ist der Patient persönlich vor Ort zu betreuen.[1454] Der Patient ist daher über die Notwendigkeit und ggf. Dringlichkeit der ärztlichen Betreuung vor Ort sowie über die Folgen eines unterlassenen persönlichen Arztbesuchs zu unterrichten.[1455]

1449 Sollte die ausschließliche Tele- bzw. Fernbehandlung dennoch fortgesetzt werden, obwohl die Voraussetzungen einer solchen nicht mehr vorliegen, handelt es sich mithin um eine standardunterschreitende Behandlung, ist der Patient hierüber im Wege der Selbstbestimmungsaufklärung zu informieren; zur Vereinbarung über eine Standardabweichung, s. Teil 2, 3. Kapitel, C.III.

1450 S. etwa BGHZ 107, 222 (225 ff.) = NJW 1989, 2318 (2319); BGH, NJW 2016, 563 (564); BGH, NJW 2018, 621 (622); BGH, NJW 2020, 2467 (2469); BGHZ 229, 331 (336) = NJW 2021, 2364 (2365); *Jung et al.*, in: Ratzel/Luxenburger, Handbuch Medizinrecht, Kapitel 14, Rdn. 70; *Spickhoff*, in: Spickhoff, Medizinrecht, § 630c BGB, Rdn. 12; *Wagner*, in: MüKo-BGB, § 630c BGB, Rdn. 16.

1451 Vgl. etwa *Jorzig/Sarangi*, Digitalisierung im Gesundheitswesen, S. 177; *Spickhoff*, in: Spickhoff, Medizinrecht, § 630c BGB, Rdn. 12.

1452 Vgl. OLG Oldenburg, VersR 1998, 720 (720 f.); *Herkenrath*, Ärztliche Fernbehandlung, S. 80; *Schneider*, Neue Behandlungsmethoden, S. 148 f.

1453 S. Teil 2, 3. Kapitel, C.II.2.b)dd)(2)(b)(cc).

1454 S. Teil 2, 3. Kapitel, C.II.2.b)dd)(2)(b)(bb).

1455 S. Teil 2, 3. Kapitel, C.II.2.b)ee)(1)(b).

(d) Handeln des Patienten nach durchgeführter ausschließlichen Tele- bzw. Fernbehandlung

Auch nach der Durchführung einer Behandlung ist der Arzt im Rahmen der Nachsorge verpflichtet, über therapiegerechtes Verhalten, eine möglicherweise erforderliche Wiedervorstellung oder die Vornahme weiterer therapeutischer Maßnahmen zu berichten.[1456] Wird die ausschließliche Tele- bzw. Fernbehandlung durchgeführt, ist der Patient beispielsweise darüber zu informieren, wie er sich zu verhalten hat, wenn die Erkrankung anhält oder Beschwerden bzw. Nebenwirkungen auftreten.[1457] Hierbei handelt es sich um einen Fall der therapeutischen (Sicherungs-)Aufklärung.[1458] Diese wird seit der Einführung der §§ 630a ff. BGB dem Anwendungsbereich des § 630c Abs. 2 S. 1 BGB zugeordnet.[1459] Im Wortlaut des Gesetzes wurde festgeschrieben, dass der Patient auch über „die zu und nach der Therapie zu ergreifenden Maßnahmen" zu informieren ist.[1460]

(2) Art und Weise der Informationspflicht

Die Übermittlung der Informationen ist auch aus der Ferne unter Einsatz von Fernkommunikationsmitteln möglich, da ein gesetzliches Schriftformerfordernis nicht besteht.[1461] Der Arzt trägt jedoch die Verantwortung dafür, dass der Patient die Hinweise verstanden hat.[1462] Im Rahmen der ausschließlichen Tele- bzw. Fernbehandlung hat der Arzt ausreichend zu berücksichtigen, dass gerade durch die räumliche Distanz und den Einsatz von IuK-Technologien die Mitteilung der relevanten Information beeinträchtigt sein kann.

1456 *Wenzel*, in: Wenzel, Handbuch Medizinrecht, Kapitel 4, Rdn. 289 f.

1457 Vgl. *Fehn*, in: Marx et al., Telemedizin, S. 9 (37).

1458 *Hüwe*, in: Jorzig, Handbuch Arzthaftungsrecht, 1. Teil, 3. Kapitel, Rdn. 840.

1459 S. etwa BT-Drs. 17/10488, 21; BGHZ 229, 331 (336) = NJW 2021, 2364 (2365); *Gutmann*, in: Staudinger, § 630c BGB, Rdn. 59; *Hüwe*, in: Jorzig, Handbuch Arzthaftungsrecht, 1. Teil, 3. Kapitel, Rdn. 840; *Katzenmeier*, in: BeckOK-BGB, § 630c, Rdn. 7; *Kern*, in: Laufs et al., Handbuch des Arztrechts, § 64, Rdn. 2; *Voigt*, in: NK-BGB, § 630c, Rdn. 4 f.; *Wenzel*, in: Wenzel, Handbuch Medizinrecht, Kapitel 4, Rdn. 279.

1460 *Spickhoff*, in: Spickhoff, Medizinrecht, § 630c BGB, Rdn. 9, 15.

1461 Vgl. im Allgemeinen *Walter*, in: BeckOGK-BGB, § 630c, Rdn. 23.

1462 BGH, NJW 1995, 2407 (2408); BGH, NJW 1997, 1635 (1636); *Förster*, in: BeckOK-BGB, § 823, Rdn. 820.

Nur wenn sich der Arzt nach den Umständen des Einzelfalls sicher sein darf, dass der Patient die Informationen ausreichend zur Kenntnis genommen hat, wird er seiner vertraglichen Pflicht zur Information gerecht.[1463] Aus diesen Gründen setzt die Mitteilung der einzelnen Informationen wenigstens ein mündliches Gespräch zwischen Arzt und Patient voraus.[1464] Treten die Parteien im Rahmen der ausschließlichen Tele- bzw. Fernbehandlung lediglich schriftlich in Kontakt, genügt dies nicht den Anforderungen des § 630c Abs. 2 S. 1 BGB. Die arzthaftungsrechtlichen Grundsätze beschränken daher die Auswahl zulässiger IuK-Technologien im Rahmen der ausschließlichen Tele- bzw. Fernbehandlung.

ff) Verletzung der Dokumentationspflicht des Arztes, § 630f BGB

(1) Führen einer Patientenakte, § 630f Abs. 1 BGB

Dem Behandelnden wird zum Zweck der Dokumentation auferlegt, eine Patientenakte (entweder in Papierform oder elektronisch[1465]) in unmittelbar zeitlichem Zusammenhang zur Behandlung zu führen, s. § 630f Abs. 1 S. 1 BGB. Die Möglichkeit, die Patientenakte auch elektronisch zu führen, ist für die Digitalisierung des Gesundheitswesens besonders bedeutsam. Setzt der Arzt zur Behandlung des Patienten sogar Fernkommunikationsmittel ein und ist mit dem Umgang elektronischer Medien vertraut, ist es naheliegend, dass der Arzt auch die Patientenakte elektronisch und nicht in Papierform verwaltet.

Möchte der Arzt allerdings eine elektronische Patientenakte führen, ist er (derzeit) zur besonderen Vorsicht angehalten. Die Vorschrift des § 630f Abs. 1 S. 3 i.V.m. S. 2 BGB verlangt, dass der Arzt auch bei einer elektronisch geführten Patientenakte sicherstellt, dass bei Berichtigungen und Änderungen von Einträgen in der Patientenakte neben dem ursprünglichen Inhalt erkennbar bleibt, wann die Veränderungen vorgenommen wurden. Es bedarf zur Führung einer elektronischen Patientenakte i.S.d. § 630f BGB einer Softwarekonstruktion, die nachträgliche Änderungen erkennbar

1463 BGH, NJW 1981, 630 (632); BGH, NJW 1995, 2407 (2408).

1464 So *Weidenkaff*, in: Grüneberg, § 630c BGB, Rdn. 5.

1465 Zum Unterschied der elektronisch geführten Patientenakte i.S.d. § 630f Abs. 1 BGB zur ePA, s. etwa *Katzenmeier*, in: BeckOK-BGB, § 630f, Rdn. 10.

macht.[1466] Sofern es an einer solchen Software fehlt, kommt der elektronischen Dokumentation – entgegen einer anderen Auffassung –[1467] eine positive Indizwirkung dahingehend nicht mehr zu, dass die dokumentierte Maßnahme von dem Arzt tatsächlich getroffen wurde.[1468] Bislang ist jedoch ungeklärt, welche Anforderungen an die Softwarekonstruktion im Einzelnen zu stellen sind.[1469]

Die Unsicherheiten, die im Zusammenhang mit der Führung einer elektronischen Patientenakte bestehen, werden indessen nicht durch die ausschließliche Tele- bzw. Fernbehandlung hervorgerufen. Es handelt sich daher nicht um eine originär fernbehandlungsspezifische Problematik. Für den Arzt ergeben sich die gleichen Fragestellungen zur Zulässigkeit einer fälschungssicheren elektronischen ärztlichen Dokumentation, wenn der Patient vor Ort behandelt wird und der Arzt erwägt, eine elektronische Patientenakte zu führen. Die Vorschrift des § 630f Abs. 1 BGB setzt der ausschließlichen Tele- bzw. Fernbehandlung daher keine weiteren Grenzen.

(2) Dokumentationspflichtige Umstände, § 630f Abs. 2 BGB

Nach § 630f Abs. 2 BGB[1470] sind solche Maßnahmen und Ergebnisse in der Patientenakte aufzuzeichnen, die aus fachlicher Sicht sowohl für die derzeitige als auch für die künftige Behandlung wesentlich sind. Eine umfassende und lückenlose Dokumentationspflicht aller Einzelheiten ärztlichen Handelns besteht folglich nicht.[1471] Entsprechend dem primären[1472] Zweck der ärztlichen Dokumentationspflicht, eine sachgerechte therapeuti-

---

1466 BGHZ 229, 331 (340) m.w.N. = NJW 2021, 2364 (2366) m.w.N.; *Katzenmeier*, in: BeckOK-BGB, § 630f, Rdn. 9; s. auch *Frahm/Walter*, Arzthaftungsrecht, Rdn. 307; *Greiner*, in: Geiß/Greiner, Arzthaftpflichtrecht, Rdn. B 204.

1467 So etwa OLG Hamm, BeckRS 2005, 10718, Rdn. 10; OLG Naumburg, GesR 2012, 762 (763); OLG Dresden, BeckRS 2018, 3654, Rdn. 10.

1468 BGHZ 229, 331 (342 f.) m.w.N. = NJW 2021, 2364 (2367) m.w.N.; OLG Frankfurt a.M., BeckRS 2015, 9144, Rdn. 9; *Greiner*, in: Geiß/Greiner, Arzthaftpflichtrecht, Rdn. B 204.

1469 *Walter*, NJW 2021, 2367 (2368); s. auch *Katzenmeier*, in: BeckOK-BGB, § 630f, Rdn. 9.

1470 Die berufsrechtliche Dokumentationspflicht findet sich in § 10 MBO-Ä/BayBO-Ä, s. bereits Teil 2, 2. Kapitel, B.I.2.c)dd).

1471 S. etwa *Janda*, Medizinrecht, S. 143.

1472 Zu den weiteren Zielen der Dokumentationspflicht, s. Teil 2, 4. Kapitel, D.I.3.

sche (Weiter-)Behandlung des Patienten zu gewährleisten,[1473] gilt es solche Fakten zu notieren, die Ärzte und das Pflegepersonal über den Verlauf der Erkrankung und die bisherige Behandlung für künftige Entscheidungen hinreichend in Kenntnis setzen.[1474] Ist eine Aufzeichnung medizinisch nicht erforderlich, ist sie auch aus Rechtsgründen nicht geboten.[1475] Der Umfang der Dokumentationspflicht wird hingegen nicht dadurch bestimmt, Beweise für einen späteren Arzthaftungsprozess sichern zu wollen.[1476] Beispielhaft und nicht abschließend zählt die Vorschrift des § 630f Abs. 2 S. 1 BGB auf, dass der Arzt „insbesondere die Anamnese, Diagnosen, Untersuchungen, Untersuchungsergebnisse, Befunde, Therapien und ihre Wirkungen, Eingriffe und ihre Wirkungen, Einwilligungen und Aufklärungen" aufzuzeichnen hat.[1477]

Für die ausschließliche Tele- bzw. Fernbehandlung kann freilich nichts anderes gelten, so dass der Arzt entsprechend der allgemeinen Grundsätze zur Dokumentation verpflichtet ist.[1478] Die Besonderheiten der ausschließlichen Tele- bzw. Fernbehandlung beeinflussen den Umfang der Dokumentationspflicht und können diesen erweitern, da der Behandler auch fernbehandlungsspezifische Besonderheiten zu dokumentieren hat.[1479] Im Berufsrecht wird dies dadurch hervorgehoben, dass der Fernbehandler durch die Vorschrift des § 7 Abs. 4 S. 3 MBO-Ä/BayBO-Ä zur Dokumentation

1473 BT-Drs. 17/10488, 25; BGH, NJW 1993, 2375 (2376); BGHZ 229, 331 (337) m.w.N. = NJW 2021, 2364 (2365) m.w.N.; *Katzenmeier*, in: BeckOK-BGB, § 630f, Rdn. 3; vgl. auch BGH, NJW 1988, 762 (763).

1474 S. etwa BGH, NJW 1993, 2375 (2376); BGHZ 229, 331 (338) = NJW 2021, 2364 (2365); *Frahm/Walter*, Arzthaftungsrecht, Rdn. 299; *Martis/Winkhart*, Arzthaftungsrecht, D 201; *Rehborn/Kern*, in: Laufs et al., Handbuch des Arztrechts, § 61, Rdn. 14, 18; *Wagner*, in: MüKo-BGB, § 630f, Rdn. 6.

1475 S. etwa BGHZ 129, 6 (9) = NJW 1995, 1611; BGHZ 229, 331 (338 f.) m.w.N. = NJW 2021, 2364 (2365) m.w.N.; *Pauge/Offenloch*, Arzthaftungsrecht, Rdn. 506; *Wagner*, in: MüKo-BGB, § 630f, Rdn. 10.

1476 BGH, NJW 1989, 2330 (2331); BGHZ 229, 331 (338) = NJW 2021, 2364 (2365); *Wagner*, in: MüKo-BGB, § 630f, Rdn. 9; vgl. auch BGH, NJW 1999, 3408 (3409); *Katzenmeier*, in: BeckOK-BGB, § 630f, Rdn. 5; *Rehborn/Kern*, in: Laufs et al., Handbuch des Arztrechts, § 61, Rdn. 12; *Weidenkaff*, in: Grüneberg, § 630f BGB, Rdn. 1; a.A. *Janda*, Medizinrecht, S. 142; *Prütting/Friedrich*, in: Prütting, Medizinrecht, § 630f BGB, Rdn. 5.

1477 S. etwa BT-Drs. 17/10488, 26; *Prütting/Friedrich*, in: Prütting, Medizinrecht, § 630f BGB, Rdn. 12.

1478 Vgl. *Bundesärztekammer*, Deutsches Ärzteblatt 2020, A 1.

1479 Vgl. *Bundesärztekammer*, Deutsches Ärzteblatt 2020, A 1. *Jorzig* geht davon aus, dass der Dokumentationspflicht im Bereich der Fernbehandlung eine noch bedeutendere Stelle zukomme, s. *Jorzig*, Der Urologe 2021, 244 (245).

angehalten wird.[1480] Zugleich hat der Arzt zu beachten, dass gerade bei der Wahl einer Neulandmethode insgesamt wesentlich umfangreicher zu dokumentieren ist als bei einer Standardbehandlung.[1481]

Beispielsweise hat der Arzt zu dokumentieren, dass der Patient nicht vor Ort, sondern aus der Ferne medizinisch versorgt wurde und die Parteien via IuK-Technologien in Kontakt traten.[1482] Welche Fernkommunikationsmittel die Parteien zur Behandlung einsetzten, ist ebenfalls in der Patientenakte festzuhalten.[1483] Daneben sollte der Arzt derzeit unter Angaben von Gründen[1484] notieren, dass im vorliegenden Fall von einer Standardbehandlung abgewichen und stattdessen eine Behandlungsmethode durchgeführt wurde, für die ein eigener Standard noch nicht existiert.[1485] Ob der Patient fernbehandlungsspezifisch aufgeklärt wurde, ist zudem in der Patientenakte aufzuführen, schließlich betont § 630f Abs. 2 S. 1 BGB ausdrücklich, dass auch die Einwilligung und Aufklärung zu dokumentieren sind.[1486] Sofern während der ausschließlichen Tele- bzw. Fernbehandlung Komplikationen oder Zwischenfälle auftraten, hat der Fernbehandler den Eintritt solcher und die spezifisch hierauf gerichtete ärztliche Reaktion[1487] aufzuzeichnen.[1488]

1480 S. Teil 2, 2. Kapitel, B.I.2.c)dd).

1481 *Rehborn/Kern*, in: Laufs et al., Handbuch des Arztrechts, § 61, Rdn. 18; vgl. *Gutmann*, in: Staudinger, § 630f BGB, Rdn. 28.

1482 Vgl. *Bundesärztekammer*, Deutsches Ärzteblatt 2020, A 1.

1483 So auch *Prütting*, in: Rehmann/Tillmanns, E-Health, Kapitel 3, Rdn. 48; für den Einsatz von Apparaten im Allgemeinen, s. OLG Düsseldorf, NJW 2001, 900; *Gutmann*, in: Staudinger, § 630f BGB, Rdn. 30; *Katzenmeier*, in: Laufs et al., Arztrecht, Kapitel IX, Rdn. 51; *Katzenmeier*, in: BeckOK-BGB, § 630f, Rdn. 14.

1484 Zur Abwägung, s. Teil 2, 3. Kapitel, C.II.2.b)bb)(2).

1485 Vgl. im Allgemeinen *Pauge/Offenloch*, Arzthaftungsrecht, Rdn. 507; *Rehborn/Kern*, in: Laufs et al., Handbuch des Arztrechts, § 61, Rdn. 18 m.w.N.

1486 Vgl. *Bundesärztekammer*, Deutsches Ärzteblatt 2020, A 1; vgl. im Allgemeinen etwa *Pauge/Offenloch*, Arzthaftungsrecht, Rdn. 480; *Voigt*, in: NK-BGB, § 630f, Rdn. 4; teilweise wird vertreten, dass die Aufklärung und Einwilligung des Patienten nicht dokumentiert werden müssten, so etwa *Martis/Winkhart*, Arzthaftungsrecht, D 201d, 209a ff. m.w.N.; differenzierend etwa *Rehborn/Kern*, in: Laufs et al., Handbuch des Arztrechts, § 61, Rdn. 18. Jedenfalls die Vorschrift des § 630h Abs. 3 BGB ist für die Dokumentation von Einwilligung und Aufklärung nicht anwendbar, s. weiterführend *Martis/Winkhart*, Arzthaftungsrecht, D 201d m.w.N.; *Voigt*, in: NK-BGB, § 630f, Rdn. 20; a.A. *Wagner*, in: MüKo-BGB, § 630h, Rdn. 40.

1487 S. Teil 2, 3. Kapitel, C.II.2.b)dd)(2)(b).

1488 Vgl. im Allgemeinen BGH, NJW 1985, 2193 (2194); *Frahm/Walter*, Arzthaftungsrecht, Rdn. 301; *Gutmann*, in: Staudinger, § 630f BGB, Rdn. 27; *Janda*, Medizinrecht, S. 143; *Prütting/Friedrich*, in: Prütting, Medizinrecht, § 630f BGB, Rdn. 13.

Wenngleich es sich bei der Verletzung der Dokumentationspflicht nach § 630f BGB zumeist nicht um einen eigenständigen Haftungsgrund des Arztes handelt,[1489] sollte auch der Fernbehandler auf die hinreichende Erfüllung seiner (ggf. fernbehandlungsspezifisch erweiterten) Dokumentationspflichten achten, da eine unterlassene oder lückenhafte Dokumentation zu Beweiserleichterungen zu Gunsten des Patienten führt.[1490] Es wird nach § 630h Abs. 3 BGB vermutet, dass der Behandelnde eine medizinisch gebotene wesentliche Maßnahme nicht getroffen hat, wenn er etwa die Maßnahme und ihr Ergebnis entgegen § 630f Abs. 1 oder 2 BGB nicht in der Patientenakte aufgezeichnet hat. Da es sich bei § 630h Abs. 3 BGB um eine widerlegbare Vermutung handelt, verbleibt dem Behandler zumindest die Möglichkeit, das Gegenteil zu beweisen.[1491]

c) Beteiligte Akteure: Arzt-Patient

Nach § 630c Abs. 1 BGB[1492] haben der Behandelnde und sein Patient zur Durchführung der Behandlung zusammenzuwirken. Der Erfolg einer medizinischen Behandlung hängt oftmals davon ab, ob der Patient den jeweiligen ärztlichen Anordnungen Folge leistet.[1493] Da sich der Arzt und sein Patient bei einer ausschließlichen Tele- bzw. Fernbehandlung räumlich getrennt voneinander aufhalten und lediglich via IuK-Technologien mitein-

1489 S. etwa BGH, NJW 1983, 332; BGHZ 129, 6 (10) m.w.N.= NJW 1995, 1611 (1612) m.w.N.; OLG Koblenz, NJW-RR 2004, 410 (411); *Greiner*, in: Geiß/Greiner, Arzthaftpflichtrecht, Rdn. B 206; *Katzenmeier*, in: BeckOK-BGB, § 630f, Rdn. 18 m.w.N.; *Laufs*, NJW 1989, 1521 (1527); *Pauge/Offenloch*, Arzthaftungsrecht, Rdn. 513 m.w.N.; *Prütting/Friedrich*, in: Prütting, Medizinrecht, § 630f BGB, Rdn. 32 m.w.N.; *Pauge/Offenloch*, Arzthaftungsrecht, Rdn. 513 m.w.N.; *Wagner*, in: MüKo-BGB, § 630f, Rdn. 23; a.A. *Fiekas*, MedR 2016, 32 (32 ff.) m.w.N.; zu möglichen Ausnahmefällen, s. *Frahm/Walter*, Arzthaftungsrecht, Rdn. 315; *Katzenmeier*, in: BeckOK-BGB, § 630f, Rdn. 18; *Pauge/Offenloch*, Arzthaftungsrecht, Rdn. 511; *Prütting/Friedrich*, in: Prütting, Medizinrecht, § 630f BGB, Rdn. 33; *Wagner*, in: MüKo-BGB, § 630f, Rdn. 24 f.

1490 Vgl. im Allgemeinen BT-Drs. 17/10488, 26; *Katzenmeier*, in: BeckOK-BGB, § 630f, Rdn. 19; *Prütting/Friedrich*, in: Prütting, Medizinrecht, § 630f BGB, Rdn. 32.

1491 S. etwa *Katzenmeier*, in: BeckOK-BGB, § 630h, Rdn. 45; *Prütting/Friedrich*, in: Prütting, Medizinrecht, § 630f BGB, Rdn. 38; *Houben*, in: Jorzig, Handbuch Arzthaftungsrecht, 1. Teil, 4. Kapitel, Rdn. 40; *Voigt*, in: NK-BGB, § 630f, Rdn. 19.

1492 Kritisch zur Vorschrift etwa *Hart*, GesR 2012, 385 (386); *Thurn*, MedR 2013, 153 (154 f.); *Wagner*, in: MüKo-BGB, § 630c, Rdn. 5.

1493 *Kern*, in: Laufs et al., Handbuch des Arztrechts, § 77, Rdn. 8.

ander kommunizieren, ist der Arzt während der Tele- bzw. Fernbehandlung ggf. auf eine gesteigerte Mitwirkung des Patienten angewiesen, so dass der Vorschrift des § 630c Abs. 1 BGB eine besondere Bedeutung zukommen kann.[1494]

Im Rahmen der Diagnostik kann es beispielsweise erforderlich sein, dass der Patient seine Vitalwerte (z.B. Körpertemperatur) erheben muss. Im eigenen Interesse hat der Patient die ärztlichen (fernbehandlungsspezifischen) Anordnungen und Hinweise also zu befolgen. Setzt der Arzt etwa einen (Online-)Kontrolltermin fest, obliegt es dem Patienten, sich zum angegebenen Zeitpunkt erneut auf der Plattform einzuwählen oder den Arzt persönlich vor Ort aufzusuchen.[1495] Zugleich obliegt es dem Patienten, solche Umstände, die für die Behandlung bedeutsam sind, zeitnah offen zu legen, um dadurch dem Behandelnden ein Bild von seiner Person und seiner körperlichen Verfassung zu ermöglichen.[1496] Der Patient sollte daher auch solche Informationen nicht verschweigen, die für die Tele- bzw. Fernbehandlung relevant sind (z.B. eigene technische Fähigkeiten oder Verletzungen außerhalb des digitalen Sichtfeldes).

Ein Behandlungsfehler des Arztes wird verneint, wenn der Patient den Arzt falsch oder unvollständig informiert, für den Arzt kein Anlass zum Zweifeln[1497] besteht und hieraus eine objektiv fehlerhafte Behandlung resultiert.[1498] Falls der Patient die Mitwirkung entzieht (z.B. durch unangekündigtes Ausloggen), er die Bedeutung der Anordnung aufgrund einer ärztlichen Mitteilung entweder kennt oder verweigert hat, sie zur Kenntnis zu nehmen, trägt der Patient das sich daraus resultierende Risiko allein.[1499] Die gesetzliche Vorgabe beinhaltet für den Patienten also keine unmittelbare Pflicht, die eingeklagt werden kann, sondern beschreibt lediglich eine

---

1494 Vgl. *Leupold/Wiesner*, in: Leupold et al., IT-Recht, Teil 13, Rdn. 83.

1495 Zum Mitverschulden des Patienten beim Missachten des Hinweises auf die Notwendigkeit einer Kontrolluntersuchung, vgl. BGH, VersR 1992, 1229 (1229 f.); *Pauge/Offenloch*, Arzthaftungsrecht, Rdn. 233.

1496 BT-Drs. 17/10488, 21; *Prütting/Prütting*, Medizin- und Gesundheitsrecht, § 22, Rdn. 79; zum Mitverschulden des Patienten bei unvollständiger oder fehlerhafter Darstellung des Krankheitsbildes, s. etwa *Steinhilper/Schiller*, in: FS Plagemann, S. 579 (584); zur Fragepflicht des Arztes und der Hinweisobliegenheit des Patienten, s. weiterführend *Kern*, in: Laufs et al., Handbuch des Arztrechts, § 76, Rdn. 2 ff.

1497 Zum Vorgehen des Arztes bei Zweifeln, s. *Schellenberg*, VersR 2005, 1620.

1498 *Schellenberg*, VersR 2005, 1620; vgl. auch OLG Dresden, BeckRS 2001, 17455, Rdn. 80 ff.

1499 Vgl. im Allgemeinen *Schellenberg*, VersR 2005, 1620 (1621).

Obliegenheit.[1500] Obwohl die Erfüllung der Obliegenheit von dem Behandler nicht klageweise geltend gemacht werden kann, ist es möglich, dass die Verletzung der Obliegenheit – wie eben beispielhaft aufgezeigt – zu Rechtsnachteilen des Patienten führt.[1501]

3. Fazit

Das Arzthaftungsrecht enthält – im Unterschied zum ärztlichen Berufsrecht – keine spezielle Vorschrift zur ausschließlichen Tele- bzw. Fernbehandlung. Die zivilrechtlichen Grenzen der Zulässigkeit einer solchen Behandlung werden durch die Grundsätze des Arzthaftungsrechts festgelegt. Ein umfassendes Verbot der ausschließlichen Fernbehandlung lässt sich hieraus – jedenfalls seit der Liberalisierung des Berufsrechts – nicht mehr ableiten. Stattdessen handelt ein Fernbehandler sorgfältig und gewissenhaft, wenn er im Zusammenhang mit der ausschließlichen Tele- bzw. Fernbehandlung den im jeweiligen Fachbereich einschlägigen spezifischen Fernbehandlungsstandard einhält. Solange es (noch) an einem solchen Standard fehlt, hat er – entsprechend den Grundsätzen zur Neulandmethode – stattdessen die Sorgfalt eines vorsichtigen Arztes zu beachten.

Die arzthaftungsrechtlichen Grundsätze stehen einer ausschließlichen Tele- bzw. Fernbehandlung mittels audiovisueller oder audiogestützter IuK-Technologien nicht von vornherein entgegen. Gleiches gilt auch für die Rechtsprechung, auf die im Zusammenhang mit der Telemedizin häufig verwiesen wird. Dass der Patient von seinem Arzt stets persönlich vor Ort zu betreuen ist, lässt sich hieraus nicht ableiten. Daneben ist der persönlichen Leistungserbringungspflicht des Arztes nach §§ 630b i.V.m. 613 S. 1 BGB ein solches Erfordernis nicht zu entnehmen. Stattdessen hat der Behandler besonders sorgfältig abzuwägen, ob eine ausschließliche Tele- bzw. Fernbehandlung als Behandlungsmethode aus medizinischer Sicht in Betracht kommt. Solange es an einem spezifischen Fernbehandlungsstandard fehlt und mithin die Grundsätze zur Neulandmethode Anwendung finden, bedarf es jedoch aufgrund der Bedeutung der Arzt-Patienten-Beziehung bei

1500 BT-Drs. 17/10488, 21; s. auch *Katzenmeier*, in: BeckOK-BGB, § 630c, Rdn. 2; *Kern*, in: Laufs et al., Handbuch des Arztrechts, § 77, Rdn. 9; *Leupold/Wiesner*, in: Leupold et al., IT-Recht, Teil 13, Rdn. 83; *Prütting/Prütting*, Medizin- und Gesundheitsrecht, § 22, Rdn. 78; *Spickhoff*, in: Spickhoff, Medizinrecht, § 630c BGB, Rdn. 4; *Walter*, in: BeckOGK-BGB, § 630c, Rdn. 2 f.; vgl. auch BGH, NJW 1997, 1635 (1636); OLG Köln, VersR 1998, 1510.

1501 S. etwa *Kern/Rehborn*, in: Laufs et al., Handbuch des Arztrechts, § 73, Rdn. 2.

der Durchführung einer Methode, die vom allgemein anerkannten fachlichen Standard abweicht, einschränkend einer gewissen örtlichen Nähe der Parteien zueinander.

Daneben beeinflussen die Besonderheiten der Fernbehandlung, also die Überwindung einer räumlichen Distanz zum Zweck der ärztlichen Versorgung unter Einsatz von IuK-Technologien, den Pflichtenkatalog des Arztes. Dem Arzt werden beispielsweise fernbehandlungsspezifische Informations- und Dokumentationspflichten auferlegt. Auch die Verwendung von Fernkommunikationsmitteln zur Behandlung des Patienten aus der Ferne verlangt dem Arzt die Beachtung gewisser Vorgaben (z.B. Überprüfung der Funktionsfähigkeit der Geräte im Vorfeld der Fernbehandlung) ab. Dennoch wird der Arzt durch diese Pflichten nicht unzumutbar belastet.

Demgegenüber kann eine ausschließliche Tele- bzw. Fernbehandlung, bei der die Parteien ausschließlich schriftlich in Kontakt treten, die zivilrechtlichen Voraussetzungen nicht erfüllen. Die zu Beginn einer Behandlung durchführende Anamnese setzt bereits ein ärztliches Gespräch zwischen dem Arzt und seinem Patienten voraus. Gleiches gilt für die Mitteilung von (fernbehandlungsspezifischen) Informationen nach § 630c Abs. 2 S. 1 BGB. Im Übrigen wird sich der Arzt – im Stadium der Befunderhebung – kaum ein eigenes Bild von dem Leiden des Patienten machen können, wenn der Arzt und sein Patient lediglich schriftlich kommunizieren, so dass der Vorwurf eines Befunderhebungsfehlers wohl regelmäßig zu erheben wäre. Zum Schutz der Rechtsgüter des Patienten ist an diesem Ergebnis und den arzthaftungsrechtlichen Vorgaben trotz der Digitalisierung des Gesundheitswesens festzuhalten.

Es zeigt sich, dass die allgemeinen Grundsätze des Arzthaftungsrecht geeignet sind, die rechtlichen Rahmenbedingungen der ausschließlichen Tele- bzw. Fernbehandlung festzulegen, obgleich diese zu einer Zeit entstanden sind, wo an die Digitalisierung des Gesundheitswesens noch nicht zu denken war.[1502] Der Weiterentwicklung der Telemedizin steht das Arzthaftungsrecht daher nicht von vornherein entgegen.

1502 Vgl. für die Telemedizin *Schneider*, Herzschrittmachertherapie + Elektrophysiologie 2017, 303; vgl. auch *Kern*, in: Dierks et al., Rechtsfragen der Telemedizin, S. 55.

III. Exkurs: Vereinbarung über eine Standardabweichung

Den Parteien steht es grundsätzlich frei, eine Vereinbarung über einen abweichenden Standard, der den allgemein anerkannten fachlichen Standard nicht nur über-, sondern auch unterschreiten kann, zu treffen, s. § 630a Abs. 2 Hs. 2 BGB.[1503] Hierdurch soll der Dispositionsmöglichkeit der Parteien Rechnung getragen werden.[1504] Können etwa die strengen Anforderungen an die ausschließliche Tele- bzw. Fernbehandlung (z.B. im Rahmen der Befunderhebung)[1505] nicht eingehalten werden, ist daher eine Standardabweichung in Form eines abgesenkten (Fernbehandlungs-)Standards in Betracht zu ziehen.[1506] Hierdurch könnte zugleich die Verbreitung der aus-

---

1503 *Gutmann*, in: Staudinger, § 630a BGB, Rdn. 174 f.; *Katzenmeier*, in: BeckOK-BGB, § 630a, Rdn. 190; *Lafontaine*, in: jurisPK-BGB, § 630a, Rdn. 513; *Mansel*, in: Jauernig, § 630a BGB, Rdn. 21; *Prütting et al.*, GesR 2020, 756 (760); *Prütting/Friedrich*, in: Prütting, Medizinrecht, § 630a BGB, Rdn. 75; *Prütting*, in: Rehmann/Tillmanns, E-Health, Kapitel 3, Rdn. 28 ff.; *Rehborn/Gescher*, in: Erman, § 630a BGB, Rdn. 42a f.; *Stellpflug*, GesR 2019, 76 (79); a.A. *Bergmann/Middendorf*, in: Bergmann et al., Gesamtes Medizinrecht, § 630a BGB, Rdn. 86.

1504 BT-Drs. 17/10488, 20; *Gutmann*, in: Staudinger, § 630a BGB, Rdn. 172; *Katzenmeier*, in: BeckOK-BGB, § 630a, Rdn. 189; *Spickhoff*, VersR 2013, 267 (271); *Spickhoff*, in: Spickhoff, Medizinrecht, § 630a BGB, Rdn. 41.

1505 S. Teil 2, 3. Kapitel, C.II.2.b)cc)(1)(b).

1506 S. hierzu *Gutmann*, in: Staudinger, § 630a BGB, Rdn. 175a; *Hahn*, Telemedizin, S. 30; *Leupold/Wiesner*, in: Leupold et al., IT-Recht, Teil 13, Rdn. 80; *Prütting*, in: Rehmann/Tillmanns, E-Health, Kapitel 3, Rdn. 12, 27 ff.; *Spindler*, in: BeckOGK-BGB, § 823, Rdn. 1072; *Spindler*, in: FS Hart, S. 581 (590); *Stellpflug*, GesR 2019, 76 (79 ff.); *Terbille/Feifel*, in: Clausen/Schroeder-Printzen, Anwaltshandbuch Medizinrecht, § 1, Rdn. 415. Hiergegen spricht auch nicht die Entscheidung des BGH, NJW 1979, 1248, s. ausführlicher *Prütting et al.*, GesR 2020, 756 (760); *Prütting*, in: Rehmann/Tillmanns, E-Health, Kapitel 3, Rdn. 31, 36. Gleiches gilt im Ergebnis für die Entscheidung des OLG Hamm, GesR 2016, 668 (669 f.), da ein Vorgehen, das vom medizinischen Standard abweicht, nicht automatisch behandlungsfehlerhaft ist und § 630a Abs. 2 Hs. 2 BGB eine Vereinbarung im Übrigen ausdrücklich zulässt, so auch *Gutmann*, in: Staudinger, § 630a BGB, Rdn. 179; vgl. hierzu auch *Prütting et al.*, GesR 2020, 756 (760 f.); *Prütting*, in: Rehmann/Tillmanns, E-Health, Kapitel 3, Rdn. 32, 38. Ob bereits die Anwendung einer (noch) nicht allgemein anerkannten (neuen) Untersuchungs- oder Behandlungsmethode eine Vereinbarung über die Abweichung des Standards nach § 630a Abs. 2 Hs. 2 BGB erfordert, ist umstritten, zustimmend etwa *Frahm*, NJW 2021, 216 (217); *Himmen/Schreiber*, in: HK-BGB, § 630a, Rdn. 7; *Jung et al.*, in: Ratzel/Luxenburger, Handbuch Medizinrecht, Kapitel 14, Rdn. 40; *Katzenmeier*, in: Laufs et al., Arztrecht, Kapitel X, Rdn. 90; *Katzenmeier*, in: BeckOK-BGB, § 630a, Rdn. 190; *Kern*, in: Jorzig, Handbuch Arzthaftungsrecht, 1. Teil, 1. Kapitel, Rdn. 24; *Lafontaine*, in: jurisPK-BGB, § 630a, Rdn. 513; *Mansel*, in: Jauernig, § 630a BGB, Rdn. 21;

schließlichen Tele- bzw. Fernbehandlung vorangetrieben werden.[1507] Schutz erfährt der Patient hierbei nicht zuletzt durch die speziellen und umfassenderen Informations- und Aufklärungspflichten[1508] des Arztes.[1509]

1. Voraussetzungen der Vereinbarung

a) Abschluss der Vereinbarung

Um eine Vereinbarung nach § 630a Abs. 2 BGB a.E. treffen zu können, bedarf es zwei inhaltlich übereinstimmender Willenserklärungen.[1510] Durch Auslegung muss der Vereinbarung zwischen dem Arzt und seinem Patienten erkennbar der Wille entnommen werden können, dass die Parteien von dem allgemein anerkannten fachlichen Standard abweichen wollen.[1511] Sofern es an einer Vereinbarung fehlt, schuldet der Arzt eine standardgemäße Behandlung.[1512]

Zurückhaltung soll bei der Annahme einer konkludenten Vereinbarung geboten sein.[1513] Die Tatsache, dass telemedizinische Angebote Vorteile mit sich bringen, lässt nicht darauf schließen, dass der Patient mit einem ab-

---

Prütting/Friedrich, in: Prütting, Medizinrecht, § 630a BGB, Rdn. 75; *Rehborn/Gescher*, in: Erman, § 630a BGB, Rdn. 42b; *Spickhoff*, in: Spickhoff, Medizinrecht, § 630a BGB, Rdn. 41; *Voigt*, in: NK-BGB, § 630a, Rdn. 46; *Wagner*, in: MüKo-BGB, § 630a, Rdn. 158; *Weidenkaff*, in: Grüneberg, § 630a BGB, Rdn. 12; a.A. *Gutmann*, in: Staudinger, § 630a BGB, Rdn. 146, 173; ebenso für die Anwendung von Alternativmedizin *Schumacher*, MedR 2019, 786 (790) m.w.N.

1507 So *Prütting*, in: Rehmann/Tillmanns, E-Health, Kapitel 3, Rdn. 27.

1508 Zu den Anforderungen an die Aufklärung i.S.d. § 630e BGB bei standardabsenkenden Vereinbarungen, s. *Gutmann*, in: Staudinger, § 630e BGB, Rdn. 101; *Wagner*, in: MüKo-BGB, § 630e, Rdn. 32, 45.

1509 *Gutmann*, in: Staudinger, § 630a BGB, Rdn. 175; *Prütting/Friedrich*, in: Prütting, Medizinrecht, § 630a BGB, Rdn. 75; speziell zur Fernbehandlung *Gutmann*, in: Staudinger, § 630a BGB, Rdn. 175a; *Hahn*, Telemedizin, S. 30; *Prütting et al.*, GesR 2020, 756 (761); *Siglmüller*, Rechtsfragen der Fernbehandlung, S. 153; zu den rechtlichen Konsequenzen im Fall des Unterlassens, s. etwa *Gutmann*, in: Staudinger, § 630a BGB, Rdn. 175a.

1510 So etwa *Lafontaine*, in: jurisPK-BGB, § 630a, Rdn. 508.

1511 So etwa *Lafontaine*, in: jurisPK-BGB, § 630a, Rdn. 510.

1512 *Kern/Rehborn*, in: Laufs et al., Handbuch des Arztrechts, § 96, Rdn. 8; *Rehborn/Gescher*, in: Erman, § 630a BGB, Rdn. 43.

1513 *Gutmann*, in: Staudinger, § 630a BGB, Rdn. 176; *Katzenmeier*, in: BeckOK-BGB, § 630a, Rdn. 191; *Spickhoff*, VersR 2013, 267 (271); *Spickhoff*, in: Spickhoff, Medizinrecht, § 630a BGB, Rdn. 41; a.A. *Hahn*, Telemedizin, S. 30; *Taupitz*, GesR 2015, 65 (69 f.); *Voigt*, in: NK-BGB, § 630a, Rdn. 47; vgl. aber OLG Saarbrücken, NJW 1999, gesenkten (Fern-)Behandlungsstandard einverstanden ist.[1514] Eine konkludente Vereinbarung liegt ebenso nicht vor, wenn sich der Patient etwa – im Rahmen einer Videosprechstunde – auf der Plattform zum vereinbarten Behandlungstermin einwählt und die Fernbehandlung durchgeführt wird.[1515] Schließlich wird der Patient davon ausgehen, dass im Fall der Durchführung einer Fernbehandlung eine solche auch dem aktuellen Standard bzw. der Einhaltung der Sorgfalt eines vorsichtigen Arztes entspricht.[1516]

Obwohl der Patient für das Vorliegen eines Behandlungsfehlers beweisbelastet ist, hat der Arzt darzulegen und zu beweisen, dass sich der Patient mit der vom Standard abweichenden Behandlung einverstanden erklärt hat, wenn er sich zu seinen Gunsten darauf berufen möchte, dass ein Behandlungsfehler deshalb nicht vorliegt.[1517] Es ist daher empfehlenswert, eine Vereinbarung über eine Behandlung, die die allgemein anerkannten fachlichen Standards unterschreitet, eindeutig und unmissverständlich zu erklären und eine solche jedenfalls in elektronischer Form[1518] abzufassen.

b) Grenzen der Vereinbarung

Um die hier in Rede stehenden hochwertigen Rechtsgüter des Patienten (Leben, Gesundheit, Körper) zu schützen, gelten für die Vereinbarung über die Standardabweichung die der Privatautonomie gezogenen Grenzen.[1519] Ob die getroffene Regelung wirksam ist, richtet sich also insbesondere

---

871 (872); zur konkludenten Standardabsenkung im Rahmen der Fernbehandlung, s. *Siglmüller*, Rechtsfragen der Fernbehandlung, S. 152 f.

1514 So auch *Terbille/Feifel*, in: Clausen/Schroeder-Printzen, Anwaltshandbuch Medizinrecht, § 1, Rdn. 415.

1515 Vgl. *Katzenmeier*, MedR 2019, 259 (267); *Katzenmeier*, NJW 2019, 1769 (1771); *Siglmüller*, Rechtsfragen der Fernbehandlung, S. 152 f.

1516 Vgl. *Katzenmeier*, NJW 2019, 1769 (1771); *Siglmüller*, Rechtsfragen der Fernbehandlung, S. 153.

1517 *Gutmann*, in: Staudinger, § 630a BGB, Rdn. 176 m.w.N.; *Neelmeier*, NJW 2015, 374 (375); *Prütting*, in: Rehmann/Tillmanns, E-Health, Kapitel 3, Rdn. 44.

1518 Schriftliche Form fordernd *Prütting*, in: Rehmann/Tillmanns, E-Health, Kapitel 3, Rdn. 44; vgl. im Allgemeinen *Greiner*, in: Geiß/Greiner, Arzthaftpflichtrecht, Rdn. B 2.

1519 *Katzenmeier*, in: BeckOK-BGB, § 630a, Rdn. 191. Die wettbewerbsrechtliche Entscheidung des OLG Düsseldorf vom 04.05.2013, s. OLG Düsseldorf, BeckRS 2013, 11225, beschränkt die Privatautonomie im Behandlungsvertragsrecht hingegen nicht, so zutreffend *Gutmann*, in: Staudinger, § 630a BGB, Rdn. 175a; a.A. *Katzenmeier*, NJW 2019, 1769 (1772).

nach den §§ 134,[1520] 138,[1521] 307 ff. BGB[1522] und § 228 StGB[1523].[1524] Die äußerste haftungsrechtliche Grenze, die auch durch eine Einwilligung des entsprechend aufgeklärten Patienten nicht überwunden werden kann, bildet darüber hinaus eine im konkreten Einzelfall absolut kontraindizierte Therapie.[1525]

aa) Allgemeine Geschäftsbedingungen

Vereinbarung über eine Standardabweichung in Allgemeinen Geschäftsbedingungen zu regeln, ist aufgrund § 309 Nr. 7a BGB[1526] und ggf. § 305c Abs. 1 BGB[1527] unzulässig. Dies gilt auch im Zusammenhang mit einer Fern-

1520 *Deutsch/Spickhoff*, Medizinrecht, Rdn. 159; *Jung et al.*, in: Ratzel/Luxenburger, Handbuch Medizinrecht, Kapitel 14, Rdn. 103; *Prütting/Friedrich*, in: Prütting, Medizinrecht, § 630a BGB, Rdn. 76; *Schneider*, in: PWW, § 630a BGB, Rdn. 9.

1521 S. etwa BGHZ 113, 297 (301) = NJW 1991, 1535 (1537); BGH, NJW 2017, 2685; *Frahm*, NJW 2021, 216 (217); *Jung et al.*, in: Ratzel/Luxenburger, Handbuch Medizinrecht, Kapitel 14, Rdn. 103; *Katzenmeier*, in: BeckOK-BGB, § 630a, Rdn. 191; *Leupold/Wiesner*, in: Leupold et al., IT-Recht, Teil 13, Rdn. 80; *Prütting/Friedrich*, in: Prütting, Medizinrecht, § 630a BGB, Rdn. 76; *Prütting*, in: Rehmann/Tillmanns, E-Health, Kapitel 3, Rdn. 40; *Schneider*, in: PWW, § 630a BGB, Rdn. 9; *Spindler*, in: BeckOGK-BGB, § 823, Rdn. 848; *Weidenkaff*, in: Grüneberg, § 630a BGB, Rdn. 12.

1522 Vgl. *Deutsch/Spickhoff*, Medizinrecht, Rdn. 159; *Leupold/Wiesner*, in: Leupold et al., IT-Recht, Teil 13, Rdn. 80.

1523 BGH, NJW 2017, 2685; *Frahm*, NJW 2021, 216 (217); *Katzenmeier*, in: BeckOK-BGB, § 630a, Rdn. 191; *Leupold/Wiesner*, in: Leupold et al., IT-Recht, Teil 13, Rdn. 80; *Mansel*, in: Jauernig, § 630a BGB, Rdn. 21; *Prütting*, in: Rehmann/Tillmanns, E-Health, Kapitel 3, Rdn. 40; *Spindler*, in: BeckOGK-BGB, § 823, Rdn. 848; *Weidenkaff*, in: Grüneberg, § 630a BGB, Rdn. 12.

1524 S. etwa *Hahn*, Telemedizin, S. 27.

1525 *Gutmann*, in: Staudinger, § 630a BGB, Rdn. 179; vgl. OLG Düsseldorf, VersR 2002, 611 (612); OLG Karlsruhe, MedR 2003, 104 (106); a.A. OLG Köln, NJW-RR 1999, 968.

1526 S. etwa BT-Drs. 17/10488, 52; *Deutsch/Spickhoff*, Medizinrecht, Rdn. 159; *Katzenmeier*, in: BeckOK-BGB, § 630a, Rdn. 191; *Leupold/Wiesner*, in: Leupold et al., IT-Recht, Teil 13, Rdn. 80; *Prütting*, in: Rehmann/Tillmanns, E-Health, Kapitel 3, Rdn. 44; *Spindler*, in: BeckOGK-BGB, § 823, Rdn. 848; *Stellpflug*, GesR 2019, 76 (80); *Tillmanns*, Persönliche Leistungserbringungspflicht, S. 215 f.; a.A. *Gutmann*, in: Staudinger, § 630a BGB, Rdn. 180 m.w.N.

1527 *Lafontaine*, in: jurisPK-BGB, § 630a, Rdn. 172.

behandlung.[1528] Erforderlich ist vor Aufnahme der Behandlung daher eine individualvertragliche Vereinbarung über eine Standardabweichung.[1529]

bb) § 7 Abs. 4 S. 3 BayBO-Ä als gesetzliches Verbot i.S.d. § 134 BGB

Überdies bleibt zu fragen, ob die berufsrechtliche Regelung des § 7 Abs. 4 S. 3 BayBO-Ä der zivilrechtlichen Vereinbarung Grenzen setzt. Schreibt man den berufsrechtlichen Vorschriften Rechtsnormqualität zu und begreift sie als Gesetze i.S.d. § 134 BGB,[1530] ist darüber hinaus erforderlich, dass es sich bei der Regelung des Berufsrechts um ein „Verbotsgesetze" i.S.d. § 134 BGB handelt. Hierfür genügt es, wenn sich aus dem Sinn und Zweck der jeweiligen Vorschrift ein Verbot ableiten lässt.[1531] Ein ausdrückliches Verbot muss das Gesetz nicht enthalten.[1532] Sofern eine Bestimmung abdingbar ist, handelt es sich nicht um ein Verbotsgesetz i.S.d. § 134 BGB.[1533] Die Vorschrift des § 7 Abs. 4 S. 3 BayBO-Ä lässt eine ausschließliche Beratung und Behandlung über Kommunikationsmedien nur unter strengen Voraussetzungen im Einzelfall zu. Der Schutzzweck der Vorschrift und das Selbstbestimmungsrecht des Patienten führen jedoch dazu, dass es sich bei § 7 Abs. 4 S. 3 BayBO-Ä um dispositives Recht handelt.[1534] Mithin

1528 *Herkenrath*, Ärztliche Fernbehandlung, S. 228 f.; *Jung et al.*, in: Ratzel/Luxenburger, Handbuch Medizinrecht, Kapitel 14, Rdn. 103; *Stellpflug*, GesR 2019, 76 (80); s. auch *Lafontaine*, in: jurisPK-BGB, § 630a, Rdn. 172; *Leupold/Wiesner*, in: Leupold et al., IT-Recht, Teil 13, Rdn. 80.

1529 S. etwa *Katzenmeier*, MedR 2011, 201 (211); *Lafontaine*, in: jurisPK-BGB, § 630a, Rdn. 515.

1530 S. etwa BGH, NJW 1986, 2360 (2361); BGH, NJW-RR 2003, 1175; *Armbrüster*, in: MüKo-BGB, § 134, Rdn. 41; *Bergmann/Middendorf*, in: Bergmann et al., Gesamtes Medizinrecht, § 630a BGB, Rdn. 86; *Fischinger/Hengstberger*, in: Staudinger, § 134 BGB, Rdn. 33, 45; *Rehborn*, in: Prütting, Medizinrecht, Einleitung MBO-Ä, Rdn. 5; a.A. *Taupitz*, JZ 1994, 221 (226).

1531 S. etwa BGHZ 51, 255 (262) = NJW 1969, 750 (751); *Fischinger/Hengstberger*, in: Staudinger, § 134 BGB, Rdn. 49; *Wendtland*, in: BeckOK-BGB, § 134, Rdn. 9; vgl. auch BVerfG, NJW 2016, 3153 (3156).

1532 S. etwa BGHZ 51, 255 (262) = NJW 1969, 750 (751); *Ahrens*, in: PWW, § 134 BGB, Rdn. 10; *Ellenberger*, in: Grüneberg, § 134 BGB, Rdn. 2; *Fischinger/Hengstberger*, in: Staudinger, § 134 BGB, Rdn. 49; *Wendtland*, in: BeckOK-BGB, § 134, Rdn. 9.

1533 *Ahrens*, in: PWW, § 134 BGB, Rdn. 10; *Armbrüster*, in: MüKo-BGB, § 134, Rdn. 63; *Fischinger/Hengstberger*, in: Staudinger, § 134 BGB, Rdn. 49, 51; *Wendtland*, in: BeckOK-BGB, § 134, Rdn. 9; vgl. BGHZ 143, 283 (288) = NJW 2000, 1186 (1188); BGH, NJW 2016, 2561 (2562).

1534 S. Teil 2, 2. Kapitel, B.I.2.c)bb)(2)(f).

setzt die Vorschrift des § 7 Abs. 4 S. 3 BayBO-Ä der Vereinbarung über eine Standardabweichung keine Grenzen nach § 134 BGB.

cc) Verstoß gegen die guten Sitten

Bereits frühzeitig wurde entschieden, dass das Selbstbestimmungsrecht den Patienten, der um die Tragweite seiner Entscheidung weiß, dazu befugt, solche Behandlungsmethoden zu wählen, die nicht gegen die guten Sitten nach § 138 Abs. 1 BGB und § 228 StGB verstoßen.[1535] Auch im Arztrecht soll die Grenze der Sittenwidrigkeit überschritten sein, wenn durch die Standardabweichung – entsprechend einer ex ante-Perspektive – die Gefahr des Todes oder einer schweren Körperverletzung weder kalkulierbar noch beherrschbar ist.[1536] Eine Vereinbarung der Parteien über eine ausschließliche Tele- bzw. Fernbehandlung, etwa für den Fall, dass die strengen fernbehandlungsspezifischen Voraussetzungen im Rahmen der Diagnostik nicht eingehalten werden können, ist daher nicht grenzenlos möglich. Entscheidend hierfür sind die Umstände des Einzelfalls.[1537] Weist der Patient beispielsweise solche Symptome auf, die eine persönliche Behandlung vor Ort zwingend erfordern, dürfen die Parteien eine Standardunterschreitung jedenfalls dann nicht vereinbaren, wenn der Patient durch die ausschließliche Tele- bzw. Fernbehandlung in die Gefahr des Todes oder einer gravierenden Verletzung gebracht wird.[1538]

1535 BGHZ 113, 297 (301) = NJW 1991, 1535 (1537); so etwa auch *Gutmann*, in: Staudinger, § 630a BGB, Rdn. 178.

1536 *Neelmeier*, NJW 2015, 374 (377); *Siglmüller*, Rechtsfragen der Fernbehandlung, S. 153; *Spindler*, in: BeckOGK-BGB, § 823, Rdn. 848; vgl. etwa BGHSt 49, 166 (170 ff.) = NJW 2004, 2458 (2459 f.); BGHSt 58, 140 (143 ff.) m.w.N. = NJW 2013, 1379 (1380 ff.) m.w.N.; *Gutmann*, in: Staudinger, § 630a BGB, Rdn. 178.

1537 Vgl. im Allgemeinen *Neelmeier*, NJW 2015, 374 (377).

1538 Vgl. *Herkenrath*, Ärztliche Fernbehandlung, S. 228 m.w.N.; *Prütting* geht davon aus, dass die privatautonome Vereinbarung einzuschränken sei, wenn bei einer Behandlung mittels Telemedizin beim Patienten schwerwiegende Komplikationen auftreten könnten, s. *Prütting*, in: Rehmann/Tillmanns, E-Health, Kapitel 3, Rdn. 43.

2. Haltung der Rechtsprechung

Problematisch erscheint, dass die Rechtsprechung – wie zumindest die Literatur vermehrt betont –[1539] Vereinbarungen über Standardabweichungen mit Skepsis begegne.[1540] Das OLG Stuttgart sprach sich beispielsweise gegen die Zulässigkeit einer Haftungsbeschränkung auf Vorsatz und grobe Fahrlässigkeit in einer Krankenhausbestimmung deshalb aus, weil der Patient auf die ärztliche Hilfe angewiesen sei und hochwertige Rechtsgüter des Patienten, namentlich das Leben und die Gesundheit, und nicht (wie im Handel oder Gewerbe) vordergründig Vermögensinteressen betroffen seien.[1541] Für den Patienten könne die leichteste Fahrlässigkeit des Arztes erhebliche und unabsehbare Folgen haben.[1542] Dem Patienten dürfe eine Beschränkung der Haftung auf grobe Fahrlässigkeit nicht zugemutet werden, sofern er im Krankheits- bzw. Unglücksfall keine andere Wahl habe, die ärztliche Hilfe in Anspruch zu nehmen.[1543] Demgegenüber sei einem Arzt der Abschluss einer Haftpflichtversicherung, die auch Folgen leichter Fahrlässigkeit abdeckt, zumutbar.[1544]

Insoweit unterscheidet sich die Vereinbarung über einen „abgesenkten“ Fernbehandlungsstandard von der eben beschriebenen Haftungsbeschränkung, da es einem Patienten stets gestattet sein muss, sich persönlich vor Ort behandeln zu lassen.[1545] Wird der Patient vor Abschluss der Vereinbarung von seinem Arzt detailliert aufgeklärt und insbesondere auf die Indikation der persönlichen Behandlung vor Ort sowie die Risiken bei der Durchführung der telemedizinischen Methode hingewiesen,[1546] sollte es dem Patienten, der sogar von einem objektiv gebotenen Arztbesuch

---

1539 So aus der Literatur etwa *Jung et al.*, in: Ratzel/Luxenburger, Handbuch Medizinrecht, Kapitel 14, Rdn. 103; *Katzenmeier*, NJW 2019, 1769 (1771 f.); *Katzenmeier*, in: Rehmann/Tillmanns, E-Health, Kapitel 3, Rdn. 113; *Katzenmeier*, in: BeckOK-BGB, § 630a, Rdn. 191; *Stellpflug*, GesR 2019, 76 (79); vgl. auch *Katzenmeier*, MedR 2011, 201 (210 ff.); *Voigt*, in: NK-BGB, § 630a, Rdn. 48; a.A. *Gutmann*, in: Staudinger, § 630a BGB, Rdn. 178; *Taupitz*, GesR 2015, 65 (70).

1540 So etwa OLG Stuttgart, NJW 1979, 2355 (2356); s. auch OLG Hamm, GesR 2016, 668 (669 f.); vgl. hierzu auch *Herkenrath*, Ärztliche Fernbehandlung, S. 222 ff.; kritisch zutreffend *Gutmann*, in: Staudinger, § 630a BGB, Rdn. 179; *Prütting et al.*, GesR 2020, 756 (760 f.); a.A. OLG Saarbrücken, NJW 1999, 871 (872 f.).

1541 OLG Stuttgart, NJW 1979, 2355 (2356).

1542 OLG Stuttgart, NJW 1979, 2355 (2356).

1543 OLG Stuttgart, NJW 1979, 2355 (2356).

1544 OLG Stuttgart, NJW 1979, 2355 (2356).

1545 So auch *Herkenrath*, Ärztliche Fernbehandlung, S. 226.

1546 S. auch *Gutmann*, in: Staudinger, § 630a BGB, Rdn. 175a.

gänzlich absehen darf,[1547] gestattet sein, eine wirksame Entscheidung „auf Augenhöhe“ zu treffen.[1548] Nur dies wird dem Selbstbestimmungsrecht des Patienten gerecht.[1549] Ohnehin würde eine andere Sichtweise die Existenz und mithin die gesetzgeberische Grundentscheidung des § 630a Abs. 2 Hs. 2 BGB unterlaufen.[1550]

3. Forderung nach einer Gesetzesänderung

Stellpflug schlägt aus Gründen der Rechtssicherheit vor, im Gesetz eine konkrete Regelung zur Verwendung von telemedizinischen Anwendungen festzulegen, da privatautonomen Vereinbarungen enge Grenzen gesetzt würden und deshalb eine Erweiterung der gesetzlichen Regelung angezeigt sei.[1551] Nach dem Gesetzentwurf von Stellpflug soll § 630a Abs. 2 BGB um einen Satz erweitert werden:

> „Die Behandlung hat nach den zum Zeitpunkt der Behandlung bestehenden, allgemein anerkannten fachlichen Standards zu erfolgen, soweit nicht etwas anderes vereinbart ist. ***Eine solche Vereinbarung ist insbesondere im Falle der Verwendung telemedizinischer Anwendungen zulässig.*** [H.i.O.]“[1552]

Eine Vereinbarung zwischen dem Arzt und seinem Patienten über die Standardabweichung bei der Verwendung von telemedizinischen Anwendungen stets und unabhängig etwaiger rechtlicher Grenzen[1553] zuzulassen, ist im Hinblick auf die zu schützenden Rechtsgüter des Patienten nicht möglich und deshalb abzulehnen. Wird der neu angefügte Satz allerdings dahingehend verstanden, dass durch die Eingrenzung im Wortlaut („solche“ Vereinbarung) ohnehin auf die für alle Vereinbarungen über Standardab-

---

1547 Vgl. hierzu *Hahn*, MedR 2018, 384 (385) m.w.N.; *Schmid*, NJW 1986, 2339 (2341).

1548 So auch *Hahn*, Telemedizin, S. 30; *Leupold/Wiesner*, in: Leupold et al., IT-Recht, Teil 13, Rdn. 80; *Prütting et al.*, GesR 2020, 756 (761); *Prütting*, in: Rehmann/Tillmanns, E-Health, Kapitel 3, Rdn. 36, 40; differenzierend *Herkenrath*, Ärztliche Fernbehandlung, S. 226.

1549 Vgl. *Schmid*, NJW 1986, 2339 (2341).

1550 So auch *Gutmann*, in: Staudinger, § 630a BGB, Rdn. 178.

1551 *Stellpflug*, GesR 2019, 76 (81). *Gutmann* spricht im Zusammenhang mit dem genannten Vorschlag von einer „unnötige[n] Ergänzung des § 630a Abs. 2 BGB“, s. *Gutmann*, in: Staudinger, § 630a BGB, Rdn. 175a.

1552 *Stellpflug*, GesR 2019, 76 (81).

1553 S. Teil 2, 3. Kapitel, C.III.1.b).

weichungen geltenden Grenzen Bezug genommen werden soll, kommt der neu angefügten Regelung lediglich eine klarstellende Funktion zu. Obwohl im Hinblick auf die Rechtssicherheit die Klarstellung, dass bei der Durchführung telemedizinischer Anwendungen eine Vereinbarung über die Standardunterschreitung – jedenfalls in gewissen Grenzen – zulässig sein soll, durchaus vorteilhaft wäre, überzeugt eine solche Erweiterung des derzeitigen § 630a Abs. 2 BGB nicht.[1554] Es ist zunächst unklar, weshalb im Gesetz „insbesondere" im Fall der Verwendung von telemedizinischen Anwendungen die Vereinbarung i.S.d. § 630a Abs. 2 Hs. 2 BGB zulässig sein soll. Als Beispiel für eine Abweichung unterhalb der Standardbehandlung werden in der Literatur häufig Fälle, in denen Zeugen Jehovas Blutspenden nicht akzeptieren, angeführt[1555] Eine herausgehobene Stellung der Telemedizin ist daher nicht nachvollziehbar.

Darüber hinaus besteht die Gefahr, dass durch die Neuregelung des § 630a Abs. 2 S. 2 BGB-E Verwirrung gestiftet wird. Es wird suggeriert, dass beim Einsatz von telemedizinischen Anwendungen stets eine Vereinbarung i.S.d. § 630a Abs. 2 Hs. 2 BGB nötig sei. Dieses Ergebnis steht der Dynamik der allgemein anerkannten fachlichen Standards entgegen. Entsprechend § 630a Abs. 2 BGB hat die (Fern-)Behandlung nach den zum Zeitpunkt der Behandlung bestehenden, allgemein anerkannten fachlichen (Fernbehandlungs-)Standards zu erfolgen, soweit nicht etwas anderes vereinbart ist. Sofern sich ein solcher spezifischer Fernbehandlungsstandard entwickelt bzw. in gewissen Bereichen – etwa der maritimen Telemedizin –[1556] bereits entwickelt hat, kommt es auf eine Vereinbarung i.S.d. § 630a Abs. 2 Hs. 2 BGB grundsätzlich nicht an, wenn die Behandlung aus der Ferne den Anforderungen des Standards entspricht.

4. Fazit

Sofern der Arzt und sein Patient eine ausschließliche Tele- bzw. Fernbehandlung durchführen wollen, obwohl die Voraussetzungen einer solchen Behandlung nicht vorliegen, verbleibt ihnen die Möglichkeit, einen abweichenden Standard zu vereinbaren. Die Vorschrift des § 630a Abs. 2 Hs. 2

1554 Im Ergebnis auch *Herkenrath*, Ärztliche Fernbehandlung, S. 229 ff.

1555 S. etwa *Katzenmeier*, in: BeckOK-BGB, § 630a, Rdn. 190; *Rehborn/Gescher*, in: Erman, § 630a BGB, Rdn. 42b; *Spickhoff*, VersR 2013, 267 (271); *Spickhoff*, in: Spickhoff, Medizinrecht, § 630a BGB, Rdn. 41; vgl. *Prütting*, in: Rehmann/Tillmanns, E-Health, Kapitel 3, Rdn. 35.

1556 S. Teil 2, 3. Kapitel, C.I.3.b)bb)(1).

BGB sieht dies ausdrücklich vor. Zum Schutz des Patienten ist eine Vereinbarung über einen abgesenkten Fernbehandlungsstandard allerdings nicht grenzenlos zulässig.

D. Aufklärungsfehler des Fernbehandlers

I. Einführung

Die Haftung des Arztes können grundsätzlich nicht nur Behandlungs-, sondern auch hiervon zu unterscheidende[1557] Aufklärungsfehler auslösen.[1558] Das Gesetz schreibt mittlerweile in § 630d Abs. 1 S. 1 BGB vor, dass der Behandelnde verpflichtet ist, vor der Durchführung einer medizinischen Maßnahme eine Einwilligung des Patienten einzuholen.[1559] Allerdings kann ein Patient in die Durchführung einer Maßnahme nur einwilligen, wenn er über die Tragweite der Maßnahme, deren Chancen und Risiken hinreichend informiert wurde.[1560] Eine wirksame Einwilligung setzt deshalb eine (Selbstbestimmungs-)Aufklärung[1561] voraus, die den gesetzlichen Vorgaben des § 630e Abs. 1 bis 4 BGB entsprechen muss (Grundsatz des informed consent)[1562], s. § 630d Abs. 2 BGB. Durch die Aufklärung soll dem Patienten eine zutreffende Vorstellung davon verschafft werden, worauf er sich einlässt, sofern er der Behandlung zustimmt.[1563] Zugleich ist der Patient in die Lage zu versetzen, über die Inkaufnahme der Risiken, die mit der Behandlung verbunden sind, frei zu entscheiden.[1564] Durch die ärztliche

1557 S. etwa *Nebendahl*, in: Igl/Welti, Gesundheitsrecht, § 49, Rdn. 1.

1558 S. etwa *Gehrlein*, Arzthaftungsrecht, Teil C, Rdn. 1; *Gutmann*, in: Staudinger, § 630e BGB, Rdn. 186; *Jung et al.*, in: Ratzel/Luxenburger, Handbuch Medizinrecht, Kapitel 14, Rdn. 133; *Katzenmeier*, in: BeckOK-BGB, § 630e, Rdn. 3, 64; *Wenzel*, in: Wenzel, Handbuch Medizinrecht, Kapitel 4, Rdn. 73.

1559 Auf eine mittlerweile auch in § 630d Abs. 1 S. 4 BGB geregelte mutmaßliche Einwilligung soll in den nachfolgenden Ausführungen nicht eingegangen werden. Gleiches gilt für die in § 630h Abs. 2 S. 2 BGB verankerte hypothetische Einwilligung.

1560 S. etwa *Jung et al.*, in: Ratzel/Luxenburger, Handbuch Medizinrecht, Kapitel 14, Rdn. 134; *Schmidt*, in: jurisPK-BGB, § 630e, Rdn. 1.

1561 Von der (Selbstbestimmungs-)Aufklärung ist die Informationspflicht nach § 630c BGB zu unterscheiden, s. etwa *Weidenkaff*, in: Grüneberg, § 630e BGB, Rdn. 1.

1562 S. hierzu ausführlicher *Gutmann*, in: Staudinger, § 630e BGB, Rdn. 1.

1563 BGH, NJW 2019, 1283 (1285) m.w.N.; *Weidenkaff*, in: Grüneberg, § 630e BGB, Rdn. 1.

1564 *Weidenkaff*, in: Grüneberg, § 630e BGB, Rdn. 1; vgl. *Deuring*, JuS 2020, 637.

Aufklärungspflicht soll also nicht zuletzt das Selbstbestimmungsrecht des Patienten gesichert werden.[1565]

Sofern der Behandler[1566] seine Aufklärungspflicht verletzt, ist die Einwilligung des Patienten unwirksam und mithin die Maßnahme vertragsrechtlich pflichtwidrig i.S.d. § 280 Abs. 1 BGB sowie als Körperverletzung rechtswidrig nach § 823 Abs. 1 BGB.[1567] Grundsätzlich[1568] hat der Arzt für sämtliche nachteilige Folgen der von ihm durchgeführten Maßnahme einzustehen,[1569] sofern es zu einer gesundheitlichen Beeinträchtigung des Patienten kommt.[1570]

II. Einwilligungsbedürftigkeit der ausschließlichen Tele- bzw. Fernbehandlung

Die Vorschrift des § 630d Abs. 1 S. 1 BGB betont ausdrücklich, dass die Einwilligung des Patienten vor Durchführung einer „medizinischen Maßnahme" einzuholen ist. Wenngleich der Begriff der medizinischen Maßnahme

---

1565 S. etwa BT-Drs. 17/10488, 24; BVerfGE 52, 131 (168) = NJW 1979, 1925 (1930); BGH, NJW 2019, 1283 (1285); *Deuring*, JuS 2020, 637; *Eberbach*, MedR 2019, 1 (5); *Janda*, Medizinrecht, S. 321; *Katzenmeier*, in: BeckOK-BGB, § 630e, Rdn. 6; *Nebendahl*, in: Igl/Welti, Gesundheitsrecht, § 49, Rdn. 2; *Frahm/Walter*, Arzthaftungsrecht, Rdn. 384; *Schmidt*, in: jurisPK-BGB, § 630e, Rdn. 1; *Walter*, in: BeckOGK-BGB, § 630e, Rdn. 2; *Weidenkaff*, in: Grüneberg, § 630e BGB, Rdn. 1.

1566 Die Aufklärung muss nach § 630e Abs. 2 S. 1 Nr. 1 Hs. 1 BGB durch den Behandelnden oder durch eine solche Person erfolgen, die über die zur Durchführung der Maßnahme nötige Ausbildung verfügt. Eine Aufklärung durch KI wäre sicherlich auch für die ausschließliche Tele- bzw. Fernbehandlung interessant, eine solche ist indessen schon nach dem Wortlaut des § 630e Abs. 2 S. 1 Nr. 1 Hs. 1 BGB unstatthaft, so im Ergebnis auch *Katzenmeier*, MedR 2021, 859 (861); *Katzenmeier*, in: BeckOK-BGB, § 630e, Rdn. 38.

1567 S. etwa *Gehrlein*, Arzthaftungsrecht, Teil C, Rdn. 2; *Gutmann*, in: Staudinger, § 630e BGB, Rdn. 186; *Prütting/Friedrich*, in: Prütting, Medizinrecht, § 630e BGB, Rdn. 63; *Schmidt*, in: jurisPK-BGB, § 630e, Rdn. 61; *Wagner*, in: MüKo-BGB, § 630e, Rdn. 6.

1568 Zum fehlenden Schutzzweckzusammenhang, s. etwa *Prütting/Friedrich*, in: Prütting, Medizinrecht, § 630e BGB, Rdn. 66 f.; *Wagner*, in: MüKo-BGB, § 630e, Rdn. 94 ff.

1569 S. etwa BGH, NJW 2015, 74 (75); *Frahm/Walter*, Arzthaftungsrecht, Rdn. 388; *Gutmann*, in: Staudinger, § 630e BGB, Rdn. 187; *Katzenmeier*, in: BeckOK-BGB, § 630e, Rdn. 64, 67; *Schmidt*, in: jurisPK-BGB, § 630e, Rdn. 64; *Wagner*, in: MüKo-BGB, § 630e, Rdn. 93; *Weidenkaff*, in: Grüneberg, § 630e BGB, Rdn. 13.

1570 S. etwa BGH, NJW 2008, 2344 (2345); *Gehrlein*, Arzthaftungsrecht, Teil C, Rdn. 5, 69; *Prütting/Friedrich*, in: Prütting, Medizinrecht, § 630e BGB, Rdn. 64 f.

nicht (legal-)definiert wird, ergibt sich bereits aus dem Zusatz „insbesondere eines Eingriffs in den Körper oder die Gesundheit“ in § 630d Abs. 1 S. 1 BGB, dass nicht nur Eingriffe im klassischen Sinn von der Vorschrift umfasst sein sollen.[1571] Eine Aufklärung im Rahmen der ausschließlichen Tele- bzw. Fernbehandlung ist daher nicht bereits deshalb entbehrlich, weil der Patient hierbei nicht (aus der Ferne) teleoperiert[1572] wird. Grundsätzlich können auch alle sonstigen diagnostischen oder therapeutischen Maßnahmen im Rahmen einer Behandlung eine medizinische Maßnahme darstellen.[1573] Rein administrative Maßnahme fallen indessen nicht in den Anwendungsbereich des § 630d Abs. 1 S. 1 BGB.[1574] Ob der Behandelnde selbst unmittelbar tätig wird oder die Durchführung der Behandlung von der aktiven Mitwirkung des Patienten abhängt (z.B. Therapie mit Medikamenten zum selbstständigen Einnehmen), ist für das Vorliegen der medizinischen Maßnahme nicht entscheidend.[1575] Auch eine ausschließliche Telebzw. Fernbehandlung ist daher einwilligungsbedürftig.[1576]

III. Umfang der fernbehandlungsspezifischen Aufklärungspflicht, § 630e Abs. 1 BGB

Möchte der Arzt seinen Patienten ausschließlich aus der Ferne behandeln, treffen ihn erweiterte Aufklärungspflichten.[1577] Die höheren Anforderungen an die Aufklärungspflichten hebt bereits die berufsrechtliche Vorschrift des § 7 Abs. 4 S. 3 MBO-Ä/BayBO-Ä hervor.[1578] Hiernach ist die ausschließliche Fernbehandlung nur erlaubt, wenn „der Patient auch über die Besonder-

1571 So auch *Gutmann*, in: Staudinger, § 630d BGB, Rdn. 17; s. auch *Weidenkaff*, in: Grüneberg, Vor § 630a BGB, Rdn. 2.

1572 S. Teil 1, 2. Kapitel, B.I.3.

1573 BT-Drs. 17/10488, 23; so auch *Gehrlein*, Arzthaftungsrecht, Teil C, Rdn. 4, 8; *Gutmann*, in: Staudinger, § 630d BGB, Rdn. 17; *Jung et al.*, in: Ratzel/Luxenburger, Handbuch Medizinrecht, Kapitel 14, Rdn. 135.

1574 *Voigt*, in: NK-BGB, § 630d, Rdn. 3.

1575 *Gutmann*, in: Staudinger, § 630d BGB, Rdn. 20; vgl. BGHZ 162, 320 (323 f.) = NJW 2005, 1716; *Walter*, in: BeckOGK-BGB, § 630d, Rdn. 3.

1576 Zur Aufklärung und Einwilligung beim Einsatz eines Telenotarzt-Systems, s. *Katzenmeier/Schrag-Slavu*, Telenotarzt, S. 50.

1577 So auch *Hahn*, Telemedizin, S. 10; *Kohake*, UroForum 2018, 61 (62); *Siglmüller*, Rechtsfragen der Fernbehandlung, S. 92 f.; Fernbehandlungsaufklärung als neue Art der Aufklärung befürwortend *Herkenrath*, Ärztliche Fernbehandlung, S. 76 ff.

1578 So auch *Prütting*, in: Rehmann/Tillmanns, E-Health, Kapitel 3, Rdn. 51.

heiten der ausschließlichen Beratung und Behandlung über Kommunikationsmedien aufgeklärt wird." Bereits dem Wortlaut der berufsrechtlichen Vorschrift („auch") kann entnommen werden, dass die allgemeinen Grundsätze zur Aufklärung i.S.d. § 8 MBO-Ä/BayBO-Ä weiterhin Geltung beanspruchen und der Patient zusätzlich über fernbehandlungsspezifische Umstände aufzuklären ist.[1579] Was unter „Besonderheiten der ausschließlichen Beratung und Behandlung über Kommunikationsmedien" zu verstehen ist, lässt die Regelung des § 7 Abs. 4 S. 3 MBO-Ä/BayBO-Ä hingegen offen.

Demgegenüber enthält das Arzthaftungsrecht keine speziellen Regelungen zur ausschließlichen Tele- bzw. Fernbehandlung. Die besonderen Charakteristika der ausschließlichen Tele- bzw. Fernbehandlung zwingen der Arzt allerdings ebenso zu einer umfassenderen Aufklärung nach § 630e BGB[1580]. Das Gesetz normiert in § 630e Abs. 1 S. 1 BGB, dass der Patient über sämtliche für die Einwilligung wesentliche Umstände aufzuklären ist. Im Anschluss wird dort beispielhaft und daher nicht abschließend aufgezählt, über welche Umstände der Arzt den Patienten zu informieren hat.[1581] Die Vorschrift des § 630e Abs. 1 S.2 BGB sieht vor, dass der Patient im Besonderen über „Art, Umfang, Durchführung, zu erwartende Folgen und Risiken der Maßnahme sowie ihre Notwendigkeit, Dringlichkeit, Eignung und Erfolgsaussichten im Hinblick auf die Diagnose oder die Therapie" zu unterrichten ist.[1582] Ein medizinisches Detailwissen hat der Arzt seinem Patienten nicht zu vermitteln.[1583] Vielmehr genügt grundsätzlich eine Aufklärung „im Großen und Ganzen".[1584]

1579 So auch *Braun*, MedR 2018, 563 (565); *Hahn*, Telemedizin, S. 10; *Siglmüller*, Rechtsfragen der Fernbehandlung, S. 92; a.A. *Herkenrath*, Ärztliche Fernbehandlung, S. 76 ff.

1580 In der Vorschrift des § 8 MBO-Ä/BayBO-Ä wird berufsrechtlich im Wesentlichen das vorgeschrieben, was auch im Zivilrecht (§§ 630d, 630e BGB) gilt, vgl. *Rehborn*, in: Prütting, Medizinrecht, § 8 MBO-Ä, Rdn. 1.

1581 BT-Drs. 17/10488, 24; *Gutmann*, in: Staudinger, § 630e BGB, Rdn. 15; *Katzenmeier*, in: BeckOK-BGB, § 630e, Rdn. 10; *Schmidt*, in: jurisPK-BGB, § 630e, Rdn. 5; *Wagner*, in: MüKo-BGB, § 630e, Rdn. 11.

1582 In der Literatur wird die (Selbstbestimmungs-)Aufklärung häufig in eine Risiko-, Diagnose- und Verlaufsaufklärung unterteilt, so etwa bei *Katzenmeier*, in: BeckOK-BGB, § 630e, Rdn. 8; *Nebendahl*, in: Igl/Welti, Gesundheitsrecht, § 49, Rdn. 7 ff.; kritisch hierzu *Gutmann*, in: Staudinger, § 630e BGB, Rdn. 14.

1583 S. etwa BT-Drs. 17/10488, 24; *Gutmann*, in: Staudinger, § 630e BGB, Rdn. 16; *Schmidt*, in: jurisPK-BGB, § 630e, Rdn. 3.

1584 S. etwa BGHZ 90, 103 (106) m.w.N. = NJW 1984, 1397 (1398) m.w.N.; *Frahm/Walter*, Arzthaftungsrecht, Rdn. 403; *Katzenmeier*, in: BeckOK-BGB, § 630e, Rdn. 11;

Die Aufklärungspflicht des Arztes kann nicht verallgemeinernd festgelegt werden, sondern wird stets durch die konkrete Situation und den jeweiligen Patienten[1585] bestimmt.[1586] Im Allgemeinen gilt, dass sich die Dringlichkeit und die Heilungsaussichten umgekehrt proportional zum Umfang und dem Genauigkeitsgrad der Aufklärung verhalten.[1587] Die Aufklärung im Zusammenhang mit einer ausschließlichen Tele- bzw. Fernbehandlung, bei der es sich – im Vergleich zur persönlichen Behandlung vor Ort – um einen Ausnahmefall handelt[1588] und bei der in der Regel „Bagatellerkrankungen" behandelt werden[1589], dürfte daher schon deshalb eher umfangreich ausfallen. Im Folgenden sind im Zusammenhang mit der fernbehandlungsspezifischen Aufklärung neben den Besonderheiten zur Aufklärung über eine Neulandmethode insbesondere die Aufklärung über Art, Umfang und Durchführung der Maßnahme sowie über Risiken und mögliche Behandlungsalternativen hervorzuheben.

1. Grundsätze zur Aufklärung über eine Neulandmethode

Die Grundsätze zur Aufklärung über eine Neulandmethode sind auch bei der Aufklärung über die ausschließliche Tele- bzw. Fernbehandlung anwendbar.[1590] Der Patient ist auch deshalb besonders sorgfältig und quali-

---

Walter, in: BeckOGK-BGB, § 630e, Rdn. 10; *Weidenkaff*, in: Grüneberg, § 630e BGB, Rdn. 2; kritisch *Spickhoff*, in: Spickhoff, Medizinrecht, § 630e BGB, Rdn. 2.

1585 Hierzu weiterführend *Gutmann*, in: Staudinger, § 630e BGB, Rdn. 32; s. auch *Weidenkaff*, in: Grüneberg, § 630e BGB, Rdn. 2.

1586 BT-Drs. 17/10488, 24; BGH, NJW 1980, 1905 (1907); *Frahm/Walter*, Arzthaftungsrecht, Rdn. 402; *Gehrlein*, Arzthaftungsrecht, Teil C, Rdn. 3; *Jung et al.*, in: Ratzel/Luxenburger, Handbuch Medizinrecht, Kapitel 14, Rdn. 136; *Katzenmeier*, in: BeckOK-BGB, § 630e, Rdn. 10; *Schmidt*, in: jurisPK-BGB, § 630e, Rdn. 4, 61; *Spickhoff/Bleckwenn*, VersR 2013, 1350 (1352); *Weidenkaff*, in: Grüneberg, § 630e BGB, Rdn. 2.

1587 BGH, NJW 1980, 1905 (1907); BGH, NJW 1980, 2751 (2753); BGH, NJW 1981, 633; BGH, NJW 2011, 1088 (1089) m.w.N.; *Greiner*, in: Geiß/Greiner, Arzthaftpflichtrecht, Rdn. C 8; *Jung et al.*, in: Ratzel/Luxenburger, Handbuch Medizinrecht, Kapitel 14, Rdn. 136; *Katzenmeier*, in: BeckOK-BGB, § 630e, Rdn. 21; kritisch *Gutmann*, in: Staudinger, § 630e BGB, Rdn. 54.

1588 S. Teil 2, 2. Kapitel, B.I.2.c)aa).

1589 S. Teil 2, 2. Kapitel, B.I.2.c)bb)(2)(b).

1590 So auch *Hahn*, Telemedizin, S. 32; *Leupold/Wiesner*, in: Leupold et al., IT-Recht, Teil 13, Rdn. 43; *Link*, Telemedizinische Anwendungen, S. 141; vgl. hierzu *Tillmanns*, Persönliche Leistungserbringungspflicht, S. 189 ff.

fiziert aufzuklären.[1591] Die erweiterten Aufklärungspflichten sollen es dem Patienten ermöglichen, selbständig abzuwägen, ob er sich einer herkömmlichen Behandlung, deren Risiken bekannt sind, oder einer neuen Methode, die neben Vorteilen auch unbekannte Gefahren umfasst, unterzieht.[1592] Je stärker der Behandler von einem etablierten Verfahren abweicht und mithin in medizinisches Neulandland vorstößt, desto umfangreicher sind die Aufklärungspflichten, die der Arzt zu erfüllen hat.[1593]

Im Detail umfasst die Aufklärungspflicht neben dem Für und Wider der Methode, also den bekannten Risiken[1594] und der Gefahr des Misserfolgs der Maßnahmen,[1595] insbesondere die Information, dass es sich bei der in Erwägung gezogenen medizinischen Maßnahme um eine Neulandmethode handelt, die (noch) nicht dem allgemein anerkannten fachlichen Standard entspricht.[1596] Zudem hat der Behandler den Patienten darüber zu informieren, dass unbekannte Risiken bislang nicht auszuschließen sind.[1597]

1591 Vgl. *Link*, Telemedizinische Anwendungen, S. 141; vgl. im Allgemeinen *Wenzel*, in: Wenzel, Handbuch Medizinrecht, Kapitel 4, Rdn. 123 ff.; s. auch BGH, NJW-RR 2021, 886; OLG Hamm, BeckRS 2018, 1400, Rdn. 26; *Martis/Winkhart*, Arzthaftungsrecht, A 1210.

1592 BGHZ 168, 103 (109) = NJW 2006, 2477 (2478 f.); BGH, NJW-RR 2021, 886; OLG Hamm, BeckRS 2018, 1400, Rdn. 27; *Bodenburg*, NJOZ 2009, 2823 (2828); *Greiner*, in: Spickhoff, Medizinrecht, §§ 823 ff. BGB, Rdn. 217; *Gutmann*, in: Staudinger, § 630e BGB, Rdn. 34; *Katzenmeier*, NJW 2006, 2738 (2740); *Wenzel*, in: Wenzel, Handbuch Medizinrecht, Kapitel 4, Rdn. 124.

1593 *Bodenburg*, NJOZ 2009, 2823 (2829); *Link*, Telemedizinische Anwendungen, S. 141 m.w.N.

1594 Zugleich gilt es den Patienten auch darüber zu informieren, dass sich das Ausmaß grundsätzlich bekannter Risiken aufgrund der Neuartigkeit des Verfahrens nicht zuverlässig einschätzen lässt, s. OLG Hamm, MedR 2017, 812 (813); *Gutmann*, in: Staudinger, § 630e BGB, Rdn. 34.

1595 *Gutmann*, in: Staudinger, § 630e BGB, Rdn. 34 m.w.N.

1596 BGH, NJW-RR 2021, 886; OLG Hamm, BeckRS 2018, 1400, Rdn. 24; *Gutmann*, in: Staudinger, § 630e BGB, Rdn. 34; *Weidenkaff*, in: Grüneberg, § 630e BGB, Rdn. 6; *Wenzel*, in: Wenzel, Handbuch Medizinrecht, Kapitel 4, Rdn. 125; vgl. BGH, MedR 2008, 87 (88 f.); BGHZ 172, 254 (260) = NJW 2007, 2774 (2775); BGH, NJW 2020, 1358 (1360); zur Aufklärung über die Behandlungsalternative, s. sogleich.

1597 S. etwa BGHZ 168, 103 (109) m.w.N. = NJW 2006, 2477 (2478) m.w.N.; BGH, NJW-RR 2021, 886; OLG Köln, BeckRS 2013, 1558; OLG Hamm, MedR 2018, 812 (813); OLG Hamm, BeckRS 2018, 1400, Rdn. 27; *Bodenburg*, NJOZ 2009, 2823 (2828); *Greiner*, in: Spickhoff, Medizinrecht, §§ 823 ff. BGB, Rdn. 217; *Gutmann*, in: Staudinger, § 630e BGB, Rdn. 34; *Martis/Winkhart*, Arzthaftungsrecht, A 1205; *Spickhoff*, in: Spickhoff, Medizinrecht, § 630e BGB, Rdn. 2; *Vogeler*, MedR 2008, 697 (704); *Wenzel*, in: Wenzel, Handbuch Medizinrecht, Kapitel 4, Rdn. 124; vgl. auch *Schmidt*, in: jurisPK-BGB, § 630e, Rdn. 18.

Hierfür genügt ein allgemeiner, jedoch unmissverständlicher Hinweis des Behandlers.[1598]

Vor Durchführung der ausschließlichen Tele- bzw. Fernbehandlung hat der Arzt dem Patienten nicht nur die Vor- und Nachteile dieser spezifischen Art der telemedizinischen Behandlung aufzuzeigen, sondern ebenso deutlich mitzuteilen, dass sich ein spezifischer Fernbehandlungsstandard noch nicht entwickelt hat und es sich bei der Behandlung aus der Ferne daher um eine Methode handelt, die (derzeit) vom medizinischen Standard abweicht, unbekannte Risiken also nicht auszuschließen sind. Nur hierdurch wird es dem Patienten ermöglicht, selbstbestimmt zu entscheiden, ob er die ausschließliche Tele- bzw. Fernbehandlung durchführen möchte.

2. Aufklärung über Art, Umfang und Durchführung der Maßnahme, § 630e Abs. 1 S. 2 BGB

Der Patient muss durch die Aufklärung über Art, Umfang und Durchführung der Maßnahme wissen, was mit ihm geschehen soll und auf welche Art und Weise die Maßnahme vorgenommen wird.[1599] Zunächst ist dem Patienten beispielsweise der Ablauf der ausschließlichen Tele- bzw. Fernbehandlung näher zu erläutern. Daneben hat der Arzt seinem Patienten zu verdeutlichen, dass es im Rahmen der ausschließlichen Tele- bzw. Fernbehandlung häufig einer gesteigerten Mitwirkung des Patienten bedarf.[1600] Der Arzt ist nicht nur in gesteigertem Maß auf zuverlässige anamnestische Angaben des Patienten angewiesen,[1601] sondern benötigt bei der Fernuntersuchung ggf. die intensive Unterstützung des Patienten.[1602]

1598 BGH, NJW-RR 2021, 886; OLG Hamm, MedR 2018, 812 (813); OLG Hamm, BeckRS 2018, 1400, Rdn. 27; *Katzenmeier*, NJW 2006, 2738 (2740).

1599 OLG Koblenz, VersR 2003, 1313 (1314); *Gehrlein*, Arzthaftungsrecht, Teil C, Rdn. 16; *Gutmann*, in: Staudinger, § 630e BGB, Rdn. 26; *Jung et al.*, in: Ratzel/Luxenburger, Handbuch Medizinrecht, Kapitel 14, Rdn. 151 f.; vgl. *Nebendahl*, in: Igl/Welti, Gesundheitsrecht, § 49, Rdn. 10.

1600 So auch *Hahn*, Telemedizin, S. 10; *Kohake*, UroForum 2018, 61 (62); *Schneider*, Herzschrittmachertherapie + Elektrophysiologie 2017, 303 (305).

1601 Vgl. *Stellpflug*, Psychotherapeutenrecht, Rdn. 523.

1602 Vgl. *Kohake*, UroForum 2018, 61 (62).

3. Aufklärung über Risiken, § 630e Abs. 1 S. 2 BGB

Die Risikoaufklärung verfolgt den Zweck, den Patienten über Schadensrisiken, also etwa Komplikationen und schädliche Nebenfolgen einer Behandlung, zu unterrichten, die selbst dann eintreten können, wenn die gebotene ärztliche Sorgfalt während der Behandlung stets beachtet wird.[1603] Entscheidend ist nicht die Häufigkeit oder Wahrscheinlichkeit mit der Schadensfolgen nach bisheriger Erfahrung auftreten, sondern das Gewicht, das mögliche und nicht völlig unwahrscheinliche Risiken für den Entschluss des jeweiligen Patienten haben.[1604] Entscheidend ist daher, ob das betreffende Risiko der medizinischen Maßnahme spezifisch anhaftet und im Falle der Verwirklichung die Lebensführung des jeweiligen Patienten besonders belasten würde.[1605] Es ist allerdings ausreichend, wenn der Patient „im Großen und Ganzen" über die Chancen und Risiken der Behandlung informiert wird.[1606] Der Patient soll eine allgemeine Vorstellung von der Schwere der medizinischen Maßnahme und dem Ausmaß der hiermit verbundenen Gefahren vermittelt bekommen.[1607]

a) Fernbehandlungsspezifische Risiken

Eine ausschließliche Tele- bzw. Fernbehandlung birgt bereits deshalb gewisse Risiken für den Patienten, weil sich der Arzt und sein Patient räumlich entfernt voneinander aufhalten. Der Patient ist also nicht zuletzt über

1603 S. etwa *Gehrlein*, Arzthaftungsrecht, Teil C, Rdn. 10; *Gutmann*, in: Staudinger, § 630e BGB, Rdn. 30; *Kern*, in: Laufs et al., Handbuch des Arztrechts, § 66, Rdn. 15; *Jung et al.*, in: Ratzel/Luxenburger, Handbuch Medizinrecht, Kapitel 14, Rdn. 171; *Wenzel*, in: Wenzel, Handbuch Medizinrecht, Kapitel 4, Rdn. 80.

1604 BGH, NJW 1977, 337; *Gutmann*, in: Staudinger, § 630e BGB, Rdn. 30; *Katzenmeier*, in: BeckOK-BGB, § 630e, Rdn. 15; *Weidenkaff*, in: Grüneberg, § 630e BGB, Rdn. 3; differenzierend *Wagner*, in: MüKo-BGB, § 630e, Rdn. 18; a.A. etwa noch BGHZ 29, 176 (181) = NJW 1959, 814 (815).

1605 S. etwa BGH, NJW 2009, 1209 (1210); BGH, NJW-RR 2010, 833 (834) m.w.N.; *Gehrlein*, Arzthaftungsrecht, Teil C, Rdn. 11; *Gutmann*, in: Staudinger, § 630e BGB, Rdn. 31.

1606 S. etwa BGH, NJW-RR 2017, 533 (534) m.w.N.; BGH, NJW 2019, 1283 (1284) m.w.N.; *Gutmann*, in: Staudinger, § 630e BGB, Rdn. 39; *Jung et al.*, in: Ratzel/Luxenburger, Handbuch Medizinrecht, Kapitel 14, Rdn. 166.

1607 S. etwa BGH, NJW-RR 2017, 533 (534) m.w.N.; BGH, NJW 2019, 1283 (1284) m.w.N.; *Greiner*, in: Geiß/Greiner, Arzthaftpflichtrecht, Rdn. C 86; *Gutmann*, in: Staudinger, § 630e BGB, Rdn. 39; *Schmidt*, in: jurisPK-BGB, § 630e, Rdn. 10.

fernbehandlungsspezifische Risiken aufzuklären.[1608] Im Detail sollte der Patient beispielsweise darüber informiert werden, dass einer ausschließlichen Tele- bzw. Fernbehandlung die Gefahr eines nichterkannten Informationsdefizits anhaftet.[1609] Es besteht das Risiko, dass selbst dem sorgfältig und gewissenhaft arbeitenden Fernbehandler solche Informationen verborgen bleiben, die für die Behandlung selbst und den weiteren Verlauf der ärztlichen Versorgung wesentlich sind.

Weiterhin ist auch über solche Risiken aufzuklären, die sich aus dem Einsatz von technischen Geräten zur Durchführung einer Maßnahme ergeben, so dass es irrelevant ist, woher das Risiko rührt.[1610] Dem Patienten ist vor Augen zu führen, dass auch technische Systemstörungen oder Softwaremängel, die trotz ärztlicher Sorgfalt unentdeckt bleiben, zu diagnostischen oder therapeutischen Fehlentscheidungen[1611] und mithin zu einer Beeinträchtigung der körperlichen Unversehrtheit führen können. Zugleich besteht das Risiko, dass die Rechtsgüter des Patienten dadurch gefährdet werden, dass es zu einer Verzögerung der ärztlichen Versorgung kommt, weil eine ausschließliche Fernbehandlung aufgrund von Qualitätsmängeln bei der Übertragung[1612] womöglich vollständig beendet werden muss.

1608 *Kalb*, GesR 2018, 481 (488); *Leupold/Wiesner*, in: Leupold et al., IT-Recht, Teil 13, Rdn. 43; *Prütting*, in: Rehmann/Tillmanns, E-Health, Kapitel 3, Rdn. 60; *Wagner*, in: MüKo-BGB, § 630e, Rdn. 42; vgl. *Fehn et al.*, Der MKG-Chirurg 2019, 132; *Fehn*, in: Marx et al., Telemedizin, S. 9 (19); *Gutmann*, in: Staudinger, § 630e BGB, Rdn. 36; *Herkenrath*, Ärztliche Fernbehandlung, S. 77 f.; *Katzenmeier/Schrag-Slavu*, Telenotarzt, S. 52; *Link*, Telemedizinische Anwendungen, S. 141 f.; *Stellpflug*, Psychotherapeutenrecht, Rdn. 522; *Tillmanns*, Persönliche Leistungserbringungspflicht, S. 191 f.

1609 So auch *Herkenrath*, Ärztliche Fernbehandlung, S. 78; *Siglmüller*, Rechtsfragen der Fernbehandlung, S. 93, 144; vgl. *Eberbach*, MedR 2019, 1 (5); *Stellpflug*, Psychotherapeutenrecht, Rdn. 523.

1610 *Gutmann*, in: Staudinger, § 630e BGB, Rdn. 36.

1611 S. hierzu *Pflüger*, VersR 1999, 1070 (1073) m.w.N.; *Spindler*, in: FS Hart, S. 581 (592); vgl. auch *Herkenrath*, Ärztliche Fernbehandlung, S. 79; *Katzenmeier/Schrag-Slavu*, Telemedizin im Rettungsdienst, S. 41; *Katzenmeier/Schrag-Slavu*, Telenotarzt, S. 52; *Tillmanns*, Persönliche Leistungserbringungspflicht, S. 192. Weist der Arzt nur hierauf hin, genügt er seiner Aufklärungspflicht über den Einsatz von Telemedizin hingegen nicht, a.A. *Pflüger*, VersR 1999, 1070 (1073); *Spindler*, in: BeckOGK-BGB, § 823, Rdn. 1071.

1612 Vgl. *Hübner/Wienke*, Orthopädie und Unfallchirurgie 2019, 28 (30); *Katzenmeier*, NJW 2019, 1769 (1773 f.); *Katzenmeier/Achterfeld*, in: FS Hart, S. 283 (311 f.); *Leupold/Wiesner*, in: Leupold et al., IT-Recht, Teil 13, Rdn. 43; *Schöne*, Herzschrittmachertherapie + Elektrophysiologie 2005, 143 (146).

b) Grenzen der Aufklärung über Risiken

Begrenzt wird die Aufklärungspflicht dadurch, dass nur über solche Risiken aufgeklärt werden muss, die sich bei einem ordnungsgemäßen Verhalten des Behandlers ergeben können.[1613] Der Arzt ist hingegen nicht verpflichtet, über die Konsequenzen etwaiger Behandlungsfehler und die dadurch entstehenden Risiken für die Rechtsgüter des Patienten aufzuklären.[1614] Der Behandler hat folglich den Patienten nicht darüber zu informieren, welche Risiken entstehen, wenn die ausschließliche Tele- bzw. Fernbehandlung durchgeführt wird, obwohl die Voraussetzungen hierfür tatsächlich nicht vorlagen.

Über solche Risiken, die auch dem Laien geläufig sind, muss zudem nicht aufgeklärt werden.[1615] Zu erwägen ist daher, den Umfang der Aufklärungspflicht des Fernbehandlers deshalb zu beschränken, weil die Risiken, die durch die körperliche Entfernung der Parteien und die Verwendung von Fernkommunikationsmitteln bestehen, auch dem Patienten geläufig sein könnten.[1616] Allerdings betont bereits die berufsrechtliche Regelung des § 7 Abs. 4 S. 3 BayBO-Ä ausdrücklich, dass der Patient auch über die Besonderheit der ausschließlichen Tele- bzw. Fernbehandlung aufzuklären ist, wodurch die Bedeutung der Aufklärung hervorgehoben wird.[1617] Zudem liegt der Sinn und Zweck der Verminderung der Aufklärungspflicht darin, dass der Patient, der Informationen über Risiken bereits (aus eigener Lebenserfahrung oder Allgemeinbildung) kennt, diese seiner Entscheidung ohnehin zu Grunde legt und eine Mitteilung deshalb nicht erforderlich ist.[1618] Dass der Laie die ausschließliche Tele- bzw. Fernbehandlung und deren Risiken bereits kennt, widerspricht jedoch der Neuartigkeit der Methode.[1619] Viele Patienten konnten mit der ausschließlichen Tele- bzw. Fernbehandlung noch keine tiefergehenden Erfahrungen sammeln.[1620] Der

---

1613 S. etwa *Schmidt*, in: jurisPK-BGB, § 630e, Rdn. 16.

1614 *Gutmann*, in: Staudinger, § 630e BGB, Rdn. 48 m.w.N.; *Wagner*, in: MüKo-BGB, § 630e, Rdn. 49 m.w.N.; vgl. aber § 630c Abs. 2 S. 2 BGB.

1615 BGH, NJW 1991, 1541 (1542) m.w.N.; *Gutmann*, in: Staudinger, § 630e BGB, Rdn. 49 m.w.N.

1616 So auch *Siglmüller*, Rechtsfragen der Fernbehandlung, S. 93 f.

1617 So auch *Siglmüller*, Rechtsfragen der Fernbehandlung, S. 94; im Ergebnis zustimmend *Herkenrath*, Ärztliche Fernbehandlung, S. 79.

1618 *Siglmüller*, Rechtsfragen der Fernbehandlung, S. 94 m.w.N.

1619 Vgl. *Siglmüller*, Rechtsfragen der Fernbehandlung, S. 94.

1620 Vgl. *Siglmüller*, Rechtsfragen der Fernbehandlung, S. 94, 145.

Fernbehandler hat den Patienten daher grundsätzlich auch über solche allgemeinen Risiken, die der Fernbehandlung naturgemäß anhaften, zu unterrichten.[1621] Lässt ein Patient sich allerdings nach erfolgreicher Durchführung der ausschließlichen Fernbehandlung und hinreichender Aufklärung erneut aus der Ferne behandeln, können etwaige Vorkenntnisse des Patienten den Umfang der Aufklärungspflicht beeinflussen und mindern.[1622]

4. Aufklärung über Behandlungsalternativen, § 630e Abs. 1 S. 3 BGB

Das Gesetz schreibt in § 630e Abs. 1 S. 3 BGB ausdrücklich vor, dass der Behandler auf Behandlungsalternativen hinzuweisen hat, „wenn mehrere medizinisch gleichermaßen indizierte und übliche Methoden zu wesentlich unterschiedlichen Belastungen, Risiken oder Heilungschancen führen können." Besteht für den Patienten eine echte Wahlmöglichkeit, gebietet es das Selbstbestimmungsrecht des Patienten, ihm die Entscheidung über die Wahl der Behandlung (nach entsprechender Aufklärung) zu überlassen.[1623]

Wenngleich bei der Anwendung einer Standardmethode häufig fraglich ist, ob im konkreten Einzelfall über ein neues Verfahren aufgeklärt werden muss,[1624] muss der Patient jedenfalls bei der Anwendung der neuen Methode stets über die Behandlungsalternativen, also die bisher im Regelfall angewandte und empfohlene Methode, aufklären.[1625] Eine Wahl wird dem Patient nur dann ermöglicht, wenn ihm die Chancen und Risiken der Neulandmethode mitgeteilt werden und diese in Beziehung zur herkömmlichen Behandlungsmethode gesetzt werden.[1626] Zu Beginn einer ausschließlichen Tele- bzw. Fernbehandlung ist es daher unerlässlich, den Patienten über die Möglichkeit einer persönlichen Behandlung vor Ort in Kenntnis zu setzen.[1627] Im Speziellen hat der Arzt beispielsweise auf die bei einer aus-

1621 So auch *Siglmüller*, Rechtsfragen der Fernbehandlung, S. 94.

1622 Vgl. im Allgemeinen *Wagner*, in: MüKo-BGB, § 630e, Rdn. 48 m.w.N.

1623 S. Teil 2, 3. Kapitel, C.II.2.b)bb).

1624 S. weiterführend *Gutmann*, in: Staudinger, § 630e BGB, Rdn. 80 ff.; vgl. auch BT-Drs. 17/10488, 24; *Katzenmeier*, in: BeckOK-BGB, § 630e, Rdn. 28; *Schmidt*, in: jurisPK-BGB, § 630e, Rdn. 25; *Walter*, in: BeckOGK-BGB, § 630e, Rdn. 15.

1625 OLG Hamm, BeckRS 2018, 1400, Rdn. 20 f.; *Gutmann*, in: Staudinger, § 630e BGB, Rdn. 85 m.w.N.; vgl. *Katzenmeier/Schrag-Slavu*, Telenotarzt, S. 54.

1626 *Gutmann*, in: Staudinger, § 630e BGB, Rdn. 85 m.w.N.

1627 Vgl. im Ergebnis *Herkenrath*, Ärztliche Fernbehandlung, S. 80; *Hübner/Wienke*, Orthopädie und Unfallchirurgie 2019, 28 (30); *Leupold/Wiesner*, in: Leupold et al., IT-Recht, Teil 13, Rdn. 43; *Prütting*, in: Rehmann/Tillmanns, E-Health, Kapitel 3, Rdn. 60 m.w.N.

schließlichen Tele- bzw. Fernbehandlung – im Vergleich zur persönlichen Behandlung vor Ort – eingeschränkten Diagnostikmöglichkeiten und mögliche Folgen für die Rechtsgüter des Patienten hinzuweisen.[1628] Zusätzlich sind dem Patienten die Vor- und Nachteile der alternativen Behandlungsmethoden zu erläutern.[1629]

Die Aufklärungspflicht über die Möglichkeit, auch einen Arzt vor Ort aufsuchen zu können, deshalb zu verneinen, weil für den Patienten offensichtlich ist, sich alternativ im persönlichen Kontakt behandeln lassen zu können, überzeugt nicht.[1630] Dem Verzicht auf die Aufklärung über die Behandlungsalternative stehen schon die qualifizierten Aufklärungspflichten des Arztes bei der Anwendung einer Neulandmethode entgegen. Der Sinn und Zweck der umfangreichen Aufklärung des Patienten im Zusammenhang mit der Anwendung einer Neulandmethode ist, dem Erkrankten eine Abwägung zu ermöglichen, die sowohl die Neulandmethode als auch die Standardmethode sowie deren Vor- und Nachteile hinreichend berücksichtigt.[1631] Da der Patient sich nur dann zuverlässig zwischen den einzelnen Behandlungsalternativen entscheiden kann, wenn er über die Behandlungsalternativen umfassend informiert wurde und ihm jedenfalls aufgrund der fehlenden langfristigen Erfahrung eigene Kenntnisse fehlen, darf auf eine Unterrichtung durch den Behandler nicht verzichtet werden.

Vereinzelt wird im Zusammenhang mit der fernbehandlungsspezifischen Aufklärung gefordert, dass dem Patienten nicht suggeriert werden dürfe, dass die Behandlung im persönlichen Kontakt den Goldstandard abbilde und die Telemedizin demgegenüber lediglich ein „defizitäres Ersatzprodukt“ darstelle.[1632] Wenngleich die negativ behaftete Formulierung („defizitäres Ersatzprodukt“) freilich zu vermeiden ist, sollte dem Patient in neutraler Weise das grundsätzliche Verhältnis der persönlichen Behandlung vor Ort und der ausschließlichen Tele- bzw. Fernbehandlung mitgeteilt werden, da die Entscheidungsgrundlage des Patienten ansonsten lückenhaft wäre. Bereits die Vorschrift des § 7 Abs. 4 MBO-Ä/BayBO-Ä hebt das Regel-Ausnahme-Verhältnis der Behandlung im persönlichen Kontakt zur

---

1628 *Gutmann*, in: Staudinger, § 630e BGB, Rdn. 36; vgl. auch *Bergmann*, MedR 2016, 497 (500); *Bundesärztekammer*, Hinweise und Erläuterungen zu § 7 Abs. 4 MBO-Ä (2020), S. 4; *Hahn*, Telemedizin, S. 10; *Stellpflug*, GesR 2019, 76 (78).

1629 *Martis/Winkhart*, Arzthaftungsrecht, A 1207 m.w.N.

1630 A.A. *Siglmüller*, Rechtsfragen der Fernbehandlung, S. 93; mit anderer Begründung ablehnend auch *Herkenrath*, Ärztliche Fernbehandlung, S. 81.

1631 S. Teil 2, 3. Kapitel, D.III.1.

1632 *Wagner*, in: MüKo-BGB, § 630e, Rdn. 42.

ausschließlichen Tele- bzw. Fernbehandlung hervor. Während die Behandlung im persönlichen Arzt-Patienten-Kontakt auch im digitalen Zeitalter den Goldstandard darstellt, darf die ausschließliche Fernbehandlung nur in Ausnahmefällen durchgeführt werden.[1633] Gleiches gilt auch im Arzthaftungsrecht.[1634]

IV. Durchführung der (Fern-)Aufklärung: Mündlichkeit, § 630e Abs. 2 S. 1 Nr. 1 BGB

In § 630e Abs. 2 BGB wurden unterschiedliche formelle Anforderungen an die Aufklärung aufgestellt. Interessante rechtliche Fragestellungen im Zusammenhang mit der ausschließlichen Tele- bzw. Fernbehandlung ergeben sich im Besonderen vor dem Hintergrund des Mündlichkeitsgrundsatzes i.S.d. § 630e Abs. 2 S. 1 Nr. 1 BGB.

1. Allgemeine Grundsätze

Die Vorschrift des § 630e Abs. 2 S. 1 Nr. 1 BGB legt fest, dass die Aufklärung mündlich zu erfolgen hat. Zugleich betont § 8 S. 2 MBO-Ä/BayBO-Ä, dass einer Einwilligung grundsätzlich eine erforderliche Aufklärung im persönlichen Gespräch vorauszugehen hat.[1635] Der Mündlichkeitsgrundsatz bezweckt, dem Patienten in einem vertrauensvollen Gespräch[1636] die Mög-

1633 S. Teil 2, 2. Kapitel, B.I.2.a).

1634 S. Teil 2, 3. Kapitel, C.I.3.b)bb)(2) f.

1635 Ungeklärt ist, ob ein persönliches Gespräch i.S.d. § 8 S. 2 MBO-Ä/BayBO-Ä ebenso wie der persönliche Kontakt i.S.d. § 7 Abs. 4 S. 1 MBO-Ä/BayBO-Ä die physische Anwesenheit der Parteien erfordert, so auch *Hahn*, MedR 2020, 16 (17). Da die Regelung des § 7 Abs. 4 S. 3 MBO-Ä/BayBO-Ä die ausschließliche Fernbehandlung ausdrücklich erlaubt und die Bedeutung der Aufklärung im Rahmen einer solchen hervorhebt, ist es sinnvoll, auch dann von einem persönlichen Gespräch i.S.d. § 8 S. 2 MBO-Ä/BayBO-Ä auszugehen, wenn sich die Parteien nicht vor Ort unmittelbar begegnen, so auch *Hahn*, MedR 2020, 16 (17); vgl. *Scholz*, in: Spickhoff, Medizinrecht, § 8 MBO-Ä, Rdn. 2.

1636 BGH, NJW 1985, 1399; BGH, NJW 2003, 2012 (2013); s. auch *Leupold/Wiesner*, in: Leupold et al., IT-Recht, Teil 13, Rdn. 44; *Siglmüller*, Rechtsfragen der Fernbehandlung, S. 145; *Spickhoff/Bleckwenn*, VersR 2013, 1350 (1352 f.); *Wagner*, in: MüKo-BGB, § 630e, Rdn. 62.

lichkeit einzuräumen, Rückfragen an den Aufklärenden zu stellen.[1637] Zudem kann nur durch ein solches Gespräch gewährleistet werden, dass der Patienten die erhaltenen Informationen richtig verstanden hat.[1638]

Eine Aufklärung ausschließlich via E-Mail-Verkehr oder mittels Chatprogramm genügt diesen Anforderungen nicht.[1639] Der Behandler kann sich hierbei jedenfalls nicht ausreichend vergewissern kann, ob der Patient die Informationen verstanden hat.[1640] Selbst bei Routinemaßnahmen ist es schon aufgrund des klaren Gesetzeswortlauts des § 630e Abs. 2 S. 1 Nr. 1 BGB nicht (mehr)[1641] ausreichend, wenn dem Patienten nach einer schriftlichen Aufklärung die Gelegenheit eingeräumt wird, in einem Gespräch mit dem Arzt weitere Informationen erhalten zu können.[1642] Für die ausschließliche Tele- bzw. Fernbehandlung bedeutet dies, dass eine schriftliche Fernaufklärung, etwa via E-Mail[1643], Chat[1644] oder SMS, stets gegen den Grundsatz der Mündlichkeit verstößt.[1645]

1637 BT-Drs. 17/10488, 24; s. auch *Gutmann*, in: Staudinger, § 630e BGB, Rdn. 105; *Kaeding*, MedR 2019, 288 (289); *Leupold/Wiesner*, in: Leupold et al., IT-Recht, Teil 13, Rdn. 44; *Schmidt*, in: jurisPK-BGB, § 630e, Rdn. 28.

1638 *Leupold/Wiesner*, in: Leupold et al., IT-Recht, Teil 13, Rdn. 44; *Siglmüller*, Rechtsfragen der Fernbehandlung, S. 145; *Wagner*, in: MüKo-BGB, § 630e, Rdn. 62.

1639 *Spickhoff*, in: Spickhoff, Medizinrecht, § 630e BGB, Rdn. 3a; *Hahn*, Telemedizin, S. 33; Aufklärung via E-Mail fordernd etwa *Tillmanns*, Persönliche Leistungserbringungspflicht, S. 194 f.

1640 A.A. *Stellpflug*, Psychotherapeutenrecht, Rdn. 519; *Tillmanns*, Persönliche Leistungserbringungspflicht, S. 194 f.

1641 So etwa noch BGH, NJW 2000, 1784 (1787).

1642 *Schmidt*, in: jurisPK-BGB, § 630e, Rdn. 30; *Weidenkaff*, in: Grüneberg, § 630e BGB, Rdn. 11; vgl. *Spickhoff*, in: Spickhoff, Medizinrecht, § 630e BGB, Rdn. 3a; a.A. *Kaeding*, MedR 2019, 288 (289); *Wagner*, in: MüKo-BGB, § 630e, Rdn. 66; zum Vorschlag einer teleologischen Reduktion bei marginalen Routinemaßnahmen, s. *Prütting*, in: Rehmann/Tillmanns, E-Health, Kapitel 3, Rdn. 57.

1643 *Fehn*, in: Marx et al., Telemedizin, S. 9 (19); *Siglmüller*, Rechtsfragen der Fernbehandlung, S. 144 f.

1644 A.A. *Siglmüller*, Rechtsfragen der Fernbehandlung, S. 146 f.

1645 *Bundesärztekammer*, Hinweise und Erläuterungen zu § 7 Abs. 4 MBO-Ä (2019), S. 4; *Bundesärztekammer*, Hinweise und Erläuterungen zu § 7 Abs. 4 MBO-Ä (2020), S. 5; *Bundesärztekammer*, Fragenkatalog zur Fernbehandlung (08.01.2021); *Fehn et al.*, Der MKG-Chirurg 2019, 132 (133); *Leupold/Wiesner*, in: Leupold et al., IT-Recht, Teil 13, Rdn. 43; de lege lata zustimmend *Prütting*, in: Rehmann/Tillmanns, E-Health, Kapitel 3, Rdn. 57; a.A. *Hahn*, MedR 2020, 16 (22 f.); *Stellpflug*, GesR 2019, 76 (80 f.); vgl. auch *Stellpflug*, Psychotherapeutenrecht, Rdn. 517 ff.; zum – hier abzulehnenden Vorschlag – de lege ferenda, s. *Prütting*, in: Rehmann/Tillmanns, E-Health, Kapitel 3, Rdn. 59.

Der Behandler darf lediglich ergänzend auf Unterlagen Bezug nehmen, die der Patient in Textform (z.B. Übermittlung via E-Mail)[1646] erhält, s. § 630e Abs. 2 S. 1 Nr. 1 Hs. 2 BGB. Nicht zuletzt für den Bereich der Telemedizin ist zu überlegen, ob dem Patienten vor einem mündlichen Aufklärungsgespräch auch patientengerechte Videos mit aufklärungsrelevanten Inhalten vorgespielt werden dürfen und ob dem Patienten solche Aufklärungsvideos zu übergeben sind.[1647]

Bei Aufklärungsbögen, die von einem Arzt und seinem Patienten unterzeichnet werden, handelt es sich um ein für Arzthaftungsprozesse wichtiges Indiz für die Durchführung und den Inhalt des Aufklärungsgesprächs,[1648] so dass solche sinnvollerweise auch bei einer telemedizinischen Behandlung zum Einsatz kommen sollten.[1649] Obwohl am Ende eines (herkömmlichen) Aufklärungsbogens grundsätzlich Unterschriftenfelder für den Arzt und seinen Patienten vorgesehen sind,[1650] ist es, um die Vorteile der Telemedizin nicht zu unterlaufen, angezeigt, auf Aufklärungsbogen in digitaler Form zurückzugreifen. Hierfür gilt es indessen zu klären, welche formellen Anforderungen (z.B. qualifizierte elektronische Signatur) ein Aufklärungsbogen in digitaler Form zu erfüllen hat[1651] und welche Auswirkungen dies auf die Aushändigungspflicht i.S.d. § 630e Abs. 2 S. 2 BGB hat.

2. Ausschließliche Tele- bzw. Fernbehandlung und Mündlichkeitsgrundsatz

a) Rechtsprechung und (ursprünglicher) Wille des Gesetzgebers

Es erscheint nicht abwegig, dass ein vertrauensvolles Gespräch grundsätzlich auch aus der Ferne unter Einsatz von audiogestützten oder audiovisu-

1646 *Bundesärztekammer*, Fragenkatalog zur Fernbehandlung (08.01.2021); *Gutmann*, in: Staudinger, § 630e BGB, Rdn. 109; *Spickhoff*, in: Spickhoff, Medizinrecht, § 630e BGB, Rdn. 3a.

1647 S. ausführlicher *Fehn et al.*, Der MKG-Chirurg 2019, 132 (134, 136).

1648 S. etwa BGH, NJW 2014, 1527 (1528); *Gutmann*, in: Staudinger, § 630e BGB, Rdn. 109; *Wagner*, in: MüKo-BGB, § 630e, Rdn. 63; vgl. BGH, NJW 1985, 1399; BGH, NJW 1999, 863 (864); BGH, NJW-RR 2001, 1431 (1432).

1649 *Leupold/Wiesner*, in: Leupold et al., IT-Recht, Teil 13, Rdn. 43.

1650 *Spickhoff/Bleckwenn*, VersR 2013, 1350 (1351).

1651 Zum Beweiswert digitaler Aufklärungsbögen bei Verwendung elektronischer Signaturen, s. *Spickhoff/Bleckwenn*, VersR 2013, 1350 (1350 ff.); s. auch *Gutmann*, in: Staudinger, § 630e BGB, Rdn. 109; *Wagner*, in: MüKo-BGB, § 630e, Rdn. 63.

ellen Fernkommunikationsmitteln geführt werden kann.[1652] Die Rechtsprechung hat einer fernmündlichen (telefonische) Aufklärung jedoch teilweise eine Absage erteilt.[1653] Es wurde hierzu Folgendes ausgeführt:

> „Grundsätzlich kann sich der Arzt in einfach gelagerten Fällen auch in einem telefonischen Aufklärungsgespräch davon überzeugen, dass der Patient die entsprechenden Hinweise und Informationen verstanden hat. Ein Telefongespräch gibt ihm ebenfalls die Möglichkeit, auf individuelle Belange des Patienten einzugehen und eventuelle Fragen zu beantworten [...]. Dem Patienten bleibt es unbenommen, auf einem persönlichen Gespräch zu bestehen. Handelt es sich dagegen um komplizierte Eingriffe mit erheblichen Risiken, wird eine telefonische Aufklärung regelmäßig unzureichend sein."[1654]

Die eben vorgestellte Rechtsprechung wurde in den Gesetzgebungsmaterialien zu den §§ 630a ff. BGB aufgegriffen und bestätigt:

> „In Übereinstimmung mit der Rechtsprechung des Bundesgerichtshofs kann die Aufklärung in einfach gelagerten Fällen auch fernmündlich erfolgen (BGH v. 15. Juni 2010, Az. VI ZR 204, 2009)."[1655]

b) Bedeutung für die ausschließliche Tele- bzw. Fernbehandlung

Zunächst ist anzuerkennen, dass sowohl die Rechtsprechung als auch der (ursprüngliche)[1656] Wille des Gesetzgebers einer Fernaufklärung jedenfalls nicht gänzlich entgegenstehen. Dem ersten Anschein nach begrenzen die eben dargestellten Grundsätze die Zulässigkeit der mündlichen Fernaufklärung im Rahmen der ausschließlichen Tele- bzw. Fernbehandlung indessen erheblich. Ein telefonisches Aufklärungsgespräch ist hiernach nur zulässig, wenn ein „einfach gelagerter Fall" vorliegt und der Patient nicht auf eine Aufklärung im persönlichen Gespräch vor Ort besteht.[1657] Es bleibt aber zu bedenken, dass eine ausschließliche Tele- bzw. Fernbehandlung ohnehin

---

1652 Vgl. *Fehn*, in: Marx et al., Telemedizin, S. 9 (19); *Kaeding*, MedR 2019, 288 (289); *Hahn*, Telemedizin, S. 33; *Hahn*, MedR 2020, 16 (17).
1653 BGH, NJW 2010, 2430 (2432).
1654 BGH, NJW 2010, 2430 (2432).
1655 BT-Drs. 17/10488, 24; s. auch BR-Drs. 312/12, 35.
1656 Zum geänderten Willen des Gesetzgebers, s. Teil 2, 3. Kapitel, D.IV.2.d)cc).
1657 BGH, NJW 2010, 2430 (2432).

nur in Betracht kommt, wenn eine ärztliche Versorgung aus der Ferne möglich und zulässig ist.[1658] Die Beschränkung der fernmündlichen Aufklärung auf einfach gelagerte Fälle dürfte sich daher in tatsächlicher Hinsicht kaum auf die Aufklärung über die ausschließliche Tele- bzw. Fernbehandlung auswirken, da eine ausschließliche Behandlung aus der Ferne bei komplizierten Eingriffen mit erheblichen Risiken ohnehin nicht in Betracht kommt.[1659] Da allerdings weder die Rechtsprechung noch der Gesetzgeber der §§ 630a ff. BGB näher festlegten, wie ein „einfach gelagerter Fall" zu definieren ist, geht mit dieser Einschränkung der (fern-)mündlichen Aufklärung jedenfalls eine gewisse Rechtsunsicherheit einher.[1660]

Da die Rechtsprechung nur über die Zulässigkeit eines telefonischen Aufklärungsgesprächs in einfach gelagerten Fällen urteilte, ist bislang von der Rechtsprechung ungeklärt geblieben, ob eine mündliche Fernaufklärung unabhängig vom Vorliegen eines einfach gelagerten Falls durchgeführt werden darf, wenn die Parteien mittels audiovisueller Fernkommunikationsmittel in Kontakt treten.[1661] Schließlich ist eine solche Gesprächssituation mit einem Arzt-Patienten-Kontakt vor Ort zumindest vergleichbar.[1662] Sofern die Grundsätze der Rechtsprechung ebenfalls für die Videotelefonie gelten sollten, dürfte auch hier die Auswirkung auf die Zulässigkeit der Fernaufklärung eher gering sein, da auch eine ausschließliche Fernbehandlung via Videotelefonie bei komplizierten Eingriffen mit erheblichen Risiken ebenfalls nicht in Betracht kommt. Rechtssicher ist auch dieses

---

1658 S. auch *Fehn*, in: Marx et al., Telemedizin, S. 9 (20).

1659 S. auch *Fehn*, in: Marx et al., Telemedizin, S. 9 (20); *Prütting* geht davon aus, dass jedenfalls bei Alltagskrankheiten ein „einfacher Fall" anzunehmen sei, s. *Prütting*, in: Rehmann/Tillmanns, E-Health, Kapitel 3, Rdn. 54; a.A. *Hahn*, MedR 2020, 16 (18).

1660 Vgl. *Fehn*, in: Marx et al., Telemedizin, S. 9 (20); *Herkenrath*, Ärztliche Fernbehandlung, S. 197 f.; *Siglmüller*, Rechtsfragen der Fernbehandlung, S. 146; *Spickhoff*, in: Spickhoff, Medizinrecht, § 630e BGB, Rdn. 3a; ausführlicher zum Merkmal des einfach gelagerten Falls auch *Hahn*, MedR 2020, 16 (18); kritisch schon *Finn*, MedR 2010, 860; *Reuter/Winkler*, MedR 2014, 220 (225); *Spickhoff*, NJW 2011, 1651 (1658).

1661 Bejahend *Kaeding*, MedR 2019, 288 (289); *Leupold/Wiesner*, in: Leupold et al., IT-Recht, Teil 13, Rdn. 44; vgl. auch *Hahn*, Telemedizin, S. 33; *Reuter/Winkler*, MedR 2014, 220 (225).

1662 *Hahn*, Telemedizin, S. 33; *Leupold/Wiesner*, in: Leupold et al., IT-Recht, Teil 13, Rdn. 44 m.w.N.; vgl. auch *Fehn*, in: Marx et al., Telemedizin, S. 9 (20); *Stellpflug*, Psychotherapeutenrecht, Rdn. 515; a.A. *Eberbach*, MedR 2019, 1 (4 f.).

Ergebnis freilich nicht. Der Arzt trägt das Risiko, dass sich eine fernmündliche Aufklärung im Nachhinein als unzureichend herausstellt.[1663]

c) Aufhebung der Beschränkung auf „einfach gelagerte Fälle"

Überdies ist fraglich, ob aufgrund der Liberalisierung des Berufsrechts, der voranschreitenden Digitalisierung im Gesundheitswesen und der Fortentwicklung der Fernkommunikationsmittel im Bereich der Telemedizin überhaupt an den bisherigen Vorgaben der Rechtsprechung festzuhalten ist.[1664] Durch die Änderung der berufsrechtlichen Regelung des § 7 Abs. 4 MBO-Ä/BayBO-Ä a.F. wurde das Verbot der ausschließlichen Fernbehandlung nicht nur aufgehoben, sondern eine ausschließliche Tele- bzw. Fernbehandlung sogar ausdrücklich gestattet. Dies gilt auch für das Arzthaftungsrecht.[1665] Darf ein Patient ausschließlich fernbehandelt werden, ist es nur konsequent, wenn der Patient ohne weitere Einschränkungen bzw. ohne Rechtsunsicherheit aus der Ferne aufgeklärt werden darf, solange die allgemeinen Grundsätze[1666] Beachtung finden.[1667] Die Beschränkung der telefonischen Aufklärung auf einfach gelagerte Fälle sollte daher von der Rechtsprechung aufgegeben werden.[1668]

Im Übrigen ist – unabhängig von der Telemedizin – auch bei komplizierten Eingriffen mit erheblichen Risiken nicht ersichtlich, warum der Patient nicht aus der Ferne aufgeklärt werden darf, wenn das Vertrauensverhältnis zwischen Arzt und Patient durch die Entfernung nicht beeinträchtigt wird, der Patient Rückfragen an den Arzt stellen kann, sichergestellt ist, dass

---

1663 *Katzenmeier*, NJW 2019, 1769 (1773); *Katzenmeier/Achterfeld*, in: FS Hart, S. 283 (311).

1664 Vgl. *Fehn*, in: Marx et al., Telemedizin, S. 9 (20); *Wagner*, in: MüKo-BGB, § 630e, Rdn. 65; zum geänderten Willen des Gesetzgebers, s. Teil 2, 3. Kapitel, D.IV.2.d)cc); für eine Beibehaltung dieser Grundsätze *Katzenmeier*, in: BeckOK-BGB, § 630e, Rdn. 32; *Schmidt*, in: jurisPK-BGB, § 630e, Rdn. 29; a.A. auch *Gutmann*, in: Staudinger, § 630e BGB, Rdn. 107.

1665 S. Teil 2, 3. Kapitel, C.I.3.b).

1666 S. Teil 2, 3. Kapitel, D.IV.1.

1667 S. auch *Leupold/Wiesner*, in: Leupold et al., IT-Recht, Teil 13, Rdn. 44; noch weiter *Siglmüller*, Rechtsfragen der Fernbehandlung, S. 146 f.

1668 So etwa auch *Fehn*, in: Marx et al., Telemedizin, S. 9 (20); *Leupold/Wiesner*, in: Leupold et al., IT-Recht, Teil 13, Rdn. 44; *Prütting*, in: Rehmann/Tillmanns, E-Health, Kapitel 3, Rdn. 54.

der Patient die erhaltenen Informationen richtig verstanden hat, und der Patient nicht auf ein persönliches Gespräch vor Ort besteht.[1669]

Der Wortlaut des § 630e Abs. 2 S. 1 Nr. 1 BGB steht der Zulässigkeit einer Fernaufklärung in einem vertrauensvollen Gespräch ohne weitere Einschränkung jedenfalls nicht entgegen, da das Gesetz den Begriff „mündlich" nicht (legal-)definiert und das Wort schon nach seinem Begriffsverständnis an die physische Anwesenheit der Personen nicht geknüpft ist.[1670] Auch der Sinn und Zweck des Mündlichkeitsgrundsatzes i.S.d. § 630e Abs. 2 S. 1 Nr. 1 BGB lässt eine mündliche Fernaufklärung ohne weitere Einschränkung zu.[1671] Kommunizieren der Arzt und sein Patient via audiogestützter oder audiovisueller Fernkommunikationsmittel, kann nicht nur der Patient Rückfragen an den Arzt stellen, sondern sich der Behandler auch vergewissern, ob der Patient die Aufklärung verstanden hat, so dass es dem Arzt in einem solchen Fall nicht verwehrt werden sollte, seinen Patienten – unabhängig vom Vorliegen eines einfach gelagerten Falls – fernmündlich aufzuklären.[1672] Der (beweisbelastete) Arzt hätte lediglich ausreichend zu prüfen, ob sich die räumliche Distanz und der Einsatz von IuK-Technologien auf die Verständlichkeit der Fernaufklärung negativ ausgewirkt haben.[1673]

Gegen diese Auslegung des § 630e Abs. 2 S. 1 Nr. 1 BGB schien indessen die Übernahme der Rechtsprechung in den Gesetzgebungsmaterialien zu sprechen. Hierbei galt es jedoch zu beachten, dass das BVerfG bereits mehrfach betont hat, dass Gesetzesmaterialien nur mit Vorsicht und lediglich unterstützend und insgesamt nur insofern herangezogen werden sollten, als sie auf einen objektiven Gesetzesinhalt schließen ließen.[1674] Bei der Auslegung des Gesetzes kann der Wille des Gesetzgebers nur insoweit berücksichtigt werden, als er in dem Gesetz selbst einen hinreichend bestimmten

1669 S. auch *Fehn*, in: Marx et al., Telemedizin, S. 9 (20).

1670 So mittlerweile auch der Gesetzgeber, s. Teil 2, 3. Kapitel, D.IV.2.d)cc); s. auch *Gutmann*, in: Staudinger, § 630e BGB, Rdn. 106; *Prütting*, in: Rehmann/Tillmanns, E-Health, Kapitel 3, Rdn. 53; vgl. *Hahn*, Telemedizin, S. 33; *Leupold/Wiesner*, in: Leupold et al., IT-Recht, Teil 13, Rdn. 44.

1671 So auch *Prütting*, in: Rehmann/Tillmanns, E-Health, Kapitel 3, Rdn. 53.

1672 Vgl. *Fehn et al.*, Der MKG-Chirurg 2019, 132 (133); *Fehn*, in: Marx et al., Telemedizin, S. 9 (19 f.); *Leupold/Wiesner*, in: Leupold et al., IT-Recht, Teil 13, Rdn. 44.

1673 Vgl. *Gutmann*, in: Staudinger, § 630e BGB, Rdn. 107.

1674 BVerfGE 11, 126 (131 f.) = NJW 1960, 1563 (1564); BVerfGE 62, 1 (45) = NJW 1983, 735 (738); vgl. auch BVerfGE 10, 234 (244) = NJW 1960, 235 (236); BSG, BeckRS 2018, 16147, Rdn. 23.

Ausdruck gefunden hat.[1675] Die Beschränkung der fernmündlichen Aufklärung auf einfach gelagerte Fälle wurde im Gesetz jedoch nie verankert.

d) (Vorgeschlagene) Gesetzesänderungen

In der Literatur wurden nicht zuletzt aufgrund der unsicheren Rechtslage Rufe nach einer gesetzlichen Klarstellung bzw. Änderung laut.[1676] In den vergangenen Jahren wurde unterschiedliche Gesetzentwürfe vorgestellt.

aa) Gesetzentwurf von Stellpflug aus dem Jahr 2019

Stellpflug sprach sich für eine (umfangreiche) Zulässigkeit der Fernaufklärung bei der Durchführung einer ausschließlichen Tele- bzw. Fernbehandlung aus.[1677] Er befürchtete, dass die Voraussetzungen des § 630e Abs. 2 S. 1 Nr. 1 BGB im Falle zahlreicher telemedizinischer Behandlungen ohne face-to-face Kontakt nicht erfüllt werden könnten.[1678] Daher wurde von ihm gefordert, dass der Ausnahmetatbestand des § 630e Abs. 3 BGB um einen weiteren fernbehandlungsspezifischen Ausnahmefall in S. 2 ergänzt werden sollte.[1679] Der Vorschlag sah folgende Erweiterung des Gesetzeswortlauts vor:

> „Im Falle telemedizinischer Anwendungen kann die Aufklärung abweichend von Abs. 2 Ziffer 1 unter Nutzung elektronischer Kommunikationsmedien erfolgen.“[1680]

Hierbei wird übersehen, dass der Mündlichkeitsgrundsatz i.S.d. § 630e Abs. 2 S. 1 Nr. 1 BGB auch einer Fernaufklärung innerhalb der ausschließlichen Fernbehandlung nicht gänzlich entgegensteht, da jedenfalls eine

1675 BVerfGE 11, 126 (131 f.) = NJW 1960, 1563 (1564); BVerfGE 62, 1 (45) = NJW 1983, 735 (738); vgl. auch BVerfGE 10, 234 (244) = NJW 1960, 235 (236); BVerfGE 36, 342 (367) = NJW 1974, 1181 (1184); BSG, BeckRS 2018, 16147, Rdn. 23.

1676 So etwa *Hahn*, MedR 2020, 16 (20); *Kaeding*, MedR 2019, 288 (289); *Leupold/Wiesner*, in: Leupold et al., IT-Recht, Teil 13, Rdn. 44; vgl. *Stellpflug*, GesR 2019, 76 (81).

1677 *Stellpflug*, GesR 2019, 76 (81).

1678 *Stellpflug*, GesR 2019, 76 (80 f.).

1679 *Stellpflug*, GesR 2019, 76 (81).

1680 *Stellpflug*, GesR 2019, 76 (81).

audiogestützte oder audiovisuelle Fernaufklärung häufig – selbst unter Aufrechterhaltung der eben vorgestellten Rechtsprechung – zulässig sein dürfte. Die Annahme, dass im Fall zahlreicher telemedizinischer Behandlungen die Anforderungen des § 630e Abs. 2 S. 1 Nr. 1 BGB nicht erfüllt werden könnten, ist daher schwer nachvollziehbar. Wenngleich eine klarstellende Regelung diesbzgl. sicherlich Rechtssicherheit schaffen würde, zielt die vorgeschlagene Gesetzesänderung von Stellpflug hierauf nicht ab. Andernfalls wäre schon die Verortung der Neuregelung in § 630e Abs. 3 S. 2 BGB-E äußerst verwunderlich, da dort die Entbehrlichkeit der Aufklärung des Patienten aufgrund besonderer Umstände (z.B. Unaufschiebbarkeit der Maßnahme oder ausdrücklicher Verzicht) geregelt wird.[1681]

Überdies überzeugt die Überlegung, eine schriftliche Fernaufklärung durch die offene Formulierung („elektronischer Kommunikationsmedien") für zulässig zu erachten, nicht. Auch bei telemedizinischen Anwendungen sollten die allgemeinen Grundsätze der Aufklärung[1682] nicht ausgehebelt werden. Dass die Aufklärung des Patienten in einem vertrauensvollen Gespräch stattzufinden hat, um dem Patienten die Möglichkeit zu bieten, Rückfragen zu stellen, und um sicherzustellen, dass der Patient die Informationen richtig verstanden hat, sollte erst recht bei der Durchführung einer ausschließlichen Tele- bzw. Fernbehandlung gelten. Gerade die Aufklärung des Patienten über die ausschließliche Tele- bzw. Fernbehandlung ist besonders bedeutsam, so dass dem Arzt sogar erweiterte Aufklärungspflichten[1683] auferlegt werden. Die Anforderungen an die Durchführung der Aufklärung trotz der Bedeutung der Aufklärung für die ausschließliche Fernbehandlung zu verringern, ist nicht angezeigt. Eine rein schriftliche Fernaufklärung sollte daher auch zukünftig verboten sein. Dem Vorschlag, § 630e Abs. 3 BGB entsprechend dem Entwurf von Stellpflug zu erweitern, sollte nicht gefolgt werden.[1684]

1681 Kritisch zum vorgeschlagenen Regelungsstandort auch *Hahn*, MedR 2020, 16 (20).
1682 S. Teil 2, 3. Kapitel, D.IV.1.
1683 S. Teil 2, 3. Kapitel, D.III.
1684 Im Ergebnis auch *Gutmann*, in: Staudinger, § 630e BGB, Rdn. 106.

bb) DVG – Referentenentwurf des Bundesministeriums für Gesundheit vom 15.05.2019

In einem Referentenentwurf des Bundesministeriums für Gesundheit zu einem Gesetz für eine bessere Versorgung durch Digitalisierung und Innovation (Digitale Versorgung-Gesetz – DVG) am 15.05.2019[1685] wurde ebenfalls eine Gesetzesänderung im Hinblick auf die telemedizinische Fernaufklärung vorgeschlagen.[1686] Nach Art. 6 des Referentenentwurfs sollte die Vorschrift des § 630e Abs. 1 BGB um einen Satz erweitert werden:

> „Im Rahmen einer telemedizinischen Behandlung kann die Aufklärung nach Satz 1 auch unter Einsatz der für die Behandlung verwendeten Fernkommunikationsmittel erfolgen."[1687]

In der Begründung wurde hierzu Folgendes ausgeführt:

> „Die Änderung des § 630e Absatz 1 Satz 2 BGB stellt klar, dass eine im Einzelfall erforderliche Aufklärung und Einwilligung im Rahmen einer Videosprechstunde auch unter Einsatz derjenigen Fernkommunikationsmittel nach § 132c Absatz 2 BGB [sic[1688]] erfolgen kann, die für die Durchführung der Fernbehandlung selbst Verwendung finden. Bei der Videosprechstunde ist dabei eine dem unmittelbaren Arzt-Patienten-Kontakt vergleichbare Gesprächssituation gegeben. Insbesondere kann der Patient alle erforderlichen Rückfragen mit dem Patienten [sic[1689]] unmittelbar erörtern."[1690]

1685 *Bundesministerium für Gesundheit*, DVG-Referentenentwurf vom 15.05.2019, S. 1 ff.

1686 Vor dem Hintergrund der Rechtssicherheit überwiegend befürwortend *Herkenrath*, Ärztliche Fernbehandlung, S. 204.

1687 *Bundesministerium für Gesundheit*, DVG-Referentenentwurf vom 15.05.2019, S. 31.

1688 Ein Verweis auf § 132c Abs. 2 BGB ist nicht möglich, da die genannte Vorschrift nicht existiert. Es dürfte sich daher um einen redaktionellen Fehler handeln, vgl. *Bundesärztekammer*, Stellungnahme zum DVG-Referentenentwurf vom 15.05.2019, S. 16; *Bundeszahnärztekammer*, Stellungnahme zum DVG-Referentenentwurf vom 15.05.2019, S. 5. Stattdessen liegt es nahe, dass die Verfasser auf die Regelung des § 312c Abs. 2 BGB verweisen wollten, da dort die Fernkommunikationsmittel (legal-)definiert werden, so auch *Bundesärztekammer*, Stellungnahme zum DVG-Referentenentwurf vom 15.05.2019, S. 16; *Bundeszahnärztekammer*, Stellungnahme zum DVG-Referentenentwurf vom 15.05.2019, S. 5; *Hahn*, MedR 2020, 16 (20).

1689 Auch hierbei handelt es sich aufgrund der doppelten Verwendung des Begriffs „Patient" wohl um ein redaktionelles Versehen.

1690 *Bundesministerium für Gesundheit*, DVG-Referentenentwurf vom 15.05.2019, S. 82.

Der Wortlaut der geplanten Neuregelung ist – ähnlich zum Vorschlag von Stellpflug –[1691] sehr weitreichend, schließlich kann eine „telemedizinische Behandlung" sehr facettenreich sein.[1692] Auch eine schriftliche Fernaufklärung ist nach dem Vorschlag des Bundesministeriums für Gesundheit jedenfalls dann erlaubt, wenn die Behandlung selbst lediglich in non-verbaler Weise durchgeführt wird.[1693] Eine Einschränkung erfährt die vorgeschlagene Vorschrift indessen durch die Gesetzesbegründung.[1694] Dort wird lediglich auf die Zulässigkeit der Fernaufklärung im Rahmen einer Videosprechstunde abgestellt.[1695] Auf weitere Arten der ausschließlichen Tele- bzw. Fernbehandlung wird nicht eingegangen.[1696]

Die Diskrepanz zwischen dem umfassenden Wortlaut der vorgeschlagenen Gesetzesänderung und der Gesetzesbegründung führt dazu, dass das Ziel des Gesetzentwurfs, also die Klarstellung der behandlungsvertragsrechtlichen Aufklärungs- und Einwilligungsregeln im Zusammenhang mit telemedizinischen Behandlungsmöglichkeiten, nicht erreicht werden kann.[1697] Es bleibt bereits offen, ob die vorgeschlagene Neuregelung lediglich die Fernaufklärung im Rahmen einer Videosprechstunde für zulässig erachtet.[1698]

Die Bundesärztekammer regte in ihrer Stellungnahme zum Referentenentwurf des Bundesministeriums für Gesundheit daher unter anderem an, in der Begründung die Anforderungen auch für andere Formen der Fernbehandlung zu erläutern.[1699] Demgegenüber lehnte die Bundespsychotherapeutenkammer in ihrer Stellungnahme den Vorschlag, § 630e Abs. 1 BGB zu erweitern, völlig und ab und sprach sich für die Streichung des Art. 6

1691 S. Teil 2, 3. Kapitel, D.IV.2.d)aa).

1692 So auch *Bundeszahnärztekammer*, Stellungnahme zum DVG-Referentenentwurf vom 15.05.2019, S. 5; vgl. *Hahn*, MedR 2020, 16 (20).

1693 Vgl. *Bundeszahnärztekammer*, Stellungnahme zum DVG-Referentenentwurf vom 15.05.2019, S. 5; *Hahn*, MedR 2020, 16 (20); *Herkenrath*, Ärztliche Fernbehandlung, S. 199 m.w.N.

1694 So auch *Hahn*, MedR 2020, 16 (20); *Herkenrath*, Ärztliche Fernbehandlung, S. 199.

1695 So auch *Bundesärztekammer*, Stellungnahme zum DVG-Referentenentwurf vom 15.05.2019, S. 16; vgl. auch *Hahn*, MedR 2020, 16 (20).

1696 So auch *Bundesärztekammer*, Stellungnahme zum DVG-Referentenentwurf vom 15.05.2019, S. 16.

1697 So auch *Bundeszahnärztekammer*, Stellungnahme zum DVG-Referentenentwurf vom 15.05.2019, S. 5.

1698 S. weiterführend *Bundeszahnärztekammer*, Stellungnahme zum DVG-Referentenentwurf vom 15.05.2019, S. 5.

1699 *Bundesärztekammer*, Stellungnahme zum DVG-Referentenentwurf vom 15.05.2019, S. 16.

im Gesetzentwurf aus.[1700] Die Bundeszahnärztekammer begrüßte in ihrer Stellungnahme zwar das Ziel des Bundesministeriums für Gesundheit, die Rechtslage durch eine Änderung des § 630e BGB klarstellen zu wollen, warnte jedoch ausdrücklich davor, dass die vorgeschlagene Regelung zum Schutz des Patienten nicht zu einer Aufweichung des bislang geltenden Aufklärungsstandards führen dürfe.[1701] Insgesamt zeigt sich, dass die von dem Bundesministerium für Gesundheit vorgeschlagene Änderung des § 630e BGB deutliche Kritik erfuhr.

cc) Änderung des § 291g Abs. 4 SGB V (a.F.)

Schlussendlich entschied sich der Gesetzgeber dazu, die Vorschrift des § 630e BGB nicht zu verändern. Sein Bedürfnis zur fernmündlichen Aufklärung Stellung zu beziehen, verwirklichte er stattdessen auf eine andere Weise. Durch das Gesetz für eine bessere Versorgung durch Digitalisierung und Innovation (Digitale-Versorgung-Gesetz – DVG) vom 09.12.2019[1702] wurde die (vertragsarztrechtliche) Regelung zur Vereinbarung über technische Verfahren zur konsiliarischen Befundbeurteilung und zur Videosprechstunde, die damals in § 291g SGB V verankert war, geändert. Der Vorschrift wurde in § 291g Abs. 4 SGB V a.F. ein S. 2 angefügt, der wie folgt lautete:

> „§ 630e des Bürgerlichen Gesetzbuches ist zu beachten."[1703]

In der Gesetzesbegründung stellte der Gesetzgeber sodann Folgendes klar:

> „Eine Ergänzung oder Abänderung des § 630e Absatz 1 und 2 BGB ist allerdings nicht veranlasst. Denn die nach Maßgabe des § 630e Absatz 1 BGB vorzunehmende Aufklärung des Patienten kann bereits nach geltendem Recht auch unter der Verwendung von Telekommunikationsmitteln erfolgen, solange diese den unmittelbaren sprachlichen Austausch zwischen dem Patienten und dem Behandelnden zulassen. Die formellen Anforderungen an die Aufklärung regelt § 630e Absatz 2 BGB. Nach Nummer 1 dieser Vorschrift muss die Aufklärung ‚mündlich' erfolgen.

1700 *Bundespsychotherapeutenkammer*, Stellungnahme zum DVG-Referentenentwurf vom 15.05.2019, S. 47 f.

1701 *Bundeszahnärztekammer*, Stellungnahme zum DVG-Referentenentwurf vom 15.05.2019, S. 4.

1702 BGBl. I, 2562.

1703 BGBl. I, 2562 (2578).

> Das BGB enthält keine Legaldefinition der mündlichen Kommunikation. Nach der allgemeinen Rechtsgeschäftslehre setzt der Begriff der Mündlichkeit die gemeinsame körperliche Anwesenheit aller Beteiligten nicht voraus. Im Kontext des § 130 BGB gilt gerade die telefonisch abgegebene Willenserklärung nach allgemeiner Ansicht nicht als Erklärung unter Abwesenden, sondern als eine solche unter Anwesenden. Beispiele für dem Erfordernis der Mündlichkeit genügende Telekommunikationsmittel sind demnach insbesondere das fernmündliche Gespräch, sowie die Videotelefonie und weitere sprach- und gegebenenfalls zusätzlich bildbasierte Möglichkeiten der Fernkommunikation."[1704]

Von besonderer Bedeutung ist nicht zuletzt, dass der Gesetzgeber der Beschränkung der fernmündlichen Aufklärung auf einfach gelagerte Fälle eine ausdrückliche Absage erteilte und seinen Willen dadurch diametral abänderte. Hierzu führte er Folgendes aus:

> „Die im Rahmen der Begründung des Gesetzes zur Verbesserung der Rechte von Patientinnen und Patienten unter Verweis auf die Rechtsprechung des Bundesgerichtshofs [...] noch geäußerten Bedenken hinsichtlich der Verwendung von Fernkommunikationsmitteln im Rahmen der Aufklärung auch hinsichtlich schwierig gelagerter Behandlungsfälle bestehen angesichts der rasant gestiegenen und noch immer steigenden technischen Qualität und gesellschaftlichen Akzeptanz von Fernkommunikationsmitteln nicht mehr. Insbesondere bei der Videosprechstunde ist eine dem unmittelbaren Arzt-Patienten-Kontakt vergleichbare Gesprächssituation gegeben, sodass der Patient alle erforderlichen Rückfragen mit dem Behandelnden unmittelbar erörtern kann."[1705]

Wenngleich fraglich ist, ob sich die Einschränkung der Zulässigkeit der fernmündlichen Aufklärung auf einfach gelagerte Fälle auf die Aufklärung über eine ausschließlichen Tele- bzw. Fernbehandlung überhaupt ausgewirkt hätte,[1706] ist es erfreulich, dass sich der Gesetzgeber nun ausdrücklich und eindeutig von seiner ursprünglichen Haltung distanziert hat.[1707]

Freilich ist es nicht ideal, dass sich der Sinneswandel des Gesetzgebers dahingehend außerhalb des Gesetzes vollzieht, dass sich der Gesetzgeber lediglich in der Begründung zur Änderung des § 291g Abs. 4 SGB V (a.F.)

1704 BT-Drs. 19/13438, 70.
1705 BT-Drs. 19/13438, 70.
1706 S. Teil 2, 3. Kapitel, D.IV.2.b).
1707 Kritisch *Herkenrath*, Ärztliche Fernbehandlung, S. 202 ff.

zur fernmündlichen Aufklärung im Rahmen des § 630e BGB positioniert hat.[1708] Es obliegt jedoch der Legislative zu entscheiden, ob eine für sie rein klarstellende Änderung des § 630e BGB überhaupt nötig ist. Dass der ursprüngliche Wille des Gesetzgebers sich noch in der Gesetzesbegründung zu den §§ 630a ff. BGB wiederfindet, ist für die Auslegung des § 630e Abs. 2 S. 1 Nr. 1 BGB unschädlich. Einerseits hat die Beschränkung der fernmündlichen Aufklärung nie Einzug in den Gesetzestext erhalten. Es war daher bereits vor der Änderung des Willens des Gesetzgebers fraglich, ob und inwieweit die Übernahme der Grundsätze der Rechtsprechung in den Gesetzesmaterialien zu den §§ 630a ff. BGB bei der Auslegung überhaupt berücksichtigt werden konnten.[1709] Nimmt man andererseits an, dass dem Willen des Gesetzesgebers bei der Auslegung dennoch eine bedeutende Rolle zugeschrieben werden muss, wäre heute jedenfalls der geänderte Wille des Gesetzgebers bei der Auslegung ebenso hinreichend zu berücksichtigen.[1710]

Für eine umfassende Zulässigkeit der fernmündlichen Aufklärung streiten daher mittlerweile nicht mehr nur der Wortlaut des § 630e Abs. 2 S. 1 Nr. 1 BGB und der Sinn und Zweck des Mündlichkeitsgrundsatzes,[1711] sondern – schenkt man diesem Beachtung – auch der geänderte Wille des Gesetzgebers. Hiervor sollte sich auch die Rechtsprechung nicht verschließen. Dennoch werden in der Literatur weiterhin Rufe nach Klarstellung laut.[1712]

dd) Kritik an der Änderung des § 291g Abs. 4 SGB V (a.F.)

Hahn kritisierte an der ablehnenden Haltung des Gesetzgebers gegenüber einer non-verbalen Fernaufklärung in der Gesetzesbegründung zum Digitale-Versorgung-Gesetz unter anderem, dass solchen Formen, die nach § 7 Abs. 4 S. 3 MBO-Ä berufsrechtlich zulässig sein könnten, de facto eine Absage erteilt würden, obwohl sich die Bundesärztekammer in ihrer Stellungnahme zum DVG – Referentenentwurf des Bundesministeriums für Gesundheit vom 15.05.2019 für eine offene Formulierung ausgesprochen

1708 So kritisch *Hahn*, MedR 2020, 16 (22).

1709 S. Teil 2, 3. Kapitel, D.IV.2.c).

1710 Kritisch *Hahn*, MedR 2020, 16 (22); *Herkenrath*, Ärztliche Fernbehandlung, S. 203f.

1711 S. Teil 2, 3. Kapitel, D.IV.2.c).

1712 So etwa *Leupold/Wiesner*, in: Leupold et al., IT-Recht, Teil 13, Rdn. 44; *Rehborn*, in: Prütting, Medizinrecht, § 7 MBO-Ä, Rdn. 14.

habe.[1713] Der Gesetzgeber liefe erneut Gefahr, der tatsächlichen Entwicklung im Bereich der Fernbehandlung hinterherzuhinken.[1714]

Zutreffend ist, dass der in § 7 Abs. 4 S. 3 MBO-Ä/BayBO-Ä gewählte Begriff der Kommunikationsmedien weit zu verstehen ist.[1715] Allerdings ist eine non-verbale Fernaufklärung trotz des offenen Wortlauts des § 7 Abs. 4 S. 3 MBO-Ä/BayBO-Ä auch im Berufsrecht unzulässig.[1716] Die allgemeine Vorschrift des § 8 S. 2 MBO-Ä/BayBO-Ä betont, dass einer Einwilligung grundsätzlich die erforderliche Aufklärung im persönlichen Gespräch vorauszugehen hat. Zudem führt die Bundesärztekammer in ihren Hinweisen und Erläuterungen zu § 7 Abs. 4 MBO-Ä aus, dass auch über die Besonderheiten der ausschließlichen Fernbehandlung mündlich aufgeklärt werden müsse (§§ 8 Satz 2 MBO-Ä, 630e Abs. 2 Satz 1 Nr. 1 BGB), um nicht zuletzt Rückfragen des Patienten zu ermöglichen und sicherzustellen, dass der Patient die Aufklärung verstanden habe."[1717] Zugleich wird Folgendes betont:

> „Ebenso wenig wie bei jeder anderen Behandlung reichen zur Aufklärung über medizinische Maßnahmen im Falle der ausschließlichen Fernbehandlung allgemeine Hinweise in Form von Merkblättern oder Textbausteinen, ob schriftlich oder in elektronischer Form, aus. Eine ordnungsgemäße Aufklärung über medizinische Maßnahmen kann daher auch nicht ausschließlich durch E-Mail oder Textbausteine und Ankreuzen erfolgen. Es kann aber sinnvoll sein, Informationen auf diese Weise ergänzend zur mündlichen Aufklärung bereitzustellen."[1718]

Die von Hahn befürchtete Gefahr, dass der Gesetzgeber den tatsächlichen Entwicklungen im Bereich der Fernbehandlung hinterherhinke,[1719] besteht

---

1713 *Hahn*, MedR 2020, 16 (22).

1714 *Hahn*, MedR 2020, 16 (22).

1715 S. Teil 2, 2. Kapitel, B.I.2.c)bb)(2)(e).

1716 So auch *Bundesärztekammer*, Hinweise und Erläuterungen zu § 7 Abs. 4 MBO-Ä (2020), S. 5; s. auch schon *Bundesärztekammer*, Hinweise und Erläuterungen zu § 7 Abs. 4 MBO-Ä (2019), S. 4.

1717 *Bundesärztekammer*, Hinweise und Erläuterungen zu § 7 Abs. 4 MBO-Ä (2020), S. 4; s. auch schon *Bundesärztekammer*, Hinweise und Erläuterungen zu § 7 Abs. 4 MBO-Ä (2019), S. 4. Für die Voraussetzung der „mündlichen" Aufklärung wird mittlerweile sogar ausdrücklich auf die Gesetzesbegründung des Digitale-Versorgung-Gesetz und die dortigen Ausführungen verwiesen, s. *Bundesärztekammer*, Hinweise und Erläuterungen zu § 7 Abs. 4 MBO-Ä (2020), S. 4.

1718 *Bundesärztekammer*, Hinweise und Erläuterungen zu § 7 Abs. 4 MBO-Ä (2020), S. 5; s. auch schon *Bundesärztekammer*, Hinweise und Erläuterungen zu § 7 Abs. 4 MBO-Ä (2019), S. 4.

1719 S. soeben.

folglich nicht. Vielmehr stimmen die Anforderungen an die Durchführung der Aufklärung im Zivil- und Berufsrecht überein.

Hiergegen sprechen auch nicht die Ausführungen der Bundesärztekammer in ihrer Stellungnahme zum Referentenentwurf des Bundesministeriums für Gesundheit vom 15.05.2019.[1720] Für die Zulässigkeit einer non-verbalen Fernaufklärung sprach sich die Bundesärztekammer nicht dadurch aus, dass sie betonte, dass in der Begründung (zum Referentenentwurf) nur auf die Videosprechstunde als eine mögliche Variante der Fernbehandlung eingegangen worden sei und auch andere Formen der Fernbehandlung dort hätten erwähnt werden sollen.[1721] Vielmehr schien die Bundesärztekammer die Zulässigkeit der Fernaufklärung davon abhängig zu machen, dass „bei der Fernbehandlung eine vergleichbare **Gesprächs**situation [H.d.V.] gegeben ist, insbesondere Rückfragen möglich sind."[1722]

ee) Neuer Gesetzentwurf von Hahn im Jahr 2020

Hahn stellte im Jahr 2020 einen weiteren eigenen Gesetzesvorschlag zur Diskussion.[1723] Die Vorschrift des § 630e Abs. 2 S. 3 BGB-E könnte zukünftig folgendermaßen lauten:

> „Im Rahmen einer telemedizinischen Behandlung kann die Aufklärung nach Satz 1 auch unter Einsatz der für diese Behandlung verwendeten Fernkommunikationsmittel erfolgen, soweit dieses nicht durch andere Vorschriften ausgeschlossen ist und eine hinreichende Aufklärung des Patienten gewährleistet ist."[1724]

Durch die vorgeschlagene Neuregelung wird der (geänderte) Willen des Gesetzgebers[1725] nicht klarstellend im Gesetz verankert, sondern eine Veränderung der bisherigen Rechtslage vorgeschlagen. Dies zeigt sich bereits daran, dass einer schriftlichen Fernaufklärung durch § 630e Abs. 2 S. 3

1720 A.A. *Hahn*, MedR 2020, 16 (22).

1721 *Bundesärztekammer*, Stellungnahme zum DVG-Referentenentwurf vom 15.05.2019, S. 16.

1722 *Bundesärztekammer*, Stellungnahme zum DVG-Referentenentwurf vom 15.05.2019, S. 16.

1723 *Hahn*, MedR 2020, 16 (22 f.); befürwortend *Herkenrath*, Ärztliche Fernbehandlung, S. 205.

1724 *Hahn*, MedR 2020, 16 (23).

1725 S. Teil 2, 3. Kapitel, D.IV.2.d)cc).

BGB-E keine eindeutige Absage erteilt wird. Nach Auffassung von Hahn sollen die zivilrechtlichen Grenzen der Aufklärung durch das jeweilige Standesrecht festgelegt werden.[1726] Eine non-verbale Fernaufklärung wäre daher, abhängig vom jeweiligen Standesrecht, grundsätzlich denkbar.[1727]

Unabhängig davon, dass eine non-verbale Fernaufklärung nach hier vertretener Auffassung auch zukünftig stets unzulässig sein sollte, überzeugt der Gesetzentwurf von Hahn bereits aus anderen Gründen nicht. Widersprüchlich ist, dass Hahn zwar in der Begründung anerkennt, dass diejenigen Kommunikationsmittel, die im Rahmen der Fernaufklärung eingesetzt werden, nicht stets mit denjenigen IuK-Technologien identisch sein müssen, die im Anschluss für die ausschließliche Fernbehandlung genutzt werden.[1728] Der Wortlaut des § 630e Abs. 2 S. 3 Hs. 1 BGB-E, wonach die Aufklärung „auch unter Einsatz der für diese Behandlung verwendeten Fernkommunikationsmittel“[1729] erfolgen kann, steht dem entgegen. Zudem bleibt unklar, wann und unter welchen Umständen „eine hinreichende Aufklärung des Patienten [i.S.d. § 630e Abs. 2 S. 3 Hs. 1 BGB-E] gewährleistet ist.“

Daneben trägt die Anknüpfung der zivilrechtlichen Grenzen der Aufklärung an das jeweilige Standesrecht nicht zur Rechtsklarheit bei, sondern bewirkt das Gegenteil. Bei der Auslegung der berufsrechtlichen Vorschriften wird häufig auf die zivilrechtlichen Regelungen Bezug genommen,[1730] so dass der Verweis in § 630e Abs. 2 S. 3 Hs. 1 BGB-E auf das Berufsrecht die Rechtslage nicht hinreichend abbilden kann. Auf die – wie von Hahn vorgeschlagen –[1731] Vorrangigkeit der berufsrechtlichen Grenzen in der Gesetzesbegründung zu verweisen, wird dieses Problem indes nicht lösen können. Der Vorschlag, die Vorschrift des § 630e Abs. 2 S. 3 BGB-E im Gesetz zu verankern, ist daher abzulehnen.[1732]

1726 *Hahn*, MedR 2020, 16 (22 f.).
1727 *Hahn*, MedR 2020, 16 (22 f.).
1728 *Hahn*, MedR 2020, 16 (23).
1729 *Hahn*, MedR 2020, 16 (23).
1730 S. etwa *Rehborn*, in: Prütting, Medizinrecht, § 8 MBO-Ä, Rdn. 9; *Scholz*, in: Spickhoff, Medizinrecht, § 8 MBO-Ä, Rdn. 2.
1731 *Hahn*, MedR 2020, 16 (23).
1732 So im Ergebnis auch *Gutmann*, in: Staudinger, § 630e BGB, Rdn. 106.

3. Fazit

Die Pflicht zur mündlichen Aufklärung nach § 630e Abs. 2 S. 1 Nr. 1 BGB (und ebenso § 8 S. 2 MBO-Ä/BayBO-Ä) setzt der Fernaufklärung Grenzen. Eine schriftliche Aufklärung aus der Ferne (z.B. via Chat oder E-Mail) verstößt gegen den Grundsatz der Mündlichkeit, da sich der Arzt hierbei jedenfalls nicht ausreichend vergewissern kann, ob der Patient die Informationen verstanden hat.

Eine Fernaufklärung mittels audiogestützter oder audiovisueller Fernkommunikationsmittel stehen weder der Wortlaut des § 630e Abs. 2 S. 1 Nr. 1 BGB noch der Sinn und Zweck des Mündlichkeitsgrundsatzes entgegen. Die Rechtsprechung hat indessen bereits vor Einführung der §§ 630a ff. BGB entschieden, dass in einfach gelagerten Fällen ein telefonisches Aufklärungsgespräch grundsätzlich zulässig ist, während bei komplizierten Eingriffen mit erheblichen Risiken eine telefonische Aufklärung unzureichend sein soll. Der Gesetzgeber der §§ 630a ff. BGB pflichtete der Auffassung der Rechtsprechung zunächst bei, indem er in der Gesetzesbegründung eine fernmündliche Aufklärung in einfach gelagerten Fällen zuließ.

Die Beschränkung der fernmündlichen Aufklärung auf einfach gelagerte Fälle dürfte sich auf die ausschließliche Tele- bzw. Fernbehandlung kaum auswirken, da eine Fernbehandlung bei komplizierten Eingriffen mit erheblichen Risiken ohnehin nicht in Betracht kommt, unabhängig davon, ob die Parteien mittels audiogestützter oder audiovisueller Fernkommunikationsmittel in Kontakt treten. Zudem hat der Gesetzgeber damals davon abgesehen, die Beschränkung der Fernaufklärung im Gesetz zu verankern, so dass schon fraglich ist, ob und inwieweit der (frühere) Wille des Gesetzgebers bei der Auslegung des Gesetzes überhaupt berücksichtigt werden kann. Sofern dem (früheren) Willen des Gesetzgebers bei der Auslegung dennoch eine gewichtige Rolle zugeschrieben werden sollte, gilt es zu berücksichtigen, dass sich der Gesetzgeber mittlerweile von seiner ursprünglichen Auffassung distanziert hat. Solange die zur Fernaufklärung verwendeten Telekommunikationsmittel einen unmittelbaren sprachlichen Austausch ermöglichen, erachtet der Gesetzgeber eine Aufklärung unter Einsatz von Telekommunikationsmitteln nun stets für zulässig. Die Rechtsprechung sollte sich daher zukünftig auch aus diesen Gründen von ihrer zum Teil ablehnenden Haltung gegenüber Fernaufklärungen distanzieren.

V. Entbehrlichkeit der Aufklärung, § 630e Abs. 3 BGB

Einer Aufklärung des Patienten bedarf es nicht, soweit diese ausnahmsweise aufgrund besonderer Umstände (z.B. ausdrücklicher Verzicht des Patienten) entbehrlich ist, s. § 630e Abs. 3 BGB.[1733] An das Vorliegen eines Verzichts werden überdies strenge Anforderungen geknüpft.[1734] Bereits der Wortlaut des § 630e Abs. 3 Alt. 2 BGB hebt hervor, dass der Patient auf die Aufklärung *ausdrücklich* verzichten muss.[1735] Ein konkludenter Verzicht genügt den Anforderungen daher nicht.[1736] Gleiches muss auch im Rahmen einer ausschließlichen Tele- bzw. Fernbehandlung gelten.[1737] Der Verzicht muss von dem Patienten „deutlich, klar und unmissverständlich geäußert"[1738] werden, wenngleich das Wort „Verzicht" nicht verwendet werden muss.[1739] Da der Arzt für die Entbehrlichkeit der Aufklärung beweisbelastet ist,[1740] ist dem (Fern-)Behandler zu raten, den (formlos wirksamen) Verzicht – im eigenen Interesse – zu dokumentieren.[1741]

1733 Die *Bundesärztekammer* betont indessen, dass, um „den Grundsätzen sorgfältiger und gewissenhafter ärztlicher Tätigkeit im Einzelfall gerecht zu werden, [...] ein Unterlassen der Aufklärung aufgrund eines ausdrücklichen Verzichtes durch die Patientin oder den Patienten bei ausschließlicher Fernbehandlung/-beratung nicht empfohlen" werde, s. *Bundesärztekammer*, Fragenkatalog zur Fernbehandlung (08.01.2021).

1734 BT-Drs. 17/10488, 22, 25; *Gehrlein*, Arzthaftungsrecht, Teil C, Rdn. 27; *Gutmann*, in: Staudinger, § 630e BGB, Rdn. 175; *Katzenmeier*, in: BeckOK-BGB, § 630e, Rdn. 54 m.w.N.; *Wagner*, in: MüKo-BGB, § 630e, Rdn. 81; *Prütting*, in: Rehmann/Tillmanns, E-Health, Kapitel 3, Rdn. 58.

1735 *Wagner*, in: MüKo-BGB, § 630e, Rdn. 81.

1736 *Katzenmeier*, in: BeckOK-BGB, § 630e, Rdn. 54; *Spickhoff*, in: Spickhoff, Medizinrecht, § 630e BGB, Rdn. 11; a.A. früher etwa *Harmann*, NJOZ 2010, 819 (823); *Roßner*, NJW 1990, 2291 (2294) m.w.N.

1737 A.A. *Leupold/Wiesner*, in: Leupold et al., IT-Recht, Teil 13, Rdn. 43; differenzierend *Herkenrath*, Ärztliche Fernbehandlung, S. 90.

1738 BT-Drs. 17/10488, 22, 25.

1739 *Spickhoff*, in: Spickhoff, Medizinrecht, § 630e BGB, Rdn. 11; *Wagner*, in: MüKo-BGB, § 630e, Rdn. 81.

1740 So etwa *Gutmann*, in: Staudinger, § 630e BGB, Rdn. 173.

1741 Vgl. im Allgemeinen *Gehrlein*, Arzthaftungsrecht, Teil C, Rdn. 27; *Katzenmeier*, in: BeckOK-BGB, § 630e, Rdn. 54; *Spickhoff*, in: Spickhoff, Medizinrecht, § 630e BGB, Rdn. 11.

Ein vollständiger Verzicht ist nicht möglich.[1742] Dem Patienten sind jedenfalls ein Mindestmaß an Basisinformationen mitzuteilen,[1743] so dass nur auf solche Informationen verzichtet werden kann, die Einzelheiten des Verlaufs und der Gefahren betreffen.[1744] Dem Patienten muss die Erforderlichkeit der medizinischen Maßnahme, dessen Art und die Tatsache, dass eine solche nicht ganz ohne Risiko verläuft, mitgeteilt werden.[1745] Einer schriftlichen Fernaufklärung, die wegen des Verstoßes gegen den Mündlichkeitsgrundsatz unzulässig ist, dadurch zu begegnen, dass der Patient auf die Aufklärung verzichtet, ist daher nicht möglich.[1746]

Ob beim Einsatz einer Neulandmethode ein Verzicht auf die Aufklärung möglich ist, beantwortet das Gesetz nicht. Der Wortlaut des § 630e Abs. 3 BGB verbietet es dem Patienten jedenfalls nicht, auf eine Aufklärung auch dann zu verzichten, wenn eine Neulandmethode durchgeführt wird. Der Umfang der Basisinformationen sollte in einem solchen Fall jedoch entsprechend angepasst werden. Dem Patienten ist etwa zu erläutern, dass es sich bei der geplanten medizinischen Maßnahme um eine Methode handelt, für die allgemein anerkannte fachliche Standards noch nicht existieren, und der Patienten deshalb grundsätzlich qualifiziert aufzuklären ist.

1742 *Kern*, in: Laufs et al., Handbuch des Arztrechts, § 68, Rdn. 9; *Prütting*, in: Rehmann/Tillmanns, E-Health, Kapitel 3, Rdn. 58 m.w.N.; *Walter*, in: BeckOGK-BGB, § 630e, Rdn. 42 ff.

1743 S. etwa *Walter*, in: BeckOGK-BGB, § 630e, Rdn. 44; kritisch *Spickhoff*, in: Spickhoff, Medizinrecht, § 630e BGB, Rdn. 11.

1744 *Katzenmeier*, in: BeckOK-BGB, § 630e, Rdn. 54; *Kern*, in: Laufs et al., Handbuch des Arztrechts, § 68, Rdn. 9.

1745 *Katzenmeier*, in: BeckOK-BGB, § 630e, Rdn. 54; zu weitgehend BT-Drs. 17/10488, 22, 25 f.; *Gehrlein*, Arzthaftungsrecht, Teil C, Rdn. 27; kritisch auch *Spickhoff*, in: Spickhoff, § 630e BGB, Rdn. 11.

1746 A.A. *Hahn*, Telemedizin, S. 33; *Leupold/Wiesner*, in: Leupold et al., IT-Recht, Teil 13, Rdn. 43.

4. Kapitel: Arztstrafrecht

A. Einführung

Das Arztstrafrecht befasst sich mit strafrechtlich bedeutsamen, arzttypischen Gefährdungslagen, die sich für den Arzt aus seiner Berufsausübung ergeben.[1747] Spezielle Straftatbestände, die eine eigenmächtige oder fehlerhafte Heilbehandlung unter Strafe stellen, existieren (bislang) nicht.[1748] Seit langem werden zwar Entwürfe vorgelegt, die eigenständige Sondervorschriften zur Heilbehandlung vorsehen, jedoch hat sich bislang keiner der Vorschläge durchgesetzt.[1749] Die Strafbarkeit des Arztes wegen eigenmächtiger oder fehlerhafter Heilbehandlung richtet sich daher nach den allgemeinen strafrechtlichen Vorschriften.[1750] Die Diskussion um eine Anpassung des StGB reißt allerdings nicht ab.[1751]

Erst recht lassen sich im Arztstrafrecht – ebenso wie im Arzthaftungsrecht – keine speziellen Regelungen zur ausschließlichen Tele- bzw. Fernbehandlung finden. In der Literatur wird zu den strafrechtlichen Konsequenzen, die dem Fernbehandler im Zusammenhang mit einer ausschließlichen Tele- bzw. Fernbehandlung bevorstehen, – im Vergleich zu den rechtlichen Folgen aus dem ärztlichen Berufsrecht und dem Arzthaftungsrecht – deutlich seltener Stellung bezogen.[1752] Hieraus abzuleiten, dass dem Arzt bei der

---

1747 *Zuck/Gokel*, in: Quaas et al., Medizinrecht, § 70, Rdn. 2; zur Unterscheidung des Arztstrafrechts i.e.S. und i.w.S. ebenso *Zuck/Gokel*, in: Quaas et al., Medizinrecht, § 70, Rdn. 2.

1748 So etwa *Fehn*, in: Marx et al., Telemedizin, S. 9 (47); *Schüttler/Biermann*, Der Narkosezwischenfall, S. 170.

1749 Ausführlicher hierzu etwa *Gercke et al.*, Handbuch Medizinstrafrecht, Rdn. 14; *Kraatz*, Arztstrafrecht, Rdn. 25; *Kriminalpolitischer Kreis*, medstra 2021, 65 (69); *Kühl*, in: Lackner/Kühl, § 223 StGB, Rdn. 8; *Ulsenheimer*, in: Laufs et al., Handbuch des Arztrechts, § 148, Rdn. 12 ff.

1750 *Gaidzik*, in: Widder/Gaidzik, Neurowissenschaftliche Begutachtung, S. 332; *Gercke et al.*, Handbuch Medizinstrafrecht, Rdn. 14 m.w.N.; *Kraatz*, Arztstrafrecht, Rdn. 25.

1751 S. hierzu erst jüngst *Kriminalpolitischer Kreis*, medstra 2021, 65 (65 ff.); eigenen Straftatbestand befürwortend etwa auch *Hilgendorf*, Einführung Medizinstrafrecht, 2. Kapitel, Rdn. 16, 18.

1752 So aber *Fehn*, in: Marx et al., Telemedizin, S. 9 (29 f., 34, 47 f.); vgl. früher schon *Ulsenheimer/Erlinger*, in: Dierks et al., Rechtsfragen der Telemedizin, S. 67 (79 ff.);

Durchführung einer ausschließlichen Tele- bzw. Fernbehandlung keinerlei strafrechtlichen Sanktionen drohen, ist freilich verfehlt. Der Arzt, der eine Fernbehandlung vornimmt, kann nicht nur gegen berufs- und zivilrechtliche Pflichten verstoßen, sondern sich – wie sich zeigen wird – durch sein Verhalten ebenso strafbar machen.

Im Vordergrund der nachfolgenden Ausführungen stehen Straftaten gegen die körperliche Unversehrtheit (§ 223 StGB und § 229 StGB) und eine Gemeingefährliche Straftat (§ 323c StGB).[1753] Verstöße gegen die ärztliche Dokumentationspflicht und das Ausstellen ärztlicher Rezepte im Rahmen der ausschließlichen Tele- bzw. Fernbehandlung sind vor dem Hintergrund der Delikte aus dem Dreiundzwanzigsten Abschnitt: Urkundenfälschung (§ 267 StGB, § 269 StGB und § 278 StGB) näher zu beleuchten.

B. Straftaten gegen die körperliche Unversehrtheit, § 223 StGB und § 229 StGB

I. Behandlungsfehler des Fernbehandlers

Liegt ein ärztlicher Behandlungsfehler vor, scheitert eine Strafbarkeit nach § 223 Abs. 1 StGB zumeist am fehlenden Vorsatz des Arztes.[1754] Da – selbst bei grob fehlerhaftem Verhalten des Arztes – die Annahme, dass der Arzt die Art und Weise der Behandlung nicht am Wohl des Patienten ausgerichtet hat, häufig fernliegend ist, ist bereits die Erörterung, ob der Arzt den Patienten vorsätzlich an den in Rede stehenden Rechtsgütern geschädigt

zu den Strafbarkeitsrisiken für Notärzte und Aufgabenträger in einem Telenotarzt-System, s. *Fehn*, MedR 2014, 543 (543 ff.); *Katzenmeier/Schrag-Slavu*, Telemedizin im Rettungsdienst, S. 103 ff.

1753 Auf eine Strafbarkeit des Arztes nach § 203 StGB wegen Verletzung von Privatgeheimnissen soll beispielsweise nicht eingegangen werden, s. hierzu etwa *Fehn*, in: Marx et al., Telemedizin, S. 9 (29 f.); vgl. auch *Siglmüller*, Rechtsfragen der Fernbehandlung, S. 361 ff.

1754 *Bernsmann/Geilen*, in: Wenzel, Handbuch Medizinrecht, Kapitel 4, Rdn. 459 m.w.N.; *Gercke et al.*, Handbuch Medizinstrafrecht, Rdn. 178; *Kraatz*, Arztstrafrecht, Rdn. 36, 113. Eine Vorsatzstrafbarkeit ist zu prüfen, wenn ggf. sachfremde Motive das Handeln bestimmt haben, s. BGH, NStZ 2004, 35 (36); BGH, NJW 2011, 2895 (2897); *Warntjen*, in: Müller et al., Anwaltshandbuch Strafverteidigung, § 49, Rdn. 80.

hat, nur unter besonderen Umständen geboten.[1755] Daher kommt bei einem ärztlichen Behandlungsfehler stattdessen in der Regel eine Strafbarkeit wegen fahrlässiger Körperverletzung nach § 229 StGB in Betracht.[1756]

1. Fahrlässige Körperverletzung, § 229 StGB

Im Bereich der fahrlässigen Körperverletzung des Patienten durch aktives Tun oder Unterlassen weisen das Arzthaftungsrecht und das Arztstrafrecht häufig Parallelen auf.[1757] Dennoch führt nicht jedes Fehlverhalten des Fernbehandlers, das ihn nach den Grundsätzen des Arzthaftungsrecht für Schäden des Patienten zivilrechtlich haftbar macht, im Ergebnis auch zu einer Strafbarkeit des Arztes.[1758] Dies folgt schon aus dem ultima-ratio-Grundsatz.[1759] Daneben unterscheidet sich das Arztstrafrecht vom Arzthaftungsrecht etwa dadurch, dass im Strafrecht aufgrund des Schuldprinzips ein zweistufiger Fahrlässigkeitsbegriff gilt.[1760] Zudem werden erhöhte Anforderungen an den Nachweis der Kausalität gestellt[1761] und etwaige beweisrechtliche Besonderheiten (z.B. § 630h Abs. 3 BGB) spielen im Arztstrafrecht keine Rolle.[1762] Der für den Fernbehandler im Zusammenhang mit der ausschließlichen Tele- bzw. Fernbehandlung einzuhaltende Sorgfaltsmaßstab

---

1755 S. etwa BGH, NStZ 2004, 35 (36); *Gercke et al.*, Handbuch Medizinstrafrecht, Rdn. 21, 178; *Kraatz*, Arztstrafrecht, Rdn. 36, 113; *Warntjen*, in: Müller et al., Anwaltshandbuch Strafverteidigung, § 49, Rdn. 77; vgl. auch BayObLG, NStZ-RR 2004, 45.

1756 *Gercke et al.*, Handbuch Medizinstrafrecht, Rdn. 178; *Kraatz*, Arztstrafrecht, Rdn. 113; *Ulsenheimer/Gaede*, in: Ulsenheimer/Gaede, Arztstrafrecht in der Praxis, Rdn. 601.

1757 S. etwa *Ulsenheimer/Erlinger*, in: Dierks et al., Rechtsfragen der Telemedizin, S. 67 (79); vgl. *Schüttler/Biermann*, Der Narkosezwischenfall, S. 245.

1758 Vgl. im Allgemeinen *Giring/Schmidt*, in: Ratzel/Luxenburger, Handbuch Medizinrecht, Kapitel 16, Rdn. 9; *Sternberg-Lieben*, in: Hilgendorf et al., Handbuch des Strafrechts, § 52, Rdn. 11.

1759 So etwa *Sternberg-Lieben*, in: Hilgendorf et al., Handbuch des Strafrechts, § 52, Rdn. 11.

1760 S. etwa *Gaidzik*, in: Widder/Gaidzik, Neurowissenschaftliche Begutachtung, S. 332 (340); *Ulsenheimer/Erlinger*, in: Dierks et al., Rechtsfragen der Telemedizin, S. 67 (79).

1761 *Ulsenheimer*, MedR 1992, 127 (130); zur Ursächlichkeit des Behandlungsfehlers für einen Gesundheitsschaden, vgl. *Fehn*, in: Marx et al., Telemedizin, S. 9 (40 f., 48).

1762 S. etwa *Ulsenheimer/Erlinger*, in: Dierks et al., Rechtsfragen der Telemedizin, S. 67 (79); *Gaidzik*, in: Widder/Gaidzik, Neurowissenschaftliche Begutachtung, S. 332 (340).

im Arztstrafrecht ist – ebenso wie im Arzthaftungsrecht – Schwerpunkt der nachfolgenden Ausführungen.

a) Zweistufiger Fahrlässigkeitsbegriff

aa) Objektive Sorgfaltspflichtverletzung

Im Strafrecht gilt ein zweistufiger Fahrlässigkeitsbegriff.[1763] Auf Tatbestandsebene ist – ebenso wie im Zivilrecht – ausreichend, dass der Arzt die im Verkehr (ggf. entsprechend der Übernahme der Garantenstellung)[1764] erforderliche Sorgfalt außer Acht gelassen hat, deren Inhalt nach einem objektiv-typisierenden Maßstab bestimmt wird.[1765] Für die Beurteilung ärztlichen Verhaltens wird in diesem Zusammenhang häufig auf den Facharztstandard bzw. den Standard eines erfahrenen Facharztes[1766] verwiesen.[1767] Es gelten die im Arzthaftungsrecht vorgestellten Grundsätze,

1763 S. etwa *Fischer*, § 15 StGB, Rdn. 20 *Gercke et al.*, Handbuch Medizinstrafrecht, Rdn. 203; *Schüttler/Biermann*, Der Narkosezwischenfall, S. 172; *Ulsenheimer*, in: Laufs et al., Handbuch des Arztrechts, § 149, Rdn. 32; zur Darstellung des einstufigen Fahrlässigkeitsbegriffs, s. etwa *Gaede*, in: Matt/Renzikowski, § 15 StGB, Rdn. 34.

1764 *Ulsenheimer/Gaede*, in: Ulsenheimer/Gaede, Arztstrafrecht in der Praxis, Rdn. 143.

1765 Vgl. BGH, NJW 2001, 1075 (1076); BGHSt 49, 166 (174) = NJW 2004, 2458 (2460); BGHSt 53, 55 (58) = NJW 2009, 1155 (1156); OLG Köln, NStZ-RR 2002, 304; *Bernsmann/Geilen*, in: Wenzel, Handbuch Medizinrecht, Kapitel 4, Rdn. 463; *Frister et al.*, Arztstrafrecht, 1. Kapitel, Rdn. 81; *Gercke et al.*, Handbuch Medizinstrafrecht, Rdn. 203 ff.; *Giring/Schmidt*, in: Ratzel/Luxenburger, Handbuch Medizinrecht, Kapitel 16, Rdn. 5; *Ulsenheimer*, in: Laufs et al., Handbuch des Arztrechts, § 149, Rdn. 32; *Ulsenheimer/Gaede*, in: Ulsenheimer/Gaede, Arztstrafrecht in der Praxis, Rdn. 65.

1766 Der Arzt und sein Patient dürfen unter gewissen Voraussetzungen von dem Facharztstandard abweichen, zur vereinbarten Standardunterschreitung im Strafrecht, s. etwa *Frister et al.*, Arztstrafrecht, 1. Kapitel, Rdn. 95; *Gercke et al.*, Handbuch Medizinstrafrecht, Rdn. 235; *Sternberg-Lieben*, in: Hilgendorf et al., Handbuch des Strafrechts, § 52, Rdn. 73; vgl. BGHSt 43, 306 (309) = NJW 1998, 1802 (1803); *Kraatz*, Arztstrafrecht, Rdn. 122.

1767 BGH, NJW 2000, 2754 (2758); OLG Hamm, MedR 358 (359); *Boemke*, NJW 2010, 1562 (1563); *Frister et al.*, Arztstrafrecht, 1. Kapitel, Rdn. 82; *Gercke et al.*, Handbuch Medizinstrafrecht, Rdn. 208.; *Giring/Schmidt*, in: Ratzel/Luxenburger, Handbuch Medizinrecht, Kapitel 16, Rdn. 6; *Hoyer*, in: Igl/Welti, Gesundheitsrecht, § 54, Rdn. 25; *Kraatz*, Arztstrafrecht, Rdn. 117; *Ulsenheimer*, in: Laufs et al., Handbuch des Arztrechts, § 149, Rdn. 33; *Warntjen*, in: Müller et al., Anwaltshandwonach der grundsätzlich von der Medizin festzulegende[1768], objektive[1769] (Facharzt-)Standard dynamisch[1770], situations- und fachgebietsbezogen[1771] ausgestaltet ist.[1772] Entspricht die ärztliche Maßnahme diesem Standard, verhält sich der Arzt nicht objektiv pflichtwidrig, wenn die Behandlung misslingt, der Heilerfolg etwa ausbleibt.[1773]

(1) Bedeutung für die ausschließliche Tele- bzw. Fernbehandlung

Da der Fahrlässigkeitsbegriff des § 229 StGB auf Tatbestandsebene mit dem zivilrechtlichen Sorgfaltsmaßstab übereinstimmt, sind die im Arzthaftungsrecht vorgestellten Grundsätze[1774] zur ausschließlichen Tele- bzw. Fernbehandlung im Arztstrafrecht fruchtbar zu machen. Entscheidend für die Erfüllung der objektiven Sorgfaltspflichtverletzung i.S.d. § 229 StGB ist daher, welchen Facharztstandard es zum Zeitpunkt der jeweiligen Behandlung einzuhalten gilt. Ebenso wie im Arzthaftungsrecht[1775] stellt sich auch im Arztstrafrecht vorab die Frage, ob ein spezifischer Fernbehandlungsstandard überhaupt existieren kann. Wird dies zutreffend bejaht,[1776] ist im Anschluss festzustellen, ob sich ein solcher für das jeweilige Fachgebiet bereits entwickelt hat.[1777] Derzeit scheint sich ein spezifischer Fernbehandlungsstandard lediglich partiell (z.B. im Bereich der Seeschifffahrt) herausgebildet zu haben.[1778] Die Vorschrift und die Systematik der Neuregelung des

buch Strafverteidigung, § 49, Rdn. 9; *Zöller/Petry*, in: Leipold et al., AnwaltKommentar, § 229 StGB, Rdn. 7.

1768 S. Teil 2, 3. Kapitel, C.I.1.

1769 S. Teil 2, 3. Kapitel, C.I.2.

1770 S. Teil 2, 3. Kapitel, C.I.3.

1771 S. Teil 2, 3. Kapitel, C.I.2.

1772 Zu den Grundsätzen in der (arzt-)strafrechtlichen Literatur, s. etwa *Gercke et al.*, Handbuch Medizinstrafrecht, Rdn. 208 ff.; *Kraatz*, Arztstrafrecht, Rdn. 116 ff.; *Zöller/Petry*, in: Leipold et al., AnwaltKommentar, § 229 StGB, Rdn. 7.

1773 BGH, NJW 1977, 1102 (1103) m.w.N.; BGH, NJW 1978, 1681; *Frister et al.*, Arztstrafrecht, 1. Kapitel, Rdn. 83; *Gercke et al.*, Handbuch Medizinstrafrecht, Rdn. 206 m.w.N.; *Kraatz*, Arztstrafrecht, Rdn. 116; *Ulsenheimer/Gaede*, in: Ulsenheimer/Gaede, Arztstrafrecht in der Praxis, Rdn. 63; *Zöller/Petry*, in: Leipold et al., AnwaltKommentar, § 229 StGB, Rdn. 7.

1774 S. Teil 2, 3. Kapitel, C.I. und Teil 2, 3. Kapitel, C.II.

1775 S. Teil 2, 3. Kapitel, C.I.3.b)aa).

1776 S. Teil 2, 3. Kapitel, C.I.3.b)aa).

1777 S. Teil 2, 3. Kapitel, C.I.3.b)bb).

1778 S. Teil 2, 3. Kapitel, C.I.3.b)cc).

§ 7 Abs. 4 MBO-Ä – als Ausdruck der allgemeingültigen Standesauffassung der Ärzte – beeinflussen indessen zumindest teilweise den Standard[1779] und wirken sich daher auch im Arztstrafrecht aus. Es ist aufgrund der derzeitigen Entwicklung nicht ausgeschlossen, dass sich (ggf. zeitnah) ein eigener spezifische Fernbehandlungsstandards für spezielle Fachgebiete (z.B. Teledermatologie) etablieren wird.[1780]

Fehlt es an einem spezifischen Fernbehandlungsstandard, führt die Durchführung der ausschließlichen Tele- bzw. Fernbehandlung nicht (mehr) automatisch zu einer objektiven Sorgfaltspflichtverletzung des Arztes.[1781] Stattdessen gilt es, die Sorgfalt eines vorsichtigen Behandlers einzuhalten.[1782] Um sich objektiv pflichtgemäß i.S.d. § 229 StGB zu verhalten, hat der Fernbehandler beispielsweise Organisationsfehler,[1783] Fehler bei der Methodenwahl,[1784] Fehler im Stadium der Diagnostik,[1785] Fehler bei der Durchführung der Behandlungsmethode[1786] und Verstöße gegen etwaige Informationspflichten[1787] zu vermeiden.

Verletzt der Arzt hingegen seine (fernbehandlungsspezifische) Dokumentationspflicht, stellt diese Pflichtverletzung im Arzthaftungsrecht in der Regel keinen eigenständigen Haftungsgrund dar, sondern führt stattdessen primär zu beweisrechtlichen Folgen, s. § 630h Abs. 3 BGB.[1788] Auch im Arztstrafrecht ist eine fehlerhafte Dokumentation nur in seltenen Fällen[1789] als strafbares ärztliches Verhalten i.S.d. § 229 StGB zu qualifizieren.[1790] Der

1779 S. Teil 2, 3. Kapitel, C.I.3.b)bb)(2) und Teil 2, 3. Kapitel, C.I.3.b)bb)(3).

1780 S. Teil 2, 3. Kapitel, C.I.3.c).

1781 Vgl. im Allgemeinen *Frister et al.*, Arztstrafrecht, 1. Kapitel, Rdn. 95; *Hoyer*, in: Igl/Welti, Gesundheitsrecht, § 54, Rdn. 23; *Gercke et al.*, Handbuch Medizinstrafrecht, Rdn. 235; *Schmid*, NJW 1986, 2339 (2341).

1782 So etwa *Gercke et al.*, Handbuch Medizinstrafrecht, Rdn. 211.

1783 S. Teil 2, 3. Kapitel, C.II.2.a)aa).

1784 S. Teil 2, 3. Kapitel, C.II.2.b)bb); vgl. im Allgemeinen etwa BGHSt 37, 383 (385) = NStZ 1991, 439 (440).

1785 S. Teil 2, 3. Kapitel, C.II.2.b)cc).

1786 S. Teil 2, 3. Kapitel, C.II.2.b)dd).

1787 S. Teil 2, 3. Kapitel, C.II.2.b)ee).

1788 S. Teil 2, 3. Kapitel, C.II.2.b)ff).

1789 S. hierzu etwa *Giring/Schmidt*, in: Ratzel/Luxenburger, Handbuch Medizinrecht, Kapitel 16, Rdn. 9; *Sternberg-Lieben/Schuster*, in: Schönke/Schröder, § 15 StGB, Rdn. 212a m.w.N.

1790 *Giring/Schmidt*, in: Ratzel/Luxenburger, Handbuch Medizinrecht, Kapitel 16, Rdn. 9; *Sternberg-Lieben/Schuster*, in: Schönke/Schröder, § 15 StGB, Rdn. 212a m.w.N.; strenger noch *Schüttler/Biermann*, Der Narkosezwischenfall, S. 173.

beweisrechtlichen Regelung des § 630h Abs. 3 BGB kommt im Arztstrafrecht freilich keine Bedeutung zu.[1791]

(2) Kein Erfordernis einer persönlichen Untersuchung vor Ort nach der strafgerichtlichen Rechtsprechung

Obgleich eine ausschließliche Tele- bzw. Fernbehandlung aufgrund der Weiterentwicklung des allgemein anerkannten fachlichen Standards mittlerweile – nach der Liberalisierung des Berufsrechts – in Einzelfällen erlaubt ist, steht der Durchführung einer solchen möglicherweise die (frühere) strafgerichtliche Rechtsprechung entgegen, wenn diese eine persönliche Untersuchung des Patienten vor Ort stets für erforderlich erachtet.[1792]

(a) BGH, Urteil vom 01.03.1955 – 5 StR 583/54

In dem Urteil des BGH vom 01.03.1955 – 5 StR 583/54[1793] zum pflichtwidrigen Unterlassen wurde unter anderem ausgeführt:

> „Ob ein behandelnder Arzt [nach Übernahme der Behandlung] einen erbetenen Hausbesuch machen muß, richtet sich nach den Umständen des Einzelfalles. Der Arzt, der den betr. Patienten und die Natur seiner Erkrankung kennt, wird einen Besuch häufiger ablehnen können als derjenige, der den Patienten noch niemals untersucht hat. Aber auch dieser braucht nicht schlechthin jeder Besuchsbitte Folge zu leisten. Offensichtlich unbegründete Besuchsbitten kann er ablehnen. Für den Bereitschaftsarzt folgt das schon daraus, daß überflüssige Besuche den Arzt für längere Zeit unerreichbar machen und dadurch dazu führen können, daß er in wichtigen Fällen nicht rechtzeitig Hilfe leisten kann.

1791 *Gaidzik*, in: Widder/Gaidzik, Neurowissenschaftliche Begutachtung, S. 332 (340); vgl. früher schon *Fehn*, GesR 2007, 504 (508).

1792 Von einer „grundsätzlich notwendigen persönlichen Untersuchung" unter Verweis auf die Rechtsprechung ausgehend etwa *Sternberg-Lieben/Schuster*, in: Schönke/Schröder, § 15 StGB, Rdn. 212i; vgl. *Gercke et al.*, Handbuch Medizinstrafrecht, Rdn. 297; zur Einschränkung, sofern digitale Übertragungstechniken dem entfernten Telemediziner eine hinreichende Diagnostik ermöglichen, s. *Steffen*, in: FS Stoll, S. 71 (76); *Sternberg-Lieben/Schuster*, in: Schönke/Schröder, § 15 StGB, Rdn. 212i.

1793 BGHSt 7, 211 (211 ff.) = NJW 1955, 718 (718 f.).

> Dem Recht des Bereitschaftsarztes, erbetene Besuche als überflüssig abzulehnen, sind aber durch die Natur der Sache verhältnismäßig enge Grenzen gesetzt. Sie ergeben sich daraus, daß zuverlässige Ferndiagnosen nur selten möglich sind. Gilt dies schon in vielen Fällen, in denen sich der Arzt wenigstens fernmündlich mit dem Kranken selbst unterhalten, ihm also die Fragen stellen kann, auf die es ankommt, so muß es noch mehr in einem Fall wie dem vorliegenden gelten, wo der Arzt auf die Unterrichtung durch einen Angehörigen des Kranken angewiesen ist. In Fällen solcher Art können nur besondere Umstände den Arzt zur Ablehnung eines Besuchs berechtigen."[1794]

Aus dieser Entscheidung lässt sich ein (strafrechtliches) Verbot der ausschließlichen Tele- bzw. Fernbehandlung, mithin ein zwingendes Erfordernis, den Patienten – nach Übernahme der Behandlung – persönlich vor Ort zu untersuchen, nicht ableiten. Ob ein Arzt dazu verpflichtet ist, einen Hausbesuch durchzuführen, hängt nach der Entscheidung vielmehr von den konkreten Umständen des Einzelfalls ab.[1795] Im Übrigen schien der BGH solchen Fernbehandlungen, bei denen der Arzt und sein Patient wenigstens fernmündlich in Kontakt traten, – jedenfalls im Vergleich zur Übermittlung von Informationen durch einen Angehörigen des Kranken – offen(er) gegenüberzustehen.

Etwas anderes ergibt sich auch nicht daraus, dass die Pflichtwidrigkeit des ärztlichen Verhaltens im konkreten Fall bejaht wurde. Der (Bereitschafts-)Arzt hätte einen Hausbesuch inklusive ärztlicher Betreuung vornehmen müssen, weil die besonderen Umstände, die den Arzt zur Ablehnung des Hausbesuchs berechtigt hätten, nicht vorlagen.[1796] Aufgrund der geschilderten Symptome (starke Schmerzen in der rechten Leibseite, ferner Brechreiz, Durchfall und eine Untertemperatur von 34,1°) hatte der Arzt mit der Möglichkeit einer gefährlichen Erkrankung zu rechnen und durfte daher den erbetenen Hausbesuch nicht ablehnen.[1797] In einem solchen Fall liegen die Voraussetzungen der ausschließlichen Tele- bzw. Fernbehandlung, deren Anwendungsbereich sich gerade auf „Bagatellerkrankungen" beschränken dürfte, auch heute nicht vor, so dass die Entscheidung keine Beschränkung der ausschließlichen Behandlung aus der Ferne mittels IuK-Technologien bewirkt.

1794 BGHSt 7, 211 (213) = NJW 1955, 718 (719).
1795 BGHSt 7, 211 (213) = NJW 1955, 718 (719).
1796 BGHSt 7, 211 (213) = NJW 1955, 718 (719).
1797 BGHSt 7, 211 (213) = NJW 1955, 718 (719).

(b) BGH, Urteil vom 21.04.1961 – 2 StR 78/61

Strengere Anforderungen schien eine weitere Entscheidung des BGH vom 21.04.1961 – 2 StR 78/61[1798] zur Rechtspflicht des Arztes zu Hausbesuchen zu stellen. Im Leitsatz hieß es:

> „Ein Arzt hat auf Grund des Dienstleistungsvertrages mit seinem Patienten die Rechtspflicht, sich auf fernmündlichen Anruf des Patienten in dessen Wohnung zu begeben, um durch eine dort durchzuführende Untersuchung ein, soweit möglich, zutreffendes Bild von dem Zustand des Patienten zu erhalten und die danach erforderlichen ärztlichen Maßnahmen zu treffen."[1799]

Obschon der Leitsatz der Entscheidung dazu verleiten mag, anzunehmen, dass der Arzt aufgrund des Dienstleistungsvertrages mit dem Patienten – nach einem fernmündlichen Anruf – *stets* dazu verpflichtet ist, den Patienten vor Ort persönlich zu untersuchen/behandeln, ergibt sich aus den Entscheidungsgründen etwas anderes. Der BGH führte aus:

> „Auf die Frage, ob für einen Facharzt im allgemeinen eine Besuchspflicht in gleichem oder in geringerem Umfange besteht wie für einen praktischen Arzt, kommt es hier nicht an. Frau B. befand sich bereits seit Monaten in der Behandlung des Angekl. und war, wie dieser wußte, im neunten Monat ihrer ersten Schwangerschaft. Ebenso war ihm bekannt, daß kurz vor einer Niederkunft Komplikationen eintreten können, die ein sofortiges ärztliches Eingreifen erforderlich machen. Wegen dieser naheliegenden Möglichkeit war hier angesichts der Mitteilung des Ehemannes, daß die bei seiner Frau weilende Hebamme sich nicht mehr zu helfen wisse und deshalb um den Besuch des Arztes bitte, die Verpflichtung des Angekl. gegeben, der Bitte nachzukommen, unabhängig davon, ob und inwieweit sonst die Verpflichtung eines Facharztes zu Hausbesuchen zu bejahen ist."[1800]

In der Entscheidung des BGH wurde offen gelassen, ob und inwieweit ein Facharzt dazu verpflichtet ist, den Patienten zwecks ärztlicher Versorgung zu besuchen.[1801] Dass es zur Einhaltung der ärztlichen Sorgfalt gehört,

1798 BGH, NJW 1961, 2068 (2068 f.).
1799 BGH, NJW 1961, 2068.
1800 BGH, NJW 1961, 2068.
1801 BGH, NJW 1961, 2068.

seinen Patienten immer persönlich vor Ort zu untersuchen, lässt sich der Entscheidung des BGH – entgegen den anders anmutenden Ausführungen im Leitsatz – nicht entnehmen. Anlass für den Hausbesuch war vielmehr die im konkreten Fall naheliegende Möglichkeit, dass kurz vor Geburt des Kindes Komplikationen eintreten, die ein rasches Eingreifen des Arztes erforderlich machen.[1802] Da eine ausschließliche Tele- bzw. Fernbehandlung bei einer – wie im Fall beschriebenen – Sachlage ohnehin heute nicht in Betracht kommt, beschränkt die Entscheidung des BGH die Durchführung einer solchen Fernbehandlung nicht.

(c) Fazit

Aus der strafgerichtlichen Rechtsprechung lässt sich – ebenso wie aus der früheren zivilgerichtlichen Rechtsprechung –[1803] ein Verbot der ausschließlichen Tele- bzw. Fernbehandlung nicht ableiten.[1804] Vielmehr war bereits früher eine Untersuchung des Patienten vor Ort nicht in jedem Fall zwingend erforderlich.

bb) Subjektive Sorgfaltspflichtverletzung

Ob dem Täter das Fehlverhalten auch persönlich vorzuwerfen ist, ist eine Frage der Schuld des Arztes.[1805] Während im Zivilrecht lediglich ein objektiver Maßstab zur Bestimmung der Sorgfaltspflichtverletzung anzusetzen ist (s. § 276 Abs. 2 BGB und § 630a Abs. 2 BGB),[1806] ist im Strafrecht aufgrund des Schuldprinzips für die Strafbarkeit des Arztes ebenso ausschlaggebend, ob er subjektiv nach seinen persönlichen Kenntnissen und Fähigkeiten in der Lage war, die objektive Sorgfaltspflicht zu erfüllen (subjektive Sorgfaltspflichtverletzung).[1807] Die Frage nach der persönlichen Schuld des Fernbehandlers stellt sich beispielsweise, wenn während einer ausschließlichen

1802 BGH, NJW 1961, 2068.
1803 S. Teil 2, 3. Kapitel, C.II.2.b)cc)(3).
1804 Vgl. *Steffen*, in: FS Stoll, S. 71 (76); *Sternberg-Lieben/Schuster*, in: Schönke/Schröder, § 15 StGB, Rdn. 212i.
1805 S. etwa *Ulsenheimer*, in: Laufs et al., Handbuch des Arztrechts, § 149, Rdn. 34; *Sternberg-Lieben/Schuster*, in: Schönke/Schröder, § 15 StGB, Rdn. 194.
1806 S. Teil 2, 3. Kapitel, C.I.2.
1807 S. etwa *Gercke et al.*, Handbuch Medizinstrafrecht, Rdn. 341; *Knauer/Brose*, in: Spickhoff, Medizinrecht, § 222 StGB, Rdn. 69; *Kraatz*, Arztstrafrecht, Rdn. 140;

Tele- bzw. Fernbehandlung technische Komplikationen auftreten und der Arzt sich deshalb nicht sorgfaltsgemäß verhält, weil ihm im Umgang mit den IuK-Technologien erforderliche Kenntnisse fehlen. Grundsätzlich wäre eine Strafbarkeit des Arztes nach § 229 StGB in einem solchen Fall zu verneinen.

Einschränkend ist allerdings zu berücksichtigen, dass dem Arzt bei situativer Überforderung ggf. ein Übernahmeverschulden[1808] anzulasten ist, das dennoch zu einer Strafbarkeit des Arztes führt.[1809] Hierbei liegt die (strafbare) Verletzung der Sorgfaltspflicht nicht in dem letztlich erfolgsverursachenden Verhalten des Arztes, sondern in einem ärztlichen Vorverhalten, welches das schlussendlich zum Erfolg führende Handeln provoziert.[1810] Das Kriterium der subjektiven Sorgfaltspflichtverletzung wird den Arzt daher nur in seltenen Fällen tatsächlich entlasten können.[1811] Nimmt ein Arzt – ohne Not – eine Tätigkeit vor, obwohl er entweder weiß oder zumindest erkennen kann, dass ihm hierfür die erforderlichen Kenntnisse fehlen, handelt er schuldhaft.[1812] Schließlich hat der Arzt eine besondere Schutzpflicht für das Rechtsgut des Patienten, das ihm anvertraut wird.[1813] Gleiches gilt für den Fall, dass die apparative Ausstattung zur Behandlung des Patienten nicht genügt.[1814]

Dem Fernbehandler ist daher vor Übernahme der Behandlung zu raten, selbstkritisch zu hinterfragen, ob er über die für die jeweilige telemedizini-

---

Schüttler/Biermann, Der Narkosezwischenfall, S. 172; *Warntjen*, in: Müller et al., Anwaltshandbuch Strafverteidigung, § 49, Rdn. 9, 76.

1808 Teilweise auch als Übernahmefahrlässigkeit bezeichnet, s. etwa *Kraatz*, Arztstrafrecht, Rdn. 125; *Ulsenheimer/Gaede*, in: Ulsenheimer/Gaede, Arztstrafrecht in der Praxis, Rdn. 123; zum Übernahmeverschulden im Arzthaftungsrecht, s. Teil 2, 3. Kapitel, C.II.2.a)cc).

1809 S. etwa *Gercke et al.*, Handbuch Medizinstrafrecht, Rdn. 346; *Hoyer*, in: Igl/Welti, Gesundheitsrecht, § 54, Rdn. 26; *Schüttler/Biermann*, Der Narkosezwischenfall, S. 172; *Ulsenheimer*, in: Laufs et al., Handbuch des Arztrechts, § 149, Rdn. 55.

1810 *Knauer/Brose*, in: Spickhoff, Medizinrecht, § 222 StGB, Rdn. 72; vgl. *Hoyer*, in: Igl/Welti, Gesundheitsrecht, § 54, Rdn. 26.

1811 *Ulsenheimer/Erlinger*, in: Dierks et al., Rechtsfragen der Telemedizin, S. 67 (79); vgl. *Knauer/Brose*, in: Spickhoff, Medizinrecht, § 222 StGB, Rdn. 72.

1812 S. etwa BGH, JR 1986, 248; BGHSt 43, 306 (311) = NJW 1998, 1802 (1803 f.); BGHSt 55, 121 (133) = NJW 2010, 2595 (2598); *Gercke et al.*, Handbuch Medizinstrafrecht, Rdn. 300; *Kraatz*, Arztstrafrecht, Rdn. 125; *Ulsenheimer*, in: Laufs et al., Handbuch des Arztrechts, § 149, Rdn. 50.

1813 BGHSt 55, 121 (133 f.) = NJW 2010, 2595 (2598); *Ulsenheimer/Gaede*, in: Ulsenheimer/Gaede, Arztstrafrecht in der Praxis, Rdn. 123.

1814 Vgl. etwa *Gercke et al.*, Handbuch Medizinstrafrecht, Rdn. 299 f.; *Kraatz*, Arztstrafrecht, Rdn. 125.

sche Behandlung erforderlichen Fähigkeiten sowie Gerätekenntnisse und die erforderliche Ausstattung verfügt. Kommt er zu dem Ergebnis, dass er die Fernbehandlung nicht übernehmen darf, hat er entweder einen kundigeren Kollegen in die Behandlung einzubeziehen oder den Patienten an einen anderen Arzt zu überweisen.[1815] Alternativ kann er seinen Patienten persönlich vor Ort behandeln.[1816]

b) Keine rechtfertigende Einwilligung bei ärztlichem Behandlungsfehler

Auf eine rechtfertigende Einwilligung des Patienten kommt es hier nicht an.[1817] Ein Patient willigt nicht in eine nicht fachgerechte, fahrlässige Behandlung und die hieraus resultierenden negativen Folgen, sondern vielmehr in eine fachgerechte Behandlung und deren Risiken ein.[1818]

2. Keine Einschränkung der ärztlichen Fahrlässigkeitsstrafbarkeit

Teilweise wird gefordert, die ärztliche Fahrlässigkeitsstrafbarkeit einzuschränken.[1819] Es wird beispielsweise vorgeschlagen, die strafrechtliche Fahrlässigkeitshaftung – aufgrund der Gefahrgeneigtheit und damit einhergehenden Haftungsträchtigkeit des Arztberufes – auf grob fehlerhaftes Verhalten zu beschränken.[1820] Die Schwere der Pflichtverletzung ist im Bereich des Strafrechts jedoch zunächst unbedeutend, da der Grad der Fahrlässigkeit für die Erfüllung des § 229 StGB nicht entscheidend ist.[1821] Das Gesetz

1815 Vgl. im Allgemeinen etwa *Kraatz*, Arztstrafrecht, Rdn. 125; *Ulsenheimer*, in: Laufs et al., Handbuch des Arztrechts, § 149, Rdn. 50.

1816 S. Teil 2, 3. Kapitel, C.II.2.a)cc)(3).

1817 Vgl. im Allgemeinen *Fehn*, GesR 2007, 385; *Fehn*, MedR 2014, 543 (544).

1818 *Fehn*, GesR 2007, 385; *Fehn*, MedR 2014, 543 (544); vgl. BGHSt 43, 306 (309) = NJW 1998, 1802 (1803); BGH, NStZ-RR 2007, 340 (341); BGH, NStZ 2008, 278 (279); *Engländer*, in: Matt/Renzikowski, § 223 StGB, Rdn. 18; *Eschelbach*, in: BeckOK-StGB, § 228, Rdn. 15; *Fischer*, § 223 StGB, Rdn. 23a; *Gercke et al.*, Handbuch Medizinstrafrecht, Rdn. 30; so im Arzthaftungsrecht etwa auch *Katzenmeier*, in: BeckOK-BGB, § 630d, Rdn. 10; *Spickhoff*, in: Spickhoff, Medizinrecht, § 630d BGB, Rdn. 2.

1819 Vgl. hierzu ausführlicher *Sternberg-Lieben*, in: Hilgendorf et al., Handbuch des Strafrechts, § 52, Rdn. 112 ff. m.w.N.

1820 S. etwa *Ulsenheimer*, MedR 1984, 161 (163); *Ulsenheimer*, MedR 1987, 207 (216).

1821 *Bernsmann/Geilen*, in: Wenzel, Handbuch Medizinrecht, Kapitel 4, Rdn. 468; *Fehn*, MedR 2014, 543 (544); *Gercke et al.*, Handbuch Medizinstrafrecht, Rdn. 288;

unterscheidet (de lege lata) nicht zwischen verschiedenen Fahrlässigkeitsformen, so dass der Arzt für jeden ihm unterlaufenden (auch leichteren) Behandlungsfehler einzustehen hat.[1822] Die Rechtsprechung hat sich zudem ausdrücklich gegen ein solches „Ärzteprivileg", also die Beschränkung der strafrechtlichen Haftung auf grobe Behandlungsfehler, ausgesprochen.[1823] Zugleich wird betont, dass an das Maß der ärztlichen Sorgfalt strenge Anforderungen zu stellen seien, da unter anderem aus medizinischen Maßnahmen besonders ernste Folgen entstehen könnten.[1824] Stattdessen findet die Schwere des Verstoßes etwa auf Rechtsfolgenseite Berücksichtigung.[1825]

Auch einfachere Behandlungsfehler des Fernbehandlers schließen den Sorgfaltswidrigkeitsvorwurf daher nicht aus. Den Fernbehandler zukünftig (de lege ferenda) dadurch zu privilegieren, dass für ihn eine Beschränkung der strafrechtlichen Verantwortung eingeführt wird, ist nicht angezeigt. Zwar wird die Fortentwicklung der Telemedizin durch das Risiko der Strafbarkeit des Arztes auch bei leichteren Verstößen sicherlich negativ beeinträchtigt, jedoch sollte der Behandler aufgrund des gefahrgeneigten Bereichs der Telemedizin zum Schutz der Rechtsgüter des Patienten zur Einhaltung jeglicher Sorgfaltspflichten auch strafrechtlich angehalten werden. Zudem wäre es nicht nachvollziehbar, lediglich den Fernbehandler durch eine Beschränkung der Fahrlässigkeitsstrafbarkeit zu entlasten, während anderen Ärzten, die ebenso eine gefahrgeneigte Tätigkeit ausführen, weiterhin eine Strafbarkeit wegen fahrlässiger Körperverletzung nach § 229 StGB drohte.

Giring/Schmidt, in: Ratzel/Luxenburger, Handbuch Medizinrecht, Kapitel 16, Rdn. 14.

1822 *Gercke et al.*, Handbuch Medizinstrafrecht, Rdn. 288; *Kraatz*, Arztstrafrecht, Rdn. 123; vgl. BGH, NJW 2000, 2754 (2758); OLG Hamm, MedR 2006, 358 (359).

1823 BGH, NJW 2000, 2754 (2758); OLG Hamm, MedR 2006, 358 (359); LG Kassel, VersR 2001, 1031 (1034); zustimmend in der Literatur etwa *Bernsmann/Geilen*, in: Wenzel, Handbuch Medizinrecht, Kapitel 4, Rdn. 468; *Fischer*, § 222 StGB, Rdn. 9a; *Gercke et al.*, Handbuch Medizinstrafrecht, Rdn. 288; *Kraatz*, Arztstrafrecht, Rdn. 123.

1824 BGH, NJW 2000, 2754 (2756) m.w.N.; OLG Hamm, MedR 2006, 358 (359); vgl. BGHSt 6, 282 (287 f.) = NJW 1954, 1536 (1537).

1825 *Bernsmann/Geilen*, in: Wenzel, Handbuch Medizinrecht, Kapitel 4, Rdn. 468; s. ausführlicher etwa *Gercke et al.*, Handbuch Medizinstrafrecht, Rdn. 289; *Giring/Schmidt*, in: Ratzel/Luxenburger, Handbuch Medizinrecht, Kapitel 16, Rdn. 14; *Kraatz*, Arztstrafrecht, Rdn. 123.

II. Aufklärungsfehler des Fernbehandlers

1. Ärztlicher Heileingriff als Körperverletzung i.S.d. § 223 Abs. 1 StGB

Aufklärungsfehler des Arztes können neben Behandlungsfehlern nicht nur im Zivilrecht, sondern auch im Strafrecht eine bedeutende Rolle einnehmen.[1826] Nach der Rechtfertigungslösung erfüllt jeder ärztliche Heileingriff, also eine Behandlung, die zwar in die Körperintegrität eingreift, jedoch vorgenommen wird, um Krankheiten, Leiden, körperliche oder seelische Beschwerden zu verhüten, zu erkennen, zu heilen oder zu lindern,[1827] unabhängig davon, ob er medizinisch indiziert, lege artis durchgeführt und/oder erfolgreich ist, den objektiven Tatbestand einer Körperverletzung i.S.d. § 223 Abs. 1 StGB.[1828] Die Rechtmäßigkeit der ärztliche Heilmaßnahme setzt sodann eine wirksame Einwilligung des Patienten voraus.[1829]

1826 *Ulsenheimer/Gaede*, in: Ulsenheimer/Gaede, Arztstrafrecht in der Praxis, Rdn. 319 ff.; *Duttge/Gierok*, in: Prütting, Medizinrecht, § 228 StGB, Rdn. 13; *Giring/Schmidt*, in: Ratzel/Luxenburger, Handbuch Medizinrecht, Kapitel 16, Rdn. 21; *Warntjen*, in: Müller et al., Anwaltshandbuch Strafverteidigung, § 49, Rdn. 83; a.A. *Lilie/Orben*, ZRP 2002, 154 (156); *Peters*, MedR 2002, 227 (229); zur Auffangfunktion, s. *Ulsenheimer/Gaede*, in: Ulsenheimer/Gaede, Arztstrafrecht in der Praxis, Rdn. 320 m.w.N.; zur Aufklärungspflicht und Digitalisierung, vgl. auch *Jorzig/Sarangi*, Digitalisierung im Gesundheitswesen, S. 20 f.

1827 *Kühl*, in: Lackner/Kühl, § 223 StGB, Rdn. 9; *Zöller/Petry*, in: Leipold et al., AnwaltKommentar, § 223 StGB, Rdn. 16.

1828 S. etwa RGSt 25, 375 (377 f.); RGSt 61, 242 (252 f.); BGHSt 11, 111 (112) = NJW 1958, 267 (268); BGH, NJW 1972, 335 (336); BGHSt 43, 306 (308) = NJW 1998, 1802 (1803); BGH, NStZ 1996, 34; BGH, NStZ-RR 2007, 340 (341); BGH, NJW 2011, 1088 (1089); in der Literatur zustimmend etwa *Engländer*, in: Matt/Renzikowski, § 223 StGB, Rdn. 21; *Frister et al.*, Arztstrafrecht, 1. Kapitel, Rdn. 3 f.; *Zöller/Petry*, in: Leipold et al., AnwaltKommentar, § 223 StGB, Rdn. 18; *Wolters*, in: SK-StGB, § 223, Rdn. 52. Ein anderer Teil der Literatur vertritt hingegen Ansicht, dass ein ärztlicher Heileingriff unter bestimmten Voraussetzungen bereits tatbestandlich keine Körperverletzung darstelle (Tatbestandslösung), so etwa *Krell*, medstra 2017, 3 (6 f.); *Sternberg-Lieben*, in: Schönke/Schröder, § 223 StGB, Rdn. 31 ff., wenngleich die Anforderungen hieran ebenfalls umstritten sind, zur Darstellung des gesamten Meinungsstreits, s. etwa *Frister et al.*, Arztstrafrecht, 1. Kapitel, Rdn. 1 ff.; *Fischer*, § 223 StGB, Rdn. 16 ff.; *Hardtung*, in: MüKo-StGB, § 223, Rdn. 73 ff.; *Momsen-Pflanz/Momsen*, in: SSW-StGB, § 223, Rdn. 26 ff.; *Wolters*, in: SK-StGB, § 223, Rdn. 46 ff.

1829 S. etwa RGSt 25, 375 (377 f.); RGSt 61, 242 (252 f.); BGH, NJW 1972, 335 (336); BGHSt 43, 306 (308) = NJW 1998, 1802 (1803); BGH, NStZ 1996, 34; BGH, NStZ-RR 2004, 16 (17); BGH, NStZ-RR 2007, 340 (341); BGH, NJW 2011, 1088 (1089); *Zöller/Petry*, in: Leipold et al., AnwaltKommentar, § 223 StGB, Rdn. 18.

Ein Verstoß gegen das Selbstbestimmungsrecht des Patienten für sich genügt nicht, um eine Strafbarkeit zu begründen.[1830] Der Tatbestand setzt – wie der Begriff „ärztlicher Heil*eingriff*" wenigstens anzudeuten vermag – auch im Rahmen einer ärztlichen Behandlungsmaßnahme voraus, dass ein tatbestandlicher Erfolg, mithin eine körperliche Misshandlung oder eine Schädigung der Gesundheit, eintritt.[1831] Hierfür ist nicht erforderlich, dass der Patient (ggf. aus der Ferne)[1832] (tele-)operiert wird. Der Tatbestand des § 223 Abs. 1 StGB kann ebenso bei anderen Formen der ärztlichen Heilbehandlung, beispielsweise bei „kleineren Eingriffen", wie einer medikamentösen Behandlung (mit Auftreten von Nebenwirkungen)[1833] oder dem Injizieren einer bestimmten Substanz in den Körper des Patienten, erfüllt sein.[1834]

Bei einer ausschließlichen Tele- bzw. Fernbehandlung erbringt der Arzt eine konkrete medizinische Dienstleistung, deren Ausgestaltung grundsätzlich vielfältig sein kann, aus der Ferne.[1835] Hierbei wirkt der Arzt auf den Körper des Patienten nicht unmittelbar ein, so dass es sich nicht um einen – wie eben vorgestellten – ärztlichen Heileingriff im klassischen Sinne handelt. Lässt man eine mittelbare Einwirkung auf den Körper des Patienten genügen,[1836] bedarf es auch bei einer ausschließlichen Tele- bzw. Fernbehandlung der Einwilligung des vorab aufgeklärten Patienten.

2. Eigenverantwortliche Selbstgefährdung bzw. -schädigung

Hat es der Patient im Rahmen der Teletherapie bis zuletzt selbst in der Hand, ob der tatbestandliche Erfolg eintritt (z.B. durch Einnahme der verschriebenen Medikamente oder Injektion einer Substanz), wird die un-

1830 Vgl. *Fischer*, § 223 StGB, Rdn. 16; *Momsen-Pflanz/Momsen*, in: SSW-StGB, § 223, Rdn. 26.

1831 Vgl. *Fischer*, § 223 StGB, Rdn. 16; *Knauer/Brose*, in: Spickhoff, Medizinrecht, § 223 StGB, Rdn. 3 m.w.N.

1832 Zur Teleoperation, s. Teil 1, 2. Kapitel, B.I.3.

1833 S. etwa *Hilgendorf*, Einführung Medizinstrafrecht, 2. Kapitel, Rdn. 15.

1834 *Sommer/Tsambikakis*, in: Clausen/Schroeder-Printzen, Anwaltshandbuch Medizinrecht, § 3, Rdn. 21; *Ulsenheimer*, in: Laufs et al., Handbuch des Arztrechts, § 148, Rdn. 2; vgl. *Schroth*, in: Roxin/Schroth, Handbuch des Medizinstrafrechts, S. 21 (24, 27).

1835 S. Teil 1, 1. Kapitel, C.III.

1836 So *Fischer*, § 223 StGB, Rdn. 4.

mittelbar schädigende Handlung von dem Opfer selbst vorgenommen.[1837] Realisiert sich das Risiko, das das Opfer mit der Schädigung bewusst eingegangen ist, erfüllt die eigenverantwortlich gewollte und verwirklichte Selbstgefährdung bzw. -schädigung den Tatbestand des Körperverletzungsdelikts nicht.[1838] Nimmt der Behandler an einem solchen Geschehen lediglich teil, ist der Arzt straflos, da es bereits an einer vorsätzlich rechtswidrigen Haupttat mangelt.[1839]

Ist hingegen die Eigen- bzw. Freiverantwortlichkeit des Opfers beeinträchtigt,[1840] unterliegt der Patient also beispielsweise einem Irrtum, der die Selbstverantwortlichkeit ausschließt, kommt demgegenüber eine mittelbare Täterschaft des Arztes (i.S.d. § 25 Abs. 1 Alt. 2 StGB) in Betracht, wenn der Täter das Risiko kraft überlegenen Fachwissens besser erfasst als der sich selbst Gefährdende.[1841] Ob der Patient hinreichend aufgeklärt wurde, wird auch in diesem Zusammenhang relevant,[1842] schließlich handelt es sich bei der ausschließlichen Tele- bzw. Fernbehandlung nicht (mehr) um eine solche Behandlung, die offensichtlich die Grenzen zu lediglich ansatzweise anerkennenswerter ärztlicher Heilkunst überschreitet.[1843]

3. Ordnungsgemäße Aufklärung des Patienten

a) Allgemeine Überlegungen

Fraglich ist, inwieweit die bereits dargestellten zivilrechtlichen Grundsätze zur Aufklärungspflicht im Rahmen der ausschließlichen Tele- bzw. Fernbehandlung auch für die strafrechtliche Aufklärungspflicht Geltung bean-

---

1837 Zur Abgrenzung der Selbstgefährdung bzw. -schädigung zur Fremdgefährdung bzw. -schädigung, s. etwa *Hardtung*, in: MüKo-StGB, § 222, Rdn. 22 m.w.N.

1838 S. etwa BGHSt 32, 262 (263 f.) = NJW 1984, 1469 (1470); BGH, NStZ 1985, 25 (26); BGH, NStZ 2001, 205; BGH, NStZ 2011, 341 (342); BGHSt 59, 150 (167) = NStZ-RR 2014, 147 (148).

1839 S. etwa BGHSt 32, 262 (263 f.) = NJW 1984, 1469 (1470); BGH, NStZ 1985, 25 (26); BGH, NStZ 2001, 205; BGHSt 53, 288 (290) = NJW 2009, 2611; BGH, NStZ 2011, 341 (342); BGHSt 59, 150 (167) = NStZ-RR 2014, 147 (148); zustimmend etwa *Duttge*, in: MüKo-StGB, § 15, Rdn. 153.

1840 Zu der in der Literatur zum Einsatz kommende Exkulpations- oder Einwilligungslösung, s. etwa *Dorn-Haag*, JA 2021, 26 (26 ff.).

1841 S. etwa BGH, NStZ 2001, 205; BGHSt 53, 288 (292) = NJW 2009, 2611 (2612); BGH, NStZ 2011, 341 (342); BGHSt 59, 150 (168) = NStZ-RR 2014, 147 (148).

1842 Vgl. BGHSt 53, 288 (292) = NJW 2009, 2611 (2612).

1843 Vgl. BGH, NStZ 2011, 341 (342).

spruchen.[1844] Die Grundsätze der ärztlichen Aufklärungspflicht wurden nicht zuletzt in der Rechtsprechung zur zivilrechtlichen Schadenshaftung entwickelt.[1845] Wenngleich unbestritten sein dürfte, dass eine völlige Unabhängigkeit der strafrechtlichen Aufklärungspflichten von den zivilrechtlichen Grundsätzen zu verneinen ist, die zivilrechtlichen Regelungen also für das Strafrecht Wirkung entfalten,[1846] bleibt jedoch auch seit Einführung der §§ 630a ff. BGB unbeantwortet,[1847] in welchem Umfang die dort im Hinblick auf die Aufklärungspflicht des Arztes geregelten Grundsätze auf das Strafrecht zu übertragen sind.[1848]

Erfüllt der Arzt seine zivilrechtlichen Aufklärungspflichten i.S.d. § 630e BGB, ist eine diesbzgl. in Rede stehende Strafbarkeit des Arztes wegen der Widerspruchsfreiheit der Rechtsordnung jedenfalls zu verneinen.[1849] Dies bedeutet jedoch umgekehrt nicht, dass jede Verletzung zivilrechtlicher Pflichten auch zu einer Strafbarkeit des Arztes führen muss.[1850] In der Rechtsprechung lassen sich Urteile des BGH in Strafsachen finden, in denen bzgl. der strafrechtlichen Grundsätze zur Aufklärung auf die zivilrecht-

1844 Zur Vorsicht bei der Übertragung der zivilrechtlichen Rechtssätze zur ärztlichen Aufklärungspflicht in das Strafrecht in der Literatur oftmals gemahnt, so etwa *Eschelbach*, in: BeckOK-StGB, § 228, Rdn. 15; *Nestler*, medstra 2018, 330 (334); *Sternberg-Lieben*, in: Schönke/Schröder, § 223 StGB, Rdn. 40b; vgl. *Warntjen*, in: Müller et al., Anwaltshandbuch Strafverteidigung, § 49, Rdn. 85. Eine Lockerung der Akzessorietät von den straf- zu den zivilrechtlichen Aufklärungsvorgaben wird daher unter anderem wegen des ultima-ratio-Grundsatzes, so etwa *Iversen*, HRRS 2018, 475 (480), und wegen der unterschiedlichen Funktionen des Zivil- und Strafverfahrens, s. hierzu ausführlicher *Nestler*, medstra 2018, 330 (334); *Ulsenheimer/Gaede*, in: Ulsenheimer/Gaede, Arztstrafrecht in der Praxis, Rdn. 337 ff., ausdrücklich gefordert, s. hierzu etwa *Gaede*, Limitiert akzessorisches Medizinstrafrecht, S. 46 ff.; *Iversen*, HRRS 2018, 475 (480 ff.); *Nestler*, medstra 2018, 330 (336 f.); *Ulsenheimer/Gaede*, in: Ulsenheimer/Gaede, Arztstrafrecht in der Praxis, Rdn. 339; a.A. *Gutmann*, in: Staudinger, § 630e BGB, Rdn. 4.

1845 *Duttge/Gierok*, in: Prütting, Medizinrecht, § 228 StGB, Rdn. 13; *Eschelbach*, in: BeckOK-StGB, § 228, Rdn. 15; *Kraatz*, Arztstrafrecht, Rdn. 41; *Ulsenheimer/Gaede*, in: Ulsenheimer/Gaede, Arztstrafrecht in der Praxis, Rdn. 337.

1846 Vgl. etwa BT-Drs. 17/10488, 42; BGHSt 11, 111 (116) = NJW 1958, 267 (268); *Biermann*, in: Ulsenheimer/Gaede, Arztstrafrecht in der Praxis, Rdn. 363; *Lechner*, MedR 2013, 429 (432); *Hardtung*, in: MüKo-StGB, § 223, Rdn. 94.

1847 *Hilgendorf*, Einführung Medizinstrafrecht, 2. Kapitel, Rdn. 54; vgl. *Bernsmann/Geilen*, in: Wenzel, Handbuch Medizinrecht, Kapitel 4, Rdn. 435.

1848 Vgl. *Bernsmann/Geilen*, in: Wenzel, Handbuch Medizinrecht, Kapitel 4, Rdn. 435.

1849 *Lechner*, MedR 2013, 429 (432); *Sternberg-Lieben*, MedR 2019, 185 (189); *Valerius*, medstra 2021, 2.

1850 S. etwa *Sternberg-Lieben*, MedR 2019, 185 (189); *Valerius*, medstra 2021, 2.

liche Judikatur[1851] oder Literatur[1852] verwiesen wird.[1853] Genauere Kriterien, die die strafrechtliche – im Vergleich zur zivilrechtlichen Aufklärungspflicht – einschränken, hat die Rechtsprechung (bisher) nicht benannt.

b) Bedeutung für die ausschließliche Tele- bzw. Fernbehandlung

Dem Arzt ist derzeit zu raten, sich an den durchaus umfangreichen zivilrechtlichen Aufklärungspflichten zur ausschließlichen Tele- bzw. Fernbehandlung zu orientieren.[1854] Sofern der Patient im Rahmen der ausschließlichen Tele- bzw. Fernbehandlung – was der Normalfall sein dürfte – auf eine Aufklärung nicht (teilweise) verzichtet,[1855] hat der Fernbehandler also die Besonderheiten der Aufklärung über eine Neulandmethode zu beachten.[1856] Insbesondere sind dem Patienten zudem fernbehandlungsspezifische Risiken mitzuteilen.[1857] Daneben hat der Fernbehandler seinen Patienten auf die Behandlungsalternative, also die persönliche Behandlung vor Ort als im Regelfall angewandte und empfohlene Methode, hinzuweisen.[1858] Des Weiteren muss der Patient wissen, was mit ihm geschehen soll, so dass

1851 So etwa BGHSt 11, 111 (116) = NJW 1958, 267 (268); BGH, NStZ 2011, 343 (343 f.); so auch festgestellt bei *Immig*, Selbstbestimmungsaufklärung, S. 55.

1852 So etwa BGH, NStZ 2011, 343 (344).

1853 So auch festgestellt von *Immig*, Selbstbestimmungsaufklärung, S. 55; kritisch etwa *Schöch*, in: Roxin/Schroth, Handbuch des Medizinstrafrechts, S. 51 (55). Im Ergebnis geht *Immig* davon aus, dass die Strafrechtrechtsprechung nicht um die Entwicklung eines eigenen Aufklärungsniveaus bemüht zu sein scheine und dass im Hinblick auf Umfang und Maß der ärztlichen Aufklärungspflicht ein Gleichlauf im Zivil- und Strafverfahren angestrebt werde, so *Immig*, Selbstbestimmungsaufklärung, S. 56.

1854 S. Teil 2, 3. Kapitel, D.III. *Kraatz* schreibt den nun im Gesetz zur Aufklärung verankerten Grundsätzen im Strafrecht zumindest eine Leitlinienfunktion zu, s. *Kraatz*, NStZ-RR 2017, 329 (330).

1855 Zum Aufklärungsverzicht im Arzthaftungsrecht, s. Teil 2, 3. Kapitel, D.V.; vgl. im Allgemeinen *Hilgendorf*, Einführung Medizinstrafrecht, 2. Kapitel, Rdn. 61; *Kraatz*, Arztstrafrecht, Rdn. 55; *Hardtung*, in: MüKo-StGB, § 223, Rdn. 98.

1856 S. Teil 2, 3. Kapitel, D.III.1.; vgl. auch *Jorzig/Sarangi*, Digitalisierung im Gesundheitswesen, S. 20 f.; vgl. im Allgemeinen BGH, NJW 2011, 1088 (1090); *Bernsmann/Geilen*, in: Wenzel, Handbuch Medizinrecht, Kapitel 4, Rdn. 436; *Warntjen*, in: Müller et al., Anwaltshandbuch Strafverteidigung, § 49, Rdn. 102.

1857 S. Teil 2, 3. Kapitel, D.III.3.

1858 S. Teil 2, 3. Kapitel, D.III.4.; vgl. auch *Jorzig/Sarangi*, Digitalisierung im Gesundheitswesen, S. 21; zur Aufklärung über Behandlungsalternativen im Arztstrafrecht, s. etwa BGH, NStZ 1996, 34.

der Arzt seinen Patienten über Art, Umfang und Durchführung der Fernbehandlung zu informieren hat.[1859] Nimmt der Patient eine therapeutische Maßnahme selbst vor,[1860] ist es erforderlich, dass der Patient das rechtsgutsbezogene Risiko seines Verhaltens zutreffend einschätzen kann.[1861]

Darüber hinaus hat die Aufklärung in einem vertrauensvollen Gespräch (mündlich) zu erfolgen.[1862] Die Frage, ob eine Aufklärung dem Grundsatz der Mündlichkeit entspricht, wenn die Parteien – wie im Rahmen einer ausschließlichen Tele- bzw. Fernbehandlung üblich – lediglich *fern*mündlich miteinander kommunizieren, ist daher auch für das Arztstrafrecht äußerst bedeutsam.[1863] Wenngleich eine rein schriftliche Fernaufklärung auch zukünftig unzulässig ist, ist es dem Arzt zuzugestehen, seinen Patienten mittels audiovisueller[1864] oder audiogestützter Fernkommunikationsmittel aufzuklären.

C. Unterlassene Hilfeleistung, § 323c Abs. 1 StGB

I. Relevanz für die ausschließliche Tele- bzw. Fernbehandlung

Übernimmt ein Fernbehandler eine ärztliche Behandlung (z.B. durch Erteilen ärztlicher Ratschläge), wird er zum (Beschützer-)Garant i.S.d. § 13 Abs. 1 StGB,[1865] da die Begründung der Garantenstellung einen persönlichen Kontakt vor Ort nicht erfordert und daher auch aus der Ferne – etwa im Rahmen einer erstmaligen telefonischen Konsultation – erfolgen

1859 S. Teil 2, 3. Kapitel, D.III.2.

1860 S. Teil 2, 4. Kapitel, B.II.2.

1861 Vgl. im Allgemeinen etwa BGHSt 59, 150 (170 f.) = NStZ 2014, 709 (715).

1862 So für das Arztstrafrecht – teilweise unter Verweis auf die Vorschrift des § 630e Abs. 2 S. 1 Nr. 1 BGB – etwa *Biermann*, in: Ulsenheimer/Gaede, Arztstrafrecht in der Praxis, Rdn. 467; *Kraatz*, NStZ-RR 2017, 329 (330); *Kraatz*, Arztstrafrecht, Rdn. 46; *Warntjen*, in: Müller et al., Anwaltshandbuch Strafverteidigung, § 49, Rdn. 95.

1863 S. Teil 2, 3. Kapitel, D.IV.

1864 Bejahend für die Videosprechstunde etwa *Warntjen*, in: Müller et al., Anwaltshandbuch Strafverteidigung, § 49, Rdn. 97.

1865 Vgl. im Allgemeinen etwa *Bernsmann/Geilen*, in: Wenzel, Handbuch Medizinrecht, Kapitel 4, Rdn. 428; *Gercke et al.*, Handbuch Medizinstrafrecht, Rdn. 186; *Giring/Schmidt*, in: Ratzel/Luxenburger, Handbuch Medizinrecht, Kapitel 16, Rdn. 17; *Kraatz*, Arztstrafrecht, Rdn. 143; *Ulsenheimer/Gaede*, in: Ulsenheimer/Gaede, Arztstrafrecht in der Praxis, Rdn. 151; *Valerius*, medstra 2022, 5 (6 f.).

kann[1866]. Eine Strafbarkeit wegen unterlassener Hilfeleistung nach § 323c Abs. 1 StGB tritt in einem solchen Fall als subsidiäres Delikt gegenüber dem unechten Unterlassungsdelikt zurücktritt.[1867]

Eigenständige Bedeutung erlangt die Strafnorm des § 323c Abs. 1 StGB indessen – vorausgesetzt es liegt (bedingter) Vorsatz des Arztes vor –, wenn eine Strafbarkeit wegen unechten Unterlassungsdelikts an Beweisfragen (z.B. Nachweis der Kausalität) scheitert.[1868] Gleiches gilt, wenn ein Arzt von einem Kranken über Kommunikationsmedien um Hilfe angerufen wird, eine Übernahme der Behandlung jedoch nicht erfolgt und es mithin an einer Garantenstellung fehlt.[1869]

II. Tatbestandsmerkmale des § 323c Abs. 1 StGB

1. Unglücksfall

Bei einer Krankheit (auch schwerer Art) handelt es sich nicht ohne weiteres um einen Unglücksfall i.S.d. § 323c StGB.[1870] Schließlich setzt ein Unglücks-

1866 BGHSt 7, 211 (212) = NJW 1955, 718 (719); OLG Düsseldorf, NJW 1991, 2979 (2980); *Frister et al.*, Arztstrafrecht, 1. Kapitel, Rdn. 156; *Gercke et al.*, Handbuch Medizinstrafrecht, Rdn. 187; *Giring/Schmidt*, in: Ratzel/Luxenburger, Handbuch Medizinrecht, Kapitel 16, Rdn. 17; *Valerius*, medstra 2022, 5 (7).

1867 *Ulsenheimer/Erlinger*, in: Dierks et al., Rechtsfragen der Telemedizin, S. 67 (80); vgl. im Allgemeinen etwa *Bernsmann/Geilen*, in: Wenzel, Handbuch Medizinrecht, Kapitel 4, Rdn. 568; *Conen*, in: Leipold et al., AnwaltKommentar, § 323c StGB, Rdn. 50; *Geppert*, JURA 2005, 39 (47); *Gercke et al.*, Handbuch Medizinstrafrecht, Rdn. 658; *Schuhr*, in: Spickhoff, Medizinrecht, § 323c StGB, Rdn. 5; *Ulsenheimer*, in: Laufs et al., Handbuch des Arztrechts, § 151, Rdn. 58; *Ulsenheimer/Bock*, in: Ulsenheimer/Gaede, Arztstrafrecht in der Praxis, Rdn. 662; a.A. für fahrlässig begangenes unechtes Unterlassungsdelikt etwa *Hecker*, in: Schönke/Schröder, § 323c StGB, Rdn. 32.

1868 *Freund*, in: MüKo-StGB, § 323c, Rdn. 125; *Frister et al.*, Arztstrafrecht, 1. Kapitel, Rdn. 182; *Ulsenheimer/Erlinger*, in: Dierks et al., Rechtsfragen der Telemedizin, S. 67 (80).

1869 Vgl. im Allgemeinen etwa *Kraatz*, Arztstrafrecht, Rdn. 151; *Ulsenheimer/Erlinger*, in: Dierks et al., Rechtsfragen der Telemedizin, S. 67 (80).

1870 BGHSt 6, 147 (152 f.) = NJW 1954, 1049; OLG Hamm, NJW 1975, 604 (605); OLG Düsseldorf, NStZ 1991, 531; *Bock*, Notfall + Rettungsmedizin 2005, 286 (288); *Fischer*, § 323c StGB, Rdn. 6; *Frister et al.*, Arztstrafrecht, 1. Kapitel, Rdn. 168; *Hecker*, in: Schönke/Schröder, § 323c StGB, Rdn. 6; *Sommer/Tsambikakis*, in: Clausen/Schroeder-Printzen, Anwaltshandbuch Medizinrecht, § 3, Rdn. 103; *Ulsenheimer/Bock*, in: Ulsenheimer/Gaede, Arztstrafrecht in der Praxis, Rdn. 652; *Warntjen*, in: Müller et al., Anwaltshandbuch Strafverteidigung, § 49, Rdn. 117.

fall ein plötzlich eintretendes Ereignis, das erhebliche Gefahren für Personen oder Sachen verursacht oder zu verursachen droht, voraus.[1871] Erst wenn der Zustand des Patienten eine plötzliche und sich rasch verschlimmernde Wendung nimmt, gilt etwas anderes.[1872] Um einen Unglücksfall handelt es sich beispielsweise bei schwerer andauernder Atemnot[1873] oder bei sich steigernden und unerträglich werdenden Schmerzen in der Bauchhöhle[1874].[1875] Länger andauernde oder chronische Krankheiten erfüllen den Tatbestand des § 323c StGB hingegen nicht.[1876] Es ist einem Arzt im Hinblick auf § 323c StGB daher unbenommen, das (telemedizinische) Gesuch eines chronisch Kranken in seiner Praxis zur Linderung der allgemeinen Beschwerden abzulehnen.

Im Rahmen der ausschließlichen Tele- bzw. Fernbehandlung ist der Anwendungsbereich des § 323c Abs. 1 StGB nur eröffnet, wenn es sich um eine Krankheit des Patienten im eben vorgestellten Sinne handelt. Man mag nun einwenden, dass eine ausschließliche Tele- bzw. Fernbehandlung lediglich zulässig ist, wenn nicht zuletzt das Krankheitsbild des Patienten eine solche erlaubt. Da bereits schwerere Erkrankungen des Patienten – also auch solche Zustände des Patienten, die eine plötzliche und sich rasch verschlimmernde Wendung nehmen – der Durchführung einer Behandlung aus der Ferne entgegenstehen, dürfte eine Strafbarkeit des Fernbehandlers nach § 323c Abs. 1 StGB kaum in Betracht kommen. Es ist jedoch nicht aus-

---

1871 S. etwa BGHSt 6, 147 (152) = NJW 1954, 1049; BGH, NJW 1983, 350 (351); BGH, NStZ 1985, 409; OLG Hamm, NJW 1975, 604 (605); OLG Düsseldorf, NStZ 1991, 531; *Ulsenheimer/Bock*, in: Ulsenheimer/Gaede, Arztstrafrecht in der Praxis, Rdn. 652; *Warntjen*, in: Müller et al., Anwaltshandbuch Strafverteidigung, § 49, Rdn. 117.

1872 S. etwa BGHSt 6, 147 (152 f.) = NJW 1954, 1049; BGH, NJW 1983, 350 (351); BGH, NStZ 1985, 409; OLG Hamm, NJW 1975, 604 (605); OLG Düsseldorf, NStZ 1991, 531; OLG Düsseldorf, NJW 1995, 799; *Bock*, Notfall + Rettungsmedizin 2005, 286 (288); *Fischer*, § 323c StGB, Rdn. 6; *Frister et al.*, Arztstrafrecht, 1. Kapitel, Rdn. 168; *Hecker*, in: Schönke/Schröder, § 323c StGB, Rdn. 6; *Kraatz*, Arztstrafrecht, Rdn. 152; *Sommer/Tsambikakis*, in: Clausen/Schroeder-Printzen, Anwaltshandbuch Medizinrecht, § 3, Rdn. 103.

1873 OLG Düsseldorf, NJW 1995, 799; *Frister et al.*, Arztstrafrecht, 1. Kapitel, Rdn. 168; *Kraatz*, Arztstrafrecht, Rdn. 152 m.w.N.

1874 OLG Hamm, NJW 1975, 604 (605); *Frister et al.*, Arztstrafrecht, 1. Kapitel, Rdn. 168; *Hecker*, in: Schönke/Schröder, § 323c StGB, Rdn. 6.

1875 Hierzu und zu weiteren Beispielen, s. etwa *Ulsenheimer/Bock*, in: Ulsenheimer/Gaede, Arztstrafrecht in der Praxis, Rdn. 653.

1876 *Warntjen*, in: Müller et al., Anwaltshandbuch Strafverteidigung, § 49, Rdn. 117 m.w.N.

geschlossen, dass während einer – zu Beginn noch zulässigen – ausschließlichen Tele- bzw. Fernbehandlung ein medizinischer Komplikationsfall[1877] auftritt, der die Voraussetzungen des Unglücksfalls i.S.d. § 323c StGB erfüllt.

2. Fernbehandler als Hilfspflichtiger

Hilfspflichtiger i.S.d. § 323c Abs. 1 StGB kann auch ein Fernbehandler sein.[1878] Eine Anwesenheit des Pflichtigen am Unfallort erfordert das Wort „bei" in § 323c Abs. 1 StGB gerade nicht.[1879] Die Formulierung bedeutet vielmehr „anlässlich von Unglücksfällen"[1880] oder „bei Gelegenheit eines Unglücksfalls".[1881] Wenngleich für die Begründung einer Hilfspflicht nach § 323c StGB auf eine räumliche Nähebeziehung vereinzelt gänzlich verzichtet,[1882] wird überwiegend jedenfalls eine räumliche und zeitliche Beziehung des Hilfepflichtigen zu dem Geschehen, die ein ihm mögliches Tätigwerden erforderlich macht, für notwendig erachtet.[1883] Hierfür soll es genügen, wenn der Abwesende, etwa durch fernmündliche Verständigung,[1884] um

1877 S. Teil 2, 3. Kapitel, C.II.2.b)dd)(2)(b)(bb).

1878 S. auch *Ulsenheimer/Erlinger*, in: Dierks et al., Rechtsfragen der Telemedizin, S. 67 (80 ff.).

1879 S. etwa BGHSt 2, 296 (298) = NJW 1952, 713; BGHSt 21, 50 (52 f.) = NJW 1966, 1172 (1173); OLG Köln, NJW 1957, 1609 (1610); *Gercke et al.*, Handbuch Medizinstrafrecht, Rdn. 665; *Schuhr*, in: Spickhoff, Medizinrecht, § 323c StGB, Rdn. 46; *Ulsenheimer/Bock*, in: Ulsenheimer/Gaede, Arztstrafrecht in der Praxis, Rdn. 661; a.A. *Hilgendorf*, in: Arzt et al., Strafrecht BT, § 39, Rdn. 20 f.

1880 BGHSt 21, 50 (53) = NJW 1966, 1172 (1173); s. auch *Bock*, Notfall + Rettungsmedizin 2005, 286 (288); *Gercke et al.*, Handbuch Medizinstrafrecht, Rdn. 665; *Ulsenheimer/Bock*, in: Ulsenheimer/Gaede, Arztstrafrecht in der Praxis, Rdn. 661.

1881 *Frister et al.*, Arztstrafrecht, 1. Kapitel, Rdn. 169; *Ulsenheimer*, in: Laufs et al., Handbuch des Arztrechts, § 151, Rdn. 21.

1882 So etwa *Hecker*, in Schönke/Schröder, § 323c StGB, Rdn. 22; *Kraatz*, Arztstrafrecht, Rdn. 156a.

1883 S. etwa *Gercke et al.*, Handbuch Medizinstrafrecht, Rdn. 665; *Sommer/Tsambikakis*, in: Clausen/Schroeder-Printzen, Anwaltshandbuch Medizinrecht, § 3, Rdn. 104; *Ulsenheimer/Bock*, in: Ulsenheimer/Gaede, Arztstrafrecht in der Praxis, Rdn. 661; *Warntjen*, in: Müller et al., Anwaltshandbuch Strafverteidigung, § 49, Rdn. 118.

1884 BGHSt 21, 50 (53 ff.) = NJW 1966, 1172 (1173); s. auch BGH, NStZ 1985, 409; *Bock*, Notfall + Rettungsmedizin 2005, 286 (288); *Gercke et al.*, Handbuch Medizinstrafrecht, Rdn. 665; *Ulsenheimer/Bock*, in: Ulsenheimer/Gaede, Arztstrafrecht in der Praxis, Rdn. 661; *Warntjen*, in: Müller et al., Anwaltshandbuch Strafverteidigung, § 49, Rdn. 118.

Hilfe angerufen wird.[1885] Für die Telemedizin wird hieraus abgeleitet, dass grundsätzlich auch ein Arzt in beliebiger Entfernung zum Unfallort als Täter des § 323c Abs. 1 StGB in Betracht kommt.[1886] Dieser extensiven Auslegung wird durch die weiteren Tatbestandsmerkmale der Vorschrift des § 323c Abs. 1 StGB begegnet.[1887]

3. Weitere objektive Tatbestandsmerkmale des § 323c Abs. 1 StGB

a) Erforderlichkeit der Hilfeleistung

An den Wegfall der Hilfspflicht werden strenge Anforderungen gestellt.[1888] Es mangelt an der Erforderlichkeit der Hilfeleistung etwa, wenn die Hilfe von vornherein offensichtlich nutzlos ist,[1889] sich das Opfer selbst helfen kann oder ein Dritter die nötige Hilfe bereits erbracht hat[1890] bzw. andere zur Hilfeleistung fähige und bereite Personen zur Stelle sind,[1891] es sei denn der Arzt kann rascher und wirksamer helfen[1892].[1893] Da bei einer ausschließlichen Tele- bzw. Fernbehandlung keine weiteren Personen beim Patienten vor Ort anwesend sind, ergibt sich schon hieraus, dass die Hilfeleistung des Arztes in einem solchen Fall erforderlich sein wird.

1885 S. etwa RGSt 75, 160 (162 f.); *Ulsenheimer/Erlinger*, in: Dierks et al., Rechtsfragen der Telemedizin, S. 67 (81); *Ulsenheimer*, in: Laufs et al., Handbuch des Arztrechts, § 151, Rdn. 21.

1886 *Frister et al.*, Arztstrafrecht, 1. Kapitel, Rdn. 169; *Ruppert*, medstra 2017, 284 (285 f.); *Schuhr*, in: Spickhoff, Medizinrecht, § 323c StGB, Rdn. 14; *Ulsenheimer/Erlinger*, in: Dierks et al., Rechtsfragen der Telemedizin, S. 67 (81 f.); *Ulsenheimer*, in: Laufs et al., Handbuch des Arztrechts, § 151, Rdn. 24; *Ulsenheimer/Bock*, in: Ulsenheimer/Gaede, Arztstrafrecht in der Praxis, Rdn. 664; *Warntjen*, in: Müller et al., Anwaltshandbuch Strafverteidigung, § 49, Rdn. 118.

1887 *Frister et al.*, Arztstrafrecht, 1. Kapitel, Rdn. 169; *Gercke et al.*, Handbuch Medizinstrafrecht, Rdn. 665; *Schuhr*, in: Spickhoff, Medizinrecht, § 323c StGB, Rdn. 14; *Ulsenheimer/Erlinger*, in: Dierks et al., Rechtsfragen der Telemedizin, S. 67 (81 f.); *Ulsenheimer/Bock*, in: Ulsenheimer/Gaede, Arztstrafrecht in der Praxis, Rdn. 663 f.; vgl. *Bock*, Notfall + Rettungsmedizin 2005, 286 (288); kritisch im Allgemeinen *Ruppert*, medstra 2017, 284 (286).

1888 *Frister et al.*, Arztstrafrecht, 1. Kapitel, Rdn. 175; *Gercke et al.*, Handbuch Medizinstrafrecht, Rdn. 667.

1889 BGH, NStZ 1985, 501 m.w.N.; *Frister et al.*, Arztstrafrecht, 1. Kapitel, Rdn. 175.

1890 Vgl. BayObLG, NJW 1973, 770 (771).

1891 BGH, NJW 1952, 394; OLG Karlsruhe, NJW 1979, 2360 (2361) m.w.N.

1892 BGHSt 2, 296 (298 f.) = NJW 1952, 713; vgl. BayObLG, NJW 1973, 770 (771).

1893 S. etwa *Frister et al.*, Arztstrafrecht, 1. Kapitel, Rdn. 175; *Gercke et al.*, Handbuch Medizinstrafrecht, Rdn. 667; *Hecker*, in: Schönke/Schröder, § 323c StGB, Rdn. 15.

b) Bestmögliche Hilfeleistung

Fraglich ist, welches Verhalten von dem Fernbehandler beim Auftreten eines Unglücksfalls im Rahmen der Tele- bzw. Fernbehandlung erwartet wird, um einer Strafbarkeit nach § 323c Abs. 1 StGB zu entgehen. Dem Fernbehandler stehen unterschiedliche Handlungsmöglichkeiten zur Verfügung.[1894] In tatsächlicher Hinsicht kann der Arzt seinen Patienten beispielsweise aus der Ferne via IuK-Technologien ärztlich versorgen, eine persönliche Behandlung vor Ort (beim Patienten oder in der Praxis des Arztes) oder eine Krankenhauseinweisung veranlassen. Alternativ besteht (etwa bei großer räumlicher Distanz zum Unglücksort) die Möglichkeit, eine örtlich näher gelegene Stelle zu unterrichten.[1895]

Grundsätzlich gilt, dass das Ausmaß der Hilfspflicht sich nach den Fähigkeiten und Möglichkeiten des Hilfspflichtigen richtet.[1896] Wenngleich von dem Pflichtigen etwas Unmögliches daher nicht verlangt werden kann, genügt es nicht, wenn der Hilfspflichtige irgendetwas tut.[1897] Er hat vielmehr die bestmögliche Hilfe zu leisten.[1898] Scheinmaßnahmen eines in Wirklichkeit zur Hilfeleistung nicht Bereiten sollen nicht genügen.[1899]

aa) Beendigung der ausschließlichen Tele- bzw. Fernbehandlung

Sicherlich lässt sich nicht pauschal festlegen, wie die bestmögliche Hilfe des Fernbehandlers auszusehen hat. Tritt während einer ausschließlichen Tele- bzw. Fernbehandlung ein medizinischer Komplikationsfall auf, ist dem Fernbehandler allerdings zu raten, den Patienten nicht weiter aus der Ferne ärztlich zu betreuen, sondern eine persönliche Versorgung vor Ort

---

1894 Vgl. im Allgemeinen *Schuhr*, in: Spickhoff, Medizinrecht, § 323c StGB, Rdn. 24.

1895 Vgl. im Allgemeinen *Bock*, Notfall + Rettungsmedizin 2005, 286 (288).

1896 *Frister et al.*, Arztstrafrecht, 1. Kapitel, Rdn. 176 m.w.N.; *Gercke et al.*, Handbuch Medizinstrafrecht, Rdn. 668; *Hecker*, in: Schönke/Schröder, § 323c StGB, Rdn. 16.

1897 S. etwa BGHSt 21, 50 (54) = NJW 1966, 1172 (1173); *Frister et al.*, Arztstrafrecht, 1. Kapitel, Rdn. 176; *Gercke et al.*, Handbuch Medizinstrafrecht, Rdn. 668.

1898 S. etwa BGHSt 21, 50 (54) = NJW 1966, 1172 (1173); *Frister et al.*, Arztstrafrecht, 1. Kapitel, Rdn. 176; *Hecker*, in: Schönke/Schröder, § 323c StGB, Rdn. 16; *Gercke et al.*, Handbuch Medizinstrafrecht, Rdn. 668; *Schuhr*, in: Spickhoff, Medizinrecht, § 323c StGB, Rdn. 26; kritisch *Ruppert*, medstra 2017, 284 (286 ff.).

1899 BGHSt 21, 50 (54) = NJW 1966, 1172 (1173); BGH, NStZ 1985, 409.

zu veranlassen.[1900] Da nicht jede Erkrankung, sondern erst ein Zustand des Patienten, der eine plötzliche und sich rasch verschlimmernde Wendung nimmt, einen Unglücksfall i.S.d. § 323c Abs. 1 StGB darstellt, ist eine weitere Durchführung der ausschließlichen Tele- bzw. Fernbehandlung sodann in der Regel nicht mehr angezeigt.

bb) (Keine) Pflicht zur höchstpersönlichen Betreuung des Patienten

Darüber hinaus ist bislang ungeklärt, ob der Fernbehandler den Patienten selbst (in der eigenen Arztpraxis oder im Rahmen eines Hausbesuches) ärztlich versorgen muss oder ob es genügt, wenn der Behandler aus der Ferne eine Krankenhauseinweisung veranlasst oder andere ärztliche Hilfe organisiert.

Im Allgemeinen gilt für die Frage, ob ein Arzt, der fernmündlich kontaktiert wird, zu einem Hausbesuch verpflichtet ist, dass sich dies nach den Umstände des Einzelfalls richtet.[1901] Hilfeleistung durch einen Hausbesuch ist beispielsweise angezeigt, wenn der Arzt dem Kranken dadurch früher als durch eine Einlieferung in ein Krankenhaus Hilfe oder wesentliche Erleichterung verschaffen kann.[1902] Sofern aufgrund der dem Arzt mitgeteilten Symptome zweifelsfrei feststeht, dass er mit den ihm zur Verfügung stehenden Mitteln weder wirksame therapeutische Maßnahmen ergreifen noch wenigstens wesentliche Erleichterung verschaffen kann, ist die Hilfeleistung durch einen Hausbesuch nicht angezeigt.[1903] Gebietet der Zustand des Patienten den Transport – unter Begleitung eines Notarztes – in einem Rettungswagen zum Krankenhaus, genügt es, wenn ein telefonisch unterrichteter (Bereitschafts-)Arzt aus der Ferne hierüber eindringlich informiert und sich vergewissert, dass diese notwendigen Maßnahmen unverzüglich getroffen werden.[1904] Der Arzt darf davon absehen, selbst weiter tätig zu werden, wenn er sich sicher ist, dass die sofortige Benachrichtigung des

---

1900 Zum Verhalten im medizinischen Komplikationsfall nach den Grundsätzen des Arzthaftungsrecht, s. Teil 2, 3. Kapitel, C.II.2.b)dd)(2)(b)(bb).

1901 BGHSt 7, 211 (212) = NJW 1955, 718 (719); *Frister et al.*, Arztstrafrecht, 1. Kapitel, Rdn. 177.

1902 S. etwa OLG Karlsruhe, NJW 1979, 2360.

1903 S. etwa OLG Karlsruhe, NJW 1979, 2360.

1904 BGH, NStZ 1985, 409; s. auch *Ulsenheimer/Bock*, in: Ulsenheimer/Gaede, Arztstrafrecht in der Praxis, Rdn. 668; a.A. *Giring/Schmidt*, in: Ratzel/Luxenburger, Handbuch Medizinrecht, Kapitel 16, Rdn. 68.

Notarztdienstes gewährleistet ist.[1905] Ist statt einer Krankenhauseinweisung ein Hausbesuch beim Patienten angezeigt, kann bei großer räumlicher Entfernung des Arztes zum Patienten die bestmögliche und zumutbare Hilfeleistung auch in der Unterrichtung einer örtlich näherliegenden Stelle[1906] liegen. Wird ein Arzt von einer Person, die an einer Krankheit i.S.d. § 323c Abs. 1 StGB leidet, kontaktiert und wird die Behandlung des Kranken nicht übernommen, ist über die Pflicht zu einem Hausbesuch nach den eben vorgestellten Grundsätzen zu entscheiden.

Tritt allerdings im Verlauf einer ausschließlichen Tele- bzw. Fernbehandlung eine solcher Krankheitsverlauf des Patienten, der die Voraussetzungen des § 323c Abs. 1 StGB erfüllt, auf, kommt der Arzt-Patienten-Beziehung eine besondere Bedeutung, wenn sich der Arzt und sein Patient für die Durchführung einer ausschließlichen Tele- bzw. Fernbehandlung bewusst entschieden, obwohl es (noch) an einem spezifischen Fernbehandlungsstandard fehlt.[1907] Dem Arzt ist es zwar unbenommen, auch andere Ärzte zum Schutz der Rechtsgüter des Patienten in die Behandlung vor Ort einzubinden, dennoch wird die bestmögliche Hilfeleistung – aufgrund des besonderen Vertrauensverhältnisses – darin bestehen, dass sich der Fernbehandler von dem gesundheitlichen Zustand des Patienten und den möglichen Auswirkungen der Fernbehandlung auf die Rechtsgüter des Patienten auch persönlich vor Ort überzeugt.

c) Zumutbarkeit der Hilfeleistung

Als weiteres Korrektiv gilt das Kriterium der Zumutbarkeit, so dass die konkrete Pflicht zur Vornahme der Hilfe, die für erforderlich erachtet wird, entfällt, wenn die Erfüllung einer solchen zu einer rechtlich unangemessenen

1905 BGH, NStZ 1985, 409; a.A. *Giring/Schmidt*, in: Ratzel/Luxenburger, Handbuch Medizinrecht, Kapitel 16, Rdn. 68.

1906 *Bock*, Notfall + Rettungsmedizin 2005, 286 (288); vgl. auch BGHSt 17, 166 = NJW 1962, 1212 (1213).

1907 Zu den Grundsätzen im Arzthaftungsrecht, s. Teil 2, 3.Kapitel, C.II.2.b)dd)(2)(b)(cc).

Überforderung des Arztes führen würde.[1908] Hierfür sind die betroffenen Interessen abzuwägen.[1909]

D. Urkundenfälschung, §§ 267 ff. StGB

I. Verstoß gegen (fernbehandlungsspezifische) Dokumentationspflicht

Dokumentiert ein Fernbehandler Maßnahmen und deren Ergebnisse in der Patientenakte fehler- oder lückenhaft, macht er sich – wie bereits ausgeführt –[1910] in der Regel nicht wegen einer fahrlässigen Körperverletzung nach § 229 StGB strafbar. Stattdessen ist eine Strafbarkeit des Arztes nach §§ 267 ff. StGB in Betracht zu ziehen.[1911]

1. Urkundenfälschung, § 267 StGB

Bei der ärztlichen Aufzeichnung in der Patientenakte (in Papierform) handelt es sich zwar um eine Urkunde i.S.d. § 267 Abs. 1 StGB,[1912] jedoch schützt § 267 StGB die Sicherheit und Zuverlässigkeit des Rechtsverkehrs mit Urkunden.[1913] Werden in der Patientenakte (in Papierform) solche Umstände, die die Fernbehandlung betreffen, lediglich inhaltlich fehlerhaft dokumentiert, notiert der Arzt also beispielsweise, dass der Patient vollständig (auch fernbehandlungsspezifisch) aufgeklärt wurde, obwohl dies nicht der Wahrheit entspricht, scheidet eine Strafbarkeit des Arztes wegen Urkundenfälschung nach § 267 Abs. 1 StGB aus, solange er nicht über seine Identität als Urheber des (unwahren) Erklärungsinhalts getäuscht hat.[1914]

1908 *Frister et al.*, Arztstrafrecht, 1. Kapitel, Rdn. 178; *Gercke et al.*, Handbuch Medizinstrafrecht, Rdn. 670; *Hecker*, in: Schönke/Schröder, § 323c StGB, Rdn. 18.

1909 S. hierzu ausführlicher etwa *Frister et al.*, Arztstrafrecht, 1. Kapitel, Rdn. 178; *Gercke et al.*, Handbuch Medizinstrafrecht, Rdn. 670; *Hecker*, in: Schönke/Schröder, § 323c StGB, Rdn. 18.

1910 S. Teil 2, 4. Kapitel, B.I.1.a)aa)(1).

1911 *Prütting/Friedrich*, in: Prütting, Medizinrecht, § 630f BGB, Rdn. 34; s. auch *Fehn*, GesR 2007, 504 (508 f.).

1912 So auch *Fehn*, GesR 2007, 504 (508).

1913 S. etwa BGHSt 2, 50 (52) = NJW 1952, 231; BGHSt 40, 203 (205) = NStZ 1994, 486 (487); *Fischer*, § 267 StGB, Rdn. 2; *Heger*, in: Lackner/Kühl, § 267 StGB, Rdn. 1; *Heine/Schuster*, in: Schönke/Schröder, § 267 StGB, Rdn. 1; a.A. *Erb*, in: MüKo-StGB, § 267, Rdn. 2 ff. m.w.N.

1914 Vgl. im Allgemeinen etwa *Fehn*, GesR 2007, 504 (508).

Ändert der Arzt hingegen seine Aufzeichnungen in der Patientenakte nachträglich ab, ohne dies ausdrücklich kenntlich zu machen, verfälscht er eine echte Urkunde nach § 267 Abs. 1 Alt. 2 StGB.[1915] Dass der Arzt selbst Aussteller ist, ist unschädlich, wenn der Inhalt der Urkunde verändert wird, nachdem er die Dispositionsbefugnis verloren hat.[1916] Dies ist etwa zu bejahen, wenn ein anderer zwischenzeitlich einen Anspruch auf den unveränderten Bestand der Urkunde erworben oder ein berechtigtes Interesse daran erlangt hat, dass die Veränderung des Urkundeninhalts unterlassen wird.[1917] Einen solchen Anspruch bzw. ein solches Interesse hat der Patient ab dem Zeitpunkt der Fertigstellung der Dokumentation,[1918] wobei es zu berücksichtigen gilt, dass der Arzt nach § 630f Abs. 1 S. 1 BGB zur Führung der Patientenakte in unmittelbar zeitlichem Zusammenhang mit der Behandlung verpflichtet ist.[1919]

2. Fälschung beweiserheblicher Daten, § 269 StGB

Entscheidet sich der Arzt dazu, seiner Pflicht zur Dokumentation dadurch gerecht zu werden, dass er die Patientenakte – statt in Papierform – elektronisch führt (s. § 630f Abs. 1 S. 1 Alt. 2 BGB), hat er es zu unterlassen, beweiserhebliche Daten zu fälschen, um nicht nach § 269 Abs. 1 StGB strafbar zu sein. Da § 269 StGB in Übereinstimmung mit § 267 StGB die Sicherheit und Zuverlässigkeit des Rechtsverkehrs im Umfang mit beweiserheblichen Daten schützt,[1920] wird die bloße schriftliche Lüge ebenso nicht von § 269 StGB erfasst.[1921] Werden die Daten von dem Arzt allerdings nachträglich

1915 S. etwa OLG Koblenz, NJW 1995, 1624 (1625); *Fehn*, GesR 2007, 504 (508 f.); *Ulsenheimer/Gaede*, in: Ulsenheimer/Gaede, Arztstrafrecht in der Praxis, Rdn. 1141; vgl. etwa BGHSt 13, 382 (387) = NJW 1960, 444 (445).

1916 S. etwa OLG Koblenz, NJW 1995, 1624 (1625); *Fehn*, GesR 2007, 504 (508 f.); *Schuhr*, in: Spickhoff, Medizinrecht, § 267 StGB, Rdn. 35; s. auch *Fischer*, § 267 StGB, Rdn. 34; *Weidemann*, in: BeckOK-StGB, § 267, Rdn. 28; a.A. etwa *Krell*, in: Leipold et al., AnwaltKommentar, § 267 StGB, Rdn. 36 m.w.N.

1917 OLG Koblenz, NJW 1995, 1624 (1625).

1918 *Fehn*, GesR 2007, 504 (509).

1919 Vgl. OLG Koblenz, NJW 1995, 1624 (1625); *Ulsenheimer/Gaede*, in: Ulsenheimer/Gaede, Arztstrafrecht in der Praxis, Rdn. 1141.

1920 S. etwa *Fischer*, § 269 StGB, Rdn. 2; *Heine/Schuster*, in: Schönke/Schröder, § 269 StGB, Rdn. 4; *Zieschang*, in: LK-StGB, § 269, Rdn. 1; a.A. etwa *Erb*, in: MüKo-StGB, § 269, Rdn. 1 m.w.N.

1921 S. etwa *Fischer*, § 269 StGB, Rdn. 5; *Schuhr*, in: Spickhoff, Medizinrecht, §§ 268 ff. StGB, Rdn. 7; *Zieschang*, in: LK-StGB, § 269, Rdn. 1.

geändert (z.B. durch Erweiterung oder Löschung), kommt eine Strafbarkeit nach § 269 Abs. 1 Alt. 2 StGB in Betracht.[1922]

3. Ausstellen unrichtiger Gesundheitszeugnisse, § 278 StGB

Demgegenüber schützt § 278 StGB die inhaltliche Richtigkeit von Gesundheitszeugnissen.[1923] Nach § 278 Abs. 1 StGB wird mittlerweile bestraft, wer „zur Täuschung im Rechtsverkehr als Arzt oder andere approbierte Medizinalperson ein unrichtiges Zeugnis über den Gesundheitszustand eines Menschen ausstellt". Die Vorschrift wurde erst jüngst durch Art. 2 Nr. 3 des Gesetzes zur Änderung des Infektionsschutzgesetzes und weiterer Gesetze anlässlich der Aufhebung der Feststellung der epidemischen Lage von nationaler Tragweite vom 22.11.2021[1924] geändert. In diesem Zusammenhang wurde § 278 StGB a.F. geringfügig angepasst, da die Beschränkung der Strafbarkeit auf Fälle, in denen Behörden oder Versicherungsgesellschaften getäuscht werden sollen, als unangemessen angesehen wurde.[1925] Als ebenso strafwürdig wird beispielhaft das Erstellen eines unrichtigen Gesundheitszeugnisses zum Zweck, den Arbeitgeber über den Gesundheitszustand zu täuschen, erachtet.[1926]

Das „Gesundheitszeugnis" als Tatobjekt des § 278 StGB wurde beibehalten. Bereits der Wortlaut des § 278 StGB („Zeugnis über den Gesundheitszustand eines Menschen") stellt klar, dass nicht jedes Zeugnis, das von dem in Betracht kommenden Täterkreis ausgestellt wird, tatbestandsmäßig sein soll.[1927] Es bedarf einer Bescheinigung über den Gesundheitszustand eines Menschen.[1928] Erst eine Urkunde oder (bei Ausstellung in elektronischer

1922 Vgl. *Ulsenheimer/Gaede*, in: Ulsenheimer/Gaede, Arztstrafrecht in der Praxis, Rdn. 1143; a.A. im Allgemeinen *Erb*, in: MüKo-StGB, § 269, Rdn. 37 m.w.N.; *Heine/Schuster*, in: Schönke/Schröder, § 269 StGB, Rdn. 17; *Puppe/Schumann*, in: NK-StGB, § 269, Rdn. 28.

1923 S. etwa *Erb*, in: MüKo-StGB, § 278, Rdn. 1; *Schuhr*, in: Spickhoff, Medizinrecht, § 278 StGB, Rdn. 1; *Weidemann*, in: BeckOK-StGB, § 278, Rdn. 3; *Zieschang*, in: LK-StGB, § 278, Rdn. 1.

1924 BGBl. I, 4906.

1925 BT-Drs. 20/15, 34.

1926 BT-Drs. 20/15, 34.

1927 Vgl. früher etwa *Leifeld*, NZV 2013, 422.

1928 Vgl. früher etwa *Leifeld*, NZV 2013, 422.

Form) eine Datenurkunde[1929] mit Tatsachenaussagen über die (körperliche oder psychische) Gesundheit oder Krankheit eines lebenden Menschen stellt ein Gesundheitszeugnis i.S.d. § 278 StGB dar.[1930] Der Arzt – als tauglicher Täter des § 278 StGB – notiert in der Patientenakte unter anderem Diagnosen und Befunde, s. § 630f Abs. 2 S. 1 BGB. Es ist daher naheliegend auch die Patientenakte unter die Vorschrift des § 278 StGB zu subsumieren.[1931] Vor Änderung des § 278 StGB (a.F.) führte eine inhaltlich unrichtige Dokumentation jedenfalls wegen fehlender Zweckbestimmung („zum Gebrauch bei einer Behörde oder Versicherungsgesellschaft") nicht zu einer Strafbarkeit des Arztes nach § 278 StGB a.F.[1932]

An diesem Ergebnis, also der Straflosigkeit des Arztes im Hinblick auf § 278 StGB im Fall unrichtiger ärztlicher Dokumentation in der Patientenakte, hat sich auch nach Änderung des Strafnorm nichts geändert, da die Patientenakte kein Gesundheitszeugnis i.S.d. § 278 StGB darstellt. Hierfür spricht zunächst, dass der Wortlaut des § 278 StGB ein „Zeugnis" über den Gesundheitszustand verlangt. Statt den Gesundheitszustand des Patienten nach außen zu bestätigen oder zu versichern – wie es der Begriff „Zeugnis" nahelegt –, zeichnet der Arzt diesen lediglich auf. Darüber hinaus ist es nicht Zweck der ärztlichen Dokumentation, den Gesundheitszustand des Patienten anderen gegenüber nachzuweisen. Würde die Patientenakte dem Nachweis des Gesundheitszustandes des Patienten dienen, wäre es jedenfalls verwunderlich, dass anderen Stellen (z.B. Behörden) – wie es in der Praxis üblich zu sein scheint – Bescheinigungen hierüber ausgestellt werden, da ihnen stattdessen Auszüge aus der Patientenakte – wenn auch zum Teil geschwärzt – übermittelt werden könnten.

Zugleich wird der Gesundheitszustand in der Patientenakte nicht dem Patienten gegenüber bestätigt. Zwar ist anerkannt, dass die ärztliche Dokumentation – neben der Therapiesicherung –[1933] ebenso bezweckt, das

1929 So *Erb*, in: MüKo-StGB, § 277, Rdn. 2; *Fischer*, § 277 StGB, Rdn. 3; *Gercke et al.*, Handbuch Medizinstrafrecht, Rdn. 1123; *Schuhr*, in: Spickhoff, Medizinrecht, § 278 StGB, Rdn. 5; a.A. *Zieschang*, ZIS 2021, 482 (481) m.w.N.

1930 *Erb*, in: MüKo-StGB, § 277, Rdn. 2; *Fischer*, § 277 StGB, Rdn. 3; *Gercke et al.*, Handbuch Medizinstrafrecht, Rdn. 1123; *Schuhr*, in: Spickhoff, Medizinrecht, § 278 StGB, Rdn. 5.

1931 So *Buchholz/Bohrmann*, GesR 2018, 545 (546); *Schroth*, NStZ 2013, 437 (446); *Schuhr*, in: Spickhoff, Medizinrecht, § 278 StGB, Rdn. 5; a.A. wohl *Fischer*, § 278 StGB, Rdn. 3.

1932 Vgl. *Schuhr*, in: Spickhoff, Medizinrecht, § 278 StGB, Rdn. 14.

1933 S. Teil 2, 3. Kapitel, C.II.2.b)ff)(2).

Persönlichkeitsrecht des Patienten zu wahren, indem der Arzt dem Patienten durch Vorlage der Patientenakte Rechenschaft über den Gang der Behandlung ablegt.[1934] Hierbei weist der Arzt jedoch die Erfüllung seiner ärztlichen Pflichten gegenüber dem Patienten[1935] und nicht seinen Gesundheitszustand nach.

II. Ausstellen eines ärztlichen Rezepts ohne persönliche Untersuchung vor Ort

Stellt ein Arzt ein Rezept aus der Ferne aus, obwohl er seinen Patienten nicht persönlich vor Ort behandelt hat, steht insbesondere eine Strafbarkeit nach § 278 StGB zur Diskussion.[1936] Da sich der Arzt und sein Patient während einer ausschließlichen Tele- bzw. Fernbehandlung nicht vor Ort begegnen, wird als Therapieform regelmäßig die ärztliche Verordnung von Medikamenten in Betracht kommen.

1. Ärztliches Rezept kein Gesundheitszeugnis i.S.d. § 278 StGB

Zunächst ist zu klären, ob es sich bei einem Rezept um ein Gesundheitszeugnis i.S.d. § 278 StGB handelt. Dies wurde vor Änderung des § 278 StGB in der Rechtsprechung teilweise bejaht.[1937] Hierzu wurde ausgeführt:

> „Nach dem Schutzzweck des § 278 StGB sind davon auch Rezepte erfasst. Denn die Vorschrift will die Beweiskraft ärztlicher Zeugnisse sichern, die

---

1934 BT-Drs. 17/10488, 26; *Spickhoff*, in: Spickhoff, Medizinrecht, § 630f BGB, Rdn. 1.

1935 Vgl. *Fischer*, § 278 StGB, Rdn. 3.

1936 Zur Ausstellung einer Arbeitsunfähigkeitsbescheinigung aus der Ferne im Zusammenhang mit § 278 StGB s. etwa *Ruppert/Schmidt*, VSSAR 2021, 207 (216 ff.); *Valerius*, in: FG Forschungsstelle RobotRecht, S. 475 (481 ff.); *Zieschang*, medstra 2020, 202 (202 ff.).

1937 LG Köln, medstra 2017, 127 (128); in der Literatur folgend *Gercke et al.*, Handbuch Medizinstrafrecht, Rdn. 1124; *Heger*, in: Lackner/Kühl, § 278 StGB, Rdn. 2; *Tsambikakis/Kessler*, in: Prütting, Medizinrecht, § 278 StGB, Rdn. 4; bezweifelnd LG Köln, BeckRS 2020, 35494, Rdn. 12; *Fischer*, § 278 StGB, Rdn. 5; *Heine/Schuster*, in: Schönke/Schröder, § 278 StGB, Rdn. 4; *Kraatz*, NStZ-RR 2018, 4 (7); *Kraatz*, Arztstrafrecht, Rdn. 258a; *Ulsenheimer/Gaede*, in: Ulsenheimer/Gaede, Arztstrafrecht in der Praxis, Rdn. 1135; a.A. OLG Köln, BeckRS 2020, 35493, Rdn. 33 ff.; AG Köln, BeckRS 2016, 119556, Rdn. 4; *Buchholz/Bohrmann*, GesR 2018, 545 (547); *Schuhr*, in: Spickhoff, Medizinrecht, § 278 StGB, Rdn. 5, 14; *Erb*, in: MüKo-StGB, § 278, Rdn. 2.

> zum Gebrauch bei Behörden oder Versicherungsgesellschaften bestimmt sind – bei Einrichtungen, die zum eigenen Vorteil zu täuschen eine gewisse Neigung besteht [...]. Bei einem Rezept handelt es sich nicht lediglich um eine formelle, schriftliche Aufforderung eines Arztes an die Apotheke zu einer Belieferung mit Arznei- oder Heilmitteln. Vielmehr enthält es auch eine Anweisung an die Beihilfestelle, die für das verschriebene Medikament entstandenen Kosten zu erstatten, ohne dass für diese eine eigene medizinische Prüfungsmöglichkeit besteht. Somit enthält ein Rezept gesundheitsrelevante Daten, die für die Entscheidung der Beihilfestelle von Bedeutung sind. Darüber hinaus enthalten die fraglichen Rezepte im vorliegenden Fall sogar die Angabe der Diagnose ‚AK-Mangelsyndrom' und damit ein konkrete Aussage über eine bei der gesondert Verfolgten bestehende Erkrankung."[1938]

Überzeugender ist es, anzunehmen, dass ärztliche Rezepte keine Auskunft über den Gesundheitszustand eines Patienten abgeben.[1939] In ärztlichen Rezepten wird eine Diagnose oder der Gesundheitszustand des Patienten regelmäßig nicht aufgenommen, wie die Vorschrift des § 2 Abs. 1 AMVV zeigt, die den notwendigen Inhalt einer Verschreibung vorgibt.[1940] Aus den Informationen auf einem Rezept (z.B. Bezeichnung des Fertigarzneimittels oder des Wirkstoffs nach § 2 Abs. 1 Nr. 4 AMVV) verlässliche Rückschlüsse zu ziehen, an welcher Krankheit ein Patient konkret leidet, ist zudem kaum möglich.[1941] Zwar kann aufgrund der Art und der allgemeinen Wirkungsweise des bezeichneten Arzneimittels das Krankheitsbild ggf. abgeleitet bzw. eingegrenzt werden,[1942] jedoch fehlt es an einer eindeutigen Zuordnung.

1938 LG Köln, medstra 2017, 127 (128).

1939 So auch OLG Köln, BeckRS 2020, 35493, Rdn. 36; AG Köln, BeckRS 2016, 119556, Rdn. 4; vgl. auch *Buchholz/Bohrmann*, GesR 2018, 545 (547); *Kraatz*, NStZ-RR 2018, 4 (7); *Kraatz*, Arztstrafrecht, Rdn. 258a; *Schuhr*, in: Spickhoff, Medizinrecht, § 278 StGB, Rdn. 14. *Gercke/Leimenstoll* gehen davon aus, dass das OLG Köln (BeckRS 2020, 35493, Rdn. 33 ff.) unter die Diskussion, ob ärztliche Rezepte ein Gesundheitszeugnis i.S.d. § 278 StGB darstellen, einen Schlussstrich gezogen habe, s. *Gercke/Leimenstoll*, MedR 2022, 143 (144).

1940 So auch *Kraatz*, JR 2021, 623 (626).

1941 So insbesondere für „Rezepte, die ein breit anzuwendendes Medikament verschreiben, z.B. Kortison oder Ibuprofen" OLG Köln, BeckRS 2020, 35493, Rdn. 36.

1942 Vgl. OLG Köln, BeckRS 2020, 35493, Rdn. 36; *Fischer*, § 278 StGB, Rdn. 5.

Darüber hinaus dient ein Rezept – selbst wenn eine (Kurz-)Diagnose angeführt wird –[1943] nicht dazu, den Nachweis über eine bestimmte medizinische Diagnose zu erbringen.[1944] Als Voraussetzungen für die Abgabe des Arzneimittels wird der Gesundheitszustand des Patienten nicht bescheinigt, würde ansonsten Angaben hierzu in § 2 Abs. 1 AMVV zwingend enthalten sein.[1945] Zugleich ist es für die Einreichung eines (Privat-)Rezepts bei einer Beihilfestelle nicht erforderlich, dass die Diagnose mitgeteilt wird.[1946] Solche gesundheitsrelevanten Umstände sind für den Empfänger des ärztlichen Rezepts daher nicht von Interesse.[1947]

Im Übrigen handelt es sich bei § 278 StGB um einen für das Urkundenstrafrecht atypischen Fall, da es nicht um die Identität des Ausstellers geht, sondern vielmehr um die Wahrheit der Erklärung, die dokumentiert wird.[1948] Die schriftliche Lüge bleibt aber grundsätzlich straflos.[1949] Der Anwendungsbereich des § 278 StGB droht nun bedenklich weit ausgedehnt zu werden, wenn unter den Begriff des Gesundheitszeugnisses auch ärztliche Rezepte gefasst werden. Dass nicht alle ärztliche Bescheinigungen von § 278 StGB umfasst sein sollen, hebt das Gesetz (weiterhin) ausdrücklich hervor.

2. Exkurs: Kein unrichtiges Gesundheitszeugnis

a) Allgemeine Grundsätze

Wird ein ärztliches Rezept dennoch als Gesundheitszeugnis i.S.d. § 278 StGB qualifiziert, stellt sich anschließend die Frage, ob ein „unrichtiges" Gesundheitszeugnis ausgestellt wird, wenn der Arzt im Rahmen einer ausschließlichen Tele- bzw. Fernbehandlung ein ärztliches Rezept anfertigt. Entsprechen Aussagen über Befundtatsachen oder sachverständige

---

1943 So OLG Köln, BeckRS 2020, 35493, Rdn. 38; AG Köln, BeckRS 2016, 119556, Rdn. 4; *Kraatz*, JR 2021, 623 (626); vgl. auch LG Köln, BeckRS 2020, 35494, Rdn. 12.

1944 OLG Köln, BeckRS 2020, 35493, Rdn. 36, 38; AG Köln, BeckRS 2016, 119556, Rdn. 4; *Heine/Schuster*, in: Schönke/Schröder, § 278 StGB, Rdn. 4.

1945 Vgl. auch *Kraatz*, JR 2021, 623 (626).

1946 OLG Köln, BeckRS 2020, 35493, Rdn. 38; s. hierzu ausführlicher *Kraatz*, JR 2021, 623 (626).

1947 Vgl. hierzu im Allgemeinen *Leifeld*, NZV 2013, 422 (423).

1948 *Bernsmann/Geilen*, in: Wenzel, Handbuch Medizinrecht, Kapitel 4, Rdn. 584.

1949 *Giring/Schmidt*, in: Ratzel/Luxenburger, Handbuch Medizinrecht, Kapitel 16, Rdn. 117; vgl. *Buchholz/Bohrmann*, GesR 2018, 545 (547); *Fischer*, § 267 StGB, Rdn. 29 m.w.N.

Schlussfolgerungen in einem wesentlichen Punkt nicht der Wahrheit, ist ein Gesundheitszeugnis unrichtig.[1950] Der Tatbestand wird dahingehend weit verstanden, dass ein Zeugnis bereits dann unrichtig sein soll, wenn der Arzt einen Befund bescheinigt, obwohl er seinen Patienten nicht untersucht hat.[1951] Ein solches Zeugnis sei im Vergleich zu einem solchen, das nach einer erfolgten Untersuchung den festgestellten Gesundheitszustand unrichtig formuliert, als Beweismittel ebenso wertlos.[1952] Ob der Befund im Ergebnis (zufälligerweise) richtig ist, ist irrelevant.[1953] Gleiches soll gelten, wenn ein Rezept für ein Arzneimittel ohne Untersuchung ausgestellt wird.[1954] Von dem Vertrauen in das Gesundheitszeugnis wird daher auch die Art und Weise Informationsgewinnung umfasst.[1955]

Es ist jedoch anerkannt, dass eine ärztliche Untersuchung nicht stets eine körperliche Untersuchung oder persönliche Befragung des Patienten voraussetzt, so dass in Ausnahmefällen ein Zeugnis auch ohne körperliche Untersuchung ausgestellt werden darf.[1956] Es soll genügen, wenn sich der Arzt vor der Ausstellung des Gesundheitszeugnisses über den Gesundheits-

---

1950 S. etwa *Buchholz/Bohrmann*, GesR 2018, 545 (547); *Erb*, in: MüKo-StGB, § 278, Rdn. 4; *Gercke*, MedR 2008, 592 (593); *Gercke et al.*, Handbuch Medizinstrafrecht, Rdn. 1126; *Krell*, in: Leipold et al., AnwaltKommentar, § 278 StGB, Rdn. 3.

1951 S. etwa RGSt 74, 229 (231); BGHSt 6, 90 (92) = NJW 1954, 1334 (1334 f.); BGH, NStZ-RR 2007, 343 (344); OLG München, NJW 1950, 796; OLG Frankfurt a.M., NJW 1977, 2128 (2129); *Erb*, in: MüKo-StGB, § 278, Rdn. 4; *Fischer*, § 278 StGB, Rdn. 4; *Heine/Schuster*, in: Schönke/Schröder, § 278 StGB, Rdn. 2; *Kraatz*, Arztstrafrecht, Rdn. 260; *Kraatz*, JR 2021, 623 (627); *Krell*, in: Leipold et al., AnwaltKommentar, § 278 StGB, Rdn. 3; *Schuhr*, in: Spickhoff, Medizinrecht, § 278 StGB, Rdn. 11; *Weidemann*, in: BeckOK-StGB, § 278, Rdn. 4; *Zieschang*, in: LK-StGB, § 278, Rdn. 7; offen gelassen von OLG Zweibrücken, NStZ 1982, 467 (468); differenzierend *Gercke et al.*, Handbuch Medizinstrafrecht, Rdn. 1132 ff.; a.A. etwa *Buchholz/Bohrmann*, GesR 2018, 545 (547 f.); *Hoyer*, in: SK-StGB, § 278, Rdn. 2; *Puppe/Schumann*, in: NK-StGB, § 278, Rdn. 2; *Ulsenheimer/Gaede*, in: Ulsenheimer/Gaede, Arztstrafrecht in der Praxis, Rdn. 1137.

1952 S. etwa RGSt 74, 229 (231); OLG München, NJW 1950, 796.

1953 S. etwa OLG Frankfurt a.M., NJW 1977, 2128 (2129); *Heine/Schuster*, in: Schönke/Schröder, § 278 StGB, Rdn. 2.

1954 Vgl. *Weidemann*, in: BeckOK-StGB, § 278, Rdn. 4; 61LG Köln, medstra 2017, 127 (128).

1955 Vgl. *Heine/Schuster*, in: Schönke/Schröder, § 278 StGB, Rdn. 2; OLG Frankfurt a.M., NJW 1977, 2128 (2129).

1956 S. etwa OLG Düsseldorf, MDR 1957, 372; OLG Frankfurt a.M., BeckRS 2006, 6301; OLG Köln, BeckRS 2020, 35493, Rdn. 39; *Kraatz*, Arztstrafrecht, Rdn. 260; *Zieschang*, in: LK-StGB, § 278, Rdn. 8.

zustand des Patienten auf andere Weise zuverlässig vergewissert.[1957] Die Einschränkung gilt jedoch ausdrücklich für Krankheitsfälle, in denen es dem gewissenhaften Arzt wegen der Art der Erkrankung oder der seelischen Verfassung des Patienten untersagt ist, den Patienten körperlich zu untersuchen oder persönlich zu befragen.[1958] Da ein Patient – statt aus der Ferne – auch persönlich vor Ort behandelt werden kann, greift diese Fallgruppe bei einer ausschließlichen Tele- bzw. Fernbehandlung nicht unmittelbar ein.

Teilweise wird der hinter der Rechtsprechung stehende Gedanke fruchtbar gemacht und die anerkannten Ausnahmefälle ausgeweitet.[1959] Diese Sichtweise geht jedoch mit gewisser Rechtsunsicherheit einher, da sich vorab nicht abschätzen lässt, welcher Ausnahmefall gerichtlich anerkannt wird. Zugleich gilt es hierbei stets zu beachten, dass die Vorschrift des § 278 StGB nicht die ärztliche Pflichterfüllung gegenüber dem jeweiligen Patienten schützt, so dass es nicht darauf ankommt, ob die persönliche Untersuchung des Patienten vor Ort im Arzt-Patienten-Verhältnis erforderlich ist.[1960]

b) Bedeutung für die ausschließliche Tele- bzw. Fernbehandlung

Unter Zugrundelegung dieser Grundsätze liefe ein Fernbehandler – freilich unter der Prämisse, dass das ärztliche Rezept als Gesundheitszeugnis i.S.d. § 278 StGB angesehen wird – Gefahr, sich strafbar zu machen, wenn er im Rahmen einer ausschließlichen Tele- bzw. Fernbehandlung ein Rezept anfertigen würde. Schließlich begegnen sich der Arzt und sein Patient während einer ausschließlichen Fernbehandlung zu keinem Zeitpunkt persönlich vor Ort. Dieses Ergebnis erscheint jedenfalls für solche Fälle

---

1957 OLG Düsseldorf, MDR 1957, 372; OLG Frankfurt a.M., BeckRS 2006, 6301; OLG Köln, BeckRS 2020, 35493, Rdn. 39; *Kraatz*, Arztstrafrecht, Rdn. 260; *Zieschang*, in: LK-StGB, § 278, Rdn. 8; *Zieschang*, medstra 2020, 202 (204).

1958 OLG Düsseldorf, MDR 1957, 372; OLG Frankfurt a.M., BeckRS 2006, 6301; OLG Köln, BeckRS 2020, 35493, Rdn. 39; *Fischer*, § 278 StGB, Rdn. 4; *Kraatz*, JR 2021, 623 (627); *Zieschang*, medstra 2020, 202 (204).

1959 So etwa *Zieschang*, medstra 2020, 202 (204); vgl. auch OLG Köln, BeckRS 2020, 35493, Rdn. 39; *Erb*, in: MüKo-StGB, § 278, Rdn. 4; *Gercke et al.*, Handbuch Medizinstrafrecht, Rdn. 1136; *Kraatz*, JR 2021, 623 (627).

1960 Vgl. auch *Schuhr*, in: Spickhoff, Medizinrecht, § 278 StGB, Rdn. 11 m.w.N.; s. weiterführend sogleich.

fragwürdig, in denen die Voraussetzungen einer ausschließlichen Tele- bzw. Fernbehandlung vorliegen und es dem Arzt deshalb gestattet wird, dem Patienten ein Medikament aus der Ferne zu verschreiben, ohne einen ärztlichen Behandlungsfehler befürchten zu müssen.[1961] Der Fernbehandler wäre in diesem Fall nicht nach § 229 StGB wegen eines ärztlichen Behandlungsfehlers im Rahmen der Durchführung der ausschließlichen Tele- bzw. Fernbehandlung strafbar,[1962] dennoch stünde eine Strafbarkeit des Arztes – freilich abhängig von den weiteren Voraussetzungen des § 278 StGB – wegen Ausstellens eines unrichtigen Gesundheitszeugnisses im Raum.

Für die Beurteilung, ob eine Bescheinigung unrichtig i.S.d. § 278 StGB ist, weil sie ohne die im Einzelfall gebotene persönliche Untersuchung des Patienten ausgestellt wird, kommt es jedoch richtigerweise nicht auf die Zulässigkeit der Fernuntersuchung im Arzt-Patienten-Verhältnis an.[1963] Aufgrund des Schutzzwecks der Vorschrift des § 278 – Schutz der hohen Beweiskraft ärztlicher Zeugnisse im Rechtsverkehr –[1964] ist vielmehr entscheidend, welche Erklärung das Gesundheitszeugnis aus der Sicht eines (objektiven) Empfängers (ggf. konkludent) abgibt bzw. welches (schutzwürdige) Vertrauen in das Gesundheitszeugnis beim Empfänger hervorgerufen wird.[1965] In der Rechtsprechung wurde ein ärztliches Attest zur Vorlage bei Gericht, in welchem Bettlägerigkeit wegen akuter Erkrankung bescheinigt wurde, als unrichtig i.S.d. § 278 StGB angesehen, weil der Arzt das Attest ohne die hier gebotene persönliche Untersuchung des Patienten ausstellte, obwohl es zwischen dem Arzt und seinem Patienten zu einer telefonischen Befunderhebung kam.[1966] Es wurde davon ausgegangen, dass die Bescheinigung bei verständiger Betrachtung die Behauptung enthielt, dass der ärztliche Befund durch persönliche Untersuchung vor Ort erhoben worden ist.[1967] Dass die telefonische Befunderhebung im Verhältnis zwischen Arzt und Patient ggf. genügte, war irrelevant, da das Gericht

---

1961 S. Teil 2, 3. Kapitel, C.II.2.b)dd)(1).

1962 S. Teil 2, 3. Kapitel, B.I.1.a)aa)(1).

1963 Vgl. auch OLG Frankfurt a.M., NJW 1977, 2128 (2129).

1964 Vgl. etwa *Warntjen*, in: Müller et al., Anwaltshandbuch Strafverteidigung, § 49, Rdn. 140.

1965 Vgl. OLG Frankfurt a.M., NJW 1977, 2128 (2129); *Heine/Schuster*, in: Schönke/Schröder, § 278 StGB, Rdn. 2; *Schuhr*, in: Spickhoff, Medizinrecht, § 278 StGB, Rdn. 11 f.

1966 OLG Frankfurt a.M., NJW 1977, 2128 (2128 f.).

1967 OLG Frankfurt a.M., NJW 1977, 2128 (2129).

eine sachkundige Kontrolle (durch persönliche Inaugenscheinnahme des Patienten) der Angaben des Patienten benötigte.[1968]

Wird davon ausgegangen, dass der Gesundheitszustand des Patienten gegenüber dem Empfänger eines ärztlichen Rezepts (z.B. Apotheke) nachzuweisen ist, ist daher relevant, welche Erklärung das ärztliche Rezept aus Sicht des Rezeptempfängers abgibt bzw. welches (schutzwürdige) Vertrauen ein ärztliches Rezept bei dem Adressaten auslöst. Hinge die Abgabe der Medikamente oder die Erstattung eines Geldbetrages von der Diagnose bzw. dem Gesundheitszustand des Patienten ab, dürfte es der Apotheke und der Beihilfestelle genügen, dass der aus dem Rezept abzuleitende Gesundheitszustand von einem Arzt in einem ordnungsgemäßen und zulässigen Verfahren – unabhängig davon, ob vor Ort oder aus der Ferne – festgestellt wurde. Hierfür streitet, dass Arzneimittel mittlerweile auch abgegeben werden dürfen, wenn vor der ärztlichen Verschreibung offenkundig kein direkter Kontakt zwischen dem Arzt und seinem Patienten stattgefunden hat. Die Regelung des § 48 Abs. 1 S. 2 und 3 AMG wurde mittlerweile gestrichen.[1969] Für den Apotheker ist es daher für die Erfüllung seiner Pflichten irrelevant, ob sich der Arzt und sein Patient vor der ärztlichen Verschreibung persönlich vor Ort getroffen haben. Mithin ist einem ärztlichen Rezept nicht die (konkludente) Aussage zu entnehmen, dass der Patient vor Ausstellung des Rezepts persönlich vor Ort behandelt wurde. Vielmehr wird erklärt, dass die Informationsgewinnung den Regeln der ärztlichen Kunst – was mittlerweile auch bei einer ausschließlichen Tele- bzw. Fernbehandlung möglich ist – entsprechend durchgeführt wurde.

Möchte der Arzt sich absichern, hat er die Möglichkeit, einen fernbehandlungsspezifischen Zusatz auf dem ärztlichen Rezept anzufügen, um einem möglichen Vorwurf einer unrichtigen Behauptung zu entgehen.[1970] Dies wird im Allgemeinen von der Rechtsprechung anerkannt.[1971] Hierdurch dürfte der Beweiswert des ärztlichen Rezepts auch nicht beeinträchtigt werden, da es für den Rezeptempfänger keine Rolle spielt, ob der Patient aus der Ferne oder vor Ort behandelt wurde, solange das Verfahren ordnungsgemäß ablief.

1968 OLG Frankfurt a.M., NJW 1977, 2128 (2129).

1969 S. Teil 2, 3. Kapitel, C.II.2.b)dd)(1)(b).

1970 Vgl. *Ulsenheimer/Gaede*, in: Ulsenheimer Gaede, Arztstrafrecht in der Praxis, Rdn. 1137.

1971 OLG Frankfurt a.M., NJW 1977, 2128 (2129); zustimmend in der Literatur etwa *Krell*, in: Leipold et al., AnwaltKommentar, § 278 StGB, Rdn. 3.

Zusammenfassung und Ausblick

Die Digitalisierung des Gesundheitswesens („eHealth“) wird als eine Möglichkeit angesehen, die Herausforderungen, vor denen das Gesundheitssystem in Deutschland steht, zu lösen. Als ein Teilbereich von eHealth gilt die Telemedizin. Es handelt sich bei der Telemedizin um eine Form der Heilbehandlung, die sich unter anderem durch ihre Fachgebietsoffenheit auszeichnet. Zum Zweck der medizinischen Versorgung eines Patienten aus der Ferne werden IuK-Technologien eingesetzt, durch die es ermöglicht wird, eine räumliche Distanz zwischen den beteiligten Akteuren zu überwinden. An der Telemedizin können nicht nur Ärzte und Patienten, sondern auch nichtärztliches Fachpersonal und Angehörige eines anderen Heilberufes teilnehmen.

Die Formen der Telemedizin sind vielfältig. Bislang wurde die Telemedizin nicht vollumfänglich, sondern lediglich teilweise in die Regelversorgung von Patienten integriert. Um die Telemedizin überblicksartig zu unterteilen, bietet es sich an, die Formen der Telemedizin zunächst anhand der jeweiligen Kommunikationsbeziehung (doc2doc- und doc2patient-Kategorie) einzuordnen. Nur durch diese Art der Einteilung wird ersichtlich, welche Beteiligten sich räumlich entfernt voneinander aufhalten und IuK-Technologien zur Überwindung einer räumlichen Distanz einsetzen. Je nachdem, welchen Beitrag der hinzugezogene Arzt zum Behandlungsgeschehen erbringt, lässt sich die doc2doc-Kategorie weiter unterteilen. Demgegenüber liegt der doc2patient-Kategorie ein Zweipersonenverhältnis zu Grunde, so dass das Arzt-Patienten-Verhältnis im Fokus der Betrachtung steht. Daneben lassen sich gewisse Sonderfälle der Behandlung aus der Ferne ausmachen. Auf andere an der Telemedizin beteiligte Akteure lässt sich diese Art der Einteilung übertragen.

Die rechtliche Betrachtung der Telemedizin bedurfte aufgrund ihrer Vielschichtigkeit einer Einschränkung. Die Aufhebung des berufsrechtlichen Verbots der ausschließlichen Fernbehandlung im Jahr 2018 wurde zum Anlass genommen die ausschließliche Tele- bzw. Fernbehandlung aus Sicht des ärztlichen Berufsrechts, des Arzthaftungsrechts und des Arztstrafrechts näher zu beleuchten. Es hat sich gezeigt, dass eine ausschließliche Tele- bzw. Fernbehandlung seit der Liberalisierung des Berufsrechts in Deutschland – nach den hier betrachteten Rechtsgebieten – möglich ist.

Dennoch werden einer ausschließlichen Beratung oder Behandlung über Kommunikationsmedien durch das Recht gewisse Grenzen gesetzt, die zum Schutz der Rechtsgüter des Patienten angezeigt sind. Möchten der Arzt und sein Patient diese Grenzen überwinden, steht es ihnen in gewissen Fällen frei, einen für die Behandlung abweichenden Standard zu vereinbaren, so dass eine flexible Ausgestaltung der Fernbehandlung möglich erscheint.

Im ärztlichen Berufsrecht werden die Anforderungen an die Zulässigkeit der ausschließlichen Tele- bzw. Fernbehandlung speziell in § 7 Abs. 4 S. 3 MBO-Ä/BayBO-Ä geregelt. Obschon die Regelung des § 7 Abs. 4 S. 3 MBO-Ä/BayBO-Ä den Arzt nicht dazu anleitet, stets für die konkrete Behandlungssituation zu entscheiden, ob die Voraussetzungen der ausschließlichen Tele- bzw. Fernbehandlung vorliegen, ergibt sich dies bereits aus den allgemeinen Grundsätzen des ärztlichen Berufsrechts. Das Merkmal „im Einzelfall" i.S.d. § 7 Abs. 4 S. 3 MBO-Ä/BayBO-Ä kommt hingegen vielmehr die Bedeutung zu, festzulegen, dass es sich bei der ausschließlichen Beratung oder Behandlung aus der Ferne um einen – im Vergleich zur persönlichen Behandlung vor Ort – Ausnahmetatbestand handelt. Eine dahingehende Klarstellung im Wortlaut der Vorschrift wäre wünschenswert. Ausnahmsweise ist eine ausschließliche Tele- bzw. Fernbehandlung also erlaubt, wenn eine solche aus medizinischer Sicht in der konkreten Situation – nach erfolgreicher Abwägung der Vor- und Nachteile – ärztlich vertretbar ist und die erforderliche Sorgfalt – entsprechend den zivilrechtlichen Vorgaben – während der Behandlung aus der Ferne eingehalten wird. Darüber hinaus bedarf es für die Zulässigkeit der ausschließlichen Tele- bzw. Fernbehandlung auch der Aufklärung des Patienten über die fernbehandlungsspezifischen Besonderheiten.

Im Arzthaftungsrecht fehlt es zwar an einer speziellen Regelung zur ausschließlichen Tele- bzw. Fernbehandlung, dennoch ermöglichen die arzthaftungsrechtlichen Grundsätze die Grenzen der telemedizinischen Anwendung weiter auszuloten. Maßstab dafür, ob sich der Fernbehandler im Zusammenhang mit der ausschließlichen Tele- bzw. Fernbehandlung behandlungsfehlerhaft verhält, ist der für das jeweilige medizinische Fachgebiet einschlägige spezifische Fernbehandlungsstandard. Ein solcher hat sich bislang lediglich vereinzelt entwickelt. Fehlt es an einem solchen, ist bei der Behandlung aus der Ferne die Sorgfalt eines vorsichtigen Arztes einzuhalten, wobei nicht zuletzt die Besonderheiten der ausschließlichen Tele- bzw. Fernbehandlung den ärztlichen Pflichtenkatalog beeinflussen. Unzulässig ist nach den allgemeinen Grundsätzen des Arzthaftungsrechts eine ausschließliche Behandlung aus der Ferne über Kommunikationsmedien, wenn die Parteien nur schriftlich in Kontakt treten.

Daneben ist für die Durchführung der ausschließlichen Tele- bzw. Fernbehandlung erforderlich, dass der entsprechend aufgeklärte Patient in die ausschließliche Tele- bzw. Fernbehandlung einwilligt, wenngleich es sich bei dieser telemedizinischen Anwendung nicht um einen Eingriff im herkömmlichen Sinne handelt. Der Umfang der fernbehandlungsspezifischen Aufklärung wird durch die allgemeinen Grundsätze und die Besonderheiten der ausschließlichen Behandlung über Kommunikationsmedien bestimmt. Erfolgt das Aufklärungsgespräch zwischen dem Arzt und seinem Patienten fernmündlich, werden die Vorgaben des § 630e Abs. 2 S. 1 Nr. 1 BGB eingehalten. Hierfür streiten nicht nur der Wortlaut der Vorschrift und der Sinn und Zweck des Mündlichkeitsgrundsatzes, sondern auch der geänderte Wille des Gesetzgebers, sofern man einem solchen bei der Auslegung überhaupt Beachtung schenken möchte. Die einschränkende Auffassung der Rechtsprechung sollte daher aufgegeben werden. Würde diese dennoch an ihren Maßstäben festhalten, dürfte sich dies jedenfalls nicht auf die ausschließliche Tele- bzw. Fernbehandlung auswirken. Bei komplizierten Eingriffen mit erheblichen Risiken kommt eine ausschließliche Behandlung aus der Ferne nicht in Betracht.

Darüber hinaus drohen dem Fernbehandler bei der Durchführung einer ausschließlichen Tele- bzw. Fernbehandlung auch strafrechtliche Konsequenzen. Hierbei stehen insbesondere Straftaten gegen die körperliche Unversehrtheit im Vordergrund. Der Arzt hat, um eine Strafbarkeit wegen fahrlässiger Körperverletzung nach § 229 StGB zu vermeiden, den zuvor im Arzthaftungsrecht dargestellten Sorgfaltsmaßstab einzuhalten. Der Einwand des Arztes, dass er subjektiv nicht in der Lage war, den objektiven Sorgfaltsmaßstab zu erfüllen, wird ihn nur selten entlasten können. Ebenso ist dem Fernbehandler zu raten, stets die Grundsätze zur Aufklärung und Einwilligung des Patienten zu beachten, um eine Strafbarkeit wegen vorsätzlicher Körperverletzung nach § 223 StGB (ggf. in mittelbarer Täterschaft nach § 25 Abs. 1 Alt. 2 StGB) zu vermeiden. Hierbei hat sich der Arzt an den vorher im Arzthaftungsrecht vorgestellten Grundsätzen zu orientieren, solange das Arztstrafrecht keine eigenständigen Kriterien diesbzgl. hervorgebracht hat. Notiert der Arzt hingegen fernbehandlungsspezifische Umstände in der Patientenakte inhaltlich unrichtig oder stellt er aus der Ferne ein ärztliches Rezept aus, macht er sich nicht wegen Ausstellens unrichtiger Gesundheitszeugnisse nach § 278 Abs. 1 StGB strafbar, da eine Strafbarkeit in beiden Fällen am Vorliegen des Tatobjekts „Gesundheitszeugnis" scheitert. Die in der Patientenakte notierten (fernbehandlungsspezifischen) Umstände nachträglich abzuändern, hat der Fernbehandler jedoch vor dem Hintergrund des § 267 (bzw. § 269) Abs. 1 Alt. 2 StGB in jedem Fall zu unterlassen.

Die (Teil-)Zulässigkeit der ausschließlichen Tele- bzw. Fernbehandlung wird die Probleme der Gesundheitsversorgung indessen kaum vollständig lösen können. Zwar ist es sinnvoll, dass das Verbot der ausschließlichen Fernbehandlung aufgrund der Fortentwicklung der Kommunikationsmedien in den vergangenen Jahren aufgehoben wurde. Ist eine ausschließliche Tele- bzw. Fernbehandlung aus medizinischer Sicht – etwa zur Vermeidung von Ansteckungsrisiken – möglich und möchten der Arzt und sein Patient eine solche Behandlung durchführen, sollte das Recht diese nicht zum Unterlassen anhalten. Im Vergleich zur persönlichen Behandlung vor Ort handelt es sich bei einer ausschließlichen Tele- bzw. Fernbehandlung indessen um eine nur ausnahmsweise zulässige Behandlungsform. Obschon die Digitalisierung des Gesundheits-wesens voranschreitet, ist zu erwarten, dass auch zukünftig die Behandlung im persönlichen Kontakt vor Ort als herkömmliche Behandlungsmethode die weit überwiegende Mehrzahl der Behandlungsformen ausmachen wird. Dies ergibt sich auch daraus, dass trotz Liberalisierung des Berufsrechts sowohl das ärztliche Berufsrecht, das Arzthaftungsrecht als auch das Arztstrafrecht einer ausschließlichen Tele- bzw. Fernbehandlung Grenzen setzen. Nicht zuletzt die Politik ist daher angehalten, zeitnah auch andere Lösungsmöglichkeiten zu erarbeiten, um die Versorgung von Patienten auf dem in Deutschland gewohnten Niveau dauerhaft sicherzustellen.

Literaturverzeichnis

Albrecht, Martin/Otten, Marcus/Sander, Monika, in: IGES Institut GmbH, PraxisBarometer Digitalisierung 2021. Stand und Perspektiven der Digitalisierung in der vertragsärztlichen und -psychotherapeutischen Versorgung. Kurzbericht der Ergebnisse für die Kassenärztliche Bundesvereinigung, Berlin, Stand: 01/2022, abrufbar unter: https://www.kbv.de/media/sp/IGES_PraxisBaroDigit2021_Kurzbericht.pdf (zuletzt abgerufen am: 05.09.2022) [zitiert als: *Albrecht et al.*, in: IGES Institut GmbH, Kurzbericht PraxisBarometer Digitalisierung 2021].

Alkatout, Ibrahim/Maass, Nicolai/Egberts, Jan-Hendrik/Jünemann, Klaus-Peter/Ackermann, Johannes/Kimmig, Rainer: Roboterchirurgie in der Gynäkologie – Status quo, Der Gynäkologe 2016, S. 470–476.

Aly, Amin-Farid/Butz, Norbert/Bobbert, Peter/Zorn, Ulrich/Armbruster, Susanne/Urban, Katharina/Tenckhoff, Bernhard/Nohl-Deryk, Pascal/Quadder, Bernd/Scharrel, Doris/Albrecht, Urs-Vito, in: Bundesärztekammer/Kassenärztliche Bundesvereinigung (Hrsg.), Gesundheits-Apps im klinischen Alltag. Handreichung für Ärztinnen und Ärzte, Stand: 11/2020, abrufbar unter: https://www.aezq.de/gesundheitsapps/pdf/gesundheitsapps-handreichung-aerzt-aerztin-1aufl-vers1.pdf (zuletzt abgerufen am: 05.09.2022) [zitiert als: *Aly et al.*, in: Bundesärztekammer/Kassenärztliche Bundesvereinigung, Gesundheits-Apps].

Arzt, Gunther/Weber, Ulrich (Begr.)/Heinrich, Bernd/Hilgendorf, Eric: Strafrecht Besonderer Teil, 4. Auflage, Bielefeld 2021 [zitiert als: *Bearbeiter*, in Arzt et al., Strafrecht BT].

Augustin, Matthias/Strömer, Klaus et al., in: Deutsche Dermatologische Gesellschaft e.V. (DDG) (Hrsg.), S2k-Leitlinie Teledermatologie. AWMF-Register-Nr.: 013–097, 2020, abrufbar unter: https://www.awmf.org/uploads/tx_szleitlinien/013-097l_S2k_Teledermatologie_2021-03.pdf (zuletzt abgerufen am: 05.09.2022) [zitiert als: *Augustin et al.*, in: DDG, S2k-Leitlinie Teledermatologie].

Avateramedical GmbH: avatera-System. Was macht avatera besonders?, abrufbar unter: https://www.avatera.eu/avatera-system (zuletzt abgerufen am: 05.09.2022) [zitiert als: *avateramedical GmbH*, avatera-system].

Backhaus, Roland/Backhaus, Christof/Brock, Christian/Woisetschläger, David M.: Erbringung kooperativer Dienstleistungen durch Netzwerke – Erfolgspotenziale und Herausforderungen am Beispiel eines telemedizinischen Netzwerks zur integrierten Schlaganfallversorgung, in: Bruhn, Manfred/Hadwich, Karsten (Hrsg.), Kooperative Dienstleistungen. Spannungsfelder zwischen Service Cooperation und Service Coopetition, Wiesbaden 2019, S. 89–112.

Bahlo, Ekkehard: Telemedizin – Chancen und Risiken aus der Sicht der Patienten, in: Dierks, Christian/Feussner, Hubertus/Wienke, Albrecht (Hrsg.), Rechtsfragen der Telemedizin, Berlin et al. 2001, S. 125–132.

Baldus, Wilhelm: Berufsordnung für die deutschen Ärzte – ergänzt und harmonisiert, Deutsches Ärzteblatt 1983, S. 73–78.

Bales, Stefan/Schwanenflügel, Matthias von: Die elektronische Gesundheitskarte. Rechtliche Fragen und zukünftige Herausforderungen, NJW 2012, S. 2475–2479.

Bargel, Susann/Ohm, Gunda: Mit einem Risk Sharing-Modell zu Mehrerlösen – „Integrierte Versorgung Telekardiologie", in: Hartweg, Hans-R./Proff, Marcus/Elsner, Christian/Kaestner, Rolf/Agor, Karin/Beivers, Andreas (Hrsg.), Aktuelle Managementstrategien zur Erweiterung der Erlösbasis von Krankenhäusern. Mit innovativen Versorgungsansätzen zur Erlösoptimierung, Wiesbaden 2018, S. 195–213.

Bartmann, Franz-Joseph/Schenkel, Johannes: Telemedizin in der Patientenversorgung, in: Byok, Jan/Csaki, Alexander (Hrsg.), Handbuch Digital Health. Praxisleitfaden einer vernetzten Gesundheitswirtschaft, Düsseldorf 2013, S. 89–106.

Barwig, Judith: Arzt- und Krankenhausträgerhaftung bei Telemedizin-Anwendungen. Schwerpunkt: Telekonsil, Bonn 2008 (zugl. Diss. Bonn 2008) [zitiert als: *Barwig*, Telemedizin-Anwendungen].

Bauer, Marc Thomas/Kirn, Stefan: Modellprojekte und -regionen der Gesundheitstelematik, Wirtschaftsinformatik 2005, S. 211–218.

Baumgärtel, G.: Anmerkung zu BGH, Urt. v. 11.10.1977 – VI ZR 110/75, JR 1978, S. 373–374.

Bäune, Stefan/Dahm, Franz-Josef: Auswirkungen der Schuldrechtsreform auf den ärztlichen Bereich, MedR 2004, S. 645–655.

Bayer, Thomas: Die Zurückbehaltung von Krankenunterlagen zum Schutz des Behandelnden, MedR 2017, S. 211–214.

Bayerische Landesärztekammer: Presseinformation. Ausschließliche Fernbehandlung in Bayern im Einzelfall erlaubt, Stand: 28.10.2018, abrufbar unter: https://api.blaek.de/content/medien/hd7lb9yzpf15248087363lssfczlp0558/lq19t5u8sa1533196764wqat5heopf135/pi_3_berufsordnung.pdf (zuletzt abgerufen am: 05.09.2022) [zitiert als: *Bayerische Landesärztekammer*, Presseinformation zur ausschließlichen Fernbehandlung].

Bayerische Landeskammer der Psychologischen Psychotherapeuten und der Kinder- und Jugendlichenpsychotherapeuten (PTK Bayern): 33. Delegiertenversammlung: Resolution zum TSVG, Spezielle Schmerzpsychotherapie in die Weiterbildungsordnung, Regelung zur Fernbehandlung in der Berufsordnung, Stand: 29.11.2018, abrufbar unter: https://www.ptk-bayern.de/ptk/web.nsf/id/li_bericht33dv.html (zuletzt abgerufen am: 05.09.2022) [zitiert als: *PTK Bayern*, 33. Delegiertenversammlung].

Bayerische TelemedAllianz GmBH: doccura. Für Patienten, abrufbar unter: https://www.doccura.de/patienten/ (zuletzt abgerufen am: 05.09.2022) [zitiert als: *Bayerische TelemedAllianz GmBH*, doccura-Patienten].

Bayerische TelemedAllianz GmBH: doccura. Gerätetests, abrufbar unter: https://www.doccura.de/informationen/ger%C3%A4tetest-1/ (zuletzt abgerufen am: 05.09.2022) [zitiert als: *Bayerische TelemedAllianz GmBH*, doccura-Gerätetest].

Bayerisches Staatsministerium für Gesundheit und Pflege: Digitalisierung im Krankenhaus – Die Telemedizin-Offensive Bayern. Anwendungsgebiete der Telemedizin, abrufbar unter: https://www.stmgp.bayern.de/gesundheitsversorgung/krankenhaeuser/telemedizin/ (zuletzt abgerufen am: 05.09.2022) [zitiert als: *Bayerisches Staatsministerium für Gesundheit und Pflege*, Digitalisierung im Krankenhaus].

Beck-online.GROSSKOMMENTAR zum Zivilrecht, s. unter *Gsell, Beate/Krüger, Wolfgang/Lorenz, Stephan/Reymann Christoph.*

Beck'scher Online-Kommentar Bürgerliches Gesetzbuch, s. unter *Hau, Wolfgang/Poseck, Roman.*

Beck'scher Online-Kommentar Grundgesetz, s. unter *Epping, Volker/Hillgruber, Christian.*

Beck'scher Online-Kommentar Strafgesetzbuch, s. unter *Heintschel-Heinegg, Bernd von.*

Becker, Ulrich/Kingreen, Thorsten (Hrsg.): SGB V. Gesetzliche Krankenversicherung. Kommentar, 8. Auflage, München 2022 [zitiert als: *Bearbeiter*, in: Becker/Kingreen].

Bendel, Oliver: Roboter im Gesundheitsbereich. Operations-, Therapie- und Pflegeroboter aus ethischer Sicht, in: Bendel, Oliver (Hrsg.), Pflegeroboter, Wiesbaden 2018, S. 195–212.

Bergh, B./Brandner, A./Heiß, J./Kutscha, U./Merzweiler, A./Pahontu, R./Schreiweis, B./Yüksekogul, N./Bronsch, T./Heinze, O.: Die Rolle von Integrating the Healthcare Enterprise (IHE) in der Telemedizin, Bundesgesundheitsblatt – Gesundheitsforschung – Gesundheitsschutz 2015, S. 1086–1093 [zitiert als: *Bergh et al.*, Bundesgesundheitsblatt 2015].

Bergmann, Karl Otto: Leitlinien, Richtlinien und Empfehlungen in der Zahnheilkunde. Rechtliche Implikationen und Überlegungen, GesR 2006, S. 337–345.

Bergmann, Karl Otto: Telemedizin und das neue E-Health-Gesetz – Überlegungen aus arzthaftungsrechtlicher Perspektive, MedR 2016, S. 497–502.

Bergmann, Karl Otto/Pauge, Burkhard/Steinmeyer, Heinz-Dietrich (Hrsg.): Gesamtes Medizinrecht, 3. Auflage, Baden-Baden 2018.

Bergmann, Karl Otto/Wever, Carolin: Die Arzthaftung. Ein Leitfaden für Ärzte und Juristen, 4. Auflage, Berlin, Heidelberg 2014.

Bernsmann, Klaus/Geilen, Gerd: Das Recht der medizinischen Behandlung. Materielles Arztstrafrecht, in: Wenzel, Frank (Hrsg.), Handbuch des Fachanwalts Medizinrecht, 4. Auflage, Köln 2020, Kapitel 4, Rdn. 410–725 [zitiert als: *Bernsmann/Geilen*, in: Wenzel, Handbuch Medizinrecht].

Bewertungsausschuss: Beschluss des Bewertungsausschusses nach § 87 Abs. 1 Satz 1 SGB V in seiner 386. Sitzung am 12. Dezember 2016 zur Änderung des Einheitlichen Bewertungsmaßstabes (EBM) mit Wirkung zum 1. April 2017, Deutsches Ärzteblatt 2017, S. A 117-A 120.

Bewertungsausschuss: Beschluss des Bewertungsausschusses nach § 87 Abs. 1 Satz 1 SGB V in seiner 389. Sitzung am 21. Februar 2017 zur Änderung des Einheitlichen Bewertungsmaßstabes (EBM) mit Wirkung zum 1. April 2017, Deutsches Ärzteblatt 2017, S. A 548-A 550.

Bewertungsausschuss: Beschluss des Bewertungsausschusses nach § 87 Abs. 1 Satz 1 SGB V in seiner 435. Sitzung am 29. März 2019 zur Änderung des Einheitlichen Bewertungsmaßstabs (EBM) mit Wirkung zum 1. April 2019, Deutsches Ärzteblatt 2019, S. A 969-A 970.

Bewertungsausschuss: Beschluss des Bewertungsausschusses nach § 87 Abs. 1 Satz 1 SGB V in seiner 449. Sitzung (schriftliche Beschlussfassung), Deutsches Ärzteblatt 2019, S. A 1749.

Bewertungsausschuss: Beschluss des Bewertungsausschusses nach § 87 Abs. 1 Satz 1 SGB V in seiner 453. Sitzung (schriftliche Beschlussfassung), Deutsches Ärzteblatt 2019, S. A 2038-A 2047.

Blechschmitt, Lisa: Die straf- und zivilrechtliche Haftung des Arztes beim Einsatz roboterassistierter Chirurgie, Baden-Baden 2017 (zugl. Diss. Würzburg 2016) [zitiert als: *Blechschmitt*, Roboterassistierte Chirurgie].

Bock, Klaus Dietrich: Wissenschaftliche und alternative Medizin. Paradigmen – Praxis – Perspektiven, Berlin et al. 1993.

Bock, R.-W.: Die unterlassene Hilfeleistung gemäß § 323c StGB. Ein rechtlicher Stolperstein in der Notfallmedizin, Notfall + Rettungsmedizin 2005, S. 286–292.

Böckmann, B.: Mobile IT. Chancen und Hindernisse von mHealth, Der Radiologe 2016, S. 371–374.

Bodenburg, Reinhard: Alternative Medizin im Spannungsfeld von Heilungschancen und ärztlichem Risiko, NJOZ 2009, S. 2823–2830.

Boemke, Burkhard: Facharztstandard bei fachübergreifendem Bereitschaftsdienst, NJW 2010, S. 1562–1566.

Bohle, Thomas: Telemedizin und internationale Arzthaftung – eine Skizze, in: Dierks, Christian/Feussner, Hubertus/Wienke, Albrecht (Hrsg.), Rechtsfragen der Telemedizin, Berlin et al. 2001, S. 83–88.

Böhm, F./Greve, J./Riepl, R./Hoffmann, T. K./Schuler, P. J.: Roboterassistierte Chirurgie in der Hals-Nasen-Ohren-Heilkunde, HNO 2021, S. 765–776.

Bördner, Jonas: Digitalisierung im Gesundheitswesen – eine haftungsrechtliche Bestandsaufnahme, GuP 2019, S. 131–136.

Borges, Georg: Pflichten und Haftung beim Betrieb privater WLAN, NJW 2010, S. 2624–2627.

Brand, Oliver: Haftung und Versicherung beim Einsatz von Robotik in Medizin und Pflege, MedR 2019, S. 943–950.

Braun, Julian: Die Zulässigkeit des Ausstellens von Arbeitsunfähigkeitsbescheinigungen im Rahmen der Fernbehandlung, GesR 2018, S. 409–413.

Braun, Julian: Die Zulässigkeit von ärztlichen Fernbehandlungsleistungen nach der Änderung des § 7 Abs. 4 MBO-Ä, MedR 2018, S. 563–568.

Braun, Julian: Das elektronische Rezept und rechtliche Implikationen, PharmR 2020, S. 315–320.

Braun, Julian: Anmerkung zu OLG München, Urt. v. 9. 7. 2020 – 6 U 5180/19 (LG München), MedR 2021, S. 159–161.

Braun, Julian: Fernbehandlung nur am Praxis-/Vertragsarztsitz?. Zur Örtlichkeit der Durchführung von Videosprechstunden nach Berufs- und Vertragsarztrecht, NZS 2021, S. 462–467.

Brauns, H.-J./Loos, Wolfgang: Telemedizin in Deutschland. Stand – Hemmnisse – Perspektiven, Bundesgesundheitsblatt – Gesundheitsforschung – Gesundheitsschutz 2015, S. 1068–1073 [zitiert als: *Brauns/Loos*, Bundesgesundheitsblatt 2015].

Brönneke, Jan Benedikt/Kipker, Dennis-Kenji: Fitness-Apps in Bonusprogrammen gesetzlicher Krankenkassen. Sozial- und datenschutzrechtliche Anforderungen, GesR 2015, S. 211–216.

Buchholz, Momme/Bohrmann, Sinikka: Straf- und berufsrechtliche Risiken im Zusammenhang mit dem Ausstellen unrichtiger Gesundheitszeugnisse (§ 278 StGB). Unter besonderer Berücksichtigung des Ausstellens von Gesundheitszeugnissen ohne vorherige Untersuchung, GesR 2018, S. 545–552.

Bundesärztekammer: (Muster-)Berufsordnung für die in Deutschland tätigen Ärztinnen und Ärzte – MBO-Ä 1997 – in der Fassung der Beschlüsse des 114. Deutschen Ärztetages 2011 in Kiel, Deutsches Ärzteblatt 2011, A 1980-A 1992.

Bundesärztekammer: Telemedizinische Methoden in der Patientenversorgung – Begriffliche Verortung. Erarbeitet von der AG-Telemedizin und beschlossen vom Vorstand der Bundesärztekammer am 20.03.2015, abrufbar unter: https://www.bundesaerztekammer.de/fileadmin/user_upload/downloads/pdf-Ordner/Telemedizin_Telematik/Telemedizin/Telemedizinische_Methoden_in_der_Patientenversorgung_Begriffliche_Verortung.pdf (zuletzt abgerufen am: 05.09.2022) [zitiert als: *Bundesärztekammer*, Telemedizinische Methoden].

Bundesärztekammer: Hinweise und Erläuterungen zu § 7 Absatz 4 MBO-Ä (Fernbehandlung). Stand: 11.12.2015, abrufbar unter: https://www.bundesaerztekammer.de/fileadmin/user_upload/downloads/pdf-Ordner/Recht/2015-12-11_Hinweise_und_Erlaeuterungen_zur_Fernbehandlung.pdf (zuletzt abgerufen am: 05.09.2022) [zitiert als: *Bundesärztekammer*, Hinweise und Erläuterungen zu § 7 Abs. 4 MBO-Ä (2015)].

Bundesärztekammer: Synopse zur Änderung § 7 Abs. 4 MBO-Ä (Fernbehandlung), Stand: 21.03.2018, abrufbar unter: https://www.bundesaerztekammer.de/fileadmin/user_upload/downloads/pdf-Ordner/MBO/Synopse_MBO-AE_zu_AEnderungen___7_Abs._4.pdf (zuletzt abgerufen am: 05.09.2022) [zitiert als: *Bundesärztekammer*, Synopse zur Änderung von § 7 Abs. 4 MBO-Ä (2018)].

Bundesärztekammer: Hinweise und Erläuterungen zu § 7 Absatz 4 MBO-Ä – Behandlung im persönlichen Kontakt und Fernbehandlung. Stand: 22.03.2019, abrufbar unter: https://www.bundesaerztekammer.de/fileadmin/user_upload/downloads/pdf-Ordner/Recht/HinweiseErlaeuterungenFernbehandlung.pdf (zuletzt abgerufen am: 05.09.2022) [zitiert als: *Bundesärztekammer*, Hinweise und Erläuterungen zu § 7 Abs. 4 MBO-Ä (2019)].

Bundesärztekammer: Stellungnahme der Bundesärztekammer zum Referentenentwurf des Bundesministeriums für Gesundheit eines Gesetzes für eine bessere Versorgung durch Digitalisierung und Innovation (Digitale Versorgung-Gesetz – DVG) vom 15.05.2019, Stand: 07.06.2019, abrufbar unter: https://www.bundesaerztekammer.de/fileadmin/user_upload/downloads/pdf-Ordner/Stellungnahmen/DVG-RefE.pdf (zuletzt abgerufen am: 05.09.2022) [zitiert als: *Bundesärztekammer*, Stellungnahme zum DVG-Referentenentwurf vom 15.05.2019].

Bundesärztekammer: Handreichung für Ärztinnen und Ärzte zur Umsetzung von Videosprechstunden in der Praxis, Deutsches Ärzteblatt 2020, S. A 1-A 2.

Bundesärztekammer: Hinweise und Erläuterungen zu § 7 Abs. 4 MBO-Ä – Behandlung im persönlichen Kontakt und Fernbehandlung. Stand: 10.12.2020, abrufbar unter: https://www.bundesaerztekammer.de/fileadmin/user_upload/downloads/pdf-Ordner/Recht/_Bek_BAEK_Fernbehandlung_Online_FINAL_10.12.2020.pdf (zuletzt abgerufen am: 05.09.2022) [zitiert als: *Bundesärztekammer*, Hinweise und Erläuterungen zu § 7 Abs. 4 MBO-Ä (2020)].

Bundesärztekammer: Fragenkatalog zur Fernbehandlung, Stand: 08.01.2021, abrufbar unter: https://www.bundesaerztekammer.de/recht/publikationen/fragenkatalog/ (zuletzt abgerufen am: 05.09.2022) [zitiert als: *Bundesärztekammer*, Fragenkatalog zur Fernbehandlung (08.01.2021)].

Bundesärztekammer: Aufgaben der Bundesärztekammer, abrufbar unter: https://www.bundesaerztekammer.de/baek/ueber-uns/aufgaben-der-bundesaerztekammer (zuletzt abgerufen am: 05.09.2022) [zitiert als: *Bundesärztekammer*, Aufgaben].

Bundesinstitut für Arzneimittel und Medizinprodukte: DiGA-Verzeichnis. deprexis, abrufbar unter: https://diga.bfarm.de/de/verzeichnis/450 (zuletzt abgerufen am: 05.09.2022) [zitiert als: *Bundesinstitut für Arzneimittel und Medizinprodukte*, DiGA-Verzeichnis-deprexis].

Bundesinstitut für Arzneimittel und Medizinprodukte: DiGA-Verzeichnis. somnio, abrufbar unter: https://diga.bfarm.de/de/verzeichnis/508 (zuletzt abgerufen am: 05.09.2022) [zitiert als: *Bundesinstitut für Arzneimittel und Medizinprodukte*, DiGA-Verzeichnis-somnio].

Bundesministerium für Gesundheit: Referentenentwurf des Bundesministeriums für Gesundheit. Entwurf eines Gesetzes für eine bessere Versorgung durch Digitalisierung und Innovation (Digitale Versorgung-Gesetz – DVG), Stand: 15.05.2019, abrufbar unter: https://www.bundesgesundheitsministerium.de/fileadmin/Dateien/3_Downloads/Gesetze_und_Verordnungen/GuV/D/Digitale_Versorgung_Gesetz_-_RefEntwurf.pdf (zuletzt abgerufen am: 05.09.2022) [zitiert als: *Bundesministerium für Gesundheit*, DVG-Referentenentwurf vom 15.05.2019].

Bundespsychotherapeutenkammer: Stellungnahme. Referentenentwurf eines Gesetzes für eine bessere Versorgung durch Digitalisierung und Innovation (Digitale Versorgung-Gesetz – DVG), Stand: 07.06.2019, abrufbar unter: https://www.bptk.de/wp-content/uploads/2019/06/2019-06-07_BPtK_STN_DVG.pdf (zuletzt abgerufen am: 05.09.2022) [zitiert als: *Bundespsychotherapeutenkammer*, Stellungnahme zum DVG-Referentenentwurf vom 15.05.2019].

Bundeszahnärztekammer: Digitale Versorgung Gesetz. Stellungnahme der Bundeszahnärztekammer zum Referentenentwurf vom 15. Mai 2019, Stand: 07.06.2019, abrufbar unter: https://www.bundesgesundheitsministerium.de/fileadmin/Dateien/3_Downloads/Gesetze_und_Verordnungen/Stellungnahmen_WP19/DVG/Bundeszahnaerztekammer_Stn.pdf (zuletzt abgerufen am: 05.09.2022) [zitiert als: *Bundeszahnärztekammer*, Stellungnahme zum DVG-Referentenentwurf vom 15.05.2019].

Burchert, Heiko: E-Health = E-Commerce + Gesundheit? Eine Begriffsabgrenzung und -bestimmung, in: Keuper, Frank (Hrsg.), Electronic Business und Mobile Business. Ansätze, Konzepte und Geschäftsmodelle, Wiesbaden 2002, S. 318–335.

Burger, Rudolf: Berufsrechtliche Aspekte der Telemedizin, in: Dierks, Christian/Feussner, Hubertus/Wienke, Albrecht (Hrsg.), Rechtsfragen der Telemedizin, Berlin et al. 2001, S. 119–124.

Caetano da Rosa, Catarina: Robodoc. Zukunftsvisionen und Risiken robotisierter Spitzentechnik im Operationssaal, Technikgeschichte 2007, S. 291–308.

Carstensen, Gert: Vom Heilversuch zum medizinischen Standard, Deutsches Ärzteblatt 1989, S. A 2431-A 2433.

Christaller, Thomas/Decker, Michael/Gilsbach, Joachim M./Hirzinger, Gerd/Lauterbach, Karl W./Schweighofer, Erich/Schweitzer, Gerhard/Sturma, Dieter: Robotik. Perspektiven für menschliches Handeln in der zukünftigen Gesellschaft, Berlin et al. 2001.

Cirener, Gabriele/Radtke, Henning/Rissing-van Saan, Ruth/Rönnau, Thomas/Schluckebier, Wilhelm (Hrsg.): Leipziger Kommentar Strafgesetzbuch, Achtzehnter Band: §§ 323a bis 330d, 13. Auflage, Berlin, Boston 2022 [zitiert als: *Bearbeiter*, in: LK-StGB].

Clemens, Thomas: Das Recht der Leistungserbringer. Die Vergütung der Leistungen in der vertragsärztlichen Versorgung, in: Quaas, Michael/Zuck, Rüdiger/Clemens, Thomas/Gokel, Julia Maria (Hrsg.), Medizinrecht. Öffentliches Medizinrecht – Pflegeversicherungsrecht – Arzthaftpflichtrecht – Arztstrafrecht, 4. Auflage, München 2018, § 22.

Clemens, Thomas/Steinhilper, Gernot: Das Kassenarztrecht/Vertragsarztrecht. Sachlich-rechnerische Richtigstellung und Plausibilitätsprüfung, in: Laufs, Adolf/Uhlenbruck, Wilhelm (Begr.)/Kern, Bernd-Rüdiger/Rehborn, Martin (Hrsg.), Handbuch des Arztrechts, 5. Auflage, München 2019, § 39.

Conrad, Christian/Koranyi, Johannes: Die „hypothetische Einwilligung“ im Zivil- und Strafrecht vor dem Hintergrund des neuen § 630 h II 2 BGB, JuS 2013, S. 979–985.

Czettritz, Peter von/Strelow, Tanja: „Beam me up, Scotty” – die Klassifizierung von Medical Apps als Medizinprodukte, PharmR 2017, S. 433–435.

Dahm, Franz-Josef: Ärztliche Kooperationsgemeinschaften und Beteiligungsmodelle – im Spannungsfeld der Berufsordnung („MRT-Koop“ u. a.), MedR 1998, S. 70–74.

Dauner-Lieb, Barbara/Langen, Werner (Hrsg.): Nomos Kommentar Bürgerliches Gesetzbuch. Schuldrecht, Band 2/2: §§ 488–661a, 4. Auflage, Baden-Baden 2021 [zitiert als: *Bearbeiter*, in: NK-BGB].

De Monte, Jutta: Infografik: So nutzen Ärzte Apps im Beruf, abrufbar unter: https://www.coliquio-insights.de/infografik-apps-vorlieben-aerzte/ (zuletzt abgerufen am: 05.09.2022) [zitiert als: *de Monte*, Infografik zur Nutzung von Apps im Beruf].

Deter, Gerhard/Markovski, Goce: Aktueller Begriff. Telemedizin, Deutscher Bundestag – Wissenschaftliche Dienst, Nr. 15/11 (11.05.2011), abrufbar unter: https://www.bundestag.de/resource/blob/191840/f03a819a557bc16821678aa947afe076/telemedizin-data.pdf (zuletzt abgerufen am: 05.09.2022) [zitiert als: *Deter/Markovski*, Aktueller Begriff].

Dettling, Heinz-Uwe/Krüger, Stefan: Digitalisierung, Algorithmisierung und Künstliche Intelligenz im Pharmarecht, PharmR 2018, S. 513–522.

Deuring, Silvia: Arzthaftungsrecht. Teil 1: Grundzüge, JuS 2020, S. 489–492.

Deuring, Silvia: Arzthaftungsrecht. Teil 2: Selbstbestimmungsaufklärung und Einwilligung, JuS 2020, S. 637–641.

Deutsch, Erwin: Die Aufklärung der Medizinprodukten, VersR 2006, S. 1145–1149.

Deutsch, Erwin/Spickhoff, Andreas: Medizinrecht. Arztrecht, Arzneimittelrecht, Medizinprodukterecht und Transfusionsrecht, 7. Auflage, Berlin et al. 2014.

Deutsche Gesellschaft für Anästhesiologie & Intensivmedizin: Telemedizin in der prähospitalen Notfallmedizin: Strukturempfehlung der DGAI, A&I 2016, S. 2–8 [zitiert als: *DGAI*, A&I 2016].

Deutsche Gesellschaft für Medizinrecht e.V.: „Einbecker Empfehlungen" zu Rechtsfragen der Telemedizin. 8. Einbecker Workshop (1999), MedR 1999, S. 557–558 [zitiert als: *DGMR*, MedR 1999].

Di Bella, Marco: Entwurf eines Gesetzes zur digitalen Modernisierung von Versorgung und Pflege. Neues Paket soll weiter Tempo machen, RDG 2021, S. 166–168.

Dierks, Christian: Rechtliche und praktische Probleme der Integration von Telemedizin – ein Problemaufriss, in: Dierks, Christian/Feussner, Hubertus/Wienke, Albrecht (Hrsg.), Rechtsfragen der Telemedizin, Berlin et al. 2001, S. 1–35.

Dierks, Christian: Hinweise und Erläuterungen der Bundesärztekammer zur Fernbehandlung – Was bedeuten sie für die Pflege?, GuP 2016, S. 88–90.

Dierks, Christian: Der Rechtsrahmen der Fernbehandlung in Deutschland und seine Weiterentwicklung, MedR 2016, S. 405–410.

Dietel, Moritz/Lewalter, Ivo: mHealth-Anwendungen als Medizinprodukte – Vereinbarkeit mit dem HWG und Ausblick auf die neue EU-Medizinprodukteverordnung, PharmR 2017, S. 53–57.

Dietzel, Gottfried T.W.: E-Health und Gesundheitstelematik: Herausforderungen und Chancen, Deutsches Ärzteblatt 2001, S. A 158-A 161.

Dittmar, Ronny/Wohlgemuth, Walter A./Nagel, Eckhard: Potenziale und Barrieren der Telemedizin in der Regelversorgung, GGW 2009, S. 16–26.

Dochow, Carsten: Grundlagen und normativer Rahmen der Telematik im Gesundheitswesen. Zugleich eine Betrachtung des Systems der Schutzebenen des Gesundheitsdaten- und Patientengeheimnisschutzrechts, Baden-Baden 2017 (zugl. Diss. Göttingen 2017) [zitiert als: *Dochow*, Telematik im Gesundheitswesen].

Dochow, Carsten: Telemedizin und Datenschutz, MedR 2019, S. 636–648.

Dochow, Carsten: Das Patienten-Datenschutz-Gesetz (Teil 1): Die elektronische Gesundheitskarte und Telematikinfrastruktur, MedR 2020, S. 979–993.

Dochow, Carsten: Das Patienten-Datenschutz-Gesetz (Teil 2): Die elektronische Patientenakte und erweiterte Datenverarbeitungsbefugnisse der Krankenkassen, MedR 2021, S. 13–24.

Dockweiler, Christoph: Akzeptanz der Telemedizin, in: Fischer, Florian/Krämer, Alexander (Hrsg.), eHealth in Deutschland. Anforderungen und Potenziale innovativer Versorgungsstrukturen, Berlin et al. 2016, S. 257–271.

Dorn-Haag, Verena: Exkulpations- und Einwilligungslösung in Fällen der Selbstschädigung und Selbstgefährdung – Zugleich ein Beitrag zur Abgrenzung der Eigen- und Fremdverantwortung in der gutachterlichen Fallbearbeitung, JA 2021, S. 26–31.

Eberbach, Wolfram: Wird die ärztliche Aufklärung zur Fiktion? (Teil 1). – Zu den divergenten Realitäten von Medizin und Recht, MedR 2019, S. 1–10.

Eichelberger, Jan: Werbung für ärztliche Fernbehandlungen, in: Ahrens, Hans-Jürgen/Büscher, Wolfgang/Goldmann, Michael/McGuire, Mary-Rose (Hrsg.), Praxis des geistigen Eigentums. Festschrift für Henning Harte-Bavendamm zum 70. Geburtstag, München 2020, S. 289–302.

Eichenhofer, Johannes: Die elektronische Patientenakte – aus sozial-, datenschutz- und verfassungsrechtlicher Sicht, NVwZ 2021, S. 1090–1094.

Elsner, Ulrike/Michelz-Niebank, Claudia: Telemedizin – Potential für die Zukunft, in: Gesellschaft für Versicherungswissenschaft und -gestaltung e.V. (GVG) (Hrsg.), Versorgung 2030 – eHealth, mHealth, Telemedizin. Bedeutung, Perspektiven und Entwicklungsstand, Köln 2015, S. 49–53 [zitiert als: *Elsner/Michelz-Niebank*, in: GVG, Versorgung 2030].

Endl, Rainer/Jäschke, Thomas/Thiel, Christian/Wickinghoff, Diana Victoria, in: eHealth Suisse (Hrsg.), mHealth im Kontext des elektronischen Patientendossiers. Eine Studie im Auftrag von eHealth Suisse, Stand: 19.03.2015, abrufbar unter: https://www.e-health-suisse.ch/fileadmin/user_upload/Dokumente/2015/D/150309_Bericht_FHSG_mHealth_D.pdf (zuletzt abgerufen am: 05.09.2022) [zitiert als: *Endl et al.*, in: eHealth Suisse, mHealth im Kontext des elektronischen Patientendossiers].

Epping, Volker/Hillgruber, Christian (Hrsg.): Beck'scher Online-Kommentar Grundgesetz, 54. Edition, München, Stand: 15.02.2023 [zitiert als: *Bearbeiter*, in: BeckOK-GG].

Erb, Volker/Schäfer, Jürgen (GesamtHrsg.): Münchener Kommentar zum Strafgesetzbuch, Band 1: §§ 1–37, 4. Auflage, München 2020 [zitiert als: *Bearbeiter*, in: MüKo-StGB].

Erb, Volker/Schäfer, Jürgen (GesamtHrsg.): Münchener Kommentar zum Strafgesetzbuch, Band 4: §§ 185–262, 4. Auflage, München 2021 [zitiert als: *Bearbeiter*, in: MüKo-StGB].

Erb, Volker/Schäfer, Jürgen (GesamtHrsg.): Münchener Kommentar zum Strafgesetzbuch, Band 5: §§ 263–358, 3. Auflage, München 2019 [zitiert als: *Bearbeiter*, in: MüKo-StGB].

Erb, Volker/Schäfer, Jürgen (GesamtHrsg.): Münchener Kommentar zum Strafgesetzbuch, Band 5: §§ 263–297, 4. Auflage, München 2022 [zitiert als: *Bearbeiter*, in: MüKo-StGB].

European Commission: Market study on telemedicine, abrufbar unter: https://ec.europa.eu/health/sites/default/files/ehealth/docs/2018_provision_marketstudy_telemedicine_en.pdf (zuletzt abgerufen am: 05.09.2022) [zitiert als: *European Commission*, Market study on telemedicine].

Fehn, Karsten: Die strafrechtliche Bedeutung des ärztlichen Behandlungsfehlers, GesR 2007, S. 385–392.

Fehn, Karsten: Die Dokumentationspflicht des ärztlichen und nicht ärztlichen Personals insbesondere unter strafrechtlichen Aspekten, GesR 2007, S. 504–509.

Fehn, Karsten: Strafbarkeitsrisiken für Notärzte und Aufgabenträger in einem Telenotarzt-System, MedR 2014, S. 543–552.

Fehn, Karsten: Rechtliche Aspekte der Telemedizin, in: Marx, Gernot/Rossaint, Rolf/Marx, Nikolaus (Hrsg.), Telemedizin. Grundlagen und praktische Anwendung in stationären und ambulanten Einrichtungen, Berlin et al. 2021, S. 9–52.

Fehn, K./Benz, K./Jackowski, J./Nickenig, H.-J.: Aufklärung und Aufklärungsdokumentation in der Oral- und MKG-Chirurgie. Fokus Telemedizin, Der MKG-Chirurg 2019, S. 132–139.

Felzen, M./Hirsch, F./Brokmann, J. C./Rossaint, R./Beckers, S. K.: Anforderungs- und Qualifikationsprofil an den Notarzt in der Telenotfallmedizin. Entwicklung eines kompetenzbasierten Qualifizierungsmodells, Notfall + Rettungsmedizin 2018, S. 590–597.

Ferlemann, Jann: Gesundheitsentscheidungen durch Algorithmen – rechtliche Rahmenbedingungen der Digitalisierung des Gesundheitswesens, NZS 2018, S. 56–57.

Feussner, H./Baumgartner, M./Siewert J. R.: Telemedizin in der Praxis. Erscheinungsformen und Relevanz, in: Dierks, Christian/Feussner, Hubertus/Wienke, Albrecht (Hrsg.), Rechtsfragen der Telemedizin, Berlin et al. 2001, S. 37–46.

Feussner, H./Etter M./Siewert, J. R.: Telekonsultation, Der Chirurg 1998, S. 1129–1133.

Fiekas, Frederik: Die mangelhafte Dokumentation – ein Plädoyer für Erfüllungs- und Schadensersatzansprüche des Patienten, MedR 2016, S. 32–36.

Field, Marilyn Jane, in: Institute of Medicine (U.S.), Division of Health Care Services, Committee on Evaluating Clinical Applications of Telemedicine (Hrsg.), Telemedicine: A guide to assessing telecommunications in health care, Washington D.C. 1996 [zitiert als: *Field*, in: Institute of Medicine (U.S.), Telemedicine].

Finn, Markus: Anmerkung zu BGH, Urt. v. 15.6.2010 – VI ZR 204/09 (OLG München), MedR 2010, S. 860–861.

Fischer, Florian/Aust, Violetta/Krämer, Alexander: eHealth: Hintergrund und Begriffsbestimmung, in: Fischer, Florian/Krämer, Alexander (Hrsg.), eHealth in Deutschland. Anforderungen und Potenziale innovativer Versorgungsstrukturen, Berlin et al. 2016, S. 3–23.

Fischer, Thomas: Strafgesetzbuch mit Nebengesetzen, 70. Auflage, München 2023 [zitiert als: *Fischer*].

Flesche, Christian W./Jalowy, Andreas: Funkärztliche Beratung bei medizinischen Notfallsituationen in der Kauffahrteischifffahrt, DMW 2007, S. 463–464.

Flesche, Christian W./Jalowy, Andreas/Inselmann, Gerhard: Telemedizin in der Hochseeschifffahrt – Hightech aus Tradition, Medizinische Klinik – Intensivmedizin und Notfallmedizin 2004, S. 163–168 [zitiert als: *Flesche et al.*, Medizinische Klinik 2004].

Fleßner, Anke: Private Krankenversicherung und Grundzüge der privaten Pflegeversicherung, in: Clausen, Tilman/Schroeder-Printzen, Jörn (Hrsg.), Münchener Anwaltshandbuch Medizinrecht, 3. Auflage, München 2020, § 5 [zitiert als: *Fleßner*, in: Clausen/Schroeder-Printzen, Anwaltshandbuch Medizinrecht].

Follmann, A./Schröder, H./Neff, G./Rossaint, R./Hirsch, F./Felzen, M.: Wenn Notarzt und Telenotarzt gemeinsam Leben retten. Eine Fallbeschreibung für die Anwendung der prähospitalen Telemedizin bei einer kreislaufinstabilen ventrikulären Tachykardie, Der Anaesthesist 2021, S. 34–39.

Fontaine, Elisa: Strafrechtliche Risiken KI-basierter Diagnosesoftware für Ärzte, medstra 2021, S. 203–210.

Formel Skin Derma GmbH: Unreine Haut: Arten, Ursachen und Behandlung, abrufbar unter: https://www.formelskin.de/hautunreinheiten/ (zuletzt abgerufen am: 05.09.2022) [zitiert als: *Formel Skin Derma GmbH*, Unreine Haut].

Formel Skin Derma GmbH: Wie nehme ich Kontakt mit dem Ärzt*innenteam auf?, abrufbar unter: https://support.formelskin.de/hc/de/articles/360014574260-Wie-nehme-ich-Kontakt-mit-dem-%C3%84rzt-innenteam-auf- (zuletzt abgerufen am: 05.09.2022) [zitiert als: *Formel Skin Derma GmbH*, Kontaktaufnahme].

Frahm, Wolfgang: Einschränkung der Therapiefreiheit durch das Haftungsrecht, GesR 2005, S. 529–533.

Frahm, Wolfgang: Der Behandlungsfehler in der Arzthaftung, NJW 2021, S. 216–218.

Frahm, Wolfgang/Walter, Alexander: Arzthaftungsrecht. Leitfaden für die Praxis, 7. Auflage, Karlsruhe 2020.

Franke, J./Zugck, C./Katus, H. A.: Telekardiologie, Der Kardiologe 2013, S. 362–368.

Frister, Helmut/Lindemann, Michael/Peters, Alexander: Arztstrafrecht, München 2011.

Gaede, Karsten: Limitiert akzessorisches Medizinstrafrecht statt hypothetischer Einwilligung, Heidelberg et al. 2014 [zitiert als: *Gaede*, Limitiert akzessorisches Medizinstrafrecht].

Gaidzik, Peter W.: Möglichkeiten und Grenzen der Telemedizin, GesR 2003, S. 229–233.

Gaidzik, Peter W.: Begutachtung im Arzthaftungs- bzw. Arztstrafrecht, in: Widder, Bernhard/Gaidzik, Peter W. (Hrsg.), Neurowissenschaftliche Begutachtung. Gutachten in Neurologie und nicht-forensischer Psychiatrie, 3. Auflage, Stuttgart, New York 2018, S. 332–341.

Garstka, Hansjürgen: Auswirkungen der EU-Datenschutzrichtlinie auf Telemedizin in Deutschland, in: Dierks, Christian/Feussner, Hubertus/Wienke, Albrecht (Hrsg.), Rechtsfragen der Telemedizin, Berlin et al. 2001, S. 97–100.

Gassner, Ulrich M./Juknat, Ulrich: E-Health/Digital Health – einzelne Anwendungsformen. Künstliche Intelligenz in der Medizin, in: Rehmann, Wolfgang A./Tillmanns, Christian (Hrsg.), E-Health/Digital Health, München 2022, Kapitel 3, Rdn. 316–446 [zitiert als: *Gassner/Juknat*, in: Rehmann/Tillmanns, E-Health].

Gaßner, Maximilian/Strömer, Jens M.: Mobile Health Applications – haftungsrechtlicher Standard und das Laissez-faire des Gesetzgebers, VersR 2015, S. 1219–1228.

Gehrlein, Markus: Grundwissen Arzthaftungsrecht, 4. Auflage, München 2022 [zitiert als: *Gehrlein*, Arzthaftungsrecht].

Geiß, Karlmann (Begr.)/Greiner, Hans-Peter: Arzthaftpflichtrecht, 8. Auflage, München 2022.

Gemeinsamer Bundesausschuss: Richtlinie des Gemeinsamen Bundesausschusses. Richtlinie über die Verordnung von Heilmitteln in der vertragsärztlichen Versorgung (Heilmittel-Richtlinie/HeilM-RL) in der Fassung vom 19. Mai 2011 veröffentlicht im Bundesanzeiger Nr. 96 (S. 2247) vom 30. Juni 2011 in Kraft getreten am 1. Juli 2011, zuletzt geändert am 17. Februar 2022 veröffentlicht im Bundesanzeiger (BAnz AT 07.04.2022) in Kraft getreten am 1. Juli 2022, abrufbar unter: https://www.g-ba.de/downloads/62-492-2857/HeilM-RL_2022-02-17_iK-2022-07-01.pdf (zuletzt abgerufen am: 05.09.2022) [zitiert als: *Gemeinsamer Bundesausschuss*, Heilmittel-Richtlinie].

Geppert, Klaus: Die unterlassene Hilfeleistung (§ 323 c StGB), JURA 2005, S. 39–48.

Gercke, Björn: Das Ausstellen unrichtiger Gesundheitszeugnisse nach § 278 StGB, MedR 2008, S. 592–595.

Gercke, Björn/Leimenstoll, Ulrich: Anmerkung zu OLG Köln, Urt. v. 16. 12. 2020 – I-5 U 39/20 (LG Köln), MedR 2022, S. 143–145.

Gercke, Björn/Leimenstoll, Ulrich/Stirner, Kerstin: Handbuch Medizinstrafrecht, Köln 2020.

Gerlof, Hauke: Die Digitalisierung hängt an der Akzeptanz der Ärzte, in: Storm, Andreas (Hrsg.), Was Ärzte über die Digitalisierung des Gesundheitswesens denken. Ein Report von DAK-Gesundheit und Ärzte Zeitung, Hamburg 2019, S. 43–49 [zitiert als: *Gerlof*, in: Strom, Ärzte über Digitalisierung im Gesundheitswesen].

Giring, Joachim/Schmidt, Jens: Arztstrafrecht, in: Ratzel, Rudolf/Luxenburger, Bernd (Hrsg.), Handbuch Medizinrecht, 4. Auflage, Heidelberg 2021, Kapitel 16.

GKV-Spitzenverband: Kurzmeldungen aus der Kranken-und Pflegeversicherung sowie der Arbeit des GKV-Spitzenverbands. Videosprechstunde kann breiter eingesetzt werden, abrufbar unter: https://www.gkv-spitzenverband.de/gkv_spitzenverband/presse/meldungen/einzelne_meldungen/2019/videosprechstunde_neu.jsp (zuletzt abgerufen am: 05.09.2022) [zitiert als: *GKV-Spitzenverband*, Kurzmeldungen zur Videosprechstunde].

Gnann, Wolfgang: Der Einsatz der Telemedizin. Empirische Analyse eines Standardvideokonferenzsystems in Ostbayern, Wiesbaden 2001 (zugl. Diss. Regensburg 2000).

Goetz, Christoph F.-J.: Die Herausforderung „Telematik im Gesundheitswesen". – Eine Standortbestimmung –, Bayerisches Ärzteblatt 1999, S. 502–506.

Göttelmann, Pamina/Sulzberger, Chrysanth: Definition einer mHealth-Strategie im Krankenhaus, in: Pfannstiel, Mario A./Da-Cruz, Patrick/Rasche, Christoph (Hrsg.), Entrepreneurship im Gesundheitswesen III. Digitalisierung – Innovationen – Gesundheitsversorgung, Wiesbaden 2018, S. 115–132.

Grüneberg, Christian (Hrsg.): Bürgerliches Gesetzbuch mit Nebengesetzen, 82. Auflage, München 2023 [zitiert als: *Bearbeiter*, in: Grüneberg].

Gruner, Alexander: Quo vadis, Fernbehandlungsverbot?. Betrachtungen zur Telemedizin, GesR 2017, S. 288–294.

Gsell, Beate/Krüger, Wolfgang/Lorenz, Stephan/Reymann Christoph (GesamtHrsg.): beck-online.GROSSKOMMENTAR zum Zivilrecht, München, Stand: 01.12.2022 [zitiert als: *Bearbeiter*, in: BeckOGK-BGB].

Haas, Peter: Gesundheitstelematik. Grundlagen, Anwendungen, Potenziale, Berlin et al. 2006.

Häcker, Joachim/Reichwein, Barbara/Turad, Nicole: Telemedizin. Markt, Strategien, Unternehmensbewertung, München 2008.

Häckl, Dennis: Neue Technologien im Gesundheitswesen. Rahmenbedingungen und Akteure, Wiesbaden 2010 (zugl. Diss. Leipzig 2010).

Hager, Johannes: Arztrecht: alternative Behandlungsmethode, JA 2020, S. 389–390.

Hahn, Erik: Telemedizin und Fernbehandlungsverbot – Eine Bestandsaufnahme zur aktuellen Entwicklung, MedR 2018, S. 384–391.

Hahn, Erik: Die Abgabe von Arzneimitteln nach Fernverschreibung als Konsequenz der berufsrechtlichen Öffnung?, GesR 2018, S. 687–691.

Hahn, Erik: Die Neuregelung der Videosprechstunde im Pflegepersonal-Stärkungsgesetz (PpSG), NZS 2019, S. 253–256.

Hahn, Erik: Telemedizin – Das Recht der Fernbehandlung. Ein Überblick für Ärzte, Zahnärzte, Psychotherapeuten, Heilpraktiker und Juristen, Wiesbaden 2019 [zitiert als: *Hahn*, Telemedizin].

Hahn, Erik: Eine „fast gelungene Klarstellung" zur Aufklärung des Patienten über Fernkommunikationsmittel (§ 630e Abs. 1 S. 4 BGB-RefE), MedR 2020, S. 16–23.

Hahn, Erik: Die Weiterentwicklung der Videosprechstunde in EBM und BMV-Ä, NZS 2020, S. 281–285.

Hahn, Erik: AU-Schein nach Fernuntersuchung zugleich Anmerkung zu LG Hamburg, Urt. v. 3. 9. 2019 – 406 HKO 56/19, MedR 2020, S. 370–374.

Handkommentar Bürgerliches Gesetzbuch, s. unter *Schulze, Reiner.*

Hanika, Heinrich: Telemedizin – Handlungs- und Weiterentwicklungsbedarf, MedR 2001, S. 107–111.

Harmann, Lena: Das Recht des Patienten auf Aufklärungsverzicht, NJOZ 2010, S. 819–825.

Hart, Dieter: Ärztliche Leitlinien – Definitionen, Funktionen, rechtliche Bewertungen. Gleichzeitig ein Beitrag zum medizinischen und rechtlichen Standardbegriff, MedR 1998, S. 8–16.

Hart, Dieter: Arzthaftungsrecht – Wissensbasis und Rezeption in Literatur und Rechtsprechung, in: Hart, Dieter (Hrsg.), Ärztliche Leitlinien im Medizin- und Gesundheitsrecht. Recht und Empire professioneller Normbildung, Baden-Baden 2005, S. 85–116 [zitiert als: *Hart*, in: Hart, Ärztliche Leitlinien].

Hart, Dieter: Ein Patientenrechtegesetz ohne Eigenschaften. Über den Mangel an legislativer Eigenständigkeit, GesR 2012, S. 385–388.

Hart, Dieter: Patientensicherheit nach dem Patientenrechtegesetz, MedR 2013, S. 159–165.

Hart, Dieter: Haftungsrecht und Standardbildung in der modernen Medizin: e:med und Probleme der Definition des Standards, MedR 2016, S. 669–675.

Hart, Dieter: Patientensicherheit im Medizin- und Gesundheitsrecht. Entwicklungen seit 2011, MedR 2019, S. 509–518.

Hau, Wolfgang/Poseck, Roman (Hrsg.): Beck'scher Online-Kommentar Bürgerliches Gesetzbuch, 63. Edition, München, Stand: 01.08.2022 [zitiert als: *Bearbeiter*, in: BeckOK-BGB].

Hausch, Axel: Beweisprobleme bei der therapeutischen Aufklärung, VersR 2007, S. 167–174.

Heckmann, Dirk/Rachut, Sarah: E-Health/Digital Health – einzelne Anwendungsformen. Elektronische Patientenakte und elektronische Gesundheitskarte, in: Rehmann, Wolfgang A./Tillmanns, Christian (Hrsg.), E-Health/Digital Health, München 2022, Kapitel 3, Rdn. 447–584 [zitiert als: *Heckmann/Rachut*, in: Rehmann/Tillmanns, E-Health].

Heider, Benjamin: Arbeitsunfähigkeitsbescheinigung per WhatsApp. Auswirkungen der Aufhebung des Fernbehandlungsverbots auf die Erteilung von Arbeitsunfähigkeitsbescheinigungen, NZA 2019, S. 288–290.

Heinteschl-Heinegg, Bernd von (Hrsg.): Beck'scher Online-Kommentar Strafgesetzbuch, 56. Edition, München, Stand: 01.02.2023 [zitiert als: *Bearbeiter*, in: BeckOK-StGB].

Henke, Klaus-Dirk: Der gesellschaftliche Nutzen der Gesundheitswirtschaft am Beispiel von E-Health, in: Müller-Mielitz, Stefan/Lux, Thomas (Hrsg.), E-Health-Ökonomie, Wiesbaden 2017, S. 23–34.

Herberger, Maximilian/Martinek, Michael/Rüßmann, Helmut/Weth, Stephan/Würdinger, Markus (GesamtHrsg.): juris Praxiskommentar Bürgerliches Gesetzbuch, Band 2: Schuldrecht, 9. Auflage, Saarbrücken 2020 [zitiert als: *Bearbeiter*, in: jurisPK-BGB].

Herkenrath, Alena: Ärztliche Fernbehandlung. Möglichkeiten und Grenzen nach der Lockerung des Fernbehandlungsverbots, Tübingen 2022 (zugl. Diss. Düsseldorf 2022).

Hesse, Tim: eArztbrief und elektronischer Heilberufsausweis: Die digitale Zukunft des Gesundheitswesens hat begonnen, GesR 2017, S. 294–297.

Heyers, Johannes/Heyers Hermann Josef: Arzthaftung – Einsatz von Telematik im Behandlungsprozess, MDR 2001, S. 918–925.

Heyers, Johannes/Heyers Hermann Josef: Arzthaftung – Schutz von digitalen Patientendaten, MDR 2001, S. 1209–1216.

Hilgendorf, Eric: Einführung in das Medizinstrafrecht, 2. Auflage, München 2019 [zitiert als: *Hilgendorf*, Einführung Medizinstrafrecht].

Hindemith, Joachim/Schwarze, Bernd: Kausalität, § 630h BGB, in: Jorzig, Alexandra (Hrsg.), Handbuch Arzthaftungsrecht. Fehlerkategorien – Schadensregulierung – Mandats- und Verfahrensgestaltung – Praxistipps, 2. Auflage, Heidelberg 2021, 1. Teil, 5. Kapitel.

Hofer, Pascal: Rechtliche Aspekte der digitalen Pathologie, MedR 2012, S. 636–640.

Höfner, Claudia/Hochgerner, Markus/Mantl, Gerd/Stefan, Robert/Stammer, Julia: Telepsychotherapie als Chance und Herausforderung: Eine longitudinale Mixed-Methods Studie, Psychotherapie Forum 2021, S. 37–43.

Hoppe, Jürgen F.: Telemedizin und internationale Arzthaftung, MedR 1998, S. 462–468.

Houben, Anja: Dokumentationspflichten, in: Jorzig, Alexandra (Hrsg.), Handbuch Arzthaftungsrecht. Fehlerkategorien – Schadensregulierung – Mandats- und Verfahrensgestaltung – Praxistipps, 2. Auflage, Heidelberg 2021, 1. Teil, 4. Kapitel.

Hoxhaj, Jonela: Quo vadis Medizintechnikhaftung?. Arzt-, Krankenhaus- und Herstellerhaftung für den Einsatz von Medizinprodukten, Frankfurt am Main et al. 2000 (zugl. Diss. Göttingen 1999) [zitiert als: *Hoxhaj*, Medizintechnikhaftung].

Hoyer, Andreas: Gesundheitsstrafrecht, in: Igl, Gerhard/Welti, Felix (Hrsg.), Gesundheitsrecht. Eine systematische Einführung, 3. Auflage, München 2018, §§ 51–55.

Hübner, Lisa/Wienke, Albrecht: Patienten – allein zu Haus. Aktuelle Rechtsfragen zur „Ausschließlichen Fernbehandlung", Orthopädie und Unfallchirurgie 2019, S. 28–31.

Hüwe, Dirk: Haftungstatbestände. Aufklärungsfehler. Arten der Aufklärung, in: Jorzig, Alexandra (Hrsg.), Handbuch Arzthaftungsrecht. Fehlerkategorien – Schadensregulierung – Mandats- und Verfahrensgestaltung – Praxistipps, 2. Auflage, Heidelberg 2021, 1. Teil, 3. Kapitel, Rdn. 826–849.

Immig, Maximilian: Die Selbstbestimmungsaufklärung im Arztstrafrecht. Eine kritische Betrachtung der Übertragung der zivilrechtlichen Rechtsprechung in das Strafrecht, Baden-Baden 2016 (zugl. Diss. Erlangen-Nürnberg 2016) [zitiert als: *Immig*, Selbstbestimmungsaufklärung].

Intuitive Surgical: Da Vinci Surgical Systems. Integrated technologies for robotik-assisted surgery, abrufbar unter: https://www.intuitive.com/en-us/products-and-services/da-vinci/systems (zuletzt abgerufen am: 05.09.2022) [zitiert als: *Intuitive Surgical*, Da Vinci Surgical Systems].

IQ MEDWORKS GmbH: Telenotarzt Bayern. Pilotprojekt, abrufbar unter: https://www.telenotarzt.bayern/ (zuletzt abgerufen am: 05.09.2022) [zitiert als: *IQ MEDWORKS GmbH*: Telenotarzt Bayern].

Iversen, Katrina: Die Bedeutung der zivilrechtlichen Aufklärungspflichten für die Einwilligung in die Körperverletzung, HRRS 2018, S. 475–483.

Janda, Constanze: Medizinrecht, 4. Auflage, München 2019.

Jandt, Silke: Smart Health. Wird die DSGVO den dynamischen Herausforderungen gerecht?, DuD 2016, S. 571–574.

Jansen, Christoph: Der Medizinische Standard. Begriff und Bestimmung ärztlicher Behandlungsstandards an der Schnittstelle von Medizin, Haftungsrecht und Sozialrecht, Berlin, Heidelberg 2019 (zugl. Diss. Köln 2019).

Jarass, Hans D./Pieroth, Bodo (Begr.): Grundgesetz für die Bundesrepublik Deutschland. Kommentar, 17. Auflage, München 2022 [zitiert als: *Bearbeiter*, in: Jarass/Pieroth].

Jauering, Othmar/Stürner, Rolf (Hrsg.): Bürgerliches Gesetzbuch mit Rom-I-, Rom-II-VO, Rom-III-VO, EG-UnthVO/HUntProt und EuErbVO. Kommentar, 18. Auflage, München 2021 [zitiert als: *Bearbeiter*, in: Jauernig].

Jörg, Johannes: Digitalisierung in der Medizin. Wie Gesundheits-Apps, Telemedizin, künstliche Intelligenz und Robotik das Gesundheitswesen revolutionieren, Berlin et al. 2018.

Jorzig, Alexandra: Haftungsrisiken bei Telemedizin und Videosprechstunden, Der Urologe 2021, S. 244–246.

Jorzig, Alexandra/Feifel, Eckart: Leitlinien und Standard – Grenzen einer Systematisierung im Arzthaftungsprozess, GesR 2004, S. 310–316.

Jorzig, Alexandra/Sarangi, Frank: Digitalisierung im Gesundheitswesen. Ein kompakter Streifzug durch Recht, Technik und Ethik, Berlin 2020.

Jung, Hendrike/Lichtschlag-Traut, Sven/Ratzel, Rudolf: Arzthaftungsrecht, in: Ratzel, Rudolf/Luxenburger, Bernd (Hrsg.), Handbuch Medizinrecht, 4. Auflage, Heidelberg 2021, Kapitel 14.

Juris Praxiskommentar Bürgerliches Gesetzbuch, s. unter *Herberger, Maximilian/Martinek, Michael/Rüßmann, Helmut/Weth, Stephan/Würdinger, Markus.*

Kaeding, Nadja: Medizinische Behandlung als Distanzgeschäft, MedR 2019, S. 288–293.

Kalb, Peter: Rechtliche Aspekte der Telemedizin, GesR 2018, S. 481–488.

Kassenärztliche Bundesvereinigung: Ärztemangel, abrufbar unter: https://www.kbv.de/html/themen_1076.php (zuletzt abgerufen am: 05.09.2022) [zitiert als: *Kassenärztliche Bundesvereinigung*, Ärztemangel].

Kassenärztliche Bundesvereinigung: Praxisnachrichten. Immer mehr Praxen greifen zur Kamera – Zahl der Videosprechstunden auf über eine Million gestiegen, abrufbar unter: https://www.kbv.de/html/1150_50419.php (zuletzt abgerufen am: 05.09.2022) [zitiert als: *Kassenärztliche Bundesvereinigung*, Praxisnachrichten zur Zahl der Videosprechstunden].

Kassenärztliche Bundesvereinigung: Studien. PraxisBarometer Digitalisierung 2021, abrufbar unter: https://www.kbv.de/html/praxisbarometer.php (zuletzt abgerufen am: 05.09.2022) [zitiert als: *Kassenärztliche Bundesvereinigung*, PraxisBarometer Digitalisierung 2021].

Kassenärztliche Bundesvereinigung/GKV-Spitzenverband: Vereinbarung über die Anforderungen an die technischen Verfahren zur telemedizinischen Erbringung der konsiliarischen Befundbeurteilung von Röntgenaufnahmen in der vertragsärztlichen Versorgung gemäß § 291g Absatz 1 Satz 1 SGB V, Deutsches Ärzteblatt 2016, S. A 1835-A 1837.

Kassenärztliche Bundesvereinigung/GKV-Spitzenverband: Vereinbarung über die Anforderungen an die technischen Verfahren zur Videosprechstunde gemäß § 291g Absatz 4 SGB V zwischen dem GKV-Spitzenverband, K. d. ö. R., Berlin und der Kassenärztlichen Bundesvereinigung, K. d. ö. R., Berlin (Anlage 31b zum Bundesmantelvertrag – Ärzte), Deutsches Ärzteblatt 2016, S. A 2391-A 2392.

Kassenärztliche Bundesvereinigung/GKV-Spitzenverband: Änderung der Vereinbarung über die Anwendung von Psychotherapie in der vertragsärztlichen Versorgung (Psychotherapie-Vereinbarung) (Anlage 1 BMV-Ä), Deutsches Ärzteblatt 2019, S. A 863-A 864.

Kassenärztliche Bundesvereinigung/GKV-Spitzenverband: Änderung der Vereinbarung über die Anforderungen an die technischen Verfahren zur Videosprechstunde gemäß § 291g Absatz 4 SGB V (Anlage 31b BMV-Ä), Deutsches Ärzteblatt 2019, S. A 2156-A 2158.

Kassenärztliche Bundesvereinigung/GKV-Spitzenverband: Änderung der Vereinbarung über die Anwendung von Psychotherapie in der vertragsärztlichen Versorgung (Psychotherapie-Vereinbarung) (Anlage 1 BMV-Ä), Deutsches Ärzteblatt 2021, A 1892.

Kassenärztliche Bundesvereinigung/GKV-Spitzenverband: Vereinbarung über die Anwendung von Psychotherapie in der vertragsärztlichen Versorgung (Psychotherapie-Vereinbarung) vom 2. Februar 2017 zuletzt geändert am 15.09.2021, abrufbar unter: https://www.kbv.de/media/sp/01_Psychotherapie_Aerzte.pdf (zuletzt abgerufen am: 05.09.2022) [zitiert als: *Kassenärztliche Bundesvereinigung/GKV-Spitzenverband*, Vereinbarung über Anwendung von Psychotherapie in der vertragsärztlichen Versorgung (15.09.2021)].

Kassenärztliche Bundesvereinigung/GKV-Spitzenverband: Sonderregelungen zur Anwendung von Psychotherapie in der vertragsärztlichen Versorgung aufgrund von SARS-CoV-2 vom 23. März 2020 zuletzt geändert am 13.12.2021, abrufbar unter: https://www.kbv.de/media/sp/2020-03-23_PT-Vereinbarung_Zusatz_Covid-19.pdf (zuletzt abgerufen am: 05.09.2022) [zitiert als: *Kassenärztliche Bundesvereinigung/GKV-Spitzenverband*: Sonderregelungen zur Anwendung von Psychotherapie in der vertragsärztlichen Versorgung aufgrund von SARS-CoV-2].

Kassenärztliche Bundesvereinigung/GKV-Spitzenverband: Vereinbarung über die Anforderungen an die technischen Verfahren zur Videosprechstunde gemäß § 365 Absatz 1 SGB V vom 21. Oktober 2016 in der Fassung vom 15. Juni 2022, abrufbar unter: https://www.kbv.de/media/sp/Anlage_31b_Videosprechstunde.pdf (zuletzt abgerufen am: 05.09.2022) [zitiert als: *Kassenärztliche Bundesvereinigung/GKV-Spitzenverband*, Vereinbarung über Anforderungen an die technischen Verfahren zur Videosprechstunde (15.06.2022)].

Katzenmeier, Christian: Aufklärung über neue medizinische Behandlungsmethoden – „Robodoc", NJW 2006, S. 2738–2741.

Katzenmeier, Christian: Arzthaftpflicht in der Krise – Entwicklungen, Perspektiven, Alternativen, MedR 2011, S. 201–216.

Katzenmeier, Christian: Big Data, E-Health, M-Health, KI und Robotik in der Medizin, MedR 2019, S. 259–271.

Katzenmeier, Christian: Haftungsrechtliche Grenzen ärztlicher Fernbehandlung, NJW 2019, S. 1769–1774.

Katzenmeier, Christian: Berufsgeheimnis und Dokumentation, in: Laufs, Adolf/Katzenmeier, Christian/Lipp, Volker (Hrsg.), Arztrecht, 8. Auflage, München 2021, Kapitel IX.

Katzenmeier, Christian: Arztfehler und Haftpflicht, in: Laufs, Adolf/Katzenmeier, Christian/Lipp, Volker, Arztrecht (Hrsg.), 8. Auflage, München 2021, Kapitel X.

Katzenmeier, Christian: KI in der Medizin – Haftungsfragen, MedR 2021, S. 859–867.

Katzenmeier, Christian: E-Health/Digital Health – einzelne Anwendungsformen. Telemedizin. Haftung, in: Rehmann, Wolfgang A./Tillmanns, Christian (Hrsg.), E-Health/Digital Health, München 2022, Kapitel 3, Rdn. 94–128 [zitiert als: *Katzenmeier*, in: Rehmann/Tillmanns, E-Health].

Katzenmeier, Christian/Achterfeld, Claudia: Digitaler Gesundheitstreffpunkt, E-Health-Kiosk, Videosprechstunde, Telemedizin – Rechtsfragen neuer Formen assistenzgestützter Gesundheitsversorgung in: Katzenmeier, Christian (Hrsg.), Festschrift für Dieter Hart. Medizin – Recht – Wissenschaft, Berlin 2020, S. 283–315.

Katzenmeier, Christian/Schrag-Slavu, Stefania: Rechtsfragen des Einsatzes der Telemedizin im Rettungsdienst. Eine Untersuchung am Beispiel des Forschungsprojekts Med-on-@ix, Berlin, Heidelberg 2010 [zitiert als: *Katzenmeier/Schrag-Slavu*, Telemedizin im Rettungsdienst].

Katzenmeier, Christian/Schrag-Slavu, Stefania: Telenotarzt. Berufsrecht, Haftungsrecht, Medizinprodukterecht, Datenschutzrecht, Baden-Baden 2021.

Keilbar, Götz/Ziegler, Ole: Haftungsrechtliche Aspekte des Umgangs mit der elektronischen Patientenakte (ePA) – Chancen und Risiken eines „zentralen Bausteins" der Telematikinfrastruktur (Teil 1), MedR 2021, S. 346–352.

Keilbar, Götz/Ziegler, Ole: Haftungsrechtliche Aspekte des Umgangs mit der elektronischen Patientenakte (ePA) – Chancen und Risiken eines „zentralen Bausteins" der Telematikinfrastruktur (Teil 2), MedR 2021, S. 432–438.

Kern, Bernd-Rüdiger: Rechtliche Konsequenzen für medizinischen Standard, Methodenfreiheit, Sorgfaltsmaßstab und Aufklärung, in: Dierks, Christian/Feussner, Hubertus/Wienke, Albrecht (Hrsg.), Rechtsfragen der Telemedizin, Berlin et al. 2001, S. 55–66.

Kern, Bernd-Rüdiger: Zur Zulässigkeit der ärztlichen Behandlung im Internet, MedR 2001, S. 495–498.

Kern, Bernd-Rüdiger: Haftungsrechtliche Aspekte bei Abweichung von medizinischen Qualitätsstandards und qualitätssichernden Vorgaben in der gesetzlichen Krankenversicherung, GesR 2002, S. 5–9.

Kern, Bernd-Rüdiger: Das Spannungsverhältnis von Haftungsrecht und Kassenarztrecht, MedR 2004, S. 300–303.

Kern, Bernd-Rüdiger: Aushöhlen des ärztlichen Berufsrechts durch die Bundesgesetzgebung?, MedR 2015, S. 787–790.

Kern, Bernd-Rüdiger: Ärztliches Berufs- und Standesrecht. Grundlagen, in: Laufs, Adolf/Uhlenbruck, Wilhelm (Begr.)/Kern, Bernd-Rüdiger/Rehborn, Martin (Hrsg.), Handbuch des Arztrechts, 5. Auflage, München 2019, § 10.

Kern, Bernd-Rüdiger: Das Zustandekommen des Arztvertrages. Die Beendigung des Arztvertrages, in: Laufs, Adolf/Uhlenbruck, Wilhelm (Begr.)/Kern, Bernd-Rüdiger/Rehborn, Martin (Hrsg.), Handbuch des Arztrechts, 5. Auflage, München 2019, § 48.

Kern, Bernd-Rüdiger: Die Pflicht des Arztes aus Behandlungsübernahme und Behandlungsvertrag. Die Pflicht des Arztes zur persönlichen Leistung, in: Laufs, Adolf/Uhlenbruck, Wilhelm (Begr.)/Kern, Bernd-Rüdiger/Rehborn, Martin (Hrsg.), Handbuch des Arztrechts, 5. Auflage, München 2019, § 49.

Kern, Bernd-Rüdiger: Die Pflicht des Arztes aus Behandlungsübernahme und Behandlungsvertrag. Die ärztliche Untersuchungspflicht, in: Laufs, Adolf/Uhlenbruck, Wilhelm (Begr.)/Kern, Bernd-Rüdiger/Rehborn, Martin (Hrsg.), Handbuch des Arztrechts, 5. Auflage, München 2019, § 51.

Kern, Bernd-Rüdiger: Die Pflicht des Arztes aus Behandlungsübernahme und Behandlungsvertrag. Rezeptur und Verschreibung, in: Laufs, Adolf/Uhlenbruck, Wilhelm (Begr.)/Kern, Bernd-Rüdiger/Rehborn, Martin (Hrsg.), Handbuch des Arztrechts, 5. Auflage, München 2019, § 56.

Kern, Bernd-Rüdiger: Die Pflichten des Arztes aus Behandlungsübernahme und Behandlungsvertrag. Der Einsatz medizinischer Technik, in: Laufs, Adolf/Uhlenbruck, Wilhelm (Begr.)/Kern, Bernd-Rüdiger/Rehborn, Martin (Hrsg.), Handbuch des Arztrechts, 5. Auflage, München 2019, § 57.

Kern, Bernd-Rüdiger: Die ärztliche Informations- und Aufklärungspflicht. Die ärztliche Informationspflicht nach § 634c BGB (therapeutische Aufklärung, Sicherungsaufklärung, wirtschaftliche Aufklärung, Aufklärung über Behandlungsfehler), in: Laufs, Adolf/Uhlenbruck, Wilhelm (Begr.)/Kern, Bernd-Rüdiger/Rehborn, Martin (Hrsg.), Handbuch des Arztrechts, 5. Auflage, München 2019, § 64.

Kern, Bernd-Rüdiger: Die ärztliche Informations- und Aufklärungspflicht. Inhalt und Umfang der Aufklärung, in: Laufs, Adolf/Uhlenbruck, Wilhelm (Begr.)/Kern, Bernd-Rüdiger/Rehborn, Martin (Hrsg.), Handbuch des Arztrechts, 5. Auflage, München 2019, § 66.

Kern, Bernd-Rüdiger: Die ärztliche Informations- und Aufklärungspflicht. Einschränkungen der Selbstbestimmungsaufklärung, in: Laufs, Adolf/Uhlenbruck, Wilhelm (Begr.)/Kern, Bernd-Rüdiger/Rehborn, Martin (Hrsg.), Handbuch des Arztrechts, 5. Auflage, München 2019, § 68.

Kern, Bernd-Rüdiger: Die Pflichten des Patienten aus dem Arztvertrag. Die Obliegenheit zur Offenbarung, in: Laufs, Adolf/Uhlenbruck, Wilhelm (Begr.)/Kern, Bernd-Rüdiger/Rehborn, Martin (Hrsg.), Handbuch des Arztrechts, 5. Auflage, München 2019, § 76.

Kern, Bernd-Rüdiger: Die Pflichten des Patienten aus dem Arztvertrag. Weisungsrecht und Befolgungspflicht des Patienten, in: Laufs, Adolf/Uhlenbruck, Wilhelm (Begr.)/Kern, Bernd-Rüdiger/Rehborn, Martin (Hrsg.), Handbuch des Arztrechts, 5. Auflage, München 2019, § 77.

Kern, Bernd-Rüdiger: Die vertragliche Haftpflicht des Arztes und des Krankenhausträgers. Fahrlässigkeit – zur Kasuistik, in: Laufs, Adolf/Uhlenbruck, Wilhelm (Begr.)/Kern, Bernd-Rüdiger/Rehborn, Martin (Hrsg.), Handbuch des Arztrechts, 5. Auflage, München 2019, § 97.

Kern, Bernd-Rüdiger: Die Beweislast im Arzthaftpflichtprozess. Grundregeln. Arztrechtliche Besonderheiten, in: Laufs, Adolf/Uhlenbruck, Wilhelm (Begr.)/Kern, Bernd-Rüdiger/Rehborn, Martin (Hrsg.), Handbuch des Arztrechts, 5. Auflage, München 2019, § 106.

Kern, Bernd-Rüdiger: Die Beweislast im Arzthaftpflichtprozess. Grober Behandlungsfehler – Befunderhebungsfehler (§ 630h Abs. 5), in: Laufs, Adolf/Uhlenbruck, Wilhelm (Begr.)/Kern, Bernd-Rüdiger/Rehborn, Martin (Hrsg.), Handbuch des Arztrechts, 5. Auflage, München 2019, § 109.

Kern, Bernd-Rüdiger: Haftungsgrundlagen incl. Patientenrechtegesetz, § 630a BGB, in: Jorzig, Alexandra (Hrsg.), Handbuch Arzthaftungsrecht. Fehlerkategorien – Schadensregulierung – Mandats- und Verfahrensgestaltung – Praxistipps, 2. Auflage, Heidelberg 2021, 1. Teil, 1. Kapitel.

Kern, Bernd-Rüdiger/Rehborn, Martin: Ärztliches Berufs- und Standesrecht. Berufspflichten, in: Laufs, Adolf/Uhlenbruck, Wilhelm (Begr.)/Kern, Bernd-Rüdiger/Rehborn, Martin (Hrsg.), Handbuch des Arztrechts, 5. Auflage, München 2019, § 15.

Kern, Bernd-Rüdiger/Rehborn, Martin: Ärztliches Berufs- und Standesrecht. Berufsgerichtsbarkeit, in: Laufs, Adolf/Uhlenbruck, Wilhelm (Begr.)/Kern, Bernd-Rüdiger/Rehborn, Martin (Hrsg.), Handbuch des Arztrechts, 5. Auflage, München 2019, § 17.

Kern, Bernd-Rüdiger/Rehborn, Martin: Das Zustandekommen des Arztvertrages. Die Form des Arztvertrages, in: Laufs, Adolf/Uhlenbruck, Wilhelm (Begr.)/Kern, Bernd-Rüdiger/Rehborn, Martin (Hrsg.), Handbuch des Arztrechts, 5. Auflage, München 2019, § 45.

Kern, Bernd-Rüdiger/Rehborn, Martin: Die Pflicht des Arztes aus Behandlungsübernahme und Behandlungsvertrag. Die Anamnese, in: Laufs, Adolf/Uhlenbruck, Wilhelm (Begr.)/Kern, Bernd-Rüdiger/Rehborn, Martin (Hrsg.), Handbuch des Arztrechts, 5. Auflage, München 2019, § 50.

Kern, Bernd-Rüdiger/Rehborn, Martin: Die Pflichten des Patienten aus dem Arztvertrag, in: Laufs, Adolf/Uhlenbruck, Wilhelm (Begr.)/Kern, Bernd-Rüdiger/Rehborn, Martin (Hrsg.), Handbuch des Arztrechts, 5. Auflage, München 2019, § 73.

Kern, Bernd-Rüdiger/Rehborn, Martin: Die vertragliche Haftpflicht des Arztes und des Krankenhausträgers. Vertragshaftung und Deliktshaftung, in: Laufs, Adolf/Uhlenbruck, Wilhelm (Begr.)/Kern, Bernd-Rüdiger/Rehborn, Martin (Hrsg.), Handbuch des Arztrechts, 5. Auflage, München 2019, § 92.

Kern, Bernd-Rüdiger/Rehborn, Martin: Die vertragliche Haftpflicht des Arztes und des Krankenhausträgers. Die medizinischen Standards. Behandlungsfehler, in: Laufs, Adolf/Uhlenbruck, Wilhelm (Begr.)/Kern, Bernd-Rüdiger/Rehborn, Martin (Hrsg.), Handbuch des Arztrechts, 5. Auflage, München 2019, § 96.

Kern, Bernd-Rüdiger/Rehborn, Martin: Die vertragliche Haftpflicht des Arztes und des Krankenhausträgers. Organisationspflichten, in: Laufs, Adolf/Uhlenbruck, Wilhelm (Begr.)/Kern, Bernd-Rüdiger/Rehborn, Martin (Hrsg.), Handbuch des Arztrechts, 5. Auflage, München 2019, § 100.

Khandpur, R. S.: Telemedicine. Technology and Applications (mHealth, Telehealth and eHealth), New Delhi 2017.

Kieser, Timo/Birkert, Clemens: E-Health/Digital Health – einzelne Anwendungsformen. E-Rezept, in: Rehmann, Wolfgang A./Tillmanns, Christian (Hrsg.), E-Health/Digital Health, München 2022, Kapitel 3, Rdn. 1020–1118 [zitiert als: *Kieser/Birkert*, in: Rehmann/Tillmanns, E-Health].

Kindhäuser, Urs/Neumann, Ulfrid/Paeffgen, Hans-Ulrich (Hrsg.): Nomos Kommentar Strafgesetzbuch, Band 3: Besonderer Teil, §§ 232–358, 5. Auflage, Baden-Baden 2017 [zitiert als: *Bearbeiter*, in: NK-StGB].

Kirchberg, J./Mees, T./Weitz, J.: Robotik im Operationssaal. Aus der Nische in die breite Anwendung, Der Chirurg 2016, S. 1025–1032.

Kircher, Philipp: Das Patientendaten-Schutz-Gesetz (PDSG) und die elektronische Patientenakte (ePA). Regelungsüberblick und Vereinbarkeit mit der DS-GVO, GuP 2021, S. 1–11.

Klar, R./Pelikan, E.: Stand, Möglichkeiten und Grenzen der Telemedizin in Deutschland, Bundesgesundheitsblatt – Gesundheitsforschung – Gesundheitsschutz 2009, S. 263–269 [zitiert als: *Klar/Pelikan*, Bundesgesundheitsblatt 2009].

Klein, J. P./Gerlinger, G./Knaevelsrud, C./Bohus, M./Meisenzahl, E./Kersting, A./Röhr, S./Riedel-Heller, S. G./Sprick, U./Dirmaier, J./Härter, M./Hegerl, U./Hohagen, F./ Hauth, I.: Internetbasierte Intervention in der Behandlung psychischer Störungen. Überblick, Qualitätskriterien, Perspektiven, Der Nervenarzt 2016, S. 1185–1193.

Kleinebrink, Wolfgang: Die elektronische Arbeitsunfähigkeitsbescheinigung und deren arbeitsrechtliche Bedeutung, ARP 2022, S. 130–133.

Koch, Klaus Peter/Scholz, Oliver: Telemedizin am Beispiel aktiver Implantate, in: Kramme, Rüdiger (Hrsg.), Medizintechnik. Verfahren – Systeme – Informationsverarbeitung, 5. Auflage, Berlin et al. 2017, S. 807–817.

Kohake, Marina: Bahn frei für die Telemedizin?, UroForum 2018, S. 61–62.

Köhler, F./Prescher, S./Köhler, K.: Telemedizin bei Herzinsuffizienz, Der Internist 2019, S. 331–338.

Kraatz, Erik: Aus der Rechtsprechung zum Arztstrafrecht 2014/2015 Die Grundsätze der Einwilligung in den ärztlichen Eingriff – 2. Teil, NStZ-RR 2016, S. 297–303.

Kraatz, Erik: Aus der Rechtsprechung zum Arztstrafrecht 2016/2017 – 1. Teil, NStZ-RR 2017, S. 329–335.

Kraatz, Erik: Arztstrafrecht, 2. Auflage, Stuttgart 2018.

Kraatz, Erik: Aus der Rechtsprechung zum Arztstrafrecht 2016/2017 – 2. Teil, NStZ-RR 2018, S. 4–9.

Kraatz, Erik: Zur Strafbarkeit der Rezeptausstellung an eine verbeamtete Privatpatientin ohne Untersuchung – zugleich Anmerkung zu OLG Köln, 5 U 39/20, JR 2021, S. 623–630.

Krell, Paul: Lebensgefährliche Operationen zwischen Heilversuch und Humanexperiment (Teil I), medstra 2017, S. 3–9.

Kremers, M.: Teleradiologie und Telemedizin, Der MKG-Chirurg 2020, S. 248–259.

Kreutzer, Ralf T./Sirrenberg, Marie: Künstliche Intelligenz verstehen. Grundlagen – Use-Cases – unternehmenseigene KI-Journey, Wiesbaden 2019.

Kriminalpolitischer Kreis: Für eine sachgerechte Regelung der eigenmächtigen Heilbehandlung, medstra 2021, S. 65–73.

Krüger-Brand, Heike E.: Telemedizin. Erfolgreiche Geschäftsmodelle, Deutsches Ärzteblatt 2005, S. A 441.

Krüger-Brand, Heike E.: Fernbehandlung. Aufbruch in die digitale Realität, Deutsches Ärzteblatt 2018, A 806-A 810.

Krüger-Brand, Heike E.: Fernbehandlung. Weg frei für die Telemedizin, Deutsches Ärzteblatt 2018, A 965-A 968.

Kudlich, Hans/Neelmeier, Tim: Organisationsverschulden im Arztrecht, NJW 2021, S. 1185–1189.

Kuhn, Anna Kristina: Grenzen der Digitalisierung der Medizin de lege lata und de lege ferenda, GesR 2016, S. 748–751.

Kuhn, Anna Kristina/Heinz, Marie-Isabel: Digitalisierung in der Medizin im Spannungsfeld zwischen technischen und legislativen Möglichkeiten und rechtlichen Grenzen, GesR 2018, S. 691–698.

Kuhn, Anna Kristina/Hesse, Tim: Einsatz und Vergütung von Videosprechstunden im vertragsärztlichen System, GesR 2017, S. 221–226.

Kuhn S./Jungmann F.: Medizin im digitalen Zeitalter. Telemedizin in der studentischen Lehre, Der Radiologe 2018, S. 236–240.

Kunz-Schmidt, Susanne: Bedienungsfehler beim Einsatz von Medizintechnik, voll beherrschbares Risiko und nichtärztliche Mitarbeiter, MedR 2009, S. 517–524.

Lackner, Karl/Kühl, Kristian (Hrsg.): Strafgesetzbuch Kommentar, 30. Auflage, München 2023 [zitiert als: *Bearbeiter*, in: Lackner/Kühl].

Lauda, E.: Die interne Diagnostik in ihrer geschichtlichen Entwicklung aus ihren Anfängen bis in die Gegenwart, Medizinische Klinik 1958, S. 1157–1166.

Laufhütte, Heinrich Wilhelm/Rissing-van Saan, Ruth/Tiedemann, Klaus (Hrsg.): Leipziger Kommentar Strafgesetzbuch, Neunter Band, 2. Teilband: §§ 267–283d, 12. Auflage, Berlin 2009 [zitiert als: *Bearbeiter*, in: LK-StGB].

Laufs, Adolf: Die Entwicklung des Arztrechts 1983/84, NJW 1984, S. 1383–1390.

Laufs, Adolf: Die Entwicklung des Arztrechts 1988/89, NJW 1989, S. 1521–1528.

Laufs, Adolf: Nicht der Arzt allein muss bereit sein, das Notwendige zu tun, NJW 2000, S. 1757–1769.

Laufs, Adolf/Katzenmeier, Christian: Wesen und Inhalt des Arztrechts, in: Laufs, Adolf/ Katzenmeier, Christian/Lipp, Volker (Hrsg.), Arztrecht, 8. Auflage, München 2021, Kapitel I.

Lechner, Daniel: Die Auswirkungen des Patientenrechtegesetzes auf den Umfang der ärztlichen Aufklärungspflicht – eine strafrechtliche Analyse, MedR 2013, S. 429–432.

Leifeld, Janis: Zur Strafbarkeit der Vorlage gefälschter Therapiebescheinigungen im Rahmen der Medizinisch-Psychologischen-Untersuchung, NZV 2013, S. 422–426.

Leipold, Klaus/Tsambikakis, Michael/Zöller, Mark Alexander (Hrsg.): AnwaltKommentar StGB, 3. Auflage, Heidelberg 2020 [zitiert als: *Bearbeiter*, in: Leipold et al., AnwaltKommentar].

Leipziger Kommentar Strafgesetzbuch, s. unter *Cirener, Gabriele/Radtke, Henning/Rissing-van Saan, Ruth/Rönnau, Thomas/Schluckebier, Wilhelm* bzw. *Laufhütte, Heinrich Wilhelm/Rissing-van Saan, Ruth/Tiedemann, Klaus.*

Leis, A.: Telemedizin heute, Der Unfallchirurg 2008, S. 146–154.

Letzel, Stephan: Digital Health, E-Health, Telemedizin und Co: terminologische Einordnung, in: Letzel, Stephan/Schmitz-Spanke, Simone/Lang, Jessica/Nowak, Dennis (Hrsg.), Telemedizin. E-Health in der Arbeitsmedizin, Landsberg am Lech 2020, S. 29–32.

Leupold, Andreas/Glossner, Silke/Peintinger, Stefan: eHealth: Rechtliche Rahmenbedingungen, Datenschutz und Datensicherheit, in: Fischer, Florian/Krämer, Alexander (Hrsg.), eHealth in Deutschland. Anforderungen und Potenziale innovativer Versorgungsstrukturen, Berlin et al. 2016, S. 47–82.

Leupold, Andreas/Wiesner, Marc: Digitalisierung im Gesundheitssektor: eHealth, in: Leupold, Andreas/Wiebe, Andreas/Glossner, Silke (Hrsg.), IT-Recht. Recht, Wirtschaft und Technik der digitalen Transformation, 4. Auflage, München 2021, Teil 13.

Lietz, Christine/Zumdick, Ulf: Das Gesetz für mehr Sicherheit in der Arzneimittelversorgung, PharmR 2019, S. 493–508.

Lilie, Hans/Orben, Steffen: Zur Verfahrenswirklichkeit des Arztstrafrechts, ZRP 2002, S. 154–159.

Link, Christian: Telemedizinische Anwendungen in Deutschland und in Frankreich. Eine rechtsvergleichende Untersuchung der Grundlagen und des Haftungsgefüges sowie des Internationalen Privatrechts, München 2007 (zugl. Diss. München, Bordeaux 2007) [zitiert als: *Link*, Telemedizinische Anwendungen].

Lipp, Volker: Ärztliches Berufsrecht, in: Laufs, Adolf/Katzenmeier, Christian/Lipp, Volker, Arztrecht (Hrsg.), 8. Auflage, München 2021, Kapitel II.

Lipp, Volker: Der Behandlungsvertrag, in: Laufs, Adolf/Katzenmeier, Christian/Lipp, Volker (Hrsg.), Arztrecht, 8. Auflage, München 2021, Kapitel III.

Lux, Thomas: E-Health – Begriff und Abgrenzung, in: Müller-Mielitz, Stefan/Lux, Thomas (Hrsg.), E-Health-Ökonomie, Wiesbaden 2017, S. 3–22.

Mangoldt, Hermann von (Begr.)/Klein, Friedrich/Starck, Christian: Grundgesetz Kommentar, Band 2: Art. 20–82, 7. Auflage, München 2018.

Manzeschke, Arne: Telemedizin und Ambient Assisted Living aus ethischer Perspektive, Bayerisches Ärzteblatt 2014, S. 480–482.

Martis, Rüdiger/Winkhart-Martis, Martina: Arzthaftungsrecht Fallgruppenkommentar, 6. Auflage, Köln 2021 [zitiert als: *Martis/Winkhart*, Arzthaftungsrecht].

Marx, Gernot/Beckers, Rainer: Telemedizin in Deutschland, Bundesgesundheitsblatt – Gesundheitsforschung – Gesundheitsschutz 2015, S. 1053–1055 [zitiert als: *Marx/Beckers*, Bundesgesundheitsblatt 2015].

Marx, G./Dusch, M./Czaplik M./Balzer F./Brokmann, J.-C./Deisz, R./Dossow, V. von/Ellger, B./Gräsner, J.-T./von der Groeben, C./Hadzidiakos, D./Heller, A./Nau, C./Weiß, S./Wunder, C./Wurmb, T./van Aalst, G./Beckers, R./Rossaint, R.: Telemedizin für die vier Säulen der Anästhesiologie. Positionspapier der Deutschen Gesellschaft für Anästhesiologie und Intensivmedizin (DGAI) und der Deutschen Gesellschaft für Telemedizin (DG Telemed), A&I 2019, S. 191–207.

Marx, Gernot/Gilger, Katrin/Deisz, Robert: Telemedizin, in: Frenz, Walter (Hrsg.), Handbuch Industrie 4.0: Recht, Technik, Gesellschaft, Berlin et al. 2020, S. 1017–1036 [zitiert als: *Marx et al.*, in: Frenz, Handbuch Industrie 4.0].

Marx, Gernot/Koch, Th.: Telemedizin in der Intensivmedizin: Strukturempfehlungen der DGAI, A&I 2015, S. 257–261.

Mathis-Ullrich, F./Scheikl, P. M.: Robotik im Operationssaal – (Ko-)Operieren mit Kollege Roboter, Der Gastroenterologe 2021, S. 25–34.

Matt, Holger/Renzikowski, Joachim (Hrsg.): Strafgesetzbuch Kommentar, 2. Auflage, München 2020 [zitiert als: *Bearbeiter*, in: Matt/Renzikowski].

Matusiewicz, David/Lux, Gerald/Jäschke, Thomas/Elmer, Arno: Digitale Gesundheit, in: Wasem, Jürgen/Matusiewicz, David/Neumann, Anja/Noweski, Michael (Hrsg.), Medizinmanagement. Grundlagen und Praxis des Managements in Gesundheitssystem und Versorgung, 2. Auflage, Berlin 2019, S. 395–411.

Matusiewicz, David/Thielscher, Christian: Electronic Health (E-Health) und Mobile Health (mHealth) – Ein Definitionsversuch, in: Matusiewicz, David/Pittelkau, Christian/Elmer, Arno (Hrsg.), Die Digitale Transformation im Gesundheitswesen. Transformation, Innovation, Disruption, Berlin 2017, S. 3–6.

MedKitDoc: Häufig gestellte Fragen, abrufbar unter: https://medkitdoc.de/faq (zuletzt abgerufen am: 05.09.2022) [zitiert als: *MedKitDoc*: Häufig gestellte Fragen].

Merath, Friedrich: Die elektronische Arbeitsunfähigkeitsbescheinigung (eAU) aus arbeitsrechtlicher Perspektive, GWR 2021, S. 429–432.

Meyer, Torben: Die arzthaftungsrechtliche Verfassung medizinischen Erprobungshandelns unter Berücksichtigung der gesetzlichen Krankenversicherung – Der individuelle Heilversuch, Marburg 2006 (zugl. Diss. Bremen 2006) [zitiert als: *Meyer*, Die arzthaftungsrechtliche Verfassung].

Mielitz, Stefanie: Intelligente Lösungen für den AAL-Tag!, in: Müller-Mielitz, Stefan/Lux, Thomas (Hrsg.), E-Health-Ökonomie, Wiesbaden 2017, S. 479–499.

Möller, Torsten B.: Teleradiologie in Deutschland, in: Fischer, Florian/Krämer, Alexander (Hrsg.), eHealth in Deutschland. Anforderungen und Potenziale innovativer Versorgungsstrukturen, Berlin et al. 2016, S. 295–305.

Monks, S.: Digitalisierung in der Medizin, Der Urologe 2018, S. 935–939.

Montgomery, Frank Ulrich/Brauer, Daniel/Hübner, Marlis/Seebohm, Annabel: Das Patientenrechtegesetz aus Sicht der Ärzteschaft, MedR 2013, S. 149–153.

Mühlböck, Luisa/Taupitz, Jochen: Haftung für Schäden durch KI in der Medizin, AcP 221 (2021), S. 179–218.

Müller, Gerda: Beweislast und Beweisführung im Arzthaftungsprozeß, NJW 1997, S. 3049–3056.

Müller, Gerda: Macht und Grenzen ärztlichen Handelns, GesR 2004, S. 257–266.

Münch, Ingo von/Kunig, Philip (Begr.): Grundgesetz Kommentar, Band 2: Art. 70–146, 7. Auflage, München 2021 [zitiert als: *Bearbeiter*, in: Münch/Kunig].

Münchener Kommentar zum Strafgesetzbuch, s. unter *Erb, Volker/Schäfer, Jürgen.*

Münchener Kommentar zum Bürgerlichen Gesetzbuch, s. unter *Säcker, Franz Jürgen/Rixecker, Roland/Oetker, Hartmut/Limperg, Bettina.*

Nebendahl, Mathias: Arzthaftungsrecht, in: Igl, Gerhard/Welti, Felix (Hrsg.), Gesundheitsrecht. Eine systematische Einführung, 3. Auflage, München 2018, §§ 46–50.

Neelmeier, Tim: Einvernehmliche Unterschreitung medizinischer Behandlungsstandards, NJW 2015, S. 374–377.

Nestler, Nina: Zivil- und strafrechtliche Aufklärungspflichten – Besonderheiten bei ästhetisch-plastischen Eingriffen, medstra 2018, S. 330–337.

Nolting, Hans-Dieter/Ochmann, Richard/Zich, Karsten, in: Robert Bosch Stiftung GmbH (Hrsg.), Gesundheitszentren für Deutschland. Wie ein Neustart in der Primärversorgung gelingen kann, Stuttgart 2021.

Nomos Kommentar Bürgerliches Gesetzbuch, s. unter *Dauner-Lieb, Barbara/Langen, Werner.*

Nomos Kommentar Strafgesetzbuch, s. unter *Kindhäuser, Urs/Neumann, Ulfrid/Paeffgen, Hans-Ulrich.*

Obermann, Konrad/Brendt, Iris/Hagen, Julia/Müller, Peter/Stachwitz, Philipp, in: Stiftung Gesundheit/health innovation hub (Hrsg.), Ärzte im Zukunftsmarkt Gesundheit 2020. Ärztliche Arbeit und Nutzung von Videosprechstunden während der Covid-19-Pandemie, abrufbar unter: https://www.stiftung-gesundheit.de/pdf/studien/aerzte-im-zukunftsmarkt-gesundheit_2020_1.pdf (zuletzt abgerufen am: 05.09.2022) [zitiert als: *Obermann et al.*, in: Stiftung Gesundheit/health innovation hub, Ärzte im Zukunftsmarkt Gesundheit 2020].

Oldenburg, Marcus/Burkert, Manuel/Harth, Volker: Telemedizin in der Seeschifffahrt, in: Letzel, Stephan/Schmitz-Spanke, Simone/Lang, Jessica/Nowak, Dennis (Hrsg.), Telemedizin. E-Health in der Arbeitsmedizin, Landsberg am Lech 2020, S. 352–362.

Ortner, Roderic/Daubenbüchel, Felix: Medizinprodukte 4.0 – Haftung, Datenschutz, IT-Sicherheit, NJW 2016, S. 2918–2924.

Paland, Norbert/Holland, Jana: Das Gesetz für sichere digitale Kommunikation und Anwendungen im Gesundheitswesen, NZS 2016, S. 247–256.

Pauge, Burkhard/Offenloch, Thomas: Arzthaftungsrecht. Neue Entwicklungslinien zur BGH-Rechtsprechung, 14. Auflage, Köln 2018.

Peikert, Peter: Persönliche Leistungserbringungspflicht, MedR 2000, S. 352–359.

Pelleter, Jörg: Grundlagen der Telemedizin, in: Budych, Karolina/Carius-Düssel, Christine/Schultz, Carsten/Helms, Thomas/Schultz, Martin/Dehm, Johannes/Pelleter, Jörg/Lee, Sie-Youn/Zippel-Schultz, Bettina (Hrsg.), Telemedizin. Wege zum Erfolg, Stuttgart 2013, S. 36–65.

Peters, Thomas Alexander: Defensivmedizin durch Boom der Arztstrafverfahren?, MedR 2002, S. 227–231.

Pflüger, Frank: Haftungsfragen der Telemedizin, VersR 1999, S. 1070–1075.

Pielach, Claudia: Haftungsfragen in der Telemedizin, Hamburg 2004 (zugl. Diss. Köln 2004).

Piller, Frank Thomas: Mass Customization. Ein wettbewerbsstrategisches Konzept im Informationszeitalter, 4. Auflage, Wiesbaden 2006 (zugl. Diss. Würzburg 1999).

Pinto dos Santos, D./Hempel, J.-M./Kloeckner, R./Düber, C./Mildenberger, P.: Teleradiologie – Update 2014, Der Radiologe 2014, S. 487–490.

Pitschas, Rainer: Regulierung des Gesundheitssektors durch Telematikinfrastruktur – die elektronische Gesundheitskarte, NZS 2009, S. 177–184.

Pohl, Anna-Lena: Health und eHealth Literacy, in: Trill, Roland (Hrsg.), Praxisbuch eHealth. Von der Idee zur Umsetzung, 2. Auflage, Stuttgart 2018, S. 223–239.

Prütting, Dorothea (Hrsg.): Medizinrecht Kommentar, 6. Auflage, Hürth 2022 [zitiert als: *Bearbeiter*, in: Prütting, Medizinrecht].

Prütting, Dorothea/Prütting, Jens: Medizin- und Gesundheitsrecht. Ein am Fall orientiertes Lehrbuch für Studium und Einstieg in die Praxis, 2. Auflage, Berlin, Boston 2021.

Prütting, Hanns/Wegen, Gerhard/Weinreich, Gerd (Hrsg.): Bürgerliches Gesetzbuch Kommentar, 17. Auflage, Hürth 2022 [zitiert als: *Bearbeiter*, in: PWW].

Prütting, Jens/Friedrich, Kilian/Winter, Wiebke/Wolk, Tom: Digitalisierung im Gesundheitswesen. Aktuelle Themen, GesR 2020, S. 756–763.

Prütting, Jens: Überblick über die gesetzlichen Rahmenbedingungen. Ärztliches Berufsrecht, in: Rehmann, Wolfgang A./Tillmanns, Christian (Hrsg.), E-Health/Digital Health, München 2022, Kapitel 2, Rdn. 154–158 [zitiert als: *Prütting*, in: Rehmann/Tillmanns, E-Health].

Prütting, Jens: E-Health/Digital Health – einzelne Anwendungsformen. Telemedizin. Ärztliches Berufsrecht, in: Rehmann, Wolfgang A./Tillmanns, Christian (Hrsg.), E-Health/Digital Health, München 2022, Kapitel 3, Rdn. 2–88 [zitiert als: *Prütting*, in: Rehmann/Tillmanns, E-Health].

Quaas, Michael: Das Recht der Leistungserbringer. Die Rechtsbeziehung zwischen Arzt (Krankenhaus) und Patient, in: Quaas, Michael/Zuck, Rüdiger/Clemens, Thomas/Gokel, Julia Maria (Hrsg.), Medizinrecht. Öffentliches Medizinrecht – Pflegeversicherungsrecht – Arzthaftpflichtrecht – Arztstrafrecht, 4. Auflage, München 2018, § 14.

Rammos, Thanos: E-Health/Digital Health – einzelne Anwendungsformen. Telemedizin. Datenschutzrechtliche Anforderungen bei E-Health im Bereich der Telemedizin, in: Rehmann, Wolfgang A./Tillmanns, Christian (Hrsg.), E-Health/Digital Health, München 2022, Kapitel 3, Rdn. 129–132 [zitiert als: *Ramos*, in: Rehmann/Tillmanns, E-Health].

Ratzel, Rudolf/Knüpper, Peter: Berufsrecht der Gesundheitsberufe unter Einschluss der Darstellung des Rechts der Selbstverwaltung, in: Ratzel, Rudolf/Luxenburger, Bernd (Hrsg.), Handbuch Medizinrecht, 4. Auflage, Heidelberg 2021, Kapitel 6.

Ratzel, Rudolf/Lippert, Hans-Dieter/Prütting, Jens (Hrsg.): Kommentar zur (Muster-)Berufsordnung für die in Deutschland tätigen Ärztinnen und Ärzte – MBO-Ä 1997, 7. Auflage, Berlin et al. 2018 [zitiert als: *Bearbeiter*, in: Ratzel et al., Kommentar zur MBO-Ä].

Raum, Bertram: Datenschutz: Unverrückbarer Eckpfeiler für Sicherheit und Akzeptanz bei der Implementierung von eHealth-, mHealth- und Telemedizin-Anwendungen, in: Gesellschaft für Versicherungswissenschaft und -gestaltung e.V. (GVG) (Hrsg.), Versorgung 2030 – eHealth, mHealth, Telemedizin. Bedeutung, Perspektiven und Entwicklungsstand, Köln 2015, S. 39–45 [zitiert als: *Raum*, in: GVG, Versorgung 2030].

Rehborn, Martin: Aktuelle Entwicklungen im Arzthaftungsrecht, MDR 2000, S. 1101–1110.

Rehborn, Martin: Berufsgerichtliche Verfahren gegen Ärzte – grundlegende Rechtsfragen, GesR 2004, S. 170–176.

Rehborn, Martin: Das Patientenrechtegesetz, GesR 2013, S. 257–272.

Rehborn, Martin/Kern, Bernd-Rüdiger: Die ärztliche Dokumentationspflicht. Die Pflicht des Arztes zur Dokumentation, in: Laufs, Adolf/Uhlenbruck, Wilhelm (Begr.)/Kern, Bernd-Rüdiger/Rehborn, Martin (Hrsg.), Handbuch des Arztrechts, 5. Auflage, München 2019, § 61.

Rehmann, Wolfgang A.: E-Health – Telemonitoring und Telemedizin. Berufsrechtliche, regulatorische und haftungsrechtliche Bestimmungen, A&R 2017, S. 153–158.

Rehmann, Wolfgang A.: E-Health/Digital Health – einzelne Anwendungsformen. Telemedizin. Einleitung, in: Rehmann, Wolfgang A./Tillmanns, Christian (Hrsg.), E-Health/Digital Health, München 2022, Kapitel 3, Rdn. 1 [zitiert als: *Rehmann*, in: Rehmann/Tillmanns, E-Health].

Rehmann, Wolfgang A.: E-Health/Digital Health – einzelne Anwendungsformen. Telemedizin. Regulatorische Einordnung elektronischer Medien im Bereich der Telemedizin, in: Rehmann, Wolfgang A./Tillmanns, Christian (Hrsg.), E-Health/Digital Health, München 2022, Kapitel 3, Rdn. 89–93 [zitiert als: *Rehmann*, in: Rehmann/ Tillmanns, E-Health].

Reuter, Marcel/Winkler, Katharina: Gentests via Internet – Die Zulässigkeit nach deutschem Recht, MedR 2014, S. 220–229.

Rosenberg, Britta/Rosenberg, Sebastian/Rosenberg, Christian: Digital Health, in: Byok, Jan/Csaki, Alexander (Hrsg.), Handbuch Digital Health. Praxisleitfaden einer vernetzten Gesundheitswirtschaft, Düsseldorf 2013, S. 107–128.

Rosenberg, C./Langner, S./Rosenberg, B./Hosten, N.: Medizinische und rechtliche Aspekte der Teleradiologie in Deutschland, RöFo 2011, S. 804–811.

Rossaint, R./Wolff, J./Lapp, N./Hirsch, F./Bergrath, S./Beckers, S. K./Czaplik, M./Brokmann, J. C.: Indikationen und Grenzen des Telenotarztsystems, Notfall + Rettungsmedizin 2017, S. 410–417.

Rossmann, Constanze/Krömer, Nicola: mHealth in der medizinischen Versorgung, Prävention und Gesundheitsförderung, in: Fischer, Florian/Krämer, Alexander (Hrsg.), eHealth in Deutschland. Anforderungen und Potenziale innovativer Versorgungsstrukturen, Berlin et al. 2016, S. 441–456.

Roßner, Hans-Jürgen: Verzicht des Patienten auf eine Aufklärung durch den Arzt, NJW 1990, S. 2291–2296.

Roxin, Claus: Hypothetische Einwilligung im Medizinstrafrecht?, medstra 2017, S. 129–137.

Rübsamen, Katrin: Rechtliche Rahmenbedingungen für mobileHealth, MedR 2015, S. 485–491.

Ruppert, Felix: Die unterlassene Hilfeleistung nach § 323c StGB. Ein durch extensive Interpretation geschaffener Auffangtatbestand für ärztliches Fehlverhalten?, medstra 2017, S. 284–288.

Ruppert, Felix/Schmidt, Alexander J.: Arbeitsunfähigkeit durch Videosprechstunde, VSSAR 2021, S. 207–221.

Sachs, Michael (Hrsg.): Grundgesetz Kommentar, 9. Auflage, München 2021 [zitiert als: *Bearbeiter*, in: Sachs].

Säcker, Franz Jürgen/Rixecker, Roland/Oetker, Hartmut/Limperg, Bettina (Gesamt-Hrsg.): Münchener Kommentar zum Bürgerlichen Gesetzbuch, Band 5: Schuldrecht – Besonderer Teil II, §§ 535–630h, BetrKV, HeizkostenV, WärmeLV, EFZG, TzBfG, KSchG, MiLoG, 9. Auflage, München 2023 [zitiert als: *Bearbeiter*, in: MüKo-BGB].

Säcker, Franz Jürgen/Rixecker, Roland/Oetker, Hartmut/Limperg, Bettina (Gesamt-Hrsg.): Münchener Kommentar zum Bürgerlichen Gesetzbuch, Band 7: Schuldrecht – Besonderer Teil IV, §§ 705–853, Partnerschaftsgesellschaftsgesetz, Produkthaftungsgesetz, 8. Auflage, München 2020 [zitiert als: *Bearbeiter*, in: MüKo-BGB].

Säcker, Franz Jürgen/Rixecker, Roland/Oetker, Hartmut/Limperg, Bettina (Gesamt-Hrsg.): Münchener Kommentar zum Bürgerlichen Gesetzbuch, Band 1: Allgemeiner Teil, §§ 1–240, AllgPersönlR, ProstG, AGG, 9. Auflage 2021 [zitiert als: *Bearbeiter*, in: MüKo-BGB].

Säcker, Franz Jürgen/Rixecker, Roland/Oetker, Hartmut/Limperg, Bettina (Gesamt-Hrsg.): Münchener Kommentar zum Bürgerlichen Gesetzbuch, Band 3: Schuldrecht – Allgemeiner Teil II, §§ 311–432, 9. Auflage, München 2022 [zitiert als: Bearbeiter, in: MüKo-BGB].

Satzger, Helmut/Schluckebier, Wilhelm (Hrsg.): Strafgesetzbuch Kommentar, 5. Auflage, Köln 2021 [zitiert als: *Bearbeiter*, in: SSW-StGB].

Schächinger, Ulrich/Stieglitz, Seán Patrick/Kretschmer, Rainer/Nerlich, Michael: Telemedizin und Telematik in der Notfallmedizin, Notfall + Rettungsmedizin 1999, S. 468–477.

Schaeffer, Doris/Pelikan, Jürgen M.: Health Literacy: Begriff, Konzept, Relevanz, in: Schaeffer, Doris/Pelikan, Jürgen M. (Hrsg.), Health Literacy. Forschungsstand und Perspektiven, Bern 2017, S. 11–18.

Schellenberg, Frank: Non-Compliance und Arzthaftung, VersR 2005, S. 1620–1623.

Schenkel, Johannes/Butz, Norbert/Bartmann, Franz Joseph: eHealth und telemedizinische Patientenversorgung – die ärztliche Perspektive, in: Gesellschaft für Versicherungswissenschaft und -gestaltung e.V. (GVG) (Hrsg.), Versorgung 2030 – eHealth, mHealth, Telemedizin. Bedeutung, Perspektiven und Entwicklungsstand, Köln 2015, S. 77–81 [zitiert als: *Schenkel et al.*, in: GVG, Versorgung 2030].

Schickert, Jörg/Schweiger Matthias M./Schuppert, Stefan: Digitalisierung des Gesundheitswesens, in: Sassenberg, Thomas/Faber, Tobias (Hrsg.), Rechtshandbuch Industrie 4.0 und Internet of Things. Praxisfragen und Perspektiven der digitalen Zukunft, 2. Auflage, München 2020, § 15 [zitiert als: *Schickert et al.*, in: Sassenberg/Faber, Rechtshandbuch Industrie 4.0].

Schiller, Herbert: Niederlassung, Praxissitz, Vertragsarztsitz, ausgelagerte Praxisräume, Zweigpraxis – Fragen zum Ort der Tätigkeit des (Vertrags-)Arztes, NZS 1997, S. 103–111.

Schiller, Herbert (Hrsg.): Bundesmantelvertrag Ärzte. Kommentar zum gemeinsamen BMV-Ä, 2. Auflage, Heidelberg 2021. [*Bearbeiter*, in: Schiller, Kommentar BMV-Ä].

Schirmer, Horst Dieter/Dochow, Carsten: Berufsrecht der Heilberufe. Ärztliches Berufsrecht, in: Wenzel, Frank (Hrsg.), Handbuch des Fachanwalts Medizinrecht, 4. Auflage, Köln 2020, Kapitel 10, Rdn. 1–332 [zitiert als: *Schirmer/Dochow*, in: Wenzel, Handbuch Medizinrecht].

Schlag, P. M./Engel-Murke, F./Graschew, G.: Telepräsenz in der onkologischen Chirurgie – aktuelle Konzepte und Entwicklungen, Der Onkologe 1997, S. 157–161.

Schmid, Hugo: Die Grenzen der Therapiefreiheit, NJW 1986, S. 2339–2343.

Schmid, Jessica: Exkurs: Telemedizin – Chancen für eine bessere Behandlung?, in: Andelfinger, Volker P./Hänisch, Till (Hrsg.), eHealth. Wie Smartphones, Apps und Wearables die Gesundheitsversorgung verändern werden, Wiesbaden 2016, S. 11–16.

Schmidt-Murra, Corinna: Anmerkung zu OLG Hamburg, Urt. V. 5. 11. 2020 – 5 U 175/19 (LG Hamburg), MedR 2021, S. 917–919.

Schmitz, Jan/Kerkhoff, Steffen/Miesen, Mirko/Hinkelbein, Jochen: Telemedizinische Erfahrung in der Raumfahrt, in: Letzel, Stephan/Schmitz-Spanke, Simone/Lang, Jessica/Nowak, Dennis (Hrsg.), Telemedizin. E-Health in der Arbeitsmedizin, Landsberg am Lech 2020, S. 376–382.

Schmücker, Paul: E-Health-Gesetz und seine Chancen für das Gesundheitswesen, GuP 2016, S. 81–88.

Schneider, Günther: Abrechnung telemedizinischer Leistungen, in: Dierks, Christian/Feussner, Hubertus/Wienke, Albrecht (Hrsg.), Rechtsfragen der Telemedizin, Berlin et al. 2001, S. 109–118.

Schneider, Hendrik: Rechtliche Rahmenbedingungen der telemedizinischen Versorgung, Herzschrittmachertherapie + Elektrophysiologie 2017, S. 303-306.

Schneider, Lena: Neue Behandlungsmethoden im Arzthaftungsrecht. Behandlungsfehler - Aufklärungsfehler - Versicherung, Berlin et al. 2010 (zugl. Diss. Göttingen 2010) [zitiert als: *Schneider*, Neue Behandlungsmethoden].

Schöch, Heinz: Die Aufklärungspflicht des Arztes und ihre Grenzen, in: Roxin, Claus/Schroth, Ulrich (Hrsg.), Handbuch des Medizinstrafrechts, 4. Auflage, Stuttgart et al. 2010, S. 51–74.

Schoeb, D. S./Rassweiler, J./Sigle, A./Miernik, A./Engels, C./Goezen, A. S./Teber, D.: Robotik und intraoperative Navigation, Der Urologe 2021, S. 27–38.

Schoeller, Annegret: Fernbehandlung und Berufsrecht, in: Letzel, Stephan/Schmitz-Spanke, Simone/Lang, Jessica/Nowak, Dennis (Hrsg.), Telemedizin. E-Health in der Arbeitsmedizin, Landsberg am Lech 2020, S. 59–67.

Scholz, Karsten: Geltungsanspruch des Berufsrechts gegenüber Ärzten in Krankenhäusern und Medizinischen Versorgungszentren, MedR 2015, S. 635–643.

Scholz, Stefanie/Roth, Nils: Determinanten der E-Health-Akzeptanz bei Verbrauchern, in: Müller-Mielitz, Stefan/Lux, Thomas (Hrsg.), E-Health-Ökonomie, Wiesbaden 2017, S. 333–357.

Schöne, Klaus: Telemedizin – juristische Aspekte, Herzschrittmachertherapie + Elektrophysiologie 2005, S. 143–149.

Schönenberger, Urs/Bestetti, Gilberto/Koch, Pedro: Telemedizinische Verfahren – Auf dem Weg zum Standard, Bern 2003 [zitiert als: *Schönenberger et al.*, Telemedizinische Verfahren].

Schönke, Adolf/Schröder, Horst: Strafgesetzbuch Kommentar, 30. Auflage, München 2019 [zitiert als: *Bearbeiter*, in: Schönke/Schröder].

Schröder, Jürgen: Telemedizin aus Sicht der Ärzte, MedR 2022, S. 290–296.

Schroth Ulrich: Ärztliches Handeln und strafrechtlicher Maßstab, in: Roxin, Claus/Schroth, Ulrich (Hrsg.), Handbuch des Medizinstrafrechts, 4. Auflage, Stuttgart et al. 2010, S. 21–50.

Schroth, Ulrich: Die strafrechtliche Beurteilung der Manipulationen bei der Leberallokation, NStZ 2013, S. 437–447.

Schuler, P. J./Boehm, F./Schild, L. R./Greve, J./Hoffmann, T. K.: Robotik in der Kopf-Hals-Chirurgie, HNO 2021, S. 131–139.

Schulte, Willem/Tisch, Katharina: Beweiswert der Arbeitsunfähigkeitsbescheinigung im digitalen Umbruch, NZA 2020, S. 761–767.

Schulte-Sasse, U./Andreas, M.: Tod nach Succinylcholin bei einer Polypenoperation. Verantwortlichkeit unterschiedlicher Fachärzte für Anamnesemängel, Arztrecht 1996, S. 291–294.

Schultz, Carsten/Salomo, Katrin: Systematik und Eigenschaften telemedizinischer Dienstleistungen, in: Schultz, Carsten/Gemünden, Hans Georg/Salomo, Sören (Hrsg.), Akzeptanz der Telemedizin, Darmstadt 2005, S. 17–42.

Schultz, Martin/Carius, Christine/Gilis-Januszewski, Joanna: Telemonitoring am Beispiel der Kardiologie, in: Fischer, Florian/Krämer, Alexander (Hrsg.), eHealth in Deutschland. Anforderungen und Potenziale innovativer Versorgungsstrukturen, Berlin et al. 2016, S. 307–317.

Schulz, Tobias/Spranger, Tade Matthias: Das neue Strahlenschutzgesetz im medizinischen Kontext, GesR 2018, S. 86–90.

Schulze, Reiner (Hrsg.): Bürgerliches Gesetzbuch Handkommentar, 11. Auflage, Baden-Baden 2022 [zitiert als: *Bearbeiter*, in: HK-BGB].

Schumacher, Katrin: Arzthaftungsrecht aus alternativmedizinischer Sicht, MedR 2019, S. 786–791.

Schüttler, Jürgen/Biermann, Elmar (Hrsg.): Der Narkosezwischenfall. Management kritischer Ereignisse und rechtliche Aspekte, 2. Auflage, Stuttgart, New York 2010.

Schütz, Wolfram/Dopheide, Oliver: Kausalität und rechtmäßiges Alternativverhalten bei ärztlichen Behandlungsfehler, VersR 2009, S. 475–478.

Schütze, Bernd: Rechtliche Rahmenbedingungen der Teleradiologie, Der Radiologe 2007, S. 157–162.

Schütze, B./Filler, T. J.: Gesetzliche Rahmenbedingungen der Telemedizin, Telemedizinführer Deutschland 2005, S. 68–71.

Schütze, Bernd/Kamler M.: Juristische Aspekte der Telemedizin in Deutschland, DMW 2007, S. 453–457.

Schütze, B./Kämmerer, M.: Gesetzlich geregelte Teleradiologie: Umsetzung der datenschutzrechtlichen Anforderungen, Der Radiologe 2019, S. 637–642.

Schwab, Jörg O./Müller, Axel/Oeff, Michael/Neuzner, Jörg/Sack, Stefan/Pfeiffer, Dietrich/Zugck, Christian: Telemedizin in der Kardiologie – Relevanz für die Praxis?!, Herz Cardiovascular Diseases 2008, S. 420–430 [zitiert als: *Schwab et al.*, Herz 2008].

Siglmüller, Jonas: Rechtsfragen der Fernbehandlung, Berlin et al. 2020 (zugl. Diss. München 2020).

Skorning, M./Bergrath, S./Brokmann, J. C./Rörtgen, D./Beckers, S. K./Rossaint, R.: Stellenwert und Potenzial der Telemedizin im Rettungsdienst, Notfall + Rettungsmedizin 2011, S. 187–191.

Solodkoff, Michail von/Strumann, Christoph/Steinhäuser, Jost: Akzeptanz von Versorgungsangeboten zur ausschließlichen Fernbehandlung am Beispiel des telemedizinischen Modellprojekts „docdirekt“: ein Mixed-Methods Design, Das Gesundheitswesen 2021, S. 186–194.

Sommer, Ulrich/Tsambikakis, Michael: Strafrechtliche Arzthaftung, in: Clausen, Tilman/Schroeder-Printzen, Jörn (Hrsg.), Münchener Anwaltshandbuch Medizinrecht, 3. Auflage, München 2020, § 3 [zitiert als: *Sommer/Tsambikakis*, in: Clausen/Schroeder-Printzen, Anwaltshandbuch Medizinrecht].

Sood, Sanjay/Mbarika, Victor/Jugoo, Shakhina/Dookhy, Reena/Doarn, Charles R./Prakash, Nupur/Merrell, Ronald C.: What Is Telemedicine? A Collection of 104 Peer-Reviewed Perspectives and Theoretical Underpinnings, Telemedicine and e-Health 2007, S. 573–590.

Sowada, Christoph: Die hypothetische Einwilligung im Strafrecht, NStZ 2012, S. 1–10.

Spaetgens, Martin: Der Grundsatz der persönlichen Leistungserbringung, RDG 2014, S. 12–20.

SPD/BÜNDNIS 90/DIE GRÜNEN/FDP: Mehr Fortschritt wagen. Bündnis für Freiheit, Gerechtigkeit und Nachhaltigkeit, Koalitionsvertrag 2021 – 2025 zwischen der Sozialdemokratischen Partei Deutschlands (SPD), BÜNDNIS 90 / DIE GRÜNEN und den Freien Demokraten (FDP), abrufbar unter: https://www.spd.de/fileadmin/Dokumente/Koalitionsvertrag/Koalitionsvertrag_2021-2025.pdf (zuletzt abgerufen am: 05.09.2022) [zitiert als: *SPD/BÜNDNIS 90/DIE GRÜNEN/FDP*, Koalitionsvertrag 2021–2025].

Spickhoff, Andreas: Die Entwicklung des Arztrechts 2010/2011, NJW 2011, S. 1651–1658.

Spickhoff, Andreas: Patientenrechte und Patientenpflichten – Die medizinische Behandlung als kodifizierter Vertragstypus, VersR 2013, S. 267–282.

Spickhoff, Andreas: Rechtsfragen der grenzüberschreitenden Fernbehandlung, MedR 2018, S. 535–543.

Spickhoff, Andreas (Hrsg.): Medizinrecht, 3. Auflage, München 2018.

Spickhoff, Andreas: Die Entwicklung des Arztrechts 2020/2021, NJW 2021, S. 1713–1719.

Spickhoff, Andreas/Bleckwenn, Eike: Zum Beweiswert digitaler Aufklärungsbögen bei Verwendung elektronischer Signaturen, VersR 2013, S. 1350–1364.

Spindler, Gerald: Medizin und IT, insbesondere Arzthaftungs- und IT-Sicherheitsrecht, in: Katzenmeier, Christian (Hrsg.), Festschrift für Dieter Hart. Medizin – Recht – Wissenschaft, Berlin 2020, S. 581–602.

Spyra, Gerald: Der Schutz von Daten bei E-Health-Anwendungen, in: Müller-Mielitz, Stefan/Lux, Thomas (Hrsg.), E-Health-Ökonomie, Wiesbaden 2017, S. 305–332.

Staudinger, Julius von: Kommentar zum Bürgerlichen Gesetzbuch mit Einführungsgesetz und Nebengesetzen, Buch 1: Allgemeiner Teil, §§ 134–138; ProstG (Gesetzliches Verbot, Verfügungsverbot, Sittenwidrigkeit), Neubearbeitung, Berlin 2021 [zitiert als: *Bearbeiter*, in: Staudinger].

Staudinger, Julius von: Kommentar zum Bürgerlichen Gesetzbuch mit Einführungsgesetz und Nebengesetzen, Buch 2: Recht der Schuldverhältnisse, §§ 630a-630h (Behandlungsvertrag), Erstbearbeitung, Berlin 2021 [zitiert als: *Bearbeiter*, in: Staudinger].

Staudinger, Julius von: Kommentar zum Bürgerlichen Gesetzbuch mit Einführungsgesetz und Nebengesetzen, Buch 2: Recht der Schuldverhältnisse, §§ 823 E-I, 824, 825 (Verkehrspflicht, deliktische Produkthaftung, Verletzung eines Schutzgesetzes, Arzthaftungsrecht), Neubearbeitung, Berlin 2021 [zitiert als: *Bearbeiter*, in: Staudinger].

Steffen, Erich: Einige Überlegungen zur Haftung für Arztfehler in der Telemedizin, in: Hohloch, Gerhard/Frank, Rainer/Schlechtriem, Peter (Hrsg.), Festschrift für Hans Stoll zum 75. Geburtstag, Tübingen 2001, S. 71–89.

Steinhilper, Gernot/Schiller, Herbert: Digitalisierung im Gesundheitswesen – Zur Fernbehandlung in der ambulanten vertragsärztlichen Versorgung, in: Jacobs, Matthias/Plagemann, Florian/Schafhausen, Martin/Ziegler, Ole (Hrsg.), Weiterdenken: Recht an der Schnittstelle zur Medizin. Festschrift für Hermann Plagemann zum 70. Geburtstag, München 2020, S. 579–590.

Stellpflug, Martin H.: Psychotherapeutenrecht. Berufs- und vertragsarztrechtliche Fragen, 2. Auflage, Heidelberg 2013.

Stellpflug, Marin H.: Arzthaftung bei der Verwendung telemedizinischer Anwendungen, GesR 2019, S. 76–81.

Stellpflug, Martin H./Hildebrandt, Ronny/Middendorf, Max (Hrsg.): Gesundheitsrecht. Kompendium für die Rechtspraxis, Loseblattsammlung, Heidelberg, Stand: 59. Lieferung, 07/2022.

Sternberg-Lieben, Detlev: Beschränkung der strafrechtlichen Haftung auf eine schwerwiegende Verletzung der ärztlichen Aufklärungspflicht, MedR 2019, S. 185–191.

Sternberg-Lieben, Detlev: Ärztliche Heilbehandlung und Fahrlässigkeitsstrafbarkeit, in: Hilgendorf, Eric/Kudlich, Hans/Valerius, Brian (Hrsg,), Handbuch des Strafrechts, Band 6: Teildisziplinen des Strafrechts, Heidelberg 2021, § 52.

Strehle, E. M./Shabde, N.: One hundred years of telemedicine: does this new technology have a place in paediatrics?, Archives of Disease in Childhood 2006, S. 956–959.

Stroppe, Lutz: Das E-Health-Gesetz in Deutschland – Ein wichtiger Schritt für mehr Qualität, Effizienz und Patientenautonomie, in: Gesellschaft für Versicherungswissenschaft und -gestaltung e.V. (GVG) (Hrsg.), Versorgung 2030 – eHealth, mHealth, Telemedizin. Bedeutung, Perspektiven und Entwicklungsstand, Köln 2015, S. 25–28 [zitiert als: *Stroppe*, in: GVG, Versorgung 2030].

Strotbaum, Veronika/Reiß, Beatrix: Apps im Gesundheitswesen – echter medizinischer Nutzen oder der Weg zum gläsernen Patienten?, in: Müller-Mielitz, Stefan/Lux, Thomas (Hrsg.), E-Health-Ökonomie, Wiesbaden 2017, S. 359–382.

Swoboda, Sabine: Die hypothetische Einwilligung – Prototyp einer neuen Zurechnungslehre im Bereich der Rechtfertigung?, ZIS 2013, S. 18–32.

Systematischer Kommentar zum Strafgesetzbuch, s. unter *Wolter, Jürgen*.

Szecsenyi, Joachim/Miksch, Antje/Baudendistel, Ines/Kamradt, Martina/Vach, Werner, in: Ministerium für Wissenschaft und Kunst Baden-Württemberg/Koordinierungsstelle Telemedizin Baden-Württemberg (Hrsg.), Praktisches Handbuch zur Qualitätsentwicklung in der Telemedizin. Wie kann ein Telemedizinprojekt nachhaltig gelingen? Die wichtigsten Fragen und Antworten auf einen Blick, Heidelberg 2018 [zitiert als: *Szecsenyi et al.*, Qualitätsentwicklung in der Telemedizin].

Tadayon, Ajang: Ärztlicher Standard, in: Jorzig, Alexandra (Hrsg.), Handbuch Arzthaftungsrecht. Fehlerkategorien – Schadensregulierung – Mandats- und Verfahrensgestaltung – Praxistipps, 2. Auflage, Heidelberg 2021, 1. Teil, 3. Kapitel, Rdn. 1–40.

Tadayon, Ajang: Diagnosefehler, in: Jorzig, Alexandra (Hrsg.), Handbuch Arzthaftungsrecht. Fehlerkategorien – Schadensregulierung – Mandats- und Verfahrensgestaltung – Praxistipps, 2. Auflage, Heidelberg 2021, 1. Teil, 3. Kapitel, Rdn. 41–66.

Taupitz, Jochen: Rechtliche Bindungen des Arztes: Erscheinungsweisen, Funktionen, Sanktionen, NJW 1986, S. 2851–2861.

Taupitz, Jochen: Berufsständische Satzungen als Verbotsgesetze im Sinne des § 134 BGB, JZ 1994, S. 221–227.

Taupitz, Jochen: Patientenrechtegesetz: Hemmschuh für den medizinischen Fortschritt?, GesR 2015, S. 65–71.

TeleClinic GmbH: TeleClinic Nutzungsbedingungen, abrufbar unter: https://www.teleclinic.com/agb/ (zuletzt abgerufen am: 05.09.2022) [zitiert als: *TeleClinic GmbH*, Nutzungsbedingungen].

TeleClinic GmbH: Unsere Behandlungen, abrufbar unter: https://bayern.teleclinic.com/behandlungen/ (zuletzt abgerufen am: 05.09.2022) [zitiert als: *TeleClinic GmbH*, Unsere Behandlungen].

TEMPiS: ÜBER TEMPiS, abrufbar unter: https://tempis.de/ueber-tempis/#netzwerk (zuletzt abgerufen am: 05.09.2022) [zitiert als: *TEMPiS*, Über TEMPiS].

Terbille, Michael/Feifel, Eckart: Zivilrechte Arzthaftung, in: Clausen, Tilman/Schroeder-Printzen, Jörn (Hrsg.), Münchener Anwaltshandbuch Medizinrecht, 3. Auflage, München 2020, § 1 [zitiert als: *Terbille/Feifel*, in: Clausen/Schroeder-Printzen, Anwaltshandbuch Medizinrecht].

Thiel, Rainer/Deimel, Lucas, in: Bertelsmann Stiftung (Hrsg.), #SmartHealthSystems. Einsatz und Nutzung von Telemedizin – Länderüberblick, Gütersloh 2020, abrufbar unter: https://www.bertelsmann-stiftung.de/fileadmin/files/BSt/Publikationen/GrauePublikationen/VV_SHS_Telemedizin.pdf (zuletzt abgerufen am: 05.09.2022) [zitiert als: *Thiel/Deimel*, in: Bertelsmann Stiftung, Einsatz und Nutzung von Telemedizin].

Thiel, Rainer/Deimel, Lucas/Schmidtmann, Daniel/Piesche, Klaus/Hüsing, Tobias/Rennoch, Jonas/Stroetmann, Veli/Stroetmann, Karl, in: Bertelsmann Stiftung (Hrsg.), #SmartHealthSystems. Digitalisierungsstrategien im internationalen Vergleich, Gütersloh 2018, abrufbar unter: https://www.bertelsmann-stiftung.de/fileadmin/files/Projekte/Der_digitale_Patient/VV_SHS-Gesamtstudie_dt.pdf (zuletzt abgerufen am: 05.09.2022) [zitiert als: *Thiel et al.*, in: Bertelsmann Stiftung, Digitalisierungsstrategien im internationlen Vergleich].

Thomas, Anke: Telemedizin. Ärztliche Sorgfaltspflicht wahren, InFo Hämatlogie + Onkologie 2019, S. 72.

Thurn, Peter: Das Patientenrechtegesetz – Sicht der Rechtsprechung, MedR 2013, S. 153–157.

Tietjen, Daniel: E-Health/Digital Health – einzelne Anwendungsformen. Telemedizin. HWG, in: Rehmann, Wolfgang A./Tillmanns, Christian (Hrsg.), E-Health/Digital Health, München 2022, Kapitel 3, Rdn. 133–138 [zitiert als: *Tietjen*, in: Rehmann/Tillmanns, E-Health].

Tillmanns, Christian: Die persönliche Leistungserbringungspflicht im Arztrecht und die Telemedizin. Teleberatung, Telekonsil und Teleoperation, Frankfurt a.M. 2006 (zugl. Diss. Leipzig 2005) [zitiert als: *Tillmanns*, Persönliche Leistungserbringungspflicht].

Tillmanns, Christian: Möglichkeiten und Grenzen der Werbung für Fernbehandlungen. Die Neuregelung des § 9 Heilmittelwerbegesetz, A&R 2020, S. 11–17.

Tillmanns, Christian: Rechtliche Grenzen digitaler Patientenkommunikation, PharmR 2021, S. 247–255.

Trill, Roland: eHealth-Anwendungen in der Übersicht, in: Trill, Roland (Hrsg.), Praxisbuch eHealth. Von der Idee zur Umsetzung, 2. Auflage, Stuttgart 2018, S. 45–69.

Turek, Jürgen: Demographischer Wandel und Telemedizin, in: Glaab, Manuela/Korte, Karl-Rudolf (Hrsg.), Angewandte Politikforschung. Festschrift für Werner Weidenfeld, Wiesbaden 2012, S. 367–381.

Ulsenheimer, Klaus: Aus der Praxis des Arztstrafrechts, MedR 1984, S. 161–167.

Ulsenheimer, Klaus: Ein gefährlicher Beruf: Strafverfahren gegen Ärzte. Erfahrungen, Schwerpunkte, Tendenzen, MedR 1987, S. 207–216.

Ulsenheimer, Klaus: Zur zivil- und strafrechtlichen Verantwortlichkeit des Arztes unter besonderer Berücksichtigung der neueren Judikatur und ihrer Folgen für eine defensive Medizin, MedR 1992, S. 127–134.

Ulsenheimer, Klaus: Haftungsrechtliche Relevanz von Leitlinien, Der Gynäkologe 2004, S. 69–72.

Ulsenheimer, Klaus: Der Arzt im Strafrecht. Die strafrechtliche Beurteilung ärztlicher Heilbehandlung (ärztlicher Eigenmacht), in: Laufs, Adolf/Uhlenbruck, Wilhelm (Begr.)/Kern, Bernd-Rüdiger/Rehborn, Martin (Hrsg.), Handbuch des Arztrechts, 5. Auflage, München 2019, § 148.

Ulsenheimer, Klaus: Der Arzt im Strafrecht. Die fahrlässige Körperverletzung, in: Laufs, Adolf/Uhlenbruck, Wilhelm (Begr.)/Kern, Bernd-Rüdiger/Rehborn, Martin (Hrsg.), Handbuch des Arztrechts, 5. Auflage, München 2019, § 149.

Ulsenheimer, Klaus: Der Arzt im Strafrecht. Die ärztliche Hilfeleistungspflicht (§ 323c Abs 1 StGB), in: Laufs, Adolf/Uhlenbruck, Wilhelm (Begr.)/Kern, Bernd-Rüdiger/Rehborn, Martin (Hrsg.), Handbuch des Arztrechts, 5. Auflage, München 2019, § 151.

Ulsenheimer, Klaus/Erlinger, Rainer: Die Haftung des Konsiliararztes, in: Dierks, Christian/Feussner, Hubertus/Wienke, Albrecht (Hrsg.), Rechtsfragen der Telemedizin, Berlin et al. 2001, S. 67–82.

Ulsenheimer, Klaus (Begr.)/Gaede, Karsten (Hrsg.): Arztstrafrecht in der Praxis, 6. Auflage, Heidelberg 2021.

Ulsenheimer, Klaus/Heinemann, Nicola: Rechtliche Aspekte der Telemedizin – Grenzen der Telemedizin?, MedR 1999, S. 197–203.

Ulsperger, Ute: Telemedizin, in: Wenzel, Frank (Hrsg.), Handbuch des Fachanwalts Medizinrecht, 4. Auflage, Köln 2020, Kapitel 19 [zitiert als: *Ursperger*, in: Wenzel, Handbuch Medizinrecht].

Urbanski, Alexander/Babic,Benjamin/Schröder, Wolfgang/Schiffmann, Lars/Müller, Dolores T./Bruns, Christiane J./Fuchs, Hans F.: Neue Techniken und Trainingsmethoden für die roboterassistierte Chirurgie und Kosten-Nutzen-Bewertung anhand der Ivor-Lewis-Ösophagektomie, Der Chirurg 2021, S. 97–101.

Valerius, Brian: Die hypothetische Einwilligung in den ärztlichen Heileingriff. Anmerkung zu BGH 1 StR 320/12 (Urteil vom 20.2.2013) = HRRS 2013 Nr. 500, HRRS 2014, S. 22–25.

Valerius, Brian: Krankschreibung per Internet. Strafbarkeit von Arbeitsunfähigkeitsbescheinigungen „auf Bestellung"?, in: Beck, Susanne/Kusche, Carsten/Valerius, Brian (Hrsg.), Digitalisierung, Automatisierung, KI und Recht. Festgabe zum 10-jährigen Bestehen der Forschungsstelle RobotRecht, Baden-Baden 2020, S. 475–492.

Valerius, Brian: Die Rechtsprechung zu den ärztlichen Aufklärungspflichten und zur Einwilligung seit dem Patientenrechtegesetz, medstra 2021, S. 2–9.

Valerius, Brian: 2G- und 3G-Regeln in ärztlichen Praxen aus strafrechtlicher Sicht. Keine Behandlung ohne Impfung oder Test in Zeiten von Corona?, medstra 2022, S. 5–12.

Van Dyk, Liezl: A Review of Telehealth Service Implementation Frameworks, International Journal of Environmental Research and Public Health 2014, S. 1279–1298.

Vogeler, Marcus: Die Haftung des Arztes bei der Anwendung neuartiger und umstrittener Heilmethoden nach der neuen Rechtsprechung des BGH, MedR 2008, S. 697–707.

Völkel, Nicolas/Kraus, Frank/Haberl Roman L./Hubert Gordian J.: Telemedizin in der Schlaganfallbehandlung, in: Fischer, Florian/Krämer, Alexander (Hrsg.), eHealth in Deutschland. Anforderungen und Potenziale innovativer Versorgungsstrukturen, Berlin et al. 2016, S. 335–346.

Vorberg, Sebastian/Kanschik, Julian: Fernbehandlung: AMG-Novelle und Ärztekammer verfehlen die Realität!. Kritik – Dogmatik – Lösung, MedR 2016, S. 411–415.

Wahl, Michael/Jankowski, Natalie: Telemedizin in der neurologischen Rehabilitation, in: Pfannstiel, Mario A./Da-Cruz, Patrick/Mehlich, Harald (Hrsg.), Digitale Transformation von Dienstleistungen im Gesundheitswesen V. Impulse für die Rehabilitation, Wiesbaden 2019, S. 297–310.

Waldheim, Jürgen G.: Rechtliche Grenzen des medizinischen Fortschritts, in: Kunze, Helmut/Mutze, Sven (Hrsg.), Telemedizin, München 2012, S. 25–34.

Walter, Alexander: Medizinische Leitlinien und Behandlungsfehlerhaftung, GesR 2003, S. 165–171.

Walter, Ute: Anmerkung zu BGH, Urt. v. 27. 4.2021 – VI ZR 84/19 (OLG Karlsruhe), NJW 2021, S. 2367–2368.

Warntjen, Maximilian: Spezialgebiete der Strafverteidigung. Arztstrafrecht. Materielles Arztstrafrecht, in: Müller, Eckhart/Schlothauer, Reinhold/Knauer, Christoph (Hrsg.), Münchener Anwaltshandbuch Strafverteidigung, 3. Auflage, München 2022, § 49, Rdn. 3–185 [zitiert als: *Warntjen*, in: Müller et al., Anwaltshandbuch Strafverteidigung].

Wendelstein, Christoph: Kollisionsrechtliche Probleme der Telemedizin. Zugleich ein Beitrag zur Koordination von Vertrag und Delikt auf der Ebene des europäischen Kollisionsrechts, Tübingen 2012 (zugl. Diss. Passau 2012).

Wenzel, Frank: Das Recht der medizinischen Behandlung. Zivilrechtliche Arzthaftung, in: Wenzel, Frank (Hrsg.), Handbuch des Fachanwalts Medizinrecht, 4. Auflage, Köln 2020, Kapitel 4, Rdn. 1–409 [zitiert als: *Wenzel*, in: Wenzel, Handbuch Medizinrecht].

Westermann, Harm Peter/Grunewald, Barbara/Maier-Reimer, Georg (Hrsg.): Erman Bürgerliches Gesetzbuch Handkommentar mit AGG, EGBGB (Auszug), ErbbauRG, LPartG, ProdHaftG, VBVG, VersAusglG und WEG, 16. Auflage, Köln 2020 [zitiert als: *Bearbeiter*, in: Erman].

Wichterich, Eric/Strotbaum, Veronika/Beckers, Rainer: Telemedizin in Nordrhein-Westfalen – ZTG Zentrum für Telematik und Telemedizin und die Landesinitiative eGesundheit.nrw. Wie das Land Nordrhein-Westfalen die Versorgungsstrukturen durch eHealth stärkt, in: Fischer, Florian/Krämer, Alexander (Hrsg.), eHealth in Deutschland. Anforderungen und Potenziale innovativer Versorgungsstrukturen, Berlin et al. 2016, S. 273–294.

Wigge, Peter/Kaiser, Rudolf/Fischer, Jürgen/Loose, Reinhard: Möglichkeiten und Grenzen der Zusammenarbeit zwischen Radiologen und Ärzten anderer Fachgebiete. – Rechtliche Vorgaben für die ambulante und stationäre Versorgung –, MedR 2010, S. 700–710.

Wollersheim, Ulrike: Ärztliches Berufsrecht, in: Clausen, Tilman/Schroeder-Printzen, Jörn (Hrsg.), Münchener Anwaltshandbuch Medizinrecht, 3. Auflage, München 2020, § 6 [zitiert als: *Wollersheim*, in: Clausen/Schroeder-Printzen, Anwaltshandbuch Medizinrecht].

Wolter, Jürgen (Hrsg.): Systematischer Kommentar zum Strafgesetzbuch, Band IV: §§ 174–241a, 9. Auflage, Köln 2017 [zitiert als: *Bearbeiter*, in: SK-StGB].

Wolter, Jürgen (Hrsg.): Systematischer Kommentar zum Strafgesetzbuch, Band V: §§ 242–302, 9. Auflage, Köln 2019 [zitiert als: *Bearbeiter*, in: SK-StGB].

World Health Organization: A Health Telematics Policy in support of WHO's Health-for-All Strategy for Global Health Development. Report of the WHO Group Consultation on Health Telematics, 11–16 December, Geneva, 1997, 1998, abrufbar unter: https://apps.who.int/iris/bitstream/handle/10665/63857/WHO_DGO_98.1.pdf?sequence=1&isAllowed=y (zuletzt abgerufen am: 05.09.2022) [zitiert als: *WHO*, Health Telematics Policy].

World Health Organization: Telemedicine. Opportunities and developments in Member States. Report on the second global survey on eHealth. Global Observatory for eHealth series, Volume 2, Geneva 2010 [zitiert als: *WHO*, Telemedicine].

World Health Organization: mHealth. New horizons for health through mobile technologies. Based on the findings of the second global survey on eHealth, Global Observatory for eHealth series, Volume 3, Geneva 2011 [zitiert als: *WHO*, mHealth].

Zieschang, Frank: Die telefonische Feststellung der Arbeitsunfähigkeit und § 278 StGB, medstra 2020, S. 202–204.

Zieschang, Frank: Überlegungen zur Reform der §§ 277 bis 279 StGB, ZIS 2021, S. 481–485.

Zuck, Rüdiger/Quaas, Michael: Arztstrafrecht. Die strafrechtliche Verantwortung des Arztes, in: Quaas, Michael/Zuck, Rüdiger/Clemens, Thomas/Gokel, Julia Maria (Hrsg.), Medizinrecht. Öffentliches Medizinrecht – Pflegeversicherungsrecht – Arzthaftpflichtrecht – Arztstrafrecht, 4. Auflage, München 2018, § 70.

Zypries, Brigitte: eHealth, mHealth und Telemedizin – ein Wirtschaftsfaktor, in: Gesellschaft für Versicherungswissenschaft und -gestaltung e.V. (GVG) (Hrsg.), Versorgung 2030 – eHealth, mHealth, Telemedizin. Bedeutung, Perspektiven und Entwicklungsstand, Köln 2015, S. 29–33 [zitiert als: *Zypries*, in: GVG, Versorgung 2030].

114. Deutscher Ärztetag, in: Bundesärztekammer (Hrsg.), Beschlussprotokoll, Kiel, 31. Mai bis 3. Juni 2011, abrufbar unter: https://www.bundesaerztekammer.de/fileadmin/user_upload/_old-files/downloads/114Beschlussprotokoll20110704.pdf (zuletzt abgerufen am: 05.09.2022) [*114. Deutscher Ärztetag*, in: Bundesärztekammer, Beschlussprotokoll].

120. Deutscher Ärztetag, in: Bundesärztekammer (Hrsg.), Beschlussprotokoll, Freiburg, 23. bis 26. Mai 2017, abrufbar unter: https://www.vpt.de/fileadmin/user_upload/Beschluesse_AErztetag_2017__002_.pdf (zuletzt abgerufen am: 05.09.2022) [zitiert als: *120. Deutscher Ärztetag*, in: Bundesärztekammer, Beschlussprotokoll].

121. Deutscher Ärztetag, in: Bundesärztekammer (Hrsg.), Beschlussprotokoll, Erfurt, 8. bis 11. Mai 2018, abrufbar unter: https://www.bundesaerztekammer.de/fileadmin/user_upload/downloads/pdf-Ordner/121.DAET/121_Beschlussprotokoll.pdf (zuletzt abgerufen am: 05.09.2022) [zitiert als: *121. Deutscher Ärztetag*, in: Bundesärztekammer, Beschlussprotokoll].

122. Deutscher Ärztetag, in: Bundesärztekammer (Hrsg.), Beschlussprotokoll, Münster, 28. bis 31. Mai 2019, abrufbar unter: https://www.bundesaerztekammer.de/fileadmin/user_upload/_old-files/downloads/pdf-Ordner/122.DAET/Beschlussprotokoll_122_DAET_2019_Stand_20190627.pdf (zuletzt abgerufen am: 05.09.2022) [zitiert als: *122. Deutscher Ärztetag*, in: Bundesärztekammer, Beschlussprotokoll].

FSC
www.fsc.org
MIX
Papier | Fördert gute Waldnutzung
FSC® C083411

Kolibri 360 GmbH
Ferdinand-Jühlke-Straße 7
99095 Erfurt, Deutschland
produktsicherheit@kolibri360.de